인간론

— 인간적인 인간을 위하여 —

인간론

― 인간적인 인간을 위하여 ―

박호성 지음

B 범우

헌사

이 책 집필 중 결혼이 이루어져 새 가정을 꾸리게 된,
사랑하는 나의 아들 박무정과 며느리 김주영,
그리고 아직 첫돌도 채 되지 않은 나의 첫손자 이도,
그리고 이어서 결혼한 사랑하는 내 딸 박서정과 사위 김태경의
복된 인간적인 삶을 간곡히 기원하며

　무릇 자연은 '생명의 근원'이자 '생명체의 본질'이다.

　온갖 생명의 원천인 바로 이 자연을 통해 천지간 삼라만상이 갖가지 유형의 '인연'으로 서로 굳게 결속해 있을 수밖에 없음 또한 지극히 자연스러운 이치일 것이다. 인연이란 연인과도 같은 것이다. 이런 견지에서, 자연의 일부인 우리 인간이 이 자연 속에서 지금까지 어떻게 살아왔으며 또 어떻게 살아가야 하는지, 무엇보다 우리 인간에게 삶을 허여하는 주체인 자연에 대해 대저 어떠한 자세로 임해야 할 것인지 하는 물음을 던지고 그에 대한 응분의 해답을 찾기 위해 분투 노력하는 태도 역시 지극히 합당하고도 자연스러운 소임이라 할 수 있으리라.

　실은 여태껏 나의 개인적인 학문의 발자취 역시 이러한 노력에 나름 동참해보리라는 숨가쁜 안간힘으로 점점이 이어져 내려오지 않았나 조심스레 환기해보곤 한다. 이윽고 여러 갈래로 갈라져 흐르던 여러 줄기의 실개천 같은 나의 기존 연구결과물들을 대하(大河)와도 같은 큰 흐름에 한데 담아 내보려는 저돌적인 만용에 휘말려, 자신의 재능을 돌아보지도 않고 오랫동안 끙끙거린 게 결국 이 졸작으로 나타나게 되었다.

　그런데 이병주의 대하장편소설 《산하》에는 다음과 같은 구절이 엿보인다. "철학이 신념을 주지 못하는 미망에 불과하다면, 촌부의 미신만도 못하다."[1] '도둑이 제발 저리듯', 한동안 오금이 저려왔다.

하지만 공자님은 참으로 어마어마한 괴력을 지니신 분 같다. 단한 순간의 장풍으로 나를 졸지에 '애젊은이'로 만들어버리셨기 때문이다.

누구나 다 알다시피, 공자께서는 《논어》에서 "15살에 학문에 뜻을 두고(志學), 서른 살에 그 뜻을 확고히 하였으며(而立), 마흔 살에 미혹하지 아니하고(不惑), 쉰 살에 하늘의 명을 깨달았으며(知天命), 칠십이 되니 마음이 하고 싶은 대로 해도 법도에 어긋나지 않았다(從心所欲不踰矩)"고 술회하지 않았던가.

그런데 이러한 공자님 말씀을 따른다면, 나는 아직도 '하늘의 명'을 깨닫기는커녕 '미혹'에 빠지기 일쑤이니, 여태 40줄에조차도 들어서지 못한 신세인 셈이다. 덕분에 아직도 30여 년이나 젊게 싱싱하게 살아도 좋으니, 이 얼마나 고마운 가르침인가. 나는 공자님의 이러한 준엄한 격려에 힘입어, 기꺼이 '젊은이'로 환생하기로 마음을 다잡았다. 마침내 이런 젊은 기백을 원군 삼아, 나는 정년퇴임을 마무리짓자이내 나의 학문적 삶을 연말정산이라도 하리라는 속셈으로 가족도 뒤로한 채 외따로 표표히 강화도로 흘러들 수 있었다. 아마도 가출적 속성을 띤, 출가와도 흡사한 행각이었던 것 같기도 하다. 결국엔 스스로 '자기귀양'을 결행한 셈이 되었다.

지금 이 글을 강화도 한 모퉁이에서 쓸 수 있게 된 것도, 하기야 공자님이 축복해주신 '젊음'의 새파란 혈기 덕분이 아닐까 여겨진다. 주위 지인들의 다정한 힐난을 빌리면, 그야말로 '꼴값'하듯이 이른바

---

1 이병주, 『산하』 6권(한길사 2006), 224쪽

'젊은 노구'를 이끌고 어쩌다가 홀로 강화도로 흘러 들어온 지 벌써 10여 년이나 흘렀다.

하지만 나라고 해서 어찌 소소한 꿈 하나 정도야 없을 리 있었으랴. 마땅한 기회가 오면, 서해안 낙도의 한 자그마한 초등학교 분교 같은 곳의 '무보수 명예교사'라도 되어, 잠시나마 어린이들과 함께 즐거이 손잡고 뛰어 놀며 마지막으로 봉사할 수 있는 기회를 가질 수 있다면 하는 게, 그 미숙한 꿈의 전부였던 것이다.

드디어 꿈이 현실로 다가왔다. 여러 우여곡절을 거친 끝에, 흥미롭게도 강화도 안의 달동네라고나 할까, 섬 전체를 온통 철책이 휘감고 있는 민통선 안의 조그만 섬 교동도와 인연이 닿게 되었다. 이북까지 직선거리가 3km도 채 안 되는 탓에, 다리 하나만 놓으면 북한까지 충분히 걸어서도 건너갈 수 있는 곳이다.

그런데 조선시대엔 자못 어땠을까?

이 교동도는, 연산군·광해군 등 왕족의 유배지로 각광을 받았던 곳이다. 정쟁에서 패한 인물들은 가능한 한 한양에서 먼 곳으로 축출했지만, 기회가 주어지면 왕권에 치명적인 반격을 가할 수도 있는 왕족은 가급적 한양에서 가까우면서도 동시에 완벽히 격리시킬 수도 있는 외진 곳에서 늘 동정을 살펴야 했기 때문이라 한다. 한양에서 하루, 이틀거리인 교동도는 육지와 그리 멀리 떨어져 있진 않지만 물살이 워낙 거센 탓에 접근이 그리 용이하지는 않아, 왕족의 유배지로는 최고의 적지로 손꼽혀왔던 것 같아 보인다. 여기서 적지 않은 왕족이 유배생활을 하다가 죽거나 풀려났다. 세종의 3남 안평대군, 연산군, 선조의 첫째 서자 임해군, 광해군, 인조의 동생 능창대군, 인조의 5남 숭선군, 철종의 사촌 익평군 등등이 그러했다 한다.

물론 나 역시 마치 귀양객이라도 된 것처럼, 신랄한 입도식을 단단히 치르지 않으면 안 되었다. 빼어난 풍광을 품고 있으면서도 그저 묵묵히 자리만 지켜온 무심한 섬 교동도의 한 초교 분교로 들어섰다. 하지만 오로지 '무보수 명예교사'로서 조촐하게나마 마지막 봉사의 길을 걷고 싶었던 나의 자그마한 꿈을 너그럽게 품어주는 눈치가 별반 보이지 않았다. 물론 기백 있는 후원세력이 없었던 건 아니지만, 대체로 거추장스러운 독립군 낙오병이라도 바라보는 듯한 본새였다.

게다가 교동도의 지정학적 품새까지 별반 호의를 보이지 않았다. 북한 땅에 인접한 민통선에 속해 있는 섬이라 그런지, 이 섬엔 많은 것들이 굳게 닫혀 있었다. 섬 전체가 철조망으로 촘촘히 울타리 쳐져 금단의 섬처럼 보였다. 척박했다. 더구나 출입이 지극히 까다로운 민통선 안이었다. 응당 대학에 대한 개념이 있을 리 없는 곳이었다. 예컨대 한 사회학자가 "유사한 사람들의 집합체가 유지되어야만 비교의 과정을 통해 그 누군가가 명예를 챙길 수 있음을" 알게 되리라 역설한 적도 있긴 했다.[2] 나는 그야말로 명예를 챙기지도 못하는, 고립당한 귀양객 신세였다. 하기야 귀양간 교동도에서조차 또다시 귀양 떠나야 하리라는 예감이 서서히 꿈틀거리기 시작할 정도였다.

하지만 틈틈이 둘러본 강화도는 참으로 빼어난 섬이었다. 늘 청정한 공기와 정밀한 정적이 감돌았다. 내 자신이 유일하게 제법 잘 할 줄 아는 걷는 일에는 그야말로 금상첨화처럼 여겨지는 곳이었다. 직업적인 글쓰기에도 최적의 공간인 듯했다.

마침내 또다시 중대결단을 결행했다. 이 강화도에서 아예 '종신 자유귀양살이'의 길로 들어서기로 결연히 작심한 것이다. 무엇보다 내 인생행로의 마지막 정착지로 삼기에, 전혀 부족함이 없어 보이는

---

2 노명우, 『혼자 산다는 것에 대하여』(사월의 책 2015), 152쪽

섬이었다. 걸림돌을 디딤돌로 만들어나가기 시작했다.

나는 내 차의 내비게이션에 '평생 정주지(定住地)'를 설정해놓고, 강화도 본 섬으로 진격했다. 마지막 정착지를 물색하며, 의연히 고공비행을 감행한 것이다. 그런데 마치 애국가 가사처럼 '하느님이 보우하사', 나는 또다시 기막힌 '인연'과 조우할 수 있었다. 이윽고 강화도에서 가장 큰 저수지라는 '고려지'(高麗池) 바로 앞에서 나를 기다리고 있던 풍광 좋은 마지막 혈거에 착륙할 수 있었다. 또 역시 다양한 우여곡절을 거친 후에, 내 한 몸 건사하기에 결코 부족해 보이지 않는 아담한 거처 하나가 드디어 내 손에 들어왔다. 그 덕분에, 이윽고 호수 같은 그윽한 저수지가 내려다보이는 2층 서재에서 이 글을 쓰는 호사까지 누릴 수도 있게 되었다.

바야흐로 나의 강화도 유배생활이 본격화하였다.

나이가 들어갈수록 살아온 길을 더욱 더 깊이 반추해보는 일이 습관처럼 굳어져가는 것은 어쩔 수 없는 노릇인 듯하다. 되돌아보면, 60평생을 60여 개 이상의 병폐만 양산하면서 살아온 느낌뿐이다.

물론 학자로서의 삶을 완전히 끝낸 것은 아니지만, 그래도 학문적 삶의 여로에서 하나의 결정적인 반환점을 통과하면서 어찌 눈곱만한 소회와 회한이 없을 수 있으랴.

내면적인 자성을 촉구하는 학문적인 삶의 한 전환점에 이르러, 꽤나 당차게 몰아치는 시대적 요구의 바람을 나름 의젓하게 맞받아보리라 마음먹게 되었다. 숨쉬기하듯, 다시 필을 꼬나잡게 되었다. 제법 당돌하게 엄두를 내본 것이 결국 이 저술이었다. 마른 논바닥 같이 쩍쩍 갈라진 솜씨로나마 좌우지간 한번 빚어보기로 결단하게 된 것이다. 이윽고 도전에 한계를 두지 않고 한계에 도전키로 마음을 굳히게 되었다. 잔망스럽게 어깃장을 되풀이하다가, 급기야는 이 광막한 주제를 덥석 덮치고 만 것이다.

하지만 이 책에 마침표를 찍을 때까지 늘 나를 따라다니며 자못 나를 숙연케 만들곤 했던 물음이 하나 있었다. 그것은 바로 "이 글을 쓰고 있는 그대는 정녕 인간적인 인간인가 …?"하는 자문이었다. 나 역시 나희덕 시인이 갈파했듯이, '빨래처럼 얼면서 마르고 있는' 것일까, 아니면 "많은 늑대가 개의 무리 속으로 떠나가는데 아직 산골짝 바위틈을 떠나지"않고 버티는 도종환 시인의 길들여지지 않는 "늑대"인 것인가?[3]

하기야 자못 존엄하다고 일컬어지는 교수사회 역시 밖으로 잘 알려지지 않은 다양한 문제점들을 적잖이 지니고 있다는 말들이 나돈 지 이미 오래다. 이를테면 교수들이란 '다른 것을 틀린 것으로, 비일상적인 것을 비정상적인 것으로, 그리고 개성적인 것을 몰상식한 것으로 오독하거나, 자기에게만 손해가 돌아오지 않는다면 천리마로 하여금 기꺼이 짐마차를 끌게 하고도 남을 사람들 아닌가…?' 하는 나무람에서 시작하여, 종내는 '그들은 의로움이 아니라 이로움만 찾아나서는 자들'이란 꾸지람 등등에 이르기까지 가히 각양각색이다.

하지만 다행인지 불행인지, 나는 이러한 교수사회를 합법적으로 꼿꼿이 떠나올 수 있었다.

떠난다는 것은 언제나 가슴 떨리는 일 아닌가. 어디서건 새로운 무언가가 늘 애틋하게 자신을 기다리고 있으리라 기대할 수 있기 때문이다. 물론 나 역시도 기다려주는 게 있었다. 이 청정한 강화도에서 내 지난 삶의 병폐들을 깨끗이 씻어내며 통회하는, 앞으로 남은 내 여

---

3 나희덕의 시, '빨래는 얼면서 마르고 있다', 그리고 도종환의 시, '늑대'

생의 가장 간곡한 과제가 새로이 나를 맞이해주니, 이 또한 얼마나 가슴 뿌듯한 일인가. 사실 이 책이 나의 '참회록'이나 다를 바 없이 여겨지는 것 또한 이 때문이 아닐까 싶을 정도다. 어쨌든 무엇보다 '인간적인 인간'이 나를 기다리고 있었던 것이다.

하기야 이 글을 쓰는 내내 '미국 예술과학 아카데미' 회원이기도 한 데이비드 브룩스(David Brooks)가 자신의 주목할 만한 저서, 《인간의 품격》(The Road to Character) 한 모퉁이에 겸허하게 덧붙인 다음과 같은 말 한 마디가 나를 있는 그대로 명쾌하게 직시하는 듯해, 종내 뇌리를 떠나지 않으며 내 심금을 뒤흔들어놓기도 했다.

"나는 얄팍한 성향을 타고났다. 현재 일종의 전문가이자 칼럼니스트로 일하면서, 자기애에 빠진 떠버리가 되어 내 생각들을 마구 쏟아내는 일로 돈을 번다. 그 생각들에 대해 내가 실제로 느끼는 것보다 더 자신감 있는 척하고, 실제보다 더 영리한 척하고, 실제보다 더 권위 있는 척하는 것으로 돈을 버는 것이다. 따라서 나는 으스대기 좋아하는 얄팍한 사람이 되지 않기 위해 대부분의 사람들보다 더 많은 노력을 기울여야 한다. … 나도 막연한 도덕적 염원을 가지고 살아왔다. 막연히 좋은 사람이 되고 싶어하고, 막연히 뭔가 더 커다란 목표를 위해 일하고 싶어한다. 하지만 구체적인 도덕 개념이 부족하고, 풍요로운 내적 삶을 영위하려면 어떻게 해야 하는지도 잘 모르며, 심지어 어떻게 해야 인격을 연마하고 내면 깊은 곳에 다다를 수 있는지도 분명히 알지 못한다"(9~10쪽).

그런 탓인지, 나는 막스 베버가 개탄했듯이 혹시 "정신이 없는 전문가"나 "가슴이 없는 금욕주의자"가 지배하는 '쓸모없는' 세계를 만드는데 조력하고 있지는 않은가 하고 자못 세밀히 다그치기도 한다. 하지만 "희망 없는 일은 없고, 다만 희망 없다고 생각하는 인간만 있을 따름"이라 잡도리하며, 썩어 문드러지기보다는 차라리 닳아 없어지리라 하는 다짐을 게을리 하지는 않고 있다.

차라리 나는 굼벵이라도 되고 싶었다. 어둡고 축축한 땅 속에서 암울한 세월을 하염없이 흘려보내다가 어느 날 홀연히 투명한 날개를 단 매미가 되어 밝은 햇살로 힘차게 날아오르는 굼벵이처럼, 나 역시 창공으로 비상하고 싶은 꿈만은 저버릴 수 없었다.

그 덕분에 나는 이 강화도에 상륙하고 나서는 더욱 더 강인한 산책꾼으로 돌변한 것처럼 여겨졌다. 하기야 '산보 중독자'라는 놀림까지 받아가며 산보를 통해 스스로 호기심과 모험심을 배우고 함양하는 유치한 버릇을 버리지 못한 게 이미 수십 년이나 흐르지 않았는가. 실은 이리저리 만행(漫行)을 일삼으면서, 교만하게도 감히 스님들의 만행(萬行)을 흉내내보고자 애썼던 것은 아닌지…? 하지만 산책은 나에게 만행(萬幸)과 다를 바 없었다.

그러나 나는 대체로 모험하듯 우격다짐으로 산보하는 편에 가까웠다. 산책이 탐험이 되기 일쑤였다. 그 덕분에, 매일 매일이 섬뜩하나 휘황한 여행길이 되곤 했다. 세상에 태어나 난생 처음 걸어보는 길도 무수히 많이 발굴하였다. 개척자답게 '고생을 사서하는' 꼴이었다. 그럼에도 그러한 낯설고 위태로운 길이 오히려 더 좋았다. 물론 부지기수로 길을 잃어 헤매기 일쑤였다. 늘 회의와 의혹의 연속이었다. 그러나 종내는 옳은 길을 찾아내고야 말았다. 마지막 힘을 다하면, 결국엔 옳은 길이 반드시 나타났다. 실은 모든 길이 서로 통하고 있었다. 그러나 길은 다만 만드는 것일 뿐, 이 세상에 본래부터 만들어진 길은 하나도 없다. 환희의 연속이었다. 회의에서 출발해 환희로 마감하는 것, 실은 이게 산보의 진미였던 것이다.

　때로는 산 속 숲길을 이름 모를 야생동물들이 남긴 발자국과 나란히 형제처럼 거닐기도 했다. 아마도 고라니 녀석의 것이 아니었을까 싶긴 하다. '나는 늘 너와 동행하고 있다'는 취지로, 그 녀석이 남겨놓은 발자국 옆에다 나란히 내 발자국을 찍어놓기도 했다. 그리고 다음 날 보면, 내 신발자국을 그 녀석들이 다소곳이 밟고 지나간 흔적이 예리하게 드러나 보이는 게 아닌가. 어쨌든 우리는 훌륭한 하나였던 것이다.

　하여튼 산보는 나에게 언제나 흥미진진한 신세계를 보여주었다. 더구나 늘 무거운 짐 지고 새 길을 찾아 떠나는 노정이 나의 산보 길이었던 탓에, 더욱 그러했으리라. 결코 짧은 길은 아니었다. 걷고 또 걸었다. 이 세계는 그야말로 내가 난생 처음 걸어보는, 셀 수 없이 많은 길로 가득 차 있었다. 새로운 길, 아니 새로운 세계를 발견할 때의 감격이라니 ….

　하기야 참으로 많은 길을 헤쳐온 듯하다. 그러나 끝에 가서 보니, 모든 길이 하나로 통해 있고 또 서로 만나고 있는 게 아닌가. 삶의 진정한 가치란 더 높은 곳을 찾는 게 아니라 더 깊은 곳으로 나아가는 것이었다. 그 와중에도, 그렇게 넉넉히는 남아 있지 않은 듯이 보이는 내 삶의 마지막 여정이 마치 예치해둔 소액예금 같아 보여, 그 잔고를 인색하게 보일 정도로 아껴 쓰고 싶었다. 그러다 보니 쩨쩨하게 붙은 이자의 용처로 그나마 이 저술이 손에 쥐어지게 된 것이다.

　어차피 망망대해에 홀로 낚싯줄 드리운 낚시꾼처럼 이 글을 쓰고 또 다듬었다.

　하지만 인간의 범주와 품이 워낙 깊고 방대하여 미치지 않는 곳이 거의 없을 정도였다. 종내는 끝 모르는 인간의 격류에 떠밀려 익사할 것만 같은 지경에 이르기 일쑤였다. 책상이 고문대 같아 보였다. 칠성판을 짊어진 느낌이 엄습하기도 했다. 몽땅 다 내던져버리고 내친김에 마냥 주저앉고 싶어질 때도 적잖았다. 하지만 차갑게 몰아붙이는 따뜻한 격려들이 아까웠다.

그런 탓이었는지, 평소에 시(詩)를 가까이해 볼 품위 있는 기회를 별반 가져보지 못한 형편이었음에도, 느닷없이 가슴 울렁이게 만드는 마음씨 좋은 여러 시 가락들이 홀연히 찾아와 가슴속에 잔잔한 물결을 만들어주기도 하였다. 예컨대 도종환 시인이 한때 못내 동경하곤 하던 곳이 마치 지금 내가 살고 있는 강화도 한 모퉁이와 몹시 흡사하구나 하는 환상까지 불현듯 밀려오기도 했다. 특히 그의 시, '나머지 날'이 유별나게 와 닿곤 했다.

> 고립에서 조금 더 깊은 곳으로 들어가
> 이층집을 짓고 살았으면 좋겠네
> (…)
> 고니가 떠다니는 호수는 바라지 않지만
> 여울에 지붕 그림자가 비치는 곳이면 좋겠네
> (…)
> 고요에서 한 계단 낮은 곳으로 내려가
> 단풍드는 잎들을 가까이 볼 수 있는 곳에서 살았으면 좋겠네
> 나무들이 바람에 한쪽으로 쏠리지 않는 곳에서
> 한쪽으로 쏠리지 않는 이들과 어울려 지내면 좋겠네
> (…)
> 내 인생의 가을과 겨울이 나를 천천히 지나가는 동안
> 벽난로의 연기가 굴뚝으로 사라지는 밤하늘과

하기야 도종환 시인이 그리워했듯이, "추녀 밑에서 울리는 먼 풍경 소리"를 들으며 "민들레꽃과도 말이 통하고 적막이 들판처럼 펼쳐진 곳"에 살고 있으면서도, 나 스스로 고작 할 줄 아는 것이라곤 책상 앞에 앉아 상습적으로 제 머리 쥐어짜는 난삽한 일밖에 없었으니, 참으로 융통성 없고 한심하기 짝이 없는 인품이었다.

더군다나 붓을 들자마자, 스스로 인간인 주제에 인간은 도대체 어떠한 존재인가 하는, 인간에 대한 답답하기 짝이 없는 개념규정 작업부터 일차적으로 강행할 수밖에 없었으니, 시작부터 막막하기 그지없었다. 하지만 나 자신 스스로가 인간임에도 불구하고, 여태껏 '인간이 도대체 무엇인가' 하는 문제에 대해서는 기이하게도 한 번도 진지하게 숙고해본 적이 없었다는 사실이 참으로 기가 찰 노릇이었다. 더구나 이런 와중에, 오늘날 세계는 "디즈니랜드가 아니라 '디지즈랜드(disease land = 질병의 나라)'로 전락해버린" 것처럼 보인다는 힐난까지,[4] 방망이질하듯 심란하게 가슴을 난타하기도 하였다.

인간으로서 인간 자신에 대해 미주알 고주알 하는 게 뭐 그리 대단한 일이랴 싶어 무풍지대로 들어가는 기분으로 시작했다가, 줄곧 몰아치는 돌풍에 곤욕을 치르기 일쑤였다.

그러나 오랫동안 이른바 양극화현상 등으로 심하게 몸살을 앓아온 데다, 더욱이 코로나19 사태로 사회적 통증이 더욱더 악화하여 보

---

4 이시하라 유미 지음/황미숙 옮김,『체온 1도 올리면 면역력이 5배 높아진다 : 암 고혈압 당뇨 알레르기 비만 우울증을 이기는 체온건강법』(도서출판 예인 1915), 18쪽 ; 여기서 저자는 일본만을 빗대어 이런 주장을 펼치고 있긴 하나, 이러한 현상을 전 세계적인 현실로 확대적용해도 큰 무리는 없어 보인다.

다 힘겹게 시달리는 사람들로 가득한 우리 사회가 종내 나를 몰아붙였다. 이런 와중에, 우리나라가 "세계 최고", "세계 최저", "세계 최악" 타이틀을 이미 여러 개씩이나 쟁취했다는 사실까지 나를 부대끼게 만들었다. 예컨대 부유한 나라 중에서 비정규직 근로자(전체 임금 근로자의 약 37%)가 가장 많고, 노인 빈곤율(37.6%)이 가장 높은 나라도 한국이다. 합계출산율(2021년 기준, 0.78) 또한 세계 최하위에 머물러 있으나, 자살율은 인구 10만 명 당 23.5명으로 OECD 국가 중 최악을 기록할 정도다. 우리 사회에 '흙수저'니 '금수저'니 하는 사회적 불평등을 은유하는 화법이 난무한 지도 이미 오래다. 근래에는 새로운 용어가 바람을 잡고 있다. 흔히 연애, 결혼, 출산을 포기한 젊은이를 '3포 세대'라 하고, 여기에다 취업과 내 집 마련까지 포기한 '5포 세대'가 추가될 뿐만 아니라, 꿈과 희망까지 포기한 '7포 세대', 급기야는 모든 것을 무한대로 모조리 다 포기한다는 'N포 세대'까지 출현하는 암담한 현실이다.

어쨌든 한반도는 지금 남쪽에서는 '자유롭게' 억눌리고, 북쪽에서는 '평등하게' 굶주리는 중인 것만 같다. 이처럼 소외당하고 굶주리면서, 목이 쉬도록 '통일'만은 외치고 있다. 그런데 그게 도대체 '어떠한 통일'일까? 아무 말도 없다, 다만 야단법석만 되풀이될 뿐이다.

뿐만 아니라 우리 인간의 공동체적 삶의 터전이자 최후의 피난처이기도 한 자연이 처한 심각한 당면위기에 다들 전전긍긍하고 있다. '환경을 보호하자', '지구를 살리자' 등등의 구호가 난무하는 현실이 그러한 기하급수적인 자연의 수탈상황을 극명히 드러내 보여주고 있지 아니한가. 우리 한국인의 일상생활과도 결코 거리가 멀지 않음은 물론이다. 예컨대 이른바 '4대강 정비사업'처럼, 이전 세대가 정성껏 간직해오다가 고이 물려준 자연유산을 눈앞의 당면욕구를 충족키 위해 마구잡이로 망가뜨리는 참상이 가까이서 태연히 자행되지 않았던가. 그야말로 후안무치(厚顔無恥) 그 자체다.

하지만 가공할 정도로 안타까운 것은 자연이 심각하게 피폐해져감에 따라, 인간의 '자연'(Nature), 요컨대 인간의 '본성'(Human Nature) 그 자체가 더욱 더 극심하게 날로 황폐해져간다는 사실이다. 모름지기 우리 인간은 태양과 물과 나무처럼, 우리에게 아무런 보상도 바라지 않고 자기가 가진 모든 것을 무상으로 다 내어 주는 자연에 대해 철면피하게도 "매춘행위"를 자행하는 부도덕한 '패륜아'와 다를 바 없는 존재인 것이다.[5] 무엇보다 생태계 전체의 존속 가능성 자체를 결정적으로 위협하는 존재가 다름 아닌 인간 자신이기 때문이다.

이러한 안팎의 혼돈 탓인지, 오늘날 우리 사회에 '사색'은 사라지고 '검색'만 활개친다.

그러나 이러한 인간적·자연적 고난의 역정을 상습적으로 체험하면서, 이윽고 나 자신 역시 스스로 고난에 빠져들고 있음을 일상적으로 목도하게 되었다. 자문자답과 자기고문이 습관화하였다. 그러나 시간이 흐름에 따라 정작 두려워할 것은 두려움 그 자체라는 걸 차차 깨달아나가기 시작했다. 이윽고 박차를 가할 수 있게 되었다. 비록 노후한 일개 사회과학도에 지나지 않긴 하지만, 그럼에도 나는 도대체

---

5 이에 대해서는, Seyyed Hossein, Man and Nature : The Spiritual Crisis in Modern Man(ABC International Group, Inc., Chicago 1977), p.18을 참조할 것. 여기서 저자는 현대인들이 자연을, 마치 남편 스스로가 이득을 취할 뿐만 아니라 책임도 지고 있는 "결혼한 여성"(married woman)이 아니라, 어떤 의무나 책임감도 없이 일방적으로 이득을 취하기만 할 뿐인, '매춘부'(prostitute) 같은 존재로 취급한다고 통탄하고 있다.

무엇을 할 수 있고, 또 해야만 하는가? 이러한 물음들이 속달우편처럼 거듭 날아들었다. 어떻게 할 것인가?

비록 의사처럼 즉각적으로 수술용 메스를 갖다댈 수준은 결코 되지 못하지만, 최소한 소독용 알코올을 문지르는 소소한 동작 정도는 해낼 수 있지 않을까 싶었다. 이윽고 앙상한 팔이나마 걷어붙여야 하리라는 만용이 끊임없이 나를 부추겼다. 결국엔 범지구적 '인간위기'와 '자연위기'의 실체를 탐사해냄으로써, 그 해법을 '인간본성론' 및 '사회적 인연론'에 기초해 나름 어쭙잖은 수준에서나마 심층적으로 탐색해보리라는 가당찮은 결단을 내리기에 이르렀다. 내친김에 '인간적인 인간'의 '인연 휴머니즘'을 촉구하며 장황한 논의를 두서 없이 끝맺었다.

그러나 이러한 대내외적인 위기에도 불구하고, 나는 무엇보다 우리나라가 정녕 축복받은 나라임이 틀림없다는 확신을 지니게 되었다. 왜 그러한가?

세계적인 환경오염과 생태계 파괴현상이 줄을 있는 비극적인 상황임에도, 자연과 더불어 살아온 우리 민족의 역사적 삶의 발자취는 괄목할만한 기량을 뽐낼 만하다. 우리는 빼어나게 '자연 친화적인' 공동체적 삶의 전통을 누리며 살아온 민족 아니던가. 집요하게 자연과 한 몸처럼 살아온 것이다.

예컨대 소나무 하나를 보자. 우리는 소나무와 끊으래야 끊을 수 없는 간곡한 인연과 친분을 맺고 살아왔다. 눈, 바람, 서리를 이겨내며 늘 푸르게 우리 땅 어디에서나 잘 자라는 소나무는 우리 민족의 삶 속에 깊숙이 뿌리내려왔다. 우리 애국가에도 "남산 위에 저 소나무 …" 하는 구절이 있을 정도 아닌가. 우리 선조는 소나무로 지은 집에서 소나무 장작으로 불을 피우며 살았고, 죽어서는 소나무 관에 누웠다. 송진으로 배의 이음새를 메웠고, 흉년이나 보릿고개에는 소나무 속껍질로 허기를 달랬으며, 어두운 밤에는 관솔불로 주변을 밝혔다. 추석에는 솔잎을 깔고 송편을 쪘으며, 솔잎이나 송홧가루, 솔방울 등으로 차나 술을 빚었다. 소나무의 땅 속 뿌리에 기생하는 '(백)복령'을 요긴한 약재로 쓰기도 했다.

바위 꼭대기 천길 높이에 장엄하게 우뚝 서 있는 것도 소나무다. 올바른 마음과 굳은 절개를 지니고 사철 푸른 본성을 지켜내는 탓에, '군자'는 소나무를 본받는다 일렀다. 이처럼 정신적으로도 우리는 늘 이런 소나무와 함께 하며, 그를 본받고자 애써오지 않았던가. 하지만 그게 다가 아니다. 우리는 늦가을에 잘 익은 홍시를 따내면서도, 까치가 요기 삼아 찾아먹을 수 있게끔 몇 방울은 따지 않고 나무에 그대로 남겨둘 줄 아는 '형제애'를 발휘하기도 하지 않았던가. 더욱이 찬송가 가사에서까지 '삼천리 반도 금수강산, 하나님 주신 동산' 하며, 우리 자연에 대한 예찬을 아끼지 않을 정도다. '금수강산'이란 말이 어디 괜스레 나왔겠는가. 이처럼 우리 민족은 지금껏 장렬하게 자연과 한 몸처럼 살아 온 것이다.

게다가 여태껏 냉전체제에 볼모 잡힌 거의 유일한 분단국가에 살고 있다는 위기의식 역시 또 하나의 다른 멋들어진 '역설'을 마련하고 있다. 그렇게 오랜 기간 참담한 식민지배를 당한 치욕적인 과거를 지니고 있음에도, 한국은 유일무이한 나라다. 식민지배를 체험한 나라들 중에, 지금 한국처럼 OECD의 일원으로서 선진국 대접을 받으면서, 올림픽이나 월드컵을 줄줄이 다 개최해본 실적이 있는 나라가 단 하나라도 있는가? 없다. 하지만 전쟁은 자연을 파괴한다. 그러므로 자연의 궁극적인 적은 전쟁이다. 그러나 분단국가이기 때문에 전쟁이 아니라 필연적으로 평화를 추구하지 않으면 안 되는 인류사적 소명을 안고 있기도 한 나라 역시 우리뿐이다. 하지만 이 평화는 궁극적으로는 무엇보다 자연과의 평화를 통해 확립되어질 수밖에 없는 것이다. 따라서 이처럼 자연과 한몸처럼 살아온 우리 민족이야말로 자연과의 합일과 아울러 세계평화 구축이라는 인류사적 소명을 주도해나가기에 가장 적합한 존재 아니겠는가. 그러하니 미래의 세계역사를 이끌어나가기에 가장 마땅한 나라가 우리 대한민국말고 또 어디 따로 있을 수 있으랴?

비록 어눌한 수준에 머무르고 있긴 하지만, 이 저서가 결코 나 혼자만의 것이 아님은 물론이다. 내 자신이 예까지 다다를 수 있게 된 것이 많은 분들의 끊임없는 격려와 가르침에 절대적으로 힘입었음은 너무나 명백한 일이다. 지금껏 그토록 무한히 베풀어주신 은혜에 머리 숙여 정중히 감사말씀을 드려야 할 분이 어찌 한두 분에 그칠 수 있으랴.

그러나 누구보다도 나와의 쥐꼬리만한 인연조차 귀중히 보살피셔서 이렇게 무지막지한 분량의 변변찮은 졸저를 흔쾌히 출간토록 배려해주신 출판사 범우사의 윤형두 회장님의 지극한 정성엔 절로 머리가 숙여진다. 어이없게도 내 스스로가 평소 그 분의 호방한 대인풍모를 만년에 또다시 거센 돌풍에 휩싸이도록 해드린 셈이 되어, 얼굴을 들지 못할 지경이다. 그저 송구스럽고 고마울 따름이다. 우리 사회의 민주화를 위해 옥고를 치르시면서 까지 과묵하게 헌신해오신 윤 회장님의 민주주의를 향한 뜨거운 열정과 의지를 성실히 본받는 것으로 눈곱만하게나마 빛을 갚을 도리밖에 없으리라 여기고 있을 따름이다.

뿐만 아니라 나는 어이없게도 대를 이어 가족 분들께까지 심려를 끼쳐드렸다. "책과 더불어 꾸준하게 한 길을!"이라는 윤 회장님의 좌우명을 이어받아 출판 실무에 불철주야 투신하고 계신 윤 회장님의 아드님이신 윤재민 사장님께서는 나의 끝 모를 투정과 게으름에도 불구하고 나를 '꾸준하게 한 길로' 이끌어주셨다. 게다가 김영석 편집실장님은 코로나가 기승을 부리는 가운데 나의 이 몹쓸 책까지 뇌염모기처럼 극성을 부림에도 불구하고, 순교자 같은 특유의 희생정신을 발휘하여 묵묵히 한 뜸 한 뜸 빈틈없이 깁고 다듬느라 고생 참 많이 하셨다. 하기야 바로 이 저술이 야기한 비정상적인 출판업무를 정상적으로 되돌려 놓으시느라, 윤 대표님과 김 실장님은 참으로 어이가 없으셨으리라. 면구스럽기 짝이 없어 감사함을 표하기조차 그저 민망할 따름이다. 나에겐 모쪼록 이분들의 깊은 웅지를 전화위복으로 되돌려드려야 할 깊은 소임만 남은 듯하다.

하지만 모든 연구 및 집필 과정에서는 앞서간 많은 거인들이 남긴 비약적인 업적과 가르침에 전전긍긍 매달릴 수밖에 없음은 너무나 지당한 일이다. 나 역시 큰 덕을 입었다. 그런 탓에 나는 이따금 거인의 어깨 위에 올라설 수 있었던 덕에, 난쟁이임에도 정작 거인보다 더 멀리 바라볼 수 있는 호기를 만끽하기도 했다. "파리가 준마의 꼬리에 붙어 천리 길을 간다"는 중국의 옛말이 떠오르기도 했다. 나야말로 천리마의 꼬리에 단단히 달라붙은 한 마리의 파리였다.

그러나 우리 모두가 부디 청룡언월도로 몽당연필을 깎지 못한다고 빈정거리지는 말았으면 좋겠다. 그리고 야구방망이더러 '너는 이를 쑤실 수 없는 꼬락서니를 갖고 있다'고 비아냥대는 이쑤시개도 되지 않으면 어떨지. 태양으로는 담뱃불을 부칠 수 없다 하여, 그것을 결코 태양의 결점이라고 윽박지르지도 않았으면 좋겠다. 그리고 자기와 다르다고 하여 그것을 틀린 것이라 비난하지도 않으면 금상첨화이리라.

어쨌든 같은 물이라도 소가 먹으면 우유가 되지만, 뱀이 먹으면 독이 되지 않으랴. 나는 이 저서가 그러한 소처럼 인간적 삶의 밭을 올곧게 일구어나가, 종내는 꿀벌의 눈물 같은 단 한 방울의 우유만이라도 남길 수 있게 되기를 충심으로 기원할 따름이다. 한때 내 자신이 이런 류의 저서를 출간했다는 연고로 단 한 사람만의 인생일망정 눈곱만큼이라도 더 나아지도록 만들어 줄 수만 있다면, 그러한 걸 진정한 성공이라 이를 수도 있지 않으랴 싶다.

그러나 작업을 끝낸 지금은 "높고 튼튼한 제방도 개미와 땅강아지 구멍 때문에 무너진다"는 한비자의 말씀이 새로이 나의 뇌리를 파고든다. 혹시나 이 책 속에도 여기 저기 개미나 땅강아지 구멍 같은 것들이 숱하게 숨어 있어 아무 때라도 속절없이 무너져 내리지는 않을까, 그저 노심초사할 따름이다.

부디 나를 깨우쳐주신 모든 분들의 은공에 티끌만한 보답이라도 될 수 있는 책이 되어주기만을 기원할 따름이다. 마침내 주사위를 던진다.

혼자 걷고, 혼자 밥해먹고, 혼자 응시하며 이 책을 썼다.

'인간이란 도대체 어떠한 존재인가' 하는 철학적 문제로 심각한 고뇌에 잠기면서, 동시에 '오늘 저녁엔 무엇을 먹어야 하나' 하는 생존의 과제로 쉴새없이 끙끙거린 일상이었다. 다만 이 책이 오직 앞으로의 더욱 깊이 있고 심화된 연구의 위태위태하지만, 그래도 눈곱만큼 쓸모가 있기라도 한 자그마한 디딤돌 정도나 될 수 있다면 하고 바랄 따름이다. 학문이란 아름다운 그림 속의 떡이 아니라, 직접 집어먹을 수 있는 쟁반 위의 떡을 마련해줄 수 있어야 하리라. 그러나 글을 마무리짓고 보니 그림도 없고 쟁반도 보이지 않는 것 같아 안쓰럽기만 하다. 하지만 실천 없는 이론보다는 이론 없는 실천이 보다 탐탁하지 않으랴.

그럼에도 자못 대해(大海)에 안착한 듯한 안도감이 나를 저녁안개처럼 잔잔히 감싸고 있음을 감추긴 힘들다. 무엇보다 지금까지 갖가지 꼴의 '실개천'으로 부산하게 흐르던 기존의 내 하찮은 연구물들이 이러저러한 우여곡절과 심산유곡을 거친 오늘에 이르러서야 비로소 《인간론》의 넓은 '바다'에 가까스로 합류한 듯 여겨지기 때문이리라. 사실은 남모르게 감히 안도의 한숨을 슬그머니 내쉬고 있는 중이기도 함을 역시 숨기기 힘든 것 같다.

가령 늑대가 토끼를 뒤쫓는다 한들, 그 토끼를 잡을 가능성이 결코 커 보이지는 않을 수 있으리라. 늑대는 한 끼의 식사를 위해 뛰지만, 토끼는 목숨을 지키기 위해 전력질주하기 때문이다. 이 책을 쓰면서 나는 토끼를 더욱 더 잘 이해할 수 있었다. 오히려 이러한 이해력을 습득할 수 있었던 것이야말로 실은 이 책을 쓴 크나큰 성과 아닐까 여겨질 정도다. 게다가 그물에 걸리지 않는 바람처럼 집필할 수 있는 자유까지 만끽할 수 있는 상황이었으니, 더 이상 무엇을 바랄 수 있었으랴. 하지만 개미에게는 접시 물도 망망대해이리라. 나는 그야말로 개미였고, 이 저술의 범주는 접시 물이었다.

그러나 이제는 그야말로 화살촉 같은 펜을 일단 내려놓고 고문실 같은 서재를 벗어나, 도종환 시인의 꿈과도 같이 "자작나무들과 이야기하기 위해, 적막이 들판처럼 펼쳐진 곳"으로 잠시 나가보아도 좋을 듯하다.

다만 증오 받더라도 경멸당하지는 말았으면 하고 꿈꿀 따름이다.

파도를 두려워하지 않는 섬, 강화도 고려지(高麗池) 인근에서
'산소호흡기 같은 이웃'이 되길 꿈꾸며,

2023년 이른 여름 가장 젊은 어느 날
글쓴이

차례

왜 쓰는가?

오늘날 우리 자유민주주의 사회를 가로지르는 시대정신은 과연 무엇일까.

그것은 한마디로 '거인주의'(巨人主義)다.[1]

자유민주주의는 자유주의의 소산이고, 자유주의의 철학적 토대가 바로 개인주의며, 이 자유주의가 표방하는 '개인'(個人)은 곧 '거인'(巨人)이다. 왜냐하면 오로지 힘있는 자, 요컨대 '거인' 같은 존재만이 자유주의의 근본인 '자유경쟁'에서 궁극적인 승리를 쟁취할 수 있기 때문이다. 이처럼 자유주의는 '힘'의 역학관계에 뿌리박고 있다. 그런 탓에 지극히 자연스럽게 자유민주주의 사회에서 개인주의가 '거인주의'로 안착하게 된 것이다.

그리하여 이러한 '강자'의 신화를 돌에다 아로새긴 '정글 자본주의'가 결국 '거인 절대왕정' 시대를 돈독히 확립할 수밖에 없음은 또한 자명한 이치다. 결과적으로 약육강식의 생활철학이 사회적으로도 높이 추앙받는 보편적 윤리규범으로 각광을 받기 시작한 지도 이미 오래다. '힘센 자가 최고'인 것이다.

---

1 내가 이 개념을 처음으로 고안해낸 것은 나의 졸저,《평등론 : 자유민주주의 · 사회민주주의 · 맑스주의의 이론과 현실》(창작과 비평사 1994), 78~82쪽, 〈개인주의〉 편이었으나, 역시 나의 졸저인《공동체론 : 화해와 통합의 사회 · 정치적 기초》(효형출판 2009), 28쪽에서 처음으로 이 어법을 보다 폭넓게 활용한 바 있다.

그 덕분에 오늘날 대부분의 자본주의 국가들은 강인한 '호랑이의 자유'만을 만끽한다. 개인의 자유를 철저히 보장하노라 하는 금석문 같은 명분을 내세우며, 결국에는 사회적 호랑이들만 한껏 활개치도록 만든 사회적 불평등 체계를 튼튼히 구축해버린 탓이다. 따라서 그러한 개인주의는 기회만 주어지면, 아니 기회를 만들어가면서까지 재빨리, 날렵한 이기주의로 손쉽게 변신할 수 있는 뛰어난 재능을 다분히 지니고 있다. 이윽고 이기주의적 개인주의가 풍미하게 된 것이다.

하기야 벌써부터 '독주'의 자유만 있었지, '공생'의 여유는 찾아보기 힘들지 않았던가.

더구나 전 세계를 단일시장화 하는 '세계화'의 확산과 더불어 소비주의·물신주의가 더불어 세계화하였다. 국제적인 차원으로까지 비약하여, '거인'의 독주만 옹호하고 장려하는 본새인 것이다. 그런 탓에 도덕적 진보나 인간적 자아실현 등의 이상적 가치들이 비실용적이고 속절없고 무모한 짓거리로 손가락질 당하기 일쑤다. 도처에 발가벗은 자신의 사적 이익만을 추구하는 '상인형 인간'만 활보한다. 실상이 이러할진대, 이러한 황금만능주의자들이 과연 얼마나 '공익'에 대해 탐탁한 낌새를 보일는지 …?

그러나 '거인주의'가 신자유주의 시대의 총아로 군림하게 되면서, 웃지 못할 모순이 동시에 번창하게 되었다. 요컨대 대다수 자유주의적 개인이 오히려 자유주의가 그토록 높이 기려마지 않는 개인주의의 희생물로 굴러 떨어지고 만 것이다. 무엇보다 자유주의의 깃발 아래서는 오로지 '거인'만이 진정한 개인 대접을 받을 수 있는 까닭에, 외면당하는 수많은 개인이 속출할 수밖에 없기 때문이다. 힘이 최고인 탓이다. 그렇다면 이른바 '사회적 조무래기'들은 도대체 어디서 설 곳을 찾을 수 있을까 …? 결국 구가되는 경제번영의 뒤안길에는, '개인

없는 개인주의'만이 음산하게 번져나갈 따름이다.

이처럼 세계화가 질주하는 대로를 따라, 자유경쟁과 빈부격차와 사회적 불평등까지 더불어 질주하는 형국이다. 한편에서는 자유민주주의의 궁극적 승리를 예찬하고 있으나, 또 다른 한편에서는 민주주의의 위기를 소리 높이 절규하기도 하는 기묘한 상황이 전개되기도 한다. 심오한 경쟁주의에 편승한 약육강식의 사회윤리가 일상화하면서, 결국 대다수의 약자들이 도움을 호소할 길을 찾지 못한 채 막무가내로 쓰러지고 있다. 어쩔 것인가.

과연 어느 구석진 모퉁이에서 한 뼘의 인도주의라도 찾아낼 수 있을까. 빈익빈 · 부익부 그리고 양극화 현상 등이 맹종할 수밖에 없는 초인적인 성령처럼 빛나고 있다. 자신의 개인적 결핍이나 결함을 종내 외부의 도움을 빌어 보완할 수밖에 없는 우리의 힘없는 '조무래기'들은 도대체 어디로 발길을 옮겨야 할까 …? 팔짱을 끼고 그저 우두커니 예의주시만 해야 하는가. 우리는 휴머니즘을 분실해버렸다. 지금 우리는 휴머니즘의 실종시대를 살고 있는 것이다.

이렇게 신자유주의가 범세계적으로 막강한 위세를 떨치는 통에, '왈짜'들의 사익이 공익을 짓누르고 보무도 당당히 개선문을 통과한다. 아울러 이를 조장하는 시장주의가 힘을 보태면서, 여기저기서 자본주의적 물신숭배와 황금만능주의가 인간성을 균열시키고 있다. 인간성을 좀먹고 있는 병충해가 심상치 않다. 모든 것이 오로지 맹렬히 질주하기만 할 뿐이다. 사회적 비인간화 역시 고속으로 질주하고 있음은 의심의 여지가 없다. 그런데 우리는 우리의 삶을 도대체 어떻게 꾸려가고 있는 것일까, 그리고 그 과거는 어떠했고, 또 미래는 과연 어떠해야 할까 …?

이러한 시대상황에서, 하물며 우리 한국사회의 형편은 과연 어떠한가.

'정글 자본주의'의 범람으로 인해, 소중한 공동체적 가치와 인간다운 상부상조의 미덕이 적잖이 침수되었다. 뿐만 아니라 급속한 산업화와 무조건적 경제성장의 소용돌이 속에서, 정치·경제적 억압을 정당화하는 신화가 만들어지기도 하였다. 자유의 철학도, 평등의 윤리도 제대로 충실히 자리잡지 못한 사회 속에서, 급기야는 '세계화'의 미명 하에 '무한경쟁'의 팡파르가 섬뜩하게 울려 퍼지기도 한다.

우리 사회는 과연 어디로 흘러가고 있는가.

우리 한반도에서는 남쪽은 '개인', 북쪽은 '집단'을 내세우면서, 서로 날카롭게 칼을 벼리며 더욱이 '통일'을 절규하고 있지 않은가. 이른바 남한의 개인적 '자유'와 북한의 집단적 '평등'은 과연 얼마나 참되고 실속 있는 것일까. 혹시 '자유롭게' 억압당하고, '평등하게' 굶주리고 있지는 않은가. 인륜적 가치보다는 경제성장을, 상호협력보다는 경쟁을, 그리고 공동체적 단합보다는 개인적 사익을 더욱 열렬히 기리는 풍조가 득세한 지 이미 오래되지는 않았을까. 하지만 예컨대 '홍익인간'(弘益人間) 이념이 그런 속내를 잘 일러주고 있듯이, 우리가 전통적으로 공동체적 삶의 윤리에 대단히 숙달해 있는 민족임은 부인할 수 없는 사실이다. 그런데 과연 그 홍익인간 기백이 아직도 무사할까?

이 때문일까, 가령 우리나라의 자살율이 경제협력개발기구(OECD) 36 회원국 가운데 당당히 1위를 차지한 게 이미 오래 전 일이다. 그러나 그게 다가 아니다. 예컨대 비정규직 노동자들이 일상적으로 겪는 사회적 시련과 고통은 현재 사회적 갈등이 어느 정도 위험 수위에 육박해 있는가 하는 것을 웅변으로 증언한다.

또 이게 다가 아니다. 전체 인구대비 외국인 비율이 매년 증가 추세를 보이고 있는 실정 역시 만만히 볼 일만은 아니다. 우리 사회도 어느새 '글로벌·다문화 사회'의 문턱을 넘어선 것이다. 예컨대 2019년 말 현재 국내체류 외국인 수는 대략 252만 5천명으로, 20명 중 1명 꼴이 외국인인 셈이다. 2021년 1월 현재 대구광역시 인구가 241만 5813명이니, 대구시민보다 많은 수의 외국인이 국내에 함께 살고 있다는 말이 된다. 대체로 외국인의 비율이 인구의 5%를 넘으면 '다문화 사회'로 분류하는 것이 국제적인 통상적 기준임을 되새기면, 우리도 이제 본격적으로 '다문화 사회'에 진입했음은 부인할 수 없는 사실이다.

결혼의 경우도 비슷한 추세다. 예컨대 2018년 1년 동안 남성 7.58%, 여성 2.69%가 국제결혼으로 맺어져, 평균 5% 정도가 국제결혼한 셈이었다. 새로이 생겨나는 20가구 중 한 가구가 다문화 가정이라는 말인 것이다. 그런 탓에, 이제 도시든 농촌이든 전국 어디를 가도, 외국인 노동자 또는 외국인 사위나 며느리와 부딪치는 것이 우리의 일상이 된 셈이다. 뿐만 아니라 연령 문제도 외면할 수 없다. 국내 체류 외국인 중 52%가 20·30대라는 사실은 점점 가속화하고 있는 우리 사회의 고령화 현실과는 대조적인 양상을 보여준다. 우리나라 국민들의 경우 20·30대가 26.7%에 불과한 실정이다. 반면에 고령 인구 비중은 지난 10년 간 지속적으로 증가해왔으며, 21년 3월 기준 65세 이상 인구가 전체 인구의 16.6%, 70세 이상이 11%를 차지하고 있다. 결과적으로 우리 시민사회는 우리가 지금껏 한번도 체험해본 적이 없는 문화적 충격과 갈등에 도대체 어떻게 대처해나갈 것인가 하는 새로운 과제에 직면하게 된 것이다.

그뿐 아니다.

우리 한국인은 작게는 혈연·지연·학연, 크게는 민족공동체에 이르기까지, 그 규모에 따라 유형과 속성을 달리하는 다양한 공동체에 연루되어 그 집단의 자의식에 좌지우지 당하고 있는 형편이다. 그것은 우리 사회가 바로 가문, 학벌, 지방색 등을 극복 · 청산하지 못한 소집단 충성심 · 소집단 애국심으로 갈라져 있음을 뜻한다. 그러나 문제는 남한 식 '출신성분'을 따지는 바로 이러한 부정적 공동체의식이 전체사회의 규범으로 작동한다는 사실이다. 우리 사회에서 정치 · 사회 · 문화 분야 등, 이 집단의식이 침투하지 않는 영역은 거의 찾아볼 수 없을 정도다. 그리하여 빈발하는 모든 사회문제의 밑바닥에는 대체로 이러한 부정적 공동체의식이 독기를 머금고 똬리를 틀고 앉아 있기 일쑤인 것이다. 어떻게 할 것인가.

그러나 또 그게 다가 아니다. 중심원 안에는 보다 근원적이며 보다 인류사적인 문제가 완강히 도사리고 있다.

우리의 공동체적 삶의 터전이자 최후의 피난처이기도 한 자연은 지금 과연 어떠한 상태에 놓여 있는가? 한마디로 심각한 위기에 봉착해 있다.

'환경을 보호하자', '지구를 살리자' 등등의 구호가 난무하는 현실이 그러한 위기현상을 극명히 드러내 보여주고 있지 아니한가. 자연이 더욱 더 기하급수적으로 수탈당하고 있는 중이다. 인간들이 대체로 자신의 이기적인 행복과 쾌락만을 배타 독점적으로 향유하기 위해 생태계 윤리를 서슴없이 파괴해버리기 때문이다. 그로 말미암아 이 지구상의 다른 종(種)의 생명의 질서를 결정적으로 교란하고 있음은 두말 할 나위도 없다. 환경오염과 생태계 파괴현상이 줄을 잇는 이러한 비극적인 상황에서, 과연 우리는 어떻게 자연을 지키고 또 어떻게 자연과 교감을 나눌 것인가? 오죽하면 세계적인 물리학자인 스티븐 호킹(Stephen William Hawking)까지 나서서, "인류가 멸종을 피하려면 100년 안에 지구를 떠나야 한다"고 매섭게 경고하기까지 할 지경일까.

대내외적으로 이처럼 가공할 난제들이 우리를 포박하고 있다.

우리는 지금 그 여느 때보다도 더욱 더 조신하게 인간에 대해 새로운 관심을 진작하고 진중한 탐구를 요구하는 절박한 상황에 봉착한 것은 아닐까. 급기야는 오죽하면 미미한 나까지 나서서 바람의 방향은 바꿀 수 없으나 항로는 바꿀 수 있지 않으랴 하는 우격다짐으로, '인간론'이란 주제를 시굴하기 위해 팔을 걷어붙이게 되었을까.

현재 세계화하고 있는 첨단기술의 범람과 사이버 돌풍, 환경오염 및 자연파멸에 대한 공포뿐만 아니라 더구나 전 인류의 고통을 극대화하고 있는 것처럼 비치는 코로나19 팬데믹 발발로 인한 비극적인 두려움에 직면하고 있음에도, 나는 대단히 고무적인 역사발전의 한 단초를 눈여겨볼 수 있게 되었다. 무엇보다 여태껏 특히 공공의 영역에서는 별반 접하기 쉽지 않았던 '연대'니 '공동체' 같은 용어들이 거의 일상적으로 여기저기서 들려오고 있다는 사실 때문이다. 심지어는 '지구 공동체 시대'의 탄생을 맞아 국제사회의 연대와 협력을 촉구하는 움직임까지 감지될 정도다. 불우한 현실을 배경으로 웅자(雄姿)를 드러내는 놀랍고도 희망적인 역사적 메시지 아니겠는가. 아마도 코로나 극복을 위한 방책을 진지하게 성찰하는 와중에 고심 끝에 찾아낸 활로의 하나가 바로 이 '공동체적 연대' 같은 개념이 아닐까 짐작된다.

어쨌든 인성과 자연이 심각한 위기에 봉착한 것으로 판단되는 실로 난감한 상황에서, 나는 결국 이 저술작업으로 귀순하게 된 것이다. 무엇보다 인간적 위기를 극복해내기 위해서는 무엇보다 자연과의 공동체적 교감이 필연적이라는, 때늦긴 했지만 가슴 저리는 각성에 이르게 된 탓이다. 나아가 어떻게 하면 사회적 권위주의와 위계질서를 극복하고, 우리 모두가 그야말로 '이웃사촌'처럼 손잡고 공생해나갈 수 있는 화합의 기반을 구축해낼수 있을까 하는 자기고문 식 번민이 가슴을 후벼팠음은 물론이다.

무엇을 쓰는가?

나의 본래 저술의도는 인간의 총체적 실상을 종합적으로 고찰해 보는 것이었다. 일단 거기에 초점을 맞춰놓고서는, 그에 걸맞은 참고 자료를 뒤지기 시작했다. 나의 원래 목표에 발맞춰, 인간본성, 지구 및 자연과 인간의 상관성, 인간과 공동체의 상호관계, 인간적 삶의 양식 의 역사적 변모과정 등등을 총체적으로 연구·분석한 참고문헌을 나 름 지극히 꼼꼼하게 뒤져보았다. 하지만 지혜의 눈빛을 번득여보고자 애쓰긴 했으나 원래 눈이 어두운 탓에, 그에 합당한 체계적인 연구업 적을 거의 찾아내기 힘들었다. 특수 전문분야로 세분화하여 연구·분 석된 자료들이 거의 대부분을 차지하는 것 같았다.[2]

---

2 몇몇 대표적인 사례들만 골라보면, 대략 다음과 같다 :
 ― 주로 철학적 인류학 및 휴머니즘 연구에 중점을 둔, Michael Schmidt―
  Salomon, Hoffnung Mensch : eine bessere Welt ist mÖglich(2. Aufl., MÜunchen
  [u.a.], Piper 2014) ;
 ― 르네상스 시대의 플로렌스의 역사 및 인본주의적 동향분석에 집중한, Maxson,
  Brian, The humanist world of Renaissance Florence(New York : Cambridge Univ.
  Press 1978) ;
 ― 문화 및 인간교육 문제 등을 다룬, Emmanuele Vimercati(hrsg.), Kultur und
  Menschenbildung : Beiträge zur aktuellen Diskussion aus philosophischer,

이러한 상황에서 이런 나의 시도가 과연 합당한가를 다시금 근본적으로 따져보기 위해 나름 풀무질을 계속할 수밖에 없었다. 가령 인간성에 대한 강조는 케케묵은 과거로의 복귀를 권유하는 퇴행적이고 비과학적이고 낡아빠진 사고방식은 아닐까, 혹은 '인간성 부활' 시도라는 것이 결국엔 지금까지 개인주의적 노력들을 통해 축적된 인도적 성과들을 단숨에 걷어차버리는, 복고·반동적인 만행에 가까운 것은 아닐까 하는 회의까지 엄습하는 바람에, 다시금 주눅이 들기도 하였다. 아니면 이 작업이 급기야는 소소한 나의 개인적인 자화상을 그려내는 것으로 끝나고 말 천진난만한 습작 수준에 머물러버리는 것은 아닐까 하는 식으로, 나는 다각도로 나 자신을 닦달질하기 시작했다.

　　나는 자신을 추스르며 거듭 생각의 실마리를 풀어나갔다.

　　우리 인간은 모두 어차피 자연에서 와서 더불어 자연으로 함께

---

kulturpolitischer und pädagogischer Sicht. Festschrift für Horst Seidl zum 75. Lebensjahr(Hildesheim[u.a.], Olms, 2013) ;

— 인간의 본질적 고유성의 근원을 뇌에서 찾고 있는 신경과학적 인간 분석서로, 마이클 가자니가 지음/박인균 옮김,《왜 인간인가? : 인류가 밝혀낸 인간에 대한 모든 착각과 진실》(추수밭 2012)이 있다.

— 자연계에서의 인간의 지위 및 생명관을 분석하고 있는, 리처드 도킨스 지음/홍영남·이상임 옮김,《이기적 유전자》(을유문화사 2019)가 있는데, 이 저서는 주로 인간이 '이기적 생존기계'라는 관점에 입각하고 있다. 아울러 박경환,《환경과 인간론》(홍 2003)도 있다.

— 개인의 도덕성 문제를 통렬히 다루고 있는, 데이비드 브룩스 지음/김희정 옮김,《인간의 품격》(부키 2015)은 물질주의가 팽배한 오늘날 사회에 대한 비판적 관점을 견지하고 있다.

— 기독교신학 차원에서 인간론을 분석한, 안토니 A. 후크마 지음/류호준 옮김,《개혁주의 인간론》(기독교문서선교회 : CLC, 1990) ;— 카톨릭 신학의 입장에서 인간론을 고찰한, 서공석,《하느님과 인간 : 신학적 인간론》(서강대학교 출판부 2014) ;— 조직신학적 차원의 인간론 분석서인, 임종만,《인간론》(6판, 성광문화사 1996) ;

되돌아갈 유한한 '피붙이 공동운명체' 아닌가. 그 어느 누가 감히 이러한 절대평등의 지상명령을 거역할 수 있으랴. 따라서 우리 모두는 죽음이라는 절대평등의 울타리 안에 옹기종기 한데 모여, 함께 부대끼며 서로 위로하고 서로 도우며 더불어 살아갈 수밖에 없는 숙명적 존재들 아닌가. 언젠가는 앞서거니 뒤서거니 하며, 부귀한 사람도 빈천한 이들도 모두 다 자연으로 되돌아가 흙이 되기는 매일반일 터인데도, 조그만 눈앞의 이익을 탐해 민망한 싸움을 그칠 줄 모른다면 이 얼마나 허망한 노릇이겠는가. 그런 탓에, 가장 비인간적인 게 다름 아닌 이기주의 아니겠는가 하고 대뜸 타박 놓은들 어쩌겠는가. 어차피 함께 흙으로 되돌아갈 우리에게는 서로 아끼고 서로 도와야 할 천부적인 소명이 주어져 있지 않으리요. 더구나 한데 뒤섞여 살아가며 온갖 희로애락을 함께 겪을 수밖에 없는 자연과 인간 공동체의 품은 또 어째야 할까. 품앗이하는 마음가짐으로 이 품을 더불어 가꾸어나가는 애틋한 상부상조의 매무새 또한 마땅한 소명 아닐까 ….

그러나 그 와중에도, '인간에 대한 가장 나쁜 죄는 인간에 대한 증오심이 아니라 인간에 대한 무관심이거늘, 너는 지금 다른 사람을 위해 과연 미미하게나마 무언가라도 하고 있는가?' 하는 뼈저린 다그침 역시 나를 한껏 벽으로 몰아붙이곤 했다.

하지만 다른 한편으로는, 소소한 기대감 같은 것이 또 슬그머니 소갈머리를 들이밀기도 하는 게 아닌가. 우리는 우리의 인성을 잃어버린 게 아니라 다만 잊어버리고 있을 뿐, 하니 잠자는 우리의 인성을 미미하게나마 새로이 일깨움으로써 현대인의 삭막한 정신적 공황상태를 치유하는데 그야말로 눈곱만한 기여라도 할 수 있지 않겠는가, 그도 아니라면, 사회적 갈등을 순화하는 한 방울의 참새 눈물 만한 '사회적 윤활유' 구실이라도 해낼 수 있지 않겠는가 하는 등등의 초라하고 구차한 기대감 역시 한쪽 구석에서 슬며시 기지개를 펴기도 했다. 그에 부화뇌동이라도 하듯이, 마치 공자님 말씀이기라도 한 것처럼 격조 높은 미혹들까지 내 귀를 어지럽히기 시작하는 게 아닌가. '우리 인간은 서로 아끼고 도와야 할 소명을 안고 함께 이 지상에 태어나지 않았는가, 더구나 우리는 주위에 굶어 죽어가는 동료인간이 있다면, 그들을 무조건 살려내야 할 천부적인 의무 역시 함께 부여받지 않았는가' ….

이러한 가혹한 자기심문의 와중에, 인간의 본성이란 게 과연 어떤 것인가, 그리고 인간이란 도대체 어떠한 존재인가 하는 지극히 상식적이긴 하지만 대단히 성가시기 짝이 없는 의문이 기다렸다는 듯이 뻔뻔스레 고개를 내미는 게 아닌가. 나는 참으로 몰염치한 학문적 치한 아닌가 하는 모멸감까지 들 정도였다.

그런 와중에도 미진하게나마 삽을 들 힘이 조금씩 생겨나는 것 같았다. 나는 앞으로의 세계사적 발전이 개인의 자유를 옹호하는 '개인주의'와 개인에 대한 개입을 통해 공동체적 결속을 지향하는 '집단주의'의 대결로 점철되리라는 소소한 전망도 갖게 되었다. 이러한 나의 대수롭지 않은 미래예측에 편승해, 인간적 삶의 기본 터전인 자연과의 건강한 교감을 위해서도 참다운 인간성 회복이야말로 가장 공신력 있는 길잡이가 되어 주리라는 소망까지 가세함으로써, 이윽고 나를 감히 인간론 저술 쪽으로 유인하고야 말았다. 그러나 인간은 서로 으르렁거리기도 하지만, 또 서로 사랑하며 더불어 살아가게 마련인 애틋한 자연적 본성을 지닌 아름다운 생물체라는 소신에는 별 흔들림이 없었다.

그럼에도 나는 지금 이 지구사회에는 무엇보다 '인간위기'와 '자연위기'라는 '이중위기'가 동시에 엄습하고 있다는 예단을 떨쳐버릴 수 없었다.

다소 다른 맥락이긴 하지만, 예컨대 영국의 대표 사전 중 하나인 콜린스가 올해의 단어로 장기적 위기를 뜻하는 '퍼머크라이시스'(Permacrisis)를 선정했다는 보도가 나오기도 했다.

퍼머크라이시스는 영구적, 장기적이란 뜻의 퍼머넌트(permanent)와 위기란 의미의 크라이시스(crisis)의 합성어다. 콜린스에 따르면 이 단어는 1970년대에 학문적 맥락에서 처음 사용되었고, 최근 몇 달 동안 사용이 급증했다 한다.

콜린스는 퍼머크라이시스를 '장기간에 걸친 불안정과 불안'이라고 정의하면서 "기후위기와 유럽에서의 전쟁(우크라이나 전쟁), 인플레이션에 따른 생계비 위기, 정치적 혼란 등으로 야기된 도전과 관련이 있다"고 밝혔다. 이어 "이 단어가 2022년이 많은 사람에게 얼마나 끔찍했는지 아주 간결하게 요약한다"고 강조했다.[3]

어쨌든 나는 이러한 현상을 전 지구의 생존 및 인류적 공생을 위한 범 세계적 결속이 결정적으로 요구되는 시대의 도래를 알리는 징표로 간주하게 되었다. 달리 표현하면, 민족 공동체적 이기주의와 전 지구적 이타주의 간의 상호갈등을 극복해내라는 역사의 계시 같은 것으로 이해한다는 말이 되겠다.

뿐만 아니라 그렇다면 이러한 대내외적인 고난의 역정에서, 자연스레 우리는 이를 극복하기 위해 과연 어떠한 처방을 제시할 수 있겠는가 하는 난해한 문제까지 꼬리를 물고 등장하는 게 아닌가. 마냥 주저앉을 수는 없었다. 이윽고 이러한 문제의식에 입각해, 나는 대략 다음과 같은 문제를 제기하면서 이 인간론 주제에 매달리게 되었다.

---

3 조선일보(2022.12.31)를 참조할 것.

첫째, 인간은 과연 어떠한 존재인가?

인간의 민낯을 총체적으로 따져보기 위해서는, 무엇보다 인간에 대한 개념부터 선제적으로 따져볼 수밖에 없음은 지극히 자연스럽고도 필수적인 과제라 할 수 있다. 나는 인간의 본성은 과연 무엇인가를 묻고 답하는 작업에 메스를 가하는 일부터 시작하였다.

그와 관련지어, 나는 특히 '인연' 개념에 입각해, 인간의 존재, 인간관계, 인간의 역사, 인간과 자연 등 주요 핵심주제들을 투시하기로 작심하였다. 이번에는 '인연'이란 과연 무엇이고, 그 개념이 사회과학의 범주 속에서는 도대체 어떠한 이론적 기능을 발휘할 수 있을까 하는 문제를 따져보지 않으면 안 되었다. 첩첩산중이었다. 그럼에도 '인연 휴머니즘'의 시각으로 결론에 값할 계획까지 구상하게 되었다.

둘째, '거인'만을 숭배하는 자유주의적 개인주의에 의해 변방으로 내몰림당한 이른바 사회적 '조무래기'들은 과연 어떻게 활로를 개척해나갈 수 있겠는가?

셋째, 그런데 우리 인간은 왜 서로 굳게 '연대'해야 하는가? 특히 오늘날 같은 '코로나 시대'에는 왜 연대가 필연적으로 요구되고 있는가? 이와 직결된 문제로서, 이러한 '개인 절대주의' 시대에 도대체 어떻게 공동체적 '연대'를 추구할 것인가, 그리고 그것은 과연 합당한 일인가?

넷째, 우리의 인간적 삶의 생명줄인 자연이 심각하게 훼손당하는 현실에서, 이러한 자연을 과연 어떻게 지켜나갈 것인가? 그리고 인간과 자연을 서로 따사로이 이어주는 상생의 공감대를 도대체 어떻게 열어나갈 것인가? 그런데 자연이란 도대체 무엇인가?

다섯째, '사회적 이기주의'를 도대체 어떻게 극복해나갈 것인가? 지금까지 우리 사회는 인간을 '사랑'하는 법을 탐구하는 대신, 오히려 인간을 어떻게 '관리'할 것인가 하는 마케팅 테크닉에만 전전긍긍해온 것처럼 비친다. 결국 우리는 서로 손잡아 보살피고 조화롭게 가꾸어나가야 할 사회적 인간관계를 냉혹한 관리의 대상으로만 인식하는, 참으로 막막한 '경영학적' 울타리 속에 갇혀 살게 되지 않았는가. 응당 반사적인 수익을 보장하는 '사익 우선주의'와 이기주의가 큰 몫을 떠맡고 있음은 물론이다.

여섯째, 우리 민족은 과연 인도적인가? 우리나라에서 가난과 낮은 학력이 대물림하고 있는 실정이라는 연구결과가 나온 지는 이미 오래다. '무전유죄', '유전무죄'에 이어, 이제는 '무전무학'(無錢無學), '유전유학'(有錢有學)이라는 보통사람들의 빼어난 정치철학까지 일상화하고 있는 현실이다. 이제 더 이상 '개천에서 용 나는' 법은 없다고들 입을 모은다.

그렇다면 이렇게 제기된 문제들을 어떻게 풀어나갈 것인가.

어떻게 쓰는가?

하지만 이 지상에 인간과 전혀 무관한 것이 어디 하나라도 존재할 수 있겠는가.

예컨대 정치 · 사회 · 경제 · 문화 · 예술 · 노동 · 철학 · 과학 · 종교 · 자연 분야 등등, 아마도 일반대학이 개설하고 있는 모든 학과와 전공분야를 이 잡듯 싹쓸이해서 통째로 총 동원한다 하드라도, 미흡함이 느껴질 정도가 되리라. 사실상 이 인간론 주제를 빈틈없이 심층적으로 파헤치기 위해서는, 고고 인류학 · 철학 · 정치학 · 사회학 · 경제학·역사학·자연과학·민속학·심리학·신학·통계학 등등, 이루 말할 수 없이 방대한 학문분야를 골고루 다 섭렵하지 않으면 안 될 것이다. 게다가 인간 개개인의 됨됨이와 취향과 품성 등속은 또 얼마나 갈피잡기 어려울 정도로 복잡다단하기 그지없는가. 뿐만 아니라 나라와 민족마다, 아니 마을과 마을마다, 인간들이 살아온 역사와 살아가는 행태 및 속성은 또 얼마나 가지각색일까. 그러하니 어떻게 이 모든 요소들을 빠짐없이 송두리째 다 한 그릇에 담아낼 수 있을까 …?

한마디로 나에게는 그럴 능력이 추호도 없다. 나에겐 이 모든 분야를 가정방문 하듯 일일이 다 찾아보고 또 그것을 총체적으로 분석해낼 자신과 능력이 애초부터 철저히 결여되어 있다. 이 모든 것들을 이 한 권의 저서에 시계 부속품처럼 빼곡하게 다 일사불란하게 조립해낼 자신과 능력이 전무함을 부끄럽지만 고백하지 않을 수 없다.

이러한 여러 불가피한 한계와 제약으로 말미암아, 나는 이 저술에서 안타깝지만 '한계에 도전'하지 않고 '도전에 한계'를 둘 수밖에 없음을 절감하게 되었다.

이런 취지에서, 나는 이 저술의 기본골격을 능력껏 단순화하기로 결심했다.

그리하여 인류사를 이끌어온 인간적 삶의 보편적인 기본틀이라 여겨지는 세 개의 구조적 토대를 설정하였다.

그것은 첫째, 삶의 목표로서 왜 사는가? 둘째, 삶의 방식으로서 어떻게 사는가? 그리고 마지막으로, 삶의 수단으로서 무엇을 하며 사는가? 하는, 상호 긴밀히 연결되는 핵심 주제 군이었다. 하지만 마지막 삶의 수단 부분은 앞의 두 항목에 포괄적으로 녹아들어 있는 경우가 지배적이라 간주되어, 앞의 두 요소인 삶의 목표와 방식 분석에 집중하기로 작정하였다. 따라서 이러한 기본틀에 입각한 논의구조가 대체로 이 저서의 기본골격을 형성하게 되었다.

보다 구체적으로, 이 저술의 기본축을 다음과 같이 둘로 압축할 수 있으리라 여겨진다.

하나는, 인간이 몸담고 있는 생존의 터인 자연과 그 속에서 살아가는 인간집단의 속성 및 인간적 삶의 특성 분석에 집중하기로 한 점이다. 이와 관련하여, 그 기본적 분석도구로서 인간적 삶의 방향타라 할 수 있는 '인간본성'을 규명해낼 필요성을 절감하였고, 그에 따라 조촐하게나마 나름 인간본성론을 정립하고자 시도하게 되었다.

그리고 다른 하나는, 이러한 분석의 이론적 척도로 활용하기 위해 무엇보다 '인연' 개념을 도입하였다는 점이다. 이와 연관지어, 사회과학적 차원의 인연론을 나름 재정립하고자 노력하기도 하였다. 줄여 말해, '인간 본성론'과 '인연론'이 이 저술의 이론적 기본토대로 기능하고 있다는 말이 되겠다.

하지만 앞에서도 언급했듯이 '도전에 한계'를 둔다는 차원에서, 인간생활과 밀접한 관련이 있긴 하지만 독립된 개별적인 전문적 심층 연구를 필요로 하는 분야라 할 수 있는 노동·문화·종교 등속과 인간의 상호관련성에 대해서는 가급적 본격적인 대응을 자제하기로 하였다. 이처럼 핵심적인 주요 주제들에 대한 분석을 이 저술에서 병행하지 못했다는 측면은 명백한 한계라 할 수 있다.

하지만 그 대신, 주로 인간의 생존과 직결해 있다고 판단되는 거시적인 기본환경으로서 지구, 자연, 역사체험, 공동체 등속과 인간적 삶의 상호관련성 문제를 핵심적인 분석대상으로 선별하였다는 점은 덧붙여도 좋을 듯하다. 말하자면 무엇보다 '인간 본성론'과 '인연론'에 기초하여, 특히 인간과 자연 그리고 인간의 다양한 역사적 존재양식 및 그 유형과 특성을 핵심적으로 분석해나갔다는 말이 되겠다. 이어서 마지막으로, 인간적 '연대'의 의의와 관련지어 어떠한 것을 과연 '인간적'이라 부를 수 있는가 하는 것을 밝혀내고, 결론 삼아 '인간적인 인간'의 휴머니즘으로서 '인연 휴머니즘'의 본질을 해명하며 글을 닫았다. 하지만 이처럼 복합적인 대상에 대한 연구·분석을 자못 원활히 진행하기 위해 스스로 설정한 내 나름대로의 소박한 저술의 기본지침을 간략하게나마 덧붙이는 것이 도리일 듯 여겨진다.

나는 무엇보다 일방적으로 하늘과 신 또는 조물주 등의 가상적인 의지에 의해 좌지우지되는 결정론적인 시각을 통해 우리 인간의 자율적인 생존양식과 삶의 행태 등을 조망하는 종속적 인간이해를 극복코자 노력하였다. 그리하여 기본적인 한계 속에서나마, 인간의 주체적 의지에 의해 설계되고 전개되는 독립적인 인간적 삶의 본질을 추적해내고자 나름 애써왔음을 솔직히 자백해야 할 듯하다.

나는 예컨대 스티븐 호킹의 명쾌한 소신을 쫓아, 이 우주와 자연이 이른바 초자연적인 "위대한 설계자"의 명령이나 도움 없이 자연스럽게, 저절로, 스스로, 만들어졌다고 믿는 쪽이다. 호킹은 만약 우리가 이 우주가 "각기 다른 법칙들을 지닌 수많은 우주들 중의 하나"라 믿는 "다중우주"의 개념을 따른다면, 우리는 우리를 위해 우주를 만든 "자비로운 창조자"를 들먹일 필요도 없이 "물리법칙의 미세조정"을 충분히 설명할 수 있다고 주장한다. "우주가 존재하는 이유, 우리가 존재하는 이유"는 한마디로 "자발적 창조"라는 것이다. 그러므로 더 이상 "신에게 호소할 필요"가 없어진다. 말하자면 이 우주의 "위대한 설계"(grand design)는 결코 어떤 "위대한 설계자", 곧 신에 의해 이루어진 것이 아님이 명백하다는 말인 것이다.[4] 예컨대 이 지구 끝 어

---

4 이에 대해서는 스티븐 호킹·믈로디노프/전대호 옮김, 《위대한 설계》(까치

느 오지에 외따로 숨어 있는 이름도 없는 조그만 호수 속에서 헤엄치고 있는 물고기는 과연 신이 창조한 것일까 …? 우리는 흔히 '위대한' 자연이 '만들어낸' 환상적인 절경이니, 자연의 '신비'니 '예술'이니 하는 말들을 일상적으로 되뇌는 습성을 갖고 있다. 이러한 관행이 실은 알게 모르게 자연 스스로의 '창조' 역량에 대한 습관적인 믿음에서 비롯하는 것은 아닐는지 ….

가령 이 우주와 자연과 인간 등속이 모조리 다 창조주, 요컨대 "위대한 설계자"의 조화부림의 결과라고 인식하게 되면, 보이지도 않고 만질 수도 없는 이른바 그 '천지창조주'에게 우리의 생존활동 일체를 일방적으로 송두리째 다 내맡겨버리는 지극히 허망한 결말이 초래되지는 않겠는가. 이렇게 된다면, 참다운 인간의 삶은 도대체 어디서 찾을 수 있게 될 것인가. 반면에 만일 이 자연 속의 모든 것을 몽땅 인간의 자의에 내맡겨버리게 되면, 우리는 무궁무진한 불안에 좌초당할 수밖에 없게 될 것이다. 왜냐하면 우리 인간이 완전한 존재가 아니기 때문이다.

이러한 합리적인 의혹에 힘입어, 이윽고 나는 인간의 원초적 결핍과 결함을 충족시켜줄 수 있는, 그나마 가장 신뢰할 수 있는 현실적인 대안은 바로 자연과의 화합이 아닐까 하는 소소한 소신을 얻을 수 있게 되었다. '자연을 죽이면, 자연이 죽인다'는 명제를 나는 확신하고 있다. 이를테면 인간이 죽는다고 자연이 결코 따라 죽지는 않지만, 자연이 죽으면 인간은 반드시 따라 죽을 수밖에 없는 운명이라는 말이

2010), 각각 21, 207, 228, 39, 171쪽을 볼 것 : 이와 유사한 입장을 참고하기 위해서는, 리처드 도킨스/이용철 옮김, 《눈먼 시계공》(사이언스북스, 11쇄, 2010)도 살펴볼 것.

다. "자연에게 인간이 필요한 것보다, 인간에게 자연이 요구되어지는 것이 절대적"이기 때문이다.[5] 이런 맥락에서, 생명의 원천인 자연을 꼭 빼어 닮은 생명체가 바로 인간 아닌가 하는 시각도 적잖이 공유하게 되었다.[6]

하지만 자연은 인간에게 삶을 준 것과 마찬가지로, 죽음도 함께 부여하였다. 따라서 자연이 인간의 소유가 아니라 인간이 자연의 소유라는 사실은 명명백백한 생태계의 기본원리라 할 수 있다. 아울러 온갖 생명의 원천이 바로 자연인 탓에, 이 자연의 품속에 서로 무관한 생명체가 하나라도 존재할 수 있겠는가. 이런 관점에 입각해서, 동일한 자연법칙의 지배 하에 모든 생명체와 끊임없이 밤낮으로 함께 부대끼며 공존·공생하는, 살아 꿈틀거리는 인간을 추적하는 것이 보다 합당하지 않겠는가 하는 미미한 판단에 도달하기도 하였다. 이윽고 나는 '인간론'이 곧 '자연론'임을 각성하게 되었다.

하지만 작업과정은 그리 녹록치 않았다.

무엇보다 이 《인간론》 저술이 보잘것없는 나의 개인적인 학문일생을 끊임없이 반추하도록 만들었기 때문이다. 집필과정 내내 이 저술이 나의 소소한 학문적 여로에서나마 나름 독특한 의미를 지니는 작품이 될 수밖에 없으리라는 중압감이 종내 나의 뇌리에서 떠나지 않았다. 혹여나 이 《인간론》 저서가 평생에 걸친 나의 모든 자질구레한 학문적 관심의 실개천들이 모두 흘러 들어가 마침내 한데 어우러

---

5   앤드루 비티·폴 에얼릭 지음/이주영 옮김,《자연은 알고 있다》(궁리출판 2005), 83쪽 참조.

6   김명호,《생각으로 낫는다 : 생각을 치료하는 한의사 김명호의 생명 이야기》(역사비평사 2002), 62쪽

지는, 넓은 바다와도 같은 속내를 지니게 되지는 않을까 하는 합리적인 예상이 나를 쉴새없이 들볶았던 탓이다.

그러나 나의 예감은 적중하고야 말았다. 결국 '구슬이 서 말이라도 꿰어야 보배'라는 순탄치 않은 심사가 듬쑥하게 작용할 수밖에 없었다. 무엇보다 이러저러한 기존의 연구물들에서 그동안 불가피하게 시험삼아 언뜻언뜻 지나치듯 슬쩍 언급하기만 해두었던 다양한 주요 개념과 논제들이 그에 상응한 관심과 해법을 촉구하고 나섰기 때문이다.

종내 인간론 주제와 직결되는 것이어서 사실상 매우 엄중한 의미를 지닌 것임에도 불구하고, 아니 실은 바로 그러했기 때문에, 지금까지 발표한 내 자신의 다양한 연구물들에서는 형편상 시론(試論) 삼아 한두 마디 어휘 정도로 파편처럼 슬쩍 지나치듯 가볍게 툭 던져놓을 수밖에 없었던 여러 주요 테마들이 적잖이 도사리고 있었다. 나는 그동안 바로 이 주제들을 새롭게 심화하고 심층적으로 체계화해야 할 이론적 의무감을 느끼고 있던 차에, 이윽고 이 저서에서 다행히 그 여유도 확보할 수 있게 되었다. 따라서 이 기회에 이러한 시론적(試論的) 주제들이 어떠한 경로를 통해 이《인간론》저술 속에서 새로이 심화·체계화되게 되었는가 하는 것을 일일이 각주를 달아 구체적으로 밝히기도 하였다.

예컨대 무엇보다 '인연론' 및 '인연공동체' 개념의 터미널로 작용하였던 것은 2009년에 출간한《공동체론 : 화해와 통합의 사회·정치적 기초》(효형출판 2009)였다. 그리고 특히 자연의 개념 그리고 자연과의 공존·공생이 왜 오늘날의 인류사적 과업일 수밖에 없는가 하는 측면은, '환경오염' 및 '지구 살리기' 운동 문제에 사회과학적으로 부응하기 위해 인간과 자연의 상관관계를 탐구한 나의 생태론 저술,《자연의 인간, 인간의 자연》(후마니타스 2012)으로부터 중점적으로 도움을 받았다. 나아가《휴머니즘론 : 새로운 시대정신을 위하여》(나남 2007)로부터는 주로 인권과 휴머니즘의 기본개념 및 그 역사적 전개과정을 물려받았다. 다른 한편, 나는 내 자신의 경망스러운 기질 탓에 한때 나의 개인적인 삶의 여정에서 결정적인 의미를 지닐 수도 있는 혹독한 정신적·육체적 참상을 겪으며, 죽음의 그림자로 에워 쌓이기도 했던 중대한 고비를 넘긴 적도 있었다. 이 별난 체험세계를 두루 기억해두기 위해, 학술적인 영역을 떠나 오만하게도 감히 '수상록'이란 타이틀까지 내걸며 1998년에《인간적인 것과의 재회 : 바람을 비추는 등불처럼》이라는 일종의 소소한 삶의 철학을 담아낸 생활수필집 한권을 출간한 바 있었다.[7] 이 책에서는 대체로 일상생활 속에서 어떻게 살아가야 짐짓 '인간적'인 삶이라 이를 수 있을 것인가 하는 측면을 주로 조명하였는데, 바로 여기서 이《인간론》저술의 핵심 주제의 하나이기도 한 '인간적이란 어떠한 것인가' 하는 논제에 대한 주요한 착상을 제공받기도 하였다. '인간적인 인간'이란 개념 역시 이 책이 준적잖은 감화 탓이라 여기고 있다.

가령 앞의 두 저술《휴머니즘론》과《공동체론》이 주로 인간의 존엄성을 되찾기 위해 인간과 인간이 어떻게 더불어 살아가야 마땅한가 하는 문제에 골몰했다면, 세 번째 저서인《자연의 인간, 인간의 자연》은 대체로 인간과 자연이 왜 그리고 어떻게 조화를 이루며 더불어 살아나가는 것이 바람직한가 하는 주제에 몰두한 작품이라 이를 수 있으리라 판단된다. 따라서 이 저서는 생태위기, 요컨대 생명위기의 극

---

7 박호성,《인간적인 것과의 재회 : 바람을 비추는 등불처럼》(도서출판 푸른숲 1998) ; 이 책은 그 후 2007년에 나남출판사에서《바람을 비추는 등불처럼 : 인간적인 것과의 재회》로 복간되기도 하였다.

복을 외치는 인류사적 요구가 봇물처럼 터져 나오고 있는 오늘날과 같은 시대상황에서, 인간과 인간, 그리고 인간과 자연 상호간의 새로운 관계정립을 촉구하는 시대적 도전에 대한 기초적인 정치사상적 응답이었노라 할 수 있을 듯하다.

이런 의미에서, 나는 이《인간론》저서가 기존의 나의 저술들 중에서 특히《휴머니즘론》,《공동체론》,《인간의 자연, 자연의 인간》에 본격적으로 힘입은 바가 엄중했음을 특별히 강조하지 않을 수 없다. 다시 한 번 더 되짚어본다면, 이 기존 연구물들에서 처음으로 시험삼아 불쑥 제기된 채 방치되어 있다가 비로소 이《인간론》을 통해 심화·체계화된 주제들은 특히 '인간본성론', '인연론', '인연공동체' 구상 그리고 '인간적이란 무엇인가' 하는 물음 등속의 것들이 아닐까 한다.[8]

하지만 무릇 '인간문제'를 따지고 드는 이러한 유형의 작업에서는 대체로 상호 이질적인 속성을 지닌 두 개의 조건이 동시에 충족되는 것이 바람직하리라 말할 수 있다.

첫째로는, '인간이 과연 어떠한 존재인가' 하는 준엄한 철학적 물음과 그에 대한 엄정한 이론적 분석이 필수적으로 수반되어야 할 것이다. 마찬가지로 둘째로는, '인간은 도대체 어떻게 살아가야 하는가' 하는, 구체적인 실제 삶 속에서 통상적으로 부딪치게 되는 잡다한 생활습성 관련 일상사 역시 반드시 별도로 조명되지 않으면 안 되리라

---

8 우선《휴머니즘론》에서는, 특히 제2부 제3장 〈인권이념의 역사와 본질〉이, 그리고《공동체론》에서는, 특히 4장 3절 〈인연공동체론〉이, 그리고《자연의 인간, 인간의 자연》에서는 2부의 4장과 5장, 인간과 자연의 상관성이 주로 이에 해당한다고 볼 수 있겠다. 이 주제들에 관한 상세한 언급은 이 저서의 해당 부분에서 구체적으로 낱낱이 밝히고 있다.

여겨진다.

다시 말해, 인간문제 탐구에서는 이론과 실천의 조화와 통일이 필수적으로 요구된다는 말이 되겠다. 특히 이런 측면을 깊이 되새겨, 과연 어느 정도나 소기의 성과를 거두었는지 자신할 수는 없긴 하지만, 나는 이《인간론》저서에서 가능한 한 '인간론'과 '인생론'을 한데 아우르고자 최선의 노력을 경주하였다. 그런 탓에 전편을 통틀어 구체적인 삶의 현실 속에서 이론의 광맥을 탐사하고, 동시에 이론의 힘을 빌어 삶의 여러 흔적들을 과학적으로 체계화하는 작업방식에 매달리고자 버르적거릴 수밖에 없었다. 이를테면 이론 속에서 삶을 찾고 생활 속에서 이론을 관조하는, 이론과 현실의 유기적 상관성 추적에 매진하고자 애썼다는 말이 되리라. 그러나 이론화할 수 없는 현실은 존재하지 않으나, 현실화할 수 없는 이론은 상존한다는 역설을 늘 가슴에 담아두고자 애써 노력하였음은 물론이다.

하지만 이 저술에 가볍지 않은 하자와 한계들이 누적해 있음을 숨기기는 힘들 것 같다.

무엇보다 앞으로 결정적인 시대적 화두로 부각될 이른바 4차 혁명과 결부된 인성문제는 안타깝게도 나의 여력이 미치지 못하여 훗날의 숙제로 남겨둘 수밖에 없었다. 뿐만 아니라 인류의 스승이기도 한 공자·맹자·플라톤·아리스토텔레스 등등, 동서양의 위대한 철학자들의 인간론을 상호 비교·분석하여 함께 제시할 수 있었다면, 우리의 논의가 한층 더 심화될 수 있었을 텐데, 그를 이루어내지 못한 점 역시 못내 큰 아쉬움으로 남는다. 나아가 특히 위대한 문학작품들 속에 나타난 다양한 인간적 삶의 압도적인 면모들을 중점적으로 비교해가며 소개할 수 있었다면, 인간론에 접근하는 우리의 상상력이 보다 크게 고무될 수도 있었을 텐데 싶어, 이 또한 크게 안타깝게 여겨진다.

하지만 이게 다가 아니다.

비록 지금은 당장 명쾌한 해법을 제시하기 힘든 지극히 난해한 과제일지 모르지만, 대단히 본질적인 다음과 같은 몇 개의 문제 역시 해결하지 못한 채 부끄럽지만 빈손으로 남겨두었다.

첫째, 예컨대 원자력의 경우처럼, 자연과학의 성과와 성취도를 적극적으로 수용하면서도, 어떻게 하면 생물학적 삶을 위기에 빠뜨리지 않게 이끌 수 있겠는가?

둘째, 이른바 '환경운동' 및 '생태주의'의 사회 계급적 기반은 과연 무엇이고, 무엇이 되어야 하는가? 예컨대 충분한 먹거리와 건강한 마실 거리 그리고 안락한 주거 문제 등등, '삶의 질'과 직결된 핵심분야에서 지구상 절대다수의 인구가 아직까지 심각한 결핍과 고통 속에 시달리고 있음은 널리 알려진 사실이다. 무엇보다 인간의 생존을 좌지우지하는 식량문제 하나만을 우리의 생태론적 애정과 관심에 견주어 보더라도, 우리는 즉시 주체하기 힘든 곤혹스러움에 빠져들지 않을 수 없을 것이다. 예컨대 전 세계 인구의 53%가 빈곤선에서 허덕이고 있고, 결과적으로 80억(2022. 11월 현재) 세계 인구 중 11~12억 명 정도가 기아와 식량부족으로 극심하게 고통받고 있는 현실이라 한다. 이처럼 엄청난 수의 동료인간들이 근본적인 결핍에 시달리고 있는 상황임에도, '자연보호'라는 순결한 명분을 내걸고 자연자원을 계속 깨끗이만 '수호'하고자 하는, 요컨대 정조를 지키고자 하는 이러한 환경 수절(守節) 행위가 과연 얼마나 정당화될 수 있을까? 말하자면 자연보호의 기치를 내걸며, 결국엔 이 자연의 최후의 보루일 수도 있는 인간의 보호엔 눈감아버리는, 비인간적 · 비자연적인 작태를 태연히 자행하는 것은 아닐까 하는 말이다. 이처럼 근본적인 생존에 필요한 필수자원이 결여된 상황에서, 오로지 환경보호의 이름을 들이대며 자연자원을 수호하기에만 급급해 하는 것은 결과적으로 동료인간의 고통에 눈감는 위선적인 행위는 아닐까? 가령 우리나라에서도 환경보호 차원에서 높이 존중받는 값비싼 '친환경식품'이나 유기농산물의 주 고객은 과연 어떤 사회계층에 속하는 사람들일까? 요컨대 자연보호 문제는 계급적 문제인가, 아니면 전인적 문제인가?

셋째, 어떻게 하면 인간의 자유와 주체성을 계속 키워나가면서도 자연의 섭리에 순응하는 삶의 방식을 계속 지켜나갈 수 있을까?

하지만 이러저러한 우여곡절을 거친 부실한 작업공정이긴 했지만, 지금까지 내 연구물들의 '실개천'들이 사실상 이제 바야흐로 《인간론》의 '바다'에 안착한 게 아닌가 싶어, 사실은 남모르게 감히 역설적인 안도의 한숨을 내쉬고 있는 중이기도 하다.

하지만 우리는 지금 '역설'이 요청되는 시대에 살고 있다.

키에르케고어는 "역설은 사고의 열정"이라 잘라 말했다. 오직 위대한 영혼만이 정열에 자기를 내맡기듯이 오직 위대한 사상가만이 역설 앞에 자기를 내놓는 것이요, 역설 없는 사상가란, 마치 정열 없는 애인과도 같은 것이라 단언한다. 나아가 키에르케고어는 "모든 정열의 극치는 항상 자기 자신의 파멸을 의욕하는 데 있다"고 역설한다. 그리하여 오성(悟性)의 최고열정 또한, 충돌하면 결국은 자기의 파멸로 귀결될 것임에도 불구하고 그 충돌을 의욕하는 것이라고 잘라 말한다. 그는 여기서 한 걸음 더 나아가, "사고의 최고의 역설은, 자기가 스스로 사고할 수 없는 어떤 것을 발견하려고 하는 것이다" 하고 선언한다.[9]

우리는 지금 "역사의 미로"를 걷고 있다. 이 미로 위에서는 전진한

9 표재명, 《키에르케고어 연구》(지성의 샘 1995), 52쪽에서 재인용

다거나 퇴보한다는 것이 아무런 의미 없는 개념일 수 있다. 그러므로 우리는 전혀 새로운 "역사의 기하학"을 준비하지 않으면 안 되리라.

이러한 역사적 현실 속에서 나는 스스로에게 다음과 같은 인간적인 질문을 던지는데 제법 익숙해지기도 하였다 : 자유주의적 거인주의가 횡행하는 개인주의적 자본주의 사회에서, 과거 봉건사회나 구 공산권을 지배하던 공동체적 인간연대의 역사적 체험을 다시 불러내는 '역설'을 창조해낼 수는 없을까, 나아가 '자주의식'과 '연대의식'의 화합을 과연 어떻게 이루어낼 수 있을까 등등 … … .

한 사람만이 '역설'에 대해 꿈꾸면 이는 꿈일 뿐이지만, 만일 많은 사람들이 함께 '역설'을 꿈꾼다면 그것은 현실이 될 수 있으리라. 바람의 방향은 바꿀 수 없지만, 배의 방향은 조정할 수 있지 않는가.

예컨대 파스칼은 《팡세》에서 인간을 "그 어떤 괴수(怪獸), 그 어떤 진기함, 괴물, 혼돈, 모순의 주체이자 경이, 만물의 심판자이자 저능한 벌레, 진리의 수탁자이자 불확실과 오류의 시궁창, 우주의 영광이자 쓰레기"라 질타한 바 있다[10]. 서서히 팔을 걷어붙이고, 바야흐로 이 "우주의 쓰레기" 줍기 우주탐사에 용약(勇躍)해야 할 때가 다가온 것 같다.

---

10 블레즈 파스칼/이환 옮김, 《팡세(Pensées)》(민음사 2021), 127쪽

1. 인간본성과 '인연론'

1—1 인간이란 무엇인가?

인간의 본성(本性)은 과연 무엇인가?

이 논제는 본질적으로 지극히 논쟁적이다. 왜냐하면 뭇 연구자들이 거의 한 목소리로 단언하듯이, "인간본성에 관한 사상들은 본질적으로 철학적"일 수밖에 없기 때문이다. 무엇보다 "과학적으로 입증된 사실들의 결과가 아니라, 합리적 논증을 통해 도달한 일반개념"인 탓이다. 따라서 심각한 "논란을 불러일으킬 수밖에" 없으리라는 것은 충분히 예측 가능한 일이다. 그러나 다른 한편으로는, 인간본성에 관한 이러한 철학적 전제 없이는 "어느 누구도 인간의 사회나 인간의 활동을 언급하기가" 지난할 수밖에 없으리라는 궁지에 몰리게 되기도 한다.[11] 하지만 나는 이러한 진퇴양난의 기로에서, 물론 심각한 공박의 위험을 각오하며 이러한 인간 본성론으로 이 글의 첫 삽을 뜨게되는 만용을 무릅쓰게 되었다.

어쨌든 나는 인간의 본성을 한마디로 '고독'과 '욕망'이라 규정한다. 고독이 인간의 생태론적 존재양식이라면, 욕망은 실존적 존재이

---

11 예컨대《인간본성에 대한 철학적 논쟁》을 쓴 로저 트리그(Loger Trigg)는 "인간 본성에 관한 사상들은 본질적으로 철학적"이라 단언하고 있다. 무엇보다 "그러한 사상들은 과학적으로 입증된 사실들의 결과가 아니라, 합리적 논증을 통해 도달한 일반 개념"이기 때문이다. 그러므로 "자주 논란을 불러일으킬 수밖에 없지만", 그럼에도 불구하고 "우리 자신에 대한 우리의 비전에 영향을 준다"고 역설한다. 이런 취지에서, 로저 트리그는 "인간 존재의 뿌리"를 파헤치는 "인간 본성에 관한 철학적 전제들이 인간활동과 관련된 모든 학문의 근본"임을 강조하며, "인간 본질에 관한 개념 없이 어느 누구도 인간의 사회나 인간의 활동을 언급하기 어렵다"고 못박는다. 로저 트리그 지음/최용철 옮김,《인간본성에 대한 철학적 논쟁》(간디서원 2003), 24~5쪽

유라 할 수 있다.

예컨대 맹자는 인간의 본성을 "인간이 다른 동물들과 구별되는 까닭, 다시 말하면 사람만이 독특하게 가지고 있는 특성"이라 밝히고 있다. 반면에 고자(告子)는 "식욕과 색욕 같은 생리적·감각적 욕구를 성이라 보고, 이는 인간과 동물이 다를 것이 없으므로 사람을 포함한 모든 동물의 본성은 같다"고 주장한다. 그러나 맹자는 "태어난 그대로를 성(性)"으로 간주하는 이러한 고자(告子)의 생지위성론(生之謂性論)을 강하게 일축한다. 왜냐하면 맹자는 "모든 사물의 성은 저마다 독특하게 가지고 있는 특성에서 찾아야 한다"고 역설하며, "개와 소 그리고 사람은 타고난 특성이 서로 다르므로, 저마다 성 또한 다르다"는 입장을 고수하기 때문이다. 이러한 관점에 입각하여 맹자는 "인간의 본성은 모든 동물이 공통으로 갖춘 특성에서가 아니라, 인간만이 독특하게 갖추고 있는 특성에서 찾아야 한다"고 단언한다. 그리하여 맹자는 "사람의 본성은 착하다"는 인간관을 펼치게 되는 것이다.[12]

이러한 맹자의 시각을 따른다면, 내가 여기서 말하고 있는 '고독'과 '욕망'이 생태계 안의 모든 동물이 전반적으로 지니고 있는 일반적인 공통성이라 할 수 있을지 모른다. 그러나 단순히 소유 여부의 문제가 아니라 그에 대한 통제력의 차원으로까지 논리를 심화시켜나가면, 해석은 전혀 달라진다. 독특하게 유독 인간만이 고독과 욕망에 대한 이성적인 통제력을 갖추고 있기 때문이다. 이런 의미에서, 인간의 본성은 통제되어지는 '고독'과 '욕망'이라 이를 수 있을 것이다.

그런데 인간은 왜 본성적으로 고독한 존재인가?

고독은 한마디로 본질적인 유한성과 고립성, 두 개의 성분으로 이

---

12 조긍호,《이상적 인간형론의 동·서 비교》(지식산업사 2007), 356~8쪽

루어진다.

첫째, 무엇보다 유한한 존재이기 때문에, 인간은 고독한 것이다.

이 유한성은 궁극적으로 죽음을 의미한다. 하늘 아래 과연 그 무엇이 무한할 수 있겠는가. 인간은 '끝'이 있을 수밖에 없는 숙명을 지니고 이 지상에 태어난 생명체다. 그렇다면 필연적으로 주어진 이 숙명적인 고독을 유한한 존재로서 인간은 과연 어떻게 극복해낼 수 있을까. 종교를 만들어낸 결정적인 이유도 이와 깊은 관련이 있지 않을까 한다.

어쨌든 바로 이 죽음이야말로 모든 인간에게 절대적으로 평등하게 찾아가는 유한성의 필연적인 메신저다. 그 어느 누구도 거부할 수 없고, 또 그 어느 누구도 회피할 수 없는 것이 바로 이 죽음인 것이다. 이처럼 죽음은 자연적 절대평등의 성역에 군림한다. 하기야 우리 모두는 자연에서 와서 더불어 다시 자연으로 되돌아가야 할 자연적 절대평등의 장벽 앞에 함께 서 있을 수밖에 없는 유한한 존재 아닌가. 우리 인간은 때가 오면 모두가 하나같이 죽을 수밖에 없는 생명체인 탓에, 근본적으로 고독하고 허무한 존재다. 그리하여 우리는 유한자의 굴레를 짊어지고 평생을 간고하게 살다가, 또 때가 찾아오면 반드시 떠나야만 하는 허망하기 짝이 없는 존재인 것이다.

이러한 상황을 마주하며, 이 지상에서 가장 지혜롭다는 우리 인간은 도대체 어떠한 삶의 길을 걸어야 할까. 극심한 고난에 부대끼며 살아갈 수밖에 없는 우리 모두가 지혜롭게 선택할 수 있는 길은 과연 어떠한 것일까. 허망하고 허약한 생명체끼리는 서로 돕고, 서로 위로하고, 서로 아끼고, 더불어 손잡아 버텨나가는 것이 그래도 현명한 처사 아닐까. 이를테면 서로 연대하며 공존·공생해야 할 자연적 소명을 부여받고 이 땅에 오게 된 숙명적인 삶의 동반자, 그러한 존재가 바로 우리 인간 아니겠는가 하는 말이다. 그런 탓에, 이기적인 삶의 태도가 가장 비우호적인 것으로 치부될 수 있으리라 여겨진다.

어쨌든 우리 인간은 '끝'이 있을 수밖에 없는 유한한 숙명을 안고 이 지상에 오기 때문에, 본성적으로 고독할 수밖에 없다. '자신이 언젠가 죽을 존재임을 잊지 말라'라는 뜻의 라틴어 '메멘토 모리'라는 말도 있지 아니한가.[13]

포르투갈의 고도(古都) 에보라(Evora)의 〈뼈 예배당〉(Chapel of Bones) 입구에는 삶의 겸손함을 죽음을 통해 깨닫게 함으로써 삶과 죽음이 동일하다는 선인들의 가르침을 환기시켜 보고자 한 듯이 비치는 문구, "여기에 있는 뼈들은 당신을 기다린다"라는 문구가 새겨져 있기도 하다.

하지만 이게 다가 아니다. 설상가상으로 또 하나의 다른 피할 수 없는 비운이 덮친다.

둘째, 우리 인간은 그야말로 단순히 '내던져진'(geworfen) 생명체 신세로 이 땅에 오게 될 따름이다. 그런 탓에, 본성적으로 고독을 안고 태어나게 되는 것이다.

이런 맥락에서, 예컨대 하이데거(Heidegger)는 '인간은 창조된 것도 아니고 태어난 것도 아니다. 자기도 모르는 사이에 그저 아무런 이유도 근거도 없이, 우연히 어떤 시간과 공간에 그냥 내던져졌을 뿐'이라 단언한다. 하지만 이러한 "내던져져 있음"(Geworfenheit)에 대한 역설(力說)은 역설(逆說)을 함유한다. 무엇보다 "내던져져 있음"을 역설(力說)하는 것은, 또 다른 측면에서는, "현존재"(現存在: Dasein)야말로—

---

13 'memento'는 remember, 'mori'는 to die라는 뜻으로, 'memento mori'는 간략히 '죽음을 기억하라', '죽음을 잊지 말라' 등으로 번역할 수 있다.

비록 아무런 이유나 근거도 없이 그저 '내던져져' 있긴 하지만 ―, 그럼에도 불구하고, 그러한 존재성을 자신이 짊어져야 할 숭고한 소임으로 받아들여야 마땅함을 촉구하는 호소, 또는 선언으로 작용하기도 하기 때문이다. 역설(逆說)이 비롯하는 것이다. 하이데거는 물론 인간이 이 세계에 단순히 '내던져진(geworfen)' 하찮은 존재에 불과하다는 사실을 결코 부인하지는 않는다. 하지만 동시에, 인간은 자기 자신을 어디로 어떻게 스스로 '내던지느냐'(entwerfen)에 따라, 응당 자신의 존재가치를 스스로 실현할 수 있는 숭고한 역량을 보유한 '실존적' 존재이기도 함을 결코 잊지 않고 있는 것이다.[14] 이를테면 하이데거는 인간이야말로 덧없이 '내던져지긴'(geworfen) 했으나, 그러나 그럼에도 불구하고 스스로를 값지게 새로이 '내던질'(entwerfen) 수 있는 존재이기도 함을 명확히 하고 있는 것이다.

다소 피동적인 운명론적 감성에 갇혀 있긴 하지만, 우리나라의 한 소설가 역시 지극히 쉽고 간명하게 이러한 인간적 본질을 유사하게 그려내기도 하였다.

> "인간이란 스스로 태어나려고 해서 태어난 것도 아니고, 스스로 죽음을 면하려고 해서 면할 수 있는 것도 아니다. 또 귀천과 미추, 남녀의 구별도 자기의 뜻과는 상관없이 세상에 태어나 주어진 환경을 헤매다가 사라져 가는 것이 인생이다. 피고 지는 꽃이 마음대로 안 되는 것과 마찬가지라 생각하면 틀리지 않을 것이다…. 우주만물의 법칙 …"[15]

---

14 이에 대해서는, 박찬국 지음,《하이데거의 〈존재와 시간〉 강독》(그린비 출판사 2015), 특히 185 및 38쪽 참조.

15 김성한 장편소설,《고려 태조 왕건》(포도원 1993), 269쪽

어쨌든 인간이 자신의 의지와는 아무런 상관도 없이, 그러므로 자신이 스스로 선택하는 시간과 장소로부터는 원천적으로 완벽히 배제된 채, 이 지상에 마구잡이로 내던져진 존재임은 명백한 사실이다. 말하자면 태어남과 죽음이라는— 자신의 생명활동에서 가장 결정적인 두 요소가— 자신의 선택의 범주 외곽에 무참히 내던져져 있다는 말이다.

따라서 '왜 나는 하필이면 〈지금〉, 그것도 바로 〈이곳〉에서 태어나게 되었는가?'하는 등속의 의문은 자칫 대단히 저급하게 들릴 위험성도 배제하기 힘들다. 무엇보다 그것이 어떤 필연적인 사건이나 현상의 본질과 관련된 물음일 수 없기 때문이다. 반면에 그것은 오히려 '나는 왜 태어났는가, 차라리 태어나지 말았으면 좋았을 텐데 …' 하는 식의 비극적인 자기학대나 체념적이고 자조적인 불평처럼 비칠 위험성이 상당히 높다. 이와 관련하여, 응당 '신의 아들'처럼 필연성을 등에 업고 이 세상에 오게 된 인간이 과연 존재할 수 있겠는가 하는 뼈아픈 물음이 자연스레 던져질 수도 있을 것이다. 하지만 모든 인간 존재가 항상 우연과 무(無)의 가능성을 필연적으로 담지하고 있다고 믿는 편이 보다 이성적이라 여겨진다. 그러므로 이미 '내던져진' 존재로서, '아예 존재하지 않아도 무방하다거나 존재할 필요를 느끼지 않는다' 하는 투의 위축된 염원 같은 것이 얼마나 초라한 작태로 허망하게 끝날 위험성이 크겠는가.

물론 삶과 죽음의 길은 무수히 많다. 따라서 인간은 결단하는 존재일 수밖에 없다. 어떠한 길로 갈 것인가, 다시 말해 자신을 어디로 어떻게 '내던질'(entwerfen) 것인가 하는 것이 본질적으로 각 개체의 준엄한 선택과 결단에 달려 있기 때문이다. 하지만 우리 인간은 무엇보다 언제, 어디서, 그리고 어떤 형태로 태어날 것인가 하는 것을 자신의 의지로 선택하거나 결정할 눈곱만한 권리도 지니지 못하는 허망한 존재다. 비록 특정한 경우 죽음의 시기와 형태는 예외적으로 일정 부분 인간의 의지와 선택의 범주 속에 놓여 있기도 하지만,[16] 그렇다고 해서 인간이 태어나면서부터 고독한 본성을 지닐 수밖에 없는 존재임을 조금도 미심쩍어하도록 만들지는 못한다.

게다가 인간은 아무것도 지니지 못한, 철저히 '결여된' 상태로 고독하게 태어날 따름이다. 가령 '빈손으로 왔다 빈손으로 가는 인생'이란 의미의 '공수래공수거'(空手來空手去) 투의 상투적 넋두리도 실은 이러한 인간적 실상을 있는 그대로 진술하게 반영하는 것 아니겠는가. 이런 취지에서, 인간적 본성인 고독은 '유한성'과 '고립성' 외에 예사롭지 않은 또 하나의 다른 요소를 동반하게 된다고 말할 수 있다. 그것은 바로 고독이 필연적으로 '근원적인 결핍'과 동행한다는 점이다.

그러므로 인간은 의당 이러한 원천적인 결핍을 충족해나가기 위해, 선천적으로 분투 노력할 수밖에 없게 된다. 이런 까닭에, 원천적으로 고독한 인간의 본성, 즉 '고독성'은(나는 이후 필요에 따라 인간의 본성인 고독을 때때로 '고독성'이라 축약해 활용하기도 할 것이다) 이기심, 요컨대 '욕망'하는 습성과 떼려야 뗄 수 없이 결합하게 되는 것이다. 요컨대

---

16 물론 근래에 들어, 의료적 견지에서 죽음을 스스로 선택할 수 있다는 주장이 대두되고 있지 않은 것은 아니다. 이를테면 그 요지는 말기상태에 처한 환자에게 인공호흡기 부착이나 심폐소생술 등, "연명의료"를 거부할 수 있는 자유, 요컨대 "삶의 마지막을 스스로가 선택할 수 있다는 자유", 곧 "자기결정권"을 부여함으로써, "편안한 죽음" 즉 "존엄한 죽음"으로 나아갈 수 있는 길을 열어주어야 한다는 것이다. 그것이 바로 "가족에게 넘겨줄 행복한 유산"이 될 수도 있다고 여겨지기 때문이다. 이에 관해서는 최철주 지음, 《존엄한 죽음》(메디치미디어 2017), 86~91쪽(인용은 87쪽)을 볼 것. 저자는 여기서 "살 때까지 살 것인가, 죽을 때까지 살 것인가" 하는 의미심장한 물음을 던지고 있다.

고독은 욕망을 낳는 것이다.

한마디로 이러한 고독성이 이기주의의 발원지이자 온상임은 부인할 수 없는 사실이다. 그러나 동시에 인간의 내면에 타자 지향적 잠재성이 잠복해 있음 또한 부정할 수 없는 일이다. 무엇보다 자신의 원천적 결여를 충족하기 위해, 잘잘못을 가릴 새도 없이 어쨌거나 일단 그것을 가능케 해주리라 믿는 제3자부터 신속히 찾아 나서야 하기 때문이다. 자신의 이기적 욕구를 채우기 위해서라도, 우선적으로 제3자에게 손부터 벌릴 수밖에 없게 되어 있는 것이다. 인간은 자신을 찾기 위해, 일단 타자부터 찾지 않으면 안 된다. 어쨌든 인간의 욕망추구 본성, 즉 '욕망성'은(마찬가지로 이후 필요에 따라, 인간의 본성인 욕망을 때때로 '욕망성'이라 축약해 활용하기도 할 것이다) 이러한 고독성에 종속적이다. 하여간 인간은 그야말로 양면적인 존재인 것이다.

인간은 명백히 고독한 존재다.

예컨대 붓다는 태어나자마자 "천상천하 유아독존(天上天下 唯我獨尊)"(천상에서나 땅에서나 나 홀로 존귀하다)고 선언하였다고 한다. 이는 한마디로 내 삶의 주체가 신(神)이 아니라 바로 나 자신이기 때문에, 노력 여하에 따라 평범한 인간조차 존귀한 존재로 부상할 수 있다는 가능성을 열어 보여주는 위대한 인간존중 선언이라 할 수도 있다. 요컨대 하늘 위 하늘 아래에서 인간이 가장 위대한 존재라는 선언인 것이다. 그러므로 인간세상의 고통은 신이 아니라 바로 인간 스스로가 해결하지 않으면 안 된다는 결의에 찬 웅변이라 할 수 있다. 따라서 인간은 자기 운명의 무거운 짐을 홀로 짊어지고 홀로 헤쳐나가야 하는, "절대 고독의 운명"을 짊어진 존재인 것이다. 이런 의미에서, 인간의 오만을 설파한 것이 아니라, 오히려 인간이 그야말로 "절대 고독자"

임을 선포한 것이라 해석하는 편이 보다 온당하리라 여겨진다.[17]

　그러나 인간이란 자신의 근원적인 결핍, 요컨대 고독을 극복하기 위해 숙명적으로 욕망을 동반할 수밖에 없는 존재, 그 자체인 것이다. 인간이란 고독하기 때문에 욕망하고, 또 욕망하기 때문에 동시에 또다시 고독에 빠져들 수밖에 없다. 하지만 인간의 원천적인 결핍이 과연 완벽하게 충족되어질 수 있을까, 그런데 도대체 인간의 고독과 욕망은 본성적으로 어떠한 상호관계에 놓여 있는가?

1) 고독과 욕망의 생태구조

　인간의 본질은 고독과 욕망이다.

　그런데 이 고독과 욕망의 내적 구조는 실제 어떻게 되어 있을까. 그리고 우리 인간은 일상생활 속에서 구체적으로 이 두 본성에 어떻게 대응하며 자신의 삶에 임하게 될까. 다시 말해, 인간의 실제 삶에서 인간의 두 본성인 이 고독과 욕망이 지니는 구조적인 기능과 그 특성은 과연 어떠한 것인가. 바야흐로 고독과 욕망, 요컨대 인간본성의 내재적인 속성과 그 생태구조를 면밀히 따져볼 차례다.

　바로 앞에서도 언급했듯이, 고독은 고립성과 유한성, 두 개의 성분으로 이루어져 있다. 반면에 인간의 욕망은 이기성과 무한성, 두 개

17　이에 대해서는 한승원 장편소설,《사람의 맨발》(불광출판 2014), 171, 226 및 315쪽을 볼 것 : 이에 덧붙여《한국민족문화대백과》, '천상천하 유아독존' 편도 참고할 것.

의 요소로 구성되어 있다.

욕망이 충족코자 하는 이해관계는 대체로 자기 자신과 자기가 속한 공동체, 그리고 자신의 직접적인 삶의 터전인 자연과 직접적인 관련을 맺고 있다. 하지만 인간은 대체로 자기 자신의 이해관계만을 무한히 추구코자 하는 이기적인 기본속성을 버리지 못하는 존재 아닐까 한다.

우리 인간은 '끝'이 있을 수밖에 없는 고독한 숙명을 지니고 이 지상에 태어났을 뿐만 아니라, 인류사적으로도 대대로 고독을 전수받아온 생명체인 것 같다. 외따로 뿔뿔이 흩어져 떠돌며 살던 저 먼 원시시대 선조들의 고립된 삶의 생리가 우리들의 내면 속에 깊숙이 각인되어 지금까지 자자손손 유전되어 내려온 것처럼 보이기 때문이다. 우리는 고스란히 그런 피를 물려받았음에 틀림없다. 그런 탓에, 우리는 지금까지도 일상의 고독에서 표표히 벗어나지 못하고 있는 것은 아닐는지 …. 원시인의 고립이 현대인의 고독으로 거듭나고 있는 것이다.

예컨대 '디지털 유목민'(Digital Nomad)이란 화법에서도 묻어나듯이, 우리는 아직도 지난 옛 시대를 향한 꿈에서 벗어나지 못하고 있는 것은 아닐까. 더욱 가관인 것은 오늘날 놀랍게도 "원시인 식단"이란 새로운 식이요법까지 득세하고 있다는 사실이다.

원시인 식단이란 요컨대 전반적으로 식량사정이 열악하긴 했지만 현대인들보다 훨씬 뛰어난 건강을 구가했던 구석기 시대 사람들의 식단을 가리키는 개념으로서, 근래에 들어 널리 세계적인 화젯거리가 되고 있는 것이다. 이른바 '팔레오(paleo) 다이어트'라고 불리기도 하는 이 원시인 식단은 1900년대 후반 미국을 중심으로 서서히 유행하기 시작했다고 한다. 이 새로운 다이어트 비법은 신석기 시대 농업혁명이 야기한 급격한 식단변화에 인류가 제대로 적응하지 못해왔다는 문제의식에서 출발한다. 따라서 현대인들 역시 농업혁명 이전의 원시인들과 같은 식단을 유지하기만 하면, 현대에 생긴 만성질환이나 비만 등을 극복할 수 있지 않겠는가 하는 기대감 섞인 가정에 입각하고 있다. 이러한 관점에서, 신석기 시대 이후에 등장한 식재료들인 유제품·곡류·콩류·가공유·정제설탕 또는 소금 등의 섭취를 멀리하라고 권고한다. 물론 곡류에서 발효한 주류나 커피 등도 제한품목에 당연히 포함된다.[18]

　게다가 우리 인간은 특히 과거를 되돌아봄으로써 미래를 설계할 수 있도록 이끌어주는 뛰어난 '기억'의 능력까지 소지하고 있을 정도다. 그리고 이러한 능력을 최대화하려는 노력을 '역사'라 부르며 칭송하기까지 하지 않는가. 곧 이어서 자세한 해석이 뒤따라 나오겠지만, 이런 취지에서 나는 인간의 본성을 어린 시절에 해당하는 선사시대에서 찾은 바 있는 프로이드(Freud)에 기대어, 일단 원시인을 '현대인의 아버지'라 규정하고자 한다.

　다른 한편 우리 인간은 왜 욕망으로 가득 찬 본성을 지니고 있는가?

　자연의 섭리는 공평하다.

　예컨대 사자와 호랑이는 항상 많은 양의 먹잇감을 필요로 하기 때문에, 그에 걸맞게 날카로운 이빨과 발톱 등 자연으로부터 강력한 살상력과 강인한 용맹으로 보상받았다. 반면에 이빨이 시원찮은 소나

---

18 이에 대해서는, 박용우 지음,《원시인 다이어트 : 박용우 박사의 단기다이어트 식단 & 운동 제안》(개정판, 거리 2014)를 참조할 것.

사슴 같은 초식동물들은 뿔로 보완받았다. 그러므로 날카로운 발톱과 억센 완력으로 무장한 사자나 호랑이에게는 갈잖은 뿔까지 달아줄 필요가 없었던 것이다. 게다가 장미처럼 이름난 꽃에는 가시밖에 없지만, 못 생겼다고 손가락질 받는 호박꽃에게는 당당히 열매를 맺을 기량까지 부여하기도 하지 않았는가. 하지만 고운 빛깔의 구름은 또 쉬이 흩어진다. 인간 역시 크게 다를 바 없다. 미인박명(美人薄命)이니, 재승박덕(才勝薄德)이라고도 하지 않는가.

어쨌든 유한한 존재인 탓에, 인간에게는 욕망이 필연적이다. 응당 욕망은 결핍을 전제한다. 물심 양면을 막론하고 뭔가 부족하다고 느끼기 때문에 욕망하는 것이다. 또한 인간의 본성적인 고독으로 인해 욕망은 끝없이 부추겨지고, 거꾸로 이 욕망으로 인해 인간은 다시금 끝없는 고독의 나락으로 떨어질 수밖에 없다. 고독은 욕망을 낳고, 욕망은 다시 고독을 자초하는 것이다. 유한한 인간존재의 필연적인 생존방정식이다. 황제나 대왕이라고 해서 달라지는 게 있을까?

예컨대 알렉산더 대왕은 죽기 전에 신하들에게 "그대들이 내 시체를 거리로 운반할 때, 내 두 손이 밖으로 나오도록 하라. 그것들을 덮지 말지니라" 하고 지시했다고 한다. 그러나 이러한 것은 그야말로 전혀 생소한 일이었다. 그 어느 누구도 죽은 후에 그런 식으로 운구된 적이 없었던 것이다. 신하들은 도무지 이해할 수 없어 물었다, "무슨 말씀이십니까? 이는 일반적인 방식이 아닙니다. 몸 전체를 덮는 게 보통 아닙니까. 왜 양손이 밖으로 나오길 바라십니까"? 그러자 알렉산더가 대답했다, "나는 내가 빈손으로 죽는다는 사실을 알리고 싶다. 모든 사람이 그걸 보아야 하며, 아무도 다시는 알렉산더처럼 되려고 해서는 안 된다. 나는 많은 것을 얻었으나 사실은 아직 아무것도 얻지 못했으며, 내 왕국은 거대하지만 나는 여전히 가난하다" 라고.

그는 역시 대왕이었다. 하지만 비록 천자나 영웅이라 하더라도 결국엔 빈손으로 죽어갈 수밖에 없는 존재, 그게 바로 인간 아니겠는가. 그러므로 거대한 왕국을 소유하고도, '여전히 가난하다'고 투덜대며 눈을 감는다. 아침에 잠에서 눈뜰 때처럼 꿈은 깨어지고, 모든 돈이나 권력도 없어지며, 왕국도 사라진다. 죽음이란 그야말로 부질없는 욕망으로부터의 깨어남 아니겠는가. 죽음의 순간에 남는 것이 진정한 것이고, 사라지는 것은 응당 헛된 욕망뿐이리라. 아마도 알렉산더는 이런 걸 후대에 알리고 싶었는지도 모른다. 또 능히 그럴 수 있는 인물이었기에, 대왕이 될 수도 있지 않았을까. 하기야 어디 대왕만 그러하겠는가.

대중가수 최희준도 〈하숙생〉이라는 가요 속에서, "인생은 나그네 길 어디서 왔다가 어디로 가는가 …. 구름이 흘러가듯 정처 없이 흘러서 간다. 인생은 벌거숭이 빈손으로 왔다가 빈손으로 가는가" 하고 노래하였다. 휴지조각처럼 흔하디 흔한 것이긴 하지만, 아마도 인생살이의 요체를 구공탄처럼 적나라하게 찍어내지 않았나 싶다. 이처럼 이 가사가 저잣거리 보통 사람들의 폐부를 절묘하게 찔러댄 탓에, 지금껏 대중들로부터 꾸준히 사랑받고 있지 않을까 싶기도 하다. 사람 살아가는 형편을 나그네에 빗대 읊은 게, 어디 이런 소소한 유행가뿐일까.

준엄한 성경조차 인생을 주저 없이 나그네길로 묘사한다.

최초의 인간이었던 아담과 이브도 실은, 자신들의 본향이었던 에덴동산에서 쫓겨나 외지에서 지낼 수밖에 없었던 나그네 신세 아니었던가(창세기 3장 23—24절).

신앙의 큰 초석을 놓은 위대한 종교적 인물로 불리는 아브라함도 자신을 "나는 당신들 중에 나그네"라 서슴없이 규정한 바 있다(창 23

장4절). 그의 손자인 야곱 역시 "내 나그네길의 세월이 백삼십 년이나 이다"라 술회하며, 이 짧지 않은 "나그네길"이 사실상 "험악한 세월"이었노라 과감히 고하기도 한다(창 47장 9절). 영원히 머물 곳은 응당 하늘나라밖에 없다는 걸 잘 깨닫고 있었기에, 인생이란 잠시 왔다가는 나그네길과 진배없는 것이라 여겼을 것임은 물론이다. 하기야 하느님나라가 온전히 이루어질 때까지 하느님의 약속을 굳게 믿고 살아가는 천국의 나그네로서, 인생살이의 희로애락이 한갓 눈 깜빡할 사이에 사라져버리고 말 부질없는 꿈이라는 걸 얼마나 잘 간취하고 있었겠는가.

하지만 성경은 이러한 나그네 삶을 개인에 국한해서가 아니라 인류 모두에게 골고루 적용되는 보편적인 현상으로 인식했던 것 같다. 뿐만 아니라 이 나그네 생활을 범죄와 결부시키고 있음도 숨기지 않는다. 이스라엘에서는 이러한 이방 나그네를 대체로 고아 및 과부와 더불어 사회 최하류에 속하는 빈민층으로 간주하였다 한다.

한편 우리 〈국어사전〉의 형편은 또 어떠할까. '나그네'를 "고향을 떠나서 객지에 있거나, 여행 중에 있는 사람"으로, 그리고 '나그네 세상'을 "이 세상을 덧없고 허무한 세상이라는 뜻으로 일컫는 말"이라 풀이한다.[19] 어쨌든 나그네란 자신에게 친숙한 자신의 삶의 터전을 떠나 낯선 곳에 잠시 머물거나 이리저리 떠도는 불우한 사람을 가리키는 말이리라. 그러므로 어느 한 곳에 항구적으로 머물 사람이 아님은 물론이다.

하지만 마르크스에 이르면, 안락한 제 살 곳을 찾지 못해 마냥 떠돌기만 하는 이러한 나그네에 대한 인식이 근본적으로 돌변하는 현상

---

19 문학박사 이응백 감수, 《국어대사전》(교육도서 1988), 344쪽

을 발견할 수 있다. 상황을 전혀 딴판으로 읽어냄으로써, '나그네'는 이윽고 두터운 철학의 외투를 걸치게 된다. 나그네는 그야말로 철저히 자유를 박탈당한 존재로 인식되는 것이다. 상징적인 나그네의 대표선수는 바로 노동자다.

마르크스에 따르면, 본질적으로 노동하고 생산하는 존재인 인간은 그가 자유롭게 노동하고 또 자기 노동의 산물을 자유롭게 획득할 수 있는 곳에서만 자유로울 수 있다. 따라서 '주인'의 특권 및 법률적 종속상태가 단순히 폐기된다고 해서— 무엇보다 생산수단의 소유자에 대한 무산자의 종속이 계속 유지되기 때문에— 그것이 결코 근본적인 치유책으로 받아들여질 수는 없다. 이를테면 예컨대 '법 앞의 평등'처럼, '정치적으로' 해방된 '노예'는 부르주아 사회의 인간으로서는 끝없이 부자유스러울 수밖에 없다는 말인 것이다. 왜냐하면 부르주아 사회에서는 자신의 불가결한 노동수단으로서의 생산도구를 자유롭게 처리할 수도 없고, 또한 노동의 생산물을 마음대로 획득할 수도 없기 때문이다. 그러므로 자유롭지 못한 것이다.

마르크스는 이러한 사회적 종속관계의 결과를 헤겔 식 표현을 빌어 '소외'(Entfremdung)라 부른다. 인간은 본질적으로 노동하는 존재지만, 노동자는 자신의 생산물을 자기소유로 확보하거나 자기화 할 수 없다. 그것은 다른 사람에게 속해 있어, 자신에게 적대적으로 대치하고 있을 뿐이다. 따라서 그는 자신의 노동을 결코 자신의 인간적 본질의 자유로운 표현으로 이해하지 않는다.

그렇기 때문에, 마르크스는 "노동자가 노동할 때는 집 밖에 있다"고 말한다. 지극히 당연하고 진부한 문구이긴 하지만, 그는 지나칠 정도로 태연히 이 주장을 늘어놓는다. 물론 속뜻은 따로 있었다. 그는 고리타분하기 짝이 없는 이런 언급을 통해, 그러한 노동이— 마치 안락하고 친숙한 집 밖으로 내던져진 것처럼— 노동자 자신에게 얼마나 낯설고 고통스러운 유형의 것인가를 역설적으로 날카롭게 설파하는 것이다. 이런 관점에서 노동은— 비록 노동자가 법률적으로 완벽히 '자유롭다' 하더라도— 그에게 물질적 필요로 인해 강요되는 "노예노동"으로 비칠 수밖에 없다. 그리하여 노동은 그에게 자신의 육체적 생존을 연장시켜주는 단순한 동물적 수단에 지나지 않기 때문에, 인간은 결국 자신의 '인간성'(Menschlichkeit)으로부터도 철저하게 소외될 수밖에 없는 것이다.[20]

말하자면 마르크스는— 가장 극명하게는 자본주의 사회에서처럼— 생산수단의 사유가 지배하는 사회에서의 인간은 강제노동을 영위하는 단순한 노예에 지나지 않으며, 그로 인해 인간성을 철저하게 박탈당하는 동물적 존재로 전락할 수밖에 없다고 개탄하는 것이다. 따라서 이러한 자본주의적 부르주아 사회 자체의 혁명적 척결, 바로 그것이 그의 궁극적인 목표가 될 수밖에 없었다.

마르크스는 혁명의 궁극적 목표를 소외로부터의 인간해방, 즉 "유적 존재"(Gattungswesen)로의 인간의 회복, 인간과 인류의 완전한 자기실현으로 이해한다. 그러나 바로 앞에서도 언급했듯이, 마르크스는 "정치적"해방을 근본적으로 불충분한 것으로 인식한다. 왜냐하면 그것은 인간을 한편으로는 "시민사회의 일원으로, 즉 이기적이고 고립적인 개인으로", 다른 한편으로는 추상적인 "국민, 도덕적 인간"으로만 환원시키기 때문이다. 이런 취지에서 현실의 개인이 "유적 존재"로 발전하고 사회와 하나로 합치되는 것, 즉 공동체로부터의 인간

---

20 Marx, Ökonomisch—philosophische Manuskripte aus dem Jahre 1844 , MEW, Egb.1, p. 514

의 분리가 철저히 극복되는 것이야말로 인간해방의 실질적 완성을 나타내는 진정한 징표라 역설하는 것이다.[21] 우리 식으로 풀이하면, 궁극적인 나그네 신세의 퇴치, 이것이 실은 인간해방이 아니겠는가 하는 말이 되리라.

어쨌든 현실이 개선·극복되어야 할 그 무엇임은 분명한 사실이다. 하기야 우리 모두가 이 지상에 잠시 머물다 떠날 나그네들 아닌가. 하지만 비록 다들 똑같은 나그네 신세에 지나지 않긴 하지만, 머무는 곳이 각자 서로 다를 수밖에 없음은 어김없는 일이다. 그게 행여 여인숙일지, 장급 여관일지, 콘도나 펜션일지, 하숙집일지, 아니면 단칸방이나 특급호텔일지 하는 정도의 차이가 반드시 뒤따를 수밖에 없음은 자명한 이치다. 그러나 잠깐 눈 붙였다가 이내 다시 어디론가 또 떠나가야 할 처지인데, 특급호텔이라 으스댈 것이며, 악취풍기는 여인숙이라 하여 풀죽을 것인가.

가령 우리가 특급호텔에 머무는 동안에는 모든 시설이나 서비스를 최고급으로 누릴 수 있을지 모르지만, 일단 그 곳을 떠나야 할 때는 그 모든 걸 다 내려놓고 빈손으로 뒤돌아서야 한다. 그것들이 당연히 호텔에 속한 것이지, 결코 내 것이 아니기 때문이다.

이처럼 인생길이란 길가 어느 한 모퉁이를 숙소처럼 잠시 빌려쓰다가, 때가 되면 모든 걸 고스란히 제자리에 놓아둔 채, 그야말로 표표히 떠나가야 할 나그네길 같은 것이다. 그러므로 특급호텔이냐, 여인숙이냐, 단칸방이냐 하는 등속의 잠시 머물다 떠날 거처의 차이는, 이 나그네 처지를 그저 알기 쉽게 외양으로 잠시 서로 구분해주는 대수롭지 않은 표지판 같은 것에 지나지 않을 따름이리라. 그러하니 이

---

21 Marx, *Zur Kritik der Hegelschen Rechtsphilosophie. Einleitung*, MEW 1, p.385

러한 변별점이 결코 영구적인 것이 될 수도 없음은 물론이다. 마치 '죽장에 삿갓 쓰고 방랑 삼천리' 하는 식의 〈방랑시인 김삿갓〉 가요 처럼, 나그네길이란 게 결코 일정할 수 없기 때문이다. 예컨대 운세가 좋아서건, 하늘의 은총을 입어서건, 정당한 노력의 대가를 받아서건, 혹은 로또 덕분으로건, 하루밤 새에 모든 게 급작스레 뒤바뀔 수도 있기 때문이다. 여인숙 신세가 특급호텔 신분으로 홀연히 급변할 수도 있지 않겠는가. 뿐만 아니라 단칸방 살이를 특급호텔보다 훨씬 더 쾌적하게 여길 사람도 분명 적지 않으리라. 예컨대 대나무로 만든 밥그릇에 담은 밥과 표주박에 든 물이라는 뜻의 '단사표음'(簞食瓢飮)이 청빈하고 소박한 삶의 미덕으로 얼마나 울림이 큰 기림을 받기도 했었던가.

오아시스가 있기에 사막이 아름답듯이, 바로 이러한 극적인 전변(轉變)이 그야말로 절묘한 삶의 묘미 아니겠는가. 이러한 세상에 어찌 '끝없는' 절망이니 '무한한' 행복이니 하는 언사를 함부로 남발할 수 있으리요. 무엇보다 인간이 역설적 존재이자 전진형 생명체이기 때문이다. 앞으로 계속 강조하겠지만, 우리 모두는 불행 속에서도 행복의 광맥을 탐사해내고 절망 속에서도 희망의 빛줄기를 찾아내어야 할 '행동적 니힐리스트' 아니겠는가.

그런 탓에, 우리가 두려워할 것은 두려움밖에 없으리라.

그야말로 젖먹이 때부터 우리는 거듭거듭 넘어지면서도 삐뚤빼뚤 한 발짝 한 발짝씩 위태롭게 걸음마를 익혀가며, 바야흐로 직립보행하는 이른바 숭고한 '만물의 영장'의 지위에 오를 수도 있지 않았던가. 직립보행함으로써 엄청나게 많은 덕을 볼 수도 있게 되었음은 물론이다. 양손을 유용하게 쓸 수 있게 되었을 뿐만 아니라, 또한 머리의 높이가 높아진 덕에 시야가 넓어지고 또 다른 개체와 얼굴 맞대기가 용이해진 탓에 감정표현과 더불어 의사소통을 진전시켜 나갈 수도 있게 되었다. 손과 팔의 움직임이 정교해짐에 따라 지능이 점점 발달하게 되었고, 이윽고 언어를 사용할 수도 있게 되었다. 다른 생물들의 관점에서 얼마나 경이로운 일이겠는가. 하지만 이처럼 유용한 선물들만 있었을까. 결코 그렇지 않다. 하나를 얻으면 대체로 하나를 잃게 되는 게 빈번히 기승을 부리는 인간적 삶의 이치 아니겠는가. 응당 불길한 징조가 뒤따를 수밖에 없었다.

네 발로 걷는 동물들과는 달리, 두 발로 걷느라 곧잘 균형을 잃기 쉬워 쉽게 넘어져 크게 다치기도 한다. 또한 무거운 머리가 가장 높은 곳에 자리잡고 있는 바람에, 머리에 가해지는 충격이 커 뇌진탕에 걸리는 경우도 흔하다. 아울러 불안정한 무게중심 문제가 야기되었을 뿐만이 아니라, 무거운 몸을 지탱하고 있는 것 자체로도 신체 여러 부분에 심각한 부담을 안겨줄 수밖에 없게 되었다. 무엇보다 척추 우환이 다반사로 일어난다. 아울러 발바닥 두 개는 또 얼마나 딱한 처지에 놓여 있는가. 자그마한 면적으로 엄청 무거운 무게의 몸체를 거의 하루가 멀게 지탱하고 있어야 하니, 오죽 딱하겠는가. 뿐만 아니라 걷거나 뛸 때 계속해서 움직일 수밖에 없는 운명 탓에, 무릎관절 질환은 당연지사다. 그럼에도 우리 인간이 태어나서 몸과 마음을 다 바쳐 가장 먼저 배우고 익히는 게 직립보행 아닐까.

사실상 젖먹이 때부터 우리 모두는 초인적인 전투훈련, 요컨대 피땀 나는 인생 유격훈련을 받아온 셈이다. 실은 바로 이때부터, 넘어질 때마다 다시 일어서는 인고의 회복탄력성을 익히기 시작해온 것이다. 그러하니 무엇이 두려울 수 있으랴. 남아공의 넬슨 만델라(Nelson Mandela)도 "결코 넘어지지 않는 것이 아니라 넘어질 때마다 일어서는 것, 거기에 삶의 가장 큰 영광이 존재한다"고 외치지 않았던가. 이처럼 우리는 이미 젖먹이 시절부터 이러한 '삶의 가장 큰 영광'을 쟁취할 능력을 굳건히 배양받아오기 시작한 것이다. 이렇게 유아기부터 초인적인 전과를 쌓아온 우리들인데, 두려워할 게 두려움 외에 도대체 또 무엇이 더 있을 수 있겠는가. 더더구나 홀로 외로이 살아가는 삶이 아니라 똑같은 짐을 짊어진 동료 인간들과 함께 손잡고 서로를 위로하며 더불어 살아가는 길이어늘, 도대체 무엇이 두렵겠는가.

어차피 살아간다는 것이 모름지기 죽음을 향한 지칠 줄 모르는 항진 그 자체인 탓에, 우리는 '허무'를 향한 순결한 애정으로 허무를 애무하고 포옹하는 용암 같은 활력을 깊이 간직해야 하리라. 그러므로 걸림돌을 디딤돌로 만들어 가는 삶, 썩어 문드러지기보다는 차라리 닳아 없어지는 삶, 이러한 격조 높은 삶의 자세야말로 자연이 우리에게 부여한 인간 고유의 숭고한 존재양식 아닐런가.

바로 이러한 '행동적 니힐리즘', 요컨대 궁극적으로는 '고독'을 공유하고 '욕망'을 제어하며 더불어 함께 하는 삶에 겸허히 투신하는 고고한 삶의 자세, 이야말로 바로 우리 인간의 존엄한 자연적 본성의 순수한 발로 아니랴. 인도의 잠언시집 '수바시따'도 이렇게 읊고 있다. "나눌 줄 알아야 높아진다네. 물을 나누어주는 구름은 드높고, 물을 저 혼자 간직하는 바다가 낮은 것처럼"이라고 ….

이런 면에서, 우리 모두는 응당 서로 깜보일 수밖에 없다. 비록 머무는 곳이 서로 달라도, 우리는 잠자리에 들기 전 하나같이 문단속하려드는 동질적인 속성을 지닌 존재들 아닌가. 게다가 인연의 회오리바람이 늘 우리를 휘감고 있기도 하지 않은가. 하지만 우리는 위대한 영혼을 지니고 있는 존재이기도 한 탓에, 언제나 새롭고 보다 감미로운 인연을 조성하기 위해 서로 분투하지 않는가. 그러므로 우리는 결코 한 곳에만 머물러 있고자 하지 않는다. 그러하니 그 누가 특급호텔이나 여인숙 등등, 머무는 곳의 서로 다름을 마냥 감내하려고만 할 것인가. 결국 우리는 결코 싸움질을 포기한 적이 없다. 자유니, 평등이니, 착취니, 억압이니, 소외니, 운명이니, 신의 뜻이니 하는 등속의 유려한 사회개념들을 앞세워 목숨걸고 서로 맞붙어 싸워온 지 얼마나 오래인가. 항상 보다 뜻깊고 보다 유익한 인연을 창출하고자 몸부림치는 한 맺힌 생명체인 탓이다.

이 세상이 잠깐 스쳐지나갈 덧없는 여로에 불과하다 함을 과연 누군들 감히 부인할 수 있으리요. 하지만 바로 오직 한번만 스쳐지나갈 수밖에 없는 길이기에, 이 나그네길을 또 얼마나 존귀하게 떠받들어야 할 것인가. 그런 탓에, 고독한 이 길을 함께 거니는 우리들 나그네끼리는 서로서로 또 얼마나 소중한 깜보이겠는가. 우리 모두는 이다지도 애절하고 간곡한 형편에서 함께 힘든 삶을 이어갈 수밖에 없는데도, 과연 그 누가 야박하게 서로를 짓이기며 악착같이 오로지 자기 자신만을 위하는 탐욕스러운 삶을 꿈꿀 수 있을까, 아니 잠시나마 그런 꿈을 꾸어도 되는 것일까.

그런 탓에, 아무런 꿈도 없이 헛되이 살아가야 할 것인가. 인간이기에 이러한 고독한 나그네길을 아무런 꿈도 없이 마냥 하염없이 떠돌기만 해야 할까. 빈손으로 이 세상을 하직할 수밖에 없다고 해서, 평생을 마냥 빈손으로 살아가야 하는 것인가 …. 비록 고독한 본성으로 말미암아 끝없는 방황을 되풀이하긴 하겠지만, 그럼에도 우리는 욕망이라는 또 하나의 다른 용맹한 본성을 지니고 있지 아니한가.

물론 인간의 '욕망성'이 결코 전지전능할 수는 없다.

무엇보다 욕망의 시발점이나 강도(強度) 등이 '고독성'의 다양한 유형에 지배당할 수밖에 없기 때문이다. 말하자면 내 자신이 언제, 어떠한 곳에 '내던져지는가' 하는 것의 차이에 따라, 그 고독성이 자신을 넘어서기 위해 추구하는 욕망의 속성과 유형과 크기 등속이 판이하게 달라질 수밖에 없으리란 말이다. 대단히 상투적이고 비속하긴 하지만, 굳이 사례를 하나 들어본다면 대략 이 정도가 되지 않으랴 싶다. 이를테면 내 자신의 고독성의 출발점이 가령 명문가인가 달동네인가 또는 재벌인가 영세민인가의 차이에 따라, 내가 추구할 욕망의 속성과 방향 등속이 판이하게 달라지리란 말이 되겠다.

하기야 인간이란 고독을 껴안으며 출생신고하고, 욕망을 내던지며 사망신고 하는 존재 아니겠는가.

응당 욕망 없이 생명을 유지할 수 없음은 물론이다. 마치 식욕이 없으면 먹지 못해 말라죽게 될 이치와 다를 바 없으리라. 그리고 성욕이 없다면, 종족을 어떻게 보존할 것인가. 그렇다고 해서 모든 욕망이 골고루 다 용인될 수 있을까. 하기야 바람직한 욕망이 없으란 법이 있겠는가.

그렇다면 과연 어떤 유형이 있을 수 있을까?

자신에게 도움이 되면서 동시에 남에게도 득이 될 수 있는 욕망이라면, 그러한 게 최선 아닐까 여겨진다. 가령 내가 '좋아하는 일'이 때맞춰 마침 '좋은 일'이라면, 삶이 얼마나 든든해질까. 예컨대 나는 청소하기를 굉장히 좋아하는데, 솔선해서 비를 들고 거리 청소에 나선다면 이 얼마나 좋은 일이 될 것인가.

우리는 결코 바람의 방향을 바꾸지는 못한다. 하지만 돛단배의 향방은 바꿀 수 있지 않은가. 마찬가지로 비록 그것이 인간의 본성적 요소라 하더라도, 고독과 욕망의 성향이나 존립형태 등에 대해서는 어느 정도 일정한 조절이 가능하지 않으리요. 무엇보다 우리 자신이 근본적으로 '내던져진' 처지이긴 하지만, 살아가면서 스스로를 자신의 뜻대로 새로이 '내던질' 수 있는 존재이기도 하기 때문이다. 이런 의미에서, 우리의 인간적 삶이란 한마디로 '내던져짐'에서 '내던짐'으로의 진화과정이라 이를 수 있을 것이다. 그러하니 고독성과 욕망성이 만나지 말란 법이 어찌 있을 수 있겠는가.

게다가 고독은 끝없이 '변화'를 추구하는 본색까지 버리지 못한다. 고독을 견디고 이겨내는데 일탈과 변화무쌍함이 큰 위력을 발휘하기 때문이다. 욕망 역시 마찬가지다. 변화는 욕망의 본질에 속한다. 끝없이 새로운 것을 찾고, 끝없이 새로운 것을 욕구하기 때문이다. 바로 이 지점에서 고독성과 욕망성은 일체를 이룬다. 바야흐로 인간의 고독성은 변화를 촉진하고 충족시키기에 충분한 다양한 욕망성과 적절히 상호 화합하는 것이다.

어쨌든 인간은 선천적으로 고독한 본성을 품에 안고 태어났다. 그러나 인간을 절로 창조해낸 자연은 이러한 인간 개개인의 본원적인 결함과 부족함을 마냥 방기하지 만은 않는다. 인간 스스로의 힘으로 반드시 극복해내도록 하기 위한 조처로, 에둘러 공생과 공존이라는 지엄한 처방전을 미리 마련해놓기도 한 것이다. 인간으로 하여금 서로 배려하는 삶을 살아가도록 이끌기 위한 자연의 배려인 셈이다. 오죽 하면 서로의 외로움과 결핍을 서로 떠받치며 메워나가라는 뜻의, 기둥을 서로 떠받치는 듯한 '사람 인'(人) 자 형태의 문자까지 만들어졌을까. 아마도 언어의 발명 역시 '고독'을 이겨내고자 몸부림치는 인간적 '욕망'의 산물 아닐까 한다. 이런 의미에서, 이러한 고독과 욕망의 가장 근원적이고 적나라한 만남의 장으로서 인간적 본성을 가장 예리하고 상징적으로 드러내 보여주는 심성이 요컨대 '사리사욕' 같은 게 아닐까 싶다. 이를테면 오로지 자신의 숙명적인 고독에서 비롯하는 자신의 불가피한 결핍만을 무한히 충족시키고자 몸부림치는 인간적 욕망 추구자세, 그것이 바로 사리사욕 아니겠는가 하는 말일 터이다.

예컨대 토마스 홉스 역시 인간본성과 '욕망'을 직결시킨다.

그는 인간본성(human nature)의 경험적 잣대로 정치의 본질과 목표를 읽어내고자 힘쓰면서, 인간행위의 자연적 두 동인을 '욕구'(appetite) 또는 '욕망'(desire)과 '혐오'(aversion)에서 찾았다.[22] 모든 인간이 대체로 "죽을 때까지 계속되는 힘(power)에 대한 끊임없는 욕망"을 소유하고 있다고 본 것이다(같은 책, p.138). 그리고 무엇보다 '자기보존'(self-preservation)이야말로 자연으로부터 물려받은 인간의 근본 권리에 속하는 일이라 믿어 의심치 않았다.

나아가 홉스는 이러한 인간의 본성을 다른 자연현상과 동일한 방식으로 이해하고 설명할 수 있다고 확신하기도 하였다.[23] 인간이 곧 자연의 일부인 탓에, 여러 다른 자연적 존재들과 마찬가지로 인간 역시 근본적인 자연의 법칙 아래 놓여 있다고 생각한 것이다. 이런 관점에 입각하여, 그는 인간이— 예컨대 본성적으로 사회적 동물인 개미나 꿀벌들과는 달리— 이기적 욕구에서 잠시도 벗어나지 못한다고 역설한다. 그는 "인간은 명예와 지위를 위해 끊임없이 경쟁"하고, "자기를 남과 비교하는 데에서 기쁨을 얻기 때문에 우월감 이외에는 아무것도 좋아하지 않는다"고 윽박지르면서, "인간들 중에는 '공동체'를 다스리는 일에 자기가 남들보다 현명하고 유능하다고 자부하는 사람

---

22 토머스 홉스/진석용 옮김,《리바이어던 : 교회국가 및 시민국가의 재료와 형태 및 권력》1권(나남출판사 2008), 77쪽

23 특히 과학과 인간본성의 상관관계에 관한 홉스의 입장을 보기 위해서는 Raymond Plant, Modern Political Thought(Basil Blackwell, Oxford 1991) p.38~45 를 참고할 것.

들이 대단히 많다"고 투덜거리기도 한다(토머스 홉스, 앞의 책, 230쪽). 이어서 바로 이러한 이기주의로 인해 경쟁과 끊임없는 불안과 갈등, 심지어는 물리적 충돌까지 야기될 수밖에 없다고 설파한다. 게다가 자연이 육체와 심성의 능력 면에서 인간을 평등하게 만들었기 때문에, 인간의 자연적 재능은 서로 엇비슷하지 아니한가, 따라서 어떻게 평화가 존재할 수 있겠는가 하고 호통친다. 불가피하게 "만인에 대한 만인의 전쟁"이 불붙기 시작하는 것이다(같은 책, 171쪽).

어쨌든 삶이란 결핍과의 꾸준한 투쟁이다. 그러하니 인간의 고독성과 욕망성이 자신의 유별난 특성들을 속 편히 숨기려들겠는가. 그러나 그 중에서도 그래도 특별히 돋보이는 측면만 간략히 점검해보는 것이 유의미하리라 여겨진다.

① '공포심'과 '이해관계'

인간은 고독한 존재다. 그렇기 때문에 본성적으로 '공포심'을 지닐 수밖에 없다. 또한 인간은 욕망으로 가득 찬 존재다. 그렇기 때문에 '이해관계'에 본능적으로 얽매일 수밖에 없다.

그런데 대단히 흥미로운 것은 바로 이 공포심과 이해관계가 인간을 서로 결집시켜 공동체를 형성토록 압박하는, 인간의 본성에서 발현하는 자연적 추동력으로 기능한다는 사실이다. 말하자면 공포심과 이해관계라는 인간의 자연적 본성이 기본적으로 공동체 성립 및 성장을 위한 촉진제로 작용한다는 말이다. 그러나 인간의 본성이 지속적인 속성을 지닌 것인 만큼, 이 공포심과 이해관계 역시 공동체의 성립 이후에도 상황의 변화에 따라 스스로의 성향을 적절히 바꾸어가면서 끊임없이 존속하게 된다.

그렇다면 이러한 이해관계와 공포심이 공동체와 관련하여 구체적으로 어떠한 기능을 발휘하게 되는가?

이해관계란 한편으로는, 한 공동체 내에서 특정한 공동체적 가치를 지속적으로 축적해나가고자 하는 욕망으로 나타나고, 다른 한편으로는, 그렇게 축적한 가치를 향후 지속적으로 수호해나가고자 하는 결의에 의해 심화한다. 이런 의미에서, 공포심이란 바로 이러한 이해관계와 직결된 욕망과 결의를 저해할지도 모르는 다양한 대내외적 위협에서 비롯하는 것이라 할 수 있다.

그런데 이 이해관계의 근간은 과연 무엇인가? 그 뿌리와 줄기는 본질적으로 물질적 가치 및 사회적 명예로 이루어진다고 말할 수 있다.

예컨대 막스 베버(Max Weber)는 모든 유형의 정치적 지배체제, 요컨대 "합법적 지배", "카리스마적 지배", "전통적 지배" 등이 지속적으로 "행정을 필요로 하기 때문에", 일체의 "지배경영(Herrschaftsbetrieb)"을 성공적으로 관철시키기 위해서는, "정당한 폭력의 소유자임을 주장하는 지배자들에게 복종토록 만들기 위해 인간의 행동"을 통제할 수밖에 없다고 역설한다. 이러한 관점에 입각하여 그는, "행정 간부"를 "권력자에게 복종"하도록 만드는 것은 "개인적인 이해관계에 호소하는 두 개의 수단— 물질적인 보상과 사회적 명예"—, 다시 말해 "봉신(封臣)의 봉토(封土), 가산제(家産制) 관료의 녹봉, 근대공무원의 봉급, 그리고 기사(騎士)의 명예, 신분상의 특권, 관료의 명예" 등이라 단언한다.[24] 이처럼 막스 베버 역시 '물질적인 보상'과 '사회적 명예'를 개인적 이해관계를 충족시키는 필수도구로 간주하고 있는 것이다.

---

24 막스 베버 지음/이상률 옮김, 《직업으로서의 학문, 직업으로서의 정치》(문예출판사 2005, 2판), 75—76쪽 : 앞으로 등장할 나의 논리를 전개해나가는 과정에, 이러한 막스 베버의 이해방식에 적잖은 도움을 받은 것 같다.

다른 한편 루소(Rousseau)는 불평등을 야기하는 네 개의 요인으로 '개인적 능력'(personal merit), '부'(riches), '신분이나 지위'(nobility or rank) 그리고 '권력'(power)을 들면서, 그 가운데서 부(wealth)를 최후의 불평등 요소로 간주한다. "왜냐하면 부는 개인의 번영에 가장 직접적인 영향을 끼치고, 가장 쉽게 통할 수 있으며, 모든 다른 차별들을 사들이는 데 손쉽게 활용될 수 있기 때문이다".[25] 루소 또한 이러한 부, 신분 및 지위 그리고 부와 권력을 이해관계의 핵심적 추구대상으로, 그리고 개인적 능력과 자질을 그 수단으로 간주하는 유사한 입장을 보여준다.

이러한 관점들에 견주어보면, '욕망'의 핵심적 목표가 실은 물질적 부 및 정치·사회적 명예 충족이라는 '이해관계'의 실현이라는 것이 넉넉히 드러난다. 반면에 '공포심'이란 바로 이러한 이해관계가 저지 또는 박탈당할지도 모른다는 불안감에 근거하는 것으로서, 물질적 혜택 및 정치·사회적 지위 등이 제거됨으로써 결국 '고독'한 상태로 내몰림당할 수도 있으리라는 잠재적 위기의식과 직결해 있다고 말할 수 있다.

이런 면에서 기본적으로는 이해관계를 결집·충족하고 공포심을 완화·축출하기 위한 목적으로, 인간은 이윽고 공동체 성립 및 성장을 촉진하게 되었다고 말할 수 있을 것이다. 따라서 인간이 모여 살게 된 것은 근원적으로는 바로 이러한 이해관계와 공포심의 진원지로 기능하는 고독과 욕망이라는 인간의 본성에 기인하는 것이라 할 수 있다. 달리 말하면, 인간의 본성이 바로 인간공동체의 기본토대란 말이

---

25 Rousseau, A Discourse on the Origin of Inequality , trans., G.D.H. Cole, in : The Social Contract and the Discourses (Everyman's Library, London 1982), p.101

되겠다.

물론 인류역사의 전개과정에 따라, 인간의 이러한 '욕망'과 '고독'의 속성 및 유형 역시 역사적·물질적 상황의 차이에 준하여 더불어 변화할 수밖에 없음은 당연한 일이라 할 수 있다.

그러나 인간의 생존을 위해 가장 근본적이고 필수적인 것이 무엇보다 의식주 문제 해결임은 두말 할 나위도 없는 일이다. 왜냐하면 먹을 것, 마실 것, 입을 것, 잘 곳이 지속적으로 마련되지 못하면, 생존 자체가 근본적으로 위험에 빠질 수밖에 없기 때문이다. 그리고 그 다음으로 중요한 문제는 일상적으로 엄습하는 다양한 방식의 대내외적인 위협을 제대로 잘 인지하고, 또 이를 적절히 극복해내는 일이라 할 수 있을 것이다.

예컨대 인본주의 심리학을 창도한 이론가로 널리 알려진 미국의 심리학자 에이브라함 매슬로(Abraham H. Maslow) 역시 인간의 기본적 욕구 가운데 굶주림과 목마름 등에서 벗어나고자 하는 "생리학적 욕구"(the physiological needs)가 "거의 전적으로 결정적인"(almost entirely determined) 차원에 속하는 것이라 역설한다. 그리고 이러한 '생리학적 욕구'가 제대로 충족된 이후, 곧 이어 "안전에 대한 욕구"(the safety needs)가 뒤따른다고 강조한다.[26]

이런 관점과 연관지어, 우리는 인간이 생존을 이어가는 방식을 일단 두 영역으로 나누어 살펴볼 수 있을 것이다. 하나는 몸 안에서 행해지는 "생명활동"이고, 다른 하나는 살아남기 위해 몸 밖에서 취하

---

26 Abraham H. Maslow, Motivation and Personality, 3rd Ed. Revised by Robert Frager/James Fadiman(Addison Wesley Longman, Inc., NewYork/Reading, etc. 1987)/조대봉 역,《인간의 동기와 성격》(교육과학사 1992), 특히 47~8쪽

는 일련의 "생존활동"이 그것이다. 그런데 이 생존활동은 '의지'에 입각한 것이라 할 수 있으나, 생명활동은 의욕이나 상상력에 의한 것이 아니라, '자연', 즉 본능에 따른 것이라 할 수 있다(김명호, 생각으로 낫는다, 앞의 책, 56쪽).

이미 토머스 홉스도 《리바이어던》에서 유사한 주장을 펼친 바 있다. 그는 동물에게는 한편으로는 "생명의 지탱을 위한(vital) 운동", 그리고 다른 한편으로는 "움직이는 생명체로서의 운동(animal motion)", 즉 "자발적 운동"(voluntary motion)이라는 "두 가지 '운동'(motion)"이 있다고 주장한다. 홉스에 의하면, 출생과 동시에 시작하여 죽을 때까지 끊임없이 계속되는 혈액순환, 맥박, 호흡, 소화, 영양, 배설 등과 관련된 운동이 바로 "생명의 지탱을 위한(vital) 운동"이며, 이런 운동에는 상상력의 도움이 필요치 않다. 반면에 걷거나 사지를 움직이는 등속의 행위를 "자발적 운동"(voluntary motion)이라 일컬을 수 있는데, 이는 "마음에 생각한대로 나타나는 운동", 요컨대 자유의지에 의해 수반되는 운동이란 것이다.[27]

하지만 과연 이게 다일까.

나는 이러한 '생명활동' 및 '생존활동'에 덧붙여, 응당 또 하나의 다른 영역을 새로이 추가하는 것이 마땅하리라 여긴다. 무엇보다 한 개체에 국한되는 '생명 및 생존활동'을 뛰어넘어, 이러한 개인과 개인 상호간의 결합을 통해 '집단적 의지 및 가치'를 실현코자 도모하는 또 하나의 다른 주요 '활동' 영역이 있을 수 있으리라는 믿음 때문이다.

이런 면에서, 매슬로의 시각이 시사하는 바가 적지 않은 듯하다.

매슬로는 '생리적 욕구' 및 '안전의 욕구'가 제대로 충족되고 나

---

27 이에 대해서는, 토머스 홉스/진석용 옮김, 앞의 책, 76쪽을 볼 것

면 "사랑과 호의, 소속감"이 나타나게 되면서, 인간은 "이전에는 결코 느껴보지 못했던, 친구나 연인, 아내, 아이의 부재"를 심각하게 아쉬워하게 되는 단계로 넘어간다고 말한다. 이윽고 인간은 "일반적으로 사람들과의 호의적인 관계", 요컨대 "그룹이나 가족 내에서의 위치에 대해서 배고픔"을 느끼게 되고, 결국 "목표의 성취를 매우 강렬하게 열망"하게 된다. 바로 이러한 열망에서 이윽고 "소속감과 사랑의 욕구"(the Belongingness and Love Needs)가 생성되는데, 이는 점차 "이웃, 자신의 지역, 부족, 자신의 '종족', 계층, 동아리, 친한 직장동료 등"이 던지는 중요한 의미와 가치를 자각하는 과정을 겪게 된다는 것이다.

그러나 매슬로는 예컨대 "전통적 그룹의 붕괴, 가족의 분산, 세대차이, 점진적인 도시화, 그리고 얼굴을 맞대고 사는 시골생활의 사라짐" 등으로 말미암아, 이러한 "소속의 욕구"(belongingness need)가 점차 "더 얕아지고 나빠지는 미국식 우정이나, 넓게 퍼져있는 이질감, 고독감, 서러움, 외로움, 사회적 무연고성(rootlessness)" 등이 초래될 위험성이 "현저해"(preeminent)지리라는 심려를 표하기에 이른다. 이를테면 공동체적 유대의식의 상실로 인해 촉발될 수 있는 사회적 위기감에 대한 우려인 것이다.

다른 한편, 이 "소속감과 사랑의 욕구"는 "강함, 성취, 자신감, 독립성과 자유", 나아가서는 "평판, 특권, 명성과 명예, 인정받음, 우월성, 존엄성" 등을 향한 욕구인 "자기존중의 욕구"(the esteem needs)로 발전해나간다. 그러나 매슬로는 이 모든 욕구들이 비록 다 충족된다 하더라도, "개별적으로 자신에게 꼭 맞는 일을 하지 않는 한" 대체로 "새로운 불만과 불안"이 싹트게 되리라 예측한다. 그리하여 "자아의 완성", 다시 말해 "잠재적인 자기 자신을 실현"하고자 하는 욕망이라 이를 수 있는 "자아실현의 욕구"(the self—actualization need)가 나타나게

되리라 내다보는 것이다.[28]

이처럼 '하위단계의 욕구'(the lower needs)가 충족된 다음에 '보다 높은 단계의 욕구'(higher need levels)를 향해 나아가는 것이 일반적이라는 것이 매슬로의 생각이다. 그러나 예컨대 '안전에 대한 욕구' 만족은 "기껏해야 안정감과 평온함만을 낳게 할 뿐"이지만, "상위욕구들의 만족(higher need gratifications)은 보다 더 바람직한 주관적인 결과들, 즉 더 심오한 행복, 평온함 그리고 내적 삶의 풍부함"을 배태한다고 강조한다. 그러므로 이러한 '상위욕구'를 충족하기 위해서는 "더 나은 외부조건들"이 요구되는데, "가정적·경제적·정치적·교육적 조건 등"과 같은 "더 나은 환경적 조건들"이야말로 "생존경쟁만을 추구하려는 것보다 오히려 사람들을 서로 사랑하게끔 하는데 더욱 더 필요한 것"으로 간주되기 때문이라는 것이다.

그런데 바로 이러한 "상위욕구의 추구 및 만족"으로 인해, "바람직한 시민적·사회적 결과"(desirable civic and social consequences)가 만들어지게 된다. 그리하여 "욕구가 높으면 높을수록, 이기심이 일정하게 줄어드는" 현상이 생겨난다. 예컨대 굶주림에서 벗어나고자 하는 것은 "지극히 자기중심적인"(highly egocentric) 욕구이므로 자기 자신만 만족시키면 그만인데 반해, "사랑 및 자기존중의 욕구"는 다른 사람

---

28 Maslow/조대봉 역, 앞의 책, 58~62쪽 ; 그런데 매슬로는 지금까지 제시한 인간의 기본욕구에 대한 사람들의 만족도가 서로 다양함을 부연설명하고 있다. 보통사람은 예컨대 생리적 욕구에 85%, 안전의 욕구에 70%, 애정의 욕구에 50%, 자기존중의 욕구에 40%, 자아실현의 욕구에 10% 정도 만족하는 것으로 보인다고 덧붙인다(같은 책, 72쪽). : 그런데 여기서 매슬로가 언급하고 있는 "소속의 욕구"(belongingness need)를 우리가 말하는 공동체의식과 사실상 거의 다를 바 없는 것으로 간주해도 무방할 듯 여겨진다.

들의 만족과도 깊은 연관을 갖고 있는 탓에, 반드시 다른 사람들을 배려하지 않으면 안 되게끔 되어 있기 때문이라는 것이다. 그러므로 성실함, 우정 그리고 "시민의식"(civic consciousness)과 같은 자질들을 발전시켜 나가야 한다. 이런 취지에서 매슬로는 자아실현을 '하위욕구'가 아니라 '상위욕구'의 추구 및 만족을 통해서 비로소 달성될 수 있는 가치로 간주하는 것이다(같은 책, 127―132쪽).

반면에 홉스는 어떠한가. 그는 인간을 마치 매슬로가 말하는 '하위욕구' 수준 정도에 멈춰버린 정체된 존재처럼 인식하고 있는 것처럼 보인다.

홉스에게 '인생'(human life)이란 단지 하나의 '경주'(race)에 지나지 않는다. 따라서 그는 이 경주에서 "오직 최고가 되려는 것 이외의 다른 목적이나 목표를 생각할 수는 없다"고 잘라 말한다. 그러므로 다른 사람을 뛰어넘기 위해 안간힘을 다해야 하고, 그들을 희생시키면서까지 이득을 쟁취해야 할 뿐만 아니라, 나아가서는 이미 획득한 재산을 굳건히 지켜나감으로써 부귀영화를 마음껏 향유할 수 있어야 한다. 하지만 이러한 경주에 어찌 "심대한 잔혹함"(great cruelty)이 생겨나지 말라는 법이 있겠는가. 그리하여 홉스는 "다른 사람들이 우리가 원하는 바를 우리에게서 탈취해갈지도 모른다는 공포심" 때문에라도, "공격적인 개인주의"(aggressive individualism)가 절실히 필요함을 역설해마지 않는다.[29] 홉스의 경우, 이처럼 인간본성에 기초하는 인간행위의 자연적 동인으로서 '욕망'은 결국 '공격적 개인주의'라는 종착역에 안착하는 것으로 종언을 고하고 마는 것처럼 보인다.

---

29 Roger Trigg, Ideas of Human Nature : An Historical Introduction(Blackwell Publishers, Oxford 1988), p. 56―57

이윽고 홉스는 욕망을 둘러싸고 "인간들 사이에 분쟁을 발생케 하는 원인" 세 가지를 바로 "인간의 본성"에서 끄집어내는데, "첫째는 경쟁(competition), 둘째는 불신(diffidence), 셋째는 공명심(glory)"이 그것이다. 그리하여 인간이란 결국 '경쟁'으로 인해 "이익확보를 위한 약탈자"가 되고, '불신' 때문에 "안전보장을 위한 침략자"가 되며, 마지막으로 '공명심'으로 말미암아 "명예수호를 위한 공격자"가 될 수밖에 없다고 단언한다. 이를테면 '이득'과 '안전'과 '명예' 추구욕이야말로 인간의 본성적 이기주의의 필연적 발로라는 것이다.

이와 같이 홉스는 인간이야말로 자신의 이득을 위해 타인을 이용하지 않으면 안 되는, 본질적으로 이기적일 수밖에 없는 존재라 단정한다. 이런 맥락에서 그는, 모든 사람이 "여행갈 때는 무장하고", "잠자리에 들기 전에는 반드시 문단속을" 하며, "집에 있을 때에도 금고문을 단단히 잠가 둔다"고 빈정거리면서, "여행지에서 만나게 될 사람들도 한 나라 백성인데, 그들을 도대체 어떻게 생각하기에 무장하고서야 말 등에 오르는 것일까?", 그리고 "이웃 사람들을 어떻게 생각하기에 문단속을 그처럼 철저히" 하며, "집안 아이들과 하인들을 어떻게 여기기에, 금고 문을 잠가 두는 것일까?" 하고 묻는 등, 시니컬한 회의에서 좀처럼 벗어나지 못한다.

이처럼 인간이 이기적인 존재일 수밖에 없다는 소신에 의거해, 홉스는 급기야 널리 알려져 있다시피 "만인에 대한 만인의 전쟁" 상태에 돌입할 수밖에 없게 되리라는 확신에 이르게 되는 것이다(토머스 홉스/진석용 옮김, 앞의 책, 171 및 172쪽). 그리하여 마침내는 모든 사람이 "자신들 모두의 인격을 지니는 한 사람 혹은 합의체를 임명하여, 그가 공공의 평화와 안전을 위해 어떤 행위를 하든, 혹은 [백성에게] 어떤 행위를 하게 하든, 각자가 그 모든 행위의 본인이 되고 또한 본인임을 인정함으로써, 개개인의 의지를 그의 의지에 종속시키고, 개개인의 다양한 판단들을 그의 한 판단에 위임하는"존재의 설정, 곧 "리바이어던"(Leviathan)의 옹립으로 귀결하는 것이다(같은 책, 232쪽).

인간이 살아가는 이러한 다양한 방식에 관한 해석과 논의에 기초하여, 인간의 본성인 '고독'과 '욕망'의 내면구조를 보다 심층적으로 되짚어볼 필요가 있으리라 짐작된다.

앞에서도 간략히 언급했듯이, 고독은 양면성을 지닌다.

한편으로는, 바로 이 '고독성'으로부터 인간본성의 하나이긴 하지만 부정적인 의미를 지니기도 하는 '자기 폐쇄적 속성(자폐성)'이 유래한다는 점을 우선 환기할 필요가 있겠다.

인간이 본질적으로 고독한 존재이기 때문에, 무엇보다 외부세계에 대해 가릴 것 없이 일단 공포심을 품을 수밖에 없으리라는 것은 지극히 자연스러운 현상이라 할 수 있다. 그러므로 근본적으로 두려움을 송두리째 떨쳐버리지는 못하지만, 그래도 상대적으로 안전하다고 여겨지는 자신의 내면세계에만 대단히 완강하게 집착하는 성향을 보이기 쉽다. 말하자면 외부를 향하여 빈틈없이 빗장을 걸어 잠근 채, 거의 진공상태와 다를 바 없는 자기밀폐 속으로 더욱 더 모질고 고집스럽게 빠져들어가는 경향을 유감 없이 발휘하게 되리란 말이다. 결국 본성적 고독을 가리키는 '고독성'이 더욱 더 심화한다. 그를 통해 고질적인 고독이 응당 더욱 더 깊어질 수밖에 없을 것임은 불 보듯 뻔한 일이다.

하지만 인간의 문제라 해서 왜 변곡점이 나타나지 말라는 법이 있겠는가.

마치 돌연변이이기라도 한 것처럼, 자연은 신비롭게도 이 고독성으로 하여금 이러한 자기 폐쇄적인 고립성의 굴레를 스스로 벗어 던질 수 있는 기회를 예비할 수 있도록 자기돌파력의 씨눈을 이미 인간 본성의 내면 속에 조심스레 키우고 있었던 것이다. 역설적이게도 그것은 바로 조심스러운 외향성이다. 역설적인 인간존재다운 현상 아니겠는가.

모름지기 인간이라면 고독으로 인한 자신의 '근원적인 결핍'을 충족하기 위해, 요컨대 자기생존을 도모하며 최소한 살아남기 위해서라도, 본성적으로 외부세계로 향하는 문을 열어젖힐 수밖에 없지 않겠는가. 그리하여 자신의 결핍을 다소라도 완화시켜주리라 여겨지는 외부세계로부터 미미한 도움이라도 얻기 위해 밖을 향하여 착실하게 전진하는 외향적 잠재성을 결국에는 드러낼 수밖에 없게끔 되는 것이다. 이윽고 결정적인 순간이 다가오면, 자신의 고독성을 적극적으로 극복코자 외부를 향해 결연히 내닫는 수밖에 없게 되리라. 바야흐로 능동적인 외향성까지 굳세게 분출케 되는 것이다.

이처럼 인간은 본성적으로 자폐성과 외향성을 동시에 지닌 양면적인 존재일 수밖에 없다. 이를테면 인간이란 본질적으로 한편으로는, 자기밀폐·자기강박·자기집착의 성(城)에 스스로를 가두어두는 데 천성적으로 잘 길들여져 있긴 하지만, 다른 한편으로는 동시에, 또 하나의 다른 상극적인 본성인 자기개방성·타자지향성·군집성·상호 의존성을 결코 포기하지 못하는 양면적 존재란 말이다. 이 양면성은 생존 그 자체를 위해 사실상 자연으로부터 불가피하게 강제된 천부적 방편이라 할 수 있을 듯하다. 하늘이 있으면 땅이 있고 물이 있으면 불이 있듯이, 인간은 자신의 내면 속에 지옥과 천국을 동시에 내장하고 있는 존재인 것이다. 그런 탓에, 인간이 살인마가 될 수도 있고 성자가 될 수도 있음은 지극히 자연스러운 현상이라 할 수 있다.

한마디로 인간은 야누스(Janus)인 것이다.

이와 같이, 인간은 본성적으로 두 개의 문을 지니고 있다. 하나는 꽁꽁 걸어 잠그는 문이요, 다른 하나는 활짝 열어젖히는 문이다. 요컨대 밀폐와 개방의 문이 바로 그것이다. 짐짓 상극적인 바로 이 두 개의 문으로부터 혹여나 장구한 역사를 지닌 상이한 생활철학이 동시에 주조되지는 않았을까 가늠해볼 수 있을 정도다. 예컨대 이기주의와 박애주의, 민족주의와 세계동포주의, 현실주의와 이상주의, 개인주의와 사회주의, 자본주의와 공산주의 등속이 …. 이런 관점에서, 바로 인간의 이러한 양면적 본성이야말로 지금껏 상호 대립적인 인간의 역사를 만들어온 기본요인으로 작용하지는 않았을까, 조심스레 추론해볼 수도 있으리라 여겨진다.

그런데 인간은 도대체 언제 문을 닫아걸고, 또 언제 문을 열어젖히게 될까?

아마도 대부분의 경우 닫아걸 때는 특히 가진 자가 자기의 것을 지키기 위해, 반면에 열 때는 특히 갖지 못한 자가 자신에게 필요한 것을 구하러 나가기 위해서가 아니겠는가. 그러나 '예외적으로' 가진 자가 갖지 못한 자들에게 자신의 것을 나누어주기 위해 문을 활짝 열어젖히기도 할 수 있지 않을까. 또는 미지의 외부세계에 대한 체질화한 공포심으로 인해 아무런 구체적인 외적 위협이 없는데도 본능적으로 스스로 문을 걸어 잠그게 되는 경우가 생기지 말란 법도 없으리라. 그러나 인간이라면 능히 이 두 개의 경우를 다 실행에 옮길 수 있을 것이다. 무엇보다 인간이 두 개의 얼굴을 가진 존재이기 때문이다.

이런 면에서, 나는 인간이 지닌 '고독성'과 '욕망성'의 양면성 역시 결코 간과하지는 않는다.

나는 인간의 고독성이 한편으로는, 자기애, 자기보호본능, 요컨대 자기중심적으로 일원화한 생존본능으로 물샐 틈 없이 단단히 밀봉되어 있을 수 있음을 받아들인다. 반면에 다른 한편으로는, 타자 지향적으로 다원화한 공존·공생 본능으로 유화(宥和)하기도 할 수 있음 또한 결코 부인하지 않는다. 무엇보다 타인과 공존·공생함으로써만이 자신의 다양하고 영속적인 결핍, 요컨대 고독을 꾸준히 극복할 수 있으리라 믿기 때문이다. 그리하여 인간이 본성적으로 '자기밀폐성'과 '타자지향성'을 동시에 보유한 존재임을 다시 한 번 입증하는 셈이 된다. 고독성 또한 이처럼 두 개의 얼굴을 지니고 있는 것이다.

다른 한편, '욕망성'의 실상은 과연 어떠한가.

고독성은 선도적 본성이라 이를 수 있다. 욕망이 무엇보다 고독의 극복수단으로 복무하기 때문이다. 따라서 욕망성은 고독성의 이러한 양면성을 그대로 답습하게 된다. 그리하여 욕망성 역시 한편으로는, 자기수호·생존을 위한 '자기밀폐성'에 굳게 밀착해 있으면서도 동시에 다른 한편으로는, 공존·공생을 도모하는 '타자지향성'을 결코 외면하지는 못한다. 말하자면 우리 인간은 한편으로는 오로지 개인적인 사익추구를 위해 철면피처럼 눈감을 수도 있지만, 동시에 다른 한편으로는 집단적인 공익과 공공선 함양을 위해 자신을 초개같이 불사르기도 할 수 있는 존재라는 말이 되겠다. 무엇보다 욕망성 역시 이기성과 이타성 양 측면을 동시에 포괄하는 인간적 본성의 하나이기 때문이다. 그러므로 이기적이기 때문에 이타적일 수 있는 존재, 그러한 존재가 바로 인간인 것이다. 욕망성 역시 두 개의 얼굴을 지니고 있다.

어느 측면이 더욱 더 지배적인가 하는 차이만 있을 뿐, 어차피 우리의 영혼에는 지옥과 천국이 공존한다. 인간은 곧 절망이자 희망인 것이다. 이러한 모순은 인간 자신의 본성에서 비롯할 따름이다.

하기야 이러한 이중성이 우리 인간에게는 천부적인 것인 듯하다.

우리는 자신의 항문에서는 썩은 냄새를 쏟아내면서도, 코로는 향기만을 맡으려 안달한다. 꽃을 사랑한다면서 꽃을 꺾는 것도 우리며, 또 황홀해 하던 그 꽃이 시들면 주저 없이 쓰레기통에 처박아버리는 것 또한 우리 자신 아닌가. 반면에 자연은 어떠한가. 오로지 타자를 위해 존재한다. 예컨대 꽃은 벌과 나비를 위해 아름다운 향내를 풍기지만, 자신은 정작 그 향기에 취하지 않는다. 사슴은 자신을 지키기 위해 뿔로 무장하지만, 결코 녹용을 먹지는 않는다. 그리고 자신의 열매를 따먹는 나무가 있을까 ….

앞에서도 살펴보았듯이, 고독성은 근원적으로 결핍에 지배당할 수밖에 없는 인간적 본성이다. 그러나 결핍은 고독을 낳고, 고독은 또다시 결핍을 낳는다. 다시 말해 고독하기 때문에 결핍에 시달리고, 결핍에 들볶이기 때문에 계속 고독할 수밖에 없다. 따라서 인간은 그러한 생래적인 결핍을 충족시키기 위해 본성적으로 욕망을 무한히 추구할 수밖에 없다. 그러나 아브라함이 이삭을 낳고 이삭이 야곱을 낳듯이, 결핍은 욕망을 낳고 욕망은 또다시 결핍을 낳는다. 말하자면 욕망이 사방팔방으로 온통 분주하게 나대는 통에 결핍이 숨쉴 틈을 찾지 못하고, 결핍이 또 쉴 새 없이 등 떼미는 탓에 끊임없이 욕망에 허겁지겁 매달릴 수밖에 없게 된다는 말이다.

하지만 고독은 근원적이고 천부적인 것이기 때문에, 고정적이다. 반면에 욕망은 이러한 고독을 꾸준히 땜질하기 위해 다양한 방식으로 잽싸게 움직여야 하기 때문에, 본질적으로 유동적일 수밖에 없다. 비유컨대 고독은 '원석'이고, 욕망은 '세공품' 같은 것이란 말이 되리라.

그리하여 인간의 원천적이고 항구적인 '고독성'과는 달리, '욕망성'은 유형, 크기, 향방, 환경 등속의 차이에 따라 모름지기 대단히 다양한 속성을 드러낼 수밖에 없게 된다. 그러므로 인간이 요지부동한 고독성에 접착되어 있음에도 생기발랄한 욕망의 유동성에 손쉽게 뒤흔들릴 수밖에 없음은 충분히 예상가능한 일이다. 그런 탓에, 고독에 고착된 인간이 날아다니는 욕망을 쉴새없이 따라붙어야 하는 모순이 일상적으로 되풀이될 수밖에 없음 또한 전혀 기이한 일은 아니다. 요컨대 사람들이 붙박이 형 원석에서 만들어지는 귀걸이, 목걸이, 손가락지 등등 갖가지 생기발랄한 세공품들을 끈질기게 따라붙는 이치와 유사하다할 것이다. 필연적으로 영혼의 피로가 뒤따를 수밖에 없음 또한 전혀 신기한 일은 아니다.

그러나 이러한 모순에 포박당할 수밖에 없다는 사실 자체는 지극히 자연스러운 현상이다. 왜냐하면 인간이 본원적으로 자기붙박이 형의 고독한 존재임에도 생래적으로 타자지향성을 동시에 보유하는 모순을 지니고 있는 존재이기 때문이다. 그리하여 선천적으로 원석과도 같은 고독의 요지부동성이 세공품 같은 변화무쌍한 욕망의 유동성을 계속 추적하는 것과 같은 억지춘향이 반복적으로 일어날 수밖에 없게 된다. 두 발이 묶인 채 전력질주해야 하는 상태인 것이다. 그야말로 모순의 일상화 아니겠는가. 역시 결코 놀랄 일이 아니다.

이쯤에서 우리는 인간이야말로 고독과 욕망의 악순환에 영구히 포박당할 수밖에 없는 모순적인 생명체라는 사실을 재차 환기할 필요가 있다. 말하자면 고독하기 때문에 욕망하고, 또 욕망하기 때문에 고독해지는 모순의 쳇바퀴에서 좀체 벗어나기 힘든 존재가 바로 인간이 아니겠는가 하는 말이다. 예컨대 희랍 신화 속의 한 장면을 떠올려 보는 것 또한 적잖은 도움을 주지 않을까 한다. 신(神)들을 기만한 죄를 지은 탓에 산 정상으로 큰 바위를 밀어 올렸다가 다시 아래로 굴러 떨어지면 끝없이 처음부터 다시 위로 끌어올려야 하는 영원한 노동의 벌을 받게 된 '시지프스 우화' 역시 이러한 처연한 인간본성에 기반을 두고 만들어진 것은 아닐는지 …?

어쨌든 인간은 고독한 탓에— 다시 말해, 근원적으로 결핍을 안고 이 세상에 나온 존재이기 때문에—, 우선 도움을 받을 수 있으리라 여겨지는 가까이 있는 이웃부터 자연스레 찾아 나서게 된다. 하지만 그 이웃동료 역시 고독한 탓에, 자신의 근원적인 결핍을 충족시키기 위해 또한 다른 이웃을 찾아 재주껏 나돌아다닐 수밖에 없다. 어쨌든 욕망을 채우기 위해 이처럼 마구잡이로 찾아 나서고 나돌아다니는 배고픈 과정을 되풀이하게 될 것이다. 이러는 동안, 서로 고픈 배를 조금이라도 더 채우기 위해 쉴새없이 아귀다툼을 벌일 수밖에 없을 것임은 불문가지이다. 따라서 무한히 상호경쟁하고 투쟁해야 하는 전사(戰士)로서의 삶을 살아가야 하는 게 얼마나 자연스러운 일상이겠는가. 이런 의미에서, 인간은 원래부터 투사요, 전사로 살아가도록 창조된 것처럼 여겨진다.

어쩔 수 없이 인간이란 고독할수록 더욱 욕망하고, 욕망할수록 더욱 고독해질 수밖에 없는 존재다. 하지만 인간이 과연 이러한 상태에 덧없이 안주하고 말까? 결코 그렇지 않다. 무엇보다 인간이 역설적 존재이기 때문이다. 실은 바로 이러한 모순이 인간으로 하여금 불행한 현실에 안주하지 않고 더욱 힘차게 앞으로, 앞으로 나아가도록 견인해내는 강인한 추동력으로 작용하기도 해왔음은 부인하기 힘든 사실이다. 아울러 늘 배고픈 타인의 고독을 직시함으로써 마냥 배불리고자 하는 자신의 욕망을 순양(馴養)하기도 해온 역사가 드물지 않음도 물론이다.

이처럼 나의 고독이 남의 욕망을 순치하는데 헌신하고, 남의 욕망이 나의 고독을 완화하는데 선용될 수 있다면 어떨까. 고독성이 욕망성을 길들이고 또 욕망성이 고독성을 달래줄 수만 있다면, 우리 모두가 서로의 행복을 위해 치열하게 경쟁하는 전사가 될 수도 있지 않겠는가. 고독과 욕망의 화합이 이루어질 수만 있다면, 더할 나위 없는 축복이 되리라.

게다가 우리가 두려워할 것은 두려움밖에 없지 않은가.

② '공생 · 공존활동'

앞에서도 누누이 강조했듯이, 우리 인간은 본성적으로 자폐성과 외향성이라는 두 개의 상이한 얼굴을 가지고 있다. 그리하여 기회가 무르익으면, 자신의 수세적인 자폐성을 과감히 내딛고서 외부를 향해 능동적인 외향성을 결연히 분출키도 한다.

바로 앞 소절에서, 인간이 살아가는 방식을 일단 '생명활동' 및 '생존활동' 둘로 구분하여 간략히 살펴보았다. 그리고 그에 덧붙여, '자기중심적인 하위욕구'를 뛰어넘는 '상위욕구의 추구 및 만족'의 필연성을 역설한 매슬로의 입장을 간략히 소개하기도 하였다. 하지만 두 경우 모두, 대체로 한 특정 개체에 국한될 인간의 보편적 활동영역에 대한 진단에 치중하고 있는 편이라 할 수 있을 것이다.

그러나 개인적 차원을 뛰어넘는 또 다른 유형의 인간적 '활동'영역은 존재하지 않을까? 일단 우리는 개인과 개인의 '묶음'에 대해 주목할 필요가 있다. 이를테면 타인 및 집단과의 상호결속을 통해 '집단적 공동의지'를 실현코자 도모하는 연대활동이 있을 수도 있음에 유의해야 한다는 말이다. 나는 이를 총체적으로 '공생 · 공존활동'이라 부르고자 한다.

이 또한 상호 배려의식에 뿌리를 드리운 '연대'정신의 발로임은 물론이다. 그러므로 응당 인간본성의 직접적인 산물로 간주해야 할 것이다. 무엇보다 연대야말로 '공포심'과 '이해관계'의 긍정적인 측면을 활성화해 나가는 인간본성의 본질적인 구성요소이기 때문이다(이에 대해서는 바로 앞 소설에서 구체적으로 살펴본 바 있다).

이런 맥락에서, 나는 바로 앞에서 살펴본 인간에 대한 비관론에 사로잡혀 있는 홉스와는 정반대로, 인간적 '욕망'이 '전투적인 개인주의'가 아니라 오히려 평화로운 공동체적 삶을 위한 집단활력소로 거듭날 수 있으리라 믿어 의심치 않는다.

물론 인간이 이성이라는 미명 하에 비이성적으로 행동할 수 있는 유일한 피조물임은 부인할 수 없는 사실이다. 그러나 인간이 비록 '만들어진', 요컨대 '내던져진' 존재이긴 하지만 동시에 스스로를 '만들어나갈 수도 있는', 다시 말해 자신을 '내던질 수도 있는' 유일한 존재이기도 함 역시 거부할 수 없는 사실이다. 지금껏 나는 기회 있을 때마다 인간이 역설적 존재임을 꾸준히 역설해왔다. 무엇보다 이성의 힘으로 비이성적인 행위를 자행할 수도 있지만, 반면에 이를 이성적으로 규제할 수도 있는 존재가 바로 인간이기도 하기 때문이다.

따라서 인간이란 본성적인 '고독'의 비이성적인 측면, 예컨대 독선, 이기주의, 자기전일주의, 사리사욕, 멸공봉사, '자유최고주의' 등등의 부정적인 요소를 스스로 잘라내고, 그 자리에 관용, 형제애, 평등, 협동, 연대, 멸사봉공, 박애 정신 등등의 긍정적인 싹을 이성적으로 대신 심어나갈 수 있는 본원적인 능력 또한 야멸차게 보유하고 있는 존재이기도 한 것이다. 이러한 인간의 본질적 성향을 감히 과연 누가 부인할 수 있으리오. 뿐만 아니라 인간이야말로 멸공봉사(滅公奉私), 물욕, 야욕, 탐욕주의 등등, 본성적 '욕망'의 부정적 측면을 청산하고, 그 대신 절제, 나눔, 공평무사, 청빈 등등의 긍정적인 미덕을 이성적으로 일구어나갈 수 있는 존재이기도 함을 어찌 모른 체할 수 있겠는가.

하기야 '달면 삼키고 쓰면 뱉는다'라는 뜻의 감탄고토(甘呑苦吐)라는 사자성어를 끄집어내어 보통 사람들이 지니는 통상적인 부정적 성향의 본색을 찔러대곤 하지도 않는가. 그것은 사리의 옳고 그름을 공정하고 객관적인 잣대가 아니라 자신의 사사로운 입맛에 따라 제멋대로 판가름 내는 일방적인 작태를 꼬집는 말로서, 흔히 그릇된 인간의 보편적인 세태를 꼬집기 위해 흔히 쓰이는 경구의 하나다. 하지만 이 점에서 꼼꼼히 따져볼 필요가 있을 듯하다.

어찌 인간이 버튼 누른 대로 마냥 따라 움직여대기만 하는 자동인형일 수 있겠는가. 이 포인트에서 바로 인간이 역설적 존재임을 다시 한 번 더 상기할 필요가 있다.

역설적으로 우리는 '써도 삼키고, 달아도 뱉는' 고탄감토(苦呑甘吐)식 박애의 너른 풍모도 지니고 있는 존재임을 잊지 말아야 하리라. 인간이야말로 당당히 힘을 함께 모아 역동적으로 거친 삶을 헤쳐나갈 수 있는 이성적인 생명체 아닌가. 삶의 나그네길에서는 오히려 모든 게 약동하는 법이다.

우리는 늘 역설적으로 일상생활을 영위할 수 있는 자랑스러운 생활인이기도 함을 예의 주시할 필요가 있다. 예컨대 우리는 상습적으로 만난 자는 반드시 헤어지게 되어 있다는 무상하기 그지없는 '회자정리'(會者定離)의 가슴아픈 습속을 품속에 지니고 살고 있다. 하지만 우리는 떠난 사람은 반드시 돌아오게 된다는 뜻의 '거자필반'(去者必返)의 희망찬 삶의 원리를 동시에 가슴 깊숙이 담아내며 결코 스러지지 않는 삶의 역설을 일상화해내기도 한다. 이와 같이 가슴 아픈 무상함을 가슴 벅찬 기대로 뒤바꾸어놓을 수 있는 삶의 저력이 바로 역설의 진수 아니고 무엇이겠는가.

그렇다면 우리는 이처럼 만남과 이별이 교차하는 삶의 나그네 길을 과연 어떻게 걸어나가야 할까?

언젠가 우리 모두는 이 세계를, 요컨대 바로 이 길을 영원히 등질 것이다. 하늘 아래 도대체 그 무엇이 무한할 수 있으리요. 그런 탓에, 어찌 우리의 삶이 원래부터 허망한 것이 아닐 수 있겠는가. 끝이 있는 모든 것은 허무한 법이다. 본래 인간의 삶이란 유한한 생명의 짐을 싣고 종말을 향해 끝없이 치달을 수밖에 없는 허무한 항로, 그 자체인 것이다.

하지만 인간은 역설적 존재다.

타고난 숙명인 이러한 유한성과 허무의 굴레를 겸허히 받아들이면서도, 그럼에도 불구하고 최후의 순간까지 그 한계를 향하여 무한한 도전을 무한히 되풀이할 수 있는 존재, 그러한 역설적 존재가 바로 인간이 아니겠는가. 넘어지면서 끝없이 다시 일어서고 또 일어서면서 또다시 끝없이 넘어지는, 그럼에도 한번 씨익 웃으며 옷을 툴툴 털고 다시 일어서는 여유 있는 매무새, 이러한 숭고한 삶의 자세에 길들여진 생명체가 바로 인간 아니겠는가 하는 말이다. 요컨대 도전에 한계를 두지 않고 한계에 도전하는 존재, 그러한 불굴의 존재가 바로 인간 아니겠는가. 우리는 이러한 도전을 통해 비로소 그 절망적인 허무의 한계를 뛰어넘을 수 있게 될 것이다. 바야흐로 절망의 밑바닥에서 비로소 새로운 희망의 길이 서서히 열리기 시작하리라. 하염없이 물 속맨 밑바닥까지 가라앉고 나서야 그 반동으로 바닥을 치고 비로소 새로이 떠오르는 물체처럼.

무릇 이 세상에 원래부터 만들어진 길은 없다. 길은 만드는 것이다. 그런 탓에 여태 아무도 걸어보지 못한 그러한 길이 있을 수 있겠는가. 그런데 바로 그 허망한 나그네길 위로 '행동적 니힐리즘'이 동행하게 될 것이다.

도대체 '행동적 니힐리즘'이란 무엇인가?

③ 행동적 니힐리즘, '불구하고의 철학'

한마디로 나는 도전에 한계를 두지 않고 한계에 도전하는 결기 있는 삶의 열정과 행동양식을 '행동적 니힐리즘'이라 규정한다. 다시 말해, 유한자인 인간으로서의 생래적인 한계와 허무를 용인하되, 그럼에도 불구하고, 그것을 극복해내기 위해 무한한 도전을 감행하는 역설적인 삶의 정신, 그것이 바로 '행동적 니힐리즘'의 진수란 말이다. 물론 그 밑바탕에는 이른바 '불구하고의 철학'이 견고하게 포진하고 있다.

하기야 내 자신이 우리의 모국어 중에서 가장 애지중지하는 어휘는 바로 '불구하고' 넉자다. 왜 그런가?

비록 어눌한 것이긴 하지만, 다음과 같은 비유를 한번 선보여보는 것도 그리 무의미하지만은 아닐 성싶다.

가령 우리가 '때문에' 정서를 중시한다면, 어떤 결과가 빚어질까? 우리는 '무엇 무엇 때문에 어쩔 수 없이 아무것도 하지 못했다' 하는 투의, 구실과 핑계거리만을 찾아 정신 없이 헤매도는 꼴이 되리라 짐작된다. 그러다가 결국엔 한 발자국도 앞으로 나아가지 못하고, 선 자리에서 마냥 넋빠지게 맴돌기만 하게 되지 않을까 싶다. 반면에 '불구하고' 정신에 애착하게 되면, 과연 어찌 될까? 의외로 전혀 뚱딴지같은 결과가 나오지 않을까. 예컨대 '시간이 없기 때문에 무엇 무엇을 하지 못했다'가 아니라, 오히려 '시간이 없음에도 불구하고 나는 그 일을 해냈다' 하는 식으로, 앞으로 무한히 뻗어나갈 예상외의 희귀한 추진력까지 확보할 수 있게 되지 않을까 싶다.

이와 같이 '불구하고'는 근본부터가 빼어나게 역동적인 의미를 지닌 어휘인 것만은 사실이다. 그러므로 '때문에'의 세계가 갈곳을 잃고 방황만을 일삼는 나약한 나그네가 즐겨 찾아드는 놀이터 같은 곳이라 한다면, '불구하고'의 세계는 전혀 딴판이라 할 수 있으리라. 그곳은 연유를 따져가며 하고많은 핑계거리들과 맞붙어 싸우는, 완강한 전투력으로 무장한 강인한 전사(戰士)들의 웅거지 같은 곳 아니랴 싶다.

이를테면 허무한 인생이기 '때문에', 온갖 변명거리를 주워 삼키며 두 손을 놓고 마냥 쩔쩔매며 하염없이 헛돌기만 할 것인가, 아니면 허무한 삶임에도 '불구하고' 용솟음치는 강렬한 투지로 맞붙어 싸우며 결연히 활로를 개척해나갈 것인가.

우리는 '바람 앞의 등불'이 아니라, 한마디로 '바람을 비추는 등불'이 되어야 하리라. 무엇보다 인간이야말로 '역설적인' 존재이기 때문이다. 이것이 바로 '불구하고 철학'의 요체다. 요컨대 '행동적 니힐리즘'의 기본신조이자, 허무주의적 낙관주의자의 삶의 원리이기도 한 것이다.

그리하여 이 '불구하고의 세계'는 이윽고 허무하기 때문에 사랑하고 또 사랑하기 때문에 다시 허무해지는, 허무와 사랑의 도약대가 되리라. 그러므로 이곳에서는 온갖 구실과 변명거리만을 찾아 퍼드덕거리는 가냘픈 웅얼거림이나 부실한 날갯짓 같은 건 아예 찾아볼 수 없다. 반면에 허무함에도 불구하고 오로지 쇠갈고리 같은 도전장을 내던지며 우렁찬 함성을 내지르면서 장렬하게 맞붙어 싸우는 광활한 활갯짓만 솟구쳐 오를 따름이다. '그럼에도 불구하고', 이 얼마나 황홀하게 인간을 인간답게 만들어주는 환희의 여덟 글자인가. 예컨대 용기란 두려움이 없기 때문에 행동하는 담력이 아니라, 두려움에도 불구하고 행동하는 능력을 일컫는다.

그렇다면 이러한 '불구하고의 세계'에서는 죽음과 어떻게 더불어 살아갈까.

하기야 그 누가 감히 죽음을 두려워할 수 있겠는가 …?

이 질문은 달리 말하면, '과연 한번도 경험해본 적이 없는 것을 두려워할 능력이 도대체 어디서 생겨날 수 있겠는가' 하는 물음과도 같은 것이라 할 수 있으리라. 가령 어린애는 불 속에 손을 넣거나 뱀을 붙잡는 걸 무서워하지 않는다. 이 녀석들이 초인적인 능력을 보유하고 있어서가 아님은 물론이다. 단지 아직까지 그것들이 무엇인지 전혀 모르기 때문이다.

우리는 삶을 잘 안다. 그러니 두려워할 줄도, 비통해하거나 향유할 줄도 잘 안다. 그러나 우리는 한 번도 죽어본 적이 없다. 그렇기 때문에 죽음의 참다운 의미를 뼛속 깊이 절절이 체득할 기회를 한 번도 가져볼 수 없었으리라 함은 너무나 당연한 일이다.

하지만 우리 모두가 어차피 죽을 운명이라는 것은 잘 안다. 그럼에도 마치 죽음을 초월한 듯한 초연한 자세로 아래와 같은 삶과 죽음에 관한 절박한 의문들을 잠시도 멈추어본 적이 없지 않았으랴.

예컨대 ;

— 진정한 삶의 목적이 과연 무엇인가?

— 어차피 죽음으로 모든 걸 다 끝낼 운명인데, 우리가 무언가를 이루려고 아등바등하는 이유는 과연 무엇일까?

— 또한 우리가 어떤 일을 시도하거나 혹은 시도하지 않는 게, 도대체 얼마나 중요한 의미를 지닐 수 있는 것인가?

— 한마디로 죽음을 면치 못할 신세임에도, 의미 있는 삶을 살려고 발버둥치는 것 자체가 지극히 속절없는 짓거리는 아니겠는가?

등등 … ….

이러한 유형의 자문(自問)들은 아마도 우리 인류가 여태껏 때와 장소를 가리지 않고 별반 뚜렷한 성과도 거두어들이지 못한 채, 거의 숨쉬기처럼 일상적으로 되뇌어온 힐난 아닐까 싶다. 하기야 삶과 죽음의 의미를 진중히 되새기는 이런 가락의 자문을 비관적으로, "궁극의 의문"이라 싸잡아 매몰차게 단정지어버리기도 한 사례가 물론 없지는 않다. 가령 독일의 철학자 미하엘 하우스켈러(Michael Hauskeller)는 이것이 우리 존재의 핵심을 파고드는 "가장 근원적인 질문"임에도 바로 "가장 답하기 어려운 질문"이라는 점 때문에, "궁극적"일 수밖에 없노라고 씁쓸히 고백하기도 하였다.[30] '그러니 어쩔 도리가 있겠는가?' 하는 투의, 짐짓 패배주의적인 낌새까지 은근히 풍기고 있음은 숨길 수 없는 사실이다.

무릇 우리는 과거 어느 막연한 순간에 막연히 이 세상에 오게 되었고, 또 미래 어느 막연한 순간에, 이 세상을 막연히 떠나게 될 것이다. 그러나 우리는 우리가 더 이상 존재하지 않게 될 바로 그 순간까지도, '우리의 삶이 도대체 무엇이었던가?' 하는 문제에 대해 한 가닥 뚜렷한 실마리조차 잡지 못할 가능성이 지극히 높아 보인다. 운이 좋다면, '그런 대로 그럭저럭 잘 살아왔노라' 하고 겸연쩍게 자위하는 정도로 끝낼 수 있을는지도 모르겠다. 이처럼 삶 그리고 죽음과 관련한 이러한 인간론적 난맥상의 역사는 아마도 인류의 역사만큼이나 장구하지 않을까 짐작된다.

나아가 감히 주워섬겨도 좋다면, 나는 삶이란 길고 즐거운 죽음이오, 죽음이란 짧고 괴로운 삶에 지나지 않는다고 생각한다. 이 세상에

---

30 미하엘 하우스켈러 지음/김재경 옮김, 《왜 살아야 하는가 : 삶과 죽음이라는 문제 앞에 선 사상가 10인의 대담》(청림출판(주) 2021), 7쪽

과연 끝없는 게 존재할 수 있는가.

인생은 유한한 생명에 의해 이끌리는 끝이 있을 수밖에 없는 허무한 한계, 그 자체다. 그러므로 삶이란 마치 총칼 번뜩이는 국경선의 밤을 먹이 찾아 이리저리 헤매도는 철새처럼 곤두박질치며 솟구쳐 오르내리는, 비상과 추락으로 점철된 떠돌이 비행 같은 것이라 할 수 있을 것 같다. 그런 탓에, 누군들 무한히 푸른 신호등만 보고 싶어하는 낙관주의자가 되고 싶지 않으리오만, 붉은 경고신호등은 언제나 우리 머리 위에 태양처럼 감돌고 있다. 우리가 태양을 거부할 수 없듯이, 붉은 신호등 역시 우리의 평생반려자인데 어찌 하겠는가. 어쩌면 우리 모두는 선천적인 '적색분자'일지 모른다.

어쨌든 우리는 살벌한 국경선의 지뢰밭 위에서 나날이 위태로운 일상을 반복할 수밖에 없는 유한한 존재인 것이다.

이 세상을 하직토록 강압하는 철퇴가 도대체 어느 순간에 나에게 내려쳐질지 대저 그 누가 장담할 수 있으리오. 어디 그뿐인가. 구체적으로 어떠한 삶의 길로 걸어나가야 반드시 성공에 이를 수 있으리라, 과연 그 누가 감히 자신있게 권유할 수 있겠는가. 모든 게 캄캄하기 그지없다. 온통 암흑 속 미로다.

그러므로 나는 허무주의자다. 그러나 낙관적 허무주의자다. 암흑 속에 빛이 있음을 느끼고, 또 그걸 찾아낼 수 있으리라 믿기 때문이다. 게다가 무엇보다 국경선 같은 허무한 한계에 맞서 싸우는 '행동적 니힐리즘'이 바로 나의 굳건한 일상적 반려자이지 않은가. 과연 무엇이 두려울 리 있겠는가.

응당 나는 인간의 타고난 한계인 종말과 허무의 굴레를 겸허히 받아들인다. 그러나 그럼에도 불구하고, 쉴새없이 비상과 추락을 거듭하며 총칼 번뜩이는 '국경선'을 향해 유격대원처럼 과감히 치닫는다. 새벽햇살처럼 쾌적한 결의로 끝없이 되풀이하는 중단 없는 저항만 있을 뿐이다. 넘어지면서 끝없이 다시 일어서고, 또 일어서면서 다시 끝없이 넘어진다. 그러면서 허, 허, 웃으며 옷을 툴툴 턴다. 또 그러면서 이러한 됨됨이가 우리들 삶의 숭고한 가치 아닐까 다짐하며 또다시 일어선다. 저항하였으므로 행복해지는 법이다.

이럴 때마다 젖먹이 시절의 회상이 늘 나를 고무 · 격려해주곤 함을 숨기기 힘들다.

아기 때 이미 나는 초인이었다. 연유조차 모른 채, 거듭거듭 넘어지면서도 삐뚤빼뚤 한 발짝씩 한 발짝씩 걸음마 배우며 앞으로 나아갔던 내 아기시절의 초인적인 분투를 어찌 잊을 수 있으리요. 넘어지면서 울음보를 터뜨리고, 또 칭얼대면서도 또다시 일어서서 씩씩거리며 걸음마를 옮기던 원대한 삶의 여정! 그리하여 어느 날 마침내 달나라에 도달한 우주인처럼, 두 발로 걷게 되었다. 지렁이처럼 기어다니다가, 드디어 환골탈태한 것이다. 앞을 내다보며 걸을 수 있게 되었다. 마침내 직립보행의 고지를 탈환한 것이다. 그야말로 우리 인생의 가장 위대한 순간 아니었을까. 사실 우리 모두는 이런 식으로 생태계의 무시무시한 난관을 돌파해오지 않았던가. 광대한 우주를 향해 큰소리치며 자랑해도 좋을 화려한 전과이리라.

이러한 자랑스러운 삶의 이력이 늘 동행하는 탓에, 나는 겸허한 허무주의적 낙관주의자일 수밖에 없는 것이다.

하기야 '허무'란 유한한 생명체에게 필연적으로 부과될 수밖에 없는 근본한계 아니겠는가. 무릇 허무를 향한 지칠 새 없는 즐거운 항진, 혹여나 풍차를 향해 막무가내로 돌진하는 돈 키호테 버금무리일까. 하지만 허무에 대한 순결한 사랑으로 허무를 포옹하고 애무하는 넘치는 활력이 우리를 이끌어갈 때, '국경선' 위로 언제나 기세등등한 아침해가 용암처럼 솟아오르리라.

　이처럼 낙관적 허무주의자가 허무와 더불어 열정적으로 사랑을 나누는 돈독한 밀회장소는 과연 어떠한 곳일까? 그곳은 언제나 '불구하고'가 지배하는 세계다. 어찌 '때문에'가 발붙일 여지가 있으리요. 그러하니 열정적인 저항이 일상화한 곳에 어찌 고독이 기승을 부릴 수 있겠는가.

　하기야 어차피 고독을 극복하며 욕망을 충족해나가는 기나긴 고투의 여정, 그것이 바로 우리네 삶 아니겠는가. 그러나 겨울이 오면 봄이 멀지 않듯이, 우리에게 자연이 마냥 시련만 부과할 리 있을까. 자연이라고 해서 자신의 산물에 대해 긍휼(矜恤)을 베풀지 말라는 법이 있겠는가.

　때맞춰 '제3의 얼굴'이 홀연히 나타난다.

　인간은 역설적 존재 아닌가. 천부적인 고독성을 순치하고 욕망성을 제어코자 하는 깊은 속내에서, 인간의 본성은 일찌감치 '제3의 얼굴'을 미리 예비해두는 품위있는 역설을 내장하고 있었다. '연대'(連帶)가 바로 그것이다. 말하자면 고독과 욕망이라는 인간본성의 양 축이 심각한 위기상황에 봉착할 때, 스스로를 구제할 '연대'라는 별도의 기동타격대를 미리 마련해두고 있었다는 말이 되겠다. 연대는 곧 원초적 구동력(驅動力)을 갖춘 굳센 원군인 셈이다. 이윽고 우리는 고독과 욕망이 자연스레 연대의 모태로 작용하고 있음을 인지하게 된다. 이런 의미에서, 연대는 인간본성의 소중한 침전물이라 할 수 있는 것이다.

　그렇다면 인간본성의 중추인 고독과 욕망, 그리고 연대 사이에는 과연 어떠한 상관관계가 내재해 있을까.

가장 자연스러운 인간의 본능적 의지가 단적으로 '이해관계'의 극대화 및 '공포심'의 극소화를 겨냥하리라 함은 두말 할 나위도 없는 일이라 할 수 있다. 그러나 이해관계가 보다 원활히 지켜지거나 충족되지 못할 때 공포심이 증대할 수밖에 없으리라는 것 또한 대단히 자연스러운 현상이다.

　　무엇보다 근본적인 생존을 위해 최소한도 먹을 것부터 맨 먼저 갖추어져 있지 않으면 안 되리라는 것은 기본상식에 속하는 일이다. 그러나 먹을 것을 확보코자 하는 나의 기본적인 '이해관계'가 제대로 충족되지 못하게 되면, 굶주림이나 아사에 대한 '공포심'은 증대할 수밖에 없게 될 것이다. 예컨대 열흘 이상 굶주린 사람이 한두 끼 굶은 사람에 비해 더욱 더 큰 공포심에 시달릴 수밖에 없으리라 함은 너무나 자명한 일 아니겠는가. 이와 같이 이해관계가 크면 클수록 공포심 또한 덩달아 더욱 더 커질 가능성이 높아질 수밖에 없으리라는 것 역시 명백한 이치다. 이처럼 보다 큰 이해관계가 보다 큰 공포심을 유발하게 되리라 하는 것은 지극히 일반적인 현상이라 할 수 있다. 따라서 이해관계가 줄어들면, 공포심 역시 자연스레 축소될 가능성이 높다. 이처럼 이해관계와 공포심 사이에는 비례관계가 형성돼 있다고 말할 수 있을 정도다. 실제로는 공포심이 이해관계를 뒤쫓는 형국이긴 하지만, 어쨌든 공포심과 이해관계가 이처럼 상호 불가분의 상관관계를 맺고 있음은 의심의 여지가 없는 일이다.

　　그런데 흥미로운 것은, 앞에서도 살펴보았듯이, 인간본성에서 비롯하는 바로 이러한 공포심과 이해관계로부터 바야흐로 '연대'가 비롯한다는 사실이다. 좀 더 구체적으로 그 속내를 들여다보도록 하자.

　　공포심이 비록 이해관계를 뒤쫓는 객체에 불과한 것으로 여겨지기도 하겠지만, 실은 배후에서 사적 이해관계를 조정·규제하는 원초적인 통제력으로 작용하기도 한다는 점을 간과해서는 안 될 것이다. 예컨대 굶주림의 공포를 결연히 줄여나감으로써 사실상 먹을 것 확보라는 이해관계 충족욕구가 가하는 압박강도를 적잖게 완화시킬 수도 있지 않겠는가. 이러한 현상이 물론 특수하게는 단호한 정신적인 도야의 결실로 나타나는 경우가 있을 수도 있음을 결코 부인할 수는 없는 일이다. 하지만 대개의 경우, 공포심이 더욱 커지게 되면 이해관계의 충족을 촉구하는 압박강도 역시 더욱 커질 수밖에 없게 되는 것이 일반적이라 할 수 있을 것이다. 아무튼 공포심을 적절히 통제함으로써, 이해관계가 가하는 지나친 충족욕구나 확대의지를 저지 또는 완화시킬 수도 있게 될 것임은 분명해 보인다. 하지만 연대가 출현하는 시점이 바로 이 지점과 일치한다는 것은 참으로 경이로운 일이라 하지 않을 수 없다.

다시 말해, 고독성에서 비롯하는 '공포심'을 극복해나가는 동시에 욕망성이 추구하는 '이해관계'를 조정·통제해나가기 위해, 연대가 필연적으로 요구되어질 수밖에 없으리란 말인 것이다. 왜냐하면 공포심을 줄여나가는 동시에 사적이해를 넓혀나가기 위해서는, 무엇보다 더불어 함께 살리라 하는 공존·공생의 원리가 지극히 바람직한 인간적 규범으로 각광받게 될 수밖에 없을 것이기 때문이다. 한마디로 말해 이러한 것이 바로 연대의 불가피한 효용성인 것이다.

저급한 것이긴 하지만 비근한 사례를 하나 들자면, 대략 다음과 같은 경우가 되지 않을까 한다.

가령 먹을 것이 거의 고갈된 한 자그마한 공동체가 있다고 가정하자. 이런 곳에서는 당연히 집단아사에 대한 공포심이 모든 구성원을 송두리째 휩쓸게 된다. 그러나 놀라운 것은 그럼에도 불구하고 바로 이 공포심으로 인해 이해관계가 규제될 수 있는 길이 열릴 수 있다는 점이다. 무엇보다 바로 이러한 심각한 공포심이 집단적 식욕충족이라는 모두의 이해관계를 자율적으로 통제토록 강제하는 결정적인 수단으로 기능할 수 있기 때문이다. 예컨대 일정 기간 동안 모두의 식사 량을 하루 한 끼로 대폭 줄여나가기로 상호합의할 수만 있다면, 모든 구성원이 아사 대신 최소한도의 생존이라도 유지해가며 더불어 함께 살아나갈 수 있는 활로를 찾아낼 수 있지 않겠는가. 궁극적으로는 공포심에 의해 촉발된 이러한 상호합의가 바로 공존·공생을 지향하는 연대로 나타나는 것이라 할 수 있다.

이 경우처럼, 식사 량을 대대적으로 줄여나가기로 상호합의 한다는 사실은 바로 공존·공생의 원리를 해당 공동체의 본원적인 생활규범으로 채택한다는 것을 의미한다. 이처럼 상호공감대의 토대 위에서 공존·공생을 위해 상호합의에 이르는 길을 자율적으로 모색하는 전진적인 자세, 이러한 것이 바로 '연대'인 것이다. 말하자면 공포심의 적절한 통제 및 이를 통한 이해관계의 합리적 규제를 도모하는 단합된 정신자세가 바로 연대의 불가피한 토대로 작용하게 된다는 말이다. 연대야말로 곧 인간의 본성적 요청인 것이다.

하지만 어떻게 공동체 구성원들이 이러한 '상호합의'에 이를 수 있게 될까, 그리고 그것이 과연 어떻게 가능해질 수 있을까?

갈수록 의문에 의문이 더해진다.

우리의 삶을 그야말로 아름다운 죽음으로 마무리할 수만 있다면 하는 게, 실은 우리의 궁극적인 소망 아니겠는가.

그런데 그러한 꿈은 과연 어떻게 이루어질 수 있을까?

무릇 욕망성을 지혜롭게 다스리고 고독성을 조화롭게 보살필 수 있다면, 우리의 삶은 과연 어떻게 될까?

모름지기 고독성 극복과 욕망성 절제가 마땅하고도 소중한 우리의 인간적 소명이라 한다면, 이는 도대체 어떻게 이루어질 수 있는 것일까? 원래 우리 인간이 비록 하찮게 '내던져진' 존재이긴 하지만, 그럼에도 불구하고 이윽고 자신을 과연 어떻게 숭고하게 '내던질' 수 있을까?

혹여나 이 모든 의문투성이가 바야흐로 '연대'의 세계를 향한 우리의 반듯한 투신으로 끝내 올곧게 갈무리되는 것은 아닐까?

하기야 인간본성인 고독과 욕망을 참답게 극복하고 통제하기 위해서는 궁극적으로 타개인 및 집단과의 원만한 상호결속이 필연적으로 요구되지 않겠는가. 그리하여 바로 이러한 '집단적 공동의지'의 평화적 실현을 위해, 바로 앞에서도 언급한 바 있는 '공생·공존활동', 요컨대 연대활동이 못내 바람직하리라 여겨진다.

그런데 연대란 도대체 무엇인가?[31]

2) 연대론

① 연대이념의 연혁

우리는 사실 일상적으로 연대와 더불어 생활하고 있다. 이 사실은

---

31 이어지는 글은 박호성의 졸저,《공동체론 : 화해와 통합의 사회·정치적 기초》의 '연대론' 장에 의거(429쪽 이하), 이 저술의 논지에 적합하게 적절히 수정·보완하여 등재하였음을 밝힌다.

흥미롭게도 간략한 점검 하나를 통해 손쉽게 확인되어질 수 있다.

일상생활 속에서 우리는 '연대(連帶)보증'이니 '연대책임'이니 하는 등속의 어휘들을 대단히 자주 쓰고 있다. 그런데 흥미진진한 것은 우리가 지금부터 살펴보고자 하는 근엄한 '연대' 개념이 바로 이 단어들과 실은 동일한 이념적 배경을 지니고 있다는 사실이다.

한마디로 연대란 이처럼 우리의 평소생활과 떼려야 뗄 수 없이 깊숙이 연결되어 있는, 지극히 일상적인 용어이자 개념이라 할 수 있다. 그러나 연대가 이렇게 통상적으로 예사롭게 쓰이는 비근한 어휘이긴 하지만, '보증'이니 '책임'이니 하는 그리 달갑지만은 않은 단어들과도 손쉽게 한데 어울리기도 한다는 점이 다소 거북살스럽게 여겨지기도 한다. 그런 탓에, 연대라는 것이 무언가 근본적으로 무겁고 법적으로도 만만찮은 함의를 지니고 있는 듯한 심각한 중량감을 느끼게 만들고 있음 또한 부인하기 힘들어 보인다.

하기야 '연대'라는 어휘 자체가 원래 '연대보증'을 의미하는 프랑스 법에서 유래한 것으로 알려져 있다. 요컨대 '공동체의 책임(공동의 의무·보증)'이라는 로마법 전문용어가 본래의 법적인 의미를 그대로 견지한 상태에서 '연대'(solidarité)로 바뀌어, 프랑스 법에 올곧게 수용된 것이다. 이런 취지에서 18세기 프랑스 계몽주의의 대표저술로 손꼽히는 디드로(Diderot)와 달랑베르(d'Alembert)의 《백과전서》(Encyclopéie)는 '연대'를 "여러 채무자가 자신들이 빌렸거나 빚진 액수를 되돌려줄 각오가 되어 있음을 인정하는 어떤 의무의 성질"이라 규정하고 있다. 이를테면 연대개념은 원래 채권법적 '연대보증'이라는 법률적 의미로 출발한 것이다.[32]

---

32 라이너 촐 지음/최성환 옮김,《오늘날 연대란 무엇인가 : 연대의 역사적 기원,

그러나 '연대'에 관한 가장 권위 있고 체계적인 연구업적의 하나로 손꼽히는 것은 뭐니뭐니 해도, 프랑스의 사회학자이자 근대 사회학계의 거장 중 한 사람으로 손꼽히는 에밀 뒤르켐(Emile Durkheim)이 1893년에 출간한《사회분업론》(The Division of Labour in Society)이 아닐까 한다.[33]

뒤르켐은 전통과 사회적 결속이 해체되는 상황에 주목하며, 무엇보다 '무엇이 사회를 지탱하게 하는가?'(What holds society together?) 하는 사회학의 근본문제부터 제기하고 나선다. 그의 핵심적인 관심은 바로 개인화한 인간과 사회적 연대 사이에는 도대체 어떠한 연관성이 내재해 있는가 하는 것을 탐색하는 것이었다. 그는 사회란 것이 합리적 타산이나 사적이해 또는 사회계약의 산물이 아니라, 사회적 규범, 공유된 가치와 관행 등의 소산이라 주장한다. 이러한 관점에서 그는 사회구성원들을 통합하는 규범적 메커니즘이 과연 무엇인가 하는 것을 찾아 나서게 되었고, 결국 '연대'야말로 그 핵심적 요소의 하나라는 인식에 도달하게 되었던 것이다.

뒤르켐은 사회발전 단계에 따라 연대를 "기계적 연대"(mechanical solidarity)와 "유기적 연대"(organic solidarity), 두 유형으로 나누어 고찰한다.

'기계적 연대'는 사회적 분화가 덜 이루어진, 단순하고 동질적인 삶의 방식이 지배적인 전통사회에서 발달한 유형이다. 전통사회는 동질적인 생활조건, 생활양식, 문화와 신앙 등으로 함께 묶여진 사람들

변천 그리고 전망》(한울 아카데미 2008), 33~34쪽

33 뒤르켐의 이론적 입장을 간략히 분석한 이 부분은 같은 책, 33~36쪽을 참고 · 정리한 것이다.

로 구성되어 있다.

이런 맥락에서, 뒤르켐은 모든 인간이 두 종류의 의식을 소유하고 있다고 본다. 하나는 개인의 인격적인 특성과 결부된 '개체의식'(individual consciousness)이고, 다른 하나는 사회의 모든 다른 구성원들과 함께 지니고 있는 '공유의식'(common consciousness)이 바로 그것이다. 그런데 전통사회에서는 '공유의식'이 지배적이다. 주민들의 생활조건과 생활양식이 동질적일 뿐만 아니라 사고방식 역시 대체로 유사하기 때문에, 전통사회에서는 공유의식이 발달할 수밖에 없고 그런 연유로 연대가 대단히 강력해진다.

반면에 이러한 전통사회와는 달리 현대사회에서는 직업적·사회적 분화가 고조되어 있다. 결과적으로 생활조건과 문화와 이데올로기의 심각한 차이가 지배하게 된다. 따라서 뒤르켐은 전통과 전래된 사회적 규범 등에 의해 지탱되던 강한 연대가 뒷전으로 물러나게 되고, 그 자리에 복잡한 노동분화(division of labour) 및 전문화에 의해 조성된 '상호의존성'(interdependence)이 대신 들어서게 되었다고 본다. 그러나 심화된 노동분화로 인해 '공동체의식'이 발붙일 곳을 찾지 못하게 되면서, 결국 '개체의식'이 전면에 부각할 수밖에 없게 된다.

하지만 우리는 특히 다른 사람들의 생산품에 의존하여 살아갈 수밖에 없는 존재이기 때문에, 현대사회는 이러한 사회적 분업으로 말미암아 이질적인 생산자간에 다양한 상호의존 현상이 필연적으로 나타날 수밖에 없게 된다. 말하자면 마치 우리 인간의 신체가 이질적인 기능을 지닌 다양한 유기적 기관들로 이루어지는 것과 마찬가지로, 우리 현대인 역시 이 복잡한 사회구조의 한 유기적 구성인자로서 상호의존적인 존재로 살아갈 수밖에 없게 되었다는 말이다. 뒤르켐은 바로 이러한 노동분업이 야기하는 현대인의 상호의존성을 '유기적 연대'라 규정하는 것이다. 이런 관점에서 그는 노동분업이 심화하면 할수록 개인은 더욱 더 사회 의존적이 되고, 반면에 각자의 활동영역이 특수화하면 할수록 더욱 더 개인적이 된다고 주장한다. 집단의식이 규제할 수 없는 특수한 기능으로 말미암아, 강한 개인의식이 생성될 수밖에 없다는 추론인 것이다.

그러나 뒤르켐은 전통사회의 기계적 연대와 현대사회의 유기적 연대간의 상호관련성에 대해서는 그다지 명확한 분석을 시도한 것 같아 보이지는 않는다. 하지만 그가 우려했던 것은 기계적 연대가 약화하면서 생겨날 빈 공간이 어쩌면 자동적으로 채워지지 않을 도덕적 공백상태로 남게 될지도 모른다는 측면이었다. 요컨대 기계적 연대가 줄어들 때 새로운 형태의 연대가 그 자리를 대신하지 못하게 되면, 사회생활이 그야말로 심각한 난관에 봉착하게 될지도 모른다는 우려였던 것이다. 그러나 뒤르켐은 현대사회에서 그 새로운 연대의 역할을 떠맡을 수 있는 유일한 대안이 바로 노동분화에 있다고 인식하고 있었다. 왜냐하면 노동분화가 증대함으로써 결국 상호의존성 및 협동의 필요성이 덩달아 증대하게 되리라 내다보았기 때문이다.

물론 그는 사회적 결속이 심화함으로써 결국 사회발전이 촉진되어질 수 있으리라는 믿음을 지니고 있었다. 그에 따라 법과 도덕의 발전 역시 뒤따르게 된다고 생각했다. 법과 도덕은 개인과 개인 상호간 그리고 개인과 사회를 결속하는 매체 구실을 한다. 그에게 도덕이란 연대의 원천으로서, "다른 사람들을 배려하도록 만들고 그리고 자신의 고유한 이기심의 충동을 통제하도록 강제하는 모든 것"을 의미하는 것이었다.

그러나 뒤르켐 또한 사회발전과 더불어 긍정적인 차원의 사회적 연대 역시 약화하리라는 의구심을 떨쳐버리지는 못한 것 같다. 그는 일정한 조건이 충족되면, 현대사회의 새로운 유기적 연대도 발전할 수 있으리라 믿었다. 이런 취지에서 그는 개인적 능력과 자질들이 자유롭게 펼쳐질 수 있는 길을 개척해나가는 것이 긴요하다고 역설한다. 그를 위해 사회적 기능이 개인의 자연적 재능에 부합하도록 분배되어야 하며, 나아가 자신의 재능에 합당한 개인적 지위를 확보치 못하도록 훼방놓는 일체의 사회적 장애물이 제거되어야 마땅하다고 강조하는 것이다.

이윽고 뒤르켐은 한편으로는 이웃사랑과 정의를 외치면서, 다른 한편으로는 모든 개인이 자기에게 가장 적합한 기능을 수행할 수 있고 또 자신의 노력에 대해 정당한 보상을 받을 수 있는 사회질서의 확립을 촉구하고 나선다. 무엇보다 사회적 저변계층으로 하여금 사회의 새로운 기능 분야에 다가갈 수 있도록 보장하는 통로를 활짝 열어젖히지 않으면 안 되리라 역설하는 것이다. 이것은 뒤르켐에게는 '정의'의 문제와 직결된다. 그는 정의를 "모든 종류의 연대에 필수적인 부속물(necessary accompaniment)"이라 규정한다. 그리하여 심각한 사회적 불공정성으로 인하여 연대가 극심한 타격을 입을 수밖에 없게 되리라는 자신의 소신에 입각하여, 뒤르켐은 현대사회는 어려운 상황에 처한 동료시민들을 다양한 방식으로 지원함으로써 가능한 한 불평등을 폭넓게 축소시켜 나가기 위해 최대한 노력하지 않으면 안 되리라 강조하는 것이다. 그러나 그의 논지 속에는 예리한 현실인식과 불투명한 미래예측이 공존하는 것처럼 보인다.

어쨌든 뒤르켐이 연대개념 연구를 선구적으로 주도하였음은 부인할 수 없는 사실이다. 하지만 그의 연구는 미완의 과제로서의 역사적 의미를 지닌다고 말할 수 있을 듯하다. 특히 연대와 평등과 정의의 상관성 문제, 사회적 통합력으로 작용한다고 인식하는 법과 도덕의

의의, 개인주의의 심화현상, 가족과 다양한 사회집단 내부 및 전통적인 지역공동체 안에서 연대의 끈이 약화해가는 역사적 배경 등에 관한 관심은 지금도 심도 깊은 사회철학적 탐구에 지속적인 영향을 끼치고 있는 것으로 여겨진다.

그러나 뒤르켐이 역사발전 정도에 따라 순차적으로 등장하는 것으로 파악한 "기계적 연대"와 "유기적 연대", 이 두 연대개념이 오늘날 한 지역에서 동일한 시기에 동시에 출현할 가능성 역시 배제할 수 없다는 점도 주목을 요하는 점이다.[34] 특히 지역별 특성이나 전통의 차이에 따라 개별지역의 사회발전의 수준과 속성 역시 달라질 가능성이 높기 때문에, 이러한 시차적 개념을 획일적으로 적용하는 데는 무리가 따를 수 있다는 측면에도 유념할 필요가 있으리라 생각된다. 예컨대 우리 한국사회에서는 오늘날 이 두 유형의 연대가 동시에, 그리고 상황에 따라 서로 구별이 안 될 정도로 마구 뒤섞여서 나타나기도 하는 특이한 성향을 보여준다고 말할 수 있을 정도다.[35]

역사의 진전에 따라 연대의 개념 역시 대단히 폭넓게 확장·심화하는 과정을 밟아왔음은 널리 알려진 사실이다.[36]

물론 '좁은 의미의 연대' 개념은 엄정할 수밖에 없다. 예컨대 빌트(Wildt)는《블록하우스》(Bloackhaus)에서 연대를 "함께 행동하는 자 또는 함께 연관된 자로서 특정한 집단의 구성원이 행하는 협력과 상

───────────

34 라이너 촐 역시 근대에는 연대의 두 가지 유형이 항상 공존했으리라 유추하면서, 오늘날에는 오히려 '기계적 연대'가 더욱 지배적일 것이라는 견해조차 조심스레 밝히고 있다. 이에 대해서는, 라이너 촐, 앞의 책, 47쪽

35 이에 대해서는, 박호성, 공동체론 앞의 책, 413~28쪽을 참고할 것.

36 이어지는 부분에 대해서는 라이너 촐, 앞의 책, 27~9쪽을 볼 것.

호인정에 의해 생명력을" 가지는 가치로 규정한다. 여기에 연대가 통일체를 형성하는 다수의 결속된 행위 및 공통된 신념과 깊은 관련을 맺고 있음이 암시되고 있다. 다소 다른 맥락에서 라이첸슈타인 (Reitzenstein)은 연대를 "동등하고 공통적인 생활상태를 공유하는 다수의 사람들이 공동의 목표를 위해 '사회적 적대자'에 맞서는, 서로에 대해 책임지는 공동의 사회적 행위"를 의미하는 것으로 해석한다. 이러한 견해는 연대 개념이 바야흐로 저항의 대상이 되는 대립적 존재를 상정하는 동시에 그에 대한 단합된 투쟁의지와 결부되기 시작했음을 상기시킨다. 이는 자연스레 노동운동의 기본성향을 떠올리게 만든다. 이처럼 좁은 의미의 '고전적인' 연대개념에는 사회상태의 동질성과 행위의 공통성 등, 기본적으로 집단적 소속감을 강조하는 경향이 드러나고 있음이 엿보인다.

시대가 변화함에 따라 연대개념 역시 서서히 확장의 길을 밟아왔다. 예컨대 샤를르 지드(Charles Gide)는 "우리가 연대라는 표현을 같은 몸통에 속하는 모든 부분의 상호의존으로 이해한다면, 연대는 바로 삶의 근본특성"이라 단언한다. 연대가 바야흐로 일상적인 삶의 본질적인 요소로 각인되기 시작한 것이다. 그러다가 특히 2차 세계대전을 겪고 난 후에는— 마치 민주주의가 모든 노선 및 세력의 전유물처럼 널리 애용되듯이—, 대다수의 사회단체, 정당, 정부들이 이 연대를 지고의 가치이기라도 한 것처럼 앞다투어 자기화 하기 위해 경쟁적으로 노력을 경주할 정도였다. 이러한 '넓은 의미의 연대'는— 물론 개별국가의 전쟁참상을 신속히 극복하는데 필수적인 국민적·사회적 단합의 효율적인 방편으로 인식됨으로써— 활용할 수 있는 모든 경우와 환경에 빠짐없이 불려 다니게 된 것이다. 이윽고 연대개념의 '과잉현상'이 나타날 수밖에 없는 상황까지 조성되었다.

하지만 그래도 자유주의는 요지부동인 것처럼 보인다.

앞에서도 살펴본 바와 같이, 자본주의의 철학적 기초이기도 한 자유주의적 개인주의가 감싸고도는 개인은 바로 '거인'이다. 그러나 마치 아담 스미스가 "한 사람의 큰 부자가 있기 위해 최소한 오백의 가난한 사람이 있어야 한다. 그리고 소수의 풍요는 다수의 빈곤을 가정한다"고 솔직히 털어놓았듯이,[37] 한 명의 '거인'이 존재하기 위해서는 수없이 많은 '조무래기'들의 희생이 뒤따라야 하고, 또 이들이 그를 떠받들지 않으면 안 되도록 되어 있는 것이 오늘날 자본주의적 사회 현실이다. 실상이 이러하니, 이러한 '거인'만을 숭배하는 자유주의적 개인주의로부터 어떻게 감히 '연대'씩이나 기대할 수 있겠는가. 왜냐하면 이 경우 연대는 거인을 겨냥하는 활과 창을 의미할 수도 있기 때문이다.

반면에 자신의 개인적 결핍이나 결함을 외부의 도움을 빌어 보완코자 하는 속성을 지닐 수밖에 없는 '조무래기'들은 기존의 특권을 제거하고 사회적 조건을 골고루 하기 위해서, 단합과 연대를 필연적으로 요구할 수밖에 없다. 왜냐하면 "동일한 집단이나 공동체에 속한" 사람들과 연대한다는 것이 "비교적 쉬운 일이기 때문"이다. 바로 이런 의미에서 노동자 연대가 "동일한 사람들 사이에서의 연대, 즉 공동체에서의 연대"의 "가장 좋은 본보기"가 된다는 사실 역시 지극히 자연스러운 일이라 할 수 있다(라이너 촐, 앞의 책, 21쪽).

나아가 이 연대가 프랑스혁명의 구호 가운데 하나인 '형제

---

37 A. Smith, The Wealth of Nations (Dent/Everyman's library, London 1910), vol.2, p.199

애'(fraternity)와 맞물린다는 점에도 주목할 필요가 있다. 이 혁명을 주도하던 당시 부르주아계급은 농민·노동자 등, 인구의 절대다수를 점하고 있는 하층집단이 혁명대열에 동참함으로써 비로소 궁극적인 승리가 가능하리라 확신하였던 것처럼 보인다. 따라서 자유 및 평등과 더불어 '형제애'를 고무하는 이 구호를 휘날리며, 이들에게 '혁명이 성공하면, 당신들은 과거의 귀족들과도 형제자매와 다를 바 없이 어깨를 나란히 할 수 있다'는 환상적인 동등권 보장을 역설하면서, 함께 연대해 힘차게 투쟁해줄 것을 호소했을 터이다.

하지만 연대는 대체로 19세기 노동운동의 직접적인 산물로서, 노동자계급의 동질적인 이해관계를 반영하는 사회민주적 투쟁의 전통에 입각해 있다고 말할 수 있다. 이를테면 지배계급의 특권을 제거함으로써 만인에게 자유와 정의와 번영을 가져다주기 위한 사회주의적 노동투쟁의 현장에서 이 연대가 강화하고 발전해온 것이란 말이다.

예컨대 이른바 수정주의(Revisionismus)의 대변자 격인 베른슈타인(Bernstein)은 사회주의의 어원을 '사회'(Gesellschaft)를 의미하는 불분명한 '소시에타스'(societas)의 개념으로부터가 아니라, '동아리'(Genosse) 또는 '동아리 관계'(Genossenschaft)를 뜻하는 보다 명백한 의미의 '소시우스'(socius) 개념으로부터 이끌어내는 것이 마땅하다고 주장한다. 이런 취지에서, 사회주의는 "동아리 의식 및 관계성을 쟁취하기 위한 운동"(Bewegung zur Genossenschaftlichkeit)으로 규정되는 것이다.[38] 여기서 소시우스는 "동등한 권리를 지닌 소속원 또는 조합원"(gleichberechtigter

---

38 Bernstein, "Wie ist wissenschaftlicher Sozialismus möglich?"(Vortrag vom 17.Mai 1901), in: Helmut Hirsch(Hg.), Ein revisionistisches Sozialismusbild, 2.Auflage(Berlin/Bonn—Bad Godesberg 1976), p.65

Teilhaber)을 일컬으며, '동아리 관계 또는 연대성'을 뜻하는 게노쎈샤 프트(Genossenschaft)는 사회주의와 관련되는 '법 원칙'(Rechtsprinzip), 즉 민주주의를 가리키는 것으로 이해된다(Bernstein, 같은 글, p.83). 이를테면 사회주의란 특정사회의 모든 구성원으로 하여금 동등한 법률적 권리와 동아리로서의 연대의식을 향유토록 만드는 민주주의의 실현운동 및 이론과 체제를 의미하게 되는 것이다. 요컨대 "공속감 또는 동류의식"(Gemeinsamkeitsgefühl)과 "인간간의 사회적 결속성"(Verbundenheit der Menschen als Gesellschaft)이야말로 사회주의 사상의 본질에 속하는 것으로 인식되는 것이다(Bernstein, 같은 글, p.157). 이처럼 베른슈타인에게는 사회구성원 상호간의 '연대'(Solidarität)를 어떻게 확보할 것인가 하는 것이 초미의 관심사였다. 따라서 그는 무엇보다 노동자계급의 연대의 필연성을 특별히 힘주어 역설한 것이다.

베른슈타인에 의하면, 사회주의란 여러 개인 및 집단들의 특수 이해관계를 제거하고 보편적 이해관계를 확립하기 위한 이념이다. 따라서 사회주의는 계급의 공통이해관계로부터 출발한다. 그는 노동자야말로, 계급적 총체성의 견지에서 볼 때, 응당 진보에 거스르는 이해관계를 결코 가질 수 없는 집단이라 확신한다. 노동자계급은 생산과 교류 모든 분야에 걸쳐, 필연적으로 오로지 사회적 진보에 최대한 관심을 집중할 수밖에 없는 세력인 것이다. 따라서 그들은 소유에 대한 특수이해관계에 적대적이다. 그러므로 노동자계급은 사회주의 이념의 전담세력이 될 수밖에 없다. 이처럼 베른슈타인은 "보편성에 대한 헌신"에서 노동자계급의 사회윤리를 찾아내는 것이다. 물론 그는 노동자들에 대해 무조건적인 환상을 갖고 있지는 않았다. 그들이 여러 공장과 기업체 등에 흩어져 노동을 영위해나가기 때문에, 때때로 그들의 이해가 서로 충돌할 수밖에 없다는 것을 오히려 불가피한 현상으로까지 받아들인다. 바로 이런 관점에서 베른슈타인은 보편적 이해 관계를 결집하기 위해, 노동자계급의 '연대'가 필수적으로 뒤따르지 않으면 안 된다고 역설하고 또 역설하는 것이다. 그러나 그것은 오직 "정치투쟁을 통해 국가 속에서" 비로소 구현될 수 있고, 그리고 이러한 정치투쟁은 오로지 민주주의를 통해서만 최대한 성공가능성을 보장받을 수 있는 것으로 이해하였다. 노동자계급의 "정치적 기본권"이란 "일체의 계급적 특권을 제거하는 것"이기 때문에, 노동자계급이야말로 모든 사회계급 가운데서 유일하게 가장 단호한 민주주의의 전담 세력으로 등장할 수밖에 없다고 확신하였던 것이다. 뿐만 아니라 가장 단호히 연대를 추구하는 사회집단이 바로 노동자계급이라 인식하기도 하였다. 이런 취지에서, 베른슈타인은 민주주의야말로 가장 자연스러운 노동자계급의 수단이자 목표라 선언한다(Bernstein, 같은 글, pp.155~8).

3) 왜 연대가 필요한가?

무엇보다 오늘날 한반도에 정착해 살아가고 있는 우리들에게 연대란 과연 무엇을 의미하며, 또 연대가 왜 절실히 요구되는가?

서양의 역사에서 근대는 해방의 시대였다. 신분적 예속으로부터의 개체의 해방이야말로 가장 본원적인 해방의 지상명령이었다. 그에 따라 보편적 이성을 소유한 존재로서 개인의 자유와 평등을 어떻게 확보할 것인가 하는 것이 긴급을 요하는 시대적 대명제로 떠올랐다. '자유', '평등', 그리고 '형제애'를 절규한 1789년의 프랑스 대혁명은 이러한 대명제를 압축적으로 대변한 인류사적 대 사건이었고, 그것은 이미 사회 깊숙이 똬리를 틀고 앉은 자본주의적 경제질서를 정치적·법제도적으로 공식화하고 완결하는 결정적인 미화작업이기도 했다.

그러나 하나의 모순이 극복되면 또 하나의 다른 모순이 새로이 그 자리를 대신하는 것이 우리 인류사의 보편적 발전경향이 아닐까 한다. 프랑스혁명 역시 역사발전을 한 단계 더 높은 수준으로 끌어올리긴 하였으나, 어쩔 수 없이 하나의 모순을 또 하나의 다른 새로운 모순으로 대체한 역사의 숙명적 한계를 극복하지는 못하였다. 결국 우리 인간은 신분과 종교의 속박에서 벗어나긴 하였으되, 또다시 자본과 개인주의의 새로운 사슬에 얽매이는 모순의 악순환에 포박당하지 않으면 안 되었다. 자본은 인간을 상품으로 전락시켰고, 개인주의는 인간을 결국 계급적 이기주의의 노예로 변질시키고 말았던 것이다.

그런데 근대 이후의 역사는 이념적으로 어떠한 특성의 궤적을 그리며 전개해왔을까. 우선 신분질서에 뿌리 드리운 봉건적 불평등체계에 대한 부르주아 계급의 정치적·법률적 대 공습은 프랑스 대혁명으로 일단락하였다. 그 뒤를 이어, 상품관계에 입각한 자본주의적 불평등체계에 대한 프롤레타리아 계급의 사회경제적 대 역습은 결국 러시아혁명으로 귀결하였다. 그러나 20세기를 가장 괄목할만하게 장식한 것은 사회주의체제의 성립과 그 붕괴 아니겠는가. 세계사적인 관점에서 볼 때 20세기는 이처럼 볼셰비키 혁명으로 돛을 달아 올렸고, 공산권의 몰락으로 닻을 내린 셈이다.

그런데 눈여겨볼 것은 특히 프랑스 대혁명의 구호인 이 자유와 평등이 실은 우리의 논제인 '연대'와 직결된 기본가치라는 점이다. 무엇보다 프랑스 혁명 이후 예컨대 '결사의 자유'라든가 '법 앞의 평등' 이념이 연대의 법적 기본토대로 작용하게 되었기 때문이다.

한마디로 이 자유와 평등은 근대사의 본질적 개념이다. 그리고 프랑스 혁명의 구호는 그것을 극명하게 압축한 것이었다. 그러나 아쉽게도 그 우선순위는 평등이 아니라 당연히 개인의 자유에 매겨져 있었다.

사회가 단지 이러한 개인들의 집합으로만 간주되었기 때문에, 대체로 공고한 연대를 기반으로 하는 '공동체'라든가 '보편적 가치' 등에 대한 실질적인 관심은 지극히 희박할 수밖에 없었다. 그것을 대신하여, 결국 '개인'과 '개인주의'가 자연스레 떠올랐던 것이다. 무엇보다 개인적 자유를 수호하기 위해, 외부 즉 국가와 사회 등으로부터 오는 간섭과 제재를 응당 거부해야만 하는 존재가 바로 이 개인일 수밖에 없다고 믿었기 때문이다. 반면에 개인적 결핍이나 결함을 외부로부터의 도움을 빌어 벌충할 수밖에 없는 평등의 요구는, 예컨대 '당신은 왜 나보다 더 잘 먹고 더 잘 사는가' 하는 식으로, 자신과 외부세계와의 비교의식에서 비롯하는 것이 상례다. 그러므로 집단적 척도에 호소할 수밖에 없게 되는 경우가 지배적이다. 따라서 연대의 정신적 터전이 바로 이 평등이 될 수밖에 없음은 지극히 자연스러운 현상이라 할 수 있다. 그리하여 자유가 대체로 앞에서 언급한 '거인'의 가치관이라 한다면, 이러한 평등, 요컨대 민주주의는 곧 '조무래기'의 정신적 지주라 할 수 있는 것이다.

그런데 크게 보아, 이러한 평등을 구현해나가는 데는 두 개의 노선이 있을 수 있다. 하나는, 아래로부터 자신의 힘으로, 말하자면 강력히 구축된 연대를 통해 자신의 의지와 목표를 스스로의 실력으로 관철시켜나가는 자력의 길이 있을 수 있다. 여기에는 물론 반드시 평화적 수단만 뒤따르는 것은 아니다. 극단적으로는 폭력혁명에 호소할 수도 있다. 반면에 다른 하나는, 위로부터 시도되는 개혁적 성향의 것으로서, '거인' 요컨대 '가진 자'의 자발적인 관용과 아량에 의존하는 경우가 지배적이다.

그러나 어떤 경우를 막론하고, 평등문제의 해결은 대체로 특정적인 개인 또는 집단에 대한 간섭 또는 통제를 통해 비로소 실마리가 풀릴 수 있는 것이기 때문에, 자연스럽게 국가나 사회의 개입에 의존하게 된다. 예컨대 복지국가 체제도 대저 그러한 사례의 하나라 할 수 있으리라.

거시적으로 보면, 연대의 강도(強度)와 국가적 개입의 심도(深度)는 불가분의 상관관계를 맺고 있다고 말할 수 있다. 왜냐하면 예컨대 강력한 연대의 힘이 국가의 개입을 심화시키는 추진력으로 작용할 수도 있고, 반대로 국가의 자발적인 개입이 사회적 연대를 약화시키거나 불필요하게 만드는 동력이 될 수도 있기 때문이다. 하지만 자유주의적 개인주의와 자본의 힘으로 완전무장한 부르주아지 형 국가가 과연 어떠한 노선을 더 선호할 것인가 하는 것은 불 보듯 뻔한 일이다.

자유주의는 지금까지 자본주의적 발전과 긴밀한 연관을 맺으면서 성장해왔다. 그러나 그 과정에서 가장 핵심적인 쟁점의 하나로 떠오른 것은 특히 자유와 평등의 알력, 다른 말로 하면 자유주의와 민주주의 사이의 갈등이었노라 말할 수 있을 것이다. 역사의 진전에 따라 자유주의는 무엇보다 간과할 수 없을 정도로 성장해가는 노동자계급의 역량을 두려운 눈빛으로 바라보면서, 어떤 식으로든지 대비책을 찾아내지 않으면 안 되리라는 억눌린 '각성'에 이르게 되었다. 그 결과 출현하게 되는 것이 바로 자유민주주의인 것이다.

그러나 자유주의와 민주주의, 또는 자유와 평등 사이에는 언제나 긴장과 갈등이 자리잡았다. 예컨대 민주주의란 원래부터 평등과 직결해 있는 것이기 때문에 근본적으로 자유를 위협하는 가치라든지, 혹은 자유주의는 자유와 굳건히 손잡고 있는 관계상 불평등을 불가피한 것으로 여길 수밖에 없다는 식의 싸움질이 그러한 사례들이다. 자유주의자에게 민주주의는 목적이 아니라 수단일 뿐이다. 민주주의가 예컨대 "평등, 사회적 결속, 복지정책" 등에 주된 관심을 기울인다면, 자유주의는 주로 "정치적 속박, 개인적 이니시어티브, 국가의 형태" 등에 매달린다.[39] 한마디로 자유주의는 어떻게 하면 국가의 힘을 제한할 수 있을 것인가에 몰두하는 반면에, 민주주의는 어떻게 하면 국민(인민)의 단합된 힘을 국가에 쓸어 넣을 수 있을 것인가에 온 힘을 쏟고 있다고 말할 수 있다.

그런데 자유와 평등 사이의 이러한 긴장상태가 이른바 자유민주주의의 성립으로 과연 해소되었는가?

자유민주주의는 자유주의와 민주주의의 물리적 결합이다. 그러나 자유주의의 구미와 취향에 어울리는 민주주의적 요소만이 간택의 대상이 되었다. 즉, 자유의 숭고한 목표에 충실한 수단으로서의 민주주의, 무엇보다 사유재산의 철칙과 권위를 결코 무엄하게 넘보지 않는, 잘 길들여진 런닝 메이트로서의 민주주의가 자유민주주의의 참다운 본새인 것이다. 말하자면 자유민주주의란 한편으로는 사적 소유의 원칙을 끝까지 지켜나가면서, 다른 한편으로는 정치적 동참권을 부여받은 노동자 계급을 중심으로 하는 폭넓은 인민대중의 합법적 동의를 통해 부르주아 계급이 계속 자신의 권력을 유지해나가기 위해 고안해낸 정치체제 및 이데올로기라 할 수 있다는 말이다. 한마디로 말해, 경제적 불평등과 정치적 평등의 합성물이라 할 수 있는 것이다. 어쨌

---

39 Giovanni Sartori, Democratic Theory (Detroit: Wayne State University Press, 1962), p.371

든 독점 자본주의로 넘어가는 길목에서 급기야 자본주의 스스로가 야기한 노동운동의 반(反) 자본적 위협을 정치적으로 해소코자 하는 절실한 소망이 바로 자유주의에 의한 민주주의의 수용, 즉 자유민주주의의 성립으로 나타났다는 말이 되겠다. 물론 여기에는 자본주의의 발달에 따라 노동운동 스스로가 체제 내적으로 계량화해나간 것도 크게 한 몫을 거든 게 사실이다. 어떻게 보면 자유민주주의가 역설적으로 노동운동의 하나의 커다란 성과이기도 함은 부인하기 힘들리라 여겨진다. 하지만 그것은 민주주의를 흡수한 자유주의라 할 수 있는 것이다. 따라서 국민적 연대에 기초한 평등을 뒷전으로 물리며, 오로지 개인의 자유를 수호하는 데 주력할 따름이다. 이런 의미에서, 자유민주주의는 본질적으로 '조무래기'보다는 '거인'을 애호하는 이념 및 정치체제라 할 수 있다.

여기서도 엿볼 수 있듯이, 어쨌든 연대가 사회적 불평등문제 해결에 결정적인 역할을 담당한다는 것은 부인할 수 없는 사실이다.

① 사익과 공익

우리 한국에서는 오래 전부터 심지어는 자유민주주의를 심각하게 훼손한 세력까지 앞장서서 늘 '자유민주주의의 수호'를 절규해왔다. 그런데 이러한 한국은 지금 과연 어떠한 상태에 놓여 있을까.

한국의 국가는 현재 '시장 절대왕정' 체제의 일등공신처럼 비쳐진다. 따라서 자율적인 개혁을 추진할 의지와 능력이 거의 다 결여되어 있는 것처럼 보이는 것도 그리 기이한 현상은 아닌 것 같다.[40] 그런

---

40 이에 대해서는 손호철, 《해방 60년의 한국정치 : 1945~2005》(이매진 2006), 제4
장 및 제3부, 그리고 《현대 한국정치 : 이론과 역사 1945~2003》(사회평론, 개정

탓에 특히 이른바 사회적 '조무래기' 스스로의 자발적 연대가 더욱더 절실할 뿐만 아니라 필연적으로 보일 수밖에 없음도 이러한 상황에 기인하는 바가 막중하리라 여겨진다. 그러므로 일단 시장절대왕정의 직접적 산물이라 할 수 있는 '사익절대주의'에 대한 투쟁이 급선무가 되리라 짐작된다. 무엇보다 특히 사익을 향한 일편단심이야말로 심각한 연대의 장애물로 작용할 수밖에 없으리라 판단되기 때문이다.

이런 면에서 사익과 공익을 둘러싼 갈등 역시 자연스레 제기될 수밖에 없지 않을까 한다. 만약 공존·공생을 위한 인간적 상호연대를 인간 개체와 사회의 본질적인 지향목표의 하나라 간주한다면, 무엇보다 사익과 공익의 갈림길에서 과연 어떤 길을 택할 것인가 하는 것이 인간실존의 핵심적 과제가 되지 않겠는가.

그런데 공익이란 과연 어떠한 것인가?

이 물음을 던지자마자 불현듯 무수한 차들이 내달리고 있을 도로 상황부터 먼저 뇌리를 스치기 시작한다. 내친 김에 일단 우리나라 도로의 역사적 존재가치부터 미리 살펴보는 좋을 듯하다.

한마디로 말해, 우리의 도로는 우리 사회의 속성과 건강상태를 그대로 드러내 보여주는 민낯인 것 같다. 무엇보다 도로가 우리 사회의 체온계나 풍향계 같은 것으로 비쳐지기 때문이다.

나는 인간의 이기적 본성이 어떠한 것인지 알고싶다면, 골치 아픈 철학 전문서적을 뒤적거리지 말고 일단 대한민국의 도로에 차를 몰고 잠깐 나가보라고 권한다.

긴 이야기 필요 없이, 우리는 도로에서 가장 적나라하고 상습적

증보 2판, 2003), 제1부 제2장(41~80쪽) 및 제5부 등을 참조할 것.

인 이기심의 화려한 시가전을 체험할 수 있다. 예컨대 옆 차선이 조금이라도 잘 빠지는 듯하면 잽싸게 그 쪽으로 끼여들었다가 또 금세 다른 쪽으로 서커스 하듯 내빼는 차량행렬은 지극히 흔한 현상이다. 그러나 자기는 마구 끼여들면서도, 남이 어쩔 수 없이 부득이 들어서고자 하면 어림도 없는 일이다. 그야말로 자신은 절묘하게 새치기까지하지만, 남에겐 클랙슨을 갈겨대며 결코 틈을 내주지 않는다. 그러나그런 차량의 뒤 트렁크에는 '여유와 양보'라는 스티커가 점잖게 붙어있기 일쑤다. 군사문화의 후유증일지 모르지만, 어쨌든 소름끼칠 정도의 천부적인 전투태세 완비. 상황이 발생하면 금세 클랙슨이 폭죽처럼 터진다. '양보'라는 어휘는 사전에서만 찾아볼 수 있을 따름이다. 오직 이기심의 화려한 결투만 도로를 장식할 뿐이다. '이기주의의대첩'이 벌어지는 것이다. 트럭은 철갑부대, 버스는 공수부대, 택시는기동 타격대처럼 혼전을 거듭한다. 그리고 오토바이는 나비처럼 날아벌처럼 쏜다. 일반 승용차는 대기만성형 저격병 수준이다. 대한민국의 도로는 각종 폭발물과 전투병들로 가득하다.

어차피 우리는 언제, 어디서, 어떤 차가 갑자기 자신에게 들이닥쳐 비수처럼 덮칠까 하는 불안이 꼬리를 물고 이어지는 숨막히는 흐름 속에 내던져진다. 우리는 확실히 '불확실성의 시대'를 온몸으로 살고 있음에 틀림없다. 그 도로에서 우리는 인간에 대한 불신을 배우고또 갈고 닦는다. 과연 푸른 신호등을 믿고 길을 건너도 되는 것일까?좌회전 깜빡이 등을 켜고 우회전하는 차량도 적지 않다. 무서운 일이다 …. 사실 수많은 익명의 전투요원들이 각자 세련된 살인적 이기주의로 무장한 채 타격태격 무섭게 치닫고 있는 것이다. 그러면서도 우리는 또 서로를 믿고 운전대를 잡는다. 그 와중에 우리는 어느 차가어느 쪽에서 홀연히 기습할 것인가 하는 것을 그런 대로 지혜롭게 터득하는 법을 서서히 익혀나가기도 한다. 요컨대 한국의 도로 위에서 우리는 어느새 인간심리학 전문가들이 되어가는 것이다.

노름하는 것을 보면, 그 사람의 인간됨됨이를 잘 알 수 있다고들 한다. 그러나 나는 운전하는 자세를 보면, 그의 인품과 인생행로까지도 쉽게 읽어낼 수 있다고 믿는 편이다. 다양한 인간유형이 일시에 범람하는 곳이 바로 대한민국 도로 아닌가. 말하자면 이런 식이다, 가령 지나가는 차가 한 대도 없는 건널목인데도 빨간 신호등이 켜져 있다고 마냥 서서 기다리는 분은 '청렴결백 형'(型), 앞서 가라고 멈춰 서서 양보해주는데도 못 끼여드는 타입은 '햄릿 형', 하지만 천천히 가야 하는 길에서는 급하게, 그러나 빨리 달려야 하는 곳에서는 느릿느릿 가는 사람은 '돈키호테 형', 빨간 신호등인데도 무조건 내닫는 형은 '케 세라 세라 형', 반면에 매섭게 치닫는 용기는 지니지 못하긴 하지만, 그래도 잠시를 참지 못해 조심스레 10센티 가량씩 한 발짝 한 발짝 앞으로 조금씩 전진하는 형은 '소기급성(小器急成) 형', 옆 차 겁주기 위해 쓸데없이 클랙슨을 울리며 고속으로 질주하는 차는 '공갈협박 형', 앞에 끼여들게 해달라고 차창까지 내려 손짓 발짓까지 해가며 매달리는 타입은 '순정 가련 형', 깜박이를 켜지도 않고 제멋대로 차선을 마구잡이로 휘젓는 분은 '황야의 무법자 형', 등등이다.

하기야 우리가 보행자일 때는, 건널목에서 공포분위기를 조성하는 듯한 운전자들이 그렇게 혐오스러울 수 없다. 반면에 우리가 차를 몰고 있을 때는, 건널목에서 거드름피우듯 휴대폰 통화까지 하며 여유 만만하게 길을 건너는 보행자가 또 그렇게 얄미울 수가 없다. 어쨌든 각각의 운전유형이 각자에 어울리는 삶의 자세가 되고, 또 그런 식으로 자신의 인생을 적당히 운전해나갈 것이다.

그러나 문제는 여기서 끝나지 않는다. '도로 표지판'이 또 행패를 부린다.

우리나라에서 참으로 신뢰하기 힘든 것 중의 하나가 바로 이 도로에 붙어 있는 도로 표지판 아닐까 한다. 대단히 알아채기 힘들게 만들어진 채 엉뚱한 곳에 매달려 있기 일쑤일 뿐만 아니라, 쓴 사람만 알아 볼 수 있게끔 왕왕 지나치게 자유방임 스타일로 쓰여진 게 또 적잖아 모르는 길에서 골탕 먹기 일쑤다. 반면에 가장 믿을 수 있는 것은 도로 위의 식당 안내판이다. "오른쪽, 왼쪽, 어느 쪽으로 돌아서 몇 m 정도 오면 무슨 식당이 보인다"는 안내판을 따라가면 거의 틀림이 없다.

같은 목숨과 직결된 것이긴 하지만, 도로 표지판을 만들어 거는 사람은 대부분 그것과는 아무런 직접적인 이해관계가 없는 편이다. 적당히 만들어서 아무렇게나 한번 걸어두고서는 뒤돌아서면 그뿐이다. 자기들과는 아무런 상관이 없는 것이다. 하지만 식당 안내판은 전혀 다르다. 그 안내판을 보고 손님들이 제대로 잘 찾아와 주어야 식당주인이 편히 먹고살 수 있으니, 그걸 내다 건 사람의 생사가 좌우될 판이다. 하기야 도로 표지판은 공익을, 반면에 식당 안내판은 사익을 대변하는 것은 아닐까. 다소 과장해도 좋다면, 우리 국민은 이처럼 공익과 관련된 일들은 안타까울 정도로 가볍게 홀대하지만, 사익만은 임전태세 완비정신으로 하등의 오차도 없이 철두철미하게 파고드는 편인 것 같다.

옛 사람의 말은 거의 틀림이 없는 듯하다. "모든 사람의 재산은 어느 누구의 재산도 아니다"라는 해묵은 금언이 얼마나 애틋하게 잘 맞아떨어지는가. 예컨대 공기처럼, 원래 모두가 다 공짜로 가질 수 있는 재산은 어느 누구도 값어치를 지닌 것으로 간주하지 않지 않는가. 하기야 우리는 값어치보다는 값, 요컨대 가치보다는 가격만을 따지는

일에 더욱 열렬히 매달려온 처지들이긴 하지만.[41]

인간사회에 이런 몹쓸 일이 자주 일어날 수 있음을 이미 수천 년 전 고대 그리스의 아리스토텔레스도 정확히 간파하고 있었다. 그의 저서 《정치학》에서 그는 다음과 같이 논파하고 있다. 이를 통해 그는 사적 소유에 대한 인간의 강렬한 본능적 애착심을 역설하고자 했던 것처럼 보이기도 한다.

> "모든 자가 한 사람같이 동일한 것을 내 것이라 부르면, 그것은 훌륭한 것이겠지만 실행할 수는 없는 것이다.… 최대 다수에 의해 공유되는 것은 가장 빈약한 취급을 받는다. 모든 자는 주로 자기 자신의 것을 생각하고 공유물에는 별로 흥미를 갖지 않는다. 그러므로 그가 그 자신 개인으로서 관련될 때 비로소 흥미와 이해를 갖게 되는 것이다.… 누구나 남이 하여 주리라고 기대하는 임무는 소홀히 하는 경향이 있다"(제2권 3장).

뿐만 아니라 근대에 들어와서도 영국의 사상가 토머스 홉스 같은 이는 "만인에 대한 만인의 투쟁"이라는 개념까지 동원해가며, 이기심으로 무장한 인간사회의 타락 가능성을 냉혹하게 따지고 들지 않았던가. 그의 사회철학은 무엇보다 인간이란 자신에게 이익이 되지 않는

---

41 참고로 덧붙여, 예컨대 홉스는 '값어치'(value)란 실제적 유용성 또는 중요성에서 본 가치를 말하고, '가치'(worth)는 지적·도덕적·정신적 측면에서 본 가치를 의미한다고 보았다. 이러한 관점에서, "인간의 값어치 또는 가치는— 다른 모든 것과 마찬가지로— 그가 사용하는 힘의 양에 상응하는 그의 시가(price)"라 단언한 바 있다. 그런데 이 시가는 절대적인 것이 아니라, 다른 사람의 필요와 판단에 달려 있는 것으로 간주될 뿐이다. 이에 대해서는, 토머스 홉스 지음/진석용 옮김, 앞의 책, 123~4쪽을 볼 것.

한 남과 협동한다든지 남을 도와주려는 성향을 전혀 갖게 되지 않는, 오로지 자기 자신의 이해관계만을 추구하는 이기적 개인이라는 인간관에서 출발한다.

하기야 우리가 지금 몸담고 살아가는 자유민주주의 사회는 철석 같이 개인주의적 인간을 그 토대로 하지 않는가. 개인주의는 자유주의의 철학적 기초인 것이다. 바로 앞에서도 지적했듯이, 자유주의적 개인주의는 일반적으로 인간사회 및 그 제도와 조직들보다는 개인을 더욱 더 근본적이고 더욱 더 실질적인 존재로 인식한다. 뿐만 아니라 그것은 사회나 어떤 사회적 집단보다도 개인에게 더 높은 도덕적 가치를 부여한다. 즉 개인은 사회 '이전에' 온다. 요컨대 개인의 권리와 요구는 사회의 그것보다 도덕적으로 우선하는 것이다.

근래에 들어서도 가렛 하딘(Garrett Hardin)이나 일리노 오스트럼 (Elinor Ostrom) 같은 학자들도 "공유의 비극"이란 표현을 사용해가며, 이런 문제에 대한 치열하고 흥미로운 연구 업적들을 많이 내놓고 있다.

예컨대 '공유지의 황폐화' 문제를 떠올려 볼 수 있으리라.

모든 사람에게 같은 목초지에서 목축할 권리가 동등하게 부여되어 있다면, 어느 누구도 그 곳이 사유지였다면 당연히 행사했을 법한 자기규제를 외면하게 된다는 것이다. 각 목장주는 자기가 기르고 있는 가축들로부터는 직접적인 이득을 향유하지만, 반면에 자신의 가축과 다른 사람의 가축이 과잉으로 방목될 경우에는 공용 목초지의 고갈로 지속적인 손실을 감수해야 한다. 하지만 과잉방목의 결과로 빚어지는 손실은 고작 그 일부만 부담하면 되기 때문에, 될 수 있는 대로 많은 가축들을 속 편하게 목초지로 내보내려든다. 그렇게 되면 방목되는 가축의 수효가 토지의 넓이에 비해 터무니없이 많아지게 되고, 결국 풀도 사라지게 될 것이다.

이러한 상황에 대해 하딘은 다음과 같은 결론을 내린다.

"바로 여기에 비극이 있는 것이다. 각자는 제한된 영역에서 무제한으로 자신의 가축을 증대시키지 않을 수 없는 체계 속에 갇히게 된다. 공유지는 누구나 자유롭게 사용할 수 있다는 믿음 속에서 각자 자신의 최선의 이익만을 추구함으로써, 폐허화는 모두가 돌진해 들어가는 종착점이 되고 만다".[42]

'폐허'란 곧 공멸, 모두의 죽음을 의미한다.

혹시 우리 한국사회는 지금 이 '폐허'를 향해 자신만만하게 돌진해 들어가고 있는 것은 아닐까?

두말 할 필요도 없이 인도주의란 개나 고양이 같은 동물을 향한 인간적 자비심의 발로와는 전혀 궤를 달리하는 것임은 너무나 뻔한 노릇이다. 인도주의란 이 땅에서 더불어 살다가 다시 이 땅 속으로 더불어 돌아갈 동료 인간에 대한 인간적 공감이며, 애정이오, 존중심을 일컫는 말 아니겠는가. 하나도 복잡할 게 없다.

그런데 우리 사회에서는 과연 어디에서나 휴머니즘을 찾아볼 수 있을까.

하지만 우리나라에서는 진리의 상아탑이라 일컫는 대학에서조차 인간사랑의 향내를 맡아보기 힘들어 보인다. 어떻게 보면 본때를 보이듯, 오히려 대학사회가 경쟁적 이기주의를 앞장서서 이끌고 있는 것처럼 비칠 정도다.

---

42 일리노 오스트럼 저/윤홍근 역,《집합행동과 자치제도》(자유주의 시리즈37, 자유기업센터 1999), 23쪽

얼마 전 한 대학 일부 학생들이 임금인상 등을 요구하며 시위 중인 자기 대학 청소·경비 노동자들을 상대로, 이들의 집회 소음으로 인해 학습권이 침해당했다며 형사고소에 이어 민사소송까지 제기한 사실이 알려진 적이 있었다. 학생들은 수업료 및 정신적 손해배상금, 정신과 진료비 등을 명목으로 약 640만원을 지급하라고 요구하며, 노동자들을 업무방해와 집회 및 시위에 관한 법률위반 혐의로 경찰에 고소·고발한 것이다. 관련 논쟁이 일파만파로 커졌음은 물론이다. 온·오프라인에서 학생들 스스로가 찬반이 엇갈리는 반응을 보인 데 이어, 한 교수까지 나서서 학생들의 소송제기를 비판하는 강의계획서를 내기도 하였다 한다.[43] 응당 진리의 상아탑에서 누릴 수 있고 또 누리기도 해야 하는 언론과 표현의 자유임은 물론이다. 그런데 학생들은 도대체 왜, 무엇을 배우기 위해 어려운 입학시험과 비싼 등록금까지 불사하며 대학을 다니고 있는 것일까.

나에게도 흥미로운 개인적인 체험이 있다.

한번은 강의 중 토론과정에서 한 학생이 현재 우리의 최대관심사는 '속도전'이라고 정직하게 고백하는 걸 들은 적이 있었다. 말인즉슨 요즘 대부분의 대학생들은 어떻게 하면 남보다 빨리 대학을 졸업해서, 남보다 빨리 좋은 직장에 취직하고, 또 남보다 빨리 많은 돈을 벌 수 있을까 하는 것에 대해서만 번뇌한다는 말이다. 요컨대 만사를 젖혀두고 오로지 재빠르게 돈버는 일에만 매달린다는 말이 되리라. 사실상 예컨대 '삶의 가치'니 '사회정의' 등에 관해 젊은이답게 당당하고 뼈아프게 고뇌하는 순결함이 사라진지는 이미 오래인 것 같아 보인다. 이처럼 우리 사회에 널리 만연해 있을 이러한 '속도전' 전사들

---

43 연합뉴스(2022.07.03.)

의 뇌리 속에는, 과연 타인에 대한 배려의식이 얼마만큼이나 깃들어 있을까.

그러나 이게 다가 아니다.

11시에 시작해 12시에 끝나는 강의가 있었는데, 조교가 출석을 확인한 후 1, 20분 정도 지나면 꼭 강의실을 빠져나가는 학생이 하나 있었다. 한 달이 넘도록 이 특이한 행동은 계속 되풀이되었다. 나는 그 녀석에게 혹시 무슨 말못할 문젯거리라도 생긴 건 아닐까 하는 걱정이 앞섰다. 그래서 하루는 하는 수 없이 그를 불러 세웠다. 그 이유를 물었더니, 그 학생의 대답은 지극히 간단명료했다. 좀 더 늦게 식당에 가면 줄 서서 오래 기다려야 하기 때문에, 일찍 자리를 뜰 수밖에 없노라는 당당한 답변이 돌아왔다. 식당의 시설미비를 나무라야 할지, 아니면 점심 밥 한 그릇에도 미치지 못하는 수준 미달의 내 강의의 질을 탓해야 할지 한동안 망연자실했다. 나는 또 외계인이 되었다.

이러한 현상이 '사색'하지 않고 '검색'하기만 하는 오늘날의 시대풍조와 궤를 같이 하는 것은 아닐는지 ….

상황의 심각성을 절감한 탓인지, 한국인은 아니지만 바야흐로 한 일본 의사까지 나서서 이기주의의 독성을 규탄하기에 이르렀다. 예컨대《뇌내혁명》이란 책으로 한때 뜨거운 선풍을 불러일으킨 바 있는 일본 의사 하루야마 시게오는 '활성산소'야말로 한마디로 유전자의 노화와 질환을 불러일으키는 악성인자라 단언한다. 그런데 그는 에고가 지나쳐 자기 이익만을 탐하는 이기주의가 극성을 부리게 되면, 바로 이 활성산소가 대량으로 방출되어 명을 재촉하게 된다고 결연히 주장한다. 이런 의미에서 인간을 포함한 모든 생물체는 "개체로서가 아니라 종(種)으로서" 생명을 유지하지 않으면 안 되리라 역설하고 또

축구한 바 있다.[44] 이를테면 이기주의란 자신의 생명조차 거스르는, 반인간적이고 반인류적인 병폐라는 말인 것이다. 무서운 일이다.

반면에 예컨대 데이비드 흄(David Hume)은 그의 저서 《인간 본성론》에서 "내 손가락의 생채기보다 전 세계의 파멸을 선택했다는 것이 이성과 상충되지 않는다"는 말을 서슴없이 내던지기도 했다. 이처럼 그는 인간의 이성적 의지에 내재하는 불변의 이기성을 숨기려들지 않는다. 이런 관점에 입각해, "모든 사람이 평등하다고 해도, 사람이라면 자기의 조카보다는 자기 자식을 더 사랑하며, 자기의 사촌보다는 조카를 더 사랑하고, 모르는 사람보다는 사촌을 더 사랑"하게 되는 것이 인간의 자연스러운 특성, 요컨대 인지상정이라 강변하기도 한다. 사실상 당당히 항변하기 그리 손쉬운 주장이 아님은 분명해 보인다. 우리 선조들 역시 비슷한 취지로 "팔은 안으로 굽는다"고 설파하지 않았던가. 그렇지만 이러한 흄도 마냥 인간의 이기적 본성에만 안주할 수는 없었던 모양이다. 곧 이어서 그는 "내가 인디언이나 전혀 알지 못하는 사람의 곤경(uneasiness)을 최소화하기 위해, 나의 완전한 희생을 선택하는 것은 이성에 어긋나지 않는다"고 술회할 수밖에 없었던 것이다.[45] 어쨌든 흄은 사람들의 "어느 정도의 자기 중심성"마저 거부하지는 않는다. 왜냐하면 '자기 중심성'이란 것이 인간의 본성과 분리될 수 없을 뿐만 아니라, 우리의 기질과 생리구조 속에 내재하는 것이라는 것을 잘 알고 있었기 때문이다. 그러므로 그는 "인간으로

44　하루야마 시게오 지음/심정인 옮김, 《뇌내혁명》 3권, 완결편(사람과 책 출판사 1999), 51쪽

45　데이비드 흄 지음/이준호 옮김, 《인간 본성에 관한 논고 2 : 정념에 관하여》(서광사 1996), 161쪽

서 자신과 거리가 먼 것과, 자신들의 특정이익에 아무런 도움이 되지 않는 것 등에 진심으로 애착을 갖는 사람"이 드물다는 것뿐만 아니라, "자신의 이익과 대립되는 사람들을 용서하는 사람을 만나는 것" 역시 찾아보기 힘들다는 사실을 잘 깨닫고 있었다. 이런 식으로 그는 이성과 정념의 갈등을 바라보기도 한 것이다.[46]

어쨌든 자기애 또는 이기심 역시 인간본성의 본질적인 구성요소의 하나라는 점을 어느 누구도 부인하기는 힘들 것이다. 응당 박애와 이타심 역시 마찬가지임은 물론이다. 이런 의미에서, 사익과 공익의 조화를 추구하는 자세 또한 인간의 본성적 특성의 하나라 하지 않을 수 없으리라 여겨진다.

그런데 공익의 속성은 과연 어떠한 것인가?

무엇보다 공익을 정의하는 세 가지 일반 '학설'부터[47] 훑어보는 것이 유익하리라 생각된다.

첫째는 '다수 이익설'(Interests of Majority)로서, 한 사회의 구성원 중 다수에게 이로운 것이 공익이라는 입장이다. 예컨대 본질적인 민주주의 원칙으로 기림받는 '다수결 제도' 등이 이에 근거한다. 그러나 이러한 수적인 기준만 가지고 공익을 규정하는 데는, 예컨대 '다수의 횡포'에서 잘 드러나듯이, 다수의 이익을 앞세운 나머지 소수나 약자의 권익을 무시하거나 손상할 위험이 뒤따를 가능성이 적지 않을 수 있다.

둘째는, '절대 가치설'(Absolute Value) 또는 '자연법 설'(Natural Law) 이다. 요컨대 인류의 보편적 가치 또는 자연법상의 원칙을 공익의 기

---

46 데이비드 흄 지음/이준호 옮김,《인간본성에 관한 논고 3 : 도덕에 관하여》(서광사 1998), 154쪽

47 이에 대해서는, 강영진, "공익과 사익", 월간 〈참여사회〉(2002년 4월호)를 볼 것.

준으로 삼는 입장이다. 예컨대 자유와 평등, 생명존중, 환경보호 등 보편적인 가치를 구현하는 것이 공익이라는 말이다. 그러나 절대가치나 자연법적 원칙은 타협하거나 포기할 수 없는 본질적 속성을 지니고 있기 때문에, 그 구현을 위한 노력이 다분히 투쟁적일 수밖에 없다. 다른 한편 서로 다른 절대적 가치가 서로 충돌할 때, 가장 심각한 문제가 발생할 수도 있다. 가령 그린벨트 문제의 경우, 환경을 중시하는 측에서는 그린벨트 해제를 반대하지만, 반면에 그 때문에 희생을 강요당해온 주민의 입장에서는 환경보호 이상으로 중요한 것이 평등권, 행복추구권 등이 아니겠는가. 이런 식으로 서로 충돌하는 두 절대적 가치 어디쯤 공익이 존재하는지 가늠하기가 힘들어진다.

셋째, 이러한 '다수 이익설'과 '절대 가치설'의 한계를 극복하기 위해 제시된 것이 '균형 협약설'이다. 말하자면 한 사회 내 여러 집단들의 다양한 이해관계가 조화롭게 균형을 이룬 상태(A negotiated Balance of Interests)가 공익이라는 것이다. 이러한 논지는 사회 각 집단의 서로 상충하는 이해관계가 당사자 간의 직접협상이나 사회적 조정과정을 거쳐 조화와 균형을 찾아나갈 수 있으리라는, 다소 낙관적인 발상에 가까운 것이라 할 수 있다. 이러한 노력이 성공적으로 이루어질 경우, 바람직한 공동체적 연대와 결속이 가능해질 수도 있음은 물론이다. 그러나 한 사회 안에서 이러한 노력이 성사되기 위해서는, 무엇보다도 최소한 자유주의의 기본가치이기도 한 '관용'(tolerance)의 정신이 확립되어 있지 않으면 안 되리라 여겨진다.

한마디로 관용이란 "국가, 사회, 또는 개인의 편에서 볼 때, 누구나가 선택한대로 행동하고 믿을 수 있는 타인의 평등한 권리를 침해하지 않는 한, 비록 그것이 마음에 들지 않고 동의할 수 없는 것이라 하더라도, 어떠한 행위나 신념도 받아들여야 하고 방해놓지 말아야 할 의무"

를 일컫는다.[48] 말하자면 공적인 일에서나 개인적 사안에서 서로가 가지고 있는 견해나 신조를 절대적인 것으로 고집하지 않는 태도가 곧 관용인 것이다. 그러나 사회에 대한 다원론적 시각이 활발히 논의되기 시작하면서, 이 관용은 개인의 다양성으로부터 집단의 다양성으로 강조점이 이동하게 된다. 요컨대 다원주의(pluralism)는 사회의 자연적 불일치, 말하자면 사회 내에 일반의지나 공통이해 등이 존재하지 않음을 역설한다. 이에 따르면, 사회는 서로 이해관계를 달리하는 여러 이질적인 집단의 집합이다. 따라서 이해관계의 대립은 필연적이고 그 가운데 어떠한 것도 절대적인 것이 되지 못하기 때문에, 상호 경쟁하는 개별 집단 사이의 타협이 필수적인 덕목으로 등장한다. 이 경우 관용은 대립적인 이해관계의 존재를 서로 인정하면서, 협상과 타협을 통해 그 대립성을 풀어 나가려는 호혜적인 자세를 가리킨다.

그러므로 이 관용은 합리적이고 이성적인 판단과 자기규율을 요구하는, 따라서 사회의 정치·문화적 발전수준이 상당히 높은 곳에서나 기대할 수 있는 공적이고 개인적인 덕망이라 할 수 있다. 하지만 우리 한국사회는 과연 어떤 수준일까? 그 동안 특히 집권세력에 의해 쉴새없이 '자유민주주의의 수호'가 거듭거듭 숨가쁘게 절규되어 오긴 했지만, 여태 자유주의의 기본정신 하나 제대로 소화해내지도 못하고 있는 난망한 처지에 놓여있다고 보는 편이 보다 합당하지 않겠는가.

하지만 절망은 희망의 샘이다. 바로 이러한 다양한 난관에 직면해 있기 때문에, 우리에게는 오히려 더욱 더 과격한 각오와 결단이 절실

---

48 Anthony Arblaster, The Rise & Decline of Western Liberalism (Basil Blackwell 1987) p.66

히 필요하지 않을까 한다.

　하물며 우리 인간이란 언젠가는 반드시 이 세계를 함께 떠날 수밖에 없는 동등한 유한자 아닌가. 여기에는 남녀노소나 빈부격차 등속의 차별과 차이가 일체 존재할 수 없다. 우리는 다만 시공의 차이를 두고 필연적으로 더불어 땅속에 묻힐 수밖에 없는 평등한 존재인 것이다. 따라서 서로 두 손 같이 맞잡고, 서로 아끼고 서로 도우며, 서로 포실하게 가지런히 함께 살아가야 함은 너무나 자연스러운 인간적 소명 아니겠는가. 더더구나 동일한 전통 속에서, 동일한 언어를 사용하며, 동일한 영토에서, 오랫동안 동일한 생사고락을 서로 함께 나누며 같이 살아온 끈질긴 인연 탓에 급기야는 동일한 땅에 함께 묻힐 같은 민족끼리라면, 더 이상 무슨 말을 덧붙일 필요가 있을까.

　언제면 공익의 표상인 우리의 도로 표지판이 사익의 상징인 식당 안내판처럼 정밀해지고, 또 언제면 우리의 식당 안내판이 도로 표지판처럼 정갈해질는지 ….

4) 사례점검 : '코로나 연대', 연대 소환운동

　코로나가 이미 끝난 것 같기도 하고 아직은 끝나지 않은 것처럼 보이기도 하는, 꽤나 어수선한 상황이다. 사실은 코로나가 감기 · 몸살과도 같이 바야흐로 손때묻은 생활용품처럼 일상화한 것이 아닌가 여겨질 정도다.

　하지만 코로나가 단순히 의료 차원의 역병이 아니라 정치 · 경제 · 사회 · 문화를 포괄하는, 인간의 삶 전 분야에 걸친 총체적인 사회 질환이라는 공감대가 널리 확산한 것만은 분명해 보인다. 언제 코로나가 확실히 종언을 고할지, 아니 종언이라는 것 자체가 과연 가능하기라도 한 것인지, 아직까지는 명확히 헤아릴 길이 막막하기는 하지만, 그 후유증이 오랜 기간에 걸쳐 심대한 영향력을 지속적으로 행사해 나가리라는 예측은 어김없는 사실인 듯하다. 그러한 탓으로 보이긴 하지만, 현재뿐만 아니라 나아가서는 코로나 이후 닥쳐올 총체적 고통과 난관에 도대체 어떻게 대응할 것인가 하는 문제를 둘러싸고도 여기저기서 쉴새없이 골머리를 썩이고 있는 모양새다.

이처럼 "천지를 개벽"하는 것 같다는 코로나가 총체적 환난의 화신으로 군림하며, 장기간에 걸쳐 지속적으로 예리한 위협의 칼날을 섬세하게 휘두를 위험성이 지극히 농후해 보인다. 하지만 때맞춰 여러 고무적인 대응 움직임 역시 여기저기서 동시다발로 활발히 전개되는 것처럼 보여 매우 다행스럽게 여겨진다. 놀랍게도 도처에서 '모두가 함께 발벗고 나설 수밖에 없다'고 한데 입을 모으는 일이 벌어진 것이다. 질환과 그 후유증 치유를 위해 모두가 함께 굳게 두 손 맞잡고 더불어 최선의 노력을 경주해야 할 엄중한 시기라는 것을 다들 절감하고 있는 듯하다. 심지어는 거의 지난 시대의 '국민총화' 수준에 이른 것 같이 보이기도 할 정도다.

무엇보다 국민적 단합과 결속, 그리고 고통의 공정한 공유를 촉구하는 움직임이 보다 돋보이지 않았나 싶다. 국민적 연대와 공평한 고통분담이 반드시 이루어지지 않으면 안 되리라는 집단적 다짐 같은 것이 시대적 대명제로 떠오른 것처럼 비쳐졌다. 약속이나 한 듯이, 도처에서 예외 없이 '정의'와 '공정' 구호를 비장하게 되뇌었음은 물론이다.

뿐만 아니라 인류사적 과제인 자유와 평등 문제가 색다른 차원에서 새롭게 제기되리라는 예상까지 나도는 것처럼 보일 정도다. 하기야 사적 이윤추구에 명줄을 걸고 있는 시장경제 체제에 대한 가혹할 정도의 엄중한 공적 제재가 불가피하리라는 믿음이 널리 퍼져나가고 있는 현실을 어찌 숨기기만 할 것인가.

이와 더불어 코로나를 "부익부 · 빈익빈 바이러스"라 부르는 관행 역시 확산하고 있음도 물론이다. 그러나 동시에, 격랑에 휩싸인 위태롭기 짝이 없는 조각배 안에서, 우리 모두가 지금 빈부고하를 막론하고 함께 생사고락을 같이 하고 있는 공동운명체라는 사실을 새로이 각성하고 있는 듯이 비쳐지기도 한다. 하지만 이 배가 과연 언제쯤에나 온전히 구조될지, 혹은 급기야는 침몰해버릴지에 대해, 자신 있게 딱 부러지게 말할 수 있는 사람 역시 찾아보기 힘들기는 매양 마찬가지인 것 같다.

이러한 상황에 직면하여, 우리에게는 보다 과격한 각오와 결단이 더욱 더 절실히 요구되지 않을까 여겨진다. 무엇보다 우리 한국인은 지금껏 대단히 자랑스러운 체험을 함께 나누어온 빛나는 사례들을 역사적 기념비처럼 적잖이 지니고 있다. 그렇게 멀찍이 뒤돌아볼 필요조차 없을 정도다.

예를 들어 지난번 IMF 위기가 몰아닥쳤을 때, 우리가 서로 움켜잡았던 연대의 손은 과연 어떠한 손들이었던가. 전 국민이 일치단결해 열정적으로 전개했던 '금 모으기 운동'을 통해 돌파해낸 20억 달러 가까운 기적적인 실적은 도대체 어떻게 가능했을까. 위기극복을 위해 함께 두 손을 부여잡은 우리 한국인의 이러한 애국심과 결속력은 외국인들까지 경탄하도록 만들지 않았던가.[49] '심지어는' 중국대륙

---

49 조선일보(1998.02.02 및 10.19일자) ; 국제통화기금(IMF) 체제 이후 이러한 범국민적 '금 모으기 운동'을 통해 수집된 금을 팔아 벌어들인 외화는 20억 달러

에 살고 있는 조선족들까지 열렬히 동참할 정도였다 하니, 어찌 열린 입을 쉬이 다물 수 있으리요.

그러나 그게 다일까.

2007년 12월 7일 오전 7시 6분, 충남 태안군 만리포해수욕장 앞바다에서 해상충돌 사고가 터졌다. 급기야 유조선 오일탱크에 구멍이 나면서, 1만3천㎘ 가량의 기름이 바다로 쏟아져 나왔다. 에메랄드빛 바다가 순식간에 시커먼 기름 띠로 뒤덮인 것이다. 사상 최악의 해양오염 사고로 기록될 순간이었다. 예컨대 1989년 알래스카 노스 슬로프 기름 유출 사건 때 유출됐던 원유가 10년 후까지도 계속 알래스카만 해안선에 남아 떠돈다고 하니, 무슨 말이 더 필요했겠는가.

그러나 태안은 과연 어찌 됐을까?

태안 기름 유출사고 발생 후, 전문가들은 수십 년이 걸려도 사고 이전으로 되돌리기 힘들 것이라는, 대단히 비관적인 전망을 내놓을 수밖에 없었다. 하지만 그렇게 긴 시간이 필요치 않았다. 그로부터 불과 2년 반 만에, 태안 지역 생태계 복원을 기리는 청신호가 환히 불을 밝힌 것이다.

사고 이후 전국에서 120만 명이 넘는 자원봉사자들이 태안으로 순식간에 달려왔다 한다. 바로 이들이 태안 생태계의 부활을 이끈 것이다. 대학생 봉사단원에서 시작해 자녀들과 함께 온 중년 부부들로부터 이주노동자들과 연예계 인사 및 지역 청년들에 이르기까지, 각 계각층의 모든 유형의 인물들이 한꺼번에 몰려들었다. 양동이로 기름

에 육박한 것으로 집계됐다. 한국은행이 국회에 제출한 국정감사 자료에 따르면, 1998년 1월 22일부터 4월 24일까지 주택은행, 외환은행, 국민은행, 농협 등이 금을 팔아 모은 외화를 한국은행이 사들인 실적은 약 19억 6천만 달러에 달했다고 한다.

을 퍼 나르고 바위 사이에 낀 기름을 닦아내던 손들이 모여 거대한 인간 띠를 만들었다. 한마디로 '인간 띠'가 기어코 '기름 띠'를 이겨낸 것이다. 눈물겹도록 그렇게 기적의 바다는 부활하였다. 이윽고 태안은 자원봉사자들의 용암과도 같은 뜨거운 노력과 정신을 상징하는 희망의 성지로 거듭 태어난 것이다. 대한민국 국민의 저력을 다시 한 번더 전 세계에 과시하는 역사적 상징으로 떠올랐음은 물론이다. 온 세계가 어이 경악하고 찬탄하지 않을 수 있었겠는가.

사정이 이럴진대, 어찌 지난 역사가 환기되지 않을 수 있을까. 제국주의 일본에 지었다는 빚을 갚으려고 금비녀를 바치는 아낙네들과 담배까지 끊기도 한 노인들까지 함께 손잡았던 1907년의 '국채보상운동'과 IMF '금 모으기 운동'이 본질적으로 과연 무엇이 다른가. 국난의 위기 때마다 용솟음치며 터져 나오는 이러한 담대한 결속력이실은 우리 민족의 DNA인 것이다. 하지만 또 하지만, 장구한 세월이흐르는 동안 그래도 여태 달라지지 않은 것이 있다면 그것은 바로, 우환을 불러오는 약골 지배세력과 그걸 너끈히 뒤치다꺼리해온 민중의 강인한 근육질 아닌가 싶다. 무릇 권력이 바뀌어도, 민중의 고난은 바뀌지 않았던 것이다.

그런데 이렇게 뜻깊게 공유해온 역사적 체험들이 어찌 두 눈 부릅뜨고 코로나19 사태를 예의주시하지 않을 리 있었겠는가. 국민은이 코로나 사태를 우리 사회의 근본적인 변화를 위한 획기적인 발전계기로 만들어나가야 하리라 준엄하게 촉구하기도 하였다. 역사적으로 볼 때도, 내몰림 당한 끝에 더구나 막다른 경계선상에 다다르게 되면 응당 변화를 꾀할 수밖에 없지 않았던가. 이런 맥락에서, 나는 바로 이 코로나 팬데믹이야말로 앞에서 이미 제시한 바 있는 나의 '행동적 니힐리즘' 정신이 본격적으로 촉진될 역사적인 본보기 사례로 작용하게 되리라 굳게 믿는 편이다. 그를 통해 '걸림돌을 디딤돌로' 만들어나가는 생활철학의 적실성 역시 효과적으로 입증될 것이다.

예컨대 경제사상사적으로 '불로소득자본주의'를 준열히 비판하며, 부의 불평등 문제를 글로벌 토론무대로 끌어올리는데 지대한 공헌을 함으로써 세계적인 관심을 한 몸에 끌어안고 있는 한 학자가 있다. 파리 경제대학의 토마 피케티(Thomas Piketty) 교수가 바로 그이다. 그는 자산불평등과 불로소득 번창이 우리 시대의 핵심적 문제임을 국제적으로 널리 공론화하는데 크게 기여한 바 있다.[50] 그런데 바로 이 피케티 교수가, 이러한 관점에 입각하여, "코로나19는 더 공정하고 평등한 사회구축의 기회가 될 수 있다"고 기염을 토한 것이다. 그는 중세의 흑사병이 오히려 봉건제를 무너뜨리며 사회변화를 촉진하기도 한 역사적 사례를 들어가며, 코로나19 대유행에 적절히 대응하기만 한다면, 공정하고 평등한 "사회적 국가"를 되살릴 수 있으리라 역설하였다.[51]

어쨌든 코로나는 다각도로 우리에게 지극히 준엄한 역사적 책무를 부과하고 있는 것처럼 여겨진다.

무엇보다 극심하게 할퀴고 있는 우리의 공동체를 더불어 되살려나가는 애틋한 상호 화합과 격려, 이 공동체가 그 뿌리를 드리우고 있는 우리의 자연에 대한 숭고한 사랑, 그리고 이러한 인간과 자연을 서로 따사로이 이어줄 푸근한 문화적 공감대를 이냥 넓혀나가는 전진적인 자세, 이것이야말로 지금 코로나가 우리에게 다시금 새로이 부

---

50 이에 대해서는, 이병천, "불로소득자본주의, 어떻게 볼 것인가: 피케티에서 크리스토퍼스로"(〈시민과 사회〉/참여사회연구소, 2022년 상반기호―통권 40호―), 231~255쪽을 볼 것.

51 한겨레신문(2020.05.13)

과하는 소중한 책무 아니겠는가. 요약컨대 우리는 현재 무엇보다 인간과 인간, 그리고 인간과 자연 사이에 참다운 연대가 더욱 더 절실히 요망되는 상황에 직면하고 있다는 말이 되리라. 나는 이러한 자세가 뒤에서 결론 삼아 제시하게 될 '인연 휴머니즘'의 요체 아닐까 한다. 실은 이 모든 게 다 코로나 덕분이다.

하기야 시계 처다보듯 뻔질나게 입에 올리는 말이긴 하지만, 옛 현자도 어려움을 이겨내면 즐거움이 오는 법이라고, 요컨대 '고진감래(苦盡甘來)'라 가르치지 않았던가. 어쨌든 우리는 지금, 위기 속에서 보석 같은 기회를 캐내는 낙관적인 채광사가 되지 않으면 안 되리라 여겨진다. 코로나 위기는 마침내 더욱 더 공정한 세상을 만들어나갈 절호의 기회로 작용하게 될 것이다.

그런데 때맞춰 경탄할만한 일이 벌어진 것이다.
도대체 무슨 일인가?
지금껏 공공의 영역에서는 거의 접하기 쉽지 않았던 '연대'니 '공동체'니 하는 용어들이 현재 국내외를 불문하고 여기저기서 거의 일상적으로 봇물 터진 듯 들려오고 있다. 코로나 사태를 배경으로 해서임은 물론이다. 놀랍고도 희망적이다. 아마도 코로나 극복을 위한 다양한 방책을 진지하게 성찰하는 와중에, 고심 끝에 찾아낸 보석 같은 하나의 활로가 바로 이 '연대' 아니었을까 여겨질 정도다.

하기야 코로나19 바이러스로 인해 바야흐로 '허약함'과 '연대성'이란 어휘의 가치를 새롭게 각성하게 되었노라고 많은 사람들이 입들을 모으지 않았던가. 우리의 길거리마다 '힘을 합치면, 우리는 이겨낼 수 있습니다!'라 쓰여진 현수막이 즐비하게 내걸리기도 했다. 분야와 지역을 불문하고, 이러한 연대를 향한 호소가 국제적으로까지 비화하였음은 물론이다. 마치 '연대 소환운동'이 세계화하고 있는 추세처럼 보일 정도다.

예컨대 영향력 있는 미국의 미래학자 제러미 리프킨(Jeremy Rifkin)은 '공동체'의 범주를 엄청나게 확장하여, 심지어 "인간과 동물·식물이라는 경계를 무너뜨리고, 대기권까지 뻗어 있는 생물권 전체를 멸종위기에 놓인 하나의 공동체"라 규정하는 섬뜩한 주장까지 내놓을 정도였다. 이러한 관점에 입각하여 그는 "우리 모두는 살아남아야" 한다고 외치며, "지금 우리는 팬데믹으로 개인과 가족, 지역 공동체의 안녕이 인류가 하나의 종(種)으로 함께 하는 길에 달려 있음을 배운다"는 점을 특별히 목청껏 역설하였다.[52] 사실상 리프킨은 지역적·국가적 수준을 초월하여, '하나의 종인 전 생명체'의 차원으로까지 비화한 극한적 연대를 촉구한 것이다. 전 생태계를 포괄하는, 가히 무한정 연대의 깃발을 휘날린 것처럼 보일 정도다.

매스컴 역시 추호도 뒤지지 않으리라는 결연한 각오로, 연대와 관련하여 극렬한 취재경쟁까지 벌이기도 하였음은 물론이다.

한 국내 매스컴은 '코로나에 맞서는 가장 강력한 인간의 무기는?'이라는, 지극히 자극적이고 도발적인 주제를 내걸고, 괄목할만한 도전의 팔을 걷어붙인 바 있다. 〈오마이뉴스〉는 그 '무기'가 한마디로 '연대'라 단언하며, 연대야말로 "인류 문명의 꽃"이라 격찬하기까지 하였다.[53]

우리가 잘 알다시피, 코로나19 환자가 급증하던 2021년 7월, 논란 끝에 도쿄에서 기어코 올림픽이 열렸다. 세계보건기구(WHO)는 이

---

52 경향신문(2020.05.14)

53 오마이뉴스(2020.05.06)

올림픽이 끝날 때까지 10만 명이 더 사망하리라 경고하기까지 했다. 그럼에도 WHO의 사무총장 테워드로스는 올림픽 개최 자체를 긍정적으로 평가해마지 않았다. 그는 국제올림픽위원회(IOC) 총회에서, "이번 대회가 전 세계를 하나로 묶고 팬데믹을 함께 종식시키는데 필요한 결속력과 결단에 불을 붙이는 순간이 되기를 바란다"고 웅변한 것이다. 이어서 그는 올림픽 성공의 기준이 "확진자 0 명을 달성하는 것이 아니라, 모든 확진 사례의 식별, 신속한 격리 및 대처, 감염차단이 성공기준"이라 주장했다[54]. 세계보건기구의 사무총장까지 나서서 열렬히 '코로나 연대'에 대해 열변을 토한 것이다.

하지만 코로나19와의 전쟁이야말로 2차 세계대전 이후 전 세계가 부딪친 가장 심각한 도전과 맞싸우는 일이라는 견해가 여론을 도배질 하는 듯했다. 이러한 재난의 가장 큰 몫을 차지하는 게 물론 결정적인 치료제와 백신이 없다는 것인데, 또 하나 다른 심각한 문제는 델타형이니 오미크론 형이니 하는 등속의 코로나 변이바이러스가 끊임없이 줄지어 새로이 생겨난다는 데 있다. 그런 탓에 비록 획기적인 치료제와 백신이 개발된다고 하더라도, 언제든 또 다른 변종이 속출하여 세계를 휩쓸지 모른다는 불안 역시 끊임없이 새로이 생겨날 가능성이 지극히 높다. 이처럼 코로나로 인해 새로운 '불안'과 새로운 '두통거리'가 꼬리를 물고 끝간데 없이 연속적으로 새로이 터져 나올 수밖에 없으리라는 것이 보다 심각한 문제 아닐까 싶다. 무한한 불안을 무한히 야기할 문젯거리가 무한히 잠복해 있는 것처럼 보인다.

이러한 코로나 팬데믹이야말로 "파괴적 경제성장"을 지속해온 인류에 대한 자연의 보복이 아닐까 하고 인식되기도 한다. 이러한 판단

54　파이낸셜 뉴스(2021.07.22)

을 뒷받침하기라도 하듯이, 코로나 위기 이후 금세 지구의 공기가 깨끗해졌다는 보도가 줄을 잇기도 했다. 뿐만 아니라 코로나19가 초래한 전 세계적 봉쇄령(lockdown)으로 말미암아, 도시에서는 흔적도 찾아보기 힘들었던 야생동물들이 도시에 다시 모습을 드러내고 있다는 소식까지 들려올 지경이었다. 예컨대 인도의 나가온(Nagaon) 시내 한 사원에서는 거위 떼가 행진을 했고, 프랑스 코르시칸(Corsican) 해변에서는 소들이 사람 대신 산책을 했다 한다. 칠레 산티아고의 거리에는 퓨마가, 웨일즈의 어느 소도시에는 산양들이 모습을 드러냈으며, 일본의 나라(奈良)시에는 사슴들이, 뉴질랜드 크라이스처치 시에는 산토끼가 나와 활보했다는 것이다. 인스타그래머들은 런던의 한 도로에서 야생 여우들을, 그리고 LA의 한 경기장 주변에서는 코요테를 찍어 인스타그램에 올리기도 했다 한다.[55] 코로나가 급기야 야생의 부활까지 촉진하고 있다는 말인 것이다.

그뿐 아니다. 예컨대 '국제 에너지기구'(IEA)가 펴낸 〈세계 에너지 리뷰〉에 따르면, 2020년 현재 전 세계 에너지분야의 이산화탄소(CO_2) 배출량이 전년보다 5.8%, 요컨대 20억 톤이나 줄어들어서, 역대 최대 규모의 감소량을 기록한 것으로 드러났다. 코로나19 영향으로 도로교통 활동이 위축되고 항공업이 부진을 겪으면서, 석유 수요가 8.6%나 줄어들고, 석탄과 전력의 수요 역시 각각 4%와 3.3%씩 감소된 탓이 아닐까 추정되기도 하였다. 이어서 이 보고서는 이러한 이산화탄소 배출량 감소야말로 인류 역사상 전례 없는 일이며, 전 세계 배출량에서 예컨대 유럽연합 전체가 배출하는 총량이 고스란히 빠지

---

55 한겨레신문(2020.05.19)

는 효과와 같은 수준이라는 평가가 나오기도 했다.[56]

어쨌든 특히 자본주의적 산업화 일변도의 현대문명에 대한 "자연의 반격"이 급기야 코로나19의 발발 및 그 세계적 확산으로 귀결되었다는 지탄이 특히 주목을 끌고 있는 것으로 여겨진다. 이를테면 코로나야말로 인간의 무분별한 생태계 파괴로 인해 극심한 고통을 감내할수밖에 없었던 자연이 마침내 역병과 재앙을 촉발함으로써 인간에게앙갚음하고 있는 현상이란 말이 되겠다. 요컨대 인간에 대한 되돌릴수 없는 자연의 보복인 것이다. 이런 맥락에서, 인류의 건강한 미래를위해 자연과 인간의 관계를 긴급히 재정립하지 않으면 안 되리라는우려의 목소리가 드높게 울려 퍼지고 있음도 결코 우연은 아니다. 기후변화에 대한 긴급한 대책마련이 곧바로 감염병 예방을 위한 시급한대안이 될 수 있다는 성찰도 뒤따른다. 다른 한편 전염병에 강한 '도시의 면역력' 증진을 촉진하기 위해, 다양한 방식의 도시계획을 서두르지 않으면 안 되리라는 대응방안도 제시되고 있는 듯하다.[57] 이러한자성이 얼마나 지속될지 전혀 예상하기 힘들긴 하지만, 거의 '인간 총궐기' 수준인 듯이 비쳐진다.

하지만 그게 다가 아니다.

코로나19로 인한 피해의 큰 몫이 안타깝게도 사회적 약자들에게집중하고 있다는 뼈아픈 현실진단이 뒤를 잇기도 하였다. 물론 이러한 참상 역시 세계화하고 있다는 것 역시 부인할 수 없는 사실인 것같다. 예컨대 코로나19의 최대 피해국 중 한 곳인 미국 같은 경우, 흑인의 감염자수 및 사망자수가 백인과 기타 다른 인종에 비해 월등히

---

56 MBC 뉴스보도(2021.04.18.)

57 한겨레신문(2020.05.16.)

많다는 보도가 나온 적도 있다.[58] 2020년 현재, 미국 전체에서 흑인의 코로나19 사망률이 다른 인종에 비해 2배 가량 높다고 하였다. 뉴욕 같은 곳에서는, 가난한 지역의 사망률이 최대 15배나 높았다는 보도가 나온 적도 있다. 이처럼 세계적인 거대 부호와 극빈 계층 이민자들이 함께 뒤섞여 살아가고 있는 뉴욕이 코로나19 사태의 참담함을 가장 적나라하게 보여주는 상징적인 전시관처럼 보일 지경이다. 어쨌든 빈부 격차에 따라 코로나19 사망률 역시 크게 격차를 벌이고 있는 현실임은 분명해 보인다.

무엇보다 인도 사례는 치명적이라 할 수 있을 듯하다.

2021년 5월 현재, 인도의 1일 신규 확진자 수는 연속 30만 명 이상을 기록하고 있는데, 누적 확진자가 2천만 명을 넘어선 것으로 집계되었다. 이 무렵 세계에서 처음으로 1일 확진자 수가 40만 명을 넘어서기도 한 것으로 알려졌다. 이로 인해 매일 사망자 수도 연속 3천 명을 훌쩍 뛰어넘고 있다 한다. 한편 인도의 전체 인구 13억 8천만 명 중 2회까지 백신 접종을 마친 수는 2,970만 명 정도인데, 2.2%에 불과한 수치다. 무엇보다 가슴아픈 일은 인도에서의 코로나 대확산이 다름 아닌 "하루 벌어 하루 먹는 최빈층이 많은 탓"에 기인한다는 사실이라 하는데, "코로나19로 죽으나, 굶어 죽으나 매한가지라는" 참담할 정도로 자포자기적인 비관론이 널리 퍼져 있다고 전한다.[59]

이런 상황에서 우리가 특히 주목해야 할 것은 무엇보다 코로나를 '빈익빈·부익부 바이러스'로까지 규정짓고 있는 현실과 아울러, 코로나19 사태로 인해 "푹 쉴 수 있는 소수의 양반"과 "잠시도 멈출 수

58   프레시안(20.05.20.)

59   오마이뉴스(2021.05.05)

없거나 멈춤 자체가 파산"으로 직결될지도 모르는 집단 사이에 공동체적 불평등이 엄연히 상존한다는 사실이다.

그런데 이러한 '코로나 불평등'에 대해 다수가 지니고 있는 사회적 우려와 불안을 눈앞에 두고서, 과연 어떻게 사회적 연대를 이룩할 수 있을까? 아마도 핵심적인 과제는 무엇보다 지금까지 자연환경이나 인간의 존엄성을 외면한 채 막무가내로 강행해온 '무조건 전진 형 개발지상주의' 전략을 어떻게 뜯어고칠 것인가 하는 문제 아닐까 한다. 과연 우리는 이러한 모순을 극복하고 사회적 연대를 쟁취해낼 수 있을까, 그리고 그것은 도대체 가능한 일이기나 한 것인가 …?

이런 현실에서, 복지시책의 하나로 실시하고 있는 '긴급재난 지원금' 대책은 적잖이 고무적인 방안이라 할 수 있을 것 같다. 뿐만 아니라 한때 문재인 정부의 여당인 민주당에서 "코로나19로 많은 이득을 얻는 계층이나 업종이 이익 일부를 사회에 기여해 피해가 큰 쪽을 돕는" 방식의 하나로 제시한 바 있는 "코로나19 이익 공유제"의 도입 제안은 적극 주목할만한 진취적이고 혁신적인 연대방안의 하나라 할 수 있으리라. 여당 지도부에서 "사회경제적 통합"을 이루어내기 위해서는 "코로나19 양극화"를 막아내지 않으면 안 되리라는 적극적인 현실인식에 입각해, 이러한 "코로나19 이익 공유제" 도입이 필요하다고 제안한 것이라 한다[60]. 그러나 한국의 정치현실이 늘 그러하듯이, 초보적이고 실험적인 검토수준에 머물다가 지금은 자취도 없이 꼬리를 감추어버린 것 같아, 안타깝기 그지없다.

그래도 일단 우리의 흥미를 자극하는 것은 기성 정치권에서도

---

60 경향신문(2021.01.11)

"고소득층의 소득은 더 늘고, 저소득층 소득은 오히려 줄어드는" 현상황을 '코로나19 양극화 시대'로 인식하고 있다는 점이다. 언제 다시 이러한 논의를 재개할지 감감하긴 하지만, 앞으로 헤쳐나가야 할 진지한 논쟁거리를 적잖이 제시하고 있다는 측면에서 지극히 바람직하고 선구적인 대안제시임은 분명해 보인다. 일차적으로는 '코로나 고소득층과 저소득층'의 구체적인 개념과 속성이 무엇인지 하는 것을 먼저 밝혀내어야 할 것이다. 뿐만 아니라 이러한 조치가 사유재산권 보호원칙과 과연 어떻게 조화를 이루어낼 수 있는가 하는 문제도 건강한 정치철학적 논쟁거리가 될 수 있으리라. 물론 여러 한계와 문제점이 없는 건 아니지만, 어쨌든 보기 드물게 정치권 자체에서 자발적으로 나름대로의 연대방안을 스스로 만들어 내보고자 애쓰고 있는 자세는 물론 긍정적으로 평가받아야 마땅한 일이라 할 수 있다. 그런데 과연 한국의 정치인들이 이러한 숭고한 노력을 계속할 것인가, 아니면 1회용 반창고로 끝내버리고 말 것인가? 한국정치의 상습적이고도 고약한 속성이긴 하지만, 시간이 흐름에 따라 그들의 기세도 유성처럼 마냥 자취를 감춰버린 것 같다. 1회용 반창고가 지나치게 남용되고 있다. 또다시 속은 것인가.

하기야 우리 한국사회가 안고 있는 최대모순의 하나가, 한편에서는 평등 및 인간적인 정(情)으로 진하게 어우러진 '공동체의식'과, 다른 한편에서는 불평등과 비인간적인 상하관계로 잘 길들여진 '위계질서'가 함께 공존한다는 사실 아니겠는가. 세심한 주목을 요하는 우리 사회의 유별난 단면 아닐까 한다.

그런데 이 위계질서는 국가의 관료제도뿐만 아니라, 기업체·언론·교육기관 등등 우리 사회의 구석구석 속속들이 의젓이 똬리를 틀고 있다. 하지만 바로 이 완강한 위계질서가 사회적 불평등을 끊임없이 재생산해내고 공동체적 단합을 뿌리째 뒤흔들어놓는 심각한 병원체로 암약하고 있음에 유념해야 한다. 특별히 눈여겨보아야 할 현상이다. 이를테면 '우리가 남이가?'와[61] '우리는 남이다!'라는 상극적인 정서가 초시간·초공간적으로 공평히 응용되는 사회질서가 지배하고 있음에 주목해야 한다는 말이 되리라. 한마디로 우리는 '이웃사촌'(공동체의식)과 '양반·쌍놈'(위계질서)이 공존하는 사회 속에서 한데 어울려 더불어 일상생활을 영위하고 있는 것이다. 그런데 '쌍놈'도 과연 '이웃사촌'이 될 수 있을까, 하물며 이런 사회에서 마냥 사회적 연대를 기대해도 되는 것일까 …?

예컨대《동물기》의 저자 E.T. 시튼(Seton)은 자신의 저서《인디언의 복음》(The Gospel Of The Redman)에 대단히 의미심장한 구절을 남겨놓고 있다.

"1912년 여름에 나는 노스 다코타의 포트 야테츠의 스탠딩 락에서

---

61 널리 알려진 소동이긴 하지만, 김영삼―김대중―정주영 등이 출마한 1992년 제14대 대통령 선거를 불과 1주일 앞둔 시점에 김기춘 전 법무부장관이 부산에 내려가, 부산직할시장, 부산지방경찰청장, 국가안전기획부 부산지부장, 부산직할시 교육감, 부산지방검찰청 검사장, 부산상공회의소 회장 등 지역 주요기관장 9명을 남구 대연동에 위치한 복어 요리점인 '초원복국'으로 초대한 적이 있었다. 그런데 대화를 나누던 와중에, "우리가 남이가?"라 외치며 지역감정에 호소함으로써, 부산, 경남, 경북의 단결을 도모하고자 했던 일대 사건(?)을 일으킨 바 있다. 1990년대 이 문구가 언론보도의 헤드라인을 장식하며 대대적으로 전파된 이후, 한동안 지역감정을 조장하는 '초원복집 사건'으로 유명세를 타기도 하였다. 요즘도 지역주의를 이용하려는 정치인들의 단골메뉴로 이 "우리가 남이가"가 손색이 없을 정도로 애용되기도 한다. 그 이후 '지역을 잡으려는 사람은, 나라를 잡을 사람'이라는 속언이 번져가기도 한 바 있다.

예수회 선교사인 A.M. 비드 신부를 만났다. 그는 열성적이고 독실한 젊은 신자로서 25년 전에 거기에 왔고, 지상에서의 최고의 소명은 선교라는 것을 확신하고 있었다. 그는 이 인디언들을 자신의 특정 종파의 기독교로 개종시키는 것이 그가 얻을 수 있는 최고의 승리라고 생각했다. 헌신적이고 신실한 다른 모든 선교사처럼, 그도 자기가 감화시키고자 하는 종족의 언어와 철학을 공부하는 일부터 시작했다.

내가 그를 처음 만났을 때, 이미 그는 그들을 '친절한 이방인'이라고 부르던 것을 중단하고, 그들이 종교와 윤리에 대해 높은 수준을 지닌 고매한 민족임을 시인하고 있었다. 곧 이어서 그는 수우족의 당집(Medicine Lodge)은 '하느님의 참 교회이며, 우리가 그것을 짓밟을 아무런 권리도 없다'고 말했다.

내가 (15년 후인, 필자) 1927년 10여 명의 학생들과 함께 스탠딩 락(포트 야테츠, 노스 다코타)에 갔을 때, 비드 신부를 찾아보았으나 그런 사람을 찾을 수가 없었다. 대신에 나는 그가 '변호사 비드'로 달라진 것을 알았고, 한 숭고하고 진실한 전도자로 살아가는 그의 얘기를 들을 수 있었다. '네, 저는 수우족이 유일한 참 신을 섬기는 사람이며, 그들의 종교가 진리와 사랑의 종교라는 것을 깨닫게 되었습니다. 그들에게 필요한 것은 선교사가 아니라 법정에서 그들을 지켜 줄 변호사입니다. 그래서 저는 선교사로서의 역할을 팽개치고 법률을 공부했습니다. 몇 년 후 저는 노스 다코타에서 변호사가 되었고, 지금은 법정으로 이송된 인디언에 관계된 모든 사건에 그들의 공식적인 상임 변호사가 되었습니다.

물론 선교사들은 제게서 성직을 박탈했습니다. 인디언들은 제게 변호사비를 아주 조금 내거나, 또는 전혀 내지 않아도 됩니다. 저는 제가 손수 지은 조그마한 오두막에서 스스로 밥을 지어먹으며 지내고 있습니다. 그러나 이 고매하고 억압받는 종족을 위해 저의 모든 힘과 남은 생애를 바

치고 있다는 사실을 저는 자랑으로 삼고 있습니다".[62]

변호사가 된 어느 예수회 신부의 일화다. 우리는 이 속에서 한편으로는, 독립된 개체의 자주성을 존중하는 한 이질적 공동체(인디언)가 보여주는 관용적 집단의식과, 다른 한편으로는, 이질적 공동체와의 연대를 지향하는 한 독립된 개체(신부)의 진취적 자주의식 사이에 꽃핀 멋들어진 조화를 읽어낼 수 있다. 나아가 우리는 바로 이러한 집단의식과 자주의식 사이의 멋진 화합이 상호관용과 상호이해에 뿌리내리고 있음을 확인할 수도 있다.

나는 이 예수회 신부의 이러한 체험담이야말로 연대라는 것이 바로 이런 유형의 건강한 공동체주의와 견실한 개인주의의 조화로운 합일을 추구하고 확보하는 소망스러운 가치라는 것을 여실히 입증해 보여주는 소중한 사례라 생각한다. 그러나 이처럼 믿음직스러운 '연대'를 이루어내는 것은 비단 인간만이 아니다. '하찮은' 나무조차도 이러한 위업을 달성해낸다.

서로 다른 특성을 지니고 있으면서도 한 몸을 이루어 살 수 있을 뿐만 아니라, 한 몸이 되고 나서까지 서로의 개성을 존중하면서도 조화를 잃지 않는 이러한 개인주의와 공동체주의의 멋들어진 합일이 '심지어' 나무의 세계에도 존재하는 것이다. 이러한 현상을 '연리지'(連理枝)라 한다. 연리지는 서로 가까이 있는 두 나무가 자라면서 하나로 합쳐지는 현상을 일컫는데, 처음에는 가지끼리 그저 맞닿아 있는 것처럼 보이지만, 시간이 흐름에 따라 맞닿은 자리가 붙어 한 나

---

62 E.T. 시튼 저/김원중 옮김, The Gospel of The Redman, 《인디언의 복음: 그들의 삶과 철학》(두레출판사 2000), 88~91쪽

무로 변해버린다고 한다. 이를테면 땅 아래 뿌리는 둘이면서, 지상에 나온 부분은 한 몸이 된다는 말이다.

그러나 그럼에도 불구하고 합쳐지기 전의 원래 속성과 기질은 고스란히 그대로 간직한다는 것이다. 이야말로 서로 다른 특성을 지니고 있으면서도 한 몸을 이루어 살 수 있을 뿐만 아니라, 한 몸이 되고 나서도 서로의 개성을 존중하며 조화를 잃지 않는 나무의 위대한 실존양식 아니겠는가.[63]

나아가 연대의 또 다른 필수조건의 하나는 서로를 받아들이면서도 끝내 자신을 지켜내는 도저한 상호인내심이라 할 수 있다. 이런 에피소드가 있다.

한바탕 큰 전투를 치르고 나자, 크게 부상당한 병사 하나가 애타게 물을 찾고 있었다. 마침 군종 목사 한 사람이 있었는데, 그만이 약간의 물을 갖고 있었다. 군종 목사는 자신의 수통을 그 병사에게 건넸다.

부상당한 병사는 무심코 그 물을 마시려 하였다. 그러나 그때 그는 모든 소대원들의 눈이 자기에게 쏠리고 있다는 것을 알아챘다. 모두 마찬가지로, 그들 또한 얼마나 목이 탔겠는가. 그 부상병은 목마른 것을 질끈 참고, 그 수통을 소대장에게 그대로 건네주었다.

소대장도 물론 정황을 모를 리 없었다. 소대장은 그 수통을 받아들더니, 입에 대고 꿀꺽꿀꺽 큰소리를 내며 물을 마셨다. 그리고는 그 수통을 부상당한 병사에게 돌려주었다.

부상당한 병사가 물을 마시려고 보니, 수통의 물이 조금도 줄어들

---

63 이에 대해서는 우종영, 《나는 나무처럼 살고 싶다》(중앙 M&B 2002/12쇄), 171~79쪽을 참고할 것.

지 않은 게 아닌가. 그 부상병은 소대장의 깊은 속내를 미루어 짐작할 수 있었다. 그 역시 수통을 입에 대고, 소대장처럼 꿀꺽꿀꺽 소리를 내며 맛있게 물을 들이켰다. 그리고 나서 그 수통은 다른 병사에게 전해졌다.

소대원 전원이 모두 꿀꺽꿀꺽 물을 마셨다. 마침내 수통은 군종목사에게로 되돌아갔다. 그러나 그 수통에 든 물의 양은 처음 그대로였다.

그러나 이제 갈증을 느끼는 사람은 아무도 없었다.

이처럼 연대는 함께 나누는 인내라 할 있다. 그러나 예사로운 인내가 아니라, 고통을 함께 치유토록 이끌어주는 집단인내인 것이다. 그러므로 연대하는 영혼은 횃불이 된다. 하나의 횃불에서 수많은 사람이 불을 나눠 가져도 그 첫 횃불의 불꽃이 결코 사그라지지 않는 것과 마찬가지로, 연대하는 영혼은 아무리 많은 사람이 서로 나누어도 결코 메마르지 않을 것이기 때문이다. 마치 우물물은 퍼서 쓰면 쓸수록 새 물이 고이는 것과 같은 이치다. 연대는 전염된다.

이런 의미에서, 연대란 인간의 가장 자연스러운 본성에서 우러나오는 가장 고귀한 정신적 가치의 하나라 이를 수 있으리라. 우리는 결코 그것을 잃은 적이 없다. 다만 잊고 있었을 뿐이다. 그러하니 우리의 본성을 슬그머니 되새겨보기만 해도, 연대는 자연스레 절로 되살아나게 되지 않겠는가.

네팔에는 다음과 같은 간곡한 일화가 내내 전해 내려온다.

심한 눈보라가 몰아치는 어느 몹시 추운 겨울 날 저녁, 네팔 산골지방의 한 외길을 두 사람이 걷고 있었다. 추위가 극심하게 살을 에는데, 인적도 민가도 눈에 띄지 않는 외딴 험로만 계속되었다. 얼마쯤 가다가 두 사람은 불현듯 눈길에 쓰러져 신음하고 있는 한 사람을 발견하였다. 그런데 노인이 아닌가. 한 사람이 서둘렀다.

"우리 이 노인을 빨리 함께 데려갑시다. 그냥 두면 얼어죽고 말 거요."

그러자 동행인은 벌컥 화를 내었다.

"무슨 말입니까? 우리도 살지 죽을지 모르는 판국에, 저런 노인네까지 끌고 가다가는 모다 죽고 말 거요. 당신 좋을 대로 하시오"하고 역정을 내며, 먼저 홀쩍 떠나버렸다.

사실이 그러하긴 했으나, 먼저 말을 꺼낸 사람은 그 노인을 도저히 그냥 내버려둘 수는 없다고 생각했다. 그는 홀로 노인을 들쳐업고 비틀거리며 눈보라 속을 걷기 시작했다. 동행자는 이미 앞서 가버려 보이지 않는데, 갈수록 힘이 들어 견딜 수 없을 지경이었다. 몸에서는 땀이 비 오듯 흘러내렸다. 몸에서 이런 더운 기운이 확확 끼쳐서인지, 등에 업힌 노인은 차츰 의식을 회복하기 시작했다. 두 사람은 서로의 따뜻한 체온 탓에, 추운 줄을 몰랐던 것이다.

마침내 이 둘은 마을 어귀에 이르렀다. 그런데 이 둘은 마을 입구에 한 사내가 꽁꽁 언 채 쓰러져 죽어 있는 것을 발견하였다. 하지만 그 시신을 살펴보고는, 다시 한 번 더 깜짝 놀라지 않을 수 없었다. 그는 바로 자기 혼자 살겠노라 앞서 가버렸던 그 동행자였던 것이다.

이처럼 함께 고통을 나누어짐으로써 함께 살아남을 수 있는 힘으로 작용하는 것, 그러한 것이 바로 연대 아니겠는가. 인간본성의 자연스러운 발로인 탓이다. 때문에 연대를 외면하는 일은 곧 자연의 순리에 등돌리는 행위가 되리라.

인간의 삶 자체가 본래 허무하고 고통스러운 것 아니리요. 그런 탓에, 우리는 끝없이 넘어지면서 또 끝없이 다시 일어서고, 일어서면서 또다시 끝없이 넘어지며 팍팍한 인생여로를 끈기있게 헤쳐나갈 수밖에 없게 된다. 하기야 삶이란 원래 고독한 것 아닌가. 하지만 이러한 곤고한 삶의 행로가 펼쳐지는 거친 황야에서 손잡고 걸음을 함께할 동료가 가까이 있다면, 우리의 고통이 얼마나 큰 위로를 받을 수 있겠는가. 이것이 바로 연대의 가치인 것이다.

고독을 견뎌내는 것이 대단히 힘겨운 일임은 물론이다. 그럼에도 우리는 숙명적으로 이 고통을 받아들이지 않으면 안 된다. 하지만 '고독이 힘든 것'이란 대화를 서로 주고받을 수 있는 상대가 옆에 있다면, 그것은 하나의 기쁨이 되리라. 하기야 언젠가 함께 이 세계를 반드시 떠날 수밖에 없는, 유한하고 그래서 고독할 수밖에 없는 생명체끼리 서로 두 손 맞잡고 서로 아끼며 돕는 일보다 더 거룩한 것이 또 무엇이 있을 수 있으랴. 그것은 고독의 광풍이 휘몰아치는 황량한 광야에서 수줍게 꽃망울을 터뜨리는 성스러운 꽃이다. 무릇 연대란 인간의 영혼이 지닌 본성적인 아름다움의 표출인 것이다. 그러하니 연대야말로 가히 우리 인간의 천부적인 의무는 아닐는지 …?

한마디로 연대란, 인간과 인간 그리고 인간과 자연이 한데 어우러지는 조화와 화합의 삶을 가꾸어나가기 위해 극진한 정성과 노력을 아끼지 않겠노라 다짐하는, 자발적인 정신적 결의 그 자체다. 가령 우리 모두가 서로를 하나님 대하듯 존중하고 사랑할 수만 있게 된다면, 참다운 연대가 저절로 이루어지지 않겠는가. 아니 거꾸로, 연대가 절로 참답게 이루어지기만 한다면, 우리 모두가 하느님 대하듯 서로를 존중하고 사랑하게 되지 않을까. 모름지기 연대하는 삶이란 서로 서로를 하느님 같이 떠받듦으로써, 이윽고는 모두를 화해와 구원의 길로 이끄는 숭고한 신앙생활과 진배없지 않으리라 여겨진다. 이런 의미에서 연대를 인간적 종교라 추켜세워도 별반 큰 무리는 없지 않을 성 싶다. 하기야 옆집이 활활 불타오르고 있는 바로 그 순간에, 나의 꽃밭에 정성을 다해 물주고 있을 사람이 과연 단 한 명이라도 존재할 리 있겠는가.

방금 내 몸 속의 더운피를 타고 흐르던 나의 숨결이 바로 옆 사람의 가슴으로 흘러 들어가는 공기가 되고, 조금 전 어느 집 문 창살을 부러뜨린 거센 바람이 지금은 내 이마의 땀결을 고르는 부드러운 미풍이 되어 살랑거리기도 한다. 원래 자연의 순리란 게 이러한 됨됨이를 갖추고 있는 것이거늘, 어찌 오직 자신만 생각하며 외따로 살아갈 수 있겠는가.

게다가 사람끼리 나누는 악수는, 아니 함께 부여잡는 손은 또 얼마나 인간적이며 자연적인가. 우리가 악수하며 서로 인사를 나눌 때, 우리는 단지 그 한 사람만의 손을 붙드는 게 아니라, 실은 여태까지 그들이 더불어 손잡았던 모든 사람들의 손을 동시에 다 함께 같이 잡는 셈이 되지 않을까. 그러하니 우리가 서로 부여잡는 이 손길이 어찌 우리 둘 사이에만 못 박히듯 머물러버릴 수 있으리요. 그 소소한 손길 하나가 실은 살아 있는 모든 것, 잡초와 나무와 물과 대기와 햇빛, 그리고 이 지구와 온 인류를 향하여 원대하게 뻗어나갈 웅장한 연대의 미세한 진원지 아니겠는가. 그런 탓에, 오로지 자신만 생각하며 인생 여로를 외따로 걷는 사람은 자신의 삶 마지막 순간 역시 홀로 쓸쓸히 맞이하게 되리라.

하지만 연대는 속성상 대체로 집단적 성향을 띠는 경향이 강하다. 이런 의미에서 역사적 배경을 등에 지고 등장하는 경우가 일반적이라 할 수 있다. 널리 알려져 있다시피, 역사발전은 결코 단선적이 아니다. 그리고 역사는 빛과 그림자를 동시에 거느리고 발전해나간다. 밝음과 어둠이 서로 교차하면서, 역사의 날줄과 씨줄이 짜이는 것이다. 그러므로 각각의 역사발전 단계 속에 어둠과 빛이 함께 뒤섞여 있는 경우가 비일비재할 수밖에 없게 된다. 그런 탓에 어제의 어둠이 곧잘 오늘의 빛이 될 수도 있고, 반면에 오늘의 밝음이 대번에 내일의 어둠으로 변모할 수도 있는 것이다. 그리하여 역사란 대체로 'Revolution'(혁명)과 'Evolution'(진화)와 'Involution'(퇴행)을 되풀이하며 전개되어 나가는 일반적인 속성을 지닌다.

이런 의미에서, 무릇 역사를 바라보는 자세 또한 지극히 진중하고 거시적이어야 함은 마땅한 일이라 할 수 있다.

하지만 이러한 역사과정 속에서 흔히 '옛것'을 사랑하는 사람들을 싸잡아서 수구주의자니, 국수주의자니, 보수주의자니 하는 멸칭으로 한꺼번에 몰아 윽박질러버리는 잘못을 범하는 경우가 드물지 않다. 물론 지난 과거를 획일적으로 미화하거나 숭상하는 태도가 바람직한 것이라고는 결코 말할 수 없을 것이다. 그러나 그렇다고 해서 오늘날에까지 맥맥히 살아 꿈틀거리는 지난날의 지혜로운 삶의 흔적들까지 송두리째 내팽개쳐버리고자 한다면, 그 또한 결코 바람직한 처사라고는 말할 수 없으리라. '온고지신'(溫故知新)'이라고도 하지 않는가. 뿐만 아니라 옛것을 본받아 그걸 변화시켜 새로운 것을 만들어 나가되 결코 근본은 잃지 말아야 하리라는 '법고창신'(法古創新)의 기개 역시 펄펄 살아 빛을 발하고 있지 아니한가. 이처럼 과거의 샘에서 신선한 교훈을 담아내어 오늘과 내일의 자양분으로 삼아나가는 일은 또 얼마나 지혜로운 삶의 기세인가.

뿐만 아니라 현재의 잘못과 부족함의 근본원인을 이른바 '조상 탓'으로 돌리지 않고, 우선적으로 자신의 내면 속에서 먼저 찾아보고자 하는 진취적 태도 또한 참으로 마땅한 일이라 하지 않을 수 없다. 자기 집에 비가 새고 있는 데도 비 새는 곳을 직접 찾아내지는 못하고, 우연히 자기 집을 지나치던 행인에게서 그걸 귀띔 받아서야 쓰겠는가. 하지만 외래풍조 수용에 보다 적극적인 자세를 보이는 경향을 '유령보다 훨씬 더 유령 같다'느니 또는 '기지촌 지식인'의 작태 등으로 매도하는 풍조 역시 그리 온당해 보이지는 않는다. 물론 외세 의존적 편향성에 내재하는 허물을 벗어 던지는 작업을 철저히 수행하는 태도를 결코 그릇된 일이라 나무랄 수는 없다. 그러나 마찬가지로, 무엇보다 내실 있고 바람직한 우리의 전통 되찾기 노력 역시 당연하고도 바람직한 일이라 추켜세울 수 있음은 물론이다.

마치 이러한 논지에 발을 맞추기라도 하듯이, 우리나라에서도 이따금 '낡고 오래된' 지난날에 대한 새로운 관심이 새로이 용트림하기도 하는 독특한 사회분위기가 조성되곤 할 때도 그리 드물어 보이지는 않다. 특히 IMF가 터지면서 미래에 대한 불안이 거족적으로 확산하던 시기가 그러지 않았나 싶다.

그 당시 매일매일의 일상적인 삶이란 게 터지기 직전의 고무풍선처럼 앞날을 기약할 수 없을 정도로 고난에 꽉 차 있었음은 두말 할 나위도 없다. 하지만 안타깝게도 안심하고 미래를 내맡길만한 든든하고 믿음직한 정치세력이 가까이 보이지는 않았다. 그런 탓에, 모두들 현재와 미래가 온통 잿빛으로 물들 수밖에 없는 암울하기 그지없는 시절이라 여기는 듯했다. 모든 게 불안하기만 했다. 믿고 기댈만한 곳도 없었다. 민중들은 스스로 나섰다. 그러한 암담한 상황이 엄습하자, 또다시 스스로 지혜를 짜내기 위해 안간힘을 다할 수밖에 없노라 작심하는 듯 비쳐질 정도였다. 우리 역사의 굽이굽이마다 흔히 나타나곤 했던 민중적 잠재력의 발산 현상이기도 했다.

이윽고 그래도 마음놓고 자신들을 내맡길만한 친숙했던 지난 과거를 향해 눈길을 돌리기 시작하는 움직임들이 여기저기서 빈번히 나타나는 게 아닌가. 그러한 것이 아마도 유일하게 허용되었던 사회적 자위행위였을지도 모른다. 어쨌든 푸근한 '옛것'에 대한 향수를 불러일으키는 갖가지 풍물들에 친근한 시선을 던지는 애틋한 풍조가 번져나게 되었다. 예컨대 '옛날 식 자장면', '옛날 식 포장마차', '고향의 맛' 등의 광고문안만 해도 그렇거니와, '용의 눈물', '태조 왕건' 등의 사극(史劇)을 비롯하여, '덕이'라든가 '은실이'처럼 지난 옛 시절을 토닥거린 TV 드라마까지 폭발적인 인기를 끌기도 했다. 덩달아서 복고풍 대중가요가 다시금 사람들의 심금을 울렸다.

이를테면 '익숙했던 것과의 재회'가 이루어진 셈이었다. 말하자면 현재와 미래에 대한 불안으로 말미암아 그래도 적이 안심하고 의지할 수 있도록 도와주는, 한때 친숙했던 과거의 습속에 대한 신뢰감이 새로이 샘솟기도 했다는 말이 되겠다. 이처럼 전통이란 게 실은 소가 가려운 데를 비빌 언덕처럼, 우리가 힘들 때 찾아가 부담 없이 기댈 수 있는 편안한 고향 같은 것은 아닐는지.

이러한 전통이 실은 "정체성(正體性)의 원천"일 뿐만 아니라 "축적된 지혜의 보고(寶庫)" 같은 것이기도 함은 물론이다. 이런 의미에서, 전통이야말로 민족을 결속시키는 끈끈한 역사적 접착제임과 동시에 보편 타당한 가치를 함유하고 있는 소중한 인류사적 자산의 하나라 말할 수 있으리라.[64] 뿐만 아니라 이러한 뿌리깊은 전통은 역설적으로 자신이 처한 현 상황을 스스로 거부 · 극복케 함으로써, 궁극적으로는

---

64 이상익,《유교전통과 자유민주주의》(심산 2004), 18쪽

새로운 세계의 문을 열도록 이끄는 은근한 역사의 채찍을 은밀히 숨기고 있는 것처럼 보이기도 한다. 이를테면 전통이란 한편으로는, 스스로를 지켜나가도록 독려하면서도 동시에 다른 한편으로는, 스스로의 변화를 촉구하는 제재의 채찍을 가하기도 하는, 끝없는 진통의 연속인 것이다.[65]

한마디로 전통은 진통이다.

전통은—마치 분만통처럼— 이러한 진통의 힘을 빌려 다가올 미래에 새로운 꽃망울을 터뜨릴 씨앗을 이미 자신의 내면 속에 참을성 있게 품고 있다. 전통은 뿌리이자 곧 새싹인 것이다. 그리고 바로 이러한 전통을 고스란히 담고 있는 소중한 그릇이 다름 아닌 문화라 이를 수 있으리라. 그런데 문화를 "단순히 눈에 보이는 이러저러한 문화유산이나 풍속이 아니라, 한 민족의 정신적 삶의 표현과 실현"으로 이해한다면,[66] 마치 모국어가 "문화적으로 학습되는 가장 우수한 기술"인 것처럼, 이 문화 속에는 수천 년 동안 다듬어지고 길들여진 가공할 잠재력이 내재해 있을 수밖에 없다고 말할 수 있을 것이다(스티븐 핑

---

65 예컨대 어느 철학자는 '전통'을 "불변하는 고정적 실체가 아니라 항시 새로운 자극과 수혈을 받으면서 부단히 생성·변화하는 것"이라 명쾌하게 규정한 바 있기도 하다. 이승환, "누가 감히 '전통'을 욕되게 하는가?",《전통과 현대》(1997년 겨울 제2호), 183쪽

66 김상봉, "자유와 타자 : 한국문화의 지역성과 세계성에 대한 한 가지 반성", 대한 철학회 논문집〈哲學研究〉제88집(2003.11), 46쪽 ; 스티븐 핑커(Steven A. Pinker) 역시 유사한 맥락에서, 문화를 "사람들에게 우연히 들이닥치는 임의적인 역할과 상징의 집합이 아니라, 사람들이 삶을 위해 축적하는 기술적·사회적 혁신의 웅덩이"라 규정한다. 이에 대해서는 스티븐 핑커/김한영 옮김,《The Blank Slate, 빈 서판 : 인간은 본성을 타고나는가》(사이언스 북스 2004), 129쪽을 볼 것.

커, 같은 책, 119~120쪽). 그러므로 이러한 문화 속에는 고유한 공동체적 동질성과 일체감 형성을 촉진하는 원초적인 추동력이 깃들여 있게 마련이다. 그런 탓에 문화는 특정공동체 내부에서 인간적 결속과 유대감을 증진시키는 괄목할만한 융합력의 원천으로 기능하게 된다. 한마디로 문화란 인간을 결속시키는 위력적인 단합의 무기로 작용하기도 한다는 말이 되겠다.

문화는 원래 오랜 기간에 걸쳐 인간과 인간, 인간과 자연이 한데 어우러져 만들어지는 속성을 지니고 있는 것이기 때문에, 본질적으로 시공을 초월하여 동질적인 인간적 동류의식을 본능처럼 담아낼 수밖에 없게 된다. 따라서 국제적 화합이나 인류적 연대의 지극히 효율적인 원동력으로 작용할 수도 있음은 물론이다. 문화란 곧 국제평화의 첨병이기도 한 것이다.

이런 의미에서, 무엇보다 '전통의 창조적 계승'이야말로 중대한 역사적 책무요 과업이라 하지 않을 수 없다. 그러나 역사를 새롭게 만들어나가는 일은 근본적으로 과거로부터 물려받은 유산과 전통의 기본토대 위에서만 가능하리라 여겨진다. 그러므로 바람직한 역사의 진보를 위해 우리는, 꾸준히 과거와 현재와 미래 상호간의 바람직한 연계와 조화를 이끌어내어야 할 역사적 소명을 안고 있다고 말할 수 있을 것이다.

예컨대 헤겔의 변증철학에서 말하는 '지양'(Aufheben)의 진정한 의미도 바로 이러한 속성을 지니고 있는 것이라 할 수 있으리라. 그것은 단순히 '제거하다'(beseitigen), 부정하다, 끝내다 라는 정도의 가벼운 사전적 의미만을 지닌 용어가 아니라, '한 단계 더 높은 곳으로 끌어올려 극복해 나간다'(Auf—eine—höhere—Stufe—heben)라고 하는, 보다 깊은 역사적 의미를 함축한 철학적 개념인 것이다.[67] 말하자면 '지양'이라 함은 과거로부터 면면히 이어져 내려오는 부정적인 요소는 마땅히 제거해야 하겠지만, 그것이 지니고 있는 긍정적인 부분은 계속 심화·발전시켜나가야 하리라는 역사적 요청을 담고 있는 개념이라 할 수 있다. 이 개념은 이를테면 전통을 계승해나가되, 불합리하고 부조리한 요소는 과감히 개폐(改廢)해나가는 적극적인 태도와 부합하는 것이라 할 수 있으리라. 자본주의 사회를 예로 들자면, 계급착취, 부자유, 불평등과 같은 부정적인 요소는 계속 척결해나가되, 인권, 개인적 자유, 시민적 민주주의 원칙 등 긍정적인 측면은 줄곧 개선·발전시켜나가는 자세가 바로 지양의 논리라 할 수 있는 것이다. 물론 문화적 전통이 바로 이러한 '지양', 다르게 표현하면 '진통'의 결실임은 부인할 수 없는 사실이다. 따라서 전통이 지양의 결실임과 동시에 지양의 대상이 되기도 함은 지극히 자연스럽고도 바람직한 현상임에 틀림없다.

그런데 특별히 주목을 요하는 것은, 바로 이러한 전통문화가 사회적 연대의 전통적인 토대로 기능한다는 사실이다. 무엇보다 전통문화 속에 내재해 있는 강력한 공동체적 동질성과 일체감이 바로 인간적 결속과 유대감 증진을 위한 풍부한 밑거름으로 작용하기 때문이다. 뿐만 아니라 문화는 국제적인 화합과 인류적 연대의 발효효소이기도 하다. 이러한 판단에 입각하여, 나는 올바른 연대 구축 및 강화를 위한 근본동력이 되리라는 믿음 하에 이른바 '전통주의적 진보주의' 이념을 대안 삼아 제시하고자 한다.

무엇보다 이 '전통주의적 진보주의'의 1차적 목표는 우리의 문화

---

67 이에 대해서는, 예컨대 Rudolf Bahro, Die Alternative(Köln/Frankfurt a.M. 1979), p.28 이하를 참고할 것.

적 전통의 민족적 특수성 속에 내재해 있는 보편적이고 합리적인 인간적 삶의 원리를 탐색해내고 발전시켜나가는 것이라 할 수 있다. 이러한 목표를 달성하기 위해서는 특히 우리 한국인의 공동체적 삶의 저류를 관통하는 의식구조, 생활정서, 삶의 양식 등에 뿌리내린 정체성을 규명해내는 일이 선행되어야 하리라 믿는다. 그러므로 서양문물의 직수입이나, 문화적 하청작업 내지는 가공방식 등이 결코 바람직하다고는 말할 수 없으리라. 이런 취지에서, 무엇보다 우리 전통문화의 원초적인 본질부터 파헤쳐내는 일이 급선무라 할 수 있다. 나아가서는 이를 토대로 하여 전통문화의 역사적 가치와 시대적합성 등을 비판적으로 따지고 들어감으로써, 그 속에서 역사발전에 진보적으로 기여할 수 있는 주체적 동력을 찾아내는 작업을 이어가야 할 것이다.[68] 왜냐하면 보편성을 망각치 않으면서도 실천적 주체성이 지닌 특수성을 동시에 포용해내기 위해서는, 일차적으로 전통에 뿌리내린 문화정체성을 존중하고 탐색해내는 자세가 무엇보다 절실히 요망되기 때문이다. 이런 의미에서, 실천적 주체성이 무엇보다 문화적 정체성에 기인한다는 점에 유념할 필요가 있다.[69]

그런데 바로 이 문화적 정체성 탐구작업 와중에, 전통문화가 대단

---

68 서로 다른 맥락에서이긴 하지만, 강정인 교수도 유사한 입장을 피력하고 있다. 그는 "전통의 현대화"라는 개념을 빌려 '서구중심주의'의 극복을 위한 방편의 하나로, "한국의 정치적 지형과 풍토에 뿌리를 내린 원초적이고 내재적인 정당성"을 모색해야 함을 역설하고 있다. 강정인, 《서구중심주의를 넘어서》(아카넷 2004), 제12장 4절 참조

69 다른 맥락이긴 하지만, 장은주도 유사한 견해를 밝히고 있다. 이에 대해서는, 장은주, "인권의 보편주의는 추상적 보편주의인가? : 비판에 대한 응답", 사회와철학연구회 지음(사회와 철학 5), 《동아시아 사상과 민주주의》(이학사 2003), 특히 107쪽을 참조할 것.

히 소중한 인권신장의 자원으로 활용될 수 있다는 발랄한 주장이 제기되기도 하였다. 이 독특한 견해가 지니고 있는 특별한 의미를 특별히 강조해도 지나침이 없지 않을까 한다. 스티븐 영은 새로운 인권구조를 대부분의 사회구성원에게 중요한 역사적 의미를 심어주는 기존의 가치체계를 토대로 하여 정립하는 것이 특히 바람직하다고 강조한다. 바로 이러한 관점에 입각해 그는, "전통적 가치(traditional values)에 의거해 절차와 제도를 구축함으로써, 인권옹호의 진보가 가장 잘 이루어질 수 있다"고 역설하는 것이다.[70]

무릇 이 세계의 궁극적인 희망과 목표는 과연 무엇일까?

그것은 한마디로 보편적이고 이성적인 차원의 국제적 화해와 인류적 단합이라 할 수 있을 것 같다. 특히 코로나19가 전 세계를 기습하고 있는 오늘날과 같은 위기상황에서는, 더구나 그 결정적인 중요성을 거듭 강조할 필요조차 없으리라 여겨진다. 코로나의 범 지구적 도발에 효율적으로 맞대응해나가기 위해 무엇보다 성공적인 국제적 연대가 필수적이라 함은, 오늘날 모든 지구인의 기본상식에 속하는 일로 치부되는 것처럼 보일 정도다. 무엇보다 '백신 이기주의'니 '백신 독재'라 불리는 유령이 배회하기까지 하는 현실임에도 불구하고, 바야흐로 그야말로 '코로나 연대의 시대'가 도래하였다는 사실을 결코 외면하지는 못할 것이다.

이미 오래 전부터 '연대'가 방역을 위한 물리적 격리의 장애물이 아니라 오히려 필수조건으로 간주될 정도였다. 마찬가지로 연대가 결

---

70 Stephen B. Young, "Human Rights Questions in Southeast Asian Culture : Problems for American Response", in : Paula R. Newberg(ed.), The Politics of Human Rights(New York University Press, c1980), p.209

코 봉쇄와 대립하는 개념으로 이해되지도 않는다. 도리어 절대다수는 방역을 위한 봉쇄조치가 제대로 성과를 거두기 위해서는 오히려, 기꺼이 고통을 공유코자 하는 연대의지야말로 더욱 더 절실히 요구되는 소중한 가치임을 믿어 의심치 아니한다. 그간 세계적으로 사회적 거리두기와 봉쇄조치가 비교적 성공적으로 잘 이루어진 지역은, 바로 이러한 믿음을 적절히 공유한 주민들이 타인을 위해 자발적으로 협력하는 곳인 경우가 지배적이었다는 것은 널리 알려진 사실이다. 그런데 바로 이러한 '자발적인 협력'이 곧 높은 수준의 연대를 의미한다는 것은 결코 그리 놀랄만한 일은 아니리라.

이런 취지에서, 비상한 코로나 위기국면에 견주어 비록 대단히 한가롭고 느슨한 제안으로 여겨질 수도 있겠지만, 이 기회에 국제연대를 위한 대단히 본질적인 장기처방 하나를 더 추가하는 것이 보다 현명하리라 여겨진다. 궁극적으로는 범인류적 결속을 위한 필수적인 통과의례이기도 하지만, 우선적으로는 개별 민족의 문화적 전통 속에 내재해 있는 배타적이고 시대역행적인 요소를 과감히 척결하는 게 바로 그것이다.

이를 위해서는— 상호모순적으로 비칠지도 모르지만— 대내외적으로 우선 두 개의 장기적인 과업이 동시에 수행되어야 하리라 짐작된다. 하나는, 민족 내부적 차원의 것으로서, 민족별 문화고유성을 가일층 심화해나감으로써 공동체 내부의 인간적 결속 및 유대감 증진에 더욱 박차를 가해나가는 일이다. 그리고 다른 하나는, 국제적 상호협력 차원의 영역에 속하는 것으로서, 민족상호간 문화적 공통성 개발과 교류확대에 가일층 주력함으로써 인류평화에 기여할 수 있는 보편적 요소 및 방안을 공동으로 탐색해나가는 국제적 노력 또한 강화해나가는 일이다. 줄여 말하면, 문화를 토대로 한 장기간에 걸친 대내외적인 연대 심화방안이라 할 수 있으리라 여겨진다.

이러한 과업을 실행해나가는 과정에서, '문화 국수주의'나 '문화 사대주의' 등속이 단호히 배격되어야 함은 물론이다.[71] 우리 모두가

---

71 어느 동양철학자는 주로 유교 및 동양철학에 국한하여 '전통'의 논리를 파헤치면서, 근대적 서양문물의 과도한 유입을 통렬히 비판하고 있다. 비록 장황하긴 하지만 경청할 만한 주장이라 여겨져, 그 내용을 여기에 가능한 자상히 소개코자 한다. 이승환, "누가 감히 '전통'을 욕되게 하는가?", 《전통과 현대》(1997년 겨울 제2호), 180–181, 186, 189쪽. 필자는 다음과 같이 풍자적으로 비판을 퍼붓는다 : "근대 서양의 패러다임에 맞추어 우리는 진보/정체, 문명/야만, 계몽/미개라는 칼날로 자신의 전통을 난도질하여 태반을 쓸모 없는 것으로 내다 버렸다. '근대화'와 '서구화'를 동일시해온 이 땅에서 이제 '철학'이라는 보편명사는 '서양철학'을 의미하는 단어가 되었고, 전통사상은 '한국철학' 혹은 '동양철학'이라는 특수명사가 되어 시들어가는 명맥을 근근히 부지하게 되었다. 각 대학 철학과의 식탁에서 서양철학은 주식이 되고 우리의 철학은 양념이 되었다. (⋯ ⋯). 이렇게 형체를 알아볼 수 없게 바스라진 '전통'의 편린들은 지극히 추상적이고 사변적인 근대 서양철학적 용어들로 재포장되어 소수의 지적귀족이 아니면 알아들을 수 없는 난해한 고급문화담론으로 전락해버렸고, 나머지 찌끄러기는 '조국 근대화'와 '성황당 철폐'를 피해 미아리의 '철학관'으로 피신해 들어갔다. 20세기 말 동양의 강단철학은 바퀴 없는 비행기처럼 현실 속으로 안착하기를 거부한 채 고고한 관념의 세계를 배회하고 있으며, 역술인과 기공사 그리고 풍수가들은 '동양철학'이라는 이름으로 뭇 사람을 현혹시키며 신흥교단의 교주로 군림하고 있다. (⋯ ⋯).

과연 우리 사회의 부조리를 치료할 수 있는 양약(良藥)은 전통 속에서는 찾을 수 없으며, 오직 서양으로부터 수입해 와야만 하는 것인가? 과연 '이서격금'(以西擊今)만 가능하고 '이고격금'(以古格今)은 불가능한 것일까? ⋯ 외국의 것이라면 무조건 눈웃음을 치는 '미외'(媚外)의 태도는 바람직하지 못하며, 외국 것이라고 해서 무조건 배척하려는 '구외'(仇外)의 태도 역시 바람직하지 못하다. (⋯ ⋯). 개방적인 심령을 유지하면서 자기 문화의 정체성을 지키는 일, 화사하게 미소지으면서도 고결하게 몸을 지킬 줄 아는 일, 보편성을 추구하면서도 특수성을 잃지 않는 일, 세련됨을 추구하면서도 진중함을 잃지 않는 일— 이 모두

다 "문화 창조적인 존재"이기 때문이다. 그러므로 "의미 있는 세계를 만들며, 또 그 속에서" 살아갈 수 있는 역량을 충분히 지니고 있는 존재들이므로, 문화적 "자아의 제국주의" 역시 충분히 극복해낼 수 있을 것이다.[72] 뿐만 아니라 환경운동가 제인 구달(Jane Goodall)까지 나서서 자기 자신의 문화만을 고수하고자 하는 "문화적 종분화" 현상을 "정신의 문화적 감옥"살이라 개탄하면서, 이야말로 인간의 도덕적·영적 성장을 저해할 뿐만 아니라 인간 가족이나 지구촌, 그리고 국가들 상호간의 연대까지 파괴하는 치명적인 위협이 되리라 단언한다. 요컨대 세계평화와 국제연대를 가로막는 장벽, 그 자체로 인식하는 것이다.[73]

그러나 지금은 이른바 '세계화 시대' 아닌가. 국제적 유통과 교류를 극대화하는 이 세계화 역시 어둠과 밝음을 동시에 지니고 있다. 한편으로는, '문화 제국주의'의 확산에 기대어 다양한 문화를 폭넓게 향유할 기회가 증대하기도 하겠지만, 동시에 다른 한편으로는, 전통문화가 억눌림당하며 차별대우 받는 기회 역시 늘어날 수도 있을 터이다. 말하자면 세계화는 '자아의 제국주의'를 극복토록 이끄는 긍정적 동력으로 작용할 수도 있고, 반대로 민족적 전통을 사수하도록 유혹

는 동서고금의 교착점을 살아가는 현대 한국인들이 지향해야 할 태도가 아닐까?"

72 M. Walzer, Spheres of Justice(New York: Basic Books 1983), p.314 : 한 한국철학자 역시 비슷한 취지에서 이렇게 역설한다. 그는 한국철학의 과제를, " '자아의 제국주의'에 갇혀 타자와의 만남의 길을 찾을 줄 모르는 인류의 역사에 타자와의 참된 만남의 광장을 마련"할 수 있도록, 개념적 형상화에 매진하는 것이라 규정한다. 김상봉, "자유와 타자 : 한국문화의 지역성과 세계성에 대한 한 가지 반성", 대한철학회 논문집 〈哲學硏究〉 제88집(2003.11), 54쪽

73 제인 구달 지음/박순영 옮김, 《희망의 이유》(궁리출판 2003), 176쪽

하는 국수주의적 아집의 부정적 동인으로 기능할 수도 있다는 말이 되겠다.

이런 현실에 직면하여, 무엇보다 문화적 전통 속에 온존해 있는 오래되고 병든 뿌리를 잘라내는 동시에 새싹을 올곧게 키워 거목으로 성장토록 이끌어갈 꾸준하고도 진취적인 자세가 절실히 요구된다고 말할 수 있으리라. 나는 이러한 가치관을 바로 '전통주의적 진보주의' 정신 속에 담아내고자 하는 것이다. 그것은 '문화 사대주의'와 '자아의 제국주의' 양쪽을 동시에 다 제어할 수 있는 정신적 버팀목으로 작용하게 되리라 여겨진다. 그런 탓에 그것은 참다운 연대의 원동력으로 기능하게 될 것이다. 거목도 처음에는 새싹 아니었던가. '오래된 미래'의 밑거름이 곧 전통인 것이다.

그런데 가공할 코로나 바이러스의 도전에 맞설 가장 괄목할만한 인류의 '무기'로, 오늘날 '연대'를 왜 이렇게 강력히 소환하고 있을까? 인간을 분리하려는 코로나 바이러스의 강력한 파괴력을 제어하고 무력하게 만들 수 있는 강인한 무장력이 바로 인간을 결속시키는 굳건한 연대에서 비롯하리라는 믿음에 기인하는 것은 아니겠는가.

이러한 범 지구적 위기상황에서, 응당 동원할 수 있는 가장 효율적인 대응책을 강구할 수밖에 없음은 물론이다. 무엇보다 전 세계인모두가 다 극렬한 고통을 동시에 함께 겪고 있을 뿐만 아니라, 21세기 인류문명을 자성의 차원에서 전면적으로 재평가할 수밖에 없도록 내몰림 당하고 있기 때문이리라. 그러나 이처럼 심각한 위기에 내몰리게 되면, 인간이란 원래 잠재해 있던 강한 본성을 거의 동물적으로 강렬하게 분출해내는 자연스러운 야성을 짙게 드러내게 된다. 하기야 고독과 욕망이 바로 인간의 본성일 뿐만 아니라, 필연적으로 연대를 잉태하는 직접적인 동인으로 작용하기도 하지 않는가. 그러므로 연대 야말로 인간본성의 자연스러운 침전물이자 발현현상인 것이다. 따라서 위기에 봉착할 때, 굳세게 힘을 합쳐 그에 강력히 대응하기 위해 무엇보다 인간본성의 직접적 산물인 연대정신에 호소하게 되는 것은 지극히 자연스러운 일이라 할 수 있을 것이다.

그런 탓에, 국내외를 막론하고 오늘날 '연대'가 이렇게 강력히 소환되고 있는 것이라 여겨진다. 전 국민, 아니 전 세계인의 총체적 단합이 필연적으로 촉구되고 있는 것이다. 비록 적잖은 고통을 동반할 수밖에 없긴 하겠지만, 연대가 마침내 이러한 고통의 끝을 불러올 대단히 유용한 수단으로 기능할 것임은 의심의 여지가 없는 일이라 할 수 있을 것이다.

무릇 모든 것에는 '끝'이 있을 수밖에 없다.

가령 코로나처럼 아무리 비통한 일이 닥쳐온다 하더라도, 그 역시 결국엔 말라버리고 말 이슬방울 같은 것 아니겠는가. 마치 비가 영원히 내리지 않는 것과 마찬가지로, 감내하기 힘든 시련과 고통이라 한들 끝없이 지속될 리 있을까. 반드시 끝은 오고야 말리라. 가슴 무너지게 만드는 숨막히는 고난도 긴 인생을 두고 보면, 한 순간의 일에 지나지 않을 수 있다. 모든 게 끝이 있으니, 어찌 즐겁고 행복하다고 열광하거나 힘들고 고통스럽다고 통탄할 필요가 있으리요. 그 열광과 통탄 역시 끝이 있을지니 ….

독일의 철학자 쇼펜하우어(Arthur Schopenhauer) 역시 서양식 '전화위복론'을 잘 깨닫고 있었던 것 같다. 그는 "우리는 어떤 일에 대해서나 결코 지나친 환희나 비통에 사로잡혀서는 안 된다. 왜냐하면 모든 사물은 변화무쌍하므로 언제 어느 때 정반대의 변화가 일어날지 모르며, 행·불행이나 길·흉에 대한 우리들의 판단은 정확치가 않아, 일찍이 자신이 아픔으로 체험한 일도 나중에 생각해보면 오히려 가장 큰 경사일 수도 있고, 후일에 큰 두통거리가 된 것도 전에는 좋아라고 날뛰었던 일이 비일비재하기 때문"이라 역설한다. 이런 취지에서 쇼펜하우어는 우리에게 '행복할 때는 불행을, 우애에는 반목을, 개인 날에는 흐린 날을, 사랑에는 증오를, 신뢰와 심중의 토로에는 배신과 회한을 분명히 상상해 보라'고 권유한다. 요컨대 지나친 환희나 통탄에 성급하게 사로잡히는 대신, 변모하는 상황에 차분하고 슬기롭게 대처해나가는 것이 보다 지혜로운 일이라는 말일 것이다.

예컨대 고대 이스라엘 왕국의 제2대 왕인 다윗은 한낱 목동에서 왕위에까지 오른 입지전적인 인물로 널리 알려져 있다. 어느 날 다윗 왕이 궁중의 보석 세공인을 불러 다음과 같은 지시를 내렸다 ; "나를 위해 반지를 하나 만들라. 그러나 그 반지에는 내가 큰 승리를 거두어 환희에 들떠있을 때, 그것을 통제할 수 있는 글귀를 반드시 새겨 넣어라. 뿐만 아니라 그 글귀는 내가 패배로 인해 절망에 빠져 있을 때도, 나에게 희망을 주고 나를 구제할 수 있는 것이라야 한다"라고. 요컨대 환희나 절망에 빠져 있을 때를 가리지 않고, 항상 힘이 되어줄 수 있는 지혜를 담은 경구를 촉구한 것이다.

왕의 명령을 받은 보석 세공인은 이내 아름다운 반지를 하나 만들어놓긴 했다. 그러나 아무리 머리를 굴리고 굴려도, 거기에 새겨 넣을 적절한 문구가 좀처럼 떠오르지 않아 미칠 지경이었다. 며칠 밤을 뜬눈으로 새우며 끙끙거리다가, 하는 수 없이 지혜가 뛰어난 솔로몬 왕자를 찾아가 도움을 청하기로 했다. 그러자 솔로몬은 즉시 다음과 같은 글귀를 새겨 넣으라고 조언한다, "이 역시 곧 지나가리라(Soon this too shall pass away!)"라고. 그리고는 그 이유를 다음과 같이 덧붙였다, "왕께서 승리의 순간에 이 글귀를 보면 곧 자만심이 가라앉을 것이고, 절망에 빠져 있을 때도 이 글귀를 보면 이내 표정이 밝아질 것입니다" 하고.

거듭 강조하지만, 인간의 본성은 고독과 욕망이다.

바로 이 고독과 욕망이 궁극적으로는 사회성립의 기본토대로 작용하게 되는 것임은 자명한 이치다. 왜냐하면 응당 고독과 욕망의 본성을 지닌 인간의 상호의존성에 의해 구축되어질 수밖에 없는 것이 바로 사회이기 때문이다. 달리 말하면, 사회란 이른바 '인연'(因緣)의 기초 위에서 비로소 성립되어진다는 말이 되겠다.

보다 엄밀히 말하면, 인간은 본성적인 고독과 욕망의 산물이라 할 수 있는 인연의 굴레 안에서 삶의 쳇바퀴를 굴리며 생명활동을 전개해왔고 또 전개해나갈 수밖에 없는 존재라 이를 수 있다는 말이다. 따라서 고독과 욕망의 소용돌이 속에서 각양각색으로 전개될 삶을 위한 일상적인 투쟁에서, 이 인연이 으레 위안이나 갈등의 매개체로 작용하리라 함은 자명한 일이다.

그렇다면 이러한 인연이란 사회적으로 도대체 어떠한 의미와 속성을 지니고 있는 것인가?

1—2 사회적 '인연론'의 본질

이미 앞장에서 구체적으로 살펴보긴 했지만, 인간본성인 '고독'과 '욕망'이 역사적 · 사회 조건과 배경의 차이에 따라 그 속성과 유형을 달리할 수밖에 없으리라 함은 자명한 이치다.

모름지기 인간은 선천적으로 고독한 존재이기 때문에 필연적으로 '원초적 공포심'을 지닐 수밖에 없고[74], 또 욕망을 가득 안고 태어난 존재인 탓에 이해관계를 본능적으로 추구할 수밖에 없음은 지극히 자연스러운 현상이라 할 수 있다. 그런데 본질적으로 인간의 본성에서 유래하는 바로 이 공포심과 이해관계, 즉 '인'(因)이 주어진 자연여건 속에서 인간을 서로 결집토록 해 공동체를 구성하도록 이끄는 자연적 추동력, 즉 '연'(緣)과 결합함으로써 이윽고 '인연'(因緣)이 성립하게 되는 것이라 할 수 있다. 달리 말하면, 궁극적으로는 공포심과 이해관계에 의해 성립하는 인연을 토대로 하여 인간의 공동체가 구축되어진다는 말이 되리라. 이처럼 인간은 본성적으로 인연의 직접적 창조자인 동시에 인연의 직접적 산물로 존속하게 되는 존재라 이를 수 있다.

여기서 우리는 일단 이러한 고독과 욕망, 다시 말해 공포심과 이해관계야말로 이처럼 인연(因緣)과 떼려야 뗄 수 없는 상관관계를 맺고 있다는 점에 특히 주목할 필요가 있다. 무엇보다 인연이 바로 인간관계의 기본토대이기 때문이다.

---

74 하지만 흥미롭게도, 사람이 술을 마시는 가장 큰 이유를 바로 "인간의 원초적 공포심"에서 찾는 의료인도 있다(화타 김영길, 《누우면 죽고 걸으면 산다, 1권》(도서출판 사람과 사람 25쇄, 2017년), 137쪽 이하) ; 저자는 세계사를 보면 항상 위대한 영웅호걸은 술을 많이 마시는 것으로 그려지고 있는데, 실은 이들의 의식의 밑바닥에는 늘 남보다 더 큰 공포심이 자리잡고 있었기 때문에 그러했던 것이라 해석한다. 뿐만 아니라 호랑이가 '어흥!' 하고 산천초목이 떨리도록 찌렁찌렁 큰소리로 우는 것도 호랑이의 공포심 때문이라는 것이 동물학자들의 일반적인 견해라 덧붙이기도 한다. 이런 맥락에서, 사람이 술에 취하려고 하는 욕구 또한 어느 동물이든 다 가지고 있는 "원초적 공포심"에 기인하는 것으로 간주한다. 예컨대 얌전하던 사람이 술에 취하면 큰소리를 치고 허풍을 떨고 겁이 없어지는 것도 다 이 때문이라는 것이다. 말하자면 음주는 "원초적인 공포심"을 없애기 위한 "순간적인 도피행각"이란 말이 되겠다(138쪽).

그렇다면 '인연'의 본질은 과연 무엇인가?

무릇 인연은 불교철학의 핵심개념의 하나로 널리 알려져 있다.

2천 수백 년 전 어느 날, 붓다는 다음과 같이 설법하였다.

> "이것이 있기 때문에 저것이 있고(차유고피유, 此有故彼有/이마스밍 사띠 이담 호띠), 이것이 일어나기 때문에 저것이 일어난다(차생고피생, 此生故彼生/이마싸 우빠다 이담 우빠자띠). 이것이 없으므로 저것이 없게 되고(차무고피무, 此無故彼無/이마스밍 아사띠 이담 나 호띠), 이것이 소멸하므로 저것이 소멸한다(차멸고피멸, 此滅故彼滅/이마싸 니로다 이담 니루자띠)".

이러한 관점에 입각하여 붓다는 제자들에게 "이러한 인과관계의 법에 철저하게 마음을 기울"일 것을 촉구해마지 않았다.[75]

이윽고 '인연생기'(因緣生起), 곧 '연기법'(緣起法)이 성립하게 된다 (미산 같은 책, 87쪽). 이때 '연기'(緣起)는 인연생기, 즉 직접적 원인인 '인'(因)과 간접적 원인인 '연'(緣)에 의거하여 생겨나는 것으로 이해되거나, 또는 '인연 따라 생겨나는 것'의 줄임말로 통칭되기도 한다. 어쨌든 이 세상의 모든 존재는 반드시 그것이 일어날 원인(인)과 조건(연) 하에서 연기의 법칙에 따라 생겨나는 것으로 이해된다. 달리 표현하면, 인과법칙(혹은 인과법)의 지배를 받는 것으로 인식되는 것이다.

붓다의 이러한 설법에서도 잘 드러나듯이, 만물은 조건에 따라 변

---

75 신용국, 《연기론 : 인식의 혁명》(하늘북 2009), 12쪽. 이어지는 불교의 연기법에 대한 해설은 대체로 이 저술에 의존하고 있다 : 붓다 설법의 한문표기, 그리고 뒤따르는 부처님께서 직접 사용한 빨리어의 한글표기는 미산 지음, 《미산스님 초기경전 강의》(명진출판 2010), 104쪽에서 따온 것이다.

화와 소멸을 반복할 수밖에 없는 것으로 이해된다. 그런 탓에, 모든 존재는 자신의 내면에 상주(常主)하는 확정적인 아(我)를 지닐 수 없는 것으로 인식될 수밖에 없다.

이처럼 상주(常主)하는 아(我)가 없기 때문에, 만물은 무아(無我)다. 따라서 만물은 상호의존적이다. 그러므로 독자적으로는 결코 인과(因果)를 만들어낼 수 없는 것이다. 이와 같이 단독의 인과가 없기에, 불교에서는 이를 '공'(空)이라 일컫는다. 그러나 이 공(空)은 단순히 비어 있음을 의미하는 게 아니다. 공은 존재의 유무가 아니라, 상호의존의 필연성을 말하는 것이다. 요컨대 의존적 존재의 요체는 존재 그 자체가 아니라 존재와 존재를 상호 연결하는 관계망이기 때문에, 이러한 의존적 인과법에 의하면 공(空)은 '공(共)'인 것이다(신용국, 앞의 책, 특히 71쪽 이하). 이처럼 만물이 무아, 즉 독상(獨相)이므로, 이것을 '함께'라는 상생(相生)의 원리로 채워나가지 않으면 안 되도록 되어 있다. '공상'(空相)은 곧 '공상'(共相)이 되는 것이다.

이와 같이 불교에서는 모든 존재를 조건에 의해 형성되는 존재, 곧 조건에 의존적인 존재로 인식한다. 조건에 의존적이기 때문에 모든 존재는 결코 확정적인 자신만의 값을 지니지 못하는, 말하자면 가변적인 값만을 소유하는 존재일 따름이다. 그리하여 불법(佛法)은 만물이 자기 값을 지닌(요컨대 상주(常主)하는 아(我)를 지닌) 독립된 존재가 아니라, '조건에 의존할 수밖에 없는 불확정성의 존재'라 역설한다. 요컨대 '제법무아'(諸法無我—Sabbe dhamma anatta)인 것이다.

이런 맥락에서, 붓다께서 깨달은 바 있는 존재의 세 특성을 "삼법인"(三法印)이라 규정한다. 이는 불교를 다른 종교 및 사상과 뚜렷이 구별짓게 하는 것으로서, '무상'(無常), '고'(苦), '무아'(無我)가 바로 그것이다. 말하자면 불교는 모든 행(行)은 만들어지는 것이기에 생성과 소멸을 끝없이 되풀이 할 수밖에 없다는 의미의 '제행무상'(諸行無常), 그리고 모든 존재현상에는 상주(常主)하는 '나'(아, 我)가 없다, 즉 그 자체로서의 실체가 없다는 '제법무아'(諸法無我), 마지막으로 이렇게 끝없이 변화하는 탓에 한시적으로만 존재할 수밖에 없는 나에게는 항상 고통이 뒤따르게 마련이라는 '일체개고'(一切皆苦)를 존재현상의 세 가지 특성으로 간주하는 것이다(미산 같은 책, 174—77쪽).

하여튼 만물이 무아(無我)이기 때문에, 다시 말해 자신의 값으로 확정되어 존재하는 것이 아니기 때문에, 만물은 조건과 관계에 따라 자신의 존재 값을 항상 달리 할 수밖에 없는 불안정한 존재일 따름이다. 만약 만물이 자신의 값으로 존재하는 독자적인 개별존재라는 개념에 매달린다면, 자연스레 기계론적·결정론적 세계관으로 귀결할 가능성이 높아진다. 그러므로 이러한 인식체계는 정태적이고 기계적인 죽음의 의미에 고착해 있다고 말할 수 있다. 반면에 만물이 무아의 존재, 즉 불확정성의 존재라 믿는다면, 관계맺음에 따라 모든 존재가 늘 무한히 다양하고 생동적인 값을 쟁취할 수 있는 가능성을 지닐 수 있게 된다. 따라서 동태적이고 능동적인 존재개념이 만들어질 수밖에 없다. 이런 취지에서, 불교철학은 이 세계를 자신의 값이 아니라 무수히 중첩하는 관계맺음에 의해 유기체적으로 생동하는 능동적인 본성을 지니는 것으로 인식하는 것이다.

이렇게 붓다는 인간과 세계의 존재실상으로 "의존적 인과법을 설파하는 연기법(緣起法)"을 주창하였다.

앞에서도 보았듯이, '이것이 일어나면 저것이 일어난다'는 연기법의 기본원리는 인간과 세계의 상호의존, 요컨대 상호관계에서 발현하는 존재의 값을 가르친다(신용국, 같은 책, 27쪽). 그러므로 여기엔 이른바 신(神)과도 같이 상주(常主)하는 아(我)로 인해 자기 값으로 존재하는 독립된 개별존재는 결코 있을 수 없고, 다만 조건에 좌우되는 관계 망 속의 의존적 존재만 있을 따름이다.[76] 따라서 그것은 항상 외부의 조건에 열려 있는 존재일 수밖에 없다. 또한 열린 존재이기 때문에, 항상 변화에도 열려 있을 수밖에 없다. 상주(常主)하는 아(我)가 있어 닫혀 있는 존재라면, 어떻게 변화를 기대할 수 있겠는가. 말하자면 오로지 자기 값이 없는 무아(無我)이기 때문에, 외부 조건에 의존하여 끝 없이 변화를 수행해야 하는 탓으로 무상(無常) 할 수밖에 없게 된다는 말이 되리라. 이를테면 조건 의존적 존재는 열린 존재이고, 열린 존재는 무상하다는 것을 연기법, 즉 의존적 인과법이 가르치고 있는 것이다. 이처럼 시간과 공간 속에서 이루어지는 원인(因)과 조건(緣)과 결과(果), 이 세 요소야말로 바로 연기법의 기본구조라 하지 않을 수 없을 것이다(미산, 같은 책 106쪽).

열려 있다는 것은 일정한 관계맺음을 통해, 다시 말해 '서로 주고받음의 관계'를 형성함으로써, 외부 세계가 자신의 존재 일부분이 된다는 것을 의미한다. 예컨대 태양, 물, 공기, 흙 등은 독립된 개별존재

---

76 이 기회에 참고로 우리는 가령 인간의 필요성에 의해 신이 만들어졌으리라 믿는 신관(神觀)의 언저리에 가볍게 눈길을 던져볼 수도 있을 듯하다. 예컨대 도스토옙스키는 자신의 작품인 《카라마조프가의 형제들》에서 뛰어난 지성과 천재적인 두뇌를 지니긴 했으나 철저한 무신론자이기도 한 둘째아들 이반의 입을 빌어, 마치 유럽 신관(神觀)의 한 단면을 보여주기라도 하려는 듯, 조롱 조로 다음과 같이 외치도록 하고 있다 : "18세기에 어떤 늙은 무신론자가 '신이 만일 존재하지 않는다면 일부러 만들어내야 한다'고 말했어. 그래서 정말 인간은 신이라는 걸 만들어냈지. 그러나 이상하고도 놀라운 것은 신이 실제로 존재한다는 것이 아니라, 그러한 생각, 신은 반드시 필요하다는 생각이 인간과 같이 야만적이고 못돼먹은 동물의 머릿속에 불쑥 떠올랐다는 점이야. 그만큼 이 생각은 신성하고 감동적이며 현명하고 인간의 명예가 될 만한 일인 거지." (도스토옙스키/장한 옮김, 《카라마조프가의 형제들》 2권(더클래식 2018), 185쪽

가 아니라, 인간과 관계맺음으로써 비로소 인간의 존재 일부가 될 수밖에 없는 것이다. 이를테면 네가 괴로우면 나도 괴롭고, 네가 행복하면 나 또한 행복해지며, 자연이 오염되면 인간 역시 오염될 수밖에 없는 그러한 관계맺음이 이 우주를 지배한다는 말이 되겠다. 가령 4대강이 죽으면 인간 역시 죽게 된다는 믿음 역시 이러한 연기법의 일환이라고도 할 수 있으리라. 요컨대 이 자연의 품속에 서로 아무런 관련이 없는 존재가 어찌 존재할 수 있겠는가 하는 단호한 다짐으로 충만해 있는 것이다.

하지만 다른 한편으로는, 이러한 '관계망'이 혹시 '포위망'이 될 수도 있지 않으랴 추론해볼 수도 있으리라 여겨지기도 한다. 말하자면 이러한 상호 관계망 속에 놓여 있는 개별존재로 하여금, 그 우주적인 그물망 형성으로 인해 생성되는 다양한 관계맺음에 대해 이른바 맡은 바 소임(所任)을 다하라고 얽어매는 포위망으로 작용하기도 할 수 있지 않겠는가 하는 말이다. 앞에서도 언급했듯이, 무엇보다 만물이 무아 즉 독상(獨相)이므로, 이것을 '함께'라는 상생(相生)의 원리로 채워나가지 않으면 안 되기 때문이다. 이런 의미에서, 윤리나 도덕 같은 다양한 유형의 세속적인 규범들 모두가 다 실은 이러한 포위망의 범주에 속하는 것은 아닐는지 ….

어쨌든 존재론적 입장에서 인연(因緣)을 들여다보면, '인'(因)은 결과를 발생케 하는 직접적 원인으로서의 인자(因子), 즉 "각 개별존재들"을 의미하고, 다른 한편으로 '연'(緣)은 보조적이며 간접적인 원인으로서 "개별존재들에게 작용하는 역학적 상태"를 가리킨다고 말할 수 있다. 이런 맥락에서, '인'은 직접적이고 연은 간접적이라는 취지로 '친인소연'(親因疏緣)이란 말을 쓰기도 한다.

예컨대 식물배양의 관점에서 살펴볼 것 같으면, 직접적인 원인으로서의 '인'은 씨앗이 될 것이고, 간접적인 원인인 '연'은 거름과 흙과 태양과 공기와 물과 농부의 노력과 기후 등등, 식물을 싹틔우게 하고 열매를 맺게 하는 간접적인 원인 일체를 가리킨다고 말할 수 있다. 이와 같이 자그마한 식물 하나를 싹틔우고 꽃피우게 하는 데만도 태양과 물과 흙 등, 이 우주의 지수화풍(地水火風) 온갖 것들과 모든 멀고 가까운 별의별 조건 및 요인들이 수도 없이 보조적인 원인으로 작용하고 있는 것이다. 이렇듯 '연'이라는 것은 단순히 몇몇 개 정도의 간접적인 원인만을 의미하는 것이 아니라, 그 식물을 성장토록 도움을 주는 크고 작은 일체의 모든 원인을 다 총망라하는 것이라 할 수 있다. 말하자면 하찮은 잡초 한 포기를 싹틔우기 위해서도, 전 우주의 온갖 존재가 필연적으로 함께 힘을 모아 보조적인 '연'으로 작용하게 된다는 말이 되리라.

이처럼 어떤 한 존재가 생겨나기 위해서는, 비록 '인'이 아무리 근본적인 원인이라 하더라도 그 하나만으로써는 결코 성사될 수 없고, 오로지 수많은 보조적이고 간접적인 '연'들이 그것에 무수한 도움을 줌으로써만 비로소 가능해지는 것이다. 이와 같이 인과 연이 한데 어울린다고 해서, '화합'이라 일컫기도 한다.

달리 말하면, 인이란 지금은 비록 종자에 불과한 것이지만 점점 자라나는 속성을 지니고 있는 것이라 할 수 있다. 나아가 이러한 인이라는 종자를 보존·성장시켜 선악과 희로애락 등 어떤 특정적인 결과에 이르도록 이끄는 것이 바로 연인 것이다. 그리고 '과'(果)란 이러한 과정을 통해 생겨나는 결실을 일컫는다. 요컨대 인이 연을 만남으로써 비로소 과를 이루게 되는 것이다. 이런 까닭에 '인과법'이라 불리기도 한다. 그런데 이 과는 인을 좇아 이루어지는 일정한 결과를 뜻하지만, 그러나 그것은 결과인 동시에 이미 새로운 변화를 기다리는 인을 내장하고 있다. 이를 일러 '과인'(果因)이라 부르기도 한다.[77] 가령 꽃이 피고 열매를 맺어 씨앗이란 과를 이루어내지만, 이 씨앗은 다시금 새로운 꽃을 피우기 위한 인으로 작용하는 것이다. 예컨대 헤겔 역시 비슷한 취지로 '모든 것이 끝나는 시점이 바로 새로운 것이 시작하는 기점'이기도 하다는 말을 남긴 적이 있을 정도다.

무릇 인연이란 말이 '인연생기'(因緣生起) 혹은 '인연소기'(因緣所起)의 줄인 말인 연기(緣起)와 혼용되거나, 곧잘 같은 의미로 쓰이기도 한다(신용국 앞의 책, 91쪽). 그런 탓에 인과 연이 화합하여 일어나는 이치와 신조를 일컬어 '연기법'이라 부르기도 하는 것이다.

어쨌든 연기법은 모든 존재가 화합의 이치를 따른다고 역설한다. 이러한 연기법의 원리에 의하면, 이 세상에 생겨나는 모든 것들은 결코 저 홀로 독자적으로 생겨나는 것은 하나도 없다. 따라서 어떤 특정한 원인 하나에 오직 한 가지 결과만 생겨난다는 단선적이고 획일적인 존재론적 이해방식 역시 수용할 수 없는 것으로 이해된다. 왜냐하면 '인'과 '연'의 무수한 원인과 조건들이 함께 조화를 이루어 화합함으로써 모든 존재의 다양한 생성이 비로소 가능해진다고 믿기 때문이다.

나아가 연기법은 어떤 것이 '인'이고 어떤 것이 '연'이라는 식으로, 인과 연이라는 것이 미리 획일적으로 확정되어 있는 것은 결코 아니라고 가르친다. 따라서 이러한 가르침에 의하면, 인이 무엇이고 연이 무엇인가를 결정론적으로 따지고 드는 것이 결코 핵심사안이 될 수 없다. 오히려 이 세상에 생겨나는 모든 것들은 그 생성과 소멸에 작용하는 직·간접적인 원인들이 무한하게 중층적으로 연결되고 연계되면서 비로소 일정한 결과를 만들어내게 된다는 점을 정확히 인식

---

77 서문 성 엮음,《인연 산책》(미래북, 2006), 5쪽

하는 것, 이것이 바로 핵심적인 과제라 역설하는 것이다. 나아가 관점 및 시공간의 차이에 따라 그리고 그 외에 여러 가지 상이한 이유로 말미암아, 인과 연이 뒤바뀔 수도 있다는 측면에도 유념할 필요가 있다고 강조한다.

예컨대 물(水)의 경우를 살펴보는 게 유용할 듯하다. 물이라는 것이 '인연에 따라' 여름철에는 장맛비로 내리기도 하고, 겨울에는 눈이 되기도 하며, 또 때로는 우박으로 바뀌기도 한다. 물 또한 다만 인연 따라 변화를 반복하는 존재인 탓에, 이러한 다양한 현상이 생겨난다고 말할 수 있는 것이다. 이처럼 대지 위에 내린 비는 인연 따라 산과 숲을 만나 나무의 수액이 되기도 하고, 사람의 몸을 구성하는 피나 땀이 되기도 하며, 지하수나 수돗물이 되었다가 호수나 계곡 물로도 되고, 나아가 강이나 바다로도 흘러든다. 또한 뜨거운 햇살이 내리쬘 때면 수증기로도 증발하고, 다시금 하늘에서 구름을 만든다. 그렇게 만들어진 구름이 다시 일정한 인연을 만나게 되면, 비나 우박이나 눈 등으로 다시 뒤바뀌어 쏟아져 내리기도 한다. 그 명칭 또한 어떤 인연을 만나느냐에 따라, 비, 눈, 얼음, 우박, 서리, 이슬, 구름, 수증기, 수액, 피와 땀, 강, 바다, 계곡물 등으로 다양하게 뒤바뀌기도 하는 것이다.

여기서 우리는 물이라는 인(因)이 다양한 조건과 연(緣)을 만나 끊임없이 돌고 돌며 순환하는 모습을 목격할 수 있다. 요컨대 물은 '인연 따라' 이 지구상에서 되풀이하여 변화에 변화를 거듭하는 것이다. 이러한 물처럼, 실은 모든 존재가 화합의 이치를 따라 끊임없이 변화해 간다고 말할 수 있다. 말하자면 고정된 실체로 붙박여 있는 것이 아니라, 다만 인연 따라 바뀌고 또 바뀌어갈 뿐이라는 말이다.

이와 같이 모든 존재는 고정된 실체가 없는 공(空)이고, 무아(無我)며, 무상(舞常)으로서, 다만 '인'과 '연'의 화합에 의해 생성되고, 머물며, 변화해가고, 소멸하는 과정을 밟는다. 이를 일러 연기법의 소산이라 이르는 것이다. 이를테면 이 세상 모든 것은 결코 누군가에 의해 창조된 것도 우연히 생겨난 것도 아니며, 오직 '인'과 '연'의 화합에 따라 만들어지고 소멸해갈 수밖에 없는 것이란 말이 되겠다.

하지만 이런 주장에 대해, 예컨대 아무것도 없는 상황에서 어떻게 '인'과 '연'을 만난다고 해서 결실이 생겨날 수 있겠는가 하는 등속의 반론이 금세 제기될 수 있을 것이다. 그럼에도 이러한 연기법에 준해, 아무것도 없는 공(空)과 무(無) 속에서도 인연을 만나면 일정한 결실이 생겨날 수 있다는 사실을 단적으로 설명해 줄 수 있는 경우를 사례 삼아 한번 들어보기로 하자.

저급하긴 하지만, 예컨대 불(火)의 비유를 한번 제시해보도록 하겠다.

가령 나무와 나무가 있다고 할 때, 여기서 어떻게 불을 얻을 수 있을까. 나무와 나무 사이에 불이 있지도 않으며, 또 그렇다고 공기 중에 불이 있는 것도 아님은 명백하다. 하지만 이 두 나무, 즉 '인'(因)을 인위적으로 서로 비벼줌으로써, 즉 '연'(緣)을 가미함으로써, 우리는 불이라는 '과'(果)를 얻을 수 있게 되리라. 물론 두 나무를 비벼주는 사람의 손에 불이 있었던 것도 아님에도, 결국 불이 생겨나게 되는 것이다.

여기서 드러나듯이, 불이라는 것은 본래 어디에도 존재하지 않았다. 이처럼 불은 사람의 손안에도, 공기 중에도, 나무 안에도 존재하지 않았지만, 모든 인과 연의 조건이 화합함으로써 불이 생겨날 수 있게 된 것이다. 이를 두고 과연 불이 창조되었다거나 진화되었다고 말할 수 있을까 …?

불이 만들어진 것은 나무 때문만도 아니고, 공기 때문도 아니며,

비벼주는 손 때문만도 아니다. 오로지 나무와 공기와 손 그리고 습도 며 주변여건 일체가 모여들어 화합의 법에 의해 서로 도움을 주고받음으로써, 비로소 불이란 결실이 생겨날 수 있게 된 것이다. 젖은 나무를 비벼대거나 공기가 없는 곳에서 아무리 나무를 열심히 비벼댄다 하더라도 결코 불을 얻을 수 없으리라 함은 너무나 자명한 일이다. 인연이 가세하지 않았기 때문이다. 반면에 일정한 시간이 지나 인과 연이 소멸하게 되면, 요컨대 나무가 모두 타버리게 되면 불이 자연히 스스로 꺼져 재로 변하게 되는 것이다.

비록 비속하긴 하지만, 이러한 불의 비유는 모든 존재의 생성과 소멸에 대해 나름 유의미한 단서를 제공해줄 수 있으리라 여겨진다. 이런 불과 마찬가지로, 일체의 존재 또한 다만 인연 따라 생겨나고 그러다가 이 인연이 다하면 절로 소멸하게 될 것이다. 이를테면 모든 것은 다만 인연이 모이면 생성되고, 이 인연이 다하면 흩어지게 되리란 말이다.

이와 같이 이것이 생(生)함으로 저것이 생하고, 이것이 멸(滅)함으로 저것이 멸한다는 연기법의 이치에 따라, 모든 생성과 소멸이 반복적으로 이루어진다고 말할 수 있지 않겠는가. 응당 이러한 인연의 대상과 산물이 자연 속에 내재하는 것임은 물론이다. 그러나 원래는 모든 것이 텅 빈 무(無)이고 공(空)이며 무아(無我)에 지나지 않았지만, 다만 인연이 화합하는 순간, 인연 따라 신기루처럼 꿈처럼 환영처럼 잠시 만들어졌다가, 인연이 다하면 다만 소멸해갈 따름인 것이다.

이러한 원리를 예컨대 《금강경》에서는 다음과 같이 설파한다.[78]

---

78 《금강경》 제32분—3, '응화비진분'(應化非眞分) ; 번역문은 도올 김용옥, 《금강경 강해》(통나무 2017판), 365~6쪽에서 따온 것임.

하이고(何以故) ? ; 어째서 그러한가?

일체유위법(一體有爲法) ; 모든 지은 법이여!

여몽환포영(如夢幻泡影) ; 꿈과 같고 환영과 같고 거품과 같고 그림자
같네.

여로역여전(如露亦如電) ; 이슬과 같고 또 번개와 같아라.

응작여시관(應作如是觀) ; 그대들이여 이 같이 볼지니.

풀어보면, 생겨나고 소멸하는 모든 것들은 꿈과 같고, 환영과 같고, 물거품과 같고, 그림자와 같고, 이슬과 같고, 번개와 같은 것이니, 당연히 이와 같이 바라보아야 하느니라 하는 말이 되리라. 어쨌든 모든 것의 본래 모습은 텅 비어 있는 공(空)이지만, 다만 인연의 화합으로 말미암아 그림자와 번개처럼 잠시 그 모습을 드러낸 것일 따름이라는 의미인 것이다.

이와 같이 세상 모든 것이 다만 '인연 따라' 잠시 왔다가 사라져 가는 것일 뿐이라는 시각으로 이 세계를 바라보는 태도야말로 불교철학의 관건이라 할 수 있을 듯하다. 말하자면 불교는 이 세계를 수많은 인연과 인연들이 서로 연(緣)하여 일어났다가(起), 그 인연이 다하면 사라지고 마는(滅) 그러한 존재들의 총체로 바라본다는 말이 되겠다. 요컨대 인연을 만나 생(生)함이 있는 것과 마찬가지로, 인연이 다하면 반드시 멸(滅)함이 뒤따르게 마련이라는 인식태도인 것이다.

그런데 이러한 연기법은 과연 누가 만들었을까? 어느 날 부처께서 구류수의 조우라고 하는 마을에 있을 때, 어떤 비구가 "세존이시여, 이른바 연기법은 세존께서 만든 것입니까, 다른 사람이 만든 것입

니까?" 하고 부처께 물은 적이 있었다. 그러자 부처는 "연기법은 내가 만든 것도 아니요, 또한 다른 사람이 만든 것도 아니다. 그러므로 그 것은 여래가 세상에 출현하시거나 세상에 출현하시지 않거나 법계에 항상 머물러 있다"고 대답하였다[79]. "법이 항상 머무는 곳을 법계"라 이르는 것으로 보아(같은 곳, 78쪽), 연기법을 때와 장소를 초월하여 항 상 이 세계를 지배하는 절대진리로 이해한 것처럼 여겨진다.

하지만 이러한 세계관이 비단 존재와 사물의 생멸(生滅)에만 작용 하는 것일까.

나는 이를 세속화시켜, 우리 인간들의 일상적인 삶에도 적절히 적 용할 수 있으리라 생각한다. 이 연기법을 따를 것 같으면, 예컨대 아 무리 태어나면서부터 부자로 태어나는 '인'을 부여받은 사람이라 하 더라도 어떠한 '연'을 만나는가 하는 것에 따라 모두가 다 성공적으로 그 부유함을 계속 유지할 수 있는 것은 아니라는 해석이 가능해지리 라. 반면에 가난한 장애인으로 태어나는 '인'을 부여받았다 하더라도, 스스로 그 현실을 직시하여 충실하게 계속 노력을 아끼지 않는 '연'을 지속적으로 쌓아나간다면 충분히 성공적인 삶을 이끌어갈 수 있는 기 회를 얻어낼 수도 있을 것이다. 요컨대 신의 뜻이 아니라, 자신의 주 체적인 노력 여하에 따라 좋은 '연'들과 계속 유익한 관계를 맺어나갈 수도 있을 것이고, 반대로 좋지 않은 '연'들과 부딪침으로써 참담한 실패를 맛보게 될 수도 있음은 물론이다.

그러므로 이러한 연기법에 의할 것 같으면, 가령 시험성적을 똑같

---

79   김월운 옮김, 《잡아함경 2》(동국대학교 부설 동국역경원 2009), 제12권, 제299경, 85쪽

이 100점 맞았다고 해서 100점 맞은 사람들이 다 똑같이 일류대학에 합격하고 또 사회적으로도 성공하여 똑같이 다들 부유하게 잘 살아가게 된다는 것을 의미하는 것은 결코 아니다. 100점 맞을 수 있게 한 그 근본원인인 '인'과 내 적성, 취향, 꿈, 인간관계, 그리고 부모님이나 선생님의 조언과 지원 등 뒤따르는 무수히 많은 '연'이 함께 화합함으로써, 어떤 사람은 A라는 대학에 진학하고, 또 다른 사람은 B라는 대학에 들어감으로써 인생길이 판이하게 달라지기 시작할 수도 있게 될 것이다. 또한 또 다른 많은 이질적인 '연'들이 가세함으로써, 두 사람의 인생이 전혀 다르게 전개될 수도 있음은 물론이다. 마찬가지로 공부 잘 한 사람은 무조건 좋은 회사에 들어가 승진도 잘 하게 되지만, 반대로 공부 못 한 사람은 나쁜 회사에 들어가 진급도 제대로 하지 못하게 되리란 말 역시 결코 성립하지 않는다. 예컨대 공부 잘 한 사람은 공부만 하느라고 바람직한 인간관계에 등한하고, 반면에 공부를 못한 사람이 훌륭한 인간관계를 제대로 잘 꾸려나갔다면, 오히려 후자가 또 다른 좋은 '연'으로 말미암아 자신의 삶을 보다 성공적으로 끌어갈 수도 있게 되지 않겠는가. 이를테면 가령 '행복은 성적순이 아니다'라고 생각한다면, 이는 연기법적 인식태도라 할 수 있으리라. 반면에 '행복은 성적순'이라 믿는다면, 우리는 이를 연기법과 대립되는 결정론적 · 기계론적 사고방식의 소산이라 이를 수 있을 것이다.

이처럼 이 세상은 가령 A라는 똑같은 근본원인이 결코 똑같은 Z라는 결과만을 가져다 주지는 않는다. 그 '인'이 어떠한 '연'과 화합하느냐에 따라, 수없이 많은 상이한 결과가 초래될 수 있는 것이다. 가령 본래부터 정직한 사람이라고 해서, 사회적으로도 항상 성공하는 사람이 되리라는 법이 없을 수도 있음은 물론이다. 그러므로 '인'과 '연'이라는 무수히 복잡다단한 요소들을 총체적이고 연기적으로 관찰해야 할 필요성이 제기되는 것이다. 말하자면 어떤 사람에게는 A가 a가 되는데 나에게는 왜 c가 되느냐고 억울해만 할 것이 아니라, 그 A라는 동일한 근본원인('인')이 어떤 이질적인 '연'들과 연결되었던가 하는 측면까지 복합적으로 잘 살필 수 있어야 한다는 말이다. 같은 A라는 원인에서 출발했음에도 예컨대 인간관계에서 바람직한 인연을 많이 심어놓은 사람은 그렇지 않은 사람과는 질적으로 전혀 다른 성과를 만들어낼 수도 있을 것이다.

이 기회에, 우리를 불행하게 만드는 것도 인간관계요, 행복하게 만드는 것 역시 인간관계임을 명심할 필요가 있다.

어떤 유형의 사람이든, 수많은 원인과 조건을 통해, 항상 나의 삶에 직 · 간접적인 영향을 미칠 수 있음은 부인할 수 없는 사실이다. 그러므로 좋은 사람이든 나쁜 사람이든 선한 사람이든 악한 사람이든지를 가리지 않고, 모든 사람들과의 인간관계를 언제나 진실하고 우호적으로 성실히 잘 유지해나가는 것은 인간으로서 취해야 할 마땅한 도리라 할 수 있다. 이런 자세를 일러 '인연을 잘 짓는다'라고 말하기도 하지 않는가. 이런 의미에서, 모든 사람들이 기본적으로 하나같이 '인'이 되고 '연'이 되어, 항상 우리들 삶의 아름다운 인연으로 성숙해나갈 가능성을 무한히 지니고 있음을 명심할 필요가 있지 않을까 한다. 정반대로 추악한 인연으로 전락할 위험성 역시 무한함은 정녕 부인할 수 없는 사실이기도 하다.

이처럼 연기법은 원인 · 조건 · 결과를 총체적으로 포괄한다. 이를 '인'(因), '연'(緣), '과'(果)라고 하며, 이들이 이루어지는 과정은 일정한 시간과 공간을 통해서이다.

이런 취지에서, 우리의 삶 자체도 이러한 연기법에 의해 형성되고 꾸려진다고 말할 수 있지 않을까 한다. 그런데 '연기적으로' 살아가는 사람의 특성은 마음이 항상 과거나 미래가 아닌 현재에 집중하는 데 있다고 말할 수 있을 것 같다. 이를테면 시간과 공간, 즉 '지금, 여기'를 극대화해서 활용할 줄 아는 사람을 '연기적으로' 살아가는 사람이라 일컬을 수 있으리란 말이다. 무엇보다 연기법의 기본구조가 '나고(生) 죽음(滅)'이 이루어지는 시간과 공간의 체계인 관계로, 나고 죽음보디는 오히려 무언가가 일어나고 있는 바로 '지금, 여기'가 핵심일 수밖에 없기 때문이다(미산 같은 책, 103—7쪽)..

  하지만 이 연기법은 나에게 분란을 야기했다.

  이 연기법을 연마하는 와중에, 희한하게도 나는 졸지에 새로운 학문적 상상력이 급작스레 발동하는 듯한 기이한 개인적 체험을 하게 된 것이다. 나의 뇌리가 불현듯 야릇한 학술적 분석 틀을 촉구하는 번뇌로 차오르기 시작하는 게 아닌가. 이를테면 이 연기법의 이해방식에 준하여 사회현상을 포괄적으로 고찰하는 연구방법론을 느닷없이 한번 새로이 시도해보는 건 어떠할까 하는 불편한 도전의식이 엄습한 것이다. 나는 종내 도전해보기로 작심하였다. 그리고 이러한 시도가 결국엔 자연스러운 나의 이론적 일상이 되어버리는 듯했다.

  무엇보다 우선 '인연'에 대한 사회과학적 개념규정이 급선무인 듯 여겨졌다.

  이윽고 나는 일정한 자연의 기본토대 위에서 펼쳐지는 인간과 인간의 다양한 관계맺음을 바로 인연이라 규정하기에 이르렀다. 이를테면 인간본성에서 비롯하는 '공포심'과 '이해관계'에 기초하여 "상생"(相生)을 도모하는 다양한 '관계성', 그것이 곧 인연이란 말이다.[80]

---

80 참고로 말해, 예컨대 묵자(墨子)는 사람과 사람이 맺고 있는 상호관계를 강조하

바꾸어 말하면, 인간세계의 기본적인 생성 및 소멸의 토대가 바로 인연이라는 의미가 되겠다.

모름지기 인간세계의 본질이란 자연이 인간을 출현시켜 펼쳐놓는 자연의 속성과 인간이 자연에 의존하여 펼쳐가는 인간본성의 합성물이라 할 수 있을 것이다. 요컨대 인간세계란 어떤 창조자가 일방적으로 조성해놓은 절대 객관의 세계가 아니라, 인간과 자연의 상호의존적인 상호작용에 기초하여 펼쳐가는 상대 객관의 세계인 것이다. 그리고 그것은 본질적으로 다양한 '인간관계'에 의해 성립한다. 그런데 지금까지 모든 인류사회의 기본토대로 작용해온 이 "인간관계"라는 개념 속에는 사회의 기초가 되는 "제도와 인간이라는 두 개의 범주"가 하나로 통합해 있다. 이런 의미에서, "사회는 인간관계의 지속적 질서"라 이를 수 있는 것이다(신영복, 같은 책, 145 쪽).

인류사적으로 볼 때, 이 인간관계는 자연과의 근본적인 관련성 속에서, 예컨대 주종관계, 지배 · 피지배 관계, 계급관계, 억압 · 피억압 관계, 착취 · 피착취 관계 등등, 다양한 양상을 띠며 변모해왔다. 그런데 이러한 인류사회의 기본토대인 인간관계의 원천, 그것이 바로 '인연'인 것이다. 다시 말해, 자연 속에서의 인간과 인간의 다양한 어울림과 흩어짐, 즉 갖가지 인간관계를 형성하는 기본토대로 작용하는 것이 바로 인연이란 말이다. 그리고 이러한 인연을 생성하는 기본요인으로 기능하는 것은 바로 인간의 본성에서 유래하는 '공포심'과 '이해관계'라 할 수 있다.

면서, 서로가 서로에게 이익이 되는 것이 바로 "관계의 본질"이라 설파한다. 이런 뜻에서 묵자는 관계의 본질을 "상생"(相生)이라 규정하는 것이다. 이에 대해서는 신영복,《강의 : 나의 동양고전 독법》(돌베개 2004), 394쪽을 볼 것.

예컨대 자그맣고 볼품 없는 잡초 하나를 꽃피우게 하는 데도 햇빛, 바람, 물 등등, 이 우주의 모든 멀고 가까운 온갖 조건과 요인들이 수도 없이 총망라된다. 여기서도 짐작할 수 있듯이, 인간관계의 기본 토대인 '인연'의 형성을 위해서도 필연적으로 이와 같은 심대한 조건과 배경이 총동원될 수밖에 없으리라. 그런 만큼 이러한 심오한 인연의 성립을 위해서도 반드시 장엄한 준비과정이 요구될 수밖에 없음은 두말 할 나위조차 없는 일이다. 그러므로 하나의 소소한 인연을 위해서도, 예컨대 수십 억 년에 가까운 장대하고도 심원한 준비기간이 전제되어질 수밖에 없음은 물론이다.

저급한 것이긴 하지만, 비근한 예를 하나 들어보기로 하자.

가령 이 서울 한 모퉁이 한 자그마한 카페에서 어느 날 저녁 두 사람이 만나 차 한 잔을 함께 나누고 있다고 가정해보자. 그런데 이 변변찮은 사적인 만남 하나가 이루어지기 위해서도, 다시 말해 이러한 눈곱만한 인간관계, 요컨대 인연 하나가 맺어지기 위해서도, 방대하고 어마어마한 준비과정이 필요하지 않았을까. 가장 근원적으로는, 무엇보다 이 우주와 태양계부터 이미 만들어져 있어야 했다. 거기다가 바로 이 만남의 공간을 제공하는 지구가 더불어 미리 생성되어 있었어야 함은 물론이다. 아마도 벌써 수십 억 년 가량이 흘렀어야 마땅할 일이다. 어디, 그 뿐인가. 이렇게 만들어진 이 지구 위에, 이른바 고생대, 중생대, 빙하시대 등등의 장구한 역사를 뒤로하며, 이윽고 인류의 원조가 출현해야 했다. 그리고 지구상 동쪽 끝 이 손가락 만한 한반도에도 이미 사람이 살기 시작했어야 함은 자명한 이치다. 그리하여 저 머나먼 단군 할아버지부터 시작하여 삼국통일이니 고려니 등을 거치며, 급기야는 일제시대와 6·25 전쟁 등등 무릇 반만년이 흘러야 했다. 이 동안 얼마나 숱한 우여곡절들을 거쳐야 했을까. 그 와중에 또한 온갖 고뇌와 심사숙고를 거치며, 어느 날 서울 한 구석에 이 자그마한 카페가 가까스로 문을 열 수 있게 되었으리라. 그리고 이 두 사람은 하필이면 동시에 같은 서울에 공존한 탓으로, 이 카페에서 함께 차를 마실 수 있는 기회를 가질 수 있게 되었다.

더불어 나누는 차 한잔, 이 얼마나 숭고한 인연의 소산인가.

이처럼 지금의 이 눈곱만한 인연 하나가 맺어지는 한 순간을 위해, 장구한 역사과정이 선제적으로 깔려 있어야 했다. 하지만 이러한 사소한 사적 개인관계를 뛰어넘는 보다 큰 규모의 인연이 이루어지기 위해서는, 보다 색다른 조건과 결연한 의지를 동반해야 하지 않겠는가. 이런 의미에서, 예컨대 현재 우리 한국인의 민족적 상호관계라는 것이 얼마나 심오하고 준엄한 의미를 지닌 것일 수 있으랴 싶을 정도다.

모든 인연은 이처럼 존엄한 것이다.

우리나라는 유럽과는 달리 르네상스니 휴머니즘의 시대를 체험한 적이 없다. 우리에게는 안타깝게도 인간 중심적인 세계관을 함께 나누어볼 역사적인 기회가 제대로 주어져본 적이 없었던 것이다.

하지만 그런 민족에게 '인연'이란 지순한 인간사랑의 또 다른 표현이라 이를 수 있을 정도의 것이리라. 우리는 '옷깃만 스쳐도 인연'이라 하지 않았던가. 옷깃만 스쳐도 자연스레 스며나오는 애틋한 사랑의 정서, 과연 이보다 더 지극한 인간사랑이 외람되이 이 지상 또 어디에 더불어 존재할 수 있으랴. 서양인들이 가령 "원수를 사랑하라"고 살벌하게 가르쳤다면, 우리 선조는 '이웃사촌'이라 일렀다. 얼마나 정답고 훈훈한 인정인가. 우리들에게는 바로 이 '이웃사촌'이라는 따스한 삶의 정서가 곧 종교의식과 거의 다를 바 없는 것이었으리

라. 그러하니 어찌 인연을 사랑하고 존엄히 여기지 않을 수 있었겠는가. 정녕코 인간사랑의 순박한 밭갈이였으리.

어쨌든 인류는 인간본성에 내재한 공포심과 이해관계에서 출발하여, 요컨대 '인연'에 기초해, 다양한 제도를 만들어가며 함께 모여 살기 시작했다. 그러므로 인류의 역사는 바로 이러한 인연의 구조 및 내용의 차이에 따라 다양한 속성과 이질성을 드러내며 발전하고 또 변화해온 것이라 할 수 있다. 그 와중에 물론 이해관계와 공포심의 역사적 본질과 내용의 변화 및 차이 등에 따라, 이 인연의 유형과 속성 그 자체가 역사적으로 달라질 수밖에 없었음은 자명한 이치라 할 수 있을 것이다.

그렇다면 '공포심'과 '이해관계'는 어떠한 속성을 지니고 있는가? 간략하게나마 그 본질을 훑어보는 게 유익할 듯하다.

인간의 원초적 공포심의 일차적 대상은 무엇보다 죽음과 동료인간, 그리고 자연(현상)이었으리라 짐작된다. 따라서 이러한 공포를 이겨내기 위해, 인간은 특히 미신을 비롯한 다양한 종교를 만들어내었을 것이다. 가령 우리말의 '하느님'에 그 정황이 잘 드러나는 것 같다. 하늘을 단순한 자연의 일부가 아니라 인격적인 초월자로 인지함으로써, 믿음의 대상으로 상정해온 것처럼 보인다. 이러한 관행은 모든 자연대상에 신성이 깃들어 있다고 믿어온 우리들의 오래된 관습과 직결된다. 우리 선조들의 일상이 모진 풍파로 점철된 탓이기도 하겠지만, 가령 산에는 산신령, 바다에는 용왕(바다의 신), 큰 강이나 바위에도 그에 걸맞은 각각의 신, 심지어는 조왕신이라는 부엌의 신까지 모시며 살지 않으면 안 되었던 우리의 전통적인 습속이 하늘에도 신이 있다는 믿음으로 자연스레 비화할 수 있지 않았을까. 또한 거목이나 거석, 보름달 등, 자연적 영물과 정령에도 기도 바치기를 게을리 하지 않았던 것 같다. 사실상 이러한 전통은 지금, 21세기까지도 우리들의 일상생활에 유사한 형태로 잔존해 있다고 말할 수 있을 정도다.

게다가 주위 동료인간들에 대한 공포심은 또 어땠을까. 살상, 억압, 침탈 등등, 그들이 야기하는 공포심을 모면하기 위해, 이윽고 공동체를 결성하기에 이르렀으리라 여겨진다. 이들뿐만 아니라 가공할 자연의 위력이 끊임없이 유발해온 공포로부터 그래도 힘을 모아 함께 벗어나기 위해 고안해낸 갸륵한 지혜의 발로 아니었을까 짐작된다.

곧 이어 뒷장에서 공동체의 역사적 전개과정을 구체적으로 살펴보겠지만, 예컨대 '가족공동체'는 굶주림에 대한 공포에서 비롯하는 생존의 이해한계를 충족하기 위해, 그리고 '종족공동체'는 특히 타 공동체로부터의 침략 및 약탈 공포심에서 벗어나서 확보한 수확물의 축적 및 보호라는 심각한 이해관계를 수호하기 위해 성립한 것이라 할 수 있을 듯하다. 나아가 '민족공동체'는 특권적 봉건지배체제가 야기하는 공포심을 척결함으로써, 자본주의적 사회질서를 관철시키고자 하는 부르주아 계급의 이해관계에 입각해 출범한 것이었으리라.

한마디로 인류역사에서 인간사회를 형성시킨 기본요인이 바로 이러한 공포심과 이해관계에 기초한 '인연'이라는 말이 되겠다. 이런 취지에서, 나는 계급관계, 민족관계, 지배·피지배관계 등등으로 구축되는 인류의 정치·사회·역사적 기본구조와 그 전개과정을 이러한 인연 개념을 분석의 기본척도로 삼아 고찰하고 해석하는 것이 보다 합당하리라 믿는다. 예컨대 고대사회에서의 첫 군집생활의 성립이 바로 이러한 인연 작동의 첫 과실이 아니었겠는가 하는 식이다. 이런 관점에서, 나는 세계사를 '인연의 역사'라 규정한다. 뒷장에서 곧 상세한 분석이 뒤따를 것이다.

앞에서도 강조했듯이, 인연의 주체는 한 마디로 자연과 인간이라 할 수 있다.

맥락을 달리 하긴 하지만, 예컨대 문화인류학자이자 환경운동가인 한국계 일본인 쓰지 신이치(이규) 역시 "공동체 속에서 자신을 재정립"해야 하는 인간의 "이중적 의미"를 역설한 바 있다. 그는 인간이란 한편으로는 "생명 공동체인 생태계와 그곳의 먹이사슬", 그리고 다른 한편으로는 "인간 공동체와 그곳에서 전개되는 경제활동", 이 두 가지 "생명의 연결고리"를 통해 자기 스스로를 입증해내는 존재라 주장한다. 다르게 표현하면, 쓰지 신이치는 스스로 자연과 인간의 유기적 연결고리를 통한 "존재증명"을 바로 "현대의 키워드"로 인식하고 있음을 강력히 드러내고 있는 것이다.[81]

그렇다면 인연의 주체로서 인간과 자연은 과연 어떻게 서로 연결되어 있을까.

1—3 인간의 생존공간

거시적으로 볼 때, 저 먼 고대유럽에서 발원하여 지금껏 인류의 정신세계를 지배해온 두 개의 전통적인 세계사적 원류가 존재한다고 말할 수 있다. 공명이 큰 그 울림이 오늘날까지도 의연히 맥박치고 있음은 물론이다.

---

81 이러한 자신의 주장을 정당화하기 위해 신이치는, 1970년대부터 생산자와 소비자를 직접 연결하는 산지 직거래 운동을 일으켰을 뿐만 아니라, 나아가서는 후일 카모가와에서 자연왕국을 설립하여 '농적 생활'의 모델 조성에 힘써온 후지모토 도시오를 인용한다. 이에 대해서는, 쓰지 신이치(이규) 지음/김향 옮김, 《슬로 라이프》(디자인 하우스, 1판 13쇄 2014), 58~9쪽을 볼 것.

하나는 헤브라이즘(Hebraism)이고, 다른 하나는 헬레니즘(Hellenism)이다. 이 두 개의 사조는 서구 인간학에서 인간을 정의하는 대표적인 두 개의 상호 이질적인 정신사적 개념과 직결해 있다.

첫째는, 기독교가 전수받은 헤브라이즘의 인간관으로서, "인간은 하느님의 모상"(homo, imago Dei)이라는 규정 속에 그 본성이 잘 드러난다. 그것은 인간을 하느님의 아들 · 딸로 인식함으로써, 인간이 비주체적 · 비자율적인 존재임을 강하게 표출한다.

둘째는, 헬레니즘의 인간관으로서, 예컨대 소피스트 철학자 프로타고라스(Protagoras)의 "인간은 만물의 척도다"(anthropos metron panton)라는 언명 속에 그 속내가 잘 나타난다. 그것은 인간을 만물의 중심으로 간주한다.

그런데 지금까지 인류는 바로 이 두 개의 상극적인 인간학적 관념에 의해 순환론적으로 규정당해 온 역사과정을 밟아온 것처럼 보인다. 좀 더 구체적으로 살펴보기로 하자.

우선 고대희랍을 지배했던 헬레니즘적 인간 중심주의는 중세 로마시대에 오게 되면, 일단 헤브라이즘적 신(神) 중심주의로 뒤바뀌게 된다. 그러다가 르네상스와 휴머니즘에 의해 서서히 열리기 시작한 근대 이후에 와서는, 다시 합리주의 정신으로 무장한 인간 중심주의로 환원하게 된다. 말하자면 인간 중심주의에서 시작하여, 신 중심주의로 탈바꿈하였다가, 또다시 인간 중심주의로 전환하게 되었다는 말이다.

그런데 예사롭지 않은 것은, 우리 인류가 이처럼 상이한 인간학적 개념에 지배당하는 와중에, 흥미롭게도 각각 세 개의 상이한 국가유형을 체험하였다는 사실이다. 이를테면 상호 이질적인 인간개념이 지배했던 고대 · 중세 · 근대를 거치면서, 우리 인류는 각기 세 개의 상이한 국가유형을 체험한 것이다. 요컨대 고대의 도시국가(Polis), 중세의 제국(Empire), 그리고 근대 이후의 민족국가(Nation—State)가 바로 그것이다.

이처럼 인간관을 둘러싼 이 두 정신사적 개념은 양상을 달리하며, 오랫동안 서로 맞물려 쟁투를 벌여온 기나긴 갈등의 역사를 등에 짊어지고 있는 것이다. 이런 탓일까, 인간이 때로는 "심연"으로 인식되기도 한다.[82]

그런데 이러한 역사과정을 거치며 한결 더욱 더 깊어지기만 한 것처럼 보이는 이 '심연' 같은 인간은 대체 어디서, 어떻게 살고 있는가? 아니, 도대체 어떻게 이 심연을 들여다볼 것인가?

지금부터는 이 심연이 존재하는 공간을 탐색해보도록 하자. 인간에게는 무엇보다 발붙여 살 곳이 있어야 하기 때문이다. 그런데 인간의 생존이 이루어지는 이 공간은 도대체 어떠한 곳인가?

1) 인간과 자연

특히 오늘날 신종 코로나바이러스 감염증이 전 세계적으로 확산함에 따라, 자연을 향한 우리 인간들의 생활태도가 전에 비해 보다 겸허해지는 모양새를 보이는 것처럼 비쳐지기도 한다. 이런 탓일까, 생태계 파괴와 코로나19 발발이 불가분의 상호관계로 깊이 묶여져 있다는 관점이 널리 퍼져 있는 것 같아 보인다. 게다가 생태위기로 말미

---

82 성염—김석수—문명숙 공저,《인간이라는 심연 : 철학적 인간학》(철학과 현실사 1998), 18쪽

암아 앞으로 '더욱 더 강력한 전염병이 몰려오리라' 숨을 몰아쉬기도 하는 사람들 역시 적지 않은 듯하다.

오래 전부터 광대한 도시개발, 대대적인 인프라 건설, 빈틈없이 이루어지는 벌목과 화전작업 등등, 생태계 파괴가 엄청난 규모와 속도로 자행되어 왔다. 뿐만 아니라 오늘날 기온이 상승하고, 빙하가 녹고, 해수면이 높아지고, 숲이 사막화하는 등등, 전례 없는 이상기후 징조까지 불난 집 부채질하듯 가세하고 있는 중이다.

예컨대 국제문제 전문지로 널리 알려진 〈포린 폴리시〉(Foreign Policy)까지 나서서, 세계적인 기후재앙 문제에 대해 심각한 우려를 표할 정도다.[83]

이 잡지는 대개 쌀쌀하기 짝이 없는 시베리아의 기온이 섭씨 46도에 달하고, 중동이 타는 듯한 무더위에 시달리고 있으며, 특히 시리아는 가뭄으로 심각한 타격을 입기도 하였노라 전한 바 있기도 하다. 뿐만 아니라 2021년 6월 말, 캐나다의 작은 마을이 산불로 완전히 소실되고, 중국 역시 집중호우와 홍수뿐 아니라 폭염을 포함한 극심한 기후변화의 후유증으로 엄청난 고통을 겪었음도 알렸다. 비슷한 시기, 미국 서부는 지독한 폭염과 예년보다 훨씬 혹독한 가뭄 및 맹렬한 산불 등 지옥 같은 기후재앙으로 드세게 들볶였다고 보도한다. 그리고 기록적인 더위가 워싱턴과 오리건을 강타했을 때 거의 90여 명이 목숨을 잃었고, 캐나다의 브리티시 컬럼비아 주에서는 수백 명의 삶이 사라졌다고 전하기도 했다. 뿐만 아니라 가뭄으로 인한 극심한 물 공급 부족으로 심각한 생존위협이 자초되었을 뿐 아니라, 폭염은 바야흐로 전력시설에까지 타격을 가하여 심각한 정전사태를 촉발

---

83 Foreign Policy on 2021.07.12

함으로써, "사람들이 가장 전력을 필요로 하는 바로 그 순간에 셧다운이 발생"한 바 있다고 한탄하기도 했다. 그러면서 "전력망이 일단 가동을 중지하면, 의료부문이 심하게 영향을 받고, 운송부문·통신부문·금융부문 모두 커다란 손실을 겪을 수밖에 없게 된다"는 우려를 멈추지 않았다. 급변하는 기후상황에 생태계가 인간만큼 그리 날렵하게 적응하지 못해 가뭄이 심화함에 따라 무엇보다 생태계가 우선적으로 가장 큰 피해를 입게 되리라는 지극히 우울한 예측까지 내놓았다. 어쨌든 캘리포니아 주 같은 곳에서는 이미 멸종위기에 처한 수많은 어종들이 생겨났으며, 캐나다 해안에서는 6월의 폭염으로 인해, 약 10억 마리에 달하는 바다생물이 죽었다고 덧붙였다.

〈포린 폴리시〉는 특히 이러한 극단적인 기후변화가 점차 악화하여 지속적으로 지역사회를 위기에 빠뜨리고 인류문명을 근본적으로 변질시키리라 충분히 예측됨에도 불구하고, 인류는 그에 대해 전혀 충실히 대비하고 있지 않다고 개탄하기도 하였다. 이렇게 경종까지 울리며, 전문가의 견해에 보다 진지하게 귀 기울이는 적극적인 자세를 솔선수범 하여 보여주기도 하였다. 예컨대 "우리는 기후가 상대적으로 안정적이라는 가정 하에 인류전체의 문명을 구축해 왔지만, 현재의 인류는 마치 백미러를 보면서 미래로 운전하고 있는 것 같다"고 개탄하는 어느 학자의 지적도 떠올렸다. 뿐만 아니라 현재 우리가 직면하고 있는 것은 "앞으로 일어날 일의 예고편에 지나지 않는 것"이라 단언하며 "지구 온난화의 결과가 인류 모두에게 예외 없이 심각한 재앙이 되리라는 사실을 분명하게 깨달을 필요가 있다"고 경고하는 전문가들의 진솔한 입장을 소개하기도 하였다.

뿐만 아니라 2022년 여름, 유럽과 북아프리카에서 중동과 동아시아에 이르기까지 지구의 동쪽이 "폭염으로 펄펄 끓고 있다"는 보도가 줄을 잇기도 했다. 서유럽 전역이 500년 만의 최악으로 알려진 40℃가 넘는 폭염에 강타당한 것이다. 포르투갈과 스페인에서는 폭염으로 일주일간 1천 명 이상이 사망하고, 프랑스에서는 산불로 1만4천 명가량이 대피하는 등, 유럽전역의 폭염피해가 날로 심각해졌다고 한다. 프랑스, 네덜란드, 벨기에, 독일 등 유럽 국가들은 폭염 비상사태까지 선포하기도 하였다. 뿐만 아니라 사상 최악의 폭염에 짝하여, 각종 위기가 가일층 더욱 고조된 형편이었다. 예컨대 스위스에서는 알프스산맥 빙하가 한꺼번에 녹아내려 호수의 수위가 높아지는 통에 위기가 더하여졌고, 스페인의 농장에서는 연일 계속된 고온으로 인하여 쌓아두었던 거름에 불이나 급기야는 산불로 번지기도 하였으며, 프랑스에서는 수천 곳의 학교가 휴교하지 않으면 안 될 지경이었다고 전한다. 유럽 북서부에 위치한 영국에서도 기온이 40도를 넘어갈 것으로 예상됨에 따라, 기상당국이 처음으로 런던 · 맨체스터 · 요크를 포함한 일부 지역에 폭염 적색경보를 발령했다고 한다. 그러나 전문가들은 이러한 폭염이 올 여름 내내 이어질 뿐만 아니라, 앞으로 40년 이상 계속될 것이라는 경고까지 마다하지 않았다.

유럽뿐 아니라 미국도 예외는 아니다. 폭염 경보가 뒤따랐음은 물론이고, 곳에 따라 기온도 43도를 넘기기도 했다. 뿐만 아니라 미국에서 가장 덥고 건조한 사막기후로 이름 높았던 데스밸리조차 천년에 한 번 일어날까 말까 한 홍수가 발생해 피해가 속출했다고 한다.[84] 하지만 〈뉴욕타임스〉(NYT)는 이처럼 미국과 유럽 등지에서 광범위한 폭염 피해가 나타나고 있음에도 불구하고, 지구 온난화 문제는 여전히 우선적 과제에서 밀려나 있다고 보도했다. 국민 대다수의 관심이

---

84 와이티엔(2022.08.12)

오로지 경제적 불확실성과 높은 인플레이션에 쏠려 있을 뿐, 기후변화를 국가가 직면한 가장 중요한 문제로 꼽은 비율도 불과 유권자의 1% 정도에 지나지 않았다고 전한다.[85]

하지만 이례적인 폭염으로 인해 지구촌 곳곳의 빙하들이 빠르게 녹아내리고 있다는 뉴스가 숨가쁘게 매스컴을 뒤덮고 있는 실정이다. 알프스는 물론 아이슬란드, 알래스카 빙하까지 녹고 있는데, 앞으로 30년 안에 북극 빙하가 지구상에서 완전히 사라질지도 모른다는 예상까지 나오는 형편이다. 그와 더불어 지구 온난화가 더욱 더 악화할 것임은 물론이다.[86] 온 지구의 위기다.

그러나 마치 저주를 퍼붓는 것처럼 바로 이처럼 암울한 기후위기에 때맞추기라도 하듯이, 코로나 바이러스라 불리는 작고 하찮은 미생물까지 홀연히 출현하여 전 지구를 온통 암담하게 까뒤집어 놓고 있는 상태다. 자신을 이른바 '만물의 영장'이라 자화자찬하며 한없이 으스대기만 하던 존재와 이들의 사회가 현재 극심한 혼란에 빠져버린 것이다. 코로나19 대유행으로 지난 2년 간 전 세계에서 대략 1천 500만 명 가까운 사람들이 사망한 것으로 추산된다는 세계보건기구(WHO)의 조사결과도 나온 바 있을 정도다.[87]

가령 인도 같은 나라는 특히 참담하고 숨막히는 참상을 보여준다. 인도정부가 공식 집계한 코로나19 사망자는 48만 명에 '불과'하지만, WHO는 이보다 10배 가까이 많은 470만 명 정도의 사망자가

---

85 이에 대해서는 중앙일보(2022.07.16.), 프레시안(2022.07.18) 등을 참조할 것.

86 TV 조선(2022.07.31)

87 TBS뉴스(2022.05.06)

발생한 것으로 추정하기도 하였다. 그런 탓에 인도인들은 한편으로는, 헤아릴 수 없이 많은 사람들이 이 세상을 하직하는 통에 끊일 새 없이 비탄에 잠길 수밖에 없었다. 반면에 다른 한편으로는, 바로 이 코로나로 말미암아 순식간에 매연과 공기오염이 크게 줄어드는 바람에 바야흐로 '히말라야 산 정상을 선명하게 바라볼 수 있게 되었노라' 환호작약하기도 하였다. 가슴아픈 정경이 아닐 수 없다.

무엇보다 산업발전이 "우리의 생활근거로서의 자연"에 끼치는 악영향이 특히 예사롭지 않다는 것을 대부분이 공감하는 것 같다. 그리하여 '환상적인' 과학기술 문명에 대해 품었던 '황홀한' 자긍심도 종언을 고하고, 결국 "합리주의의 무한한 진보에 대한 믿음"까지 무너져 내렸다는 주장까지 대두하게 되었다. 이미 오래 전인 1700년대 중반 무렵, 루소까지 나서서 "이성이 계속 발달하여 마침내 자연을 질식시켜버리게" 될지도 모른다고 예언하기까지 한 적이 있을 정도다.[88]

심지어는 오늘날 "바야흐로 우리는 인류사의 새 시대(ein neues Zeitalter der Menschheitsgeschichte), 요컨대 종말의 시대(Zeitalter des Exterminismus), 즉 자멸(Selbstvernichtung)과 현세적 삶의 파괴(Zerstörung des irdischen Lebens)가 시작하는 시기"로 접어들었다는, '종말론'을 연상시키는 듯한 절망적인 통탄까지 등장할 지경이다.[89] 지

---

88 장 자크 루소/주경복 · 고봉만 옮김,《인간 불평등 기원론》(책세상 2017), 39쪽

89 Wolfdietrich Schmied—Kowarzik, "Zur Dialektik des Verhältnisses von Mensch und Natur : Eine philosophiegeschichtliche Problemskizze zu Kant und Schelling", in, Hans Jörg Sandkühler(Hg.), Natur und geschichtlicher Prozess : Studien zur Naturphilosophie F.W.J. Schellings : mit einem Quellenanhang in Studientext und einer Bibliographie(1.Aufl., Suhrkamp Verlag/Frankfurt am Mein, 1984), p.145 ; 유사한 맥락에서 이 지구가 본래 엄청난 자생력을 가졌음에도 불

금의 이 모든 절망과 개탄이야말로 우리 뒤를 이을 모든 후손이 실은 이러한 '자멸'의 위기와 '불치병'을 극복하기 위한 처절한 싸움에 전력을 투구할 수밖에 없게 되었노라는 암울한 역사적 경고 메시지 같은 것은 아닐는지 ….

그러나 안타깝지만 숨길 수 없는 사실은 이러한 재난들 모두가 실은 근본적으로 '인간행위'요, '인간작품'이라는 데 있다. 예를 들어 아우슈비츠나 히로시마 등과 더불어, 이제는 바야흐로 체르노빌, 후쿠시마 같은 특정 지명(地名)들이 인류가 과거에는 거의 한번도 체험한 적이 없는 가공할 재난을 상징하는 대표적인 인류사적 개념처럼 굳어져 있지 아니한가. 요컨대 그것은 결코 '자연재앙'이 아니라, 한 마디로 '인간재앙'이라 할 수 있는 것이다.[90] 특히 "인류역사 최악의 원전사고"로 알려진 후쿠시마 원자력발전소 폭발사고로 인해, 사망자와 실종자 18,434명, 그리고 완전히 파괴되었거나 반쯤 부서진 건물만도 402,699채에 달하는 것으로 알려져 있다. 뿐만 아니라 대기부터 토양, 강, 바다, 지하수에 이르기까지 안전한 곳을 찾아볼 수 없을 지경이 되었다. 체르노빌 원전사고 때와 마찬가지로 방사성 물질이 바람을 타고 전 세계로 퍼져나갔다. 그러나 두려운 것은 아직도 후쿠시마 원전에서 오염수가 흘러나오고 있다는 사실이다.[91]

구하고 자연 역시 현재 "간암 말기판정"과도 같은 "불치병" 선고를 받은 인간처럼, 지구온난화로 말미암아 이상기후 현상이라는 혹독한 병에 시달리고 있다는 개탄 역시 멈추지 않는다. 이에 대해서는, 이진우 · 이은주,《제5의 물결, 녹색인간》(이담북스, 2010), 27쪽을 참조할 것.

90 프란츠 알트/손성현 옮김,《생태주의자 예수》(나무심는 사람, 2003), 25쪽 참조.

91 박은정,《햇빛도 때로는 독이다 : 생활 속 화학물질로부터 건강을 지키는 법》(경희대학교 출판문화원 2022), 102~107쪽 참고

어쨌든 오늘날 "생명의 근원"이자 "생명체의 본질"로 인식되는 자연이[92] 결정적인 위기에 봉착해 있음은 결코 부인할 수 없는 사실이다. 바야흐로 '생명' 자체의 수난시대가 도래한 것이다.

자연이 도대체 어떠한 존재이기에, 처지가 이토록 처절해졌는가?

특히 인간과의 직접적인 관련성 속에서 볼 때, 자연에 대한 시각은 결코 단순할 수가 없다. 무엇보다 자연이 거대한 과학적 세계뿐만이 아니라 사람들의 소소한 일상생활과 직결된 일체의 영역을 총괄하는 압도적인 주체이기 때문이다. 그야말로 광대무변(廣大無邊), 그 자체 아닐까.

2) 개념 교통정리 : 환경, 생태계, 그리고 자연

사실 자연이 이처럼 복잡다단하고 광활하기 짝이 없는 존재인 탓에, 그 개념을 한 줄에 꿰듯이 일사불란하게 정렬해낸다는 것 자체가 실은 난망하기 그지없는 일이라 할 수 있다. 게다가 특히 20세기 후반에 들어와 일상적으로 자연을 더욱 더 극심하게 훼손하기 시작하면서부터는, 개념의 전선에 특이한 이상징후가 출현하기 시작하기도 했다. 그리하여 '환경오염', '환경보호', '환경운동' 등등, '환경' 개념을 무리하게 남발하기에도 모자라 딱하게도 '생태' 개념까지 덩달아 거기에 끌어들여 마구잡이로 혼용하는 통에, 자연에 대한 올바른 이해가 더욱 더 난삽해져버린 듯하다. 저간의 이러한 혼미한 사정을 고려하여, 무엇보다 환경 및 생태 개념과의 직접적인 관련성 속에서 자연

---

92 법정/류시화 엮음,《산에는 꽃이 피네》(동쪽 나라, 1998), 21쪽

개념의 윤곽을 입체적으로 점검해나가는 것이 자연에 대한 올바른 이해를 위해 보다 적실하리라 여겨진다.[93]

한마디로 말해, 현재 '환경' 및 '생태계' 개념을 남발하고 있음은 부인하기 힘든 사실이다. 이 두 개념의 실체를 간략히 정리 · 정돈만 해보아도 그 문제점이 분명히 드러나리라 생각된다.

일반적으로 '환경'(environment)이란 "유기체의 생존에 필요한 물리학적 · 생물학적인 외적 조건들(external conditions)의 완결된 범주(complete range)"를 일컫는 것으로서, "사회적 · 문화적, 그리고 (사람들을 위해서는) 제반 정치 · 경제적 고려뿐만 아니라 보다 통상적으로 이해되어지는 토양 · 기후 · 식량공급과 같은 요소들을 다 포괄"하는 것으로 이해된다.[94]

하지만 특히 자연과의 관련성에서 볼 때, 모든 종류의 "외적 조건들"(external conditions)을 다 싸잡아서 '환경'이라 규정할 수는 없으리라 여겨진다. 왜냐하면 오직 "유기체의 생존"과 직결된 외부적 조건만이 오로지 환경의 범주에 속한다고 말할 수 있기 때문이다. 예컨대 '가정환경', '주거환경', '환경미화', '교육환경', '작업환경' 등속의 용어는 나름대로 타당한 일상적 의미를 지니는 용례들이라 할 수 있다. 그런데 이 용어들이 과연 통상적으로 쓰이는 '환경오염'이니 '환경운동' 등속과 직결해 있는 것들일까? 그렇지 않다. 왜 그러한가? 엄밀히 따지면, 무엇보다 '환경'이란 개념이 생명체의 생존문제와 직결된

---

93 이 부분은 주로 박호성, 《자연의 인간, 인간의 자연》(후마니타스 2012) 1장에 의거하였는데, 이 책의 논지에 부합하게 적절히 재구성한 것이다.

94 Michael Allaby(ed.), A Dictionary of Ecology, 4th. ed.(Oxford University Press 2010), p.133

다는 의미에서 "생명 중심적 개념"이라 할 수 있는 것이기 때문이다. 다시 말해, "환경이란 생명을 주축으로 볼 때, 그것을 둘러싼 조건"을 일컫는 개념인 것이다.[95]

그러나 보다 심각한 문제는 오늘날 이 '환경'이라는 용어가 주로 인간생활에 직·간접적으로 영향을 끼치는 인간을 둘러싼 자연계의 다양한 조건들, 요컨대 '인간의 환경'만을 지칭하는 한정적 의미를 지닌 개념으로 통용된다는 점에 있다. 그러므로 예컨대 '환경을 보호하자'는 구호를 '인간을 보호하자'로, 또는 '자연을 살리자'를 '인간을 살리자'라는 뜻으로 바꿔 해석하더라도, 별반 큰 무리가 따르지 않을 정도인 셈이다.

엄밀히 말하면, '환경보호' 기치는 환경을 보호하는 주체와 보호받는 객체를 동일시하는 사유에 토대를 둔 것이라 할 수 있다. 따라서 인간 중심적 시각에서 벗어나지 못하는 기본적인 한계를 지닐 수밖에 없음은 물론이다.[96] 그러므로 환경오염, 생태계파괴, 자연훼손 등으로 인한 결정적인 폐해를 순국선열처럼 열정적으로 규탄하는 경우, 유일한 비운의 주인공이나 희생양으로 선포되는 생명체는 거의 인간존재 하나에 국한될 가능성이 지극히 농후해질 수밖에 없다. 무엇보다 오직 인간적 삶의 조건만 문제시할 따름이기 때문이다. 이처럼 '환경'이 인간 중심적 개념으로 애지중지되고 있는 실정임을 주목할 필요가 있다.

이런 의미에서, 오늘날 이러한 인간 중심적 환경보존 의지가 때로는 생태계파괴나 자연훼손의 본질적 문제점을 극복코자 하는 원초적

---

95 이 부분과 연결되는 후속 관점은 주로 박이문, 《문명의 미래와 생태학적 세계관》(당대 1997), 68~73쪽에 의거하였다.

96 참고로 말해, 최민자도 그의 《생태정치학 : 근대의 초극을 위한 생태정치학적 대응》(도서출판 모시는 사람들 2007), 89~90쪽에서 유사한 견해를 피력하고 있다.

의도와는 상충할 위험성조차 배제할 수 없다는 역설이 결코 억설이 아니라는 점에 유의할 필요가 절실하다. 뿐만 아니라 앞에서도 잠시 훑어본 바와 같이, 환경이란 용어 자체가 '가정환경', '작업환경' 등속 처럼 지나치게 다양하고 포괄적이고 중첩적으로 사용되기도 한다는 점에도 각별한 주목을 요한다. 이런 면에서, '환경'이란 어법이 자연과의 본질적인 관계를 엄정하게 규정하고 통찰하는 개념으로는 그다지 적절해 보이지 않는다고 말하는 편이 의심의 여지없이 더욱 더 적절해 보이지 않겠는가.

그렇다면 '생태계' 개념은 어떠한가? 명실상부하게 자연을 보호하고 지키기 위해, 어떠한 개념이 보다 바람직하고 이상적인 대안이 될 수 있을까? 바로 이런 의문과 관련하여, '환경'과 '생태계' 개념에 대한 보다 면밀한 비교 · 검증이 절실해 보이는 것이다.

앞에서도 지적한 것처럼, '환경' 개념이 항상 생명과 직결되는 것과 마찬가지로, '생태계' 역시 생명과 떼려야 뗄 수 없이 맞물려 있는 개념이다. 하지만 크게 보아 다음과 같은 세 가지 관점에서, 환경 및 생태계 개념간의 기본적인 상호구분이 용이해지리라 여겨진다(이에 대해서는, 박이문, 문명의 미래, 같은 책, 같은 곳 참조).

첫째, 생명과 불가분의 상호관계를 맺고 있긴 하지만, 환경은 핵심적으로 인간의 생명과만 관련되어 있다. 반면에 생태계는 모든 종류의 생명체를 총괄하는 개념이라 할 수 있다. 따라서 "환경이 인간 중심적"이라 한다면, 생태계는 "생물 중심적" 개념이라 할 수 있는 것이다. 이런 의미에서 환경이 "문화적" 개념인데 반해, 생태계는 "생물학적" 범주에 속한다고 말할 수 있다. 예를 들어 들녘에 아름답게 피어 있는 한 송이 해바라기와 빈센트 반 고흐(Vincent van Gogh)의 아름다운 화폭에 담긴 해바라기 사이에는 과연 어떠한 상호관계가 성립할 수 있을까. 또는 금강산과 우리의 국보 제1호 남대문은 과연 어떤 사이일까. 어마어마한 고액에 경매되는 고흐의 해바라기 그리고 남대문은 '환경'을, 반면에 들녘에 외로이 서 있는 해바라기나 금강산은 '생태계' 쪽을 각각 대변하는 것이라 할 수 있으리라.

둘째, 환경이 인간을 둘러싼 구체적인 삶의 조건에 한정된 것이라 한다면, 생태계(ecosystem)는 기본적으로 "삶의 장소인 거주지의 체계성"을 뜻한다. 원래 "eco—는 집 또는 거처를 의미하는 그리스어 oikos에서 유래한 접두사"다. 그런데 "생태계 원칙(ecosystem principles)은 예컨대 보잘것없는 조그만 연못뿐만이 아니라, 실제로는 호수, 대양 또는 광대한 전 우주에 이르기까지 모든 규모에 골고루 적용되어질 수 있는" 속성을 지닌 것이라 할 수 있다(M. Allaby, 앞의 책, p.125, 126—7). 요컨대 규모의 면에서 볼 때도, 생태계는 환경을 여지없이 압도하고 있는 것이다.

셋째, 그리하여 환경이 "원자적·단편적 세계인식"의 경향을 반영하는데 반해, 생태계는 "유기적·총체적" 속성을 지니는 것이라 할 수 있다. 말하자면 환경이 자연과 인간에 관한 형이상학적인 이원론에 입각한 개념인데 반해, 생태계는 인간과 불가분의 인연을 맺고 있는 자연과 인간의 합일에 기초하는 형이상학적 일원론에 뿌리내리고 있다는 말이 되겠다. 그러므로 환경이 단편적인 인간중심주의적 사고를 반영할 수밖에 없는 것이라 한다면, 생태계는 서로 떼려야 뗄 수 없이 간곡하게 인연을 맺고 살아가는 모든 생명체의 상호의존성을 불가피한 것으로 간주하는 총체적 사고체계의 소산이라 할 수 있는 것이다.

이런 관점에서 볼 때, 이 자연 속의 모든 생명체가 생명을 유지해 나가는 방식 및 상태를 의미한다고 말할 수 있는 생태의 체계, 요컨대 생태계를 전제하지 않는 환경이 과연 자연의 이치에 부합하는 것이라 할 수 있을까? 아니, 그러한 환경이란 게 도대체 존재할 수 있기라도 하는 것일까? 뿐만 아니라 생태계를 등한히 하거나 또는 도외시하는 '환경정책'이란 것이 과연 어떤 가치를 지닐 수 있겠는가? 이런 의미에서 자연위기를 원천적으로 극복하기 위해서는, 인간 중심적 사고에서 탈피하여 생명 중심적 가치관으로 나아가는 패러다임의 근본적인 대혁신이 필연적이라 여겨진다.

이러한 문제의식에서도 드러나듯이, '생태중심주의'(Ecocentrism)와 '인간중심주의'(Anthropocentrism) 상호간에 내연(內燃)하는 갈등과 충돌이 극복할 수 없는 불가피한 숙명처럼 비쳐지기까지 할 정도다. 최근에는 '지구를 위한 법학'을 강조하며, 인간중심주의를 넘어서는 "지구중심주의"라는 새로운 개념까지 제시된 바 있기도 하다.[97]

앞에서도 살펴보았듯이, 생태중심주의는 인간 개인 및 공동체뿐만 아니라 모든 생명체가 다 내재적 가치를 지니는 존재라는 믿음에 뿌리내리고 있다. 그러므로 인간만이 대체로 고유한 내적 가치를 소유한다는 인식에 입각한 전통적인 서구식 인간중심주의를 거부하는 입장에 선다. 그러나 그렇다고 송두리째 반 인간주의를 표방하는 것은 물론 아니다.[98]

바로 이 지점에서 압도적인 과제가 제시된다.

인간세계와 생태계 사이에 상호충돌이 발생하는 경우, 과연 어떻게, 어디쯤 방점을 찍을 것인가? 무엇보다 생태중심주의와 인간중심

---

97 강금실 외 7인 지음,《지구를 위한 법학 : 인간중심주의를 넘어 지구중심주의로》(서울대학교출판문화원 2020) 참조.

98 이에 대해서는, 서영표 · 영국 적록연구그룹 지음,《사회주의, 녹색을 만나다 : 생태주의, 사회주의, 민주주의》(한울아카데미 2010), 37~40쪽을 참고할 것.

주의는 어떻게 만나야 하며, 서로 만날 수 있기라도 한 것인가, 그리고 그 접점은 과연 어디쯤인가? 아니면 그 둘은 오로지 양자택일의 대상으로만 머물 수밖에 없는가 … ?

특히 이런 문제들을 앞으로 꾸준히 탐색해내는 과제야말로 우리에게 던져진 대단히 어려우면서도 결정적인 인류사적 과업이 되지 않을까 짐작된다.

지금까지 살펴본 이러저러한 측면들을 배경 삼아, 이제 자연의 본모습이 과연 어떠한 것인가 하는 것을 한번 포괄적으로 살펴볼 때가 된 것 같다.

하지만 압축적인 논의를 위해, 일단 자연이 '인위적인 것'과 대비된다는 시각에 주로 초점을 맞추어, 대략 몇몇 핵심적 관점에 대한 개괄적 논급에 국한하고자 한다. 보다 구체적으로 말해, 자연의 개념이 본질적으로는 문화 · 기술 · 교육 등 인위적인 것과 대비되는 속성을 지닌 것이란 관점에 입각해서, 자연이 대체로 인간의 내적인 자기체험 및 이해영역에 작용하는 외적인 요인이라는 측면에 초점을 맞추어 논의를 전개해보리라는 말이 되겠다.

이런 취지에서, 자연을 총체적으로 '근원적인 것'(das Ursprüngliche), 그리고 그와 연관지어 '원천적으로 좋은 것'(das ursprünglich Gute), '무언가 기준이 되는 것'(etwas Maßgebendes), '저절로 거기에 있는 것'(dasjenige, was von selbst da ist), 그리하여 '우리의 현세적 존재의 믿을 만하고 포괄적인 배경을(den verläßlichen und umschließenden Hintergrund) 형성하는 것' 정도로 이해할 수 있으리라 여겨진다.[99] 다른 한편 동양적

---

99 이에 대해서는, Gernot Böhme, Natürlich Natur : über Natur im Zeitalter ihrer

이해방식에 따르면, 자연(自然)이란 대체로 "저절로(自) 그러한(然) 것" 그리고 "스스로 그렇게 되는 것"이라 인식할 수 있을 듯하다.[100]

모름지기 자연은 인간의 교사다.

예컨대 루소는 "아이가 태어남과 동시에 교육을 시작하므로", 그 아이는 "교사의 제자가 아니고 자연의 제자"라 역설한다. 루소에게 는 이 자연이야말로 인간의 "가장 훌륭한 스승"으로 이해되었던 것이 다.[101]

대저 자연은 어머니의 품이며, 학교며, 절이며, 교회 같은 것이다. 자연의 모든 것이 책이고, 스승이며, 성직자다. 그런 탓에 자연을 무릇 '가장 오래된 경전'이라 일컫기도 하지 않는가. 그러하니 자연과 멀어 진 문명인들은 문명화하는 수준과 속도만큼이나 폭넓고 신속하게 순 수의 빛을 상실하게 되지는 않을는지 ….

널리 알려져 있듯이, 루소는 자연에 대한 예찬을 숨기지 않는다. 자연은 결코 우리를 기만하지 않지만 우리 자신이 언제나 스스로를 기만한다는 소신에서 출발하여, 그는 "신이 만물을 창조할 때는 모든 것이 선하지만, 인간의 손에 건네지면 모두가 타락한다"고 개탄하지 않을 수 없었다(루소, 같은 책, 34쪽). 이런 관점에서 루소는 "이성만이 우리들에게 선악을 인식하는 법을 가르쳐준다"고 단언하며, '양심'이 란 바로 "선을 사랑하게 하고 악을 미워하게" 하는 것을 의미하는데, 따라서 "이성 없이는 발달할 수" 없는 것이라 목을 박는다. 그러므로

---

technischen Reproduzierbarkeit (Suhrkamp Verlag, Frankfurt am Main 1992), p.11 을 볼 것.

100   김명호,《자연, 사람 그리고 한의학》(역사비평사 1995), 77쪽

101   장 자크 루소 지음/민희식 옮김,《에밀》(개정판)(육문사 2021), 77쪽

비이성적인 행동은 "도덕성"이 없는 것으로 지탄받게 되는 것이다(같은 책, 89쪽).

물론 '자연'과 인간의 '본성' 사이에는 기본적으로 깊은 상호관계가 내재한다. 그런 탓에 '자연'(nature)이 '인간본성'(human nature)을 가리키는 말로 활용되기도 함은 지극히 자연스러운 현상이라 할 수 있다. 한글사전까지 나서서 자연을 "사람이나 물질의 본디의 성질, 본성(本性)"으로 풀이할 정도다. 그리고 '자연스럽다'라는 말이 "꾸밈이나 거짓이나 억지가 없어, 어색하지 않다"라 묘사되고 있다.[102]

실은 이미 일찍이 기원 전 6~7세기 경 고대희랍에서, 바야흐로 이러한 '본성'과의 직접적인 관련성 속에서 자연을 해석하는 경향이 대두한 바 있기도 하였다.

이 시기에 활약한 탈레스(Thales), 아낙시만드로스(Anaximandros), 아낙시메네스(Anaximenes) 등, 이른바 '이오니아 학파' 철학자들(The Ionians)은 '자연(nature)이란 무엇인가?'라는 물음을 곧잘 '사물들은 무엇으로 만들어졌는가?'라는 질문과 동일시하는 습성을 지니고 있었다. 그러한 탓에 아리스토텔레스까지 나서서, 이 이오니아 철학자들 스스로가 "자연이란 무엇인가?"라는 질문을, 무엇보다 "사물들은 무엇으로 만들어졌는가?" 또는 "우리가 접하는 자연세계에서 발생하는 모든 변화의 밑바탕에 깔린 원천적이고, 변화하지 않는 실체는 무엇인가?"라는 물음으로 대체했는데, 바로 이것이 '이오니아 우주론'의 두드러진 특성이라 강조하기도 하였다.[103]

어떻게 보면 '자연'(nature)이 오늘날 한편으로는, '자연 사물들의

---

102 문학박사 이기문 감수,《동아 새 국어사전》(동아출판사 1996/3쇄), 1827쪽

103 R.G. 콜링우드 지음/유원기 옮김,《자연이라는 개념》(이제이북스 2004), 54쪽

전체 또는 묶음'이라는 '집합적 의미'로 사용되면서, 동시에 다른 한 편으로는, '본성'으로 풀이되기도 하는 유럽식 언어이해 방식도 이러한 이오니아 철학자들의 관점과 결코 무관한 것처럼 보이지는 않는다(같은 책, 73쪽).

그리스어로 된 초기문헌에 의하면, 일반적으로 '자연'으로 번역되는 '피시스(Physis)'라는 그리스어도 영어 단어 'nature'의 본래 의미, 즉 "사물 내부에 있거나 또는 사물에 직접적으로 속하는 운동의 원천"이라는 뜻을 지닌 어휘로 출발했다 한다. 그러다가 상대적으로 뒤늦게 "사물들의 전체 또는 묶음"이라는 2차적인 의미를 포괄하게 되면서, 점차 '코스모스', 즉 '세계'(world)라는 단어와 동일한 의미를 지니게 되었다는 것이다. 그러나 이오니아 철학자들은 '피시스'라는 어휘를 2차적인 의미, 요컨대 "세계 또는 세계를 구성하는 사물들" 일반을 가리키는 의미보다는 주로, "그 사물들에 내재해서 그것들로 하여금 일정한 방식으로 움직이도록 만드는 어떠한 것"이라는 1차적인 뜻으로 해석했던 경향이 보다 강했던 것처럼 보인다. 이를테면 그들은 사물에는 "'자연(본성)'이 있다고 믿었고, 또 그것이 '하나'라고 믿었으며, 또한 운동과 관련해서는 자연이라고 불리는 그것이 본질적으로 실체 또는 물질"이라 믿었던 것이다(같은 책, 74—76쪽).

이미 앞에서도 언급한 바 있듯이, 예컨대 스티븐 호킹은 이 우주와 자연이 저절로, 스스로, 요컨대 초자연적인 "위대한 설계자"의 명령이나 도움 없이 '자연스럽게' 만들어졌다고 주장한다. 하기야 자연의 작동방식에 대한 무지로 말미암아, 고대인들은 "인간의 모든 면을 제멋대로 지배하는 신들을 발명하도록" 강요당하기 십상이었을 것이다. 그러나 스티븐 호킹이 명쾌하게 지적하듯이, "우주가 존재하는 이유, 우리가 존재하는 이유"는 한마디로 "자발적 창조"인 것이다. 그러므로 더 이상 "신에게 호소할 필요"가 없어지게 된다. 말하자면 이 우주의 "위대한 설계"(grand design)는 결코 어떤 "위대한 설계자", 곧 신에 의해 이루어진 것이 아님이 명백하다는 말인 것이다.[104] 나는 이러한 스티븐 호킹의 주장이 대단히 강력한 호소력을 지니고 있어, 충분히 공감하고도 남을만한 주장이라 믿어 의심치 않는다.

바로 앞에서도 구체적으로 살펴보았지만, '무아(無我)의 존재'를 설파하는 불교의 연기법 역시 이와 관련해서도 나름 상당히 독특한 입장을 드러낸다. 한마디로 그것은 '신'(神)을 배제한 "유기체 우주관"을 설파하는 것이다. 말하자면 신 중심의 "기계론적 우주관"이야말로 "존재를 작동하게 하는 법칙과 법칙을 설치한 외부의 신(神)을 필요로 하는 시스템"에 불과한 것인 탓에, 이를 철저히 배척할 수밖에 없다는 말이다. 이러한 비판적 관점에 입각해서, 우주를 "존재들의 의존적 관계망과 그로부터의 동력으로 작동하는 자급자족적 시스템"으로 인식하는 '유기체적 우주관'을 고수하는 것이다. 바로 이런 시각에서, "인간, 자연, 세계에 대한 결정권을 지닌 어떤 존재"를 뜻하는 신(神)에 의존하는 자세를 "단지 보호자를 찾는 유아심리나 절대자를 구하는 노예심리에 불과"한 것으로 폄하할 뿐이다. 그러므로 이러한 신이란 오직 "결정론적·기계론적 세계관"의 직접적인 주창자에 지나지 않는 존재로 평가 절하될 따름이다. 따라서 "신이 있는 한, 인간, 자연, 우주는 자기 동력의 존재가" 될 수 없다고 단정짓는다. 이런 취지에서, 불교의 연기법은 "어떤 존재도 독립된 개별의 존재 값을 갖지 못"

---

104 인용은 스티븐 호킹·믈로디노프/전대호 옮김,《위대한 설계》(까치 2010), 각각 21, 207, 228 39, 17쪽 : 여기서 드러나는 것과 유사한 입장을 참고하기 위해서는, 리처드 도킨스/이용철 옮김,《눈먼 시계공》(사이언스북스, 11쇄, 2010)도 살펴볼 필요가 있다.

하도록 만들어버리는 결정론적 우주관을 단호히 배척하는 것이다. 왜냐하면 "순환의 체계가 성립하기 위해서는, 모든 것들이 다른 모든 것들에 의존할 필요가 있기 때문이다". 이러한 관점은 한마디로 인간이야말로 무엇보다 신(神)과는 전혀 무관한, 직접적이고 실체적인 자기 동력을 소유한 주체적 의지를 지닌 존재라는 믿음에 입각해 있는 것이라 말할 수 있다.[105]

지금까지 언급한 이러한 다양한 이해방식에 기초하여, 나는 자연을 미흡하나마 나름 다음과 같이 개괄적으로 규정하고자 한다. 말하자면 자연이란 이른바 자연법칙을 스스로 창조한 능동적 존재일 뿐만 아니라, 동시에 자연법칙에 스스로 지배받기도 하는 피동적 존재이기도 하다고 말이다. 다시 말해, 자연은 이른바 '위대한 설계자'의 추호의 관여도 받음이 없이 자신을 '저절로·스스로' 창조해내는 권능을 지닌 존재인 탓에, 응당 스스로의 법칙을 저절로·스스로 창조해냄과 아울러 저절로·스스로 그 법칙을 지배하면서 동시에 그에 지배받기도 하는 존재라는 말이 되겠다. 요컨대 자연은 '생명의 창조자'인[106] 동시에 사멸의 주재자이기도 한 것이다. 그러므로 모든 생명체의 삶과 죽음을 관장하는 근원적 존재가 바로 자연일 수밖에 없음은 자명한 이치라 할 수 있다.

이런 의미에서, 자연이 인간의 삶뿐만 아니라 동시에 죽음까지도 촉진·강화·앙양할 수 있는 자원이자 주체이기도 함은 부인할 수 없

---

105 이에 대해서는 신용국,《연기론》앞의 책, 69~70쪽을 볼 것.

106 예컨대 자연주의 인류학자인 로렌 아이슬리(Loren C. Eiseley)는 "인간을 탄생시킨 자연"에 대해 언급하고 있다. 데이비드 스즈키 지음/오강남 옮김,《마지막 강의 : 지속 가능한 미래를 상상하라》(서해문집 2012), 33쪽에서 재인용(강조는 필자).

는 일이다. 따라서 자연은 인간의 물질적 생활공간이자 동시에 생명 유지 · 발현의 정신적 근본원리로 기능하기도 하는 것이다. 이런 의미에서, 자연의 질서는 삶과 죽음을 동시에 아우르는 생명의 질서라 할 수 있다.

그리하여 궁극적으로 자연은 모든 울퉁불퉁한 삶의 들쭉날쭉한 여로를 마감하고 마침내 자신의 본향으로 되돌아오는 인간존재를 아무런 차별 없이 너그럽게 수용한다. 그런 탓에 남녀노소, 빈부귀천, 인종, 피부색깔 차이 등등, 일체의 구분과 차별 없이 흙 속에 묻히는 모든 인간을 공평히, 절대적으로 평등하게, 골고루 썩혀준다. 이처럼 자연은 창조할 때와 거두어들일 때, 자신의 평등주의적 기본원리를 예외 없이 골고루 적용하는, 지극히 공정하고 믿음직스러운 존재이기도 한 것이다. 그럼에도 이러한 자연과 관련지어 특히 '환경'과 '생태계'에 대한 우리의 인식기준이 마냥 가벼이 들쭉날쭉해도 되는 것일까 …?

① 대안개념 : '생태환경'

인간과 자연이 결코 분리될 수 없다는 것은 너무나도 자명한 사실이다. 그러나 '환경'과 '생태계' 개념을 서로 빗대어 비교해보면, 이렇게도 명백한 사실이 놀랍게도 너무나 어긋나 보인다는 걸 금세 느낄 수 있다.

한마디로 생태계란 인간이 이 거대한 자연계의 단순한 한 구성인 자에 지나지 않는다는 원리에 엄중히 입각해 있는 개념이다. 그러므로 생태계를 광활한 기반이라 한다면, 인간중심적인 환경이란 것은 그 기반 위에 세워진 다양하고 수많은 구조물들 중 하나의 미세한 구성요소에 불과하다고 말할 수 있을 정도다. 이런 의미에서, 근원적으로 인간의 생존을 확고하게 보장하고, 보강하고자 한다면, 응당 생태계 원리를 따르는 것이 널리 온당하지 않겠는가. 무엇보다 '생태계'가 '환경'의 상위개념이오, '환경'은 '생태계'의 종속개념에 지나지 않는 것이라 할 수 있는 까닭에, 환경논리가 무릇 생태원리에 순응하는 것이 순리라 할 수 있기 때문이다.

이런 관점에서, 나는 이러한 생태계의 본성 및 생태계와 환경간의 불가분의 상호관계를 염두에 둘 때, '생태환경'이란 개념이 보다 적실하리라 생각한다.

여기서 '생태환경'이란 자연 속 모든 생명체의 상호의존성 및 상호보완성에 대한 믿음을 모태로 하는 인간적 삶의 조건이라 규정할 수 있다. 나아가 '자연환경'과 '인공환경'의 변증법적 종합개념으로 이해할 수도 있을 것이다. 예컨대 한 전문가 역시 오늘날의 환경문제가 바로 "자연환경과 인공환경의 통합적 이해로 인식하는 생태계 문제"라고 날카롭게 지적한 바 있다. 지극히 타당한 주장이라 하지 않을 수 없다.[107]

이런 취지에서, 나는 지속 가능한 인간적 삶과 더불어 모든 생명체의 무한한 공존·공생을 추구하는 실천적 이상에 기초하여, '생태환경' 개념에 방점을 찍는 것이야말로 단연 합당한 논법이라 믿어 의심치 않는다. 무엇보다 '생태환경'이란 것이 자연과 인간, 그리고 인간과 인간이 서로 떼려야 뗄 수 없는 상호불가분의 '인연'으로 결속해 있는 운명공동체적 속성을 공유하고 있다고 말할 수 있기 때문이다. 그러므로 이 개념은 '너'가 존재하기 때문에 '내'가 존재할 수 있고,

---

107 예컨대 김종원은 대단히 호소력 있게, 인간의 지속 가능한 삶의 환경을 가능케 하는 생태계에 대한 이해와 실천이 필연적으로 요구된다고 역설하고 있다. 나는 이러한 시각이 지극히 합당하다고 생각한다. 김종원,《지구환경 위기와 생태적 기회》(계명대학교 출판부 2000), 4쪽

또 '너'가 존엄하기 때문에 '나' 역시 존엄할 수 있으리라는 유기체적 우주관이나 '인연사관'[108]과도 일맥상통한다고 말할 수 있을 것이다.

그렇다면 우리 인간은 이러한 '생태환경'에 과연 어떠한 자세로 임해야 할까?

한마디로 인간이 자연의 결정적인 산물의 하나인 탓에, 자연의 섭리에 순응하는 삶의 태도야말로 지극히 자연스러운 인간적 자세라 이를 수 있지 않을까 한다.

그러나 여기서 대단히 복잡하고 전문적인 우주론적 차원에 입각하여, 도대체 자연의 섭리가 무엇인가 하고 그 개념을 낱낱이 규정해 나가는 것은 거추장스럽고도 불필요한 일이라 여겨진다. 그보다는 오히려 단순 명료한 일상생활의 맥락에서, 이 자연의 섭리가 지금 우리에게 어떻게 작용하고 있으며 또한 어떠한 교훈과 의미를 심어주고 있는가 하는 것을 따져보는 게, 사실상 우리의 통상적인 삶에 보다 더 실질적이고 뜻 깊은 도움을 줄 수 있지 않을까 생각된다. 무엇보다 그러한 범속한 노력을 통해, 일상적인 시련으로 가득 찬 우리의 거친 삶을 보다 윤택하게 만들어줄 수 있는 소중한 자양분을 조금이나마 더 보람 있게 제공받을 수 있지 않으랴 여겨지기 때문이다.

사실상 자연은 어머니나 스승처럼, 우리에게 예사로우면서도 대단히 소중한 본보기를 수월히 보여준다. 예컨대 '콩 심은 데 콩 나고, 팥 심은 데 팥이 날' 것임은 너무나도 지당한 일 아닌가. 또한 '겨울이 오면 당연히 봄이 멀지 않을' 것이며, '오르막길이 다하면, 반드시 내리막길이 나타날' 수밖에 없을 것이다. 어디 그뿐이랴, '빨리 피는 꽃

---

108 이에 대해서는 뒤에 나오는 〈인간과 역사〉 3장, 337쪽을 참고할 것

은 반드시 빨리 지게 될' 것이며, '둥근 달도 응당 이지러지지' 않겠는가. '한 알의 씨앗도 땅에 떨어져 썩어야 비로소 많은 열매를 얻을 수 있는' 이치 역시 다를 바 없으리라. 자연의 예사로운 위력이 으레 이럴진대, 모름지기 부자연스러움을 멀리함이 바람직하지 않으랴 싶다. 예컨대 장자가 예시한 바대로, 학의 다리가 길다고 그걸 자를 것이며, 오리의 다리가 짧다고 해서 그걸 또 늘여주려 할 것인가. 혹여나 낙타가 짊어지는 엄청나게 무거운 짐을 불과 부스러기 하나밖에 짊어지지 못하는 개미에게도 똑같이 강권하려들지는 않으리라 …. 무릇 이러한 자연의 엄중한 일상이 곧 자연의 섭리 아니겠는가. 그러므로 그로부터 삶의 지혜를 배우며 살아가고자 애쓰는 태도를 일러, '자연의 섭리'에 따르는 겸허한 삶의 자세라 일컬어도 큰 무리는 없으리라.

그러하니 자연의 섭리로부터 삶의 지혜를 배우고자 하는 간곡한 울림이 어찌 동서고금을 가릴 수 있으리요.

노자 선생은 인생을 살아가는 최상의 방법은 물처럼 살아가는 것이라 일렀다. 이를 일컬어 '상선약수'(上善若水)라 했다.

노자는 물이 우리에게 세 가지를 가르친다고 타이른다. 첫째로 물은 네모진 그릇에 담으면 네모진 모양이 되고 둥근 그릇에 담으면 둥근 모양이 된다. 물 없이 어떤 존재도 살 수 없으나, 물은 그릇에 따라 자유로이 모양을 바꾸어나가며 조금도 거역하는 법이 없다. 이처럼 물은 지극히 유연하다. 둘째로 어느 누가 감히 낮은 곳에 기꺼이 몸을 두려 하겠는가만, 물은 언제나 높은 데서 인간이 꺼려하는 낮은 곳, 낮은 곳으로만 흘러내린다. 자기를 과시하는 법이 없다. 물은 겸허, 그 자체다. 그러나 셋째로 물은 바위도 뚫고 깨부수는 위력을 갖고 있기도 하다.

이처럼 물은 내면에 무서운 에너지를 비장하고 있는 것이다. 이와 같이 물은 유연성과 겸허함, 그리고 소리 없는 폭발력을 소중히 간직하고 있다. 인간 역시 그러한 물의 기량을 몸에 익혀 내성(內省)해나갈 수만 있다면, 얼마나 바람직한 삶을 살아갈 수 있겠는가 하는 것이 노자 선생의 바람이었던 것이다.

물에 대한 칭송은 끊이지 않는다. 공자는 물을 군자의 덕에 비유한 적이 있다. 요컨대 물을 만나는 것은 살아나니 인(仁)과 같은 것이다. 또 그 흐름이, 낮은 데와 굽은 데를 스스로 따라가서 그 지리에 순응하니 의(義)와 같은 것이며, 얕은 물은 흘러 움직이고 깊은 물은 그 깊이를 알 수 없으니 지(智)와 같으며, 백길이나 되는 벼랑에도 의심 없이 다가가니 용(勇)과 같은 것이다. 나쁜 것을 만나도 사양치 않고 받아주니 포몽(包蒙, 몽매한 것을 모두 포용함)과 같으며, 청결치 못한 것을 깨끗하게 해서 내보내니 이는 선화(善化)와 같고, 엄청나게 큰 양도 평평하게 해주니 이는 정(正)과도 같은 것이라, 군자가 큰물을 보면 반드시 새겨 본다는 말씀일 터이다.

하기야 어느 현자가 이르듯, 우리 인간이 "만물 중에서 가장 지혜로운 존재"인 탓에, 이러한 인간에게 "우주의 힘이 가장 강하게 작용"하리라 믿어도 별 큰 탓은 없으리라 여겨진다. 그러므로 "만물을 보다 잘 이해하고 있으며, 그것을 어떻게 다스려야 하는지 (잘) 알고" 있는 바로 그 인간에게 으레껏 "스스로 만든 악으로부터 만물을 보호해야 할 책임이" 주어져 있음 또한 자명한 이치 아니겠는가.

이런 의미에서, 그야말로 바로 우리 인간에게 "동물과 지구, 물, 나무, 산들을 돌보아야 할 책임이" 엄중히 주어져 있음 또한 어찌 부인할 수 있으리요. 따라서 "우리 스스로를 자연에게 봉사하는 존재로

생각"함이 마땅치 않겠는가.[109]

하지만 지금 "생명의 근원"이자 "생명체의 본질"인 자연이(법정/류시화 엮음, 앞의 책, 21쪽) 실로 결정적인 위기에 봉착해 있다. 요컨대 '생명' 그 자체의 위기인 것이다. 혹여나 전 생태계가 지금 인간존재야말로 코로나 바이러스보다 더 흉측한 악성병원체라 지탄하고 있지나 않을는지 ….

하기야 특히 자연에 대해 우리 인간이 정녕코 위선자로 군림하며 살아온 이력이 또 얼마나 장구한가. 자연의 본질적인 구성인자임에도 불구하고 아니 사실은 바로 그렇기 때문에, 실은 자연에 대해 뱃심좋게도 대단히 위선적이고 이중적인 면모를 적나라하게 과시해온 존재가 바로 우리 인간이지 않은가. 특히 우리 현대인들이 한편으로는, "날카로운 칼로 자연을 난도질"하는 자연의 정복자로 세도를 부려왔다는 것은 결코 부인할 수 없는 사실이다. 그러나 동시에 또 다른 한편으로는, "흡사 보상행위인 양 자연미를 찬양하는" 유세를 떨어가며 위선적인 문화를 열심히 키워오기도 한 것 역시 숨김없는 사실 아닌가. 하지만 이러한 인간적 이중성이 실은 자연과 사회를 심각한 생존위기에 빠뜨리는 데 폭넓게 기여해왔음 또한 부인할 수 없는 사실이다.

그리하여 급기야 이 세계를 지배하게 된 서구문명은 자연을 바로 인간의 탐욕스러운 부(富)와 이윤축적을 가능케 하는 지극히 유용한 도구로 낙인찍었고, 종내는 앞장서서 자연을 가장 믿음직스러운 '사유(私有)'의 대상으로 전락시킬 수밖에 없었던 것이다. 하지만 뛰어난

---

109 바바 하리 다스 저/최홍규 옮김, 《마음을 다스리는 아름다운 이야기》(평단문화사 1997), 214쪽

이성에 힘입어, 인간은 기어이 위선적인 문화적 이중성을 창안해내지 않았던가. 이를테면 '자연으로 돌아가라' 하는 식으로 자연을 충성스레 떠받들면서, 종내는 자연을 가장 경이로운 '사유(思惟)'의 대상으로 등극시키기도 한 것이다.[110] 그러나 이처럼 '사유(私有)'와 '사유(思惟)' 사이에서 시소게임을 즐기며 자연을 농간하는 와중에, 무엇보다 무차별적인 자연훼손과 무자비한 인간성 파탄이 필연적으로 야기될 수밖에 없었음은 두말 할 나위도 없는 일이다.

특히 서구문명은 인간으로 하여금 자연의 순리에 의거해 살아가는 평화 애호적인 존재로 되새김질하는 일에는 게을렀던 것 같다. 반면에 자연의 정복과 수탈을 절대시하는 호전적인 존재로 각인하는데는 맹렬했던 것처럼 보인다. 결과적으로 예컨대 '생명', '공생', '나눔', '공존', '평화', '사랑', '죽림칠현', '단사표음'(簞食瓢飮), '무위자연'(無爲自然) 등속의 샘물 같은 개념들이 결국은 '산업화', '근대화', '경제발전', '제국주의', '전쟁', '군비경쟁', '원자탄', '냉전', '억압', '침탈', '착취' 등등의 거센 해일에 휩쓸려버리게 되지 않았나 싶을 정도다. 급기야 오늘날에는 '전자화', '정보화', '세계화', '4차 혁명' 등속의 거대한 회오리바람이 전 세계를 빛의 속도로 덮치고 있는 중이다. 그런데 우리는 도대체 어디를 향해가고 있는가, 아니 어디로 향해가야 하는 것일까 …?

예컨대 아리스토텔레스의 자연개념은 지극히 '목적론적'(teleological)이다. 그는 '자연에 의해' 만들어진 모든 것은 의당 특정한 목적을 수행하기 위해 존재하는 것이기 때문에, 그 목적에 대한 이해 없이는 그 존

---

110 이에 대해서는, 다카기 진자부로/김원식 옮김, 《지금 자연을 어떻게 볼 것인가》(녹색 평론사, 2쇄 2007), 12~14쪽을 볼 것.

재의 '자연'(본성)에 대한 이해 역시 불가능할 수밖에 없다는 믿음을 지니고 있었다. 바로 이런 관점에서 아리스토텔레스는 "자연과 조화를 이루는 것은 자연적으로(by nature) 가장 고귀한 것"이라는 소신을 주저 없이 고수할 수 있었던 것으로 여겨진다.[111] 이처럼 "자연은 헛된 일을 하지 않는다"는 목적론적 사고가 그의 자연철학론의 기본토대를 형성하고 있다.[112]

루소도 인간이 자신의 참다운 본성을 찾아내기 위해 자연으로부터 배우지 않으면 안 되고, 또 그러기 위해 '숲 속에 은거'하라고까지 권유하지 않았던가. 그에 덧붙여 모든 인간이 거짓말투성이인 책이 아니라, 결코 거짓을 말하지 않는 자연의 소리에 귀기울이라고 당부하기도 하였다.

한편 평생 자연을 벗하며 살았으며, 《월든》이란 뛰어난 작품을 남기기도 한 미국의 자연주의 사상가이자 문인이었던 헨리 데이빗 소로(Henry D. Thoreau)는 자신의 일기에 통곡하듯이 다음과 같은 구절을 남겨놓았다고 한다.

"대부분의 사람들은 자연을 아낄 줄 모른다. 그리고 자기 소유라면, 자연의 모든 아름다움을 돈 몇 푼에도 팔아 넘기려 한다. 그 대가가 고작 럼주 한 잔인 경우도 많다. 인간이 아직 날 수 없다는 점은 천만다행이다. 덕분에 하늘은 땅처럼 황폐화되지 않았으니! 당분간 하늘만큼은 무사히

---

111 이에 대해서는 Aristotle/Roger Crisp(ed.), Nicomachean Ethics (Cambridge University Press 2007), 1099b를 참고할 것(앞으로는 이 저작을 NE로 약칭할 것이다).

112 이에 대해서는 유원기, 《자연은 헛된 일을 하지 않는다 : 아리스토텔레스의 자연철학》(서광사 2009), 특히 4장 참조

남아 있을 테니"[113].

하기야 사람을 헐뜯고 미워하고 업신여기면서, 과연 산과 들과 강을 좋아한다거나 꽃과 숲의 향내를 사랑하고 새소리를 즐긴다고 말할 수 있을까. 사람이 싫어 자연에 파묻힌다는 말보다, 오히려 사람의 본성을 더욱 깊이 터득하고자 자연으로 향한다는 말이 더욱 진솔하지 않을까 싶다. 하지만 인간은 마치 욕친지죄(辱親之罪)의 만행이라도 저지르듯이, 자신의 원류인 자연을 자연스레 짓밟아오지 않았던가.

어쨌거나 인류는 자신과 가장 가까이 있는 자연부터 차례차례 숙청해온 흑역사를 밟아온 것처럼 보인다. 뿐만 아니라 토인이나 아메리카 인디언 그리고 에스키모 등, 자연 친화적인 동료 인간집단들을 또 얼마나 무자비하게 핍박해왔던가. 물론 이런 만행을 숨김없이 드러내 보여주는 역사적 사례도 적잖다. 가령 미국 남동부 애팔래치아 산맥 남쪽 끝에 살면서 농경과 수렵생활을 해오던 인디언 체로키 족(族) 1만 3천여 명 가량은 1838년에서 39년에 걸쳐 오클라호마의 보호구역으로 강제이주 당하였다. 하지만 1,300km에 달하는 이 대장정 중에 추위와 음식부족, 병, 사고 등으로 목숨을 잃은 인디언 수가 무려 4천여 명 정도에 달했다고 한다.

그러나 자연에서 가장 멀리 떨어져 나온 물질이 가장 늦고 힘들게 자연으로 되돌아가리라는 것은 너무도 명백한 사실이다. 예를 들어 흙이나 나무 집은 부서지면 쉽게 자연으로 되돌아갈 수 있지만, 시멘트나 공산품, 화학제품 등의 쓰레기가 자연화하기는 대단히 어렵지

---

113 김대식, 〈우리는 자연적(natural)으로 메저키스트인가?〉, 격월간 잡지 《공동선》
    (2010. 09+10, No.94), 63쪽에서 재인용.

않은가. 실은 이러한 것들이 근래 환경오염이나 자연파괴의 주범의 하나로 일컬어지기도 한다. 그런 탓에, 머지않아 남의 집을 방문할 때, 건강미식가들을 위해 특별히 만들어진 고급 환경상점에서 최고 브랜드의 생수를 사서 선물로 건네야 할지도 모른다는 우려까지 나돌 정도다.

하지만 우리는 자연 속에서 태어나고, 자연 속에서 살고, 또 앞으로도 영구히 자연 속에서 살아가야 한다. 지금 이 순간에도 우리 인간은 자연 속에 있고, 자연은 우리를 품고 있다. 그리고 어느 날 우리는 다시 자연으로 영원히 되돌아갈 것이다. 그런데 우리 인간이 이러한 자연을 친밀하게 느끼지 못하는 것은, 자연이 멀리 떨어져 있기 때문이 아니라 그것이 너무 가까이 있고, 또 우리가 한번도 그곳에서 벗어난 적이 없기 때문이 아닐까 싶다. 그러므로 무엇보다 바람직한 것은 자연 속에 우리 인간이 있는 것과 마찬가지로 우리 인간 안에 역시 자연이 있으며, 나아가 자연과 인간이 둘이 아니고 하나임을 자연스럽게 깨닫는 일이 아닐까 한다. 그러므로 자연은 인간적이어야 하고, 인간은 또 자연적이어야 하리라. 말하자면 자연과 인간이 생명공동체인 탓에, '자연을 인간답게, 그리고 인간을 자연스럽게!', 이 모토가 우리네 삶의 기본지침이 되어야 하지 않을까 하는 말이다.[114]

우리 인간은 생존을 위해 다양한 동식물들을 섭취한다. 그리곤 응당 배설한다. 그런데 우리 인간의 배설물이 이 동식물들의 먹거리와 거름이 되기도 하고, 또 이 먹이와 거름으로 성장한 동식물들이 다시 사람들의 입 속으로 들어간다. 그리곤 다시 이 동식물을 키워주는 먹

---

114 이 논지에 대한 구체적인 설명은 뒷장에 곧 이어질 〈자연의 휴머니즘〉 편을 참고할 것.

이와 거름으로 변환한다. 예사롭게 되풀이되는 이러한 생존관행이 실은 자연의 순환원리 아니겠는가.

우리는 그 모범적인 사례 하나를 한때 명성을 드날렸던 '제주도 똥돼지(요즘엔 흑돼지라 부른다)'에서 찾아볼 수 있지 않을까 한다. 이 돼지는 원래 우리나라에 살고 있는 재래종의 하나로서, 주로 제주도 지역에서 사육하는 토착종으로 알려져 있다. 대체로 그 돼지들은 사람들이 쏟아내는 인분을 받아먹으며 '돗통'(제주도 화장실) 바닥에서 꿀꿀거리며 자라는 게 일상적이었다. 그런데 특히 고기의 질이 우수하고 맛이 뛰어나 주로 식용으로 사육되었는데, 1970년대 후반부터는 돼지사육법이 개선되면서 이런 방식이 거의 없어지게 되었다. 그러나 이런 식으로 인분을 먹어서 돼지를 키우는 제주도 사례는 일본과 동남아 일대에서도 흔히 찾아 볼 수 있었다고 한다. 하기야 사람의 인분을 받아먹고 자라는 바람에, 비위생적인 환경조성의 요인으로 오해될 소지도 없지는 않았다. 하지만 바로 이 똥돼지 덕에 오히려 인분냄새가 나지 않는 위생적 화장실을 유지할 수 있었을 뿐만 아니라, 인분에 포함된 미생물과 유산균 등이 돼지의 면역력을 강화시켜주는 기능까지 발휘하기도 했다고 전한다. 그런 탓에, 돼지나 사람들에게도 오히려 바람직한 생활환경을 제공한 기여의 측면도 있지 않았을까 유추되기도 한다.

어쨌든 그 돼지는 인분을 먹고 자라다가 마침내 장렬히 산화하여, 사람들의 입 속으로 들어가는 맛깔스러운 요리로 변신하곤 했다. 그리하여 그 돼지요리가 사람의 몸 속으로 들어가 소화되어 이윽고 인분으로 변환하게 되면, 드디어 돼지들은 그 인분을 다시 받아먹으며 크다가 다시 사람들의 입 속으로 들어가곤 했던 것이다. 그야말로 인간과 자연의 환상적인 교감의 일환 아니었을까.

예를 들어 들판의 풀을 뜯어먹으며 한가로이 자라던 양이 죽으면, 흙에 파묻혀 썩게 된다. 썩는다는 것은 곧, 미생물에 의해 분해된다는 것을 의미한다. 이윽고 양의 몸을 이루었던 물질이 바야흐로 미생물의 몸이 되는 것이다. 그런데 이 미생물은 식물을 키우는 양분이 되고, 또 이 미생물을 벌레가 먹으면 이제는 벌레의 몸이 되기도 한다. 그리고 이 벌레를 새가 먹으면 그 때는 새의 몸이 되며, 이 새를 짐승이 잡아 먹으면 이젠 짐승의 몸이 된다. 이처럼 동물의 몸이 분해되어 식물의 몸이 되고, 식물은 또 다른 동물의 몸으로 뒤바뀌게 되는 것이다.

가령 이렇게 죽은 양의 몸 일부를 먹고 자란 새가 살아 있을 때는 개미를 먹는다. 그런데 새가 죽어 썩으면, 개미가 다시 새를 먹는다. 이렇게 숙명적으로 되풀이되는 먹이사슬이 실은 우리 생태계의 참다운 생명의 윤회과정 아니겠는가.

이런 여정을 되돌아보면, 내 몸을 이루었던 물질 역시 비록 내 목숨이 다 한다 하드라도 결코 자연으로부터 사라지지는 않으리란 사실을 손쉽게 깨달을 수 있게 되지 않을까 한다. 다만 생존의 형태가 계속 바뀌면서, 지구가 존속하는 한 더불어 이 지구에 영원히 함께 공존하게 될 것이다. 따라서 현재 생생하게 박동치는 내 육신을 이루고 있는 성분의 일부는 수천, 수만 년 전 독사나 두더지나 지네나 파리의 몸이었을 수도 있고, 또 그것이 그 후 여러 종류의 식물과 동물의 몸으로 뒤바뀌어오다가, 이제야 비로소 내 몸에 안착한 것이라 유추할 수도 있으리라.

이 얼마나 인간적인 자연이고, 자연적인 인간인가. 이러한 생태계의 준엄한 생존원리를 올곧게 각성한다면, 인간이 바야흐로 이러한 자연적 순환원리의 주도적인 양심세력으로 꼿꼿이 서야 하는 게 마땅하지 않은가 하는 것을 자연스레 깨닫게 될 것이다.

두말 할 나위도 없이, 자연은 당연히 인간 이전에 이미 존재했었다. 그렇기 때문에 인간을 배태할 수 있지 않았겠는가. 예컨대 스티븐 호킹은 "최근에 출현한" 인류에 비해, 이 우주는 그보다 훨씬 더 이른 시기인 "약 137억 년 전에 존재하기 시작했다"며 그 구체적인 시기까지 암시하기도 한다. 그러나 유사하긴 하지만, 보다 역동적인 다음과 같은 시각도 있다 : "우리 지구의 생명 현상은 수십 억 년 동안 지속하고 있다. 하지만 지금과 같은 모습의 인류가 존재한 것은 수만 년에 불과"할 따름이다.

따라서 "자연은 자신의 역사 대부분의 기간 동안 인류 없이 생존해"왔다. 그러므로 인간은 지상의 모든 생명체 중에서 가장 최근에 생겨난 존재, 요컨대 "가장 어린 종(種)"에 지나지 않지만, 자신이 차지하는 위치를 잘 알고 있고 또 다가올 미래세계를 꿈꿀 줄 아는 능력을 가진, 그야말로 우주의 '조숙아'인 것이다.[115]

그러나 인간은 자연의 산물 중에서 가장 영리한, 아니 정확히 말하면 가장 교활한 생명체라 할 수 있으리라. 인간만큼 대대적이고 계획적이고 상습적으로 자기 자신의 동족을 파괴하고 말살하는 포유류가 과연 이 생태계 어디에 존재할까. 뿐만 아니라 자신을 잉태해준 자연의 충실한 산물로 겸허히 살아가야 함이 마땅함에도, 이러한 자연에 대해 배은망덕하게도 일상적으로 욕친지죄(辱親之罪)의 만행을 자행하는 망나니 같은 존재로 전락한 엽기적인 생명체가 또 어디에 있겠는가.

---

115 스티븐 호킹 · 플로디노프/전대호 옮김, 《위대한 설계》(까치 2010), 156쪽 및 데이비드 스즈키 지음/오강남 옮김, 《마지막 강의 : 지속 가능한 미래를 상상하라》(서해문집 2012), 143—4쪽.

그러나 우리가 반드시 유념해야 할 진실이 있다. 이러한 위기상황임에도, 우리 "인간이 마지막으로 기댈 데"는 오직 자연뿐이고 또 "현대 문명의 해독제는 자연밖에 없다"고 역설하면서, "자연의 한 부분"인 우리 인간에게 자연은 결코 "정복의 대상"이 아니라 "위대한 교사"일 수밖에 없다고 황야에서 외치는 경청해야 할 자성의 목소리 역시 드높게 울려 퍼지고 있다는 사실이 바로 그것이다(예컨대 법정/류시화 엮음, 같은 책, 21쪽).

그런데 생태계 파괴현상이 줄을 잇는 이러한 비극적인 상황에서, 도대체 우리는 어떻게 우리들 삶의 기본토대인 이 자연을 지키고 또 어떻게 자연과 교감을 나누어나갈 것인가? 그러나 이 지구는 한정되어 있다. 그러므로 변해야 할 것은 오직 인간의 생활양식과 습성밖에 없지 않을까. 어떻게 할 것인가?

예컨대 아프리카 탄자니아 곰베의 '침팬지 성녀'라 불리는 제인 구달은 "이 지구가 먹여 살리고 수용할 수 있는 것보다 더 많은 사람들이 생겨나고, 야생지역과 대다수의 생명체 종들이 사라지고, 생명의 복잡한 거미줄, 즉 지구 생태계의 생물학적 다양성이 파괴되는 순간이 다가오고 있다"고 경고한다. 특히 탐욕스럽고 향락적인 미국과 서구인의 삶의 방식이 지닌 심각한 부조리를 통박하면서, "인간의 멸종"이 그 필연적인 종착점이 되리라는, 더할 나위 없이 가공할 예언까지 마다 않는다.[116]

하지만 자연은 결코 우리 인간을 저버리지 않는다. 저버리는 것은 오직 인간일 따름이다. 마치 순교자이기라도 한 것처럼, 자연은 핍박당하면서도 늘 우리에게 자연스레 삶의 지혜를 가르치고 있다. 실로

---

116 제인 구달 지음/박순영 옮김, 《희망의 이유》(궁리출판 2003), 248쪽

자연이 무엇보다 진정한 휴머니스트이기 때문이다.

그러나 단순하지만, 또 단순히 잊혀지기도 하는 것이 있다. 그것은 바로 인간이 존재하기 이전에도 자연은 존재하였고, 인간이 죽는다고 자연이 결코 따라 죽지는 않지만, 자연이 죽으면 인간은 반드시 따라 죽을 수밖에 없다는 사실이다. 이런 취지에서, 예전 서유럽의 환경운동가들은 숲으로 도배한 나라에 살면서도, "나무가 죽는다. 그러면 곧 우리 인간이 죽는다"는, 어찌 보면 유치하게 보일지도 모르지만 사실은 처절하기 짝이 없는 구호를 쓴 현수막을 거리에 내다 걸곤 하였다. 이처럼 인간과 자연이 불가분의 상호관계로 물샐틈없이 직결해 있다는 것은 어느 누구도 결코 부인할 수 없는 진실이다. 어쨌든 '인간 없는 자연'은 전혀 문제될 게 없다. 반면에 '자연 없는 인간'은 생존불능이다. 인간에게 자연은 전부이나, 자연에게 인간은 극히 미세한 모래알 수준에 지나지 않기 때문이다.

다시 한 번 강조하거니와, 자연은 '생명의 근원'이자 '생명체의 본질'이다.

온갖 생명의 원천이 바로 자연인 까닭에, 이 대자연의 품속에 대체 서로 무관한 존재가 눈곱만큼이라도 존재할 리 있겠는가. 그러므로 온 세상의 삼라만상이 다 골고루 '인연'을 통해 서로 굳게 결속해 있을 수밖에 없음 또한 지극히 온당한 일일 것이다. 대자연이 하나의 생명체인 탓이다.

따라서 극미한 자연의 일부이긴 하지만, 인간이 지금까지 어떻게 살아 왔으며 또 어떻게 살아가야 하는가, 그리고 우리 인간에게 삶을 허여하는 주체인 자연에 대해 우리는 과연 어떠한 자세로 임해야 하는가 하는 물음을 던지는 것은 지극히 합당하고도 올바른 소임이 아닐 수 없다.

하기야 자연이 인간성의 규범적 토대로 작용하기도 함은 숨길 수 없는 사실 아닌가. 그런 탓에, 자연에 대한 예찬이 대단히 관행적으로 이루어져오기도 했음은 의심의 여지가 없는 일이다.

물론 루소도 결코 예외는 아니다.

그는 인간의 삶이 무엇보다 자연의 기본적인 규범과 조화를 이루고 있다고 인식하고 있었다.[117] 이런 관점에 입각해, 루소는 특히 "인간의 자연적 감성"(sentiment naturel)으로 "자애심"(自愛心, Amour de soi—même)을 꼽으며, 바로 이것이 "이성에 의해 인도되고, 연민의 정(pitié)에 의해 중화되어 인류애 및 덕을 생기게 하는" 인간의 본성이라 규정하였던 것이다. 나아가 그는 "자기애는 언제나 좋은 것"일 뿐만 아니라, "언제나 자연의 질서에 부합"하는 것이라 강조하기도 하였다. 무엇보다 "자기를 보존하기 위해 자신을 사랑하지 않으면 안"되기 때문이다.[118] 따라서 '이기심'(Amour propre)과 구분되는 이러한 '자애심'이야말로 루소가 발견한 '인간의 자연'이라 이를 수 있으리라. 그런 탓에 그는 "온화한 애정에 넘친 정념"은 이 자기애에서 비롯하는 반면에, "증오에 넘치고 초조해지기 쉬운 정념"은 바로 이기심으로부터 생겨나는 것이라 질타한 것이다(루소,《에밀》같은 책, 358쪽).

그런데 루소가 이 '자애심' 외에 또 하나의 다른 자연적 감성으로 특히 '연민의 정'(pitié)을 덧붙이고 있음은 눈여겨볼 만한 일이다. 이 '연민의 정'은 고통을 당하는 자의 위치에 스스로를 놓아봄으로써 남이 고통을 겪지 않을 것을, 곧 남이 행복할 것을 바라는 자연적 감성을 의미한다. 이는 곧 각 개인으로 하여금 이기심의 활동을 중화하고

---

117 임효선,《삶의 정치사상 : 동서 정치사상 비교》(한길사 증보판1996), 75쪽

118 장 자크 루소 지음/민희식 옮김,《에밀》(개정판)(육문사 2021), 356쪽

종(種) 전체의 상호보존에 협력하도록 이끄는 자연적 감성으로서, 특히 자연상태에서 법률, 규율, 습관, 도덕 등을 대신하는 역할을 담당하는 것으로 이해될 수 있다.[119]

그러나 흥미롭게도 이러한 루소의 '연민의 정'이 불교에서 말하는 '자비심'(慈悲心)과도 적잖이 일맥상통하는 것으로 간주될 수 있다. 불교에서는 자비의 '자'(慈)를 남의 기쁨을 자기의 기쁨으로 체감하는 마음으로, 그리고 '비'(悲)를 남의 고통을 자기의 고통으로 받아들여 그것을 물리쳐주고자 하는 심성으로 이해한다. 이를테면 타인의 즐거움과 고통을 자기의 것으로 일체화하고자 하는 너그러운 마음가짐이 바로 '자비'인 것이다. 이런 의미에서, 불교는 인간의 마음 밑바닥에 이러한 자비심(慈悲心)이 본성적으로 깃들어 있다고 확신하고 있다. 요컨대 자비를 곧 인간의 본성적 감성으로 간주하는 것이다.[120]

어쨌든 루소는 인간이 '자기 보존욕구 및 연민의 정'이 자아내는 제반 충동에 입각해 스스로를 규제할 때, 도덕적으로 올바르게 반면에 그것을 거역할 때 부당하게 행위하는 것으로 인식한다. 그런데 자연상태 속에서는 이 두 원칙이 예외 없이 제대로 잘 적용되어졌지만, 자연상태로부터 이탈함으로써 인간은 결과적으로 이 원칙에 위배되는 행위를 일삼는 것으로 판단하였다. 이를테면 자연상태의 종착역이 곧 법과 도덕의 시발점으로 간주된 것이다. 이런 취지에서, 예컨대 레오 스트라우스(Leo Strauss)는 "자연상태로부터 시민사회로의 전환", 즉 인간이 자

---

119 박호성, 〈루소의 자연개념 : 비판적 자연과 창조적 자연〉(한국정치학회보. Vol.27 No.2, 1994), 43쪽을 참조할 것.

120 이에 대해서는, 김승동 편저, 《불교 · 인도사상 사전》(부산대학교 출판부 2000)을 참조할 것.

연상태를 벗어나 시민사회를 형성하게 된 것을 루소 스스로는 "자연에 대한 인간의 반항"으로 이해했던 것으로 해석하기도 하였다.[121]

혹시 이러한 '자연에 대한 반항'을 지나치게 과격하게 수행한 탓이었을까, 특히 서양의 근대적 과학기술 문명은 지극히 편협한 '자연관'에 사로잡혀왔던 것으로 이해되고 있다. 하지만 보다 심각한 문제는, 그것이 결국 서양이 석권하게 된 전 세계의 지배적인 관점으로 각인되고 또 널리 확산하게 되었다는 점이다. 자연파괴가 상습화하였음은 물론이다. 결과적으로 '지구 살리기 운동'이 일상화하게 되었다.

오늘날 공기오염 및 황사, 그리고 지구온난화를 비롯한 다양한 자연적 이상기후 현상이 전 지구적 차원에서 돌출하고 확산하면서, 전 지구인이 온통 심각한 혼란과 고통에 직면하고 있다. 뿐만 아니라 엎친 데 덮친 격으로 코로나19 팬데믹까지 가세하여 험악하게 위세를 떨치고 있기도 하다.

그럼에도 자연은 지금 스스로 각혈은 하면서도, 우리 인류에게 인간성 회복의 절묘한 호기를 새로이 예비해주고 있는 듯이 비쳐진다. 마치 자연이 인간을 위해 위기를 기회로 전환시켜주기 위해 헌신적으로 발벗고 나선 것처럼 보일 정도다.

자연은 지금 바로 이러한 이상기후 증후를 야기함으로써, 개별 국가들로 하여금 민족적 사리사욕에 대한 집착에서 탈피토록 강제하는 역설적 정치상황을 만들어나가고 있는 듯 여겨지기까지 한다. 이를테면 자연이 때맞춰 선사한 심각한 '자연재해'와 '기후변화' 덕분에, 우리 인류는 급기야 인류의 지속 가능한 공존을 도모하기 위해 '위기에 처한 지구와 위기를 자초한 인간'이 상호 공존할 수 있는 대안을 찾아

---

121 Leo Strauss, Natural Right and History (University of Chicago Press 1974), p.272

전력질주할 수밖에 없게 되었다는 말이 되리라.[122]

달리 말하면, 오늘날 우리 지구인들이 서로 연대하여 개별 국가적 이기주의를 극복해나가며 자진하여 전 지구적 이타주의를 견인해내고자 애쓰는 듯이 여겨지는, 인류역사상 유례 없는 상호공생의 국제정치 상황을 조성해내고자 서로 힘을 합쳐 솔선해서 노력을 경주하고 있는 것처럼 비칠 정도란 말이다. 무엇보다 악화하는 기상이변이나 자연재해 등이 필연적으로 국제적 공조와 합의를 요구하는 사안이기 때문이다. 그에 따라 국제사회 차원에서 이에 대한 정치적 대응의 필요성이 자연스레 제기되게끔 되었다.

결과적으로 1997년 12월 채택되고 2005년 2월 발효하게 된, 지구온난화의 규제 및 방지를 위한 국제협약인 기후변화협약의 수정안으로서 '교토의정서'(Kyoto Protocol)가 기후변화에 관한 대표적인 국제공조의 첫 결실로, 드디어 빛을 보게 된 것이다. 그리하여 이 의정서를 인준한 국가는 이산화탄소를 포함한 여섯 종류의 온실가스 배출을 감축하되, 배출량을 줄이지 않는 국가에 대해서는 비관세 장벽을 적용토록 하는 의무를 부과하게 되었다.

의정서 발효 이후 비록 많은 국가들이 이러한 온실가스 감축의무를 온전히 수행하기 위해 국내외적으로 능력껏 많은 노력을 경주하기는 하였으나, 그 이면에는 다양한 한계점 역시 적잖이 도사리고 있었다. 결국 자중지란이 야기된 것이다.

사실상 가장 심각한 국제적 난동꾼으로 부상한 것은 다름 아닌

---

122 예컨대 남성현의 뛰어나게 창의적인 저서, 《위기의 지구, 물러설 곳 없는 인간 : 기후변화부터 자연재해까지 인류의 지속 가능한 공존 플랜》(서가명강 II, 21세기북스 2020)은 바로 이 문제를 핵심적으로 파헤치고 있다.

미국이었다. 교토의정서 채택 당시 온실가스 배출량 1위였던 미국은— 의무 감축국인 선진국임에도 불구하고— 중국·인도 등의 개발도상국이 참여하지 않을 경우 어떤 국제협약에도 동참하지 않겠노라는 명분을 내세워, 의정서의 잉크도 채 마르기 전인 2001년 마침내 교토의정서를 전격 탈퇴해버린 것이다. 공들여 만들어낸 국제협력의 소중한 합의서를 마치 휴지조각처럼 내동댕이쳐버리고 만 셈이었다. 오로지 자국경제 수호만이 전부였다. 국제정치에서 험상궂은 현실주의가 다시금 날카로운 이빨을 드러낸 것이다.

　물론 교토의정서가 원칙적으로 선진국 중심의 온실가스 감축의무를 규정한 협약이었던 관계상, 개발도상국으로 분류된 세계 최대온실가스 배출국가인 중국과 인도 등이 감축의무 대상에서 원천적으로 배제되어버린 근본문제점을 처음부터 안고 있었다. 이윽고 이러한형평성 문제를 꾸준히 지적해오던 일본·캐나다·러시아 역시 대단히 자연스럽게 제2차 공약기간부터 실질적으로 의무감축국 대상에서슬그머니 빠져나가 버리게 되었다. 그리하여 전지구적 기후변화 문제를 해결하기 위해 국제사회의 구성원들이 서로 머리를 맞대어 원칙과목표와 규칙과 구체적인 이행전략 등을 수립·제정·고안해낸 최초의 구속력 있는 국제적 기후변화 대응방안이라는 중요한 역사적 의의를 갖고 있음에도, 교토의정서는 그 실효성 문제가 심각한 논란에 휩싸여버렸다.

　결국 2020년 만료 예정인 기존의 교토의정서를 대체하고, 그 대안으로 선진국과 개도국 모두가 참여할 수 있는 새로운 합의체제를 마련하게 되었다. 2015년 이윽고 '파리협정'(Paris Agreement)이 채택된 것이다. 결과적으로 교토의정서의 가장 큰 문제점으로 지적되었던 선진국중심의 의무감축체제에서 벗어나, 선진국과 개발도상국 모든 나라로 하여금 온실가스 감축의무를 공동으로 지게 하는 새로운 체제로 전환하게끔 되었다. 그에 따라 교토의정서 1차 공약기간의 38개국보다 훨씬 많은 195개국이 감축활동에 의무적으로 동참하게 된 것이다. 이윽고 '모두가 참여하는 포괄적인'(universal and comprehensive) 체제로 새로이 발돋움하게 되었다. 교토 체제 하에서는 감축대상이 전 세계 온실가스 배출량의 22%에 불과했지만, 파리협정 하에서는 과감하게도 전 세계 배출량의 95.7%에 육박하는 성과를 보여주었다. 나아가 개별 국가에게 온실가스 감축목표를 할당하는 방식(Top—down)이었던 교토의정서에 반해, 파리협정은 개별 당사국이 온실가스 감축목표를 스스로 설정(Bottom—up)하도록 하는 새로운 규정을 도입하기도 하였다.

이러한 상황에서 우리는 바야흐로 자연의 적극적인 지원이 현실화하고 있음을 터득할 수 있게 되었다. 다시 말해, 자연이 자신의 산물인 우리 인간에게 결정적으로 공생·공존 가능성을 새로이 열어주기 위해 정성껏 팔을 걷어붙이기 시작했음을 자각할 수 있는 기회가 다시금 우리에게 주어졌다는 말인 것이다. 이를테면 오늘날 자연 스스로가 인간 자신이 자초한 한계상황을 또 인간 스스로가 극복토록 지원하는 역사적 '시혜' 같은 것을 베푸는 듯이 비쳐지는 뜻깊은 역사적 현실이 조성되고 있다는 말이다. 이윽고 자연과 인간의 합일을 지향하는 '생명 공동체' 시대가 서서히 막을 열기 시작하는 것처럼 보인다.[123]

이처럼 인류사적인 대전환기에 접어들고 있는 것처럼 여겨지는 이토록 간곡한 시대상황 속에서 삶의 지평을 새로이 열어나갈 소중한 기회를 우리 스스로 포착해나가야 하지 않겠는가. 이러한 현실에서,

---

123 예컨대 박호성, 《공동체론 : 화해와 통합의 사회·정치적 기초》(효형 출판 2009), 특히 549쪽 참고

우리 인간은 자연과 평화롭게 공존·공생하기 위해 과연 어떠한 자세로 임해나갈 것인가? 자못 결정적인 시대적 자문(自問)이 응당 먼저 고개를 내민다.

이와 관련해, 우선 널리 알려지기도 한 황희 정승의 역사적 에피소드 한 소절부터 끄집어내는 일로 말문을 여는 것 또한 나름 흥미롭지 않을까 한다.

황희 정승이야말로 백성들의 존경을 한 몸에 받아온 훌륭한 정치가이자 뛰어난 재상으로, 지금까지도 두루두루 사람들의 입에 널리 오르내리는 역사적인 인물 아니겠는가. 그는 일단 세종대왕과 더불어 당대의 주역으로 활약하면서, 총 24년 간이나 정승 자리를 굳게 지키며 태평성대를 이끌어온 인물로 유명하다. 그는 당시로는 보기 드물게 90세까지 장수하기도 하였다. 그와 관련해 다음과 같은 일화가 전해 내려온다.

고려 말 무렵 어느 날, 경기도 적성 지역의 훈도로 있던 젊은 익성공 황희가 적성에서 개성으로 가는 도중에 길에서 우연히 한 노옹을 만났다. 그 노옹은 누렁 소와 검정 소 두 마리를 끌고 밭을 갈다가 쟁기를 벗기고는, 나무그늘에서 잠시 쉬던 참이었다. 황희도 말을 쉬게 하고는, 노옹에게 말을 건넸다.

"어르신, 저 두 마리 소는 모두 살이 쪘고 건장하게 보이긴 합니다만, 밭가는 힘에는 나름 우열이 있을 듯한데요, 어떻습니까"? 그러자 노옹은 황희를 이끌고 멀찍이 떨어져 나가더니, 귀에다 대고 낮은 목소리로 소곤거리듯 말했다. "아무 색의 소가 낫고, 아무 색의 소가 좀 뒤지는 편이오". 그러자 그 말투를 괴이하게 여긴 황희가 "어르신은 어찌 소를 두려워하여, 이렇게 가만가만 이야기하십니까?" 하고 되물었다. 그러자 그 노옹은 혀를 끌끌 차며 타이르듯 입을 여는 게 아닌가. "한심하다, 과문한 젊은이여! 짐승이 비록 사람의 말을 알아듣지는 못하나, 사람이 그를 착하다고 하거나 악하다고 하면, 모두 다 짐작은 할 줄 아오. 만약 한 소가 자신이 열등하여 다른 소에 미치지 못한다는 말을 듣는다면 속마음이 편치 않을 테니, 그게 어찌 사람과 다르겠소? 심하도다, 젊은이의 과문함이여!".

황희는 이 질책을 듣고, 자기도 모르는 사이에 불현듯 두려움이 엄습하는 걸 느꼈다. 공이 평생 겸손하고 두터운 도량을 간직하게 된 것도, 노옹의 이 한마디 말에 연유한 것이라 전해져올 정도다. 그는 이 노옹으로부터 "남의 허물을 함부로 말하지 않는다"는 '불언장단'(不言長短)의 교훈을 얻게 된 것이다. 하기야 "이것도 옳고, 저것도 옳다"는 식의, 이른바 그의 '우유부단한' 정치철학은 당시의 혼란한 정국을 적절히 조율해내는데 조력함으로써 임금과 백성을 태평성대로 이끌게 한 장기집권의 비결로 작용하지는 않았을까 짐작되기도 한다.

어쨌든 밭을 갈던 그 노인네는 지혜롭게도 이미 '자연의 휴머니즘'에 통달해 계시던 분은 아니었을까 …?

하기야 어리석은 자는 자연을 섬기고, 경박한 자는 자연을 짓부수며, 지혜로운 자는 자연에서 배운다고들 입을 모으지 않는가. 무릇 자연과 어우러질 인간은 힘을 사랑하는 인간이 아니라 사랑의 힘을 가진 인간일 터이다. 자신의 산물들이 서로서로 공존 · 공영 · 평화를 함께 누리게 될 것을 바라마지 않는 것, 이것이 본래 자연의 자연스러운 섭리 아닐까만 ….

후기 스토아 철학을 대표하는 로마 제정시대의 정치가이자 한때 네로(Nero) 황제의 스승이기도 했던 세네카(Seneca)도 인간은 자연의 섭리를 따름으로써 비로소 행복한 삶을 누릴 수 있게 되리라 힘주어 강조한 바 있다. 그는 "행복하게 사는 것과 자연에 따라 사는 것은 같은 것"이므로, 응당 "자연을 인도자로 삼아야" 하리라 촉구해마지 않았다. 뿐만 아니라 자기 스스로가 "남들을 위해 태어났음을 의식하며 살아갈 것"이라 다짐하면서, 그렇게 할 수 있게 해준 데 대해 깊이 "자연에 감사할 것"이라 머리를 조아렸다. 나아가 "자연은 나를 만인에게 선사했고 나에게 또 만인을 선사했으니, 어떻게 자연이 나를 이보다 더 잘 보살필 수 있겠는가" 하고 탄성을 터뜨리기도 했다. 이런 취지에서, "자연에서 벗어나지 않는 것, 그리고 자연의 법칙과 본보기에 따라 자기를 형성해나가는 것", 이것이야말로 결국 "자신의 본성과 조화를" 이루게 되어, 이윽고 자신을 행복한 삶으로 이끌어줄 지혜가 되리라 단언한다.[124] 물론 세네카 역시 다른 생명체와 마찬가지로 인간 또한 자연 앞에서는 평등한 존재임을 믿어 의심치 않았으리라.

앞에서도 여러 차례 지적한 바 있듯이, 인간의 '자연적 절대 평등론'의 울림이 결코 사소한 것일 수는 없을 것이다. 무엇보다 바로 이러한 자연의 절대적 평등명제가 자연스레 자연의 인본주의적 요청의 토대로 작용하기 때문이다. 평등한 인간사회 건설을 위해 일로매진하는 자세, 요컨대 이러한 '자연을 인간사회에 이식하는 노력', 말하자면 '자연의 인간사회화' 노력이야말로 한마디로 자연의 인본주의적 요청의 진수라 할 수 있을 것이다. 셰익스피어조차 "자연의 부드러운 손길은 온 세상을 하나로 만든다"고 역설하지 않았던가.[125]

---

124 세네카 지음/천병희 옮김, 《세네카의 행복론 : 인생이 왜 짧은가》(숲 2002), 171, 181, 209쪽

125 잭 캔필드·마크 빅터 한센·스티브 칙맨 엮음/신혜경 옮김, 《자연이 우리에게 준 1001가지 선물》(도솔출판사 2005), 55쪽

이러한 '자연의 휴머니즘', 다시 말해 생태적 이성에 귀기울이며, 우리는 특히 이 지상의 모든 생명에 대해 '연민의 정'을 기울임으로써, 최대한 많은 것에 이득을 베푸는 동시에 최소한의 것에 해를 입히도록 최선의 노력을 경주해야 하지 않겠는가.

자연이 모든 생명체에게 골고루 생명(生命)을 부여하고 또 생존할 권리를 공평히 나누어주었으니, 우리 인간이 부여할 수 없는 생명을 어찌 우리 손으로 함부로 탈취할 수 있겠는가. 그러나 "인간중심의 사고는 뭇 생명을 도구화하기 쉽다". 그러므로 생명의 근원에 있어 인간과 전혀 다를 바 없는 한갓 하찮은 미물에게까지도 "인간중심의 사랑"이 아니라 내면적인 "생명 본위의 사랑"을[126] 베풀 수 있는 수준 정도라도 되어야지 비로소, 인간이 하다 못해 '만물 가운데 가장 지혜로운, 직립 보행하는 생명체'라 불릴 자격이라도 얻을 수 있지 않을는지 …? 이러한 행위야말로 우리 인간으로 하여금 '자연의 천적은 바로 인간'이라는 누명에서 벗어나게 만들어주는 지혜의 길 아닐까 한다.

어쨌든 자연은 우리에게 생명을 올곧게 부여하는 주체다. 그러므로 자연의 순리에 따르는 삶의 태도야말로 자연의 산물로서, 가장 자연스러운 인간적 삶의 자세라 이를 수 있지 않을까 한다. 이런 의미에서, "자연과 조화"를 쟁취함으로써 비로소 진정한 인간의 생존이 확보되어질 수 있을 것임은 자명한 이치라 할 수 있을 것이다.[127] 유사한

---

126 서문성 엮음,《인연 산책―삶의 지혜와 진리가 담긴》(미래북 2006), 112~13쪽

127 예컨대 아마존 깊은 밀림 안의 '신비의 세계'라 할 수 있는 세오 도 마피아(Ceo do Mapia)의 전래의술이 가르치는 바는 지극히 절묘하다. 그 의술의 핵심은 인간의 병이란 자연과의 균형이 깨짐으로써 인간의 영혼이 상처받게 되기 때문에 발생하는 것이라는 믿음이다. 따라서 그 병에 대한 약을 쓰기 전에, 우선 마음을 치료하고 몸의 균형을 되찾으면서 "자연과 조화"를 회복하는 일부터 서

맥락에서 어느 학자는 인간 역시 모든 생명체들이 함께 살아가는 공동체의 일원임을 잊지 말라고 질타하며, 인간 중심적인 사고를 벗어나 자연을 수단으로 폄하하지 않는 "생명의 민주주의"의 수립이 절실함을 역설하기도 한다(쓰지 신이치(이규) 앞의 책, 162쪽).

그렇다, 자연은 본질적으로 불굴의 민주주의자인 것이다. 자연은 모름지기 모든 생명체에게 동등한 생존권을 부여하였다. 동시에 평화로운 상호공존 및 공생의 소명을 안겨주기도 했다. 생명체 서로간의 조화로운 상호연대가 필연적임은 불이 뜨거운 만큼이나 자연스러운 일이다. 그러나 그 기초작업으로서, 무엇보다 자연계의 문제라이를 수 있는 인간 상호간의 연대구축이 우선적으로 선행되어야 함은 지당한 이치라 할 수 있을 것이다. 끼리끼리 어울리게 되듯이, 인간의 자연적 절대평등 원리가 이러한 연대구축 작업의 초석으로 작용할 것임은 불 보듯 뻔한 일이다. 요컨대 인간적 평등이 인간적 연대의 기초인 것이다.

하기야 우리 인간 모두는 평등하게 허무한 존재 아닌가. 무엇보다 언젠가는 필연적으로 이 지상에서의 삶을 반드시 마감하지 않으면 안 될 유한한 운명을 골고루 공유하고 있기 때문이다. 그러므로 이처럼 허망한 유한자들끼리 서로 손잡고 화합해서 평화롭게 공생·공존해 나가지 않는다면, 그렇지 않아도 척박한 인간적 삶이 얼마나 끝간데 없이 더더욱 황량해질 것인가. 이런 의미에서, 연대란 화해로운 인간적 공존·공생을 지향하는 지극히 자연스러운 본능적 행위 그 자체라 할 수 있다. 다시 한 번 더 강조하거니와, 우리 인간 모두는 반드시

둘러야 한다고 가르치는 것이다. 이에 대해서는, 김병수 지음,《사람에게 가는 길 : 팔당농부의 세계 공동체 마을 순례여행》(마음의 숲 2007), 425쪽을 볼 것.

지상의 삶을 끝내고 필연적으로 자연으로 되돌아갈 수밖에 없는 고독한 존재들이다. 이러한 고독은 서로 손잡으면 이겨낼 수 있게 되리라.

이처럼 인간본성의 핵심적 구성요소의 하나인 이러한 자연적 고독이 인간적 연대의 효소로 기능할 수 있다 함은 그야말로 천혜의 축복이라 하지 않을 수 없다. 프랑크푸르트 학파의 대표적인 철학자 막스 호크하이머(Max Horkheimer)도 직설적으로 연대의 "실존적인 동인을 '고독'이라" 설파하지 않았던가.[128] 어쨌든 연대란 자연의 순리를 따르는 인간의 본성적 행위, 그 자체인 것이다.

이런 의미에서, 연대를 외면하는 이기적인 삶의 자세야말로 가장 비자연적이고 비인간적인 생존양식이라 하지 않을 수 없으리라. 루소도 《에밀》 4부에서 이렇게 절규한다. "이기심은 항상 자신을 남들과 비교해보기 때문에, 만족하는 일이 결코 없고 또 만족될 수도 없다. 왜냐하면 이 감정은, 다른 누구보다도 자신을 사랑하면서, 다른 사람에 대해서도 그 자신보다 자기를 사랑해줄 것을 요구하기 때문이다". 그러나 루소는 이렇게 덧붙이는 걸 잊지 않았다. "이것은 불가능한 일이다. … 따라서 인간을 본질적으로 선량하게 하는 것은, 많은 욕망을 가지지 않는 일과 자신을 지나치게 남과 비교해보지 않는 일이다. 또 인간을 본질적으로 사악하게 하는 것은, 많은 욕망을 가지는 일과 무턱대고 남들의 의견에 의존하는 일이다(같은 책, 357~8쪽). 어쨌든 이러한 이기적 태도는 자신이 남보다 우월해야 한다는 자기중심적 자긍심과 결부됨으로써, 무엇보다 다른 사람들이 자기를 항상 그들보다 우월하다고 인정해줄 것을 우선적으로 요구하는 속성을 지닐 수밖에 없

---

128 라이너 촐 지음/최성환 옮김, 《오늘날 연대란 무엇인가 : 연대의 역사적 기원, 변천 그리고 전망》(한울 아카데미 2008), 131쪽

게 된다. 그런 탓에 갈등과 분쟁이 숙명적으로 뒤따를 수밖에 없게 될 것임은 굶주릴 때 먹을 것을 허겁지겁 찾는 것만큼이나 뻔한 일이라 하지 않을 수 없으리라.

따라서 이러한 이기주의를 극복해나가는 것은 상호 공존 · 공영 · 평화 · 평등 및 상호연대를 추구해나가기 위한 너무나 지당한 선행요건이라 하지 않을 수 없다. 이런 취지에서, 나는 이기주의 극복노력을 '자연의 휴머니즘'의 중대한 한 발현현상으로 간주하는 것이다. 이러한 가치관은 자연으로부터 생명을 얻고, 자연 속에서 살다가, 또다시 자연으로 되돌아가야 할 우리 인간들에게는 단순한 희망이나 기대수준 정도가 아니라, 자연이 숙명적으로 점지한 인간의 필연적 소명 아닐까 한다.

이처럼 자연의 휴머니즘은 자연스럽게 연대를 촉구한다. 우리의 대안 개념이기도 한 '생태환경', 요컨대 생태적 이성의 부름이기도 한 것이다.

3) 자연의 휴머니즘

누구나 절감하고 있다시피, 지금 자연이 무차별적으로 수탈당하고 있다. 그러면서도 마치 순교자이기라도 한 것처럼, 인간에 대한 사랑은 멈출 줄 모른다. 이러한 속성이 바로 '자연의 휴머니티'의 본성인 것이다.[129]

---

129 이하 부분은 박호성 논문, 〈자연의 휴머니티에 관한 소고〉(한국철학사상연구회 간,《시대와 철학》, 2011년 여름호〈제22권 2호〉)의 기본논지에 입각해 있다. 바

예컨대 조선시대 사람들도 〈오늘은 참 공기가 맑다〉는 말을 하곤 했을까 ……?

조상 대대로 자랑해오던 '3천리 금수강산', 요컨대 천혜의 생태계가 무참히 짓밟히고 있다. 그 와중에 귀중한 문화유산까지 덩달아 짓이겨진다. 어디 그뿐인가. 눈앞의 당면욕구를 충족하기 위해 기존의 청아한 자연환경을 마구잡이로 훼손함으로써, 미래의 후 세대를 위해 건강하게 보존해야 할 소중한 삶의 터전이 터무니없이 망가뜨려지기 일쑤다. 우리나라의 경우, 이른바 '4대강 개발'이 그 모범적인 사례에 속한다. 그것은 '개발'이 아니라, '파괴'였다.

이처럼 소수의 특혜계층을 위해, 선조와 당대인과 후손들을 포함한 사회구성원 절대다수의 '환경정의'(environmental justice)가 송두리째 무너져내릴 위기에 봉착하게 되었다. 특히 미국에서는 환경오염의 폐해가 유독 유색인종과 저소득층에 집중하는 경향이 있음이 밝혀지면서, "환경인종차별"(environmental racism)이라는 새로운 개념까지 만들어질 정도였다. 이러한 상황에 직면하여 모든 인종과 계급에 대한 공평한 환경보호를 촉구하는 사회운동이 일어나게 되었는데, 이를 일컬어 "환경정의 운동"이라 부르게 되었다. 나아가서는 "전체 지구 인구의 20% 정도에 지나지 않는 선진국이 자원소비의 80%를 차지하는" 국제적 현실에 빗대어, 1인당 자원소비로 드러나는 거대한 남·북 격차 문제 역시 환경정의의 주요 이슈로 떠오르기도 하였다. 이런 맥락에서, 만약 전 세계가 대량소비와 대량폐기를 일삼는 "미국적 생활양식"을 뒤쫓는다면, 지구가 몇 개라도 모자랄 지경이 되리라는 암담한

로 이 논문에서 처음으로 '자연의 휴머니티'란 개념을 새로이 설정하였다.

빈정거림까지 터져 나올 정도였다.[130] 뿐만 아니라 국제적인 자본축적 논리를 강조하면서, "최저 임금 국에 유독성 폐기물을 갖다 버리자"거나 "처리되지 않은 유독성 폐기물을 빈곤한 사람들의 앞마당에 버리자는" 기상천외의 짓거리마저 적극 옹호하고 나서며, 이들로 하여금 "오염을 먹어치우게 하라"는 한심한 작태까지 태연히 저지를 정도였다.[131] 실성한 환경만행이자 난잡한 인권침탈 망동임이 분명하다. 하기야 이미 오래 전부터 오로지 인간 자신만의 이기적인 행복과 쾌락을 배타 독점적으로 향유하기 위해, 뭇 생명체가 함께 하는 우리 생태계의 기본윤리까지 서슴없이 파괴해오지 않았던가.

그런데 생태계의 속살은 지금 도대체 어떠한 상태일까?

대부분 크기가 작고 여태 우리에게 잘 알려져 있지는 않지만, 우리는 수백만 종의 다른 생물들과 이 세계를 공유하고 있다. 그러나 지구상에 존재하는 1천만~2천만 종에 달하는 생물 각 개체를 "'자연'이라는 거대한 은행에" 함께 들어있는 "같은 수에 해당하는 금고"라 간주한다면, 이들 금고의 대부분은 아직 뚜껑이 열리지도 않은 상태다. 하지만 우리는 그 내용물에 대해 전혀 모르고 있을 뿐만 아니라, "더 많은 금고를 열수록 그 속에 들어 있는 내용물들이 인류사회에 엄청난 가치를 지닌다는 사실이 증명될" 터인데도, "그 안에 든 보물이 무엇인지 알아보기도 전에" 수많은 금고를 마구잡이로 파괴하고 있을 따름이다.[132] 이처럼 우리 인간은 이 지상의 다른 종(種)의 생명의 질서까

---

130 이에 대해서는, 오제키 슈지 · 가메야마 스미오 · 다케다 가즈히로 엮음/김원식 옮김,《환경사상 키워드》(알마(주) 2007), 177~179쪽을 볼 것.

131 이에 대해서는, 존 벨라미 포스터 지음/추선영 옮김,《생태계의 파괴자 자본주의》(책갈피 2003), 특히 101~104쪽을 참고할 것.

132 생물종들의 이름은 무엇이고, 무슨 일을 하고 있는 것일까? 이 물음의 답을 찾

지 극단적으로 교란하고 있는 희대의 흉악범인 것이다. 이러한 현실에서, "온실가스 배출이 심한 현 에너지 경제체제를 바꾸지 않으면, 우리에게 미래는 없다"는 치명적인 경고까지 발해지는 실정이다.[133]

이 와중에 플라스틱 폐해상황까지 뒤질 새라 세상을 불안하게 만들고 있다. 다양한 기업들이 만들어내는 플라스틱 류는 대부분 한 번 쓰고 버리는 비닐봉지, 빨대, 포장용기 등이라고 하는데, 재활용 비율 역시 1년에 10~15%밖에 되지 않는 것으로 알려져 있다. 게다가 그 주재료가 재활용 재료가 아닌 화석연료인 것으로 밝혀져, 충격을 가중시킨다. 플라스틱을 만드는 과정에서 이산화탄소가 다량 배출되는 통에, 2050년엔 플라스틱 제조업체가 배출하는 탄소가 전체 탄소 배출량의 10%에 이를 것으로 예측되기도 한다. 아울러 한 특정 보고서는 1회용 플라스틱 재료를 생산할 수 있는 전 세계 용량이 향후 5년 안에 30% 이상 증가할 수 있다는 경고도 덧붙였다. 그런데다 대다수의 쓰레기가 폐기물 관리시스템이 열악한 개발도상국으로 흘러 들어갈 확률이 높은 것으로 밝혀져, 충격이 더해지고 있는 실정이다. 게다가 전 세계 플라스틱 쓰레기 배출량의 절반이 세계 주요 20개 제조업

는 것이 바로 '생물 다양성'을 연구하는 새로운 학문 분야다. 앤드루 비티 · 폴 에얼릭, 앞의 책, 18~19쪽을 볼 것. : 다른 한편 세균과 원생동물을 최초로 관찰했을 뿐만 아니라, 역사상 가장 먼저 현미경을 사용한 인물로도 널리 알려진 네덜란드의 미생물학자 안톤 반 레벤후크는 1708년 "우리가 지금까지 발견한 모든 것은 자연의 거대한 보물창고에 숨겨진 것에 비하면 아주 사소한 것에 불과하다"는 안타까움을 피력한 적도 있다. 이에 대해서도 같은 책, 25쪽을 참조할 것.

133 세계적인 민간 환경연구기관인 '월드워치 연구소'(Worldwatch Institute)의 설립자이자 환경학자인 레스터 브라운 미국 지구정책연구소장이 기후변화의 심각성을 마주하며 던진 경고문구다(서울경제신문 2011.10.11일자).

체에서 만든 것으로 나타났다. 그리고 플라스틱 폐기물의 90% 이상
이 주요 기업 100개가 제조한 것으로 드러나기도 했다.

이 와중에 이 사실을 보도한 해당 언론매체는 호주 원주민들을
위해 일하는 비영리단체 마인더루 재단의 〈플라스틱 쓰레기 제조업
체 지수 보고서〉를 인용한 적도 있었다. 이 보고서는 "바다에 버려
지거나 매립되는 플라스틱 쓰레기 약 55%가 세계 주요기업 20개 업
체에서 발생한다"고 폭로하며, 해당업체 리스트를 공개하기도 했다
고 전한다. 1위는 미국 대형 석유업체 엑손모빌인데, 전 세계 일회
용 플라스틱 쓰레기의 5.9%를 만들어낸다. 다우 케미칼(5.6%), 시노
펙(5.3%), 인도라마 벤처스(4.6%), 사우디 아람코(4.3) 등이 그 뒤를 잇
고 있다. 우리 한국의 롯데 케미칼(2.1%)도 당당히 12위를 마크했다.
하물며 이런 제조업체 100개가 배출하는 플라스틱 쓰레기가 전체의
90%이상을 차지할 정도라고 전한다.[134]

그런데 전 세계 플라스틱 포장재의 32% 정도가 해양으로 유입된
다고 한다. 그러나 바다로 흘러 들어가는 플라스틱 쓰레기는 해양생
물의 생명을 위협할 뿐만 아니라 생태계까지도 파괴한다. 생태계에
축적되는 이 플라스틱 쓰레기는 시간의 흐름에 따라 바람이나 파도
등에 의해 지속적으로 점점 더 작은 크기의 조각으로 파쇄되는데, 이
렇게 만들어지는 플라스틱 잔해를 '미세플라스틱'(microplastic · 5mm 미
만 크기)이라 부른다. 하지만 바닷물이 이 미세플라스틱으로 오염되면,
예컨대 바닷물을 햇빛에 증발시켜 채취하는 천일염에까지 바로 이 미
세플라스틱이 흘러 들어가게 된다고 한다. 예컨대 2018년 해양수산
부 의뢰로 작성된 한 보고서에 의하면, 국내산과 외국산 천일염 6종

---

134   경향신문 (2021.05.19)

류에서 이미 미세플라스틱이 검출된 바 있다. 그러나 천일염은 말할 것도 없고, 생수 등 다른 식음료에서도 이 미세플라스틱이 검출됐다고 전한다.

2021년 10월 '유엔환경계획'(UNEP)에서 발표한 〈해양쓰레기 및 플라스틱 오염에 대한 글로벌 평가보고서〉에 따르면, 플라스틱은 해양쓰레기 중에서 가장 장기간 지속하는 유해폐기물로서, 전체 해양폐기물의 85% 이상을 차지한다. 그리고 현재 바다에 존재하는 플라스틱 양이 대략 7천500만~1억 9천900만t에 이를 것으로 추정하기도 했다. 그런데 심각한 두통거리는 바로 이 미세플라스틱이 끼치는 심각한 폐해다. 미세플라스틱은 해산물 섭식이라든가 일상생활 속에서 사용되는 일회용품 등을 통해 인체 내로 유입된다고 하는데, 한 사람이 1주일에 평균적으로 섭취하는 미세플라스틱 양이 약 5g에 달한다고 한다. 이는 곧 신용카드 1장을 먹는 것과 다를 바 없다는 것이다. 개수로는 매주 평균 2천 개에 해당한다고 전한다.

뿐만 아니라 이 미세플라스틱이 공기, 옷(합성섬유), 물, 갑각류, 소금, 맥주 등에도 들어있는 것으로 밝혀졌다. 가령 종이컵에 뜨거운 물을 부어넣을 때도 미세플라스틱이 나온다. 플라스틱 원료를 사용해 만든 의류도 세탁할 때마다 수천 개의 합성 플라스틱을 배출한다. 세탁 시 섬유에서 나오는 바로 이 미세플라스틱이 해양생태계 파괴의 주범으로 지목받고 있다. 더구나 미세플라스틱은 크기가 큰 플라스틱이 주는 것과는 또 다른 형태로 환경과 생물체에 악영향을 끼친다고 한다. 무엇보다 큰 플라스틱이 움직일 수 있는 장소는 바다, 토양, 강 정도로 국한해 있지만, 미세플라스틱은 심지어 지하수, 대기 중으로도 이동할 수 있기 때문이다. 이처럼 미세플라스틱은 소금, 해산물, 생수, 수돗물 등에서도 발견될 정도로, 광범위한 활동범위를 과시한다.

이와 같이 미세플라스틱은 무엇보다 인체에 치명적인 악영향을 끼치는 것으로 확인되었다.

이 미세플라스틱이 장폐색, 영양분 섭취부족으로 인한 에너지 할당 감축, 먹거리 오인으로 인한 섭식 습성 변질, 성장과 번식의 감퇴 등과 같은 미시적인 악영향까지 끼친다고 보고되었다. 특히 마이크로 이하의 미세한 크기로 인해 체내 깊숙한 곳까지 침투할 수 있으며, 뇌, 태반장벽도 통과할 수도 있기 때문이다. 뿐만 아니라 플라스틱 제조 시에 첨가되는 비스페놀 A, 프탈레이트 등의 화학물질 그리고 미세플라스틱 표면에 흡착된 바다 속 잔류성 유기 오염물질 또한 생명체에 위협요소로 작용하는 것으로 조사되었다. 게다가 미세플라스틱은 잔류기간이 길어 체내에 축적되기도 하는데, 간, 심장, 폐, 뇌 등으로 침투할 수 있다는 분석도 있다. 뇌 안에서 세포를 죽이는 신경독성 물질로 작용할 수도 있으며, 심지어는 세대간에 전이되어 자손의 뇌 발달에 악영향을 끼칠 수도 있다는 사실이 규명된 바 있기도 하다.

그에 따라 미세플라스틱 저감을 목표로 한 국제적 움직임 역시 활성화하고 있다.

해외에서는 유럽연합(EU)이 미세플라스틱 규제에 가장 적극적인 움직임을 보이고 있다. 2020년 비OECD 회원국에 대한 유해 폐플라스틱 수출을 금지하는 폐기물 선적 규정 개정안을 발표했다. 2021년 재활용이 불가능한 플라스틱 포장재 폐기물에 1kg당 0.8유로의 세금을 부과하는 플라스틱세(稅)를 시행하기 시작하기도 했다.

예컨대 독일에서는 2021년 7월부터 '일회용 플라스틱에 관한 지침(Directive EU 2019/904)'을 통해 두께가 15~50μm이거나 과일 및 채소용 얇은 플라스틱 봉투를 제외한 일회용 플라스틱 식사용 도구, 플라스틱 빨대, 플라스틱 음식용기 등, 대체 가능한 소재가 있는 일회용 플라스틱 사용을 금지하고 있다. EU 일부 회원국들은 화장품과 세제에 사용하는 미세플라스틱 역시 금지하고 있다. 프랑스에서는 '낭비방지 및 순환경제에 관한 법률'에 의거, 1.5㎏ 미만의 채소 및 과일의 비닐포장을 금지한 데 이어, 2025년부터 자국에서 생산하는 모든 세탁기에 미세플라스틱 배출을 막는 합성섬유 필터 장착을 의무화하는 규정을 시행하기로 했다. 다른 한편 미국은 2015년 '마이크로비드 제거 수자원법(Microbead—Free Waters Act)'을 제정해 2017년 7월부터 자국 내 모든 제조업체를 대상으로 미세플라스틱이 포함된 화장품 생산을 금지했다. 2018년 7월부터는 미세플라스틱이 포장된 화장품의 도입까지 막았다. 캐나다는 2016년 미세플라스틱을 유해물질로 지정해, 2018년 7월부터 미세플라스틱이 들어 있는 샤워젤, 치약 및 세안 스크럽 등의 화장품 제조, 수입과 판매를 전면 금지하고 있다. 이러한 다양한 법제적 흐름에 따라, 유럽과 미국에서는 이미 미세플라스틱 저감장치가 달린 세탁기 출시경쟁이 뜨겁게 달아오르기까지 한다고 알려져 있다.

현재 미세플라스틱 문제의 해결을 위해 개별 국가의 책임뿐만 아니라 국제적 노력까지 강조되고 있는 실정이다. 이미 2014년, '유엔 환경계획'(UNEP)은 미세플라스틱 오염을 전 세계 10대 환경문제의 하나로 지정, 발표하고, 2017년에는 '해양쓰레기에 대한 국제 파트너십'(The Global Partnership on Marine Litter)을 설립하기도 했다. 이처럼 현재 국제기구, 국제NGO 등이 미세플라스틱 저감을 위해 다양한 노력을 기울이고 있는 중이다.

미세플라스틱은 일단 자연환경에 배출되면 회수가 거의 불가능해, 플라스틱의 생산과 소비를 줄이지 않는 한 저감이 어려운 것으로 알려져 있다. 그러므로 플라스틱 사용금지 등을 통해 그 원천적인 발생 자체를 철저히 차단하지 않으면 안 되도록 되어 있다. 뿐만 아니라 미세플라스틱이 해양으로 일단 흘러 들어가면 현재 기술로는 완전한 제거가 불가능한 탓에, 근본적으로 미세플라스틱 자체를 아예 생성치 않도록 하는 게 최선의 방법이라 한다.

이 미세플라스틱 문제를 해결하기 위해, 우리나라에서도 나름 부지런히 노력하는 중이다. 가령 2017년에는 미세플라스틱을 함유한 화장품의 제조 또는 수입을 금지했다. 그러나 당시 규제대상이 전체 화장품의 0.56%밖에 되지 않아 비난을 사기도 했다. 그 와중에 2020년 6월, 세정제, 제거제, 세탁세제, 표백제, 섬유유연제 등을 미세플라스틱 함유 금지물질로 확대 지정한 바 있다. 그에 발맞춰, 예컨대 삼성전자 또한 의류세탁·건조 과정에서 미세플라스틱 배출량을 줄이는 기술을 개발하겠노라 밝히기도 했다. 삼성은 패션브랜드 파타고니아와 기술협약을 맺고 연구개발 조직에 전문인력을 투입하는 등, 미세플라스틱 배출량을 줄인 세탁기 상용화를 목표로 연구에 박차를 가하고 있는 중이다.[135]

하지만 미세플라스틱이 인체에 끼치는 악영향 문제는 아직 철저하고 명확하게 판명되지는 않고, 주로 추측으로 일관하는 형편이다. 그러나 그것이— 마치 그리스군이 목마에 숨어 트로이에 침투해 승리했던 것과 마찬가지로— 온갖 세균과 병원체를 우리 몸에 실어 나르는 "트로이 목마 효과"(Troian Horse)를 보일 수 있을지 모른다고 추정됨으로 해서 더욱 깊은 우려를 자아내기도 한다. 게다가 최근 미세플라스틱이 염증, 불임, 암 등과 깊은 연관을 지니고 있다는 연구결과

---

135 지금까지 미세플라스틱 관련 해설은, 주로 〈주간경향〉 1470호(2022.03.28)를 참조하였다.

까지 발표되기도 하였다. 그런 까닭에, 먼 훗날 우리 후손들이— 우리 인류가 '석기시대', '청동기시대', '철기시대' 등의 발자취를 겪어온 역사에 견주어서— 오늘날 우리의 시대를 아마도 "플라스틱 시대"라 명명할지 모른다는 주장까지 제기되는 실정이다.[136] 부끄럽고도 가슴 아픈 일이 아닐 수 없다.

그런데 생물 다양성을 감소시키고 생물 종의 멸종을 초래하는 주요원인은 과연 무엇일까?

간결하게 '세 개의 O(과—過)'가 지목되고 있다.

요컨대 Overpopulation(과잉인구), Overdevelopment(과잉개발), Overconsumption(과소비)가 바로 그것이다(앤드루 비티·폴 에얼릭, 같은 책, 326쪽).

물론 자연은 의당 어떠한 보상도 바라지 않으면서, 태양과 물과 공기와 나무 등등, 자신의 모든 것을 우리 인간에게 무상으로 다 내어 준다. 그럼에도 우리는 철면피하기 그지없게도 그러한 '생명의 근원' 인 자연에 대해 "매춘행위"만을 자행해온 부도덕한 '배신자'로 군림 한 지 이미 오래다. 어느 현자는 현대인들이야말로 자연을— 남편 스 스로가 이득을 취할 뿐만 아니라 물론 책임도 동시에 지는 "결혼한 여성"(a married woman)이 아니라— 마치 어떠한 의무나 책임감도 없이 일방적으로 이득을 취하기만 할 뿐인 '매춘부'(a prostitute) 같은 존재 로 취급할 뿐이라 통탄하기도 하였다.[137]

---

136 이것은 면역학과 독성학의 세계적 권위자인 박은정 교수의 지적 사항이다. 이 에 대해서는 박은정 지음, 《햇빛도 때로는 독이다 : 생활 속 화학물질로부터 건강을 지키는 법》(경희대학교 출판문화원2022), 172~74쪽을 볼 것.

137 이에 대해서는 Seyyed Hossein Nasr, Man and Nature : The Spiritual Crisis in

예컨대 1600년에서 1900년경에 이르기까지 근 300백년 동안에는, 인간에 의해 멸종된 생물이 4년에 1종 꼴인 총 75종에 '불과'했다고 한다. 반면에 1900년대 초에는 1년에 1종, 1970년대 중반부터 1980년대 중반까지는 1년에 1천 종, 그리고 1980년대 중반 이후부터는 하루에 100~150종씩, 연간 4~5만 종이 맹렬히 멸종당하고 있다는 것이다. 멸종속도가 급격히 빨라지는 이런 추세대로라면, 20~30년 안에 전체 종의 1/5 정도, 100년 안에 1/2 정도가 사라지리라 추정될 정도다.[138] 심지어 전 세계 영장류의 절반에 달하는 303종이 인간에게 잡아먹히거나 서식지 파괴로 멸종위기에 처해 있다는 연구결과도 뒤따른다.[139]

근래에는 스티븐 호킹까지 나서서, "재난과 소행성 충돌, 유행성 전염병, 인구과잉, 기후변화 등 위기가 계속 증가해 인류가 멸종할 위험성이 계속 커지고 있다"고 진단하며, "생존을 원한다면, 인류의 미래세대는 우주공간에서 생존할 방법을 찾아야 한다"고 역설하기도 했다. 그는 "인류가 지구에서 살아갈 시간이 점점 바닥나고 있어, 우리는 (지구가 아닌) 다른 어떤 곳에서 미래를 개척해야 한다"고까지 투덜대며 불편한 속내를 여지없이 드러낸 것이다. 호킹은 한때 핵무기, 인공지능(AI)의 발전 등이 인류와 지구의 생존을 위협하고 있다고 개탄하면서, "다음 세기에는 인류가 살기에 이 지구가 더욱 적합하지 않게 변할 것이고, 1천 년 뒤에는 취약해진 지구에서 인류가 살 수 없

Modern Man (ABC International Group, Inc., Chicago 1997), p.18을 볼 것.

138 송명규,《현대 생태사상의 이해》(도서출판 따님, 2쇄, 2008), 12쪽 참조

139 마크 베코프 지음/윤성호 옮김,《동물 권리선언 : 우리가 동물의 소리에 귀 기울여야 하는 여섯 가지 이유》(미래의 창 2011), 27쪽

게"되리라 경고하기도 했다. 이어서 "시간이 갈수록 지구에 재앙이 닥칠 가능성이 커지고 있으며, 앞으로 1천 년 뒤, 1만 년 뒤에 재앙이 닥치는 것은 거의 확실해지고 있다"고 덧붙이는 것을 잊지 않았다. 그런 연유로, 루게릭 병으로 인해 휠체어에 의지하며 우주 연구에 매진해온 호킹은 "우주, 다른 행성으로 나가 지구의 재앙이 인류의 종말이 되지 않도록 해야 한다"고 목청을 높이기까지 한 것이다.[140] 어쨌든 여기저기서 지구와 인류의 생존 가능성에 대한 회의와 불안이 확산하고 있는 실정임은 분명해 보인다.

그 와중에 또 다른 한 언론매체는, "꿀벌이 지구상에서 사라진다면, 인류는 기껏해야 4년 정도 더 생존할 수" 있을 뿐이라는 아인슈타인(Einstein)의 우려에 찬 예언까지 전하며, '인류존망의 풍향계인 야생꿀벌 다양성이 25년 간 25%나 줄어들었다'는 심각한 기사를 내보낸 적이 있을 정도다.[141] 물론 아직까지는 벌들이 대재앙의 참사를 겪고 있다고 보기는 힘들지만, 그럼에도 '야생벌들이 더 이상 번성하지 못하고 있는 것은 거의 확실하다'는 연구결과가 나오기도 했다. 꿀벌의 실종은 인류에게도 치명적이다. 유엔 식량농업기구(FAO)에 따르면 전 세계 식량의 90%를 차지하는 100대 농작물 중 70% 이상이 꿀벌이 꽃가루를 옮겨주는 덕분에 열매를 맺는다. 꿀벌의 개체 수가 줄어들면 대부분의 견과류와 과일, 채소 등의 생산도 감소해 세계적인

---

140 동아일보(2017.05.05일자)

141 연합신문(2021.01.23.) : 뿐만 아니라 전문가들은 휴대전화의 전자파로 인해, 현재 지구상에 꿀벌이 40% 가량이나 소멸하여 양봉농가들이 큰 타격을 입고 있다고 경고하기도 한다. 이에 대해서는 법정, 《아름다운 마무리》(문학의 숲 2008), 65쪽을 참고할 것.

식량난을 야기할 수 있음은 특히 주목을 요하는 현상이다.[142]

아울러 한국을 비롯한 전 세계 양봉 농가에서 꿀벌이 집단 실종되는 현상이 이어지는 상황이라는 보고도 있었다. 꿀벌의 수명이 50년 전보다 절반으로 줄었다는 연구 결과까지 덧붙여졌다. 게다가 "꽃가루 매개 곤충들이 급격히 감소하는 것은 세계적인 추세"라는 우울한 진단까지 내려지는 상황이니 어쩌겠는가. 응당 기후위기가 사건의 주범으로 지목되면서, 관련 보도가 잇따랐음은 물론이다. 기후변화로 인해 봄꽃이 빨리 개화함으로써, 집을 일찍 벗어난 꿀벌들이 다시 돌아오지 못하는 바람에 월동 폐사가 발생했다는 것이다. 어디 그 탓뿐이겠는가. 과도한 농약 남용이나 살충제의 악영향이 보다 직접적이고 일상적인 악재로 작용하고 있음을 결코 부인할 수는 없을 것이다. 뿐만 아니라 도시공원들 역시 이로부터 심각한 폐해를 입을 수밖에 없어, 여가를 즐기려 나오는 죄 없는 시민들의 건강까지 심각한 손상을 입을 수밖에 없는 구조가 일상화해 있는 상태라 한다.[143]

그러나 이게 다가 아님은 물론이다. 국제정치·경제적으로 볼 때도, 자연재해와 관련지어 심각한 사회현실이 그대로 민낯을 드러낸다. 다음의 수치가 그런 정황을 숨김없이 보여주고 있다.

"세계 20%의 인구가 80%의 자연자원을 소비하고, GDP의 86%, 이산화탄소 배출의 75%, 전화회선의 74%를 점하고 있다. 특히 세계인구의 5%를 차지하는 미국의 경우는 세계 자동차의 32%를 소유하고 있고, 이산화탄소의 22%를 배출하며, 전 세계에서 수확되는 옥수수의 1/4분을 가

---

142   중앙일보(2022.11.15.)

143   프레시안(2022.09.11.)

축사료로 소비하고 있다. 또한 미국인들은 1940년까지 인류가 사용한 것과 동일한 양의 광물자원을 지난 60년 동안 소비했다. 미국인은 1인당 방글라데시인 168명분에 해당하는 에너지를 소비하고 있다. 지구상의 인간 모두가 북미인의 라이프 스타일을 실현하기 위해서는 지구 네 개가 필요하다".[144]

뿐만 아니라 국제적 불평등 현실이 얼마나 가공할 수준인가 하는 개탄까지 가세하는 현실이다. 이 문제는 예컨대 미국의 민간 인구문제 전문연구기관인 〈인구조사연구소〉(PRB)가 세계은행 등으로부터 수집한 자료를 분석해 발표한 '2005 세계인구 통계표'에 여실히 잘 드러나 있다.

이 통계표는 전 세계 65억 인구의 절반 이상이 하루 2달러도 안 되는 돈으로 생계를 유지하고 있다고 보고하고 있다. 세계 인구의 53%가 빈곤선에서 허덕이고 있는 것이다. 또 농촌 인구의 약 1/3은 안전하게 마실 물을 공급받지 못하고 있으며, 게다가 전체 인구의 2/3가 농촌지역에 살고 있는 사하라 이남 국가의 경우, 이들의 절반 이하만이 안전한 식수에 접근할 수 있다고 주장한다. 그리고 60억 세계 인구 가운데 11억 내지 12억 명 정도가 기아와 식량 부족으로 고통받고 있으며, 다른 한편에서는 정반대로 같은 수의 사람들이 비만으로 고통당하고 있음도 밝히고 있다.

예컨대 미국은 세계 제1의 비만국인데, 전체 인구의 61%가 비만

144 쓰지 신이치(이규) 지음/김향 옮김, 《슬로 라이프》(1판 13쇄, 디자인하우스 2014), 175쪽

인구에 속하는 것으로 알려져 있다.[145] 전 세계를 통틀어 볼 때, 굶어죽는 경우보다 영양과잉으로 인한 사망률이 훨씬 높다고 한다. 그런데 굶어서 질병이 생기게 되면 치료하기가 쉽지만, 영양과잉으로 발발하는 다양한 질병들은 치료가 매우 힘들다는 것이 의학계의 공통된 견해다.[146]

　　게다가 출산율까지 문제다. 마치 맹수들에게 잡아먹히는 약소동물의 번식률이 상대적으로 높은 이치와도 유사하게, 출산율은 빈곤국들이 여성 1명당 7~8명으로 세계 최고수준을 기록하고 있다. 출산율이 가장 낮은 나라는 한국과 대만, 폴란드, 우크라이나 등으로 대체로 1.2명 수준이다. 그리고 아프리카 지역의 평균수명은 48세에 지나지 않아 세계 평균치인 67세에도 크게 못 미치며, 아프리카의 유아 사망률은 8.8%로 선진국에 비해 거의 15배에 육박하고 있다. 하지만 에너지 사용량은 선진국이 개발도상국의 5배나 된다.[147]

　　어쨌든 이렇게 다양한 방식으로 자연이 핍박받고 있는 현 상황에서, 자연의 일부인 인간이 지금까지 이 자연 속에서 어떻게 살아 왔으며 또 어떻게 살아가야 하는지, 나아가서는 인간에게 삶을 허여하는 주체인 자연에 대해 우리는 과연 어떠한 자세로 임해야 할 것인지 하는 물음에 대해 정중하게 응답하는 것은 지극히 적절하고도 올곧은 일이 아닐까 한다.

145　쓰지 신이치 지음/권희정 옮김,《슬로우 이즈 뷰티풀》(Slow is Beautiful)(빛무리 2003), 127~128쪽 및 47쪽.

146　선재광 지음,《피 해독으로 만성질환 치료하기》(전나무숲, 20220), 197쪽 참조.

147　한겨레신문(2005.08.24일자)

이미 밝힌 바 있듯이, 자연은 물론 인간성의 규범적 토대이기도 하다.

온갖 생명의 원천이 바로 자연 그 자체인 탓에, 이 대자연의 품속에 서로 무관한 존재가 과연 티끌만큼이라도 존재할 수 있겠는가. 삼라만상이 무릇 '인연'을 통해 서로 긴밀히 연관되어 있기 때문이다. 대자연은 하나의 거대한 생명체인 것이다.

하지만 지금껏 이 세계를 지배해온 서양은 지극히 자연스럽게 자신의 그릇된 자연관 역시 전 세계에 널리 주입하기도 하였음은 물론이다. 그렇다면 무엇이 그릇되었는가. 서양의 자연관은 대체로 다음과 같은 몇 가지 두드러진 부정적 특성을 지니고 있다(다카기 진자부로, 앞의 책, 특히 19~20쪽 참고).

첫째, 서양은 자연을 인간이 극복해야 할 제약이라고 보았다. 이러한 제약을 극복하기 위해 기민하게 노력해온 결과가 바로 눈부신 과학기술의 발전으로 나타난 것이다.

둘째로, 서양은 자연을 주로 인간의 유용성 측면에서만 바라봄으로써, 가능한 한 많은 부(富)와 이윤을 탐욕스럽게 추구하는 행위를 정당화하는데 전념하였다.

셋째로, 이러한 행위양식은 "기본적으로 자연의 사유(私有)를 전제로 한다". 결국 자연이 "부와 이윤의 원천"으로 인식되었기 때문에, 자연을 필연적으로 "상품가치"를 갖는 "매매의 대상"으로 전락시키고 말았다. 결과적으로 엄청난 자연훼손과 무자비한 인간성 파탄이 뒤를 잇게 되었다.

그리고 넷째로, 이러한 자연관은 인간으로 하여금 "자연에 대한 인간 중심적인 행동을 인간 주체성의 발현이자 자유의 확대"로 간주하도록 만들었을 뿐만 아니라, 이를 "진보와 자유라는 명분으로 정당화"하도록 유도하기도 하였다. 이런 의미에서, "합리주의" 정신은 바야흐로 "인간중심주의의 자연관을 배양하는 온상(溫床)"이나 다를 바 없는 것으로 변질하게 되어버렸다.[148]

그러나 이러한 서양식 자연관의 유구한 전통은 멀리 고대 그리스로까지 거슬러올라간다.

고대 그리스의 자연철학은 우주의 근본원리를 신(神) 이외의 것에서 찾기 시작했다는 의미에서, 제우스 등 여러 신들이 주인공 역할을 전담하던 구시대적 '신화의 세계'로부터의 탈출시도였다고 말할 수 있다. 그러므로 이 자연철학은 "신화와의 결별"을 예고하는 "신화 부정운동"으로서, "새로운 정신운동"의 징표라 할 수 있다. 무엇보다 이러한 정신운동의 밑바탕에는— 예컨대 '만물은 물'이라고 외쳤던 탈레스의 경우에서도 드러나듯이— 신이 개입하지 못하는 자연계 스스로의 고유하고 자율적인 원리와 구조에 대한 믿음이 깔려 있다고 말할 수 있기 때문이다(다카기 진자부로, 앞의 책, 58~9쪽).

그러나 다른 한편으로는, 이처럼 자연계 스스로가 합리적인 질서를 내장하고 있다는 믿음은 인간의 이성이 얼마든지 그 오묘한 질서체계를 발견해내고 터득할 수 있다는 자신감으로 손쉽게 뻗어나갈 수 있도록 촉진하는 지렛대 구실을 담당하기도 하였다. 어쨌든 신화적인 세계관을 뛰어넘어 이성에 입각해 합리적으로 자연을 이해하고자 노력했다는 측면이야말로, 그리스인들을 "고대세계의 다른 모든 민족들과 구별시켜주는 최대의 특징"이라 할 수 있는 것이다.[149]

---

148 '인간중심주의'의 유형 및 속성에 대한 비판적 분석을 참고하기 위해서는, 루크 마텔 지음/대구사회연구소 환경연구부 옮김, 《녹색사회론 : 현대 환경의 사회이론적 이해》(한울아카데미 1999), 115~159쪽을 볼 것.

149 도날드 휴즈 · 표정훈 옮김, 《고대문명의 환경사》(사이언스 북스 1998), 105쪽

하지만 이러한 고대 그리스의 자연철학이 자신들의 인간중심주의와 결합하게 되면, 인간의 자연지배를 당연시하는 인간적 우월성에 대한 믿음으로 손쉽게 진화할 수 있게 되리라 함은 지극히 자연스러운 일이었다. '신화의 시대'를 뛰어넘어 '이성의 시대'로 진입했다는 것은 결국 존중의 차원이 아니라 분석의 대상으로 자연을 '낮춰 보기' 시작했다는 것을 의미하는 것이기도 했다. 뿐만 아니라 인간을 "만물의 척도"로 간주하는 헬레니즘의 인간중심주의는 흥미롭게도 기독교 정신과 죽이 잘 맞아떨어지기도 하였다.

실은 서양인 스스로도 다름 아닌 성서(聖書)로 말미암아 자연에 대한 자신들의 태도가 "오만에 감염"되어왔음을 숨기려들지 않는다. 그리하여 '창세기'(Genesis)이래 지금까지 자연을 "소중히 여겨야 할 상대"(partner to be cherished)로서가 아니라, 가증스럽게도 "강탈해야 할 포로"(captive to be raped)로 취급해왔음을 엄중히 자성하기도 하는 것이다.[150]

이런 측면에서, '구약 창세기'의 다음과 같은 언명은 시사하는 바가 적지 않다.

하나님이 이르시되 우리의 형상을 따라 우리의 모양대로 우리가 사람을 만들고 그들로 바다의 물고기와 하늘의 새와 가축과 온 땅과 땅에 기는 모든 것을 다스리게 하자 하시고, 하나님이 자기 형상 곧 하나님의 형상대로 사람을 창조하시되 남자와 여자를 창조하시고, 하나님이 그들에게 복을 주시며 하나님이 그들에게 이르시되 생육하고 번성하여 땅에 충

---

150 Passmore, John . MAN'S RESPONSIBILITY FOR NATURE : Ecological Problems and Western Traditions (Charles Scribner's Sons, New York 1974), p.5

만하라, 땅을 정복하라, 바다의 물고기와 하늘의 새와 땅에 움직이는 모든 생물을 다스리라 하시니라(제1장 26—28절).

여기에는 자연을 바라보는 냉혹한 기독교 정신의 한 단면이 잘 드러난다. 무엇보다 인간중심주의적 관점에 입각한 인간과 자연의 이분법적 논리가 전면에 나타나고 있음을 수월하게 간취할 수 있다. 이를테면 자연의 '정복'이 하느님의 이름으로 지극히 손쉽게 정당화 내지 촉진될 수 있게 된 것이다. 기독교는 말하자면 인간의 초자연적 지위를 용인함으로써, 인간의 자연지배를 적극적으로 권장하고 옹호하는 편집증을 유발하게 되었음을 부인하기는 힘들 것이다.

실은 이러한 정신사적 흐름이 결과적으로 서양인의 의식세계에 해일처럼 밀어닥치게 되었다. 자연계의 모든 존재가 오로지 인간에게 유용한 쓸모를 제공할 수 있는 경우에만 그 존재가치를 인정받을 수 있다고 하는 이러한 인간중심적 실용주의 정신이 사실상 전통적인 서양 정신세계의 기본 축을 형성하게 된 것이다. 이런 까닭에, 근대 이후 오늘날까지의 세계문명이 그리스인의 합리주의 및 로마인의 실용주의 정신의 부활과 계승으로 점철해왔다는 주장이 적잖은 설득력을 얻을 수 있게 되는 것이다(송명규, 앞의 책, 22—23쪽 참고).

이윽고 이러한 정신에 굳건히 터를 닦은 과학적·합리주의적 자연인식에 힘입어, 결국 자본가계급이 역사적 승리를 쟁취하게 되었다. 그리고 심각한 자연파괴가 뒤따랐다.

하지만 앞에서도 강조한 바 있지만, 근래에 들어 자연은 흥미롭게도 우리 인간에게 역사적 '시혜' 같은 것을 베풀어주고 있는 듯이 비치기까지 한다. 인간성 회복의 절묘한 기회를 새로이 선사하고 있는 것처럼 보이기 때문이다.

오늘날 공기오염, 황사, 지구온난화, 엘니뇨현상, 이상고온, 이상저온, 호우, 폭설, 가뭄 등을 비롯한 각종 자연적 이상기후 현상이 전지구적 차원에서 발생하고 확산하고 있다. 이미 앞에서도 지적했듯이, 바로 이러한 이상기후증이야말로 실은 우리 인류에게 새로운 도약의 기회를 부여하고 있는 자연의 시혜 현상처럼 비치는 것이다. 무엇보다 전 지구적 이상기후 현상이 전 인류로 하여금 자기 국가만의 민족적 사리사욕에만 매달릴 수 없도록 강제하는 역설적 지구상황을 조성하고 있는 것처럼 보이기 때문이다. 이를테면 오늘날 전 지구의 생존과 인류적 공생을 도모하기 위해 "새로운 패러다임의 전환"이 촉구되면서, 범 세계적 단합과 결속이 결정적으로 요청되는 새로운 역사시대가 도래하게 된 것이다.[151] 그런 탓에, 날선 국가적 이기주의를 뒷전으로 밀쳐내며 마치 관대한 지구적 이타주의를 강제하기라도 하는 것처럼 비쳐지는 역사적인 환골탈태 기세, 요컨대 "범지구적 공동체의 발전을 위한 전조(前兆)들"이 득세하고 있는 경향이 점차 현저해져가고 있음을 일상적으로 체험하게 되지 않았나 짐작될 정도다. 말하자면 이러한 심각한 상황으로 말미암아 범지구적 행동이 '정당화'되고 있다는 말인 것이다.[152] 이를테면 오늘날 인간 스스로가 자초한

---

151 예컨대 이기상은 주목할만한 논문에서 첨단 기술과학의 시대, 정보화 시대, 사이버 시대 등 수많은 얼굴을 하고 나타나는 현대사회는 "새로운 패러다임의 전환"을 촉구한다고 주장하면서, 우리가 "지구 위 모든 생명체와 더불어 살 수밖에 없는 공동 운명체"임을 깨닫고, "생명문화 공동체" 건설에 발벗고 나서야 한다고 역설하고 있다. 이기상, 〈생명의 진리와 생명학 : 지구 생명 시대에 요구되는 생명문화 공동체〉,《생명사상과 전 지구적 살림운동》(세계생명문화포럼—경기 2006 ; world life—culture forum ; gyeonggi 2006 자료집), 104~105쪽

152 물론 이 글에 등장하는 것과는 이질적인 요인들을 제시하고 있긴 하지만, 예컨대 에치오니(Etzioni) 역시 핵무기, 대량살상무기, 사스(SARS), 에이즈, 자연

한계상황을 또 인간 스스로가 극복토록 제어하는 역사적 '시혜' 같은 것이 자연에 대해 베풀어지는 듯한 특이한 정치적 상황이 조성되고 있는 것처럼 보인다는 말이 되리라.

마치 헤겔이 말하는 "이성의 간계"(die List der Vernunft)라도[153] 작동하기 시작한 것처럼 비칠 정도다. 말하자면 인간의 이기적 본성이 극한상황에 도달한 듯 여겨지는 위기상황이 도래하자, "세계사적 개인"이 아니라 바로 이성의 힘 자체가 배후에서 은밀하게 역사적으로 스스로를 실현토록 강제함으로써, 인간적 공생주의를 강압하는 인류사의 변증법적 제재가 팔을 걷어붙인 것처럼 보일 정도라는 말이다. 그리하여 싫든 좋든, 오늘날 국제적 연대가 불가피한 것으로 인식되게끔 자리잡아 가는 것처럼 보인다.

발생적 전염병 또는 테러분자들에 의한 유행병 등, "범지구적 공동체의 발전을 위한 전조(前兆)들"이 존재하고 있음을 대단히 도전적으로 역설하고 있다. 그는 현재 "전 세계 인류가 명백하고도 시급한 위험에 직면"해 있는 탓에, 이에 대한 "신속한 대처"가 필요하다고 경고하며, 이러한 위기는 "구체제와 과거 방식으로는 효과적으로 해결할 수 없다"고 힘주어 강조하고 있는 것이다. 이러한 관점에 입각하여 에치오니는 과감하게 "이러한 심각한 상황은 범지구적 행동을 정당화"한다고 단언한다. 이에 대해서는, 아미타이 에치오니 지음/조한승 · 서헌주 · 오영달 공역,《제국에서 공동체로 : 국제관계의 새로운 접근》(매봉통일연구소 번역총서 1, 도서출판 매봉 2007), 298~99쪽을 볼 것.

153 예컨대 로버트 터커는 〈헤겔과 마르크스에 있어 이성의 간계〉라는 논문에서 (Robert Tucker, "The Cunning of Reason in Hegel and Marx", in : The Review of Politics(Volume18, Issue3, July. 1956), pp.269~295), 다음과 같이 주장한다 : 본질로서의 이성은 세계사적 개인을 통해 스스로를 역사 속에서 실현하지만, 세계사적 개인은 이성의 도구로서의 역할을 완료한 이후에는 토사구팽 되고 마는 것이다. 이렇게 특수한 개인의 열정적인 삶과 희생을 통해 배후에서 은밀하게 스스로를 실현하는 이성의 힘, 헤겔은 이것을 바로 "이성의 간계"(the cunning of reason) 혹은 '이성의 간지'라고 불렀다.

그런 와중에 또 놀랍게도 마치 타이밍이 맞춰지기라도 한 것처럼, 현재 비록 세계인의 고통을 동반하고 있긴 하지만, 국제적 연대를 촉진하는 압도적인 영향력을 발휘하고 있는 코로나19 팬데믹까지 덩달아 발발하기도 하지 않았는가. 역사는 지금 마치 시지프스의 부활을 촉구하고 있는 것처럼 여겨질 정도다. 하지만 추운 겨울을 더욱 더 혹독하게 춥도록 만듦으로써 새봄 푸른 잎의 푸르름을 더욱 더 푸르게 만들어내는 것이 바로 자연의 따뜻한 지혜임을 유념하고 또 명심해야 하리라.

노자도 "소나기는 종일 내리지 못하고, 회오리바람은 아침나절 불지 못한다"고 귀띔하지 않았던가. 우리는 흔히 '끝없는' 고통이니, '끝없이' 펼쳐진 사막이니 하는 말들을 심심찮게 되뇌기도 한다. 사실 이 말은 실제 뭔가 '끝'이 없다는 게 아니라, 마치 끝이 보이지 않을 정도로 일이 쉽게 잘 풀리지 않는다는 독백이나 푸념 같은 것이리라. 모든 것에는 반드시 끝이 있는 법이다. 하지만 그 끝을 향하는 기나긴 여정에 어찌 모험과 위기가 짝하지 않겠는가.

배는 항구에 있을 때 안전하다. 그러나 배의 진정한 존재이유가 과연 항구에 안착해 있는 것일까? 결코 그럴 리 없다. 세차게 으르렁거리는 격렬한 파도와 싸워가며 망망대해를 헤쳐 이윽고 목적지에 도달하는 것, 그것이 바로 배의 진정한 존재가치 아니겠는가. 삶 역시 마찬가지리라. 격랑과 싸우며 목적지에 가 닿는 배처럼, 삶의 목표를 실현하기 위해서는 낯설고 거친 것들과 맞닥뜨리지 않으면 안 될 것이다. 모험정신과 개척정신이 반드시 요구되어질 수밖에 없는 까닭이다. 한번도 가본 적이 없고 한번도 부딪쳐본 적이 없는 탓에, 위험이 따를 수밖에 없음은 얼음이 찬 것 만큼이나 뻔한 일이다. 하지만 이러한 위험을 극복할 때라야만 목적지에 도달할 수 있음 또한 자명하다.

자연과의 화합과 공생 역시 그리 손쉽게 이루어지긴 힘들리라 예측된다. 그러나 고무적인 것은 자연과 인간의 합일을 도모하는 '생명 공동체' 건설의지가 의연하게 내연하기 시작한 것처럼 보인다는 사실이다.

어쨌든 인류사적인 대전환기가 서서히 도래하는 것 같다.

특히 전환기적 시대상황 하에서는 신·구 시대의 특성이 뒤섞여 혼재하는 경우가 비일비재하다. 그런 탓에 유별난 속성을 지니기 일쑤다.

무엇보다 오늘날은 자연을 핍박해온 오래된 습성과 자연과의 화합을 도모하는 새로운 기운이 공존하는 특이한 시대적 색채를 띠고 있다. 하지만 지구적 생존과 인류적 공생에 심혈을 기울일 수밖에 없는 이러한 시대상황의 특성상, 오늘날 "자연의 유일한 주제"가 그야말로 '휴머니티'가 되어야 함이 더욱 더 절실해 보인다.[154] 물론 "신이 원하는 것"과 "자연이 가르치는 것"을 무턱대고 동일시해온 그간의 착오가 없는 것은 아니지만,[155] 인간이 자연의 "본질적인 활력소"(wesentlcher Wirkfaktor)이기 때문에, 자연이 "인간적 자연"(anthropogene Natur)일 수밖에 없음은 지극히 자명한 이치라 할 수 있으리라. 이런 맥락에서, "사회적 자연과학"(soziale Naturwissenschaft)이라는 나름 함축적인 개념이 새로이 제시되기도 할 정도다.[156]

---

154 Rouner, Leroy S.(Ed.), On Nature (University of Notre Dame Press, Notre Dame, Indiana 1984), p.136 참조

155 W. B. Honey, Nature God and Man : a pamphlet (Pen—In—Hand, Oxford 1949), p.3

156 Gernot Böhme, Natürlich Natur : über Natur im Zeitalter ihrer technischen Reproduzierbarkeit (Suhrkamp Verlag, Frankfurt am Main 1992), p.16.

무릇 자연은 우리 인간을 죽음이라는 절대평등의 벽 앞에 더불어 함께 서 있을 수밖에 없는 유한한 생명체로 배태하였다. 짐짓 우리 인간은 유한하기에 허무할 수밖에 없기도 한 이러한 절대평등의 울타리 안에서 삶을 이어가야 한다. 요컨대 우리 모두는 서로 손잡고 더불어 살아가다가 결국엔 함께 생을 마감할 수밖에 없는 '피붙이 공동운명체'로 이 세상에 내던져진 것이다. 하기야 우리 인간이 서로를 아끼고 서로 도우며 함께 삶을 이어가야 할 자연적 소명을 지닌 존재일 수밖에 없음은 두말 할 나위도 없는 일 아니겠는가.

부귀한 사람도 빈천한 사람도, 언젠가는 모두 다 자연으로 되돌아간다. 자연은 빈부귀천·지위고하를 막론하고, 모든 인간을 절대적으로 공평하게 썩혀준다. 어차피 흙이 되기는 매일반일 터인데도 눈앞의 조그만 이익을 탐해 공허한 싸움을 그칠 줄 모른다면, 그것은 인간을 배태한 자연에 대한 원초적 배리(背離) 아니겠는가. 자신의 산물이 상호 공존·공영·평화를 함께 누리게 될 것을 바라는 것, 이것이 실은 자연의 자연스러운 섭리임에랴.

자연은 모름지기 모든 생명체에게 동등한 생존의 권리를 부여하였다. 그와 아울러 평화로운 상호 공존 및 공생의 소명 역시 함께 골고루 나누어주었다. 그야말로 자연의 섭리, 그 자체인 것이다. 하지만 갈등과 분쟁 역시 숙명적이다. 대체로 모든 생명체가 담지한 이기적 속성 탓이리라. 그러므로 생명체 상호간의 공존·공생·공영 및 상호연대를 공고히 다져나가기 위해서는, 무엇보다 이기주의에 대한 마땅한 통제가 긴요하지 않겠는가. 한마디로 이기심을 적절히 통제함으로써 모든 생명체 상호간의 공존·공생·공영 및 상호연대 의지를 굳건히 다져나가는 일, 이것이야말로 '자연의 휴머니즘'이 지향하는 물심양면의 목표라 할 수 있을 것이다. 그러나 그것이 단순히 인간적 희망이나 기대에 불과한 것은 결코 아니다. 무엇보다 그것이 자연에 뿌리내리고 있는 가치관이기 때문이다. 그러므로 생명의 근원인 자연의 자연스러운 지혜를 정확히 판독해내는 일이 급선무이리라 짐작된다. 이어서 인간으로서 과연 어떻게 이러한 자연의 섭리에 자연스럽게 순응해나갈 것인가를 탐구해내는 일이 그 뒤를 잇게 되리라.

그렇다면 우리 인간은 이러한 '자연의 휴머니즘'을 구현해나가기 위해 무릇 어떠한 노력을 경주해야 하는 것일까.

"지구의 청지기로서" 스스로 '생물 다양성'을 보존하는 일에 적극 매달리지 않으면 안 된다고 역설하는 이들도 있다. 왜냐하면 그것이 "우리 인류의 생존과 안녕을 위해 절대적으로 필요한 일"일 뿐만 아니라, "생명의 기원을 구명하는 데 없어서도 안 될 중요한 단서를 갖고 있기 때문"이라는 것이다.[157] 그러므로 우리 인간은 "우리를 둘러싼 야생과 자연세계를 보살피려는 마음으로 (똘똘) 뭉친 한 부족"이 되지 않으면 안 된다. 왜냐하면 비록 "오늘날 우리가 아무리 끔찍한 상실로 겹겹이 에워싸인 시대를 살고 있어도, 우리가 저지른 일에 대한 슬픔보다는 우리가 아직 할 수 있는 일에 대한 희망을 말하는 것이 더 중요"하기 때문이다(같은 책, 23~25쪽).

물론 우리는 이러한 '희망'에 입각하여, 새로운 '자연의 윤리'를 모색해내지 않으면 안 될 것이다. 그것은 "자연에 적응하는 것이 정의"라는 인식과 불가분의 관계를 맺고 있다(다카기 진자부로, 앞의 책, 227쪽). 이런 의미에서, '자연의 윤리'란 자연의 섭리를 따르는 삶의 방식과 긴밀히 연결되어 있다고 말할 수 있다. 이처럼 "자연에 의거함으

---

157 제인 구달·세인 메이너드·게일 허드슨/김지선 옮김,《희망의 자연》(사이언스북스 2010), 12쪽

로써 인간이 비로소 참다운 인간이 될 수 있다"고 믿는다면, 자연주의와 인간주의는 결국 동질적인 것이라 할 수 있으리라(같은 책, 245쪽). 이런 취지에서, 자연의 '인본주의'(humanity)는 인간의 '자연', 즉 인간적 '본성'(human nature)과 떼려야 뗄 수 없는 상관관계를 맺고 있다고 말할 수 있다. 이와 같이 '자연의 휴머니즘'은 그야말로 '인간의 자연주의'와 일맥상통하는 것 아니겠는가.

따라서 우리는 마땅히 생명에 대한 새로운 윤리의식도 동시에 탐구해나가지 않으면 안 될 것이다. 아인슈타인까지 나서서 "모든 살아 있는 피조물들과 아름다운 자연 전체를 포괄할 수 있도록 동정심의 범위를 넓힐 것"을 당부한 바 있다. 이런 차원에서 그는 "우리는 동물까지도 포함하는 경계 없는 윤리를 필요로 한다"고 역설한다. 이에 더 나아가 아인슈타인은 "생명에 대해 경외감을 가지고 있는 사람은 단순히 기도만을 하지 않는다. 그는 생명을 지키기 위한 전투에 자신을 투신할 것이다. 다른 이유 때문이 아니라, 바로 자기 자신도 주변 생명들의 연장선상에 있는 똑같은 생명이기 때문이다". 이처럼 아인슈타인은 생명을 위한 '전투'까지도 불사한다(제인 구달,《희망의 이유》, 앞의 책, 279/311쪽). 거의 '목숨 바쳐 생명을 사수하자'는 수준 아닌가.

이처럼 생명에 대한 외경심에 뿌리내린 마음가짐이 곧 생태주의인 것이다. 그러므로 무엇보다 자연과의 평화를 지향할 수밖에 없음은 필연적이다. 왜냐하면 "생태계 위기는 자연에 대한 전쟁, 나아가 우리 자신에 대한 전쟁" 그 자체이기 때문이다. 따라서 "자연과의 평화 없는 세계평화" 역시 불가능해질 수밖에 없게 된다. 왜냐하면 "모든 전쟁은 자연파괴"이기 때문이다(프란츠 알트, 앞의 책, 57쪽 참고). 우리 인간은 자연조건이 냉혹하면 기꺼이 자연에 순응하며 살아가도록 길들여져 있다. 하지만 사람과 사람간의 투쟁 이 번창하게 되면,

자연과의 투쟁 역시 성행하게 된다. 무엇보다 인간과의 투쟁에서 궁극적인 승리를 쟁취하기 위해서는, 응당 그에 상응하는 월등한 군사력이 비축되어 있지 않으면 안 되기 때문이다. 그러나 탁월한 군사력은 당연히 탁월한 자연정복의 부산물일 수밖에 없다. 그러므로 인간정복은 곧 자연정복인 것이다. 그리고 인간정복의 가장 보편적인 수단은 전쟁이다.

앞에서도 잠깐 지적했듯이, 우리 인간은 지금껏 자연에 대하여 맹종하고 굴종하고 순종하는 과정을 거쳐 급기야는 방종(放縱)하는 단계로까지 급격히 추락하고 있다. 이제 남은 과제는 자연의 섭리를 진지하게 추종하는 일뿐인 것처럼 보인다. 나는 '굴종과 순종과 방종을 거쳐 드디어 추종으로!', 이것이 자연을 살리고 자연과 공생하는 인간의 길이라 믿어 의심치 아니한다.

그런데 이러한 인간은 도대체 어떠한 구조적 환경 속에서 생존을 영위하고 있는 생명체인가?

4) 인간과 지구

① 인간의 몸

본래부터 사람은 지구에서 살아왔고, 지금도 지구에서 살고 있다. 물론 앞으로도 계속 지구에서 살아갈 것이다. 사람은 지구에서 생겨나고, 지구에서 생명활동을 펼쳐가며, 죽은 후의 몸도 계속 이 지구에 남아 있게 된다. 그러므로 지구에서 생명을 부여받을 뿐 아니라 또 성장해가기도 하는 사람의 몸 자체가 지구 표면의 물질로 이루어지게 되리라 함은 지극히 자연스러운 일이라 할 수 있지 않을까 한다.

그런데 지구 표면을 구성하는 것은 과연 무엇인가. 그것은 흙인 대륙과, 물인 대양과, 공기인 대기와, 그 전체를 비추는 햇빛이다. 사람의 몸 역시 자연스럽게 지구 표면의 물질구성 그대로, 흙과 물과 공기와 빛으로 이루어져 있다.[158]

구체적으로 사람의 몸이 무엇으로 구성되어 있는지를 면밀히 알아내기 위해서는, 일생 동안 한 사람의 몸 안으로 들어가는 것과 몸 밖으로 나가는 것이 과연 어떠한 것인지 하는 것을 헤아려보는 일이 관건이 아닐까 한다.[159]

먼저 몸 안으로 들어가는 것을 살펴보도록 하자.

첫째는 먹는 것이다. 먹는 것은 형태가 있다. 여러 가지 곡식, 채소, 열매, 고기 등속은 고정된 꼴을 갖추고 있는 고체이며, 사람은 이를 씹어서 삼킨다. 그런데 이렇게 먹는 고체는 대체로 흙의 성분이 모인 것들이다.

둘째는 마시는 것이다. 물과 여러 가지 음료는 형태를 이루지 않는 액체다.

셋째는 숨쉬는 것이다. 숨을 들이 쉴 때, 몸 안으로 들어가는 것은 공기다. 공기는 기체다.

넷째는 빛을 받는 것이다. 빛은 눈과 피부로 들어간다. 빛은 광채다.

이어서 몸 밖으로 나가는 것을 짚어보자.

---

158 인간과 지구의 상관성과 관련된 이 부분은 주로 박호성,《자연의 인간, 인간의 자연》(후마니타스 2012), 1장(43~63쪽)을, 본 저술의 흐름에 맞추어 적절히 재구성한 것이다.

159 이에 대해서는, 김명호,《생각으로 낫는다 : 생각을 치료하는 한의사 김명호의 생명 이야기》(역사 비평사 2002), 16~19쪽 참조.

첫째는 대변이다. 대변은 대체로 여러 가지 고체를 먹은 것이 한데 뒤섞여, 형태가 바뀌어 배출된다.

둘째는 소변이다. 소변은 액체다. 눈물, 콧물, 침, 땀도 액체지만, 소변과 같이 주기적으로 밖으로 나가는 것은 아니다. 눈물은 눈에 이물질이 들어갔거나 슬피 울 때만 나가고, 콧물은 부적절한 공기로부터 몸을 방어할 필요가 있을 때만 나가며, 침은 의도적으로 입 밖으로 내보낼 때만 나가고, 땀은 체온이 지나치게 올라갈 때만 나간다.

셋째는 내쉬는 숨이다. 숨을 내쉴 때 몸 밖으로 나가는 것은 기체다.

넷째는 빛과 열이다. 몸에서 나가는 빛과 보이지 않는 적외선은 광채다.

이처럼 일생동안 사람의 몸 안으로 들어와서 몸을 성장케 하고 생명활동을 영위할 수 있도록 해주는 것을 대략 네 가지로 나누어볼 수 있다. 이 네 가지 중 고체는 흙이고, 액체는 물이며, 기체는 공기이고, 광채는 빛이다.

이어서 이 네 요소로 이루어진 사람의 몸을 좀 더 꼼꼼히 계속 따져보도록 하자.

고체인 흙은 몸 안으로 들어와 몸의 형태를 만든다. 뼈, 근육, 살, 핏줄, 피부, 털, 치아, 손톱, 발톱 등속과 안에 있는 모든 기관들은 고정된 형태를 이루고 있다. 그런데 우리가 먹는 음식은 대개가 다 흙의 성분이 모인 것들이라 할 수 있다.

이러한 음식의 엑기스, 즉 영양소만 따로 모인 진액을 그 음식의 '정'(精)이라 부르자. 그런데 '정위신본(精爲身本)', 요컨대 몸의 근본을 이루는 것이 바로 이 정인 것이다. 정이란 이를테면 핵심, 엑기스, 최상의 것들이 미량씩 모여들어 집대성된 것으로서, 몸에서 지극히 보배로운 것, 즉 '정위지보(精爲至寶)'라 이를 수 있다. 말하자면 "입으로 들어오는 음식들 중에서 좋은 것들이 모여서 몸에 이로운 작용을 하는데, 이 좋은 것들 중에서도 각별히 좋은 것", 요컨대 "음식의 엑기스 부분, 영양소만 따로 모인 것, 진액만 담긴 상태가 그 음식의 '정'이란 말이 되겠다. 다시 말해, "내 몸을 지켜주면서 생장을" 도와주는 "핵심, 엑기스, 최상의 것들이 미량씩 모여 물질화한 것"이 바로 '정'이란 말이다.[160] 이런 취지에서, 흙으로 이루어진 몸, 즉 정으로 만들어진 몸을 정신(精神)이 아니라 '정신'(精身)이라 부르도록 하자.

아울러 액체인 물이 몸 안으로 들어와, 온 몸 속을 타고 흐른다. 바다에 해류가 있듯이, 몸 속의 물도 일정하게 흐르는 방향이 있다. 피를 포함해서 몸 안의 모든 액체는 형태를 이루지는 않는다. 이 액체를 대표적으로 '혈'(血)이라고 부르자. 그리하여 물로 만들어진 몸, 즉 혈로 이루어진 몸을 '혈신'(血身)이라 이를 수 있을 것이다.

뿐만 아니라 기체인 공기 역시 몸 안으로 들어와, 온 몸 속을 돈다. 몸 안의 공기를 '기'(氣)라고 부르자. 대기에 기류가 있듯이, 몸 안의 공기도 일정하게 다니는 길이 있다. 예컨대 한의학에서는 이러한 기의 통로를 '경락'이라고 부르는데, 이 통로의 중요한 지점을 '경혈'이라 일컫는다. 서양의학에는 물론 이러한 개념이 없다.

공기를 보거나 만질 수 없는 것과 마찬가지로, 이 '기' 또한 눈에 보이지 않고 만져지지도 않는다. 이러한 기체로 만들어진 몸, 즉 기로 이루어진 몸을 마찬가지로 '기신'(氣身)이라 이를 수 있으리라. 참고로 덧붙인다면, 전통적인 한의학에서는 "생명을 이루는 가장 작고 가장

---

160 박용환 지음, 《동의보감으로 시작하는 마흔의 몸공부》(도서출판 이와우 2019), 6~8 및 57쪽

기본적인 요소를 기"(氣, life energy/vital force)라 일컫는데, 일종의 "정신 생명체이자 정보 생명체"로 간주된다.[161] 실제로는 이 '기' 개념이 면역력을 의미하는 것으로 이해된다. 따라서 예컨대 '기운이 난다'는 표현은 곧 '면역력이 커진다'는 것과 같은 뜻으로 풀이된다. 기운이 나면 우리 몸에 들어온 외부의 각종 나쁜 독소를 스스로 몰아낼 수 있는 힘이 생기므로, '기운을 좋게 하는 것'이 곧 원기회복이자 면역력 강화로 해석되는 것이다.

우리가 일상적으로 체험하는 것이긴 하지만, 우리 몸 속에 기가 약해지면 혈액이 흐름을 멈추고 고여서 어혈(瘀血)이 됨으로써, 피가 막히고 엉겨 붙게 된다. 결국 가스나 독소가 발생하여 점차 노폐물이 쌓여감으로써, 이윽고는 심각한 고통을 유발하기도 한다. 이는 시냇물이 흐르다가 흐름을 멈추고 고이게 되면, 독이 생기고 물이 썩게 되는 것과 같은 이치라 할 수 있다.

이런 현상이 은연중에 중시된 탓인지, 우리의 범속한 일상생활 속에서도 마치 이 '기'의 의미심장함을 치열하게 재삼 강조라도 하려는 듯이, '기운', '기개'(氣槪), '기력', '기세 등등', '기똥차다' 같은 어휘 등속이 상용어처럼 쓰이기도 한다.

하지만 이 지상에 햇빛이 비치지 않으면 모든 생명활동이 이루어질 수 없는 것과 마찬가지로, 우리 몸 안에 빛이 없으면 역시 똑같은 현상이 발생한다. 몸 안의 빛을 '신'(神)이라고 부르자. 바로 앞에서 살펴본 기는 정과 서로 협력하여 일정한 형태를 만들어낸다. 그러나 이렇게 물질적으로 드러난 형체를 움직이고 제어할, 이른바 영혼을 불어넣을 존재가 요구되는데, 이것이 바로 '신'(神)인 것이다. 이것이 종

---

161   장지청 지음/오수현 옮김,《황제내경, 인간의 몸을 읽다》(판미동 2015), 298쪽

교적인 의미의 신(神)을 가리키는 것이 결코 아님은 물론이다. 몸 속의 이 '신'은 예컨대 신명, 의식, 사유활동, 영혼, 감성 등속으로 해석될 수 있다고 말할 수 있다. 한의학에서는 생명활동의 기능을 신명(神明)이라 부르기도 한다. 이런 맥락에서, 빛으로 이루어진, 즉 신으로 이루어진 몸을 신신(神身)이라 이를 수 있으리라.

앞에서도 언급했듯이, 사람의 눈으로 볼 수 있고 또 손으로 만질수도 있는 사람의 몸은 고체인 흙으로 이루어진 '정신'(精身)이다. 이 정신과 같은 속성, 같은 크기로 이루어진 혈신(血身), 기신(氣身), 신신(神身)이 더불어 있는데, 이 네 가지 '신'(身)이 하나로 합쳐져 있는 것을 바로 살아 있는 우리의 몸이라 할 수 있는 것이다. 지구 표면의 약 1/4이 대륙이고, 3/4이 대양 아닌가. 이와 마찬가지로 사람 몸무게 역시 약 1/4이 정신(精身)이고, 3/4이 혈신(血身)이라 한다. 기신(氣身)과 신신(神身)은 무게가 없으며, 보이지도 않고 만져지지도 않는다.

생명활동을 하는 우리 몸은 바로 고체인 정(精)으로 만들어진 틀 안에, 액체인 혈(血)이 흐르고, 공기인 기(氣)가 순환하며, 또 빛인 신(神)이 작용하는 하나의 생명체다. 요컨대 양초를 예를 들어 비유하자면, 초의 몸체는 정이요, 불꽃은 기이며, 촛불의 빛은 신이라 이를 수 있을 터이다.[162]

그러나 이 네 가지 중 단 한 개라도 빠진 육체란 존재하지 않는다. 네 가지 모두가 다 똑같이 중요한 것이다. 다만 빠르기가 다를 뿐이다.

물은 마시면서 먹지를 못하면, 정이 모자라 100일 이상 살아 있을 수 없으리라. 또한 숨은 쉬면서 먹지 못하고 물도 마시지 못하면, 혈

---

162   덩 밍다오 지음/박태섭 옮김,《道人 1》(고려원미디어 1993), 114쪽

이 모자라 10일 이상 버티기 힘들게 된다. 숨을 쉬지 못하면, 정과 혈이 부족해지지 않아도 기가 모자라, 1시간 이상 버티지 못한다. 그리고 빛 없이 생명활동을 꾸려나갈 수 있는 존재가 결코 이 지상에 존재할 수 없음은 두말 할 나위도 없는 일이다. 어떤 이유로든 신(神)이 모자라면, 의식이 없어져서 생존할 수 없게 될 것이다.[163]

이처럼 사람의 몸을 구성하는 필수적인 물질은 흙, 물, 공기 그리고 빛이다. 이는 지구의 겉 부분을 구성하는 대륙, 대양, 대기 그리고 빛과 맞먹는다. 이런 의미에서, 인간을 지극히 '작은 지구'라 일러도 결코 큰 무리는 없으리라. 그리고 이 작은 지구 하나가 개체로 생존하는 시간은 대략 100년 정도 되지 않을까 한다.

그렇다면 나의 몸을 구성하는 이러한 물질은 내 몸의 일부가 되기 전에는 과연 어떤 방식으로 이 지상에 존재했을까?

나는 예컨대 소, 돼지, 닭고기를 먹는다. 그리하여 일생 동안 수많은 소, 돼지, 닭의 몸 일부가 내 몸의 일부로 바뀐다. 나는 또 쌀, 콩, 보리 등속도 먹는다. 이 모든 곡식들 역시 내 몸의 일부가 된다. 나는 사과, 배, 딸기를 먹는다. 여러 가지 과일도 역시 내 몸의 일부가 된다. 내가 먹은 소금도 내 몸의 일부가 되고, 내가 마신 물과 물 안에 있는 미생물 또한 내 몸의 일부가 된다. 내가 들이마신 공기며, 내가 보는 빛 역시 내 몸의 일부가 됨은 물론이다. 이렇게 따져보면, 내 몸이 빛,

---

163 예컨대 상천옹이란 옛 선인은 "몸을 올바르게 평생 사용하기 위해선 정, 기, 신, 이 세 가지보다 더 귀중한 것은 없다. 몸을 귀하게 여기는 사람은 먼저 정을 귀중히 여겨야 한다. 정이 그득하면 기가 충실해지고, 기가 충실하면 정신 활동이 왕성해지고, 신이 왕성하면 몸이 건강해지고, 몸이 건강하면 병을 덜 앓는다"는 가르침을 남겨놓았다(박용환, 동의보감, 앞의 책, 61쪽).

공기, 물, 소금, 딸기, 배, 사과, 상추, 무, 배추, 보리, 콩, 쌀, 닭, 돼지, 소 등등이 복잡하게 뒤섞여 있는 것임을 알 수 있다. 마치 떨어져 썩기 전 나뭇가지에 튼튼히 매달려 있던 싱싱한 나뭇잎처럼, 인간의 몸을 구성하는 이러한 물질들 역시 내 몸의 일부가 되기 전에는 자연 속에서 함께 생생히 살아 꿈틀거리던 건강한 생명체들이었다. 하기야 온갖 생명의 원천이 바로 자연인 탓에, 이 자연의 품속에 어찌 서로 무관한 생명체가 존재할 수 있으리오만 ….

그런데 이런 몸으로 평생 생명활동을 영위하다가 바야흐로 내가 죽게 된다면, 도대체 내 몸은 어떻게 되는 것일까?

생명활동이 중지되면, 내 몸의 빛은 큰 빛에 합해지고, 공기는 대기에 합해지며, 물은 대양에 합해지고, 형체가 있는 정(精)은 분해된다. 말하자면 자연으로부터 섭취해서 만들어지고 유지되어오던 내 몸은 생명활동이 끝나는 즉시 이윽고 산산이 흩어져, 어김없이 다시 본래의 자연으로 자연스럽게 '되돌아가게' 되어 있다는 말이다. 요컨대 우리의 영혼과 육체가 다시 자연으로 되돌아가게 되는 것이다. 본래의 자연과 다시 합쳐지게 된다는 말이다.

이처럼 내 몸을 이루고 있던 물질적 요소들은 내가 죽은 후에는 다시 '흙으로 되돌아가게 된다'. 그런데 흙으로 되돌아간다는 것이 대체 무슨 말인가? 한마디로 흙에 파묻혀 썩어간다는 말이다. 이렇게 생명이 끝나 몸이 썩는다는 것은 곧, 미생물에 의해 분해된다는 것을 의미한다. 그리고 미생물에 의해 분해된다는 것은 요컨대 미생물이 먹어치운다는 뜻이며, 결과적으로 내 몸을 이루었던 물질이 이제는 식물의 양분이 되기도 하는 미생물의 몸이 된다는 것을 가리키는 것이다. 그런데 식물을 키우기도 하는 이 미생물을 벌레가 먹으면 이제는 벌레의 몸이 되고, 이 벌레를 새가 먹으면 그 때는 새의 몸이 되며, 이

새를 짐승이 잡아먹으면 이젠 짐승의 몸이 된다. 이처럼 동물의 몸이 분해되어 식물의 몸이 되기도 했다가, 또 다른 동물의 몸으로 뒤바뀌게 되기도 하는 것이다. 가령 새가 살아 있을 때는, 개미를 먹는다. 그러나 새가 죽으면, 이번에는 개미가 새를 먹는다. 어떻게 보면, 개미는 자기 몸을 먹고 있을지도 모른다.

이와 같이 이 자연 속의 모든 생명체는— 물론 이들의 모태가 자연이긴 하지만— 결코 서로 무관한 존재일 수가 없는 것이다. 이런 의미에서, 이 지구상의 모든 존재는 하나의 거대한 몸이라 할 수밖에 없을 듯하다. 지금 이 글을 쓰고 있는 나의 몸 역시 얼마 후 죽게 되면, 땅 속에서 썩어문드러져 결국 자연과 합쳐지게 될 것이다. 내 몸의 일부는 100년 후에는 어쩌면 사과가 되고, 3백년 후에는 늑대가 되고, 500백년 후에는 기러기가 되고, 1,000년 후에는 또다시 어떤 다른 사람의 몸이 되는지도 모른다.

따라서 지구는 자못 '하나의 생명체'라 이를 수 있으리라.

하지만 하나의 거대한 생명체인 지구 전체의 입장에서 볼 때, 개개의 작은 생명체들이 생겨났다가 반짝 하고 사라지는 것은 아예 눈곱만한 관심거리조차 될 수가 없다. 사실은 없어지는 게 아니라, 이 지구 위에서 형태가 바뀐 채 계속 연명해나갈 뿐 결코 지구를 벗어나지는 않기 때문이다.

애초부터 우리 인간의 몸을 이루는 물질 역시 자연의 일부였고, 현재도 자연의 일부이며, 앞으로도 자연의 일부로 영원히 존속할 것이다. 그러나 지구 위에서 한정된 시간 동안만 생명활동을 영위하는 '나'는, 그 시간 동안만 다른 존재와 구별되는 독립된 개체로 존재할 따름이다. 그러므로 '나'는 태어나기 전과 마찬가지로 죽은 후에도, 결코 '나'라는 유별난 개체로 존재할 수는 없다. '나'는 다만 살아있는 동안만 나로서 존재할 따름이다. 그러므로 그러한 '나'에게 주어진 중대한 소명은 내가 태어나고 또 되돌아갈 이 자연을 살아 숨쉬는 동안 그야말로 정성을 다해 내 몸 같이 아끼고 존중하는 일일 수밖에 없지 않겠는가. 어차피 나와 자연이 종내는 하나이기 때문이다.

② 자연과 지구, 그리고 생명

우리는 흔히 '흙에서 왔다가 흙으로 돌아간다'는 말들을 자주 되뇌곤 한다. 하지만 이 속언(俗諺)에는 이미 우리의 삶이 이루어지는 공간개념이 함축되어 있다. 그것은 바로 현실세계나 이 세상을 지목하며, '지상'(地上)이라 일컫기도 하는 '흙 위'를 가리킨다. 이 지상이니 흙이란 것이 곧 지구를 뜻하는 것임엔 의심의 여지가 없다. 환경운동가들 역시 자연보호를 위해 활동하면서, '지구의 날'이니 '하나밖에 없는 지구' 또는 '지구촌'이라는 슬로건을 내세우는 경우도 비일비재하다. 그런데 이 지구와 자연은 과연 어떤 상관성을 지니고 있는 것일까.

무릇 자연을 품고 있으면서 동시에 이 자연의 법칙에 지배받기도 할 뿐만 아니라 태양계의 일원으로 동참하기도 하는 범 우주적 실체, 이러한 존재를 지구라 이를 수 있지 않으랴. 어쨌든 지구는 자연을 보유하고, 자연은 지구를 길들이는 것처럼 보인다. 하여튼 우리 인간은 지구가 조성해놓은 자연의 신비스러운 힘에 기대어 나날이 지구 위에서 일상적인 생존을 이어가는 존재 아닐까 한다. 그런데 이러한 자연과 지구는 우리 인간에게 도대체 어떠한 의미를 지니고 있을까.

무엇보다 자연은 "생명의 근원"이자 "생명체의 본질"이라 할 수 있다. 하지만 앞에서도 반복적으로 강조해왔듯이, 지금 결정적인 위기에 봉착해 있다. 다시 말해, 근원적으로는 자연이 배태한 '거대한 생명체'이기도 한 이 지구 위에서, '생명' 자체가 절박한 위기에 맞닥뜨리고 있다는 말이다.

그렇다면 '생명'(生命)이란 과연 무엇인가?

어느 철학자는 '생명이 무엇인가' 하는 까다롭기 그지없는 문제에 대해 적잖이 진솔하고 설득력 있는 논거를 제시하고 있다. 그는 이 문제에 대해 우선 '일의적(一義的)'으로 대답할 수 없다고 솔직히 고백한다. 왜냐하면 생명이란 것이 '일회적'이고, '내면적'이며, "영혼이 깃들어 있는 것"이고, "역동적인 것(das Dynamische)"이며, "체험에 의해서만 이해될 수 있는 것"이기에 '초합리적인' 것일 수밖에 없는 고로, 부득이 그러한 답변밖에 내놓을 수밖에 없다고 솔직히 해명한다. 이런 관점에 입각하여 그는 '생명이 무엇인가?'라고 물을 것이 아니라, 오히려 '우리는 어떻게 생명의 존귀함을 이해하고, 어떻게 생명을 고양시킬 수 있는가?'라는 물음을 던져야 마땅하리라 역설한다. 대단히 호소력 있는 대안제시가 아닐 수 없다.[164]

이런 취지를 뒤좇아, 나 역시 여기서 생명의 존귀함을 역설함과 아울러, 생명을 어떻게 고양해나가는 것이 바람직한가 하는 물음에 초점을 맞추어 맥을 풀어 나가는 것이 보다 타당하리라 여긴다.[165]

'생명(生命)'이란 과연 무엇인가?

나는 그것을 '살라는(生) 명령(命)'으로 이해한다.

그런데 도대체 누가 '살라고(生)' '명'(命) 하는가?

---

164 이에 대해서는, 진교훈, 〈생명과 철학 : 철학에서 본 생명〉, 서강대 생명문화 연구원,《생명의 길을 찾아서》(민지사 2001), 24, 25쪽을 볼 것.

165 이 부분은 주로 박호성,《자연의 인간, 인간의 자연》(후마니타스 2012), 1장 (43~63쪽)을 본 저술의 흐름에 맞추어, 적절히 심화하고 재구성한 것이다.

나는 그것이 바로 자연이라 생각한다.

자연을 가리키는 영어는 '네이처'(nature)인데, 이 말은 원래 라틴어 '나투라'(natura)에서 유래하였고, 본래 '태어남'(born)이나 '생겨남'(produced)을 뜻하는 것이라 일컬어진다. 그리하여 서양에서 자연(nature, natura)이란 기본적으로 '생명이 생겨나는' 현상과 직결되는 것으로 이해된다.[166]

하지만 자연은 인간에게 삶을 준 것과 마찬가지로, 죽음 또한 부여하였다. 더구나 바로 이런 의미에서, '자연이 인간의 소유가 아니라 인간이 바로 자연의 소유임'은 두말 할 나위도 없는 일이다. 그런 탓에 인간은 자신의 삶을 마감한 후에, 응당 자신을 낳아준 자연으로 다시 되돌아갈 수밖에 없지 않겠는가. 이것이 바로 '흙에서 왔다가 흙으로 돌아간다'는 타령조 세속적 운명론의 진정한 의미이리라.

국어사전은 이 '돌아가다'라는 단어를 "본디 있던 자리로, 또는 오던 길을 되돌아 다시 가다"로 풀이하고 있다. 그러나 그 말이 가령 '할아버지가 돌아가셨다' 하는 식으로, '죽다'는 말의 변형어로 사용되기도 한다. 압도적으로 흥미진진한 현상이 아닐 수 없다. 인간이 죽으면 도대체 어디로 '돌아가는' 것일까? 바로 자연 아니겠는가. 이처럼 "모든 생명체는 자연으로부터 나왔으며, 자연으로 돌아간다"(진교훈 앞의 논문, 20쪽). 비슷한 취지로, 어느 로마인은 "여기서 태어나서, 여기 잠들다(hic natus hic situs est)"라는 절묘한 묘비명을 남기기도 하였다.[167]

---

166 김명호, 《자연, 사람 그리고 한의학》(역사비평사 1995), 78쪽

167 제이 그리피스 지음/박은주 옮김, 《시계 밖의 시간》(도서출판 당대 2002), 520쪽

生과 死, 삶과 죽음은 곧 서로 반대말 아닌가. 그러나 우리의 생명본능은 일반적으로 죽음을 나쁜 것으로 받아들인다. 따라서 본능적으로 죽음을 피하려 하며, 살아남기 위해서라면 어떤 난관도 극복해내려 발버둥치게 된다. 어쨌든 죽음은 인간세상에서 압도적으로 가장 나쁜 것, 가장 두려운 것으로 이해되기 일쑤다. 그래서 살인은 최악의 범죄로 해석되기도 하며, 살인죄의 법정 최고형 역시 사형이다.

하지만 우리의 생명 이해는 이보다 더 일차적이며 더 근원적인 차원을 겨냥하고 있는 것처럼 보인다. 하기야 모든 생명체가 유한한 존재라는 사실 자체가 도리어 생명가치의 숭고함을 확고히 보증해주는 본질적인 전제 아니겠는가. 생명체의 이러한 시간적 한계를 우리가 비록 애통해할 수도 있겠지만, 오히려 이 죽음으로 말미암아 바야흐로 생명가치가 더욱 더 높이 존중받게 된다는 이러한 역설을 어찌 망각할 수 있으리요. 영원히 존재할 수 없기 때문에 도리어 순간적 삶의 소중함이 보다 또렷이 부각되는 것이다. 이런 의미에서, 삶과 죽음이야말로 인간존재를 규정하는 본질적인 한계이자 소름 돋게 하는 일상적 실존문제로 각인될 수밖에 없으리라. 그렇다면 우리는 우리 자신의 삶과 죽음에 과연 어떠한 자세로 임해야 마땅할까.

하기야 이 생명의 세계는 끝없는 변화와 변화하는 끝을 끝없이 되풀이하는 곳이다. 이 광대한 자연의 틀 속에서 볼 때, 우리는 그저 눈 깜빡할 동안만 잠시 이 지상에 머물다 유성처럼 쏜살같이 스러져 갈 따름이다. 하지만 '영원'이 '순간'의 쌓임이듯이, 한 '순간' 역시 '영원'의 집적일 수도 있으리라. 잘 익은 한 알의 사과를 따내는 그 한 순간이 있기 위해, 태양과 물과 끝 모를 비바람과 혹한을 대동한 긴 세월이 흘러야 했다. 마치 하루아침에 졸지에 단풍의 붉은 물이 드는 것이 아닌 것처럼, 순간이 영원과 맞물려 있을 수밖에 없음은 너무나 지당한 일이다. 낙엽 떨어지는 바로 그 찰나가 봄, 여름, 가을, 겨울의 종합에 다름 아니지 않은가. 나뭇잎 떨어지는 눈 깜짝할 바로 그 순간을 위해, 온갖 파란만장한 사시사철이 흐르고 또 쌓여야 했다. 영원에 순간이 녹아들고, 순간에 영원이 각인되는 이치이리라. 나뭇잎이 떨어져 스스로 썩어 자신을 키워준 뿌리의 거름이 되고 또 그것이 다시 나뭇잎을 키우는 새로운 바탕 힘이 되어 끝없이 생명을 이어가듯이, 영원한 순간과 순간적 영원의 복된 만남은 이렇게 이루어진다. 그러므로 지금 이 순간은 영원할 수도 있지만, 마지막이 될 수도 있는 순간이다.

하기야 삶의 모든 순간이 첫 순간이면서 마지막 순간이고, 또 유일한 순간 아니리요. 그러하니 매 순간을 생애의 마지막인 것처럼 살아가면 어떠할까. 그러한 삶이라면, 과거에 연연하지 않으면서 내일 일을 오늘 미리 걱정하지도 않게 되지 않을까. 예컨대 중국인들이 애용하는 상용구(常用句) 중에 "어제의 비로 오늘의 옷을 적시지 말고, 내일의 비를 위해 오늘의 우산을 펴지 마라"라는 게 있다. 꼽씹어볼 만한 경구인 듯하다.

하기야 '지금 바로 이 순간'이 소름끼치도록 가장 고귀한 시간 아니겠는가.

왜냐하면 온 생애가 비록 끝없이 이어지는 무한한 순간들의 집적이긴 하지만, 우리 모두가 흘러가는 똑 같은 개울물에 두 번 다시 발 담글 수 없는 이치와 마찬가지로, 모든 개개의 순간, 순간이 일생에 꼭 단 한 번씩만 찾아올 따름이기 때문이다. 끝 모를 순간의 집적이 바로 삶 자체이니, 두 번 다시 찾아오지 않을 매 순간, 순간을 어찌 소홀히 맞이할 수 있으리요.

그러므로 '지금 바로 이 순간' 내가 하고 있는 일과, 생각하고 있는 주제와, 만나고 있는 사람이 얼마나 숨막힐 정도로 귀중하고 절박한 가치를 지닌 대상일까. 때로는 바로 이 순간의 순간적인 '결단'과 '선택'이 전 인생의 흐름을 송두리째 뒤바꿔놓을 수도 있을 것임은 의문의 여지가 없는 일 아닌가.

더욱이 이 세상에 단순히 '내던져진' 존재인 인간은, 인간으로서의 자기존재성을 의식하기 시작하는 순간부터 즉각적으로, 어떠한 식으로든지 항상 '결단'을 수행하지 않으면 안 되는 생명체이랴. 이를테면 언제 어디서건, 인간이란 늘 어떻게, 무엇을 할 것인가를 숨쉬기하듯 끊임없이 결단할 수밖에 없는 존재라는 말이다. 그리고 그러한 결단은 언제나 욕망과 떼려야 뗄 수 없이 견고하게 밀착해 있다. 그러므로 결단의 순간은 욕망이 전면에 부각되는 순간이기도 한 것이다. 다시 말해, 결단의 구체적인 목표와 유형과 시기, 그리고 결단을 수행하는 주·객관적인 환경 등등은 결국 욕망에 의해 지배당할 수밖에 없으리라는 말이다. 그러나 그러한 결단이 향하는 곳은 지극히 이질적이고 번다할 수밖에 없다. 그것은 때로는 부패를, 또 때로는 발효를 야기하기도 한다.

이런 의미에서, 인간은 음식과 다를 바 없는 것처럼 보인다. 시간이 흘러 때로는 부패하기도 하고 또 때로는 발효하여 훌륭한 먹거리가 생겨나는 것처럼, 인간 역시 마찬가지다. 시간이 흐름에 따라 부패하는 인간도 있고, 발효하는 인간도 나타난다. 우리는 부패한 상태를 썩었다고 말하고, 발효가 이루어진 정황을 익었다고 말한다. 하지만 이러한 음식과 달리, 인간은 결단하는 존재다. 자기를 썩게 만들거나 익게 만드는 일 모두가 다 스스로의 결단에 달려 있음은 물론이다. 어떻게 결단하느냐에 따라, 인간은 썩기도 하고 익기도 하는 것이다.

하여튼 인간의 삶은 결단의 연속이다. 하지만 인간이라면 누군들 그릇된 결단을 내리고 싶어 할 것인가. 좋은 결단이 행복한 삶의 주춧돌이 되리라 함은 의심의 여지없는 일이기 때문이다. 결국엔 욕망이 저울추로 기능하게 된다.

이런 뜻에서, 바로 지금 이 순간이 우리에게 영구히 지속될 화를 불러일으키거나, 또는 정반대로 복을 끌어다줄 수도 있는 절체절명의 계기가 될 수도 있으리라 함은 너무도 지당한 이치다. 마치 숨쉬기와도 같이, 순간이 이처럼 절대적인 권능을 장악하고 있는 것은 아닐는지. 그러하니 어찌 매 순간에 충실하지 않을 수 있으리요.

하지만 이 우주에서 유일하게 변함 없는 것은 오직 '변화'뿐이다.

끊임없이 색다른 풍경을 비추며 쉴새 없이 흐르는 계곡 물처럼, 모든 것은 꾸준히 흘러가고 또 변하기 때문에 변화를 회피할 도리는 없다. 싫든 좋든, 무한한 변화의 흐름에 하염없이 몸을 내맡길 수밖에 없지 않겠는가. 변화가 두려운 것이긴 하지만, 그 변화를 담담히 받아들일 수만 있다면 그 또한 위안이 될 수도 있으리라. 변화란 이처럼 우리 모두가 으레 겪을 수밖에 없는 것이긴 하지만, 그 변화를 나에게 맞도록 다시 변화시킬 것인가, 아니면 나 자신을 변화시키도록 그 변화에 이냥 나를 무작정 내맡겨버릴 것인가 하는 양자간의 선택권은 물론 당연히 나에게 주어져 있다. 말하자면 변화에 대한 통제력이 과연 어느 쪽에 놓여 있는가 하는 것이 문제라는 말이다. 이 또한 결단의 문제다.

무릇 끝이 없는 변화란 존재하지 않는다. 모든 변화에 필연적으로 끝은 찾아오고야 마는 것이다. 하지만 그 끝 역시 필연적으로 다시금 새로운 변화의 시발점이 되리라. 그러므로 영원한 것은 오로지 끝없는 변화뿐일러라. 이런 의미에서, 어떤 것이 도달할 수 있는 최고단계는 바야흐로 그것이 소멸하기 시작하는 단계일 수밖에 없다. 예컨대 유럽을 다녀온 어느 여행자가 늘어놓는 후일담에 크게 감동한 적이 있다. 가이드가 한 지점을 가리키며, "여기가 세계의 끝"이라며 으스대자, 그가 "아니, 여기는 끝이 아니라, 세상의 시작"이라 을러대어 여행객 모두를 환호케 했다는 것이다.

우리의 옛 성현도 '이룬 것이 반드시 무너지게 된다는 것을 알면 이루려는 마음이 지나치게 굳어지지는 않을 것이며, 또 산 것이 반드시 죽게 된다는 것을 알면 삶을 지키려는 일에 지나치게 매달리지도 않게 되리라'고 우리를 타이르지 않았던가.

부옇게 흐려 있는 먼지 자욱한 샘을 손으로 휘저어 맑히려 든다면, 그건 참으로 어리석은 짓거리 아니겠는가. 샘이 더욱 더 흐려질 뿐이기 때문이다. 그냥 그대로 내버려두는 게 오히려 지혜로운 일일 터이다. 시간이 흐르면 먼지가 사뿐히 가라앉아, 샘은 다시금 고요히 맑아지리라.

우리의 실생활에서도 이러한 지혜는 나름 그 쓰임새가 유용하리라 여겨진다.

순식간에 분열과 혼란이 요란스레 터져 나오더라도, 그걸 가라앉히려 혼비백산하느니보다는 차라리 묵묵히 그냥 내버려 두어버리는 것 또한, 그것을 이겨내는 현명한 방책이 될 수도 있지 않으리요. 하기야 안정이란 게 과연 떠들썩한 야단법석을 통해 회복될 수 있는 것일까 …? 안정이란 본래 고요히 되찾아지는 게 아니겠는가. 따끔한 주사 한 방을 눈 질끈 감고 순식간에 참아내 버리듯, 격한 고통이 엄습하는 순간 역시 잠시 '나 몰라라' 하고 그냥 눈 질끈 감아버린다면 삽시간에 짐짓 조용히 지나가 버리지 않을까.

하기야 우리의 삶에 어찌 올바른 일과 떳떳한 몸가짐만 동행할 수 있겠는가.

죄악을 범하지만 남 위에 군림하고, 노상 의롭지 못한 일만 저지르면서도 떵떵거리며 잘 사는 사람들 역시 부지기수 아닌가. 하지만 하염없이 이어질 길고 긴 삶의 여로를 긴 눈으로 바라본다면, 이러한 부류들은 등불에 모여드는 불나방처럼 오직 순간에 잠식당하고 말 허망한 존재들 아니리오. 그런 탓에, 비록 지금 초시계처럼 확정적으로 몇 년 몇 월 몇 시가 되리라 큰소리로 선고할 형편은 못 되지만, 하다못해 후손 어느 시점에 가서라도 반드시 한번은 그 죄 값을 되돌려 치를 수밖에 없는 극렬한 심판을 받게 되리라 충분히 예측되고도 남을 일이라 짐작된다. 반면에 올바르고 정직함에도 궁핍을 면치 못하거나 핍박받는 사람들 역시, 그 후손 어디쯤에서는 필히 그 보답을 후하게 되돌려 받아 극진한 행복을 누리게 될 것이다. 밤과 낮, 겨울과 봄처럼, 인간의 삶의 역정 역시 자연을 닮아 공평하게 균형을 이루리라 생각되기 때문이다. 끝 모를 천둥벼락과 끝없이 내리는 비는 있을 수 없다. 햇빛 비치는 맑은 날만 끊임없이 계속되면, 온 세상이 다 사막으로 변할 것이다. 이따금 쏟아져 내리는 폭우가 얼마나 고마운 것인가. 이러한 자연의 공평함을 닮아, 인간이 누리는 행복과 당하는 불행의 총량 역시 언제, 어디서나 엇비슷하지 않을까 사료된다. 나는 이런 현상을 한마디로 '자연사적 질량불변의 인간법칙'이라 부른다. 응당 모든 행복과 불행엔 끝이 있을 수밖에 없다. 하지만 환호작약하는 '열광'과 가슴 저미는 '통탄'의 총량 역시 결국엔 사람마다 거의 비슷해지지 않겠는가.

동물의 세계에도 이와 비슷한 자연의 통제가 이루어지는 것처럼 보인다.

가령 인간의 역사뿐만 아니라 자연사에 대해서도 폭넓은 관심을 지니고 있던 고대 희랍의 헤로도토스(Herodotos)는 동물들을 잡아먹고 사는 짐승들과 잡아먹히는 짐승들 사이의 상호관계를 흥미롭게 고찰하기도 하였다. 그는 흔히 다른 짐승들에게 잡아먹히는 약소동물들은 매우 많은 수의 자손을 번식시키는데 반하여, 잡아먹는 맹수형 동물들은 상대적으로 적은 수의 자손만 번식시킨다고 주장하였다. 그는 이러한 번식의 양적 차이로 인하여, 결과적으로 자연세계에 동물 숫자의 적절한 균형이 이루어진다고 본 것이다. 이처럼 자연의 섭리는 여지없이 공평하다. 생태계에도 '견제와 균형'(Cheque & Balance)이 이루어지는 것이다. 이 또한 '자연사적 질량불변의 동물법칙'이라 불러도 가하지 않을까 …?

한편 지구에 사는 생명체들의 번식력은 실로 가공할 만한 수준이다. 하지만 태어나는 많은 개체들 중 대부분이 성장하는 와중에 사멸하기 때문에 그 중 일부만이 번식할 수 있게 되고, 그런 탓에 이 생태계가 균형 있게 유지될 수 있는 것처럼 보인다. 예컨대 1분에 한 번씩 분열하며 성장한다고 알려진 박테리아가 태어나 만약 한 마리도 죽지 않는다고 가정한다면, 그 박테리아는 불과 36시간 안에 우리들 종아리 높이만큼 온 지구의 표면을 온통 뒤덮을 것이고, 그로부터 한 시간 후면 우리 키를 훨씬 뛰어넘으리라는 연구결과까지 나온 적이 있을 정도다.[168]

이처럼 죽음이 생명을 보장하기도 한다. 죽음이 없으면, 생명 또한 없게 될지도 모른다. 한때 불덩어리 같은 사막을 아무것도 먹고 마시지 못한 채 힘겹게 죽을 고비와 싸우며 길을 찾아 목타게 헤매는 사람들이 있었다. 그런데 어느 날 불현듯 무덤이 눈에 띄는 게 아닌가. 무덤을 쏘아보는 이들은 과연 어떤 느낌을 받았을까. 죽음의 공포가

---

168 최재천,《생명이 있는 것은 다 아름답다》(효형 출판 2001/2005—9쇄), 68—9쪽

다시 한 번 더 뼈저리게 몰아닥쳤을까, 아니면 삶의 희망이 뜨겁게 용솟음쳤을까 …? 무덤을 응시하며, 그들은 바야흐로 '이제 살았다!' 하고 절규했다. 왜 그랬을까. 무덤은 가까이에 바로 사람이 살고 있다는 징표 아니겠는가. 사막의 무덤은 그들에게는 생명이었던 것이다.

무덤은 우리가 살아있다는 것을 확실히 재확인시켜주는 보증수표다. 뿐만 아니라 우리로 하여금 활기차게 살아가도록 용기를 북돋아주는 사회보장의 한 수단이기도 하다. 그러므로 묘지야말로 삶의 열렬한 후원자 아니겠는가. 요컨대 죽음은 우리에게 삶의 활력소인 것이다. 그러므로 죽음이 삶의 동반자가 되어야 마땅하리라. 우리는 늘 죽음과 동행해야 한다.

하지만 점차 우리의 생존역량이 줄어들고 있는 것 같다. 날이 갈수록 우리는 인간의 자연적 생존역량의 퇴화가 가속화하고 있는 현실을 마주하고 있는 것이다.

예컨대 2004년 12월 26일, 동남아시아를 강타해 이 지역을 온통 폐허로 만들어버린 지진해일 쓰나미로 인해 30만 명에 가까운 사람들이 순식간에 목숨을 잃었다. 이 거대한 지진해일은 에너지파동이 무려 최고시속 500km에 달할 만큼 무섭게 빠른 속도로 밀어닥쳤다 한다. 동남아 인근 해안을 휩쓴 해일의 높이가 60m에 이르러, 인간은 자연의 위력 앞에서 나무 이파리 같이 너무나 무력한 존재로 내팽개침 당할 수밖에 없었다. 그야말로 대재앙이었다.

이처럼 어마어마한 파괴력을 지닌 지진해일로 인해 수많은 인명 피해가 뒤따랐다. 하지만 놀랍게도 동물의 피해는 거의 없었다는 보고가 이어졌다. 스리랑카 최대의 야생동물 보호구역인 '얄라 국립공원'에서는 동물의 사체가 하나도 발견되지 않았다 한다. 이 공원을 덮친 해일로 외국인 관광객 40명이 숨졌으나, 동물들은 해일이 닥칠 것을 미리 알아차리고 높은 지대로 미리 대피해버린 것이다. 이 공원에는 아시아 코끼리, 악어, 멧돼지, 물소, 회색 랑구르 원숭이 등속이 살고 있는 것으로 알려져 있다. '국립 야생동물국' 관계자는 "토끼 한 마리도 죽지 않았다"면서, "동물들은 제6감을 갖고 있으며, 일이 언제 터질지 미리 안다"고 덧붙였다. 동물의 지진 예지력을 강조한 것이다. 지층이 끊어지거나 부딪치면 지구의 전 자기(磁氣) 양에 변화가 일어나는데, 이 과정에서 대기 중의 모기들까지 전기를 띠게 되어 야생동물들을 자극한다는 것이다. 그렇다면 야생동물들까지도 본능처럼 지닌 이 지진 예지력이 소위 만물의 영장이라는 인간에게는 왜 없는 것일까.

하지만 흥미로운 것은 지진해일로 큰 수해를 당한 수마트라 북부 인도령 안다만—니코바르 제도의 다섯 원시부족은 거의 피해를 입지 않았다는 사실이다. 8,300km^2에 걸쳐 약 500여 개의 섬들이 산재한 이 해역에는 대 안다만 족, 옹게 족, 자라와 족, 센티넬 족, 숌펜 족 등 멸종위기에 처한 다섯 원시부족 약 400~1천 명 정도가 살고 있는데, 이들은 해일이 몰려오기 전에 이미 높은 곳으로 일찌감치 몸을 피해버렸다는 것이다.[169]

따라서 이들이 현대인이 잃어버린 태고적의 자연적 육감을 아직도 그대로 간직하고 있는 게 아닌가 하는 궁금증을 불러일으킨 탓에, 한때 식자들의 깊은 관심을 자극하기도 했다고 한다. 이들 원시부족들을 지원하는 어느 환경운동가는 이들이 "바람의 움직임과 새들의 날갯짓을 통해 자연현상을 파악하는 오랜 옛날의 지혜 덕분에 목숨을

---

169 한국일보(2005.01.06)

건진 것"이라고 분석했다. 인도의 인류학자들도 "이들은 바람의 냄새를 맡고, 노 젓는 소리로 바다의 깊이를 헤아리는 놀라운 능력을 가지고 있다"고 말한다. 이들은 외부와 철저히 접촉을 끊은 채, 여태껏 활로 사냥하고 돌을 부딪쳐 불을 피우는 식의 석기시대 생활을 그대로 영위하고 있다고 한다.

그런데 이처럼 석기시대 식 원시생활을 이어가고 있는 원시부족들 뿐만 아니라 심지어는 '하찮은 미물들'까지도 소지하고 있는 이러한 자연재앙 예지력을 첨단의 과학문명을 자랑하는 현대인이 갖고 있지 못하다는 이 역설적인 현상을 과연 어떻게 설명할 수 있을까. 인간이 자신의 자연적 능력보다는 오히려 스스로 만들어낸 인위적인 문명수단에 너무나 오랜 기간 동안 길들여진 나머지, 본래 가지고 있던 인간의 자연력이 퇴화를 거듭한 결과일 가능성이 높아 보인다.

다른 한편 이러한 자연재앙을 겪으며, 도처에서 자성의 외침이 연이어 터져 나오기도 했다 :

문명의 이기는 곧잘 자연의 흉기로 돌변할 수도 있다. 그럼에도 우리 인간들은 너무나 태연하게 그러한 무서운 전락과정을 모르쇠로 일관하기만 해오지는 않았던가. 아니면, 무모한 욕망에 눈이 멀면 제대로 보지 못할 뿐만 아니라 인식능력까지 잃어버리기도 하는 것처럼, 편견과 아집, 독선 따위에 사로잡힌 결과, 자신에게 들이닥칠 재난조차 미처 깨닫지 못한 것은 아닐는지 … ?

이러한 자성과 자탄과 자책이 끝이 보이지 않을 정도로 줄을 이었다. 하지만 폭우가 금세 자취를 감추듯, 이 또한 이내 망각에 묻혀버렸다.

물론 이러한 대재앙은 도대체 인류가 지금껏 어떠한 자세로 자연에 임해왔는가 하는 지극히 자연스러운 물음을 자연스레 제기하곤 한다. 현재의 코로나 사태 역시 마찬가지인 것 같다.

사실 인류의 역사는 인간의 가장 본질적인 목표인 생명 보존방식의 진화과정이라 할 수 있다. 그러므로 생명의 원천인 자연에 대한 관심의 폭과 깊이가 인류사의 발전과정에 따라 다양한 변화를 거듭할 수밖에 없었으리라는 것은 대단히 자연스러운 현상이라 할 수 있을 것이다.

그런데 인간은 밥먹듯이 갈팡질팡, 우왕좌왕한다. 인간본성인 고독과 욕망에 기인하는 '공포심'과 '이해관계' 탓이다. 이것이 인간을 결속시켜 서로 뭉치도록 만들기도 하지만, 반대로 서로를 이간질해서 끊임없이 분열을 자초하기도 하기 때문이다. 그러나 자연은 바로 이러한 인간적 단합과 분열의 한 가운데 그저 조용히 군림하고 있을 뿐이다.

그런데 이 자연 속에서 지금껏 우리 인간은 도대체 어떻게 일상생활을 영위하며 살아왔을까. 무엇보다 생존문제가 근본적일 수밖에 없음은 물론이다.

생존을 위해 특히 중요한 것은 우선 위험으로부터 벗어나는 일일 것이다.

예컨대 오래 전 어느 추운 겨울날 남해에서 선박사고가 발생한 적이 있었다. 정원수보다 훨씬 많은 초과승객을 태운 여객선이 결국 모진 풍랑에 좌초해버린 것이다. 대부분의 승객은 피할 겨를도 없이 물에 빠져 숨을 거두었고, 불과 몇 사람만이 구명 조끼도 없이 헤엄을 쳐서 가까스로 해안에 이르렀다. 그러나 바닷가에 도착한 사람들 대부분은 급히 육지로 올라갔다. 반면에 몇몇은 계속 차가운 물 속에 몸을 담근 채, 마을 사람들이 구출하러 올 때까지 참고 견뎠다. 바다 속에서 추위에 떨며 기다린 끝에, 이 몇 명은 마침내 구조되어 담요로 몸을 싼 후 뭍으로 올라갔다. 하지만 이들만 살아남을 수 있었다. 한 겨울철이라 날은 몹시 추웠다. 드디어 이제는 살았노라 생각하고 곧장 육지로 올라온 사람들은, 급격한 체온저하로 말미암아 안타깝게도 생존할 수 없었다고 한다.

이처럼 사람들은 살아가면서 여러 가지 위험한 상황에 놓이게 된다. 이때 자신의 판단 여하에 따라 갖가지로 행동하게 될 것이고, 그 결과 살아나기도 하고 죽음을 맛보기도 할 것이다.

사람은 살아 있는 동안, 계속해서 주변의 상황을 인식한다. 눈으로 보고, 귀로 듣고, 코로 냄새 맡고, 피부로 느낀다. 오관에 의해 만들어지는 정보는 뇌로 전해지고, 뇌에서는 위험을 인지할 경우 생존할 수 있는 방법을 생각해내게 되고, 몸은 그 판단에 따라 행동하게 될 것이다.

이런 의미에서, 생존에 필요한 것은 일차적으로 위험에 대한 인식 능력이라 할 수 있다. 위험한지 아니면 위험하지 않은지, 또 위험하다면 얼마나 위험한지를 정확히 파악해낼 수 있는 능력이 중요할 수밖에 없다. 위험한 상황임에도 위험하다고 인식하지 못하면, 생존할 가능성이 적어진다. 반면에 위험하지도 않은 상황에서 위험하다고 인식하게 되면, 몸에 이상이 생길 가능성이 크다. 이처럼 위험한 상황을 위험하다고 인식하는 능력이야말로 생존을 위해 가장 중요한 기본요소라 할 수 있을 것이다. 위험을 깨닫지 못하면, 한 순간에 생명을 잃을 수도 있기 때문이다. 반면에 위험을 지나치게 인식하면, 병이 생길 가능성이 커지기도 한다.

이처럼 외부세계에서 닥쳐오는 위험으로부터 기민하게 벗어나는 것이야말로 생존을 위해 무엇보다 중요한 일이라 할 수 있다. 그리하여 위험하지 않다고 인식하게 되면, 일상생활을 위한 활동이 본격적으로 이루어지기 시작한다. 먹고 마실 것을 마련하고, 옷을 마련하고, 살집을 마련한다. 이러한 행동들은 생존을 위해 반드시 필요한 것이기 때문에, 일생 동안 지속될 수밖에 없다. 먹을 것과 마실 물이 없으면 생존할 수 없고, 지나친 추위나 지나친 더위를 피하지 못하면 살아나기 힘들다. 잠을 잘 때는 위험을 인식하는 능력이 줄어들기 때문에, 잠을 자는 곳은 안전하지 않으면 안 된다.

일단 이러한 것들이 기본적으로 갖추어지게 되면, 사람의 몸은 이성(異性)을 찾아 생식활동을 전개할 방도를 강구하게 된다. 사람의 주관적인 의지와는 아무 상관없이, 몸에서의 생명활동은 생식에 초점이 맞추어져 있다고 말할 수 있다. 자연의 섭리인 것이다. 예컨대 평생 결혼할 뜻이나 애 낳을 생각이 전혀 없는 여성의 몸에서도, 한 달에 하나씩 난자가 만들어진다. 이러한 생명활동은 음식을 소화하거나 배설하는 일과 마찬가지로, 결코 인위적으로 이루어지는 신체작용은 아닌 것이다.

그런데 성(性)이라는 게 왜 생겨났을까? 왜 암놈, 수놈이 따로 있어야 하는가.

자연이 성을 등장시킨 것은 한마디로 번식을 보다 효율적으로 수행케 해보려는 보험정책의 일환이라 할 수 있으리라. 암컷은 수컷의 힘을 빌리지 않고서는 후손을 낳을 수 없다. 그 역도 마찬가지다. 불가피하게도 인간은 자연의 산물이다. 그러므로 사람이 여성과 남성으로 갈라져 태어나는 것 역시 자연의 섭리인 것이다. 생태계를 살펴보면, 온갖 생물의 사명이 한마디로 종족보존에 있다는 사실을 금세 알아차릴 수 있을 것 같다. 참나무가 도토리를 떨어뜨리는 것은 종족을 보존하기 위한 절묘한 배려 탓이지, 도토리묵을 해 먹이기 위해서임은 결코 아니다. 이와 동일한 원리에 입각해, 민들레는 낙하산을 띄우고, 닭은 달걀을 낳고, 인간은 남자와 여자가 짝을 짓는다.

인간은 태어날 때, 운명적으로 여성 아니면 남성으로 태어난다. 자연히 남성과 여성의 비율은 대략 1대1이 되리라. 이는 사람이 계획하거나 의도해서 그렇게 되는 것이 결코 아니다. 주식이 채식이든 육식이든지를 가리지 않고, 또한 인종이나 피부 색깔의 차이와는 아무런 상관도 없이, 사회 전체의 성비는 대략 1대1 정도가 될 것이다.

성인이 되면 남성은 가장 남성다워지고, 여성은 가장 여성답게 된다. 그러나 자연에는 균형과 조화의 이치가 있다. 따라서 남성이 남성답게 여성이 여성답게 되어가는 것은 결코 사람이 의도해서 그렇게 되는 게 아니라, 자연스럽게 저절로 그렇게 되도록 이끄는 자연의 조화 탓이다. 남성과 여성의 수가 엇비슷하도록 태어나는 것과 성장하면서 남성은 남성적이 되고 여성은 여성적이 되는 것 역시 조화와 균형을 도모하는 자연의 순리인 것이다. 그러므로 예컨대 '수컷 성(性)'을 발산하는 수컷의 성향이 지나치게 팽배해지면 해질수록 불균형이 심화하게 되고, 결국 이러한 불균형을 해소하기 위해 자연스럽게 '암컷 성'이 요구되어지는 것이다. 결과적으로 건강한 성인 남성이 바라고 찾게 되는 것은 자신의 '치우친 수컷 성'의 짝인 '치우친 암컷 성', 즉 '성인 여성'이 된다. 그 역도 물론 마찬가지다.

이처럼 치우침으로 인해 생기는 불균형을 해소하기 위해 생겨나는 '이성'(異性)을 원하는 마음, 이러한 것을 대체로 성욕이라 부른다. 이 성욕에 따라 능력껏 짝을 찾게 되고, 이윽고 수컷 성과 암컷 성이 서로의 성적 치우침을 치유하며 하나가 되어나감으로써 점차 균형을 이루어나가게 된다. 결과적으로 이러한 불균형으로부터 균형을 찾는 과정을 겪게되면서, 성욕 또한 점차 줄어들게 된다. 이처럼 인간이 그러한 과정을 실행하는 것 자체가 실은 자연에 입각한 인위이며, 자연의 섭리를 따르는 순리(順理)의 길이라 할 수 있으리라 여겨진다.

자연 역시 지극히 자연스럽게 스스로 설정한 고유의 원칙에 따라 움직인다. 자연이 배태한 모든 생명체 역시 이러한 자연의 이치를 따를 것임은 물론이다. 따라서 이러한 자연의 이치를 따르면, 즉 순리하면, 그 생명체의 생명이 올곧게 발현할 것이지만, 반대로 이 자연의 이치를 거스르면, 요컨대 역리(逆理)하면, 자연은 균형과 조화의 영험을 발휘해 결국 그 생명체에 대해 다양한 제재를 가하게 될 것이다.

인간 역시 결코 예외일 수는 없다. 그러므로 자연의 순리에 입각한 삶의 자세야말로 자연적 존재로서 인간이 취할 가장 자연스러운 인간적 행위양식이라 이를 수 있지 않겠는가.

2. 인간과 인간, 그리고 공동체

2—1 인간본성과 공동체

인간이 생존하기 위해 필수적인 것은 무엇보다 의식주 문제를 우선적으로 해결하는 것이라 함은 두말 할 나위도 없는 일이다. 그 다음으로 중요한 것은 생존에 위협을 가하는 위험을 잘 인지해, 그로부터 완벽히 벗어날 수 있는 적절한 대응책을 강구하는 일이라 할 수 있을 것이다.

인간은 물론 이성이라는 미명 하에 비이성적으로 행동할 수 있는 유일한 피조물이다. 그러나 인간이 비록 '만들어지고' '내던져진' 피조물이긴 하지만 동시에, 자신을 '내던질 수도 있는', 다시 말해 '만들어나갈 수도 있는' 유일한 존재이기도 함은 부인할 수 없는 사실이다.

게다가 인간은 이중적이면서도 역설적인 존재이기도 하다. 예컨대 겉으로는 악취를 혐오한다고 떠들어대면서도 속으로는 자신의 항문을 통해 그것을 일상적으로 내뿜기도 하지 않는가. 뿐만 아니라, 꽃을 찬미한다고 거들먹거리면서도 그것을 꺾거나 그게 시들면 쓰레기통에 처박아버리기도 하는 존재가 바로 인간 아닌가. 이처럼 인간이란 이성의 힘으로 비이성적인 행위를 창출해낼 수도 있지만, 동시에 그것을 통제할 수도 있는 기이한 생명체임은 자명하다. 어차피 인간이란 본성적으로 역설적 존재인 것이다.

인간이란 한편으로는, 본성적 '고독'이 방출할 수 있는 비이성적인 측면, 요컨대 독선, 아집, 이기주의, 자유유일주의, 자기중심주의, '멸공봉사'(滅公奉私) 정신 등등의 부정적인 요소를 탑재한 존재임은 분명하다. 반면에 다른 한편으로는, 그러한 결손을 극복하고 그 자리에 형제애, 평등, 협동, 이타심, 멸사봉공 등등의 고귀한 가치를 대신 심어나갈 수도 있는 본질적인 능력 또한 겸비하고 있기도 함은 부인할 수 없는 사실이다. 역설적 존재이기 때문이다.

따라서 사리사욕, 물욕, 야욕, 탐욕 등등, 본성적 '욕망'의 부정적 면모를 극복하고, 그 자리에 절제, 나눔, 공평무사, 청빈 등등의 미덕을 대신 일구어나갈 수도 있는 존재 역시 인간임은 과연 그 누가 부정할 수 있겠는가. 이 세상에 원래부터 만들어진 길은 없다. 길은 다만 만드는 것일 뿐이다.

그러나 이 길이 과연 홀로 걷는 길일까.

시인 정호승은 그의 시 〈수선화에게〉에서, "외로우니까 사람이다. 살아간다는 것은 외로움을 견디는 일"이라 읊고 있다.

비록 '외로움을 견디는 일이 우리의 삶'이라 할지언정, 우리는 홀로 외로이 살아가는 유폐된 삶과는 숙명적으로 결코 서로 짝할 수 없다. 열린 존재이기 때문이다. 같은 짐을 짊어진 동료 인간들과 함께 서로 위로하며, 더불어 웃고 더불어 울며 함께 어울려 길을 헤쳐가거늘, 어찌 외로울 수 있겠는가.

자연이 응당 모든 생명체에게, 심지어 '천적'(天敵)이라 부르기까지 할 정도의 천부적인 적을 미리 예비해둔다는 것 역시 자연의 섭리에 속하는 지극히 자연스러운 현상이라 할 수 있지 않을까 한다. 인간 역시 물론 예외는 아니다.

인류의 원조가 채취·수렵·어로 등의 생존방식을 통해 삶의 명맥을 가까스로 이어나가던 시절, 그들은 무엇보다 두 유형의 심각한 '외부의 적'과 맞닥뜨릴 수밖에 없었으리라 짐작된다. 하나는 홍수, 가뭄, 태풍 등등, 천재지변이라 할 '자연의 적'이고, 다른 하나는 기회 있을 때마다 침탈을 일삼는 바깥 무리들, 즉 외부로부터 들이닥치는 '인간의 적'이 바로 그것이다. 따라서 이러한 '외부의 적'이 유발하는 공포에 보다 효율적으로 대처해가며 자신들의 사적 이해관계를 보다 효율적으로 지켜나가야 할 필요성을 절감했으리라. 그리하여 인류는 일정지역을 중심으로 주어진 제약 속에서나마 구성원 상호간 보다 두터운 결속을 도모할 수 있는 가능한 한 규모 있는 집단생활을 추구하게 되었을 것이다. 말하자면 공포심 극복 및 이해관계 수호를 위한 집단적 연대의 필요성이 가장 단순한 형태의 소규모적인 공동체 형성의 추동력으로 작용하지 않았을까 추정해볼 수 있으리란 말이다.[1]

2—2 공동체란 무엇인가 : '전통적' 공동체와 '인위적' 공동체

앞에서도 밝혔듯이, 농경사회는 우리 인류의 본격적인 공동체형성의 시발점으로 기록될 수 있으리라 여겨진다. 인류사회가 채취·수렵·어로의 떠돌이 식 경제양식에서 벗어나 농업을 중심으로 하는 정착적 경제행위를 도입하면서부터, 인간의 공동생활에는 많은 변화가 생겨나기 시작했을 것이다.

인류는 외부로부터 엄습하는 공포를 극복해가며 자신의 사적 이해관계를 효율적으로 지켜나가기 위해, 보다 굳건히 서로 힘을 합칠 수 있는 가장 단순한 형태의 집단적 생활방식의 터전부터 닦기 시작했으리라. 그리하여 그 지역에 지속적으로 정착하며 농경적 생산방식

---

1 박호성,《공동체론》4장 3절에서는 이 주제를 역시 '공동체론'이란 소제목을 달고 하나의 '시론' 형태로(특히 593쪽 이하) 부수적으로 간략히 다룬 적이 있다. 그러나 여기서는 이 저술의 전체 흐름에 적합하게 새로운 각도로 분석하고 심화하였다.

을 계속 발전시켜나가는 동안, 인류는 그 소속집단에 대해 점차 '운명의 공통성'을 체득하게 되었을 법하다. 이 와중에 혈연·언어·풍습 등 여러 '문화적 공통성'이 계속 축적됨으로써, 그 집단 고유의 '공동체적 특성'이 만들어지게 되었으리라 여겨진다.[2]

바로 이러한 사회경제적 토대의 공통성과 그에서 비롯하는 문화적 상부구조의 동질성이라는 끈덕진 '인연'의 힘이 작용하여, 공동체 형성의 토대를 구축하게 된 것이다. 이와 같이 일단 인류가 이러한 방식으로 일정한 지역에 정착함으로써 동일한 생산방식, 동일한 공동체적 체험, 동일한 문화적 전통의 축적 및 전수를 통하여 점차 동일한 집단적 '운명의식'과 '특성'을 발전시켜나가게 되면서, 대내외적으로 공동체의 효율적인 유지·존속을 위한 '인연'의 터전을 가일층 심화해나가기 시작하였으리라 짐작된다. 그리하여 공동체는 사회경제적 생존을 보다 확고하게 보장하기 위한 공통된 이해관계에서 출발하여, 한편으로는 집단적 결속을 강화하는 특수한 공동체의식과 더불어 독특한 문화적 고유성을 함양하고, 다른 한편으로는 특히 외부로부터 엄습하는 위협을 서로 단합하여 제압해나가면서 성장·발전해왔으리라.

이러한 공동체는 대략 '전통적 공동체'와 '인위적 공동체' 두 유형으로 크게 구분될 수 있으리라 여겨진다.[3]

공동체(Gemeinschaft)라 하면 대체로 마을, 촌락, 도시 등과 같은 기

---

2 특히 Otto Bauer, Die Nationalitätenfrage und die Sozialdemokratie (2.Auflage, Wien 1924), p.135 참조.

3 이 부분은 박호성,《공동체론》앞의 책, 565~75쪽 내용을 이 책의 흐름에 적합하게 재구성한 것이다.

본적인 지리적 생활 및 주거공간을 가리킨다.

나는 우선 가족·친족 등 혈연을 비롯한 전래된 자연적 인간관계에 기반을 둔, 근원적이고 일상적인 생활공동체를 '전통적 공동체'라 규정한다.[4]

대개의 경우, 이 '전통적 공동체'는 본질적으로 지나간 전통, 즉 '과거의 것'에 기초한다. 따라서 구성원 서로 서로를 굳건하게 결속토록 이끌어주는 지난날의 혈통이나 생활양식의 공통성 등과 같은, 기존의 전통적인 토대가 이미 구축되어 있는 경우가 지배적이다. 하지만 어떻게 미래를 더불어 개척해나갈 것인가 하는 측면에서는 취약한 속성을 드러낼 수밖에 없어, '미래지향적' 비전을 제시해야 할 미완의 과제를 동시에 짊어지는 경우가 역시 지배적이다.

그러나 이 전통적 공동체는 자본주의의 급성장으로 인하여 대대적으로 잠식당하기 일쑤다. 무엇보다 산업화·도시화·민주화의 확산 등으로 인해, 전통적 공동체의 전래된 기본토대가 심각하게 흔들릴 수밖에 없기 때문이다.

이러한 역사변화는 대체로 대내외 두 방향에서 공동체의 기본구조에 깊숙이 영향을 미치게 되었다. 그것은 한편으로는, 동질적인 삶의 방식, 동질적인 생활조건, 동질적인 문화와 신앙 등으로 끈끈히 결속해 있던 지배적인 전통적 공동체의 내부 분화와 균열을 가속화시켰다. 사회적 교류가 빈번해지고 생활공간이 확대함에 따라, 그때까지 전통적 공동체를 튼튼히 지탱해온 긴밀한 유대의식과 일체감이 급격

---

4 나는 이 '전통적 공동체' 개념을 구상하는 과정에서, 한상복, "한국인의 공동체의식에 관한 연구", 정신문화연구회 편,《한국의 사회와 문화》제3집(1980), 141~181쪽에서 적잖은 자극과 도움을 받았다.

히 무너지기 시작한 것이다. 다른 한편으로는, 무엇보다 새로이 등장한 자본주의체제의 시대적 요구에 부응할 수밖에 없어, 이 전통적 공동체로부터 이질적인 속성의 새로운 공동체가 속출하게 되었다. 그 가장 대표적이고 역사적인 유형이 바로 '민족국가'의 이름을 표방한 '민족 공동체'라 이를 수 있을 것이다.[5]

어쨌든 특히 생활양식, 문화 및 이데올로기 등의 심각한 세분화가 일어나는 현대사회가 도래하면서, 이러한 전통적 공동체의 범주를 뛰어넘는, 본질적으로 지극히 새로운 성향의 공동체가 속속 출현하게 되었다. 과학발전과 기술진보에 따라 노동분화 및 전문화가 복잡하게 전개하면서, 학문, 직업, 종교, 문화, 이념 등등, 지극히 다양한 분야에 걸쳐 이질적인 집단적 이해관계를 기본 핵으로 하는 새로운 유형의 결합상태가 줄기차게 등장하게 되었다. 국가와 지역마다 다르고, 또 문화 및 경제수준의 발전 정도에 따라 세계적으로도 상당한 차이가 드러날 수밖에 없었음은 물론이다.

나는 이처럼 동질적인 목적 및 이해관계를 집단적으로 관철해내기 위해 계획적·선택적으로 형성되어지는 공동체를 '인위적 공동체'라 규정한다. 이러한 공동체는 선택적으로 구성되어질 뿐만 아니라, 특수하고 비일상적인 속성을 지니게 된다. 왜냐하면 '전통적 공동체'와는 달리, 오로지 자체의 '미래지향적' 이해한계와 직결해 있기 때문이다. 그러므로 이러한 인위적 공동체는 스스로 추구해나갈 미래의 공동가치를 비교적 용이하게 제시할 수 있는데 반해, 대체로 구성원 상호간의 결속을 보다 손쉽게 촉진할 수 있는 공통의 '과거의 것'을

---

5 이러한 민족국가의 구체적인 생성배경을 간략히 참고하기 위해서는 박호성,《노동운동과 민족운동》(역사비평사 1994), 203~233쪽을 볼 것.

별반 소유하지는 못한다. 따라서 전통적 공동체와는 달리, 이러한 집단적 유대를 어떻게 공동으로 쟁취해나갈 것인가 하는 과제를 새로이 껴안게 되는 것이다.

어떤 경우를 막론하고, 모든 현대인들은 거의 대부분 이 두 유형의 공동체 중 어느 하나에 운명적으로 소속될 수밖에 없으리라 여겨질 정도다.

한편 '전통적 공동체'는 '근본적'이고, '일상적'인 공동체라 규정할 수도 있을 듯하다. 원초적으로는 우리에게 흔히 고향, 향리, 향촌 등으로 정겹게 각인되어 있듯이, 특히 기초적인 혈연공동체에서 출발하여 통상적으로 마을 및 촌락공동체 정도의 제한된 영역에 일상적 삶의 무게가 편중되는 편이었다. 하지만 역사의 진전에 따라 종내는 민족공동체, 나아가서는 세계동포주의적 인류공동체로까지 비약할 수도 있는, 대단히 광범위한, 따라서 상당히 판독하기 난해한 구조를 지니고 있기도 한 개념이 바로 이 '전통적' 공동체라 할 수 있을 것 같다. 일반적으로 전래된 전통적 삶의 공통된 터전에 기초하고 있기 때문에, 이 전통적 공동체 내부의 정서적 상호결속은 상당히 튼튼한 편이라 할 수 있다. 그러나 공간의 넓이와 구성원의 수가 확대하면 할수록, 공동체적 유대감의 강도가 그에 반비례할 수밖에 없음은 자연스러운 이치라 할 수 있을 것이다.

예컨대 공동체 연구분야에서 결정적인 이론적 영향력을 행사한 인물로 널리 알려진 독일의 페르디난드 퇴니스(Ferdinand Tönnies)는 이러한 문제에 대해 과연 어떠한 입장을 표명했을까.[6]

---

6 이 글에서는 다음과 같은 퇴니스의 저작을 참조하였다 ; Ferdinand Tönnies,

그는 애초부터 우리 사회가 도대체 어떻게 유지될 수 있는가 하는 문제에 자연스레 관심을 집중시켰다. 그런데 퇴니스는 이 문제에 과연 어떻게 대응했을까.

그는 글을 시작하자마자 무엇보다 '인간의 의지'라는 소재에 서둘러 방점부터 찍는다. 그리곤 열렬히 집념을 불태우는 뜨거운 탐구열을 보여주기 시작하는 것이다. 자신의 저서 제2권을 몽땅 이 주제에 헌납할 정도로 열성적이다.

퇴니스는 우선 이 '인간의 의지'를 둘로 나눈다. 한편으로는, 유기적으로 이해되는 비개체적 의지로서 '공동체'(Gemeinschaft)의 기본정향인 "본원적 의지"(Wesenwille)와, 다른 한편으로는, '사회'(Gesellschaft)를 지배하는 "선택적 의지"(Kürwille) 둘로 구분하여 고찰하기 시작한다.

한마디로 "본원적 의지"가 "실재적이거나 자연적인" 통일성에 뿌리내리고 있다 한다면, "선택적 의지"는 "관념적이거나 만들어진" 통일성을 추구할 따름이다. 하지만 전자는 주로 지나간 '과거의 것'에 몸담고 있는 관계로, 그로부터 어떻게 미래의 가치가 생성되어질 수 있는가 하는 것을 해명하지 않으면 안 된다. 반면에 후자는 오로지 자신과 직결된 '미래의 것'을 통해서 이해되어질 수 있을 뿐이다.

Gemeinschaft und Gesellschaft : Grundbegriff der reinen Soziologie (4., unveränderte Auflage 2005, Wissenschaftliche Buchgesellschaft, Darmstadt). 그리고 이 글 본문에 나오는 괄호 속의 페이지 표시는 이 책의 면수를 가리킨다 : 다른 한편 퇴니스는 나중에 2판부터는 이 책의 부제를 〈순수 사회학의 기본개념〉 (Grundbegriffe der reinen Soziologie)으로 바꾸었다 : 우리나라에서는 퇴니스의 이 저작을 황성모 교수가 1982년 〈공동사회와 이익사회〉라는 제목으로 삼성출판사에서 번역 · 출간한 적이 있다. 참고로 말해, 황 교수는 여기서 'Gemeinschaft'를 '공동사회'로, Gesellschaft를 '이익사회'로 각각 풀이하였다.

이런 의미에서 "본원적 의지"가 이른바 '과거의 것'을 맹아(Keim)로 소지하고 있다 한다면, "선택적 의지"는 반대로 '미래의 것'을 형상(Bild) 속에 함유하고 있다고 말할 수 있다(p.73). 그런데 "본원적 의지"는 실질적이고 자연적인 본성을 지니고 있기 때문에, 그것은 자신이 수행할 노동에 필요한 추진력과 같은 것으로서, 일(Tätigkeit)과 직결해 있다. 따라서 그것은 유기체를 활성화하는 "힘과 통일성"(Kraft und Einheit) 같은 것을 공동체에 부여한다. 반면에 "선택적 의지"는 결코 "인간의 본질(Wesen)에 부합하는 현실"이 아니다. 그러므로 주위 '동료'(Mitwesen)를 직접적으로 인정하는 경우가 별로 없다(p.99).

따라서 "선택적 의지"에 따라 움직이는 사회에는(p.135)— 공동체에서와는 달리— 필연적으로 주어지는 선험적 통일성에서 도출할 수 있는 일(Tätigkeit)이라는 게 없다. 말하자면 각 개체 속에 내재하는 통일적인 의지와 정신의 힘을 토대로 하여, 궁극적으로는 그 개체와 결합한 모든 존재들이 함께 어우러져 도모해나갈 수 있는 공동의 일이란 게 거의 없다는 말이다. 그 대신 사회에는 모든 존재가 제 각각이며, 따라서 모두가 서로 서로에 대해 긴장감을 떨치지 못한다. 이들의 세력 및 활동의 판도가 상호 명료히 구획되어 있는 탓에, 서로간의 교류가 차단될 수밖에 없다. 그러므로 사회 구성원 서로 서로가 거의 적개심 같은 것으로 상호 무장해 있는 현실 속에 놓여 있다고 말할 수 있을 정도다. 하지만 사회의 이러한 '부정적인 성향'이야말로 실은 '힘의 주체' 상호간을 일상적으로 지배하는 '정상적인'(normal) 형태라 할 수 있는 것이다. 어느 누구도 타인을 위해 기꺼이 봉사하려고 하지 않는다. 혹 타인을 위해 무언가를 행하고자 할 때도, 항상 반대급부부터 우선 따지려든다. 따라서 '공동선'(Gemeinsam—Gutes) 같은 것이 전혀 존재할 수 없는 현실이 초래될 수도 있다. 이처럼 퇴니스에게는 '사회'란 것이 항상 상호 격렬한 적개심으로 무장한 인간적 이기심이 서로 완강히 대치해 있는 전쟁터 같은 곳으로 인식될 수밖에 없었다(p.34).

이런 관점에 입각해, 퇴니스는 "공동체는 오래 된 것이고, 사회는 새로운 것"이라 단정짓게 된다. 여기서도 엿볼 수 있듯이, 그는 '사회'의 개막을 기본적으로 근대, 요컨대 자본주의의 성립과 직결시키는 성향을 보여준다. 바로 이러한 맥락에서 그는 그 구성원 "모두가 다 상인"으로 존재하는 '시민사회'니 '교환사회'니 하는 개념을 등장시키기도 하는 것이다.

그러나 그는 '공동체'가 구체적으로 어떠한 과정을 거쳐 '사회'로 이행하게 되었는가 하는 문제를 거의 체계적으로 다룬 적이 없는 것처럼 보인다. 그는 단순히 "사회의 시대는 공동체 시대의 뒤를 잇는다"라고만 밝히고 있을 따름이다(p.215). 그가 만약 이 작업을 효율적으로 수행했다면, 공동체와 사회에 대한 그의 이분법적 접근이 더욱 명료한 빛을 발할 수도 있었으리라 짐작되기도 한다. 하지만 다른 한편으로 퇴니스 스스로가 도시화·산업화 등으로 인해 점차 퇴색해가는 듯이 보이는 '공동체'의 운명에 대해 일말의 주저도 없이 애틋한 애착을 보이기도 함은 지극히 자연스러운 현상이었던 같아 보인다.

물론 그는 공동체가 대내외적으로 이중고에 시달리고 있음을 결코 간과하지는 않았다. 내부적으로 공동체 스스로가 본질적으로 불평등과 이질성을 내포할 수밖에 없는 탓에, "차이의 통일"(Einheit des Differenten)을 지향하지 않으면 안 된다고 역설하기도 하였다(p.16). 그리고 다른 한편 대외적으로는, 산업화 등 새롭고 이질적인 사회현상을 동반하는 시대적 변화에 대해 적절히 대응할 필요가 있음도 놓치지 않았다. 그런 와중에 그는 도시에 대한 은근한 기대감 같은 것을 숨기려들지도 않았다.

그는 촌락뿐만 아니라 의례껏 도시생활을 통해서도, 공동체적 생활양식의 보편적 토대라 할 수 있는 가족생활이 함양될 수 있다고 보았다. 이런 의미에서 그는 촌락공동체(Dorfgemeinde) 뿐만 아니라 도시도 물론 '대가족'의 범주에 포괄되는 것으로 이해하기도 하였다. 퇴니스는 아리스토텔레스까지 인용하면서, 도시란 원래 자연에 의해 만들어진 것이기 때문에 자족적인 재정을 통해 "공동체적으로 살아가는 유기체"임을 강조한 적도 있을 정도다(P.31). 따라서 혈연적인 친족관계와 물려받은 땅이 아직도 가장 중요한 요소로 남아 있는 탓에, 도시 안에서도 공동의 재산과 공동체적 특권을 동등하게 향유할 공동의 기회가 온전히 보장될 수 있으리라 본 것이다. 이런 의미에서 퇴니스는, 비록 조금씩 차이가 나긴 하겠지만, 그래도 적절한 크기의 '도시' 역시, "인간적인 '더불어 살기'의 최고의, 요컨대 가장 복잡한 조형물"이라 할 수 있다고 역설하기도 한 것이다(p.211).

그러나 '대도시'에 이르면, 상황이 본질적으로 달라진다고 보았다. 토착민과 외래인의 구별도 사라지고, 고립된 개인 및 가정만이 서로 대치할 뿐 공동체적 삶의 흔적조차 찾아보기 어려워지기 때문이다. 오직 자신의 재산만이 유일하게 유효하고 본원적인 특성으로 자리잡을 뿐, 공동으로 소유한다든가 함께 향유한다는 미덕은 찾아볼 길이 아득해진다. 결국 인류의 힘을 쌓아가고 윤리적 인간을 양성할 수 있는 길 역시 요원해지리라. 나아가 퇴니스는 대도시를 '사회'의 전형으로까지 간주한다.

이윽고 그는 거의 읍소하기라도 하는 듯한 자세까지 드러내 보일 정도로 바뀌어 나간다. 그가 역사의 진전을 얼마나 비관적으로 바라보았으면, "사회의 이성"(Vernunft der Gesellschaft)인 국가가 나서서, 사회를 "없애거나"(vernichten), 아니면 그것을 "개조·혁신하는"(umgestaltend erneuern) 결단을 내리라고 촉구하기까지 했을까. 그러면서도 그는 다른 한편으로는 그러한 시도가 성공할 가능성은 "극도로 희박"(außerordentlich unwahrscheinlich) 하리라는 비관적인 예측까지 덧붙이기도 한다(p.214). 동요와 갈팡질팡이 심하다.

어떻게 보면, 서서히 소멸해 가는 듯이 보이는 '오래된' 공동체적 삶을 향한 그의 마지막 일편단심이 '사회'에 대해 거의 일방적으로 공격을 퍼붓도록 자신을 심하게 압박했던 것처럼 여겨질 지경이다. 하지만 그는 미련을 버리지 않는다.

그는 "공동체의 근대화" 구상 같은 것을 넌지시 암시하는 듯한 인상까지 풍길 정도다. 이를테면 시대의 변화와 더불어 공동체 역시 목가적인 촌락단위의 소규모 공간을 탈피하는 것이 바람직하지 않겠는가 하는 바람 같은 것이다. 하지만 도시에 대해 거는 그의 은근한 기대가 다시 한 번 더 뚜렷이 골격을 드러내기도 한다. 퇴니스는 도시와 시골 간의 교환이 결국 정태적인, 요컨대 공동체적인 생존방식을 뒤흔들어 놓을 것이며, 그를 통해 오래된 전통에 대한 비판적 안목이 새로이 출현할 수도 있으리라 예측하기까지 한다. 그는 "도시생활에서는 전래의 것에 대한 애착이 한발 뒤로 물러서는 대신에, 새로이 만들어 가는 것(Gestalten)에 대한 관심이 우위를 점하고 있다"고 역설하기도 한다(p.32). 심지어 퇴니스는 경제적 차원의 교역을 넘어서는 도시와 시골 간의 일상적 교류까지 꿈꾸고 있다. 물론 그 자신이 긍정적으로 한 번 해보는 '추측'에 지나지 않는다고 미리 손사래를 치고 있긴 하지만, 자신의 깊은 기대심리를 숨기려들지는 않는다. 그는 "예컨대 회합장이나 교회 등지에서 친화력과 우애를 통해 다양한 관계"를 증진시켜나가면서 "자신의 것을 고수하려 하거나 또는 낯선 것들을 가능한 대량으로 습득하려는 자연적 소망"에 맞서 공동 관심사를 공유해나가는 노력을 거듭하는 동안, 도시와 시골간의 결속이 보다 강화되지 않겠는가 하는 조심스러운 바람을 피력하기도 하는 것이다(p.26).

이러한 진술 속에는 '사회'에 대한 적대감을 버리지는 못하면서 동시에 '공동체'의 역사적 활로 역시 통쾌하게 제시하지도 못하는 퇴니스의 솔직한 갈등과 번민이 그대로 녹아들어 있는 것처럼 보인다. 하지만 그 자신의 이론을 관통하는 본질적 경향이 사실은 앞으로의 역사발전이 결국에는 '공동체'의 잔재 위에 세워질 '사회'의 승리로 점철되리라는 비관적 전망에 놓여 있다는 점은 부인하기 힘들 듯하다.

그는 자신의 저서 마지막 장의 서두를 빌어 역사의 발전동향에 대한 자신의 간략한 소회를 덧붙이고 있다. 퇴니스는 역사의 "전체 운동"이 "원초적인(단순하고 가족적인) 공산주의 경향에서 시작하여, 이로부터 배태되고 그에 기초하는 (촌락적 · 도시적) 개인주의 및 독립적인 (대도시적 · 보편적) 개인주의를 거쳐, (국가적 · 국제적) 사회주의"로 나아가게 되리라 예측한다(p.219). 그런데 그는 이 사회주의(Sozialismus)에 이미 '사회의 개념'(Begriff der Gesellschaft)이 내장되어 있다고 고백함으로써, '사회'의 궁극적인 승리를 에둘러 자인하는 품새를 종내 버리지는 못하는 것처럼 보인다.

하지만 내가 바로 위에서 시도한 개념규정에 의거한다면, 퇴니스가 말하는 공동체는 '전통적 공동체'와, 반면에 사회는 '인위적 공동체'와 서로 맞물리는 측면이 있지 않나 여겨지기도 한다.

그러나 오늘날 이른바 세계화 시대가 도래함에 따라, 공동체생활과 관련하여 심각한 대내외적 변화가 초래되리라 짐작된다. 무엇보다 공익을 추구하는 '시민적 인간형'이 숨을 죽이는 반면에, 적나라한 사적 이익만을 탐하는 '시장형 인간'만 활개치는 상황이 조성되는 듯이 비쳐진다. 이러한 현실에서, 손잡고 더불어 함께 살아가야 할 건강한 공동체적 삶을 과연 얼마나 크게 기대할 수 있을까 하는 의문이 자연스레 번져가고 있음이 불가피한 것처럼 보이기도 한다.

하지만 우리의 경우는 보다 특이한 양상을 내비친다. 기이하게도 우리나라에는 '전통적 공동체'와 '인위적 공동체'가 서로 구별할 수 없을 정도로 마구잡이로 뒤섞여 있는 경우가 지배적인 양상인 것처럼 여겨지기 때문이다.

가령 '혈연'(血緣)과 '지연'(地緣) 등은 대표적으로 '전통적 공동체'와, 반면에 '학연'(學緣)은 대체로 '인위적 공동체'와 연결된다고 말할 수 있으리라. 그러나 엄밀하게 따지면, 예컨대 '○○대학 동문회'나 '해병 전우회' 등은 인위적 공동체로 대별되어질 수 있다. 하지만 이 동문회와 전우회의 내부를 꼼꼼히 들여다 볼 것 같으면, 서로 갈등을 일으킬 소지가 농후한 무수히 작고 다양한 전통적 공동체로, 가령 전라도니 경상도 출신이니 하는 식으로 갈가리 찢겨져 있을 가능성이 지극히 농후하다. 다른 한편 '전주 이씨 종친회'는 전형적인 전통적 공동체 유형에 속하지만, 내부적으로는 다양한 인위적 공동체로, 예컨대 민주당이냐 국민의 힘이냐 하는 식으로 잘게 분화해 있을 가능성이 상당히 높으리라 추측된다.

이렇게 복잡하기 짝이 없는 우리의 경우를 살펴보게 되면, '전통적 공동체'는 바로 앞에서도 언급했듯이, 마치 본능적이고 자연적인 인간의 '생명활동'과 직결하고, 반면에 '인위적 공동체'는 상상력과 의지에 기초한 '생존활동'의 범주에 속하는 듯한 느낌마저 줄 정도다. 말하자면 전통적 공동체는 우리 사회의 숨쉬기운동과 유사한 본능적 속성을, 반면에 인위적 공동체는 마치 100m 달리기 시합에 발벗고 나선 듯한 근육질적인 경쟁적 성향을 각각 드러내 보여준다는 말이 될 법하다. 그러나 문제는 이 두 공동체의 기본성향 상호간에 충돌이 발생하는 경우, 심각한 갈등이 발생할 수 있다는 점을 결코 간과하기 힘들다는 것이다. 가령 동문회와 출신지역 양쪽의 이해관계가 서로 상충할 때, 그 소속원은 '인위성'과 '전통성' 둘 중 과연 어느 쪽에 방점을 찍어야 할까. 이러한 상황은 우리나라에서 심심찮게 발생하는 주요한 사회적 갈등요인의 하나라 할 수 있을 듯하다.

어쨌든 더불어 모여 함께 살아가는 인간 공동체의 존립을 위해 필수적으로 요구되는 두 요소가 있다. 하나는 공동생활을 가능케 하는 지리적 공간, 그리고 다른 하나는 구성원 상호간을 묶어주는 정신적 유대관계가 바로 그것이다. 무엇보다 더불어 주거할 물질적 공간과 아울러, 함께 같이 살만 하고 또 나란히 살아가리라는 심성적 기대 및 의지를 충족시켜줄 정신적 가치가 공유될 때, 비로소 공동체 구축의 기반이 제대로 조성되었노라 말할 수 있기 때문이다. 이처럼 물질적 공간과 정신적 공속감이야말로 공동체형성의 기본요건으로 기능하는 것이다.[7]

이런 관점에 입각해, 공동체를 대체로 다음 두 유형으로 분류해

---

7 참고로 말해 힐러리(George A. Hillery, Jr.)는 대부분의 사회학적 공동체 정의는 적어도 3가지 주요요소를 포괄한다고 주장한다. 즉 1) 지리적 영역, 2) 사회적 상호작용, 3) 공동의 유대 혹은 연대가 바로 그것이다. 이에 따라 힐러리는 공동체라는 것이 "한 지리적 영역 내에서 하나의 혹은 그 이상의 부가적인 공동의 유대를 통해 사회적으로 상호작용 하는 사람들로 이루어진다"고 정의한다. 이러한 정의에는 지역적 변수, 사회학적 변수(사회적 상호작용), 그리고 문화심리학적 변수(공동의 유대들)가 포괄적으로 내포되어 있다. 이에 대해서는, 데니스 포플린, "공동체의 개념", 신용하 편,《공동체 이론》(문학과지성사 1985), 26쪽을 볼 것.

고찰해볼 수도 있으리라 여겨진다.

　하나는 지리적 차원의 공동체로서, 예컨대 마을공동체, 지역공동체, 민족공동체 등등의 경우가 이에 속한다. 그리고 다른 하나는 정신적 차원의 공동체로서, 예를 들어 신앙공동체, 운명공동체, 생명공동체 등등을 포괄한다. 그러나 이 지리적 · 정신적 차원의 두 유형의 공동체가 면도칼로 도려내듯이 서로 엄정하게 분리되어 개별적 · 독립적으로 존재한다기보다는 오히려, 서로 뒤섞이고 결합하여 한 몸통, 한 실체를 이루는 경우가 지배적이라 할 수 있다. 그러나 이 두 요소 중 어느 쪽이 보다 주도적인가 하는 기준에 따라, 공동체의 기본속성이 달라질 수는 있다. 예컨대 '한 번 해병은 영원한 해병' 식 '해병대 전우회' 수준이 정신적 차원에, 반면에 '호남 향우회'가 지리적 요인에 보다 역점을 둔 유형이라 한다면, '전주 이씨 종친회' 같은 경우는 양자 혼합형이라 이를 수 있을 것 같다.

　그러나 공동체가 본질적으로 '정치적' 단위이면서 동시에 '문화적' 범주라는 이질적인 두 개의 기본성향을 지니는 존재라는 인식은 이러한 지리적 공간과 정신적 유대관계라는 공동체의 물질적 · 정신적 기본토양으로부터 비롯한다고 말할 수 있을 듯하다. 어쨌든 공동체는 사실상 정치 · 문화적 단위로서의 위상을 지니는 존재인 것이다. 하지만 가장 본질적인 공동체의 존재이유가 무엇보다 생명과 재산의 보호, 다시 말해 공동체 및 공동체 구성원의 생존보장이 될 수밖에 없으리라는 것은 두말 할 나위도 없는 일이다. 따라서 이러한 기본목적이 달성되기 위해서는, 원칙적으로 다음과 같은 두 개의 기본요구가 충족되어야 할 것이다.

　첫째, 공동체가 정치적 단위이기 때문에, 그것은 우선적으로 대내외적 생존의 자유를 확보하지 않으면 안 된다. 이런 의미에서, 공동체의 가장 본원적인 존립원칙은 '자결'(Self-Determination)이라 할 수 있다.

여기에는 대내외적으로 두 측면이 있다.

공동체는 우선 공동체 상호간의 '대외적인 관계'에서 자결을 쟁취하지 않으면 안 된다. 동시에 공동체 구성원 상호간의 '대내적인 관계'에서도 역시 자결의 원칙이 관철되지 않으면 안 되리라. 나아가 국제관계 역시 마찬가지로 이에 준할 수밖에 없다.

결국 이것은 '공동체 민주주의'의 확립을 의미한다. 말하자면 국가와 국가, 지배자와 피지배자, 도시주민과 농촌주민, 남성과 여성, 사회적 집단과 개인, 공동체와 공동체 등등의 상호관계에서 정치·사회·경제적 민주주의가 올곧게 수립되지 않으면 안 되리란 말이 되겠다. 그러므로 공동체는 구성원 상호간의 연대를 토대로 하여 실질적인 민주주의를 추구·확립해야 하는 본원적 목표를 지닌다고 말할 수 있다.

둘째로, 공동체가 또한 문화적 단위이므로, 공동체의 지속적인 발전을 위해 구성원 상호간의 대내적 결속에 필요한 문화적·정신적 일체감 조성 및 강화가 필수적으로 요구된다고 말할 수 있다. 이는 건강하고 견실한 공동체의식을 전제하는 것이기도 하다. 따라서 이러한 문화적 공감대를 밑거름으로 하여 구축되는 공동체구성원 상호간의 굳건한 연대가 바로 앞에 지적한 '공동체 민주주의'의 활력으로, 요컨대 공동체의 대내외적 자결확립 및 민주적 미래발전을 촉진하는 동력으로 작용하게 될 것임은 물론이다.

이런 취지에서, 공동체란 일정지역 또는 조직의 정치적·문화적 특성에 기초해 공동의 이념 또는 의식으로 결속한 다수의 사람들로 구성된 인간집단이라 규정할 수 있을 것이다. 이 경우 '다수의 사람들'로 하여금 서로 '결속'토록 이끄는 기본동력은 물론 정신적·물질적 요인이다.

그 중에서도 혈연은 마치 '생명활동'처럼, 근본적으로 공동체형성의 자연적 초석이라 이를 수 있다. 그러므로 인류역사의 기본토대로 기능해왔다고 말할 수 있을 정도다. 그밖에 공동체형성의 정신적 요인으로는 동일한 신앙이나 가치관, 그리고 동질적인 생활조건과 사고방식에서 비롯하는 유대감 등이 있을 수 있다. 그리고 이러한 정신적 공속감을 보다 견고히 공유하리라는 목적 하에서, 예컨대 가훈, 급훈, 교훈, 시정방침, 정관, 애국가, 헌법 등등을 통해서나, 또는 일시적으로 '국민교육헌장', '혁명공약', '복무신조', '우리의 결의' 등과 같은 방식으로 특정공동체 고유의 정신적 기강을 선언적으로 압축하기도 한다.

뿐만 아니라 다양한 물질적 이해관계 또는 인적결합의 본질적 요인으로 작용한다 함은 두말 할 나위도 없는 일이다. 그러나 공동체형성을 촉발한 정신적 동인과 물질적 요인 중 과연 어느 쪽이 보다 더 결정적인 추동력으로 작용하게 되는가 하는 것을 획일적으로 일반화하기는 매우 힘들다. 물질적 이해관계가 정신적 이데올로기의 산물일 수도 있고, 반대로 정신적 유대의식이 물질적 이해관계를 촉진할 수도 있기 때문이다. 사실 이 쟁점은 관념론과 유물론 사이의 갈등으로까지 비화할 수 있는 철학적 논제임이 분명하다. 그러나 '존재'(물질적 이해관계)와 '의식'(정신적 공속감)이 상호 통일을 이루고 있을 때, 해당 공동체의 결속력과 추진력이 가장 강력하게 유지·보존될 수 있으리라 함은 명백한 일이다. 이처럼 두 요소는 불가분의 상호관계로 묶여 있다. 예컨대 노동조합이 물질적 이해관계에 대한 투철한 각성으로 다져진 견고한 계급의식으로 무장해 있을 때 강력한 위력을 발휘할 수 있는 경우와 같은 이치라 할 수 있다. 그러나 한 공동체가 정신적 목표와 물질적 지향성 가운데 현실적으로 어느 한 쪽에 더욱 더 치중하고 있는가 하는 것을 판별해내는 것은 결코 손쉬운 일은 아니다.

다른 한편, 근래에는 마치 '미확인 비행물체'(UFO, unidentified flying object)이기라도 한 것처럼, 새로운 유형의 첨단공동체가 출현하여 세인의 이목을 끌고 있기도 하다. 세계화 및 정보화 시대의 도래와 발맞추어, 인류역사상 최초의 최신형 공동체가 이 지상에 출몰하기 시작한 것이다.

역사발전은 우리 인류가 지금껏 한 번도 경험한 적이 없는 최첨단형 '혁명적' 공동체를 세계시민 앞에 선보이고 있다. 인터넷이 불러들인 '가상의 공동체'가 바로 그 하나라 할 수 있다. 이제는 바야흐로 아프리카 밀림의 토인과 에스키모가 즉석에서 대화를 나눌 수도 있게 되었다. 그리하여 이 '인터넷 공동체'는 특히 세계의 젊은이들로 하여금 국경 없는 채팅룸을 개설토록 하여, 록밴드에서 시작해서 국제정치에 이르기까지 온갖 정보를 서로 주고받는 획기적인 채널을 열어나가고 있는 것이다.

그러나 아직은 이 공동체의 앞날에 대해 속단을 내리기에는 너무나 이른 감이 있는 것 같다. 단순한 흥미위주의 오락주의로 점철할지, 아니면 세계인류의 결속을 촉진하는 진정한 의미의 국제주의 또는 세계동포주의의 매체로 발전할 수 있을지, 도무지 짐작키 어렵다. 또는 이것이 국제패권주의 구축의 첨병이 될지, 아니면 오직 선진 자본주의국가들 서로만의 세계화로 인해 국제적 불평등을 더욱 심화하는 도구로 전락할지, 아직은 아무도 명쾌히 말할 수 없으리라 여겨진다. 누가 이 공동체의 핵심세력으로 떠오르게 될지, 또 어떤 부류의 계급이나 집단이 이를 주도하게 될지 등등, 이는 지금 울창한 처녀림으로 뒤덮인 신비의 보물섬처럼 우리의 숭고한 탐험을 기다리고 있는 것처럼 보인다.

2─3 나를 위한 공동체, 공동체를 위한 나

공동체는 물론 인간본성의 직접적 산물이다. 그러므로 공동체 역시 인간본성의 소산인 '이해관계'와 '공포심'의 각축으로 점철해온 기나긴 역사를 뒤로하고 있다. 달리 표현하면, 공동체는 '나'와 '우리'의 상호화합과 갈등으로 뒤얽힌 중단 없는 역사적 굴곡을 보여주고 있다는 말이 되겠다.

그렇다면 '내'가 속해 있는 '우리의' 공동체와 '나' 개인은 지금껏 과연 어떠한 상호관계 속에서 서로 공존해왔을까? 나아가 앞으로의 세계에서 새로이 펼쳐질 '생명 공동체'의 기본원리와 견주어 볼 때, 앞으로 해결해야 할 공동체의 역사적 과제는 과연 어떠한 것이 되어야 할까?[8]

인간은 자신의 자연적 본성으로 말미암아, 서로를 숙명적으로 필요로 할 수밖에 없는 존재다. 따라서 필연적으로 함께 어울려 한데 살아갈 수밖에 없다. 왜냐하면 바로 '욕망'과 '고독'이 인간본성의 본질

---

8 박호성,《공동체론》, 앞의 책, 597~606쪽에서 이미 거론한 바 있는 논지를 이 저술의 전체 맥락에 부합하도록 재구성했음을 밝힌다. : 하지만 생명 공동체 부분은 뒤따라오는 제5장 3절 '앞으로의 세계' 편에서 보다 구체적으로 분석될 것이다. 그 부분을 참고할 것.

적 구성요소인 탓에, 이러한 욕망의 충족 및 고독의 극복을 위해 언제나 적절한 수단과 대상이 반드시 요구될 수밖에 없기 때문이다. 이러한 속성은 인간이 무엇보다 '인연적 존재'라는 점을 다시 한 번 더 엄중히 일깨워주는 요인으로 작용하기도 한다.

어쨌든 인간공동체는 근원적으로 인간의 자연적 본성에 의해 성립한 것이다. 그러므로 이러한 인간의 본성이 지속적인 것과 마찬가지로, 이 인간본성에 뿌리내린 '공포심'과 '이해관계' 역시 끊임없이 존속할 수밖에 없다. 하지만 상황의 변화에 따라, 자신의 성향을 적절히 바꾸어나가는 유연한 기량을 유감 없이 발휘하기도 함은 물론이다. 그럼에도 바로 이 '공포심'과 '이해관계'가 분출하는 자연적 동력이 인간공동체를 형성하는 기본토대로 작용함에는 변함이 없다.

그러나 도대체 어떠한 방식으로 인간본성에서 비롯하는 바로 이 '공포심'과 '이해관계'를 극복 또는 충족시킬 것인가 하는 과제가 금세 핵심적인 문제로 떠오를 수밖에 없다.

그런데 이 '이해관계'와 '공포심'은 공동체와 과연 어떠한 상관관계를 맺고 있을까?

'이해관계'란 한편으로는, 한 공동체 내부에 특정한 가치를 지속적으로 쌓아나가고자 하는 욕구로 나타나고, 다른 한편으로는, 그로 인해 축적된 가치를 지속적으로 수호해나가고자 하는 결의로 표출된다. 이런 의미에서, 이러한 욕구와 결의를 저해할지도 모른다고 판단되는 다양한 대내외적 위협이 바로 '공포심'을 생성하는 직접적인 요인으로 작용한다고 말할 수 있는 것이다.

한편 '이해관계'의 뿌리와 줄기는 본질적으로 물질적 가치 및 사회적 명예 등으로 이루어진다. 앞장에서도 이미 언급하였듯이, 막스 베버나 루소 같은 사상가들도 '물질적인 보상'과 '사회적 명예'를 개인적 이해관계를 충족시키는 필수적인 도구로 간주한 바 있지 않았던가.

이런 맥락에서, '욕망'의 핵심적 목표라는 것이 바로 물질적 부 (wealth)의 획득 및 정치·사회적 명예의 확보라는 '이해관계'의 실현, 그 자체로 나타난다고 말할 수 있을 것이다. 반면에 '공포심'이란 이러한 이해관계가 거세당할지도 모른다는 불안감에 근거한다. 따라서 그것은 물질적 혜택이나 정치·사회적 지위 등을 거부 또는 박탈당함으로써, 결국 '고독'한 상태로 원상 복귀될지도 모른다는 잠재적 위기의식과 직결해 있다고 말할 수 있다. 그러므로 '욕망'의 충족과 '고독'의 극복을 위해 적절한 수단과 대상이 필연적으로 탐색될 수밖에 없음은 당연한 이치다. 한마디로 인간이 '인연적 존재'인 탓이다. 따라서 역사적으로 볼 때, 도대체 어떠한 방식으로 이와 같은 인간 고유의 '공포심'을 제거하고 '이해관계'를 충족시킬 것인가 하는 목표의식 하나에 집중하는 것이야말로 언제나 본질적인 문제였으리라 짐작된다.

널리 알려져 있다시피, '유유상종'(類類相從)이란 말이 있다.

사전적으로는 "무리 류, 무리 류, 서로 상, 좇을 종, 쉽게 말하면 비슷비슷한 사람들끼리 서로 왕래하여 사귄다"정도의 의미라 할 수 있으리라. 요컨대 비슷한 부류의 인간적 어울림을 비유한 말일 것이다. 그리고 비슷한 사자성어로는 '초록동색'(草綠同色)이라는 말도 있고, 영어에도 "Birds of a feather flock together"(한 종류의 깃털을 가진 새들끼리 서로 모인다)라는 같은 뜻의 속언까지 있다. 거칠게 말해 '끼리끼리 논다' 정도의 의미가 아닐까 싶다.

앞에서도 살펴본 바와 같이, 공동체란 바로 동일한 자연적 본성을 지닌 인간이 공포심과 이해관계에 뿌리내린 동일한 인연의 힘으로 결집해 함께 이룩한 집단이라 할 수 있을 것이다. 즉 유유상종하는 본원적 인간집단이 바로 공동체 아닐까 한다. 하지만 문제는 바로 이 지점에서 발생한다. 이처럼 공동체의 역사적 기원이 비록 '유유상종'이라는 동등한 필요성과 의식에 토대를 두고 있긴 하지만, 역사의 전개과정 중에 이 본원적 '유유상종'이 과연 얼마나 변함 없이 유지·존속될 수 있겠는가 하는 것이 결정적인 문제점으로 부각될 수밖에 없으리라 여겨진다.

예컨대 한국한문학자인 강명관은 조선시대의 서울 거주지에 관한 매우 흥미롭고 탁월한 한 연구에서, 그 당시의 서울에서도 이미 양반과 중인과 상인의 거주지가 대충 구분되어 있었다고 밝히며, 놀랍게도 '유유상종'의 허구성을 날카롭게 파헤친 바 있다. 그는 "유유상종이란 말은 돈과 권력의 보유 정도에 따른 인간의 어울림을 뜻한다"고 명쾌하게 획을 긋는다. 이어서 그는 다음과 같이 예리한 글 화살을 날리고 있다.

> "인간은 자신이 살고 싶은 곳에 살 권리와 자유가 있다. 대한민국 헌법도 거주 이전의 자유를 국민의 기본권으로 보장하고 있지 않은가. 하지만 정말 그런가? 내가 아무리 북한산 아래 경치 수려한 곳에 살고 싶다 한들, 나는 그럴 수가 없다. 헌법에 보장된 거주 이전의 자유는 오로지 돈과 권력을 가졌을 때 누릴 수 있다. 돈과 권력이 없다면, 거주 이전의 자유는 더욱 나쁜 거주지로 갈 자유이지, 좋은 거주지로 갈 자유는 아닌 것이다. 그리하여 인간들의 거주지에는 구획이 생긴다".[9]

이처럼 강명관은 바로 내가 말하는 '호랑이의 자유'와 다를 바 없는, 자본주의 사회에서의 자유의 허구성 및 자유와 평등의 상충 가능

---

9   강명관 지음,《조선의 뒷골목 풍경》(푸른 역사 2003/2004 13쇄), 225쪽

성을 인문학자의 예리한 시각으로 날카롭게 찍어내고 있는 것이다. 우리의 실제 현실이 강명관의 손을 들어줄 것임은 의심의 여지가 없는 일이다. 하지만 자유의 고결함과 자유와 평등의 내밀한 상호관련성을 깃발처럼 칭송하는 억지춘향 식 거동은 실은 진작부터 이미 프랑스 대혁명 현장에서까지 역사적으로 그대로 노출된 바 있다. 자유와 평등의 이러한 야릇한 상관관계는 이 두 개념이 실질적인 실천강령으로 떠올랐던 프랑스 대혁명으로 거슬러 올라가 보면 더욱 일러주는 것이 유별남을 알 수 있을 것이다.[10]

하기야 개인주의가 전권을 행사하는 오늘날, 사실상 '독주'의 자유만 있지 '공생'의 자유는 찾기 힘들다는 것을 앞에서도 이미 여러 차례 지적한 바 있다. 게다가 대다수의 국민이 '법 앞의 평등' 원칙조차 별반 신뢰하지 않는 무서운 현실에 직면해 있다는 점도 외면할 수 없는 사실이다. 뿐만 아니라 엎친 데 덮친 격으로 '시장 절대주의'가 군림함으로써 빈부격차와 사회적 불평등이 더욱 더 부추겨질 뿐 아니라, 개인과 개인, 집단과 집단 상호간의 경쟁과 갈등의 골이 나날이 더욱 더 깊어만가는 실정이라는 점 역시 숨길 수 없다. 하지만 많은 사람들이 '우리 대한민국이야말로 살기 힘든 사람들이 오히려 부자들을 걱정하는 나라인 것만 같다'고들 입을 모은다. 하물며 '무전유죄', '유전무죄'에 이어 '무전무학'(無錢無學), '유전유학'(有錢有學)이 일상화하고 있는 딱한 자유민주주의적 현실이 가세하고 있지 아니한가. 하기야 다름 아닌 자유민주주의가 실제로는 성공을 쟁취하기 위한 피말리는 삶의 경주에서 가장 무능한 자와 가장 유능한 자에게 아무런

---

10 이에 대한 자세한 분석은 뒤에 나오는 6장 '휴머니즘의 길' 편에 수록되어 있으니, 그쪽을 참고하기 바람.

차별 없이 '똑같이 평등한 출발점'에서 스타트하도록 보장하는 '기회 균등의 원칙'을 마음껏 고무·격려하고 있음에랴.

이처럼 호랑이와 토끼가 사회적으로 평등한 대접을 받는 오늘날과 같은 상황에서, 공동체의 역사적 연원으로까지 상정한 바 있는 '유유상종'이 과연 어떤 의미를 지닐 수 있을까.

그런데 이것을 오늘날 어떻게 복원할 것인가, 아니면 과연 복원할 만한 가치가 있는 것이기라도 한 것인가?[11] 여기서는 일단 현재 한국 사회를 기본 축으로 삼아, 다만 시론적인 차원의 몇 가지 궁리 정도를 환기하는 수준으로 마무리하는 게 바람직할 것 같다.

감히 이르건대, 본원적인 '유유상종'의 원칙에 입각해 형성된, 예컨대 동질적인 공포심과 이해관계를 토대로 하여 만들어진, 다시 말해 동일한 인연의 견인력에 의해 구축된 원초적 공동체의 기본정신은 지극히 순결했으리라 여겨진다. 무엇보다 그것이 대개 견실한 상부상조와 협동심, 즉 굳건한 상호연대에 깊이 뿌리내린 평화로운 집단적 일체감을 중심으로 이루어졌으리라 짐작되기 때문이다. 그러나 애초의 이 순결한 기본정신은 왜, 어떻게, 무너져 내리게 된 것인가? 보다 본질적으로 가닥을 잡아도 좋다면, '나'와 '공동체'의 청신하고 평화로운 상호화합은 과연 어떻게 새로이 복원될 수 있는 것일까? 이 문제를 '나를 위한' 공동체와 '공동체를 위한' 나라는 상호 접속망을 통해 한 번 조명해 보기로 하자. 대체로 전자는 나에게 베풀어지는 공동체로부터의 혜택, 그리고 후자는 내가 공동체를 위해 바치는 헌신 정

---

11 나름대로 이에 대한 구체적인 복안을 제시하는 셈치고, 헌신적인 상부상조 정신을 고이 내장하고 있는 자연적 심성, 곧 우리 현대인의 뿌리라 할 수 있는 '원시성'의 회복이 절실함을 관념적인 차원에서나마 감히 피력한 바 있다. 이에 대해서는 바로 뒤따라오는 제5장 '인간과 역사' 편을 참고할 것.

도를 각각 그 뼈대로 하지 않을까 한다.

　무릇 '나를 위한' 공동체는 어떠한 기본정신에 입각해야 하며, '공동체를 위한' 나의 자세는 과연 어떠한 것이 되어야 하는가?

　첫째, 우리의 논법을 따르면, 최선의 공동체란 두말 할 나위도 없이 '공포'의 극소화와 '이해관계'의 극대화가 구현된 집단일 수밖에 없다. 무엇보다 인류의 역사가 그야말로 공포를 극복해나가며 소소한 이해관계까지 범상치 않게 관철시켜온, 평범한 사람들의 역사 그 자체라 할 수 있기 때문이다.

　이처럼 이해관계를 극대화하는 반면에 공포심을 극소화하고자 하는 내재적 의지와 염원이야말로 가장 자연스러운 인간적 바람일 것임은 두말 할 나위도 없는 일이리라. 그리고 역사적으로 볼 때, 이렇게 내면화한 다양한 인간적 욕구가 바로 갖가지 '인연'을 생성하는 근본요인으로 작용해왔음 또한 어김없는 사실이다.

　그런데 이 '공포심'과 '이해관계'는 상호 불가분의 상관관계를 맺고 있다. 이 경우 이해관계가 주체인 반면에 공포심은 객체라 이를 수 있을 것이다. 이를테면 이해관계가 위기에 봉착할 때 공포심이 자연스레 생겨나는 것처럼, 공포심이 이해관계의 부속물인 경우가 지배적이란 말이 되겠다.

　아무튼 이해관계가 보다 원활히 지켜지거나 충족되지 못할 때, 공포심은 증대할 수밖에 없다. 그리하여 보다 큰 이해관계가 보다 큰 공포심을 유발하게끔 되는 것 역시 지극히 자연스러운 현상이라 할 수 있으리라. 반면에 이해관계가 축소되면, 공포심 역시 자연스레 감축될 것이다. 이처럼 이해관계와 공포심은 서로 비례관계를 맺고 있다고 말할 수 있을 것 같다. 다른 한편, 이 공포심이 비록 객체에 불과하다 하드라도, 때로는 배후에서 이해관계를 조정·통제하는 직접적인 견제도구로 작용하기도 하리라 함은 특별히 눈여겨볼 만한 일이라 할 수 있을 터이다. 말하자면 공포심으로 말미암아 이해관계의 지나친 추구나 확대 시도가 적잖이 저지될 수도 있음에 유념할 필요가 있으리라는 말이 되겠다. 그리고 바로 이 지점에서 연대가 필연적으로 요구될 수밖에 없다. 왜냐하면 공포심을 줄여나가는 반면에 자기 이해관계를 충족해나가기 위해서는, 무엇보다 평화로운 공존·공생이 지극히 바람직할 수밖에 없기 때문이다. 이것이 바로 연대의 불가피한 효용성이기도 한 것이다.

둘째, 이처럼 연대가 공동체 내의 공포심과 이해관계의 상호관계를 긍정적으로 발전시켜 나가고자 하는 정신적 의지를 함유하는 것이기 때문에, 연대 역시 극대화하는 것이 바람직함은 물론이다.

하지만 이 과정에서 준수해야 할 원칙은 연대의 수단은 '자유'에서 찾고, 목적은 '평등'에 직결시켜야 한다는 점이다. 비록 연대를 실천코자 하는 사람들의 개인적 성향이 개별적으로는 매우 이질적이라 하드라도, 집단적으로는 개개인이 모두 공동체의 한 구성인자로서 동질적인 목표를 지향하기 때문이다. 따라서 한편으로는, 공동체의 선택과 동참여부 결정 및 그 운영과정 등에서 자유가 철저히 보장되어야 할 것이다. 뿐만 아니라 다른 한편으로는, 공동체구성원 상호간뿐 아니라 개별 공동체 상호간에 평등의 구축 및 확산이 모든 공동체의 일사불란한 지향목표로 자리매김 되어야 하리라. 물론 이러한 연대의 자유 및 평등원칙이 공동체의 견실한 유지·존속에 초석으로 작용하게 되리라 함은 두말 할 나위도 없는 일이다. 이런 의미에서, 그것은 공동체의 자유와 평등을 최대한 보장할 수 있는, 공동체의 물리적 규모 및 이해관계의 한계 설정 등 영역에 이르기까지 심각한 영향을 미칠 수 있는 지극히 자연스러운 토대로 기능하기도 할 것임은 물론이다. 그러므로 바로 이러한 기준이 연대의 실현을 위해 결정적인 요소로 작용하리라 함을 유념할 필요가 있다(라이너 촐/최성환 옮김, 앞의 책, 47~8쪽 참고).

셋째, 아리스토텔레스는 가족공동체를 국가공동체의 근본으로 인식하였다. 이러한 아리스토텔레스의 심성과도 유사하게, 대개의 생활인들은 대기업, 정부 등과 같이 대중의 일상생활과 현격한 거리를 유지하고 있는 대대적인 대규모 기구들보다는 오히려, 가족단위의 소규모 기관이나 하부 사회조직들에 보다 강한 애착심과 친밀감을 느끼는 자연스러운 습성을 지니고 있다. 그와 더불어 일상적인 소비자심리 측면에서도, 서비스를 제공할 수 있을 만큼은 크지만 서로를 배려할 수 있을 만큼은 작은 규모의 기업체를 선호하는 경향도 갖고 있다. 이러한 사례들을 고려할 때, 공동체 역시 가능한 한 가족적 가치에 대한 믿음을 북돋우는 정도의 속성과 규모라면 보다 바람직하리라 여겨진다. 그러나 이 부분은 공동체 구성원의 사적 소유의 크기 및 한계 문제와도 직결된다.

예컨대 루소 역시 무제한한 재산권은 착취와 부자유의 근원일 뿐만 아니라 그 끊임없는 도구로도 활용된다는 것을 잘 파악하고 있었다. 따라서 재산권의 신성함을 인정한다 하드라도 도덕적인 정당성을 위해서라도, 그에는 당연히 제한이 따라야 한다고 역설한다. 그가 이처럼 재산의 한계를 설정하고자 했던 가장 중요한 이유는 바로 제한된 사유재산 속에서 민주주의가 가장 원활히 뿌리내릴 수 있는 토양을 찾을 수 있다고 믿었기 때문이다. 바로 이러한 인식에 입각하여 루소는 《사회계약론》에서, "어떠한 시민도 다른 사람을 충분히 살(매수할, 역자) 수 있을 정도로 부유해서는 안 되고, 또 어느 누구도 자신을 팔도록 강요될 정도로 그렇게 가난해서도 안 된다"고 강조한 것이다 [12]. 나아가 그는 법률이— 마치 마르크스 · 엥겔스를 연상시키는 것처럼—"항상 재산을 가지고 있는 사람에게는 쓸모가 있고, 아무것도 가진 게 없는 사람에게는 해로운" 것이기 때문에, "사회적 국가는 모든 사람이 어느 정도씩은 소유하고 있으면서 아무도 지나치게 많이 가지고 있지 않을 때만 사람들에게 이롭다"고 주장하기까지 한다(같은 책, Book 1, chap.9, p.181, 주1). 이를테면 루소는 적절한 양의 재산과 적절한 크기의 권력, 요컨대 그러한 제약을 통해 얻어지는 평등만이 민주주의의 확립을 가능케 한다고 확신하였던 것이다. 무엇보다 재산의 차이에 따라 계급적으로 분열된 사회에서는 단지 특수이해만 활개칠 것이기 때문에, 공공의 복리를 지향하는 '일반의지'가 발붙일 곳을 찾지 못하게 되리라 믿었기 때문이다.

한마디로 공동체구성원 상호간의 바람직한 결속과 공동체 자체의 평화로운 유지 · 발전을 위해서는, 재산에 대한 적절한 제한과 통제가 보다 합당하리라 여겨진다. 무엇보다 '거래'(trade)가 아니라 '나눔'(share)을 존중하고 지향하는 삶의 원칙이야말로 공동체정신에 보다 부합하는 것이기 때문이다. 유사한 취지에서, 미국의 보수적 사회학자인 로버트 니스벳(Robert A. Nisbet)도 "작은 규모와 안정된 구조의 공동체"가 확산하는 사회적 소외에 대한 유일한 대안이 될 수 있으리라 역설한 바 있다.[13] 다른 한편 조너선 색스(Jonathan Sacks)는 논의를

---

12 Rousseau, The Social Contract , trans., G.D.H. Cole, in ：The Social Contract and the Discourses(Everyman′s Library, London 1982), Book2, chap.11, p.204

13 이에 대해서는, 데니스 포플린, "공동체의 개념", 신용하 편, 《공동체 이론》(문학과 지성사 1985), 23~4쪽을 볼 것.

보다 구체화한다. 그는 흥미롭게도 두뇌 크기와 사회집단 사이에 밀접한 상관관계가 있다는 것을 포유류의 경우를 예를 들어 설명하면서, 이 크기비율에 따라 "인간집단은 150명 내외로 이루어질 때가 가장 좋다"고 주장한다. 왜냐하면 "그 정도가 평균적으로 우리가 서로 잘 알면서 친구로 지낼 수 있는 최대치"이기 때문이라는 것이다.[14]

넷째, 특히 오늘날과 같이 결정적인 생태위기에 봉착한 상황에서는, 무엇보다 우리 모두가 끈질기게 집착해온 '이해관계'의 충족 및 '공포심' 극복이라는 거의 본능적인 우리 모두의 보편적인 인간본성에 대해 보다 더 특별한 관심을 기울일 필요가 있으리라 여겨진다. 왜냐하면 우리의 미래세계는 오로지 생태계 윤리에 입각해 인간의 모든 본성적 욕구를 합리적으로 조절·통제할 수 있는 공동체 유형을 결정적으로 요구하기 때문이다. 바로 이러한 유형의 공동체의 하나가 앞에서도 언급한, 인간과 자연의 합일을 도모하는 새로운 '생명 공동체'라 할 수 있으리라 짐작된다.

무엇보다 오늘날 우리는 공동체를 더불어 가꾸어나가는 애틋한 협동 및 상부상조 정신, 이 공동체가 그 뿌리를 드리우고 있는 우리의 자연에 대한 숭고한 존중심, 그리고 이러한 인간과 자연을 서로 따사로이 이어줄 도저한 문화적 공감대를 심화해나가야 할 사명을 더불어 짊어지고 있다. 뿐만 아니라 어차피 유한자인 우리 모두는 서로 아끼고 도와야 할 공동의 천부적 임무를 띠고 이 지구에 태어났기에, 우리는 주위에 굶주리고 억압당하는 동료가 있다면 그들을 무조건 구원해

---

14 이러한 조너선 색스(Jonathan Sacks)의 주장은 공동체 또는 사회가 생물학적 토대에 기반하는 것임을 보여주는 흥미로운 추론의 하나라 할 수 있으리라 여겨진다. 이에 대해서는 조너선 색스 지음/임재서 옮김,《차이의 존중 : 문명의 충돌을 넘어서》(말·글 빛냄 2007), 246쪽을 볼 것.

내야 할 천부적인 본분 역시 함께 부여받지 않았겠는가. 이는 사실상 바람직한 인간적 연대의 기본원리와 상통하는 것이기도 하다.

역사적으로 볼 때, 앞으로의 세계는 개인의 자유를 옹호하는 '개인주의'와 개인에 대한 일정한 관여 및 개입을 통해 공동체적 결속을 지향하는 '공동체주의' 또는 '국가주의'의 대결로 점철되리라 예측된다. 이런 의미에서, 오늘날 우리나라는 이 세계를 앞장서 이끌고 있는 선도국가라 이를 수 있으리라. 무엇보다 개체적 해방을 지향하는 '개인주의'와 집단적 연대구축을 도모하는 '공동체주의'를, 그것도 동시에 추구해나가야 할 별난 세계사적인 과업을 부여받고 있기 때문이다. 한국사회는 그야말로 국제사회의 성감대라 할 수 있다. 더구나 지금 급기야 '이중적' 시련에 봉착해 있기 때문에, 더더욱 더 그러한 듯하다. 우리는 현재 '복합적 회복운동'을 과감히 전개해나가지 않으면 안 될 엄중한 시점에 서 있는 것이다. 한편으로는 인간적 해방, 그리고 다른 한편으로는 인간적 연대를 동시에 구현해냄으로써 균등사회 체제를 구축해내야 할 역사적 과제를 떠맡고 있기 때문이다.

반면에 예컨대 유럽은, 르네상스 이후 근대의 개막과 더불어 오늘날에 이르기까지, 수많은 혁명과 사회운동을 통해 이 두 개의 과업을 수백 년에 걸쳐 서서히 그리고 꾸준히 전개하고 해결해왔다. 하지만 우리의 경우는 전혀 딴판이다.

원래 이 두 과제는 서로 뒤섞이고 엉클어져 자못 상충하는 속성을 지니고 있다. 무엇보다 한쪽 해방은 개인의 자유(홀로 섬)를, 반면에 다른 한쪽 연대는 집단적 평등(나누어 가짐)을 꼿꼿이 하고자 하기 때문이다. 그러나 우리의 현실엔 양쪽이 다 턱없이 부족하다. 그러므로 우리는 지금 상호 모순관계에 빠져 있는 개체적 자유회복과 집단적 연대구축을 동시에 구현해나가도록 내몰림당하고 있는 처지에 놓여 있는 것으로 보인다. 물론 그 심대한 역사적 중압감으로 말미암아 심각한 등쌀에 시달리기도 한다. 어쨌든 우리는 한편으로는, 개체적 해방을 통한 인간적 해방을 도모하는 '개인주의', 그리고 다른 한편으로는, 사회적 형평성 진작을 통한 집단적 연대구축을 촉진하는 '공동체주의'를 동시에 추진해나가야 할 역사적 책무를 지고 있는 것으로 여겨진다. 요컨대 '해방'과 '연대'야말로 오늘날의 시대정신, 그 자체인 것이다.

그렇다면 어떻게 할 것인가?

나는 일단 '공동체주의'에 주목한다.

하지만 나는 한편으로는, '공동체 자유주의자'(communitarian liberal)들의 '반사회적 개인주의'에 대한 비판을 공유한다. 반면에 다른 한편으로는, 공동체를 보편적·사변적 차원의 철학적 인식대상으로서보다는 오히려, 특수하고 구체적인 실천대상의 하나인 역사적 현존재로 간주한다. 따라서 나는 공동체를 '정치적인' 단위이면서 동시에 '문화적인' 범주로 인식하는 것이다. 한마디로 내가 이해하는 공동체는 정치·문화적 단위이다.

예컨대 미국인들이 자국내 대도시에 살고 있는 흑인 젊은이들의 비참하고 절망적인 삶의 현실을 거론하면서, 이들이 "우리의 동료인간이기 때문에" 도와주어야 한다고 주장하는 것과, 아니면 "우리들의 동료 미국시민이기 때문에" 그래야 한다고 촉구하는 것 둘 중에서, 과연 어느 쪽이 더 강한 호소력을 발휘하게 될까? 어쩌면 한쪽은 보편적·사변적 차원의 '인간'에 호소하고 있고, 다른 한쪽은 지금 구체적으로 한 특정지역에서 우리와 더불어 함께 삶을 꾸려가고 있는 동질적인 '정치·문화적' 동료 생활인을 지향하고 있을지 모른다. 물론 "우리의 동료인간"이란 표현 자체도 나름대로 결코 의미가 없는 것은 아니다. 그러나 이들을 "우리들의 동료 미국시민"이라고 못박는 것이 오히려 도덕적·정치적으로 훨씬 더 직접적이고 깊은 신뢰감을 주지 않을까? 왜냐하면 우리와 다를 바 없는 같은 '미국인'이 지금 절망적으로 살고 있다는 주장이 훨씬 더 적극적이고 직접적으로 우리의 정서를 자극할 수 있을 것이기 때문이다. 이처럼 리처드 로티는 우리의 연대를 촉구하는 대상 자체를 우리와 '같은 인류'라 지칭하기보다는 오히려 '우리와 다를 바 없는 동료시민'이라 곧바로 직격할 때, 우리의 연대의식이 "가장 강렬한" 힘을 발휘하게 되리라 여겨진다. 왜냐하면 결정적인 연대의 순간, '동료인간'이라는 외침 자체가 실은 맥빠지고 절실함이 빈약하고 별반 가슴에 직접 와 닿지 않는, 단순히 윤리적이고 형식적인 선언 정도로 받아들여질 가능성이 높기 때문이란 것이다.[15]

이런 취지에서, 나는 '같은 인간' 식의 추상적인 도덕률 및 사변적인 철학적 규범 등에 집착하기보다는 오히려, '우리와 같은 동료 미국시민' 식으로 인간의 구체적 삶과 일상적 생활이 지니는 가치를 상대적으로 높이 평가하는 자세가 보다 바람직하리라 믿는다. 따라서 나는 나의 관심을 보편적인 것에서 '특수한' 것으로, 일반적인 것에서 '국지적인' 것으로, 그리고 초시간적인 것에서 '현실적인' 것으로 되돌려놓는 것이 보다 온당하다고 인식하게끔 되었다.[16]

---

15 이 부분은 대체로 Richard Rorty, Kontingenz, Ironie und Solidarität (Suhrkamp 1992, Frankfurt am Main), p. 308을 참고하였다.

16 Stephen Toulmin, Cosmopolis : The Hidden Agenda of Modernity (NY 1990)/ 이종흡 옮김, 《코스모폴리스 : 근대의 숨은 이야깃거리들》(경남대학교 출판부 1997), 302~312쪽 참고 ; 여기서 Toulmin은 철학하는 자세와 관련지어, 나름대로 철학에 임하는 입장의 역사적 변모과정을 그리고 있다. 그는 예컨대 17세기

이런 관점에 입각하여, 나는 앞으로의 세계가 사익을 존중하되 공익을 보다 폭넓게 배려하면서, 인간공동체 내부에 수립되는 집단적 연대를 통하여 공동체 및 공동체 구성원의 자유롭고 평화로운 공동발전을 촉진하는 미래지향적인 길로 나아가야 하리라 믿는 바이다. 그리하여 이러한 길을 지향하는 정신적 자세와 결의를 바로 '공동체주의'라 인식하게 되었다. 이런 취지에서, 나는 앞으로 전개될 역사가 바로 이러한 공동체주의와 개인주의간의 상호쟁투로 점철하리라 믿게 된 것이다. 한마디로 개인주의는 '나를 위한 공동체'에, 반면에 공동체주의는 '공동체를 위한 나'에 방점을 찍으며, 상호 경쟁적으로 치열하게 전개해나가리라 짐작된다.

하지만 이처럼 지지부진하게 공동체 논의를 끌어왔음에도 불구하고, 머릿속에는 새로운 문젯거리 하나가 종내 끈기 있게 스멀거리고 있음을 느낀다. 장구한 공동체의 역사적 전개과정에서 오랫동안

이래 철학자들은 "실천철학의 구체적이고 일시적이고 특수한 주제들을 무시하는 대신, 추상적이고 초시간적이고 보편적인(즉 이론적인) 주제들에 헌신"해왔는데, "이론에 치중된 300년의 일정은 이제 매력을 상실했다"고 단정짓는다. 그에 따라 특히 1945년 이후 새로운 실천 지향적 양상이 전개되고 있음을 역설한다. 이를테면 그는 핵전쟁, 의학기술, 환경문제 등이 각별한 관심사로 부각된 탓에, 인간적 삶의 가치뿐만 아니라, 인간세계와 자연세계를 함께 보호해야 할 책임이 논의의 전면에 부상하였음을 강조하는 것이다. 이런 취지에서 툴민은 "17세기 전환의 특징이 인문주의로부터 이성주의에로의 〈정신적 변화〉에 있었다면, 오늘날에는 역 방향의 전환이" 일어나고 있다고 단언한다. 요컨대 17세기 이래로 "기록된 것, 보편적인 것, 일반적인 것, 초시간적인 것에 초점을 맞추어 온 〈근대〉 철학자들은, 다시금 구전적인 것, 특수한 것, 국지적인 것, 일시적인 것을 포괄하는 방향으로 나아가고 있다"고 역설하는 것이다(특히 302~303쪽). 이러한 Toulmin의 견해에 비춰볼 때, 이러한 나의 관점 역시 시대적 조류에서 크게 벗어난 것처럼 보이지는 않는다.

부침을 거듭하며 깊숙이 공동체에 영향을 끼쳐왔을 공동체의 생활철학은 과연 어떠한 것이었을까? 이 의문점이 바로 그것이다. 그런데 어떻게 풀어나가는 게 좋을까.

바로 앞에서 인간본성과 공동체간의 상관성에 관해 간략히 살펴본 바 있다. 일단 이 논의를 통해 축적된 기초체력에 기대는 게 바람직할 듯하다. 그리고 그 힘을 활용하여 바로 '고독'과 '욕망'이라는 인간본성에 대처해온 일반 사람들의 일상적인 공동체 생활자세는 과연 어떠했을까 하는 부분을 핵심적으로 따져보는 게 효율적이리라 여겨진다.

2—4 공동체의 생활철학 : 이상주의와 현실주의

사람들은 무릇 어떠한 생활철학에 입각하여 공동체를 바라보고 또 이끌어왔을까?

물론 지극히 다양한 형이상학적 유형분석과 철학적 접근법이 있을 수 있으리라 짐작된다. 하지만 공동체를 본질적으로 '정치·문화적' 단위로 파악하는 나의 기본입장에 준하여, 여기서는 가능한 한 실용적인 범주에 초점을 맞추어 그 일상적인 맥락을 짚어나가는 게 보다 유용하리라 여겨진다. 따라서 실생활에 드러나는 일반적인 생활습성의 생활철학적 배후를 살펴가면서 그 정신적 배경을 되짚어가는 게 바람직할 듯하다. 이런 견지에서, 일상생활에 임하는 일반대중의 행동양식 및 인생관을 주로 인간 및 인간본성을 바라보는 본질적인 시각차에 준하여, 개략적으로 '이상주의' 및 '현실주의' 성향 둘로 크게 나누어 따져보는 것이 쓸모 있을 듯하다.

그렇다면 이상주의와 현실주의란 도대체 어떠한 것인가?

우선 각각의 본질적 특성을 개괄적으로 따져가며, 양자의 개념적 차이부터 간략히 점검해보는 게 필요할 것 같다.[17] 나는 무엇보다 인간 및 인간본성을 바라보는 시각 자체가 본질적으로 이 두 개념을 가르는 기본척도로 작용한다고 판단한다.

이상주의(Idealism)는 일반적으로 인간의 선성(善性) 및 이성에 대한 믿음에 뿌리를 드리우고 있다. 따라서 인간을 둘러싼 모든 갈등과 적대적인 이해관계 등이 이성적 원칙에 입각해 평화적으로 해결될 수 있을 뿐만 아니라 동시에 그를 통해 보다 나은 세계로 나아갈 수 있으리라는 긍정적인 신념으로 충만해 있다. 이런 관점에 입각해서, 예컨대 환경보호, 민주주의 확립, 보편적 인권보장, 복지달성, 나아가서는 국제적인 영구평화의 수립 등, 한마디로 이상사회 건설이 온전히 이루어질 수 있으리라는 낙관적인 전망을 표방한다.

이처럼 이상주의자는 우호적으로 미래사회를 바라보는 기본성향을 지니고 있다. 그리고 이러한 낙관적 시각으로 현실을 조망하는 습성 또한 갖고 있음도 물론이다. 그러나 바로 그 때문에, 현실에 곧잘 절망하곤 한다. 왜냐하면 대저 이상주의자 스스로가 본질적으로 원대한 이상을 추구하는 경향에 붙들려 있는 탓에, 그만큼 기존현실로부터 깊고 큰 내상을 손쉽게 입을 수 있기 때문이다. 그러므로 이상주의자는 끊임없이 기존현실을 뛰어넘으려 시도한다. 현실 너머의 새로운 현실을 지향하는 것이다. 현실주의자와는 달리, 이상주의자는 결코

---

17 이를 간략히 참고하기 위해서는, Ulrich Menzel, Zwischen Idealismus und Realismus : Die Lehre von den Internationalen Beziehungen (Edition Suhrkamp 2224, Suhrkampverlag Frankfurt am/M. 2001), p.21~2를 볼 것.

부당한 현실을 불가피한 것으로 수긍하거나 수용하려 하지 않는다. 그러므로 개혁이나 혁명 등이 이들의 아이콘임은 물론이다.

무엇보다 이상주의자는 인간이야말로 근본적으로 선하고 이성적인 존재라는 믿음에 애착하고 있다. 따라서 만일 이러한 인간존재가 사회적 불행과 난관에 봉착하게 된다면, 그것은 대체로 그릇된 기존 정치체제 및 사회제도의 모순에 기인한다고 믿는 경향을 손쉽게 드러내 보인다. 그러므로 강력한 사회개조와 혁신을 촉구해 마지않게 되는 것이다. 무엇보다 도덕적이고 가치지향적인 역사적 진보를 굳게 믿고 있기 때문이다. 반면에 이러한 이상주의적인 도덕론이나 진보적 세계관이 허무맹랑한 관념론으로 전락하게 되는 경우에는, 현실의 고통에 대한 해법을 이 현실 속에서가 아니라 비 현실세계 속에서 찾고자 하는 황당한 환상적 주문(呪文)으로 변질할 수도 있다. 비유컨대, 가령 굶주리는 민중에게 지금 당장 한 조각의 빵이라도 건네주려 노력하는 대신, 자칫 언제가 될지도 모르는 어느 까마득한 미래세계에 기필코 주먹만한 황금덩이를 안겨주겠노라 떠들어대는 역사적 기만 행위로 전락할 수도 있다는 말이 되겠다.

이러한 이상주의의 일반적 특성에 대한 간결한 언급을 토대로 하여, 역사상 가장 위대한 이상주의 철학자의 한 사람으로 꼽히기도 하는 카를 마르크스(Karl Marx)의 이상주의적 신조의 요체를 간략히 예시해 보이는 것 또한 나름 소소한 의미가 있으리라 여겨진다.

마르크스에 의하면, 인간은 단순히 자연(Natur)의 산물일 뿐만 아니라 동시에 사회적 · 인간적 노동(Arbeit)의 산물이기도 하다. 그리하여 자연의 존재이유 또한 인간과의 직접적인 상호관련성 속에서만 그 의미를 지닐 수 있는 것으로 이해되었다. 요컨대 마르크스는 자연을 곧 '인간화 · 사회화한 자연'으로 인식했던 것이다. 그러므로 변화시킬 수 없는 자연은 존재하지 않는다. 자연은 인간에 의해 변화하고, 인간은 또 그를 통해 자신의 자연, 곧 '본성'을 스스로 변화시킨다. 인간은 곧 자연의 일부일 뿐만 아니라 동시에 자연을 변형시키는 힘이기도 한 것이다. 마르크스는 《자본론》에서 인간과 자연의 변증법적 상호관계를 다음과 같이 파헤치고 있다.

> "노동은 우선 인간과 자연 사이의 과정(Prozeß)이다. 즉 인간이 그 속에서 자신의 행위를 통하여 자연과 자신과의 신진대사(Stoffwechsel)를 중개하고 규제하고 통제하는 과정이다. 인간은 자연적 소재 자체에 하나의 자연적 힘으로 맞선다. 그는 자연적 소재를 자신의 삶에 유용한 형태로 획득하기 위해 자신의 육신에 속하는 자연력, 즉 팔과 다리, 머리와 손을 활용한다. 인간은 이러한 활용을 통하여 자신의 밖에 있는 자연에 작용을 가하고 그것을 변화시킴으로써 동시에 자신의 본성(Natur)을 변화시킨다".[18]

인간은 자연에 노동을 투여한다. 그리고 노동을 통하여 자연을 변형시키면서, 동시에 자신의 본성 또한 변화시키는 것이다. 이처럼 인간의 삶 그 자체는 노동, 즉 생산활동을 매개로 하는 인간과 자연간의 "신진대사"로 해석된다. 여기서 인간과 자연의 변증법적 통일, 즉 '자연의 인간화'(Vermenschlichung der Natur)와 '인간의 자연화'(Vernatürlichung des Menschen)가 동시에 이루어지고 있음을 살펴볼 수 있다. 그러나 인간이 사회적 존재로 인식되면 자연의 인간화란 곧 '자연의 사회화'(Vergesellschaftung der Natur)를 의미하게 되는데, 그것은 말하자면 인간적 노동의 지속적인 투여과정을 일컫는다. 노동은 곧

---

18 K. Marx, Das Kapital(MEW 23), p.192(p.198 이하도 참고)

사회를 위해 자연을 변형시킬 수 있는 실질적인 힘으로 인식되는 것이다.

마르크스에 의하면, 동물과 비교할 때 인간에게 특징적인 것은, 인간이 자신에게 필요한 생존 및 노동수단을 스스로 생산한다는 점이다. "개인의 본질이란 곧 그의 생산에 조응한다. 즉 그것은 그들이 무엇을 생산하며 어떻게 생산하느냐에 달려 있다는 말이다. 따라서 개별적 인간의 본질은 곧 그들의 생산을 제약하는 물질적 조건에 의존한다"(같은 책, 21). 요컨대 인간의 본질은 생산 및 물질적 조건에 따라 가변적이라는 말이다.

그러나 '자연의 사회화' 과정, 다시 말해 인간적 노동의 지속적인 투여를 통한 자연의 개조과정은 필연적으로 물질적 조건, 즉 개조된 자연에 대한 인간의 종속을 야기한다. 말하자면 인간은 스스로 노동하지만, 동시에 자신의 노동의 결과에 스스로 종속당하는 존재이기도 한 것이다.

그러나 인간은 이러한 종속으로부터의 해방을 필연적으로 도모하는 존재다. 그리하여 '사회화한 자연의 인간화'를 지향하게 된다. 말하자면 물질적 조건에 예속 당할 수밖에 없게 된 인간은 이윽고 그러한 사회를 개조하는 혁명, 곧 '사회의 인간화'(Vermenschlichung der Gesellschaft)를 추구하는 일에 매달릴 수밖에 없게 된다는 말이다. 마르크스에 의하면 인간의 역사과정이란 바로 이러한 '자연의 사회화'와 '사회의 인간화'의 종합, 즉 노동과 해방의 총화며, 이는 인간적 삶, 물질적 생활의 총체로 나타나는 것이다.

널리 알려져 있다시피, 사회주의 진영에서 본원적인 인간해방을 지향하는 가장 체계적인 과학적 이론을 제시한 것으로 평가받는 인물은 바로 마르크스와 엥겔스다. 그들은 반자본주의적 계급혁명에 의해 프롤레타리아트의 계급적 해방이 이루어지게 되면, 그를 통해 비로소 진정한 인간해방의 길이 열릴 수 있음을 역설하였던 것이다. 에리히 프롬(Erich Fromm)이 적절히 통찰했듯이, 마르크스의 저항 이데올로기가 서구의 "인본주의적인 철학적 전통"(humanistische philosophische Tradition)에 깊이 뿌리박고 있음은 두말 할 나위도 없는 일이다. 마르크스의 사상은 인간의 자기소외 및 자기상실 그리고 물화(物化)에 대한 저항이며, 동시에 자본주의적 산업화에 의해 빚어진 비인간화 및 인간의 기계화에 대한 항거인 것이다.[19] 마르크스/엥겔스는 물론 이러한 사회적 모순을 야기하는 자본가계급의 계급지배를 타파함으로써, 바야흐로 공산주의적 '무계급사회'의 이상향에 도달할 수 있음을 확신해마지 않았다.

이런 의미에서, 특히 마르크스/엥겔스의 혁명사상이야말로 그들 이론의 모든 냇물과 강물이 바로 거기서 흘러나오는 하나의 원천이자 종내는 그리로 다시 흘러 들어가는 큰바다와도 같은 것이라 할 수 있다. 따라서 혁명사상은 그들의 이론적 탐구의 출발점일 뿐만 아니라 동시에 그 귀착점이기도 한 것이다. 그것은 그들이 특히 "세계의 해석"이 아니라 "세계의 변혁"을 필생의 과업으로 인식하였기 때문에 더더욱 그러할 수밖에 없음은 물론이다.[20] 요컨대 혁명사상이야말로 그들 이론체계의 본질에 속하는 것임은 두말 할 나위도 없는 일인 것이다. 그러므로 마르크스주의의 본질적 핵심은 바로 "폭발적인 혁명

---

19 E.프롬 · H.포핏츠 저/김창호 옮김,《마르크스의 人間觀》(동녘 1983), 11~12 쪽 참조

20 Marx, "Thesen Über Feuerbach"(MEW 3), p. 7

이론에 입각한 인간사회에 대한 역동적 사상"이라 요약할 수 있다.[21]

　이러한 마르크스이기에, 혁명의 궁극적 목표를 소외로부터의 인간해방, 즉 "유적 존재"(Gattungswesen)로의 인간의 회복, 인간과 인류의 완전한 자기실현으로 이해한 것이다. 그러나 마르크스는 예컨대 '법 앞의 평등' 수준의 '정치적' 해방은 불충분한 것으로 인식하였다. 왜냐하면 그것은 인간을 한편으로는 "시민사회의 일원으로, 즉 이기적이고 고립적인 개인으로", 다른 한편으로는 추상적인 "국민, 도덕적 인간"으로만 환원시킬 따름이기 때문이다. 이런 취지에서, 현실의 개인이 "유적 존재"로 발전하고 사회와 하나로 합치하는 것, 즉 공동체로부터의 인간의 분리가 철저히 극복되는 것이야말로 인간해방의 실질적 완성을 나타내는 진정한 징표라 역설하였다. 이런 맥락에서 마르크스는 "철저히 예속된 계급, … 모든 신분의 해체를 가져오는 계급, 그 보편적인 고통으로 인해 보편적인 특성을 보유하는 영역, …, 마지막으로 … 완전한 인간상실의 영역, 따라서 완전한 인간회복을 통함으로써만 (비로소) 자신을 획득할 수 있는 영역의 형성", 다시 말해 프롤레타리아 계급의 형성 속에서 혁명의 "긍정적인 가능성"을 찾아내는 것이다.[22] 한마디로 프롤레타리아트는 철저히 예속된 계급으로서 완전한 인간상실의 표상이며, 따라서 종국적인 해방의 길을 걷게될 최후의 신분으로 인식된다.

　바로 이러한 관점에서 마르크스는 폭력적 전복으로 가닿을 수밖에 없는 프롤레타리아 혁명을 통하여 계급지배의 해체와 더불어 인간

21　Robert Heiss, 〈Die Idee der Revolution bei Marx und im Marxismus〉, in: "Archiv f Ü r Rechts— und Sozialphilosophie", v.38(1949/50), p.18

22　Marx, MEW 1, p.390

해방을 위한 궁극적인 토대가 구축되리라 확신하였다. 한마디로 폭력 혁명을 통한 완전한 인간해방이야말로 곧 마르크스/엥겔스적 이상주의의 본질이었던 것이다.

반면에 현실주의는 이러한 이상주의적 성향과는 대척적이다.

무엇보다 인간에 대한 불신에 입각해 있다. 응당 인간이 본성적으로 악하고 비이성적인 존재로 인식될 수밖에 없음은 물론이다.

이러한 관점에서, 현실주의자는 인간본성의 핵심이 필연적으로 모든 인간을 악으로 내모는 '이기적 격정'(egoistic passions)에 내재한다고 주장한다. 그들은 인간본성이 불변적이고, 이기적이며, 따라서 불가피하게 악으로 전락할 수밖에 없는 근본속성을 지니고 있다고 확신한다. 그러므로 이처럼 불가역적인 인간본성에서 비롯하는 이기적 아집과 자기이해 수호욕구를 필연적인 것이라 믿기 때문에, 일반적으로 발생하는 사회적 알력과 갈등 상황을 지극히 정상적인 현상으로 받아들인다.

사람들이 때로는 인간본성의 긍정적인 측면을 반영하는 바람직한 유형의 소망과 목표에 의해 이끌리기도 한다는 사실을 전적으로 부인하지는 않는, 또 다른 부류의 현실주의자가 부분적으로 병존하기도 함을 물론 부인할 수는 없다. 이들은 이러한 관점에서 모든 인간의 이기심이 결코 불변적인 것만은 아니라는 주장을 내놓기도 한다. 그리하여 정의를 행하고 또 그것을 받아들이는 것 역시, 인간의 본질적 욕구라는 점을 송두리째 거부하지는 않는다. 하지만 이들은 현실주의 진영의 소수파에 지나지 않는다.

물론 대부분의 현실주의자들이 인간의 이기주의적 본성과 그로 인해 정치세계에 필연적으로 등장할 수밖에 없는 비극적인 폐해 등을 우선적으로 강조하는 본질적인 경향을 견지하고 있음은 부인할 수 없는 사실이다. 그리하여 이러한 인간적 이기심이야말로 결코 근절될 수 없는 것이라 믿기 때문에, 사회적 갈등과 충돌이 불가피한 것이라는 믿음이 이들의 기본신조를 형성하게 되는 것이다. 따라서 이러한 부정적인 인간본성을 긍정적으로 통제·순치하기 위해서는 강력한 정치·사회체제 및 제도가 필연적으로 요구될 수밖에 없다는 믿음 또한 지극히 자연스러운 이들의 신조에 속한다. 어쨌든 사회적 갈등이나 불안 같은 것을 무정부주의적인 사회구조가 야기하는 불가피한 사회현실로 감내하고자 하는 것이 현실주의자들의 보편적인 성향이라 할 수 있다. 나아가 현실주의자들은 기존현실에 지배적인 삶의 양식이나 가치기준을 그대로 답습 또는 견지코자 하는 기본의지를 결코 굽히려 하지 않는다. 따라서 원칙적으로 사회개혁이나 혁신 등을 강하게 거부할 수밖에 없게 되는 것이다.

이처럼 현실주의는 기본적으로— 물론 이상주의와는 상극적이지만— 도덕적 진보 및 인간적 발전가능성을 부정적으로 투시하는 비관주의적 세계관이라 할 수 있다.

물론 이러한 현실주의적인 인식구조는 예컨대 국제정치 분야에까지 자연스레 파고들기도 한다. 현실주의자들은 가령 문명과 미개의 차이라는 것이 대체로 동일한 인간본성이 서로 다른 조건 하에서 상이한 기능을 드러내는 것일 뿐이라 믿는 공통된 신조를 지니고 있다. 이러한 인간본성이 한편으로 한 국가 내부에서는, 권위와 통제에 기반한 정치적 위계질서에 의해 일정하게 길들여질 수 있으리라 믿는다. 반면에 다른 한편으로 국제관계에서는, 자체의 무정부주의적인 특성으로 인해 인간본성의 이기적 폐해가 보다 손쉽고 규칙적으로 표출되리라 인식한다. 이런 관점에서, 끊임없이 파워를 획득하고 유지하고 과시하고 입증코자 하는 지속적인 강제력 배양노력이 필연

적이라 역설하는 것이다. 따라서 현실주의자들은 이러한 국제관계에
서는 여타의 다른 도덕적 이해관계나 가치체계를 통상적으로 배척해
야 하는 '권력정치'(Power Politics)가 지배할 수밖에 없다고 믿는다. 이
러한 현실주의적 논법에 따르면 국제관계란 "'정글'이며, 무정부주의
가 규칙이다. 질서, 정의 및 윤리는 예외"에 불과한 것으로 여겨질 따
름이다.[23] 요컨대 국제관계의 정글 속에서는 '호랑이'만이 '리바이어
던'(Leviathan)으로 군림할 수 있으리라는 믿음인 것이다.

이런 견지에서, 대표적인 현실주의 철학자 한 분의 도도한 궤적을
슬쩍 뒤따라 가보는 것 역시 크게 무익하지는 않으리라 짐작된다.

앞에서 물론 현실주의 철학자인 토마스 홉스에 대해 간헐적으로
살펴볼 기회가 있기도 했지만, 지금부터는 예컨대 그의 선배이면서
정치사상사적으로 가장 적나라한 형태의 현실주의적 입장을 표방한
대표적인 사상가 중 하나인 마키아벨리(Machiavelli)를 잠시 검문해보
는 것 또한 자못 흥미로울 듯하다.

마키아벨리는 르네상스 시대의 개막과 더불어 본격적인 활동을
개시한다.

이 르네상스에 이르게 되면, 세계와 인간에 대한 인식이 본질적으
로 세속화하기 시작한다. 예컨대 회화양식에서도— 대표적으로 '모나
리자'에서도 드러나듯이— 예수나 성모 마리아, 또는 천사 등 성화가
아니라, 인간과 자연이 주된 배경으로 등장하게 된 것이다. 국가와 법

---

23 Robert Gilpin, "The Richness of the Tradition of Political Realism", in: Robert O.
    Keohane, Neorealism and Its Critics(New York, Columbia University Press 1986),
    p.304

질서에 대한 관념에도 결정적인 전환기가 도래하였음은 물론이다. 신(神) 중심의 헤브라이즘 전통이 또다시 고대 희랍적인 인간중심의 헬레니즘에 자리를 내주기 시작한 것이다.

이러한 시대정신에 입각해, 종교적 관점과 목적으로부터 철저히 탈피하여 국가의 정치적 운명과 정치행위의 제반 원칙들을 경험적이고 합리적인 방법을 통하여 인식하고 분석하는 새로운 경향이 대두하기도 하였다. 그에 준하여 마키아벨리는 규범과 도덕을 배제하면서, 정치를 움직이는 역동성, 즉 적나라한 현실권력의 추이에 초점을 맞추어 정치세계를 고찰하기 시작했다. 이러한 경향을 표방한 최초의 근대적 사상가가 바로 마키아벨리였던 것이다. 이러한 관점에 입각하여 그는 '마땅히 그래야 올바르다'는 식의 당위론적 접근법이 아니라, 있는 사실을 있는 그대로 정치행위의 기본 판단기준으로 설정하는 정치적 현실주의를 국가에 대한 지혜의 핵심으로 간주하였다. 그런 탓에 그는 예컨대 이상주의의 원조 격인 플라톤처럼, 결코 양식과 규범에 맞는 이상적인 미래국가의 설계도를 머릿속에 그리려 하지는 않았다. 그 대신 그는 항상 주어진 인간적 공동생활의 적나라한 기본현실에 충실하고자 했던 것이다.

이러한 관점을 쫓아 마키아벨리는《군주론》에서 다음과 같이 윽박지른다.

"쓸데없는 사변(思辨)을 논하기보다는 구체적인 사실을 추구하는 것이 훨씬 뜻 있는 일이라고 생각한다. 사람들은 보지도 알지도 못하였던 공화체제나 군주체제를 고안해냈다. 그러나 상상이 대체 무엇에 소용된다는 말인가. '어떻게 살아야 할 것인가'라는 명제와 실제로 사람이 살아가는 생활방식은 전혀 다른 것이다. '어떻게 살아야 할 것인가'라는 명제로 해서 인간이 실제로 살고 있는 실태를 놓친다면 이는 자기를 보존하는 것이 아니라 파멸에 빠뜨리게 하는 것이다. 또 무슨 일에서나 그리고 어디에서나 스스로를 선한 인간으로만 내세우고자 하는 사람은 반드시 많은 악인들의 무리 속에서 파멸될 것"이라고.[24]

나아가 인간의 본성에 대해 이렇게 맹 비난하기도 한다

"인간이란 원래 은혜를 모르고 변덕이 심하며, 위선자요 염치를 모르는 데다가 몸을 아끼고 물욕에 눈이 어두운 속물이…다. 그래서 당신이 은혜를 베푸는 동안은 모두가 당신 뜻대로 이루어지며, 피도 재산도 생명도 아들마저도 당신에게 바친다. … 그러다가 정작 위험이 닥치게 되면 그들은 금방 등을 돌린다"(같은 책, 78쪽).

이처럼 마키아벨리의 인간에 대한 불신은 끝이 없다.

뿐만 아니라 그는 국제관계에 관한 논의에서도 당연히 이러한 시각을 유감 없이 드러낸다. 그는 "영토욕이란 극히 자연스러운 욕망으로서 능력 있는 자가 영토를 더 가지려 하면 이는 비난의 대상이라기보다 정당화될 수 있는 것이다. 그러나 능력도 없는 자가 어떠한 희생을 해서라도 그것을 손에 넣으려 한다면, 이는 그릇된 일로 비난받을 만하다"고 역설한다(같은 책, 40쪽). 어쨌든 어떠한 정복욕이라도 능력이 있는 사람이 그것을 수행하면 칭송받을 수 있지만, 그렇지 않으면 비난받아 마땅하다고 주장하는 것이다. 그러므로 예컨대 제국주의적 침탈야욕이라 하드라도, 그것이 유능한 자에 의해 수행된다면, 그것

---

24 마키아벨리 저/임명방 · 한승조 역,《군주론》(삼성출판사 1999), 15장, 73쪽

을 결코 거부할 수 없는 일로 치부해도 좋다는 것이 마키아벨리의 기본신조였던 것이다.

하여튼 야망과 자기이해를 충족시키고자 하는 일체의 시도는 응당 도덕과 윤리를 초월할 수밖에 없는 당연한 권리로서 자연스레 용인되어졌다. 이러한 것이 바로 핵심적인 현실주의적 관점인 것이다. 이처럼 마키아벨리는 도덕과 윤리라는 것이 결코 인간의 자연적 본성을 억누를 정도로는 강력할 수 없다고 확신하고 있었다. 따라서 그의 현실주의는 도덕과 윤리에 입각해 자기이해의 추구를 통제하려는 일체의 태도를 기본적으로 거부하는 입장을 드러내는 것이다. 또한 '당신에 대한 도덕적 의무가 존중받지 못할 것이기 때문에, 당신은 남에 대한 도덕적 의무를 먼저 무시해도 좋다'는 것이 마키아벨리의 기본신조였다. 현실주의 정신의 본성을 유감 없이 드러낸다. 그러나 마키아벨리는 도덕주의 그 자체가 영원히 사라질 것이라고는 믿지 않았다. 도덕적 확신이 큰 힘을 소지하며, 무엇보다도 현실주의란 것이 세계에 대한 대단히 냉혹하고 적대적인 시각이기 때문에, 도덕주의야말로 지속적인 속성을 꾸준히 지켜나갈 수밖에 없으리라 예견하기도 하였다.

이 기회에 우리는 도덕주의의 본질을 다시 한 번 더 새롭게 환기할 필요가 있으리라 여겨진다.

현실주의적 입장은 군주나 국가로 하여금 아무런 주저 없이 야심을 추구하도록 풀어주기도 하지만, 역으로 적에 의해서 누구라도 정복되거나 죽임을 당할 수도 있다는 것을 암시한다. 반면에 도덕주의란 것이 인간의 소망을 기원하는 사고의 형태로 자연발생적으로 생겨나는 것이기도 하기 때문에, 이상주의적인 도덕론이 이 세계를 보다 품격 있는 수준으로 고양시켜 나가는 데 적잖이 기여하리라는 믿음 역시 대단히 설득력 있는 신조라 할 수 있다. 고대로부터 지금까지 얼마나 많은 도덕주의자들이 도덕의 객관적인 정당성을 드러내기 위해 시공을 초월하여 도덕적 믿음의 보편타당성이나 '공통적 도덕'이 엄존한다는 사실을 역설하곤 했던가 하는 것을 떠올려본다면, 이는 절로 자명해진다. 하지만 현실주의의 전형인 마키아벨리가 이러한 도덕론을 외면하며 인간에 대한 비관과 불신에 강하게 사로잡혀 있었음은 결코 부인할 수 없는 사실이다.

그렇다면 상호 대립적인 이상주의와 현실주의 이 두 경향이, 인간의 본성인 고독과 욕망에 대해 실질적으로 어떻게 조응하고 있을까. 가능한 한 일상적인 생활습성에 국한해, 각각의 양상을 서로 비교하면서 판가름해 보는 게 바람직할 듯하다.

대체로 이상주의자는 일상적인 사회현실이 야기하는 통상적인 사회모순으로 말미암아, 나날이 불만에 휩싸인 일상생활을 영위할 가능성이 지극히 높으리라 짐작된다. 그것이 더구나 의롭지 못한 현실이라면, 더할 나위도 없을 것임은 물론이다. 그런 탓에 구체적인 사회생활 속에서 곧잘 상습적인 불평분자로 매도당하기 일쑤일 수 있다. 물론 그들의 현실불만은 정치 · 경제 · 사회 · 문화 분야 등, 다방면에 걸쳐 있다. 따라서 이상주의자는 현실 타파적이거나, 아니면 현실 도피적인 행동양식을 취하기 쉬워지리라 예측된다. 말하자면 사회적 진보를 열망하며 다양한 방법으로 기존현실과 맞서 싸우거나, 아니면 현실을 저주하며 잠적해버리기도 하는 경향을 짙게 띨 수도 있으리란 말이다. 극적으로 대비한다면, 감옥에 갇히거나, 아니면 '자연인'이 되어 속세를 떠나기 십상이라는 말이 되겠다. 어쨌든 창조적 · 모험적 · 고답적(高踏的)인 성향을 가슴 깊이 간직하고 있을 경우가 지배적이라 할 수 있다. 사업적으로도 대기업보다는 벤처기업을 선호할 가능성이 높으리라 예측된다. 하지만 인간에 대한 믿음이 굳건한 탓에, 공동체적 단합과 공존·공생을 지향할 가능성이 높다. 그러므로 '나 혼자만'이 아니라, '우리 모두 함께'에 애착한다. 사회적 헌신과 희생을 고귀한 덕목으로 추앙하기 때문이다.

반면에 현실주의자는 어떠할까?

기존현실을 살아낼 만하다거나 불가피한 것으로 간주하면서, 그것을 근본적으로 수용하는 자세를 취한다. 그러므로 현실에 안주하는 성향을 애호한다. 따라서 현실주의자는 질서와 안정을 최고의 덕목으로 숭배한다. 그리하여 현실주의자는 대체로 인습적이고 전통적인 생활양식 및 사고방식을 선호하는 편이라 할 수 있다. 비근한 예를 들자면, 가령 취직자리를 구할 때도, 벤처기업체 보다는 대기업체를 선호할 가능성이 높으리라 짐작된다. 비슷한 연유에서, 결혼 또한 연애결혼보다는 중매결혼에 익숙하지 않을까 싶다. 물론 사회적 약육강식도마다 않는다. 그러므로 사회적 근육 불리기를 주요한 삶의 목표로 설정할 가능성이 높다. 따라서 치열한 '경합'과 '경쟁' 역시 높이 평가할 것임은 물론이다. 그것을 사회적 체력단련을 위한 필수코스로 여겨, 오히려 높이 떠받드는 경향을 보이기까지 하리라 생각된다. 어쨌든 기본적으로 인간에 대한 불신에 사로잡혀 있는 탓에, 거의 '무조건 이기고 보자'로 치닫기 쉽다. 하지만 '내일'보다는 '오늘', '그곳'보다는 '여기'에 본질적으로 더 강한 애착을 지니고 있기 때문에, 낭만적이거나 신비주의적인 환상에 빠질 위험이 거의 없으리라 여겨진다. 미래를 꿈꾸는 대신, 꿈같은 현실에 더욱 집착하기 때문이다. 그러므로 세속적인 성향이 짙다. 따라서 자칫 속물적인 욕망추구에만 집착할 가능성 역시 적지 않아 보이기도 한다.

그런데 인간의 선성(善性)은 사회적으로 과연 어떻게 확보되고 구현될 수 있는 것일까? 혹시 타인의 결여나 결함·결손을 보완해주기 위해 상호연대 함으로써 비로소 확보되어질 수 있는 것은 아닐는지 …?

이런 면에서, 이상주의를 타자의 결핍을 충족해주기 위해 함께 연대하는 보다 이타적인 인간심성에 대한 신뢰의 발로라 한다면, 현실주의는 집중적으로 자신의 결여를 보완하는 일에만 집착하는 보다 이기적인 인간심성에 대한 애착의 표현이라 할 수 있지 않을까 한다.

하지만 타자결핍의 충족 또는 자기결여의 보완, 둘 중 어느 쪽에 한층 더 적극적으로 무게의 중심을 두는 게 과연 인류사회의 발전을 위한 보다 든든한 디딤돌로 작용할 수 있을까 …? 앞에서도 구체적으로 살펴보았지만,[25] 연대는 인간본성의 자연스러운 발로라 할 수 있다. 따라서 일단 연대를 외면하거나 등한시한다면, 그게 어떠한 유형의 것이든 그러한 자세는 바로 인간본성을 배태한 자연의 섭리를 간과하는 행위로 귀결하리라 할 수 있지 않을까 한다. 그러므로 판가름의 척도는 둘 중 과연 어떤 노선이 자연의 섭리에 보다 적극적으로 순응하는 행동양식인가 하는 지점이 되지 않을까 짐작된다. 과연 이상주의와 현실주의적 생활습성, 둘 중 과연 어느 쪽이 보다 인간적이고 자연적일까 …?

---

25 앞장, 1.1.2.장 2)절, '왜 연대가 필요한가' 편을 참고할 것.

3장 인간과 역사 :
'인연 공동체'

인간의 본성과 공동체 태동은 불가분의 상관관계를 맺고 있다. 앞에서도 지적했듯이, 인류는 애초부터 공포심을 경감해나가는 동시에 자기이득을 확충해나가는 과정에서 거의 본능적으로 공동체 건설의 첫 삽을 뜨기 시작했다고 말할 수 있다. 궁극적으로는 자연의 요청인 '공존·공생'의 본분을 수행하는 행위이기도 함은 물론이다.

그런데 공동체는 오늘날까지 과연 어떠한 역사적 과정을 거치며 전개해왔을까, 그리고 이 전개과정의 추이는 도대체 어떠한 시각으로 고찰하는 것이 합당할까? 나아가 공동체의 과거와 현재는 어떠한 특성을 남기며 지금껏 펼쳐져 왔으며, 아울러 그 미래는 그야말로 어떠한 방향으로 발전해나가고 또 나가야 할 것인가?

3—1 '인연사관'

앞에서도 빈번히 강조했듯이, 인간본성의 본질적 구성요소는 '고독'과 '욕망'이다.

이러한 본성은 끝내는 흙이 되어 자연으로 되돌아갈 수밖에 없는 인간의 숙명적인 유한성에서 비롯한다. 그러나 인간은 고독한 존재이기 때문에 '공포심'에서 벗어나고자 본능적으로 몸부림칠 수밖에 없고, 또 욕망으로 가득 찬 존재인 탓에 '이해관계'의 실현을 위해 끝없이 발버둥칠 수밖에 없다. 그런데 이러한 본능적인 공포심과 근원적인 이해관계가 바야흐로 인간으로 하여금 서로를 결집시켜 공동체를 구성토록 이끄는 자연적인 추동력으로 작용하는 것이다. 그러므로 공동체는 응당 인간본성의 직접적 산물일 뿐만 아니라, '인연'(因緣)의 터전일 수밖에 없다. 무엇보다 인연이 바로 공포심과 이해관계에 의해 성립하는, '상생'(相生)을 지향하는 '관계성'을 가리키는 것이기 때문이다.[1] 따라서 바로 이러한 공포심과 이해관계야말로 근원적으로 인연의 생성요인이자 추후에는 동시에 산물이기도 한 것이다. 바꾸어 말하면, 인간 공동체 형성의 기본토대가 되는 것이 바로 이 인연이란 말이다.

왜 그러한가?

인류사적으로 볼 때, 이 인간관계는 예컨대 주종관계, 지배·피지배 관계, 계급관계, 억압·피억압 관계, 착취·피착취 관계, 친인척관계 등등, 다양한 양상을 띠며 존속해왔다. 그런데 인류사회의 기본토대인 이러한 인간관계의 원천적인 생성요인은 과연 무엇일까? 보다 구체적으로 표현하면, 사람들로 하여금 서로 '관계'를 맺도록 이끈 시기와 장소와 사유 등등이 과연 무엇이었던가 하는 물음이 되리라. 이러한 인간관계의 원천, 그것은 한마디로 '인연'이다. 인간관계의 뿌리가 바로 이 인연인 것이다.

무릇 인연은 자연 속에서의 인간과 인간의 다양한 만남과 어울림과 헤어짐 등, 즉 온갖 유형의 인간관계를 형성하는 기본토대로 작용한다. 다른 한편 이러한 인연을 생성하는 추진력으로 기능하는 것은 바로 인간본성에서 유래하는 공포심과 이해관계라 할 수 있다. 말하자면 공포심과 이해관계에 입각해, 달리 표현하면, 가령 무서워서 누군가에게 기대려 하거나 또는 고픈 배를 채울 욕심으로 먹을 것을 제공할 수 있을 법한 무엇인가를 찾아 헤매는 양상으로— 요컨대 인연

---

1 참고로 말해, 예컨대 묵자(墨子)는 사람과 사람이 맺고 있는 상호관계를 강조하면서, 서로가 서로에게 이익이 되는 것이 바로 "관계의 본질"이라 설파한다. 이런 뜻에서 관계의 본질을 바로 '상생'(相生)이라 규정하기도 하는 것이다. 이에 대해서는 신영복,《강의 : 나의 동양고전 독법》(돌베개 2004), 394쪽을 볼 것.

에 기초해— 인류는 이윽고 다양한 질서와 제도를 만들어가며 함께 모여 살기 시작했다는 말이다.

그러므로 인류의 역사는 바로 이러한 인연의 계기와 속성과 기본 구조 등의 차이에 따라, 다양한 성향을 드러내며 변화하고 또 발전해 온 것이라 할 수 있다. 그리고 이처럼 인연의 유형과 특성이 역사적으로 다양한 형태를 취할 수밖에 없음은 이해관계 및 공포심의 사회적 본성과 내용의 역사적 차이와 변화에 기인한다. 가령 굳이 사례를 들어 설명하자면, 예컨대 곧 이어서 구체적으로 살펴볼 '가족 공동체'는 대체로 굶주림과 고립무원의 '공포'에서 비롯하는 생존의 '이해관계'를 함께 충족하기 위해, '종족 공동체'를 형성하게 되었으리라는 말이 되겠다. 말하자면 가족 공동체는 무엇보다 자연재해 및 타 가족공동체로부터의 침탈위협에서 오는 '공포심'을 보다 큰 규모에서 함께 힘을 모아 같이 극복해내기 위해 상호 결속함으로써, 자연재해에 대한 효율적인 공동대응 및 축적된 수확물 보호라는 집단적 '이해관계'를 일정하게 충족시켜낼 수 있었으리라는 말이 되겠다. 나아가 예컨대 '민족 공동체'는— 특히 프랑스의 경우처럼— 특권체제의 억압이 야기하는 다양한 정치·사회적 '공포심'을 척결함과 아울러 자본주의적 사회질서를 관철코자 하는 부르주아 계급의 '이해관계'에 기초해 성립한 것으로 이해할 수 있을 것이다.

거듭 말하거니와, 이러한 인연은 근본적으로 공포심과 이해관계에서 비롯한다. 그러므로 다양한 유형의 인간공동체는 기본적으로 바로 이 인연, 곧 공포심과 이해관계에 기초하여 형성된 것이라 할 수 있다.

이런 의미에서, 나는 바로 이러한 인연개념을 통해 인류사적으로 대단히 다양하고 이질적인 방식으로 구축된 기존의 정치·사회·역사적 기본구조와 그 전개상황을 고찰하고 해석하는 것이 보다 합당하다고 믿는다. 그리고 이런 관점에서, 나는 철학적 인식대상으로서의 보편적·사변적 공동체보다는 오히려 특수하고 구체적인 유형의 정치·문화적 공동체, 요컨대 실재해온 역사적 공동체를 일차적인 연구 및 분석의 직접적인 대상으로 설정하는 것이 보다 온당하리라 여기고 있다.

다시 한 번 강조하거니와, 인연이란 특정한 자연의 기본토대 위에서 펼쳐지는 인간과 인간간의 다양한 상호관련성을 의미한다. 다시 말해, 인간의 본성에서 유래하는 공포심과 이해관계에 기초하여 상생을 도모하는 인간적 '관계성'이 곧 인연인 것이다.

그런데 인간본성의 한 요소인 '욕망'의 핵심적 목표는 대체로 물질적 부 및 정치·사회적 명예쟁취라는 '이해관계'의 실현에 있다고 말할 수 있다. 반면에 '공포심'이란 바로 이러한 이해관계가 어떤 식으로든지 저지 또는 훼손당할지도 모른다는 불안감에 근거하는 것으로서, 물질적 혜택 및 정치·사회적 지위 등이 박탈됨으로써 또다시 '고독'한 상태로 내몰림당할 수도 있으리라는 잠재적 위기의식과 직결해 있는 것으로 간주할 수 있다.

그러므로 욕망의 충족 및 고독의 극복을 위해, 다시 말해 인간본성의 실질적인 구현을 위해 적절한 수단과 방법이 필연적으로 요구될 수밖에 없음은 당연한 이치다. 역사적으로 볼 때, 인간적 관심의 초점은 자연스럽게 도대체 어떠한 방식으로 인간 고유의 공포심을 제거하고 이해관계를 충족시킬 것인가 하는 데 집중해 있었다고 말할 수 있다. 이런 의미에서, 이러한 공포심과 이해관계를 중심으로 전개되는 갖가지 유형의 인간적 삶이 펼쳐지는 다양한 역사적 공간이 바로 '인연 공동체'인 것이다. 무엇보다 인간이 그야말로 '인연적 존재'이기 때문이다.

그런데 나는 왜 군이 이 '인연' 개념을 분석의 기본척도로 삼으려 하는가?

나는 무릇 역사란 것이 끊임없이 새로운 인연을 만들어내고 또 그에 대한 개조와 혁신을 되풀이하면서 앞으로 나아가는 인간적 노력의 총화, 그 자체라 인식한다. 그러므로 인연에 의해 이루어지는 인간의 총체적 삶의 전개과정이 곧 역사의 주류인 것이다. 응당 세계사 역시 '인연의 역사'임은 물론이다. 따라서 나는 갖가지 인연이 휘황하게 소용돌이치는 생동하는 공동체적 삶의 유구한 궤적, 다시 말해 '인연 공동체'의 장구한 역사적 전개과정이 바로 인류사의 주류를 형성하는 것이라 믿고 있다.

이러한 소소한 관점에 입각해, 비록 언감생심(焉敢生心)이긴 하나 나는 이른바 '인연사관'을 주창하고자 하는 것이다. 그리고 이 '인연사관'에 기초해 인류사의 전개과정을 풀이하고 분석해 나가고자 한다.

그런데 나는 왜 이 '인연' 개념에 준한 역사해석, 요컨대 인연사관이 왜 합당하고 바람직하다고 믿고 있는가? 바로 다음과 같은 근거에서이다.

첫째, 인연사관은 한마디로 총체적 '인간사관'이라 이를 수 있다.

무엇보다 인간본성에 입각한 역사인식으로서, 인간본성을 분석과 해석의 기본축으로 삼기 때문이다. 보다 엄밀히 규정하면, 자연을 기본토대로 한 인간사관이라 할 수 있을 것이다. 왜냐하면 기본적으로 자연과 인간 상호간의 공생원리 및 인간 상호간의 상생기조에 입각함으로써, 궁극적으로는 생태주의와 인본주의의 화합을 지향하는 총체적 역사이해가 되리라 믿기 때문이다. 따라서 이러한 역사해석의 본질적 측면은 특히 자연을 토대로 하여 펼쳐지는 인간의 구체적 삶과 일상생활이 지니는 가치에 주안점을 둔다는 점이라 할 수 있다.

이런 면에서 나는 무엇보다 인간본성에서 파생하는 공포와 이해관계의 구체적 실체가 무엇인가 하는 물음을 기본토대로 하여, 세계사의 발전단계를 상호 구분짓는 것이다. 이를테면 공포와 이해관계의 구체적 특성과 그 차이에 기초해 각 역사발전 단계를 상호분별해내리란 말이 되겠다. 바로 이러한 측면에서, 이 인연사관이 지니는 특성이 한결 두드러지리라 여겨진다.

그런데 인간본성의 한 구성요소라 밝힌 '고독'은 대체로 정신적인 측면, 그리고 다른 하나인 '욕망'은 주로 물질적인 영역을 각각 총괄하는 개념이라 할 수 있다. 이런 의미에서, 한편으로는 오로지 문화적·정신적 고유성과 그에 따른 정서적 일체감만을 고수하는 관념적 이해방식이라든지, 아니면 다른 한편으로는 정반대로 경제주의적 관점에만 획일적으로 집착하는 물질적 역사인식은 둘 다 인간본성을 경시하는 일방통행식 한계를 지닐 수밖에 없다고 말할 수 있다. 무엇보다 역사의 짐꾼인 인간의 본질로서 정신과 물질 두 측면을 총체적으로 골고루 다 종합해내지 못하기 때문이다. 그러나 사회경제적 생활양식뿐만 아니라 그 변동에도 불구하고 강인한 지속성을 유감 없이 발휘하는 문화적 차원의 역사적 특성까지 함께 포괄해낼 수 있을 때, 비로소 역사를 바라보는 총체적이고 객관적인 시각이 만들어질 수 있으리라 사료된다.

이런 견지에서, 가령 남한과 북한을 예시해보도록 하자. 이 두 지역은 자본주의와 사회주의라는 상극적인 사회경제적 생산양식에 묶여 있는 상반된 국가체제를 지니고 있다. 그러나 그럼에도 불구하고, 아직도 각종 명절 치르기 습속이나 다양한 전래민속 또는 민속놀이 양식 등등, 전통적·문화적 공통성은 아직도 공유하고 있으리라 충분히 짐작되고도 남는다. 물론 사회체제의 이질성으로 인해 지금은 일정 정도 생채기가 생겨 서로 다른 정신적 흉터자국을 지니고 있긴 하겠지만, 이러한 현상을 문화적 고유성에만 집착하는 문화주의적인 역사인식이나, 아니면 정반대로 생산양식에 치중하는 물질주의적인 역사이해 방식으로 과연 얼마나 제대로 온전히 판독해낼 수 있을까 …? 그런 탓에, 도리어 특히 인간관계의 종합적인 '관계망'을 통하여 인간의 공동체적 삶의 연원과 자취 그리고 그 전개과정을 심층적으로 추적하는 것이 보다 온당하지 않을까 한다. 이런 의미에서 상극적인 남·북한 양 체제를 그나마 총체적으로 해석해내는 차원에서는, 오히려 내가 지금 여기서 제시하고 있는 '인연사관'이 일정 정도 보다 긍정적으로 기여할 수 있지 않을까 여겨진다.

둘째, 이러한 '인연공동체 역사이해' 방식은 무엇보다 인간의 구체적이고 실질적인 공동체적 삶에 기초한다. 이를 토대로 하여, '인연'의 속성적 차이에 따른 시대적·역사적 특성의 상이성을 논리전개의 출발점으로 삼아 보편적 개념 틀로 접근한다. 따라서 그것은 각 역사발전 단계마다 인연이 지배적으로 어떠한 속성과 형태를 띠며 존립하였던가, 그리고 그에 따른 문제점들은 과연 어떠한 것들이었던가 하는 것을 주요 분석대상으로 삼게 된다. 그를 통해, 인간에 대한 가장 심각한 과오가 인간에 대한 증오심이 아니라 인간에 대한 무관심이라는 삶의 원리를 다시 한 번 더 깊이 반추함으로써, 인도주의적이고 실천론적인 시각으로 사회적 과제수행에 접근하고자 노력하게 될 것이다. 이러한 과정에서, 인간의 공동체적 삶의 기본 터전인 자연과의 필연적인 연관성을 역설하는 생태론적 원리가 관건으로 작용하게 될 것임은 물론이다.

셋째, 그러므로 '인연사관'은 관념적인 예단이나 전망이 아니라, 가능한 한 구체적인 사실에 기초한 실질적인 분석과 역사해석을 지향한다. 따라서 역사를 정태적이 아니라 역동적인 관점에서 관찰하기 위해, 역사적 전개과정의 구체적인 동인과 동력 파악에 주력하게 된다. 이러한 맥락에서, 각 역사발전 단계마다 어떠한 양상의 갈등과 충돌 또는 평화가 지배적이었던가 하는 문제가 입체적으로 분석될 것이다. 이를테면 인류가 공포심을 극복하고 이해관계를 충족하기 위해 어떻게 노력해왔던가 하는 측면이 다각도로 점검되리란 말이다.

넷째, 이와 같이 인간의 구체적인 삶의 맥박에 기초한 역동적인 시각을 통해 역사를 바라봄으로써, 이윽고는 인간의지를 등한히 하는 대신 활성화시켜 나가는 생동하는 역사인식과 친화하리라 짐작된다. 그러므로 예컨대 '평등 없는 자유'에 매몰된 자본주의적 '호랑이의 자유'나 결국 '자유 없는 평등'으로 몰락한 공산주의적 '앵무새의 평등'을 넘어서는, 그야말로 '호랑이의 평등'이 구현될 극적인 신세계를 지향하는 유토피아조차 결코 마다하지 않게 될 것이다. 유토피아란 언제나 우리를 좌절하지 않고 용약(踊躍)하도록 독려하는 활력소이기 때문이다. 하지만 '인연사관'은 유토피아를 종내 유기하지는 않으면서도, 실존적인 인간본성에 기초하고 있음으로 해서 응당 일상적인 확인과 점검 역시 결코 방기하지도 않을 것임은 물론이다. 그러므로 마치 '하늘 향해 두 팔 벌린 나무들 같이', 현실에 뿌리박고 있으되 결코 하늘을 외면하지는 않는 동요세계와도 같은 유연한 생명력을 깊이 간직하게 되리라 여겨진다.

나는 인류의 역사가 바로 이러한 '인연'의 구조 및 내용의 차이에 따라 다양한 속성과 차이를 드러내며 발전해왔고 또 변화해가리라 믿는다. 그리고 인연의 유형 및 특성의 이러한 역사적 변화는 한마디로 이해관계와 공포심의 특성 및 내용의 역사적 변동에 기인하는 것으로 이해된다.

이 기회에 인연론의 요지를 다시 한 번 더 간략히 정리해보는 것 또한 그리 무익하지는 않으리라 여겨진다.

만물은 상주(常主)하는 아(我)가 없기 때문에, 무아(無我)다. 따라서 만물은 상호의존적이다. 그러므로 독자적으로는 결코 인과(因果)를 만들어낼 수 없다. 불교에서는 이를 일러 '공'(空)이라 일컫는다. 그러나 이 공(空)은 단순히 비어있음을 의미하는 게 아니다. 공은 존재의 유무가 아니라, 상호의존의 필연성을 말하는 것이다. 따라서 이러한 의존적 인과법에 의하면, 공(空)은 '공(共)'일 수밖에 없다. 이를테면 만물이 무아 즉 독상(獨相)이므로, 이것을 '함께'라는 상생(相生)의 원리, 곧 '공상'(共相)으로 채워나가지 않으면 안 되도록 되어 있다는 말이다. 이런 의미에서, 나의 '인연사관'은 '공상'(空相)을 '공상'(共相)으로 승화시켜나가는 유기체적 우주관에 부합하는 인식체계의 하나라 할 수도 있으리라.

참고로 말해, 영국의 사회철학자인 어네스트 겔너(Ernest Gellner)는 민족생성의 역사적 기원을 대단히 독창적으로 '구조'(Structure) 및 '문화'(Culture)의 개념으로 분석한 바 있다.[2] 여기서 '구조'란 혈연관계·지배관계·개인의 역할 등과 관련된 것이고, '문화'는 사회적 지위 및

---

2 이 부분에 대해서는, 어네스트 겔너, "근대화와 민족주의", 백낙청 엮음,《민족주의란 무엇인가》(창작과 비평사 1981), 127~165 쪽을 볼 것.

관계를 구별하는 방식(태도·행동·격식·의복 등)과 언어에 기초한 의사소통 양식 등을 포괄한다.

이러한 관점에 입각하여, 겔너는 '구조'와 '문화' 개념의 속성을 다음과 같이 보다 구체적으로 분석하고 있다. 겔너의 이 견해 역시 넓게는 내가 이 글에서 드러내고 있는 공동체의 생성기원 및 전개과정 논법과 적잖이 맞물려 있는 것처럼 보이기도 한다. 그는 이렇게 밝힌다.

첫째, '구조'와 '문화' 사이에는 반비례 관계가 성립한다. 예컨대 원시사회나 봉건사회 등, "고도로 구조화된 사회", 요컨대 거의 면대면 인간관계가 가능한 사회에서는 문화란 필수 불가결한 것이 아니다. 이 부분은 내가 앞으로 본문에서 분석하게 될 '가족 공동체', '종족 공동체', '신분 공동체' 단계와 부합한다고 볼 수 있을 것 같다.

둘째, 그러나 근대사회에서는 개인의 체험이나 관계가 일시적, 비반복적, 선택적으로 이루어지기 때문에, 문화가 최대의 중요성을 지니게 된다. 그는 여기서 문화를 "본질적으로 사람들이 가장 넓은 의미에서 특히 공통언어를 통해 의사 소통하는 형식"이라 규정한다.

셋째, 단순한 사회에서는 개인이 기존질서의 한 부분을 차지함으로써, 요컨대 소속 가계 및 가족의 성원이 됨으로써 씨족의 성원이 되고 부족의 소속권을 자동적으로 획득하게 된다. 그러나 이와는 달리 근대사회에서는 개인이 어느 집단의 유기체적 하부집단의 성원이라 해서 자동적으로 시민권을 획득하지는 못한다. 시민권은 문벌, 족벌, 가계 등에 의해서가 아니라, 개인이 '직접' 얻어야 하는 것이다(곧 본문에서 다루게 될, 내가 규정하는 '민족 공동체'에서처럼). 그러므로 진정한 성원자격은— 여권이나 주민등록증 같은 문서에 의해— 확인절차를 거치는 것이 되고, 그 자격이란 곧 '문화'의 문제인 것이다. 다시 말해 근대인들은 부족·씨족·가계 등, 한 사회구조의 특정 부문에 소속해 있음으로써 곧바로 자신의 '정체성'(Identity)을 자동적으로 획득하는 것이 아니라, 자신의 행동과 표현양식 전반에 걸쳐 스스로의 '일체성'을(신분증이나 여권 등과 같이) 소지하고 다니지 않으면 안 된다는 말이다. 즉 겔너는 문화야말로 곧 자신의 '정체성'을 보증해주는 필수도구며, "인간을 문화로 분류하는 것은 민족으로 분류하는 것"이라 단언한다.

겔너는 산업화·근대화로 말미암아 전통적 역할 체제가 잠식되고, '문화'의 중요성이 증대한다고 본다. 곧 문화가 소속을 결정하고 제반 권리와 의무를 수반하는 시민권을 결정하게 된다는 것이다. 따라서 근대사회에서는 문화, 그 중에서도 특히 언어를 통한 교육이 중요해진다. 그리하여 교육과 언어의 중대성이 증대할 수밖에 없기 때문에, 국가에 의해 조직되고 재정적으로 지원받는 통일적인 대규모 교육제도 수립이 필연적으로 요구된다. 그 결과 출현한 것이 바로 민족국가라는 것이 겔너의 지론인 것이다.

종합적으로 말해, 이러한 겔너의 논리체계는 민족형성의 객관적 요인이라 할 수 있는 문화의 중요성을 포괄함으로써, 경제주의적이고 물질주의적이거나 또는 관념론적인 민족형성론의 획일화된 한계를 보완하는 이론적 진일보를 보여준다고 평가할 수도 있으리라 여겨진다. 포괄적으로 볼 때, 여기 등장하는 겔너의 '구조'와 '문화' 개념에는 상호의존적인 '인연'의 구조적 관계망에 입각하는 나의 입장과 적잖이 일맥상통하는 측면이 내재하는 듯 비쳐지기도 한다.

그런데 변화에 변화를 거듭하는 역사발전에 과연 '목표'라는 것이 존재할까?

여기서 목표란 궁극적인 도달점, 그리하여 더 이상 앞으로 나아갈 수 없는 마지막 극한정점을 의미한다. 그 지점은 따라서 일체의 변화 없이 영원히 지속되는 무한의 세계이거나, 아니면 반대로 영원한 소멸이 비롯하는 최후의 기점으로 자리잡을 수도 있을 것이다.

다른 한편 목표는 원초적 출발점을 전제한다. 그러나 시원(始原)과 궁극적 목표에 관한 논설은 불가피하게 추상적이고 관념적일 수밖에 없다. 무엇보다 우리가 한 번도 체험해보지 못한 영역에 속하기 때문이다. 이른바 '왕권신수설'이나 '사회계약론'도 그러하고, '무계급 사회'에 관한 구상 역시 다를 바 없다. 그 누가 과연 신이 왕권을 부여했다거나, 또는 사회계약을 체결했다는 계약문서 같은 구체적 증거를 선뜻 제시할 수 있을까. 인간의 삶이 영원히 이어지듯이, 아마도 유토피아 역시 우리의 영원한 동반자가 될 운명인 듯하다.

하지만 사회과학이 '예언'의 이론체계가 아님은 물론이다. 단지 '예측'할 수 있을 따름이다. 예언이 신적인 목소리로 우주의 조화를 점치는 행위라 한다면, 예측은 과학의 시각으로 가시적 삶의 행방을 뒤쫓는 작업이라 할 수 있다. 마찬가지로 학문은 결론에서 출발하는 것이 아니라, 단지 결론을 찾는 지난한 고행의 여정일 따름이다.

바로 이런 맥락에서, 우리는 오직 역사발전의 '단계'에 관해 말할 수 있을 따름이다. 이렇게 역사를 영원한 발전의 과정으로 인식할 때, 역사에 '마지막' 목표란 존재할 수 없다. 다만 끝없는 지향과 도달할 수 없는 유토피아만이 실재할 뿐이리라. 하지만 '환상적이고 공상적인 것으로서, 이 세상에 없는 곳'이라는 부정적인 뜻을 지니고 있기도 한 이 유토피아가 실은 현실에 좌절하지 않도록 끝없이 우리를 고무하고 북돋아주는, 그리하여 우리에게 새로운 세계를 향한 지칠 줄 모르는 동력을 지속적으로 제공하기도 함은 물론 부인할 수 없는 사실이다. 어떻게 보면, 바로 이러한 유토피아가 실은 역사의 기관차를 끈기 있게 이끌어온 강인한 추진력이었을지 모른다.

　―그렇다면 나는 유토피아를 구체적으로 어떻게 이해하고 있는가.

나는 그것이 무엇보다 실현불가능성을 전제하기는 하나 동시에, 평화롭고 조화로운 미래사회에 대한 꿈을 쉽사리 포기하지 않도록 이끄는 전향적인 추동력이라 믿는다. 이런 의미에서, 내 자신이 친 유토피아적인 입장을 취하고 있음은 명백하다. 그러므로 유토피아를 혹독하게 비방하는, 예컨대 멀리로는 반(反) 자유주의자인 버크(Edmund Burke)로부터 가까이로는 자유주의자인 포퍼(Karl Popper)나 이사야 벌린(Isaiah Berlin) 등과는 전혀 다른 소신을 지니고 있음 또한 분명하다. 이들은 물론 서로 이질적인 맥락에서이긴 하지만, 미래세계에 대한 꿈을 다각적으로 엄중하게 비판하고 있다. 버크는 추상적 원리에 입각한 행복하고 조화로운 미래사회에 대한 꿈을 한갓 미망으로 여길 따름이다. 다른 한편 포퍼나 벌린에게 이 꿈은 불순하고 광신적인 전복음모이거나 복잡한 현실세계에 대한 난폭한 재단질의 소산일 뿐이다.[3]

―――――

3　포퍼나 벌린의 주적(主敵)은 물론 이른바 '전체주의적 공산주의'의 이념적 영양소로 이해되는 마르크스주의다. "이상국가를 실현하려는 유토피아적 시도는"― 포퍼는 이렇게 요약하고 있다―"전체로서의 사회에 대한 청사진을 활용하여 소수에 의한 강력한 중앙집권적 통치를 요구하는, 그래서 독재로 이르기 쉬운", 그러한 체제에 대한 구상에 지나지 않는다. 그는 스스로 "유토피아적 사회공학"(Utopian social engineering)이라 명명한 일체의 사회개조 및 변혁시도라는 것이 단순히 그러한 계획을 실행할 수 있는 충분한 "사실적 지식"을 우리가 소유하고 있다는 가정에서 출발한다고 믿는다. 그러나 그러한 가정은 잘못된 것이다(Popper, The Open Society and its Enemies(Routledge & Kegan Paul 1945), vol.1, p.159/163). 벌린도 유사한 관점에 입각해 있다. 그는 현실 자체는 다원적이고 복잡하고, 궁극적으로는 이해할 수 없는 것인 고로, 그것을 하나의 포괄

그러나 이제 바야흐로 역사발전의 '단계'에 대해 논의할 때다. 그러나 우리는 매 단계마다에서 현실과 유토피아가 어떻게 갈등하며 서로 공존해왔던가 하는 것을 겉모습으로나마 간헐적으로 진단해볼 수도 있으리라 짐작된다.

3—2 '인연 공동체'의 역사적 전개과정

의당 애초부터 인류는 공포심을 경감해나가는 동시에 자기이득을 확충해나가고자 하는 본능적 욕구를 보다 원활히 충족하기 위해, 지극히 자연스럽게 공동체 건설의 첫 삽을 뜨게 되었다. 그러나 특히 눈여겨보아야 할 것은 사실상 그러한 공동체건설 행위가 궁극적으로는 자연의 섭리와 밀접한 관계를 맺고 있다는 사실이다. 무엇보다 '공존·공생'이야말로 자연의 필연적 요청이기도 하기 때문이다. 이처럼 인간은 원래부터 본질적으로 자연의 원리에 길들여져 온 존재인 것이다.

적인 체계나 구상으로 묶어 내거나 그러한 것에 환원시키는 것은 불가능하다고 믿는다. 그는 이렇게 말한다, "한 목적에만 매달리는 일원론자(single—minded monists), 냉혹한 광신론자, 일체를 포괄하는 응집력 있는 비전에 사로잡힌 사람들은 현실을 직시하고자 하는 사람들의 의혹과 번민을 이해하지 못한다"(Berlin, Russian Thinkers(Hogarth Press 1978), p.193 또는 Four Essays on Liberty(Oxford University Press 1969), p.1v). 그 자신이 신봉하는 다원론에 배치되는 이러한 일원론이 곧 유토피아니즘 및 전체주의의 철학적 기초가 된다는 것이 벌린의 견해인 것이다. 그러나 내가 여기서 말하는 유토피아는, 무엇보다 그것의 실현불가능성을 전제하기는 하나 동시에 평화롭고 조화로운 미래사회에 대한 꿈을 포기하지 않도록 인도한다는 점에서, 포퍼나 벌린의 반(反)유토피아주의로부터 자유롭다.

그런데 공동체는 대체 어떠한 변화과정을 거치며 오늘날에 이르기까지 줄곧 이어져 내려오게 되었을까?[4]

1) 가족 공동체

'원시시대'에는 우리 인간들이, 일반 동물들과 별반 다를 바 없이, 지극히 단출하게 생존활동을 영위했으리라 헤아려진다.

도처에 먹을 것과 숨을 곳을 제공해주는 풍요로운 대자연 속에서, 다른 동물들과 뒤섞여, 일정한 주거도 없고 서로를 필요로 하는 일도 없이, 그리고 평생 서로 부딪칠 일이라든가 서로 알고 지낸다든지 통성명 할 쓰임새조차 전혀 없이, 모두가 뿔뿔이 흩어져서 고립적인 상태에서 '원시생활'을 꾸려왔으리라.[5]

이러한 원시상태에서는 당연히 사람들 사이에 갈등이나 차별을 만들어내는 조건이나 환경도 거의 존재할 수 없었다. 인위적으로 설정된 불평등이란 게 아예 출현하지도 않았기 때문에, 연령이나, 건강, 체력 등의 차이에서 생기는 자연적 불평등은 지극히 사소한 것으로

---

4 이 부분은 원래 박호성,《공동체론 : 화해와 통합의 사회 · 정치적 기초》(효형출판 2009)의 534~549쪽에서, 전혀 이질적인 맥락과 관점에 입각해, 시론적(試論的) 차원에서 다루어진 바 있다. 그러나 여기서는 이 저서의 전체적인 흐름에 적합하게, 더욱 심층적으로 새롭게 심화되었다.

5 이 부분은 특히 루소로부터 적잖은 암시를 받았다 : 장 자크 루소/주경복 · 고봉만 옮김,《인간 불평등 기원론》(책세상 2017), 특히 제1부(50~94쪽)을 참고할 것 : 여기서 루소는 "원시적인 자연 상태"(89쪽), "원시 상태"(69쪽), "원시의 인간"(89쪽) 또는 "자연에 의해 오직 본능에만 맡겨진 미개인"(62쪽) 등등의 용어를 사용하고 있다.

치부되었을 것이다. 산업도, 언어도, 가옥도 존재하지 않았다. 인간은 다른 인간 또는 인간집단을 필요로 하지도 않았고, 싸움을 좋아하지도 상대방을 지배하려는 욕구도 지니지 않았으리라. 그들은 쉽게 만족할 뿐만 아니라 허영심 같은 것도 없이, 그저 고독 속에서 단조로운 생활을 되풀이할 따름이었을 터이다. 따라서 질투라든가 선망, 복수욕, 좋은 평판을 받으려는 욕망 등등, 이러한 수준 높은 감수성들은 대단히 비사회적인 원시적 인간들에게는 그야말로 터무니없기 짝이 없는 것들이었으리라.

이 시기와 관련하여, 예컨대 이스라엘 출신의 유발 하라리(Yuval Harari) 교수는 다소 이질적이긴 하지만 대단히 흥미로운 시각을 제시한다. 그는 우리 인간이 "존속기간의 거의 대부분을 수렵채집인으로" 살았다고 주장한다. 그 후 비록 "1만 년 동안" 대부분이 "농부와 목축인으로" 살아오긴 했지만, 이 기간은 "우리 조상들이 수렵과 채취를 한 수만 년에 비하면 눈 깜짝할 새에" 지나지 않았다는 것이다.

이러한 관점에 입각해, 그는 흥미롭게도 "현대인의 사회적·심리적 특성 중 많은 부분이 이처럼 농경을 시작하기 전의 기나긴 시대에 형성"된 것이라는 '진화심리학'적 주장을 표방한다. 무엇보다 진화심리학이 "오늘날에도 우리의 뇌와 마음은 수렵채집 생활에 적응해 있다"고 역설하고 있음에 유념할 필요가 있다. 어쨌든 그는 "우리의 수렵채집 마인드가 후기 산업사회의 환경, 대도시, 여객기, 전화, 컴퓨터와 상호 작용한" 탓에, 결과적으로 "식습관, 분쟁, 성적 특질" 등 모든 것이 비로소 거기에서 배태되어 나왔다고 힘주어 강조한다. 요컨대 "우리는 무의식적으로는 아직도 수렵채취 세계 속에 살고 있음"에 유념해야 한다는 것이 그의 지론인 것이다. 그리하여 몸에 좋을 게 하나도 없는데도, 예컨대 비만이라는 "악성 전염병"을 생성시키는 "가장 달콤하고 기름기가 많은 고칼로리 음식을 게걸스럽게" 먹는 이유 또한, "수렵채취인 조상이 지녔던 식습관"과 결코 무관하지 않다는 주장으로 나아간다. 이들이 살던 초원과 숲에는 칼로리가 높은 달콤한 음식이 매우 드물었는데, "손에 넣을 수 있는 달콤한 식품은 오직 하나, 잘 익은 과일 뿐"이었다. 그런 탓에, 예컨대 무화과가 잔뜩 열린 나무를 발견하게 되면, 그것을 "최대한 먹어치우는" 것만이 유일하게 "가장 타당한 행동"일 수밖에 없었다는 것이다. 결국 "고칼로리 식품을 탐하는 본능이 우리의 유전자에 새겨"질 수밖에 없게 되어, "고층 아파트에 살며 냉장고에 먹을 것이 가득하지만, 우리의 DNA는 여전히 아프리카 초원 위를" 누빌 수밖에 없게 되었다는 것이다.[6]

어쨌든 이와 같이 수렵과 채취로 일상사를 꾸려가던 이 시절, 우리 인류는 어쩌다가 지극히 우연한 기회에 작업하던 곳에서 뜻밖에 이성(異性)과 조우하는 일도 있었을 것이다. 그러다가 마음이 통하는 이성의 벗과 눈길이 서로 맞닿을 수도 있었을 터이고, 그 와중에 그들 수준의 '작업'과정을 통해 한데 어울려 아예 한 살림을 차렸을 수도 있었으리라. 이윽고 고립된 외톨이 생활에서 차츰 벗어나, 더할 나위 없이 초보적이긴 하나 현대적인 용어로 '가정'이란 걸 꾸며 움집이나 동굴 속에서 힘들게 오순도순 함께 모여 살기 시작하였을 것으로 보인다. 역사적으로 이른바 '가족 공동체'가 만들어지게 된 것이다.

그런데 이러한 상황에서, 우리 인류의 '인연'은 과연 어떠한 정체를 띤 것이었을까.

이 시기 우리 인간을 엄습한 최대의 '공포'의 대상은 그야말로 범접할 수 없는 자연의 위력이었을 것이다.

---

6 유발 하라리 지음/조현욱 옮김 · 이태수 감수,《사피엔스》(김영사 2017), 70~71쪽

홍수, 가뭄, 추위 등속의 천재지변 같은 것이야말로, 개별 인간의 힘으로는 어떻게 해볼 도리 없는 대재앙이었으리라. 그러하니 이들의 지극히 자연스러운 대응은 자연에 대한 무조건적인 외경심으로 나타날 수밖에 없었을 것이다. 태양과 달을 향해 빌기도 했을 것이고, 또 거대한 바위나 가공할 맹수 역시 신령스러운 존재로 비칠 수밖에 없었을 터이다. 이를테면 자연에 대한 공포를 다름 아닌 바로 이 자연의 은총을 통해 극복하고자 했던 원시적 순박함이 우리 인류를 사로잡고 있었던 것으로 보인다.

따라서 '가족 공동체'의 주 기능은 자연에 대한 '공포'에 거의 본능적·동물적으로 공동대응함으로써 최소한도의 생존유지라는 동일한 '이해관계'를 함께 도모해나가는 수준 정도였으리라 짐작된다.

그러나 인류사적인 차원에서 볼 때, 이미 이러한 야생 수렵시대에 공동체적 연대가 희미하게나마 싹트고 있었음을 감지케 하는 경우가 더러 나타나기도 한 것 같다. 이와 관련하여 인종학적인 관점에서 '협동'의 근원을 예시하는 한 인상적인 연구가 있다.

예컨대 포란트(Voland)는 남 베네주엘라 원시림의 수렵인종인 '야노마미 인디언'에 대해 대단히 흥미로운 연구결과를 내놓은 적이 있다.

그는 사냥꾼이 애초부터 포획물을 서로 나누어 가질 수밖에 없었다고 잘라 말한다. 왜냐하면 사냥해서 잡은 짐승 한 마리를 사냥꾼 혼자서 배불리 먹는다 하더라도, 먹다 남은 부분은 어쩔 수 없이 썩게 내버려두어야 하는 불상사가 발생할 수 있기 때문이다. 뿐만 아니라 또 다른 짐승 한 마리를 다시 잡을 때까지 경우에 따라서는 수일, 심지어는 수주를 기다려야 할지도 모르는 위기가 발생할 수도 있다. 어떻게 할 것인가? 포란트는 이렇게 쓰고 있다. "야노마미 인디언이 17kg이나 나가는 멧돼지를 자기 가족끼리만 먹으려는 생각을 전혀 하지 않는다는 것은 진화론적인 측면에서 절대적으로 설득력이 있다". 이때 썩어문드러져서 못 먹게 되거나 아니면 먹을 게 없어서 굶어야 할 경우에 대비해서, 가진 것을 서로 나눠 먹는 협동정신이 자연스레 생겨나지 말라는 법이 어찌 없을 수 있겠는가. 이런 의미에서, 포란트는 이 야노마미 인디언을 이미 "연대 공동체"로 이해하고 있는 것이다. 그리고 이러한 종류의 연대를 생성케 한 직접적인 동기로 작용한 것은 "철저히 개인적인 이해관계"였다고 단언하며, 거의 모든 연대에서 "개인적 이해관계"가 일정한 역할을 수행하고 있음을 강조하고 있다. 이를 통해 포란트는 우리에게 "연대의 선행 개념이 협동"이라는 사실을 명백히 예시한다.[7] 흥미롭게도 이러한 주장은 협동이란 "내가 너를 이롭게 하면 너도 언젠가는 나에게 신세를 갚을 것이라는 믿음과 신뢰에 기반을 둔다"는 또 다른 연구자의 날카로운 지적과도 일맥상통한다.[8]

하지만 이러한 주장을 앞에서 밝힌 나의 논리에 견주어 재해석하면, 굶주림 또는 포획물의 부패 위험성에 대한 '공포'를 극복코자 하는 동일한 '이해한계'가 협동이라는 이름을 빈 '연대'로 나타나게 된 것이라 할 수 있으리라. 하기야 이러한 고립적이고 단조로운 '가족 공동체' 시대에는, 자연의 대재앙에 맞서 최대한의 '생명활동'과 최소한의 '생존활동'이라도 유지·지탱해 나가고자 하는 의지 그 자체가 실

---

7 이 부분에 대해서는, 라이너 촐 지음/최성환 옮김, 앞의 책, 125~6 쪽을 볼 것 ; 인용단어 강조는 필자.

8 조너선 색스 지음/임재서 옮김, 《차이의 존중 : 문명의 충돌을 넘어서》(말·글빛냄 2007), 246 쪽 ; 색스는 경제학자들이 이러한 근본적인 원리를 "사회적 자본"(social capital)이라 명명했다고 덧붙이기도 한다.

은 '욕망'의 전부 아니었을까.

따라서 이 시기 우리 인류의 '인연'의 주류를 형성했으리라 여겨지는 것은 주로 가족 구성원 상호간의 미미한 인간적 결속과, 그에 더하여 이웃 가족 공동체의 사냥꾼 및 자연과의 소소한 소통 정도였으리라 짐작된다. 그러므로 자신의 개인적인 인간적 의지에 입각한 의도적이고 주체적인 인연의 개척은 거의 전무한 실정이었을 것 같다. 그보다는 오히려 우연히 주어진 환경과 조건에 피동적으로 순응하는 수준이 거의 절대적이었으리라.

2) 종족 공동체

하지만 오랜 세월에 걸친 완만한 진보의 결과로 점차 지혜가 발달하게 되면서, 인류는 이제 모든 것을 자연과 우연에만 내맡기는 떠돌이생활을 청산하고 서서히 '인연'을 제도화하는 단계로 접어든다. 요컨대 일정한 정착생활을 꾸려나가기 시작한 것이다.

우선 가족을 매개로 한 가까운 친족 중심의 혈연집단을 시나브로 형성해나가기 시작했으리라 여겨진다. 그 와중에 여러 개별 혈연집단들의 영속적인 접촉이 빈번해짐으로써, 이들 사이에 점차 자연적인 유대의식도 더불어 쌓여나갔으리라 짐작된다.

가족별로 서로 뿔뿔이 흩어져 고립된 생활을 영위하던 동료 인간들이 서로 모여 힘을 합치게 되면, 자연의 재앙에 함께 맞서 싸우기도 보다 용이해질 수 있으리라는 걸 차차 깨닫게 되었을 터이다. 뿐만 아니라 자연의 혜택을 공유할 수 있는 기회도 보다 효율적으로 만들어나갈 수 있으리라 인식했을 것이다. 동시에 적대적인 타 집단들이 자행하는 뜬금없는 약탈이나 침략에 어떻게 하면 보다 효과적으로 스스로를 방어해낼 수 있을까 하는 문제의식도 점차 깊어지게 되었으리라.

무엇보다 이러한 자연재앙 및 외부의 적들에 대한 보다 효율적인 대응책을 모색하는 과정에서, 주어진 한계 속에서나마 가능한 한 보다 적절한 규모의 집단생활을 꾸려나가기 용이한 종족 공동체가 수립되었을 것으로 짐작된다. 가옥의 축조와 더불어 최초의 사유재산이 발생하게 되면서, 성적인 분업도 뒤따르게 되었을 것이다. 또한 이들은 언어를 창안해냄으로써 지식을 축적하게 되고, 차차 그것을 후대에 전수할 수 있는 능력도 보유하게 되었으리라. 이윽고 이들은 관습과 규율을 세워나가고, 상벌에 대한 보편적인 기준을 설정하기도 하였다. 그리고 친족집단 내부에 상부상조 규범을 수립하여, 이러한 혈연관계를 지탱케 하는 윤리적 지침으로 삼아나가기도 했을 것으로 여겨진다.

인간의 지혜가 보다 발전하게 되면서 점차 농업경제가 도입되고, 금속을 사용할 수도 있게 되었다. 이윽고 인류는 일시적인 의존상태를 벗어나, 보다 영구적인 상호 의존관계를 형성하기 시작했을 것으로 추정된다. 바야흐로 농경사회가 성립하게 된 것이다. 예컨대 미국의 과학자 재러드 메이슨 다이아몬드(Jared Mason Diamond)는 수렵채집 사회에서 농경사회로의 전환은 대략 1만1천 년 전에야 시작하였고, 금속도구는 약 7천년 전에 처음 만들어졌으며, 최초의 정부와 최초의 문자는 약 5천400년 전에 등장한 것이라 주장하기도 하였다.[9]

하지만 토지가 경작됨에 따라, 토지의 분할이 이루어질 수밖에 없

---

9   재레드 다이아몬드/강주헌 옮김,《어제까지의 세계》(김영사 2013), 18쪽

었다. 그리고 수렵·어로에서 획득한 포획물들과는 달리 농작물은 쉽게 부패하지 않는 탓에, 계속적인 점유와 부의 축적이 용이해졌다. 이윽고 자신의 부를 후손에게 물려주는 일 또한 가능하게 되었고, 결과적으로 소유의 불평등이 점증하게 되었다. 사유의 증대는 마침내 침탈위험성을 높이는 요인으로 작용하기도 하였을 것이다.

어쨌든 이러한 농업혁명은 한편으로는 인류에게 "번영과 진보"를 선사하기도 했지만, 다른 한편으로는 "자연과의 긴밀한 공생"을 내던지고 "탐욕과 소외"로 빠져드는 "일대 전환점"으로 기록되기도 한다. 그리하여 결국 "내 집에 대한 집착과 이웃으로부터의 분리"라는 "자기중심적"인 생활윤리가 폭넓게 강화하는 역사적인 계기가 만들어지게 되었던 것이다.[10] 뿐만 아니라 생산의 계절적 사이클 및 가뭄, 홍수, 병충해 등으로 인한 농업 자체의 기본적인 불확실성으로 말미암아 "미래에 대한 걱정"이 본격적으로 싹트기 시작하기도 하였다. 요컨대 농업의 도래와 함께 "인간의 마음 속 극장"에서 바야흐로 미래에 대한 걱정이 '주연배우'가 되었던 것이다. 게다가 "부지런한 농부들"이 힘들게 쌓아올린 '잉여식량'은 "모든 곳에서 지배자와 엘리트"에 의해 착취당하기 일쑤였고, 이렇게 빼앗긴 잉여식량은 무릇 "정치, 전쟁, 예술, 철학의 원동력"이 되기도 하였다. 땀 흘려 노동한 농부들의 잉여생산은 결국 자신들이 아니라, "소수의 엘리트"를 먹여 살리는 데 전용된 것이다(같은 책, 152~3쪽).

이런 면에서, 이 종족 공동체의 '공포'의 주 대상은 대체로 내부적인 착취와 타 공동체로부터의 침략 및 약탈 위협이었으리라 유추된다. 그리고 '이해관계'의 핵심은 무엇보다 축적된 재산보호에 있었을

---

10 《사피엔스》앞의 책, 148~9쪽

것으로 보인다. 이를 위해 특히 억압적인 지배계급 및 적대적인 타 공동체로부터의 점증하는 위협에 대한 보다 단합된 공동대응이 요구될 수밖에 없었을 것이다.

이런 의미에서, 이 시기 '인연'의 본질적 내용은 '생존활동' 영역의 확장, 공동체 구성원 상호간의 보다 강화된 인간적 결속, 그리고 농사를 통한 자연과의 밀착된 유대관계 심화였으리라 짐작된다.

3) 신분 공동체

한편 오랜 기간에 걸쳐 자연 및 타 공동체에 맞서 싸우는 고난의 여정을 함께 되풀이하는 동안, 이 종족 공동체 내부에는 차츰 자신의 특수한 집단적 운명에 대한 공감대가 서서히 형성·심화하기 시작하였을 것이다. 이를테면 시간의 흐름에 따라 공동체적 특성과 고유성이 보다 확연히 드러나게 되었으리란 말이다.

누차 강조하였듯이, 무엇보다 '고독'한 인간본성으로 말미암아 인간은 필연적으로 서로 모여 함께 살아갈 수밖에 없는 존재다. 왜냐하면 고독에 기인할 수밖에 없는 필연적인 결함과 부족함을 상호 보완하기 위해, 반드시 타자가 요구될 수밖에 없기 때문이다. 그러나 서로서로에 대한 필요가 쌓이게 되면, 서로 서로 주고받는 행위가 지극히 자연스러운 관행으로 일상화할 수밖에 없게 되리라.

이러한 상황에서는, 가급적 적게 주고 많이 받으려 하기 십상이다. 왜냐하면 자신의 '이해관계'를 충족시키고자 하는 욕망이 바로 인간의 본성에서 비롯하는 것이기 때문이다. 그러나 아마도 남에게 더 많이 줄 수 있기 위해서가 아니라, 오히려 더 많이 받아내기 위해 서로 싸웠을 가능성이 더 컸으리라.

다른 한편 이러한 일상적인 행위양식이 적대적인 양상을 띠며 나타나는 경우 또한 비일비재했을 것이다. 말하자면 '나는 왜 항상 더 많이 주기만 해야 하는가' 하는 식으로 나날이 분통을 터뜨린다거나, 또는 정반대로 '내가 받는 것은 왜 늘 이렇게 적기만 한가' 하는 쪽으로 늘 불만에 휩싸이기도 하는 상황에 상시적으로 직면하기도 했으리란 말이다. 급기야는 일상적으로 '빼앗기기만 하는' 부류와 '빼앗기만 하는' 무리가 다양한 방식으로 제도화되기도 하였을 것이다. 그러나 아마도 남에게 더 많이 줄 수 있기 위해서가 아니라, 오히려 더 많이 뜯어내기 위해 서로 싸웠을 가능성이 더 컸으리라.

가령 남보다 아름답고, 노래 잘 하고, 농사 잘 짓는 사람들은 그렇지 못한 예사 사람들보다 반드시 더 나은 대접과 명예를 부여받길 원했을 것임이 분명하다. 그리고 이러한 인간본성에서 비롯하는 여러 환경적 제약으로 말미암아, 사회적 불평등의 골이 더욱 더 깊이 파이기 시작했을 터이다.

결과적으로 소유나 명예 등에 관한 다툼이 끊이지 않았을 것이다. 그리하여 그러한 분쟁을 해결하거나 석권하기 위해 힘을 장악하고자 노력하는 집단이 등장했을 것이며, 또 자신들의 행위를 정당화하기 위해 그에 걸맞은 다양한 법이나 규율이나 철학 등을 고안해내게 되었을 것임은 물론이다. 더구나 자연 및 타 공동체와의 힘겨운 투쟁을 되풀이하는 동안, 효율적인 지배와 통치의 필요성이 심각하게 제기되기도 했을 법하다. 이윽고 지배하는 자와 지배당하는 무리들이 확연히 구분되고 구별되기 시작한다.

이런 관점에서 볼 때, 가장 먼저 인간사회에 출현하기 시작한 신분은 목을 자르는 자와 목을 잘리는 자였으리라 여겨진다. 그와 더불어 응당 '왜 나는 목을 자를 수밖에 없는가', 또는 정반대로 '왜 나는 목을 잘릴 수 없는가' 하는 주장을 정당화 하고자 하는 다양한 노력들이 전개되었음직도 하다. 이러한 목적을 위해, 실은 특정한 사상과 철학이 출범하거나 동원되었을 가능성 또한 높았을 것이다. 싸움을 해결하기 위한 싸움 역시 빈번히 일어났을 것이며, 끝없이 반복되는 그러한 불행의 와중에 인간의 행복과 넋을 기원하고 보살피고자 하는 종교가 바야흐로 큰 몫을 담당하기 시작하는 계기가 만들어지기도 했으리라.

그런데 이러한 정착생활의 연륜이 깊어가면서, 무엇보다 토지에 대한 애착과 탐욕이 덩달아 깊어갈 수밖에 없었으리라 짐작된다. 무엇보다— 특히 오늘날의 한국에까지 고정불변의 진리로 널리 경배받는 전통이 이어져 내려오고 있긴 하지만— 불변적인 토지야말로 사회적 부와 권력의 장구한 주춧돌로 간주되기에 손색이 없는 불변적인 실체로 인식되었기 때문이리라. 땅위에서 처음으로 명줄을 이어받아 또 땅위에서 삶의 모든 것을 해결해나갈 수밖에 없는 인간에게 토지란 목숨과 진배없이 귀중한 것으로 예우받지 않았을까.

그에 따라 다양한 신분이 출현하기 시작한다. 이윽고 토지소유의 정도에 따라 사회적 권력의 판세가 판가름나는, 이른바 토지중심의 '신분 공동체'가 성립하기에 이른다. 신분적 특권과 그로 인한 사회적 불평등의 심화가 그 필연적 결과일 수밖에 없었다. 게다가 이러한 사회적 부조리를 정당화·합리화하기 위해 종교가 결정적인 역할을 담당하기도 하였음은 널리 알려진 사실이다.

① 교회, 악덕 토지귀족

특히 중세 봉건주의가 지배할 당시, 교회는 봉건제의 핵심적인 주체세력의 하나였다. 한편으로 교회는 백성의 우두머리인 왕만큼은 중시되지 않았겠지만, 또 다른 한편으로는 왕보다 훨씬 더 막강한 사회세력으로 인식되기도 했을 것이다. 교회야말로 국경을 넘어 기독교세계 전역으로 널리 뻗어나간 압도적인 국제조직이었기 때문이다. 교회는 어느 왕권보다도 더 강력했고, 더 오래됐고, 더 지속적이었다. 이시기는 종교의 시대였고, 교회는 엄청난 정신적 권력뿐만 아니라 사회적 영향력까지 막강하게 발휘하고 있었다.

그러나 그것 말고도 교회는 그 시대에 존재했던 유일한 형태의 재산, 즉 토지를 결정적으로 소유하고 있었다.[11] 교회는 그야말로 봉건시대 최대의 지주였던 것이다.

교회는 가만히 앉아서 손쉽게 토지를 손에 넣을 수도 있었다. 일생 동안 살아온 방식을 뉘우치며 죽기 전에 하느님의 품안에 들고 싶어한 사람들은 토지를 교회에 갖다 바쳤다. 아울러 교회가 병든 자와 가난한 사람을 돌보는 숭고한 일을 하고 있다고 믿으며, 그런 일을 헌신적으로 돕고자 했던 신앙심 깊은 사람들도 무작정 토지를 교회에 헌납했다. 뿐만 아니라 왕과 귀족들도 때때로 전쟁에서 승리해 적의 영토를 점령할 때마다, 토지의 일부를 교회에 바치기도 했다. 교회는 이러저러한 방식으로 토지를 불려나갔고, 마침내 서유럽 토지 전체의 1/3에서 1/2 정도까지도 소유하게 되었다.

봉건체제 하에서 주교와 수도원장은 백작이나 후작과 같은 지위를 차지하기도 했다. 예컨대 1167년에 한 프랑스 왕은 어느 지역의 주교에게 봉토를 하사하며, 다음과 같이 말했다고 전해진다.

---

11 리오 휴버먼 지음/장상환 옮김, 《자본주의 역사 바로 알기》(책벌레 2000년), 27쪽

"하느님의 은총으로 프랑스의 왕이 된 나 루이는 우리의 입회 하에 앙리 백작이 사비니의 봉토를 주교 바톨로뮤와 그의 후계자들에게 양도 했음을 현세의 사람들과 후손들에게 알리노라. 그리고 이 봉토의 대가로 위의 주교는 한 사람의 기사로서(기사라는 말은 좁은 의미로는 전사나 무사를 가리키지만, 넓은 의미로는 봉건귀족 전체를 아우르는 용어로 쓰이기도 했다), 앙리 백작에게 정의와 봉사의 의무를 질 것을 약속하고 계약했고, 또 그의 뒤를 이을 주교들도 마찬가지로 그렇게 하겠다고 동의했노라".

요컨대 주교가 봉토를 하사 받음으로써, 대대로 귀족가문에 봉사와 충성을 서약하는 일종의 가신(家臣)으로 공인받았던 것이다. '정교일체'였다고나 할까. 어쨌든 교회는 주군에게서 토지를 받았을 뿐만 아니라, 스스로 주군 노릇까지도 수행하였다.

반면에 봉건시대 초기의 교회는 진보적이고 활성화되어 있었다고 전한다. 교회는 로마제국의 문화를 많이 보존하고 있었다. 교회는 교육을 장려하고 학교도 설립했다(같은 책, 28쪽). 나아가 교회는 가난한 사람들을 돕고, 고아원을 세워 집 없는 아이들을 돌보았으며, 병자를 위해 병원을 세우기도 했다.

그러나 교회가 전혀 다른 일면도 지니고 있었음은 물론이다. 귀족들이 자신의 봉신을 끌어모으기 위해 영지를 분할하는 경우, 교회는 보다 더 많은 토지를 획득할 수 있었다. 대체로 교회 영주들은 세속의 귀족들보다 영지를 훨씬 더 잘 관리했고, 토지에서 더 많은 수확을 거두어들이기도 했다. 그런데 성직자의 결혼은 왜 금지되었을까? 그 주요이유 가운데 하나가, 성직자의 후손들이 계속 토지를 사적으로 상속받아 챙김으로써 교회의 토지가 현저히 줄어들어들 것을 미연에 저지해보고자 했던 교회 고위층들의 정책적 고려에 기인한다는 주장까지 제기될 정도다. 어쨌든 교회의 토지 확보전술은 빈틈이 없었다.

나아가 교회는 또 '십일조'로 재산을 늘리기도 했다. 그런데 그것은 모든 사람의 소득에 대한 10%의 세금이었던 것이다. 한 유명 역사가가 그에 대해 다음과 같이 증언한 적이 있었다.

"십일조는 오늘날의 어떤 세금보다도 훨씬 더 부담이 큰 토지세·소득세로 이루어졌다. 농민들은 모든 생산물에서 정확히 1/10을 바칠 의무가 있었을 뿐만 아니라, 양털에 부치는 십일조를 심지어 거위의 털에까지도 적용하는 것이 관행이었다. 길가에서 풀을 깎아도 통행세를 내야 했다. 수확한 곡물에서 경작비용을 공제한 후에 십일조를 바친 농민은 지옥에 떨어지라는 저주를 받기도 했다 한다".

다른 한편 교회가 엄청나게 부유해지면서, 교회의 경제적 중요성이 정신적 측면을 압도적으로 능가하는 경향도 나타났다. 많은 역사가들은 지주로서의 교회가 세속의 지주들보다 결코 선량하지 않았으며, 어떤 경우에는 훨씬 더 사악했다고 주장하기도 한다. 한때 파리 노틀담 성당의 사제 평의회가 농노들을 너무 심하게 억압하는 것을 보고, 왕비가 그에 대해 지극히 겸손하게 항의한 적이 있었다. 그런데 신부들은 왕비를 향하여, "우리가 원한다면, 농노들을 굶겨 죽일 수도 있다"고 윽박지르기까지 했다는 기록도 남아 있을 정도다(같은 책, 29쪽).

뿐만 아니라 심지어 교회의 자선사업이 과대평가 되었다고 주장하는 이들도 적지 않다. 물론 이들도 교회가 빈민이나 병자를 도운 사실은 결코 부인하지 않는다. 그러나 그들은 교회가 중세에 가장 부유하고 가장 권세 있는 지주였음도 잊지 않는다. 교회가 그 엄청난 부를 가지고 보다 더 광범위한 자선을 베풀 수도 있었을 텐데, 실은 세속의 귀족들이 베푼 것 만큼에도 미치지 못했다는 것이다. 교회는 한편으로는 부자들에게 교회의 자선사업을 도우라고 요구하고 윽박지르기도 했지만, 다른 한편으로는, 자신의 재정이 가능한 한 전혀 축나지 않도록 세심한 주의를 기울이고 또 기울여마지 않았다고 한다. 이런 탓에 교회를 비난하는 사람들은— 만약 교회가 농노들을 그토록 혹심하게 부려먹지 않고 또 농민들을 그렇게 가혹하게 착취하지만 않았더라도— 애당초 자선을 베풀 필요 자체가 그만큼 줄어들었을 것이라고 빈정대기도 할 정도다.

한마디로 교회와 귀족은 지배계급이었다. 그들은 토지를 갖고 있었을 뿐만 아니라, 동시에 토지에 수반되는 권력까지 장악하고 있었다. 교회는 정신적 도움을 베풀었고, 귀족들은 군사적 보호를 제공했다. 그 대가로 교회와 귀족은— 왕왕 착취의 성격을 띠긴 했지만— 노동하는 계급들로부터는 노동을 보수로 받았다(같은 책, 30쪽).

이런 의미에서, 도시와 농촌을 가리지 않고 농노해방을 가장 열렬히 반대한 세력은 귀족이 아니라 바로 교회였다는 주장이 대세를 이룬다. 그리하여 다음과 같은 논평이 설득력 있게 회자되기도 한다.

"모든 지주 가운데 수도원이 가장 가혹했다. 수도원은 가장 억압적이지는 않았지만, 가장 강력하게 자기 권리에 집착했다. 이 신성하지만 무정한 기관은 재산을 정확히 기록해둔 채, 한 치도 양보하려 하지 않았다. 실제로는 세속 영주가 더 자비로웠다. 농민들이 가장 크게 불평하고 혐오했던 대상은 바로 종교인들이었다".

따라서 이러한 중세적 신분사회의 구조적 불평등과 또 그것을 신학적 사회이론으로 정당화하는 노력들에 대한 저항이 용솟음칠 수밖에 없었음은 불가피한 일이었다.

특히 파두아의 마르실리우스(Marsilius of Padua)는 교황의 지배권에 이의를 제기하고, 성직의 관점에서 모든 승려가 평등함을 역설하였다. 이윽고 이 불꽃은 마르틴 루터(Martin Luther)에게로 옮겨 붙었다. 아울러 초기 기독교에서 이미 지펴졌던 민중해방의 불씨는 독일 농민전쟁으로 격렬하게 타오르기 시작한 것이다.

루터는 마르실리우스로부터 한 발자국 더 나아가, 승려와 신도간의 평등까지 앞에 내걸었다. 그는 이렇게 외쳤다.

> "평신도와 승려, 군주와 주교...사이에는 일과 역할을 제외하고는 사실상 아무런 차이도 없다. 비록 똑같은 일에 몸담고 있지는 않지만, 그들 모두는 똑같은 신분을 갖고 있기 때문이다.(……)
>
> 우리 모두는 다 같이 크리스천이며, 똑같이 세례를 받고 똑같이 신앙심과 성령을 갖고 있으며, 모든 것들을 다 함께 지니고 있다. 한 승려가 죽임을 당한다면, 그 땅은 금령(禁令)에 묶인다. 그런데 한 농민이 죽임을 당한다면 왜 그런 일이 일어나지 않는가? 이런 똑같은 기독교인 사이에 생기는 커다란 차별은 어디에서 비롯하는가? 단지 인간이 만든 법과 고안으로부터!"[12].

---

12 Luther, An Open Letter to the Christian Nobility of the German Nation, Concerning the Reform of the Christian Estate(1520), in: Luther's Three Treatises (Philadelphia 1943), p.16 및 p.14

이러한 '모든 신자의 승려론'(These vom Priestertum aller Gläubigen)은 기존의 위계적 교회질서에 대한 대대적인 반란이기도 하였다. 그것은 교회적 지배체제에 불만을 지녔던 모든 사회계층을 격동시켰고, 급기야는 농민대중의 해방운동으로 점화하였다.

그러나 농민전쟁을 겪고 난 루터는 해방적 · 복음적 평등 대신에 기존 사회질서의 유지를 위한 불평등에 역점을 두기 시작한다. 예컨대 봉기에 휩쓸려 들어간 농민들이, '모든 인간들이 영적으로 다 평등하다면, 왜 자신들은 농노의 신분에서 벗어나지 못하느냐?'고 물었을 때, 루터는 과연 어떻게 대답했던가. 그는 '아브라함도 노예를 거느리고 있었고, 사도 파울도 하인들에게 주인을 잘 섬기라고 당부하지 않았던가' 하는 것을 상기시키면서, 다음과 같이 덧붙였다. 농민들의 요구는,

> "모든 인간을 평등하게 만들고 그리스도의 영적 왕국을 세속적이고 외형적인 왕국으로 되돌려 놓으려 하는 것이다; 그리고 그것은 불가능하다. 왜냐하면 세속적 왕국은, 누구는 자유롭고, 또 누구는 감옥에 갇혀 있고, 또 누구는 왕이고, 신하고 하는 식의 인간간의 불평등이 그 안에 내재하지 않는다면, 존재할 수 없기 때문이다".[13]

이처럼 루터는 사회적 불평등의 필연성을 굳게 믿었을 뿐만 아니라, 노예제의 불가피성을 역설하기까지 하였다. 거기에서 더 나아가, 농민봉기의 신속한 진압을 서둘러 촉구하기까지 하였다. 뿐만 아니라

---

13 Lakoff, Sanford A., Equality in Political Philosophy(Harvard University Press 1964), p.33에서 재인용.

세속세계의 위계질서가 얼마나 절실한 것인가를 앞장서 외치면서, 기존의 정치권력에ー 그것이 왕의 것이든 폭군의 것이든지를 가리지 않고ー 충실히 복종할 것을 강력히 촉구하였다. 그는 나쁜 지배자도 신에 의해 임명된 것이니 만큼, 그에게 마땅히 복종하지 않으면 안 되리라 가르쳤던 것이다. "민중의 옳음보다 군주의 그릇됨을 오히려 더 기꺼이 감내"하고자 한 루터에게 불복종은 곧 "살인, 음란, 도적질, 부정직 기타 이 모든 것을 다 묶은 것보다 더 나쁜 죄악"으로 비쳤기 때문이다.

기독교가 국교로 떠오른 이후처럼, 평등은 기독교인의 영혼 속에서의 평등으로 갇히게 되면서, 그것은 그들의 세속적 삶의 영역으로까지 확장되어서는 안 되는 것으로 못질당하였던 것이다. 개혁의 깃발을 높이 치켜세웠던 프로테스탄티즘 역시 결국엔 신분적·귀족적 사회질서의 불평등을 신학적으로 정당화하는 논리체계로 빠져들고 말았다. 이러한 종교개혁적 평등관의 여파로 홀로 사회적 수확을 거두어들였던 것은 귀족과 부르주아적 지배계층들 뿐이었다. 그들은 로마 교회의 간섭을 내팽개칠 수 있었을 뿐만 아니라 성직자의 특권적 지위까지 뒤흔들어버림으로써, 자신들의 지배력을 더욱 더 공고히 다져나갈 수 있게 되었던 것이다.

다른 한편, 특정한 토지를 영유한 토지귀족이 해당 영토 내에서 가히 절대자로 군림하였다는 것은 두말 할 나위도 없는 사실이다. 한 손에 모든 주민의 생사 여탈권을 다 장악하고 있었음은 물론이다. 예컨대 농노는 대대손손 노예로만 전승될 수 있었을 뿐, 신분의 장벽을 뛰어넘는다는 것은 역사적 천재지변이나 다를 바 없는 일이었던 것이다.

이 시대의 공동체적 성향은 한 곳에 뿌리박혀 대대손손이 동질적인 삶을 이어가는 과정에서 생겨나는, 이른바 폐쇄적이고 배타적인

'토박이의식'으로 대변될 수 있을 것이다. 자급 자족적 생산구조와 사회적 생산력의 불가피한 한계는 대규모의 사회적 유통을 불필요하게 만들었고, 결과적으로 사회 내부에 현존하는 각종 규제나 한계상황에 큰 불편을 느끼게 하지 않았다. 그러나 이 지역적 폐쇄성과 배타성은 결국 동일한 사회적 체험, 동질적인 문화양식의 꾸준한 향유, 그리고 그에서 비롯하는 운명공통성에 대한 일상적 확인의 과정을 통하여, 점차 고유한 공동체적 특성을 압축적으로 심화해나가게 된다.

이 경우 특권적 문화를 특권적으로 향유하는 신분적 특권계급의 공동체의식은— 예컨대 라틴어나 한문문화 등에서 보듯이— 대체로 국제적이고 보편적인 관계망 속에서 전개되는 속성을 띠었다. 반면에 특히 농민을 중심으로 한 피지배집단의 이해관계는, 이들 특권계급과는 달리, 직접생산자의 단결의식과 상호부조적 협동의식에 뿌리내린 민속적이고 민중적인 고유성을 품게 되었다.[14] 이러한 상황에서, 농민들의 주된 혐오와 '공포'의 대상은 응당 자신에 대해 착취와 억압과 전횡을 일삼던 토지귀족일 수밖에 없었음은 물론이다. 여러 차례 되풀이되었던 농민 봉기와 전쟁은 그에 대한 항거의 표시였다. 신분해방이라는 동질적인 '이해관계'가 이들을 뭉치게 만들었던 것이다.

이런 면에서, 이 시기 '인연'의 본질은 공통의 영지와 영주 그리고 신분에 대한 공속감과, 지배신분에 의한 억압과 착취에 대한 저항의 점진적 일상화로 특화할 수 있을 것이다.

---

14 예컨대 대표적인 한국적 사례의 하나로 '두레'를 들 수 있을 것이다. 특히 많은 인력을 필요로 했던 모내기와 김매기 등에는 전통적 공동노동체인 두레가 거의 빠짐없이 등장한다. 또한 고된 공동작업을 마친 뒤에는, 풍물에 맞추어 여러 민속적 연희를 곁들여가며 마을의 공동잔치를 함께 즐기기도 했다. 그리고 그를 통해 농사로 인한 노고를 함께 달래며, 결속을 재확인하곤 했던 것이다.

4) 민족 공동체

그러나 다른 한편으로 과학기술이 획기적으로 발달하고, 그에 따라 사회적 생산력이 급격히 증대하는 역사적 계기를 맞게 되었다. 그에 따라 사회적 모순 역시 날로 심화하게 되면서, 점차 토지 중심의 전통적 지배질서가 동요하기 시작했다. 그리하여 새로운 사회체제에 대한 갈망이 날로 깊어갈 수밖에 없었다. 급기야 이러한 요구가 혁명적으로 분출하였다. 이윽고 봉건적 사회질서가 무너지고, 자본주의 체제가 빼앗듯 바톤을 이어받았다.

바로 이 투쟁의 초기단계에 신흥 부르주아 계급의 축적된 경제력과 절대군주의 정치적 이해관계가 결합하여 절대 군주국가가 출현하게 된다. 그에 입각해, 성장하는 부르주아계급은 자신의 기본적인 이해관계이기도 한 조세·화폐·도량형 제도 등의 단일화, 단일교통망 구축, 자본주의적 생산양식의 전파에 필수적인 언어 및 교육정책의 통일에 집착하게 되었고, 아울러 절대군주의 이해에 발맞춰 군사 및 관료체제의 확립 등이 무엇보다도 시급한 역사적 과제로 떠올랐다. 그러한 시대적 요구에 힘입어, 이윽고 특히 새로운 유형의 '인연'이 출현하게 된다. 요컨대 고유한 언어와 문화전통 등에 의해 새로이 결속하는 새로운 형태의 인연 공동체가 성립하게 되는 것이다. 그것이 바로 '민족 공동체'였던 것이다. 그에 보조를 맞춰, 자본주의에 전형적인 국가형태인 민족국가 역시 줄을 이어 출현하기 시작한다.

이 민족 공동체는 '가능한' 범위까지 전 주민의 동질화, 단일화, 통일화를 지향하였다. 그리고 이런 과업은 당연히 민족의식을 효율적으로 동원함으로써 뒷받침되기도 하였다. 또는 역으로 이러한 과업을 수행해나가는 과정에, 민족의식이 새로이 개발되고 축적되기도 하였음은 물론이다. 자본주의적 상품생산체제로 이행하게 되면서, 의당 자급자족적인 생산방식이 지양되고 지역적 한계 및 신분적 구속이 철폐되는 획기적 계기가 만들어질 수밖에 없었다. 이 봉건적 생산양식에 대한 초기 부르주아계급의 저항은, 엥겔스의 지적처럼, "농촌에 대한 도시의, 토지소유에 대한 산업의, 자연경제에 대한 화폐경제의 투쟁"을 의미하는 것이었다.[15]

그러나 경제적 실력을 확보한 사회계급은 으레껏 정치권력까지도 당연히 손에 넣지 않으면 안 된다는 것을 절감하게 되었다. 왜냐하면 절대왕권으로 대변되는 국가권력과 자본운동의 논리간에는 알력의 가능성이 항상 잠복해 있었기 때문이다. 절대군주의 중상주의적 경제정책에 대한 부르주아계급의 '자유방임주의적' 저항은 그 전형적인 사례에 속한다고 말할 수 있으리라. 그리하여 부르주아계급의 경제력이 강력해지면 강력해질수록, 그에 비례하여 왕권과 전통적인 봉건귀족간의 제휴 역시 더욱 공고해지고, 이는 다시 부르주아계급의 경제적 이해관계를 더욱 옥죄는 요인으로 작용하게 되었다. 결국 부르주아계급과 전통적인 지배엘리트간의 일대결전이 불가피하게 된 것이다. 무엇보다 막스 베버의 지적처럼, "경제적으로 몰락해가는 계급이 정치권력을 손에 쥐고 있다면 그것은 위험한 것이며, 결국은 민족의 이익과 배치될 수밖에" 없다는 관점에 공감하였기 때문이리라 추정된다.[16]

---

15 Engels, "Herrn Eugen Dührings Umwälzung der Wissenschaft(Anti—Dühring)", MEW 20, p.152

16 Max Weber, Der Nationalstaat und die Volkswirtschaftspolitik , 《Gesammelte politische Schriften》제2판(Tübingen 1958), p.19

특히 영국과 프랑스에서 여러 차례 되풀이되었던 시민혁명은 바로 이러한 충돌의 가장 집약적인 표출이었다. 그리고 바로 이 시민혁명을 통하여 각종 봉건적 특권과 질곡이 제거되는 획기적인 계기가 만들어지게 된다. 프랑스혁명 구호의 하나였던 '형제애'(fraternity)야말로 바로 신분적으로 분열되었던 봉건사회를 형제와도 같은 '동질적'인 민족사회로, 다시 말해 신민(臣民)을 국민(國民)으로 승화시키고 뭉치도록 만들겠다는 혁명적 의지의 분출이라 할 수 있다. 따라서 이 구호가 민족적 연대를 불붙이고 심화하는 강력한 도화선 구실을 하였음은 물론이다.

그러나 여러 다양한 과정을 통해 성립한 민족 공동체들 상호간의 관계는 자본주의의 발달과 더불어 점차 극심한 갈등과 경쟁으로 점철하게 되었다. 물론 이러한 경쟁으로 말미암아 과학과 예술이 꽃피고 생산력의 엄청난 증대가 촉진되긴 하였지만, 동시에 알력과 충돌의 폭 역시 엄청나게 깊어질 수밖에 없었다. 마침내 제국주의로 비화하기에 이르렀다. 결국 인류를 말살할 수도 있는 세계대전을 연속적으로 터뜨리기도 하였다. 결과적으로 극렬한 이데올로기적 대립까지 촉발하였다.

2차 세계대전 후 많은 신생독립국이 탄생하기도 하였지만, 소련을 중심으로 하는 공산권과 미국을 맹주로 하는 자본주의권 상호간의 냉전은 민족 공동체 상호간의 갈등을 새로운 차원으로 격상시켰음은 물론이다.

하지만 급기야 공산권이 붕괴함에 따라, 민족 공동체 세계에는 흥미로운 현상이 새로이 생겨났다. 독일로 대표되는 자본주의권에서는, 민족의 통일을 성취하거나 유럽공동체에서 드러나듯이 민족 공동체 상호간의 통합노력이 활성화하는 양상을 보이기도 했다. 반면에 러시아와 유고슬라비아로 대변되는 기존 공산권에서는 민족적 분리와 이탈 몸부림이 거세게 일어났다. '자본주의적 통합'과 '공산주의적 분리'가 한데 어울린 것이다. 마찬가지로 현재 우리 남한에서는 다분히 흡수통일에의 꿈으로 어우러진 민족통일의 기대가, 반면에 북한에서는 통일보다는 가능한 한 분단체제의 평화로운 유지 · 존속을 희망하는 움직임이 적잖이 감지되고 있다. 이런 맥락에서, 나는 예컨대 북한의 핵 무장화 시도를 '전투적인' 평화공존 노력의 일환으로 간주하는 쪽이다.[17]

이러한 민족 공동체의 국제적 변화양상은 더욱 힘을 강화해나가는 자본주의적 흡인력의 산물이 아닐까 한다. 왜냐하면 힘은 끌어당기는 속성이 있기 때문이다. "부유한 나라들에서는 동질화(homogenization)가, 그리고 가난한 곳에서는 분열(splintering)이" 일어날지 모른다는 찰스 틸리(Charles Tilly)의 미래진단 역시 이와 비슷한 맥락에 서 있다고 말할 수 있으리라.[18]

그러나 흥미로운 것은 특히 제국주의적 억압과 착취를 체험한 지

---

17 현재 북한은 특히 소련 및 동유럽 공산권의 붕괴 이후, 국제적 고립에서 벗어나지 못하게 되었다. 이렇게 볼 때 북한은 과거와는 달리, 통일보다는 오히려 평화공존을 더욱 더 적극적으로 의도하는 것처럼 여겨진다. 이런 의미에서, 북한이 야기한 핵 갈등은 전투적인 방법으로 평화공존을 쟁취해나가려는 안간힘의 표출이라 판단된다. 반면에 남한은 전통적인 평화공존론보다는 오히려 흡수통일론 쪽으로 기울고 있는 듯한 눈치다. 이런 관점에서, 아직도 남아 있는 북한의 '냉전'의식은 전투적 공존, 그리고 남한의 그것은 전투적 통일을 각각 겨냥하고 있다고 말할 수 있을 정도다. 따라서 이러한 양쪽의 '전투성'이나 장기간 심화한 민족적 이질성 등을 고려할 때, 급속한 통일보다는 오히려 장기간의 평화공존이 궁극적인 평화통일에 더욱 바람직하리라 여겨진다.

18 Charles Tilly, "States and nationalism in Europe 1492—1992",《Theory and Society : Renewal and Critique in Social Theory》(vol. 23/1994), p.144 참고

역에 수립된 사회주의 체제는 민족적 성향을 그 본질의 하나로 한다는 점이다. 중국, 북한, 베트남, 쿠바 등은 반제국주의 투쟁과 사회주의 건설을 통일시킨 실증적 사례들이다. 이 과정에서 민족구성원 모두의 염원일 수밖에 없는 민족해방의 논리가 민족적 연대를 보다 강화하도록 촉구하기도 하였음은 널리 알려진 사실이다. 또 하나 흥미로운 사실은 소련 및 동유럽 공산정권의 붕괴에도 '불구하고' 아직도 '건재'하는 중국, 북한, 베트남, 쿠바 등 '사회주의' 국가들은 바로 이러한 민족 해방투쟁을 통해 사회주의체제를 건설한 나라들이라는 점이다. 물론 현재 대단히 숨가쁘게 변화하고 있긴 하지만, 이 지역에서는 이미 민족해방 과정에서 농축된 강력한 민족적 연대의 전통이 아직도 외부의 국제 자본주의적 적대세력에 대항하는 내부적 단합의 강력한 동력으로 계속 기능을 발휘하고 있는 것처럼 여겨진다. 바로 그러한 탓에, '사회주의체제' 유지의 강도가 이미 붕괴한 소련과 동유럽에서보다는 보다 견고하게 이루어지고 있으리라는 추론을 가능케 할 정도다.

하지만 이 지상에 수없이 많은 유형의 민족이 존재하기 때문에, 민족 공동체 논의를 일반화 하기는 거의 불가능에 가까운 것이라 할 수 있을지 모른다. 그럼에도 이러한 민족 공동체 시대에는 무엇보다 민족적 억압과 착취를 자행하는 '제국주의적' 강대 민족이 전형적인 '공포'의 대상으로 군림할 수밖에 없고, '연대'는 대체로 저항적 민족의식의 형태를 취하고 있음이 일반적인 현상이라 할 수 있을 듯하다. 한편에서는 세계의 분할이, 그리고 다른 한편에서는 민족독립과 해방이 상극적인 '이해관계'의 표적으로 떠오르는 것이다.

오늘날 자본주의의 국제적 팽창과 더불어 세계문화가 창출되고,

그에 따라 민족 공동체의 특성과 고유성이 일정 정도 희석해지는 것은 어쩔 수 없는 사실이라 할 수 있다. 하지만 동시에 민족 공동체의 경계를 뛰어넘어 '무한경쟁'이니 '국제 경쟁력강화'니 하는 상쟁의 이데올로기적 구호들이 난무하는 것 또한 사실이다. 이런 상황에서 '세계화'를 빌미로 하여, 마치 민족 공동체 시대가 종언을 고하고 대신 그 자리에 '세계 공동체'가 대신 들어서기라도 할 것처럼 오인하는 세기적 착시현상이 분출하기도 함은 특별한 주목을 요하는 일이라 하지 않을 수 없다.

물론 세계화는 예컨대 어떤 '신용카드'든 국경을 초월하여 이 지구 위 어느 지역에서나 다 골고루 통용되게끔 만들었다. 아마 아프리카 오지나 시베리아에서도 나의 한국 신용카드가 꽤 괜찮게 쓰이리라 예측한다. 하지만 '언어'에 대해서는 세계화가 전혀 위력을 발휘하지 못한다. 물론 영어가 세계를 제패하고 있긴 하지만, 세계화가 민족적 고유성이 전형적으로 농축되어 있는 민족언어까지 잠식할 가능성은 대단히 희박해 보인다. 나는 이처럼 '신용카드는 통하나, 언어는 통하지 않는 현실', 이것을 이른바 '세계화'의 본색이라 판단한다.

이런 의미에서, 나는 세계화 시대의 '영구집권'을 알리는 팡파르가 높이 울려 퍼지고 있음에도 불구하고, 민족 공동체 시대는 끈기 있게 존속하리라 예상한다. 말하자면 국제적 차원에서 민족 상호간 정치·경제·군사적 불평등이 지속하거나, 동질적 언어·문화적 특성을 공유하고 있음에도 민족적 통합을 이루어내지 못한 민족이 민족통일을 지속적으로 열망할 때, 또는 민족구성원 상호간의 내부적 불평등이 엄존하고 특히 그러한 내적 모순이 민족외적 역학관계의 한 결과라 인식될 때, '민족 공동체'에 대한 집착과 그 건설 욕구는 결코 소멸하지 않으리라는 말이 되겠다. 상품과 자본의 자유로운 세계적 이

동은 관철되고 있으나, 노동력의 자유로운 운동이 아직도 도처에서 민족적으로 차단당하고 있는 현실이 이를 입증하는 자그마한 사례가 될 수 있을 것이다. 왜 트럼프 대통령이 미국과 멕시코 국경 간에 가공할 장벽을 구축하려 했던지가 이를 증언한다. 그런데 이런 현상에 과연 세계화의 말빨이 얼마나 먹혀들까.

물론 민족적 한계를 극복하고자 시도하는 여러 운동들이 전개되고 있음도 부인할 수 없는 일이다. 그러나 그 이면에는, 자체의 민족 공동체를 건설하기 위해 저항하고 투쟁하는 소수민족의 분리주의적 민족운동 역시 공존하고 있음도 사실이다. 지금 국제사회는 이처럼 통합과 분리를 동시에 추구하는 절박한 상황에 놓여 있다. 그러나 무엇보다 확실한 것은 세계시장 내에 민족 상호간 불평등이 존속하는 한, 초 민족적 국제질서의 수립을 위한 모든 노력이 단지 이론상의 허구에 그치게 될 가능성이 농후하다는 점이다. 그러므로 나는 이른바 세계화의 함성이 이 지구촌을 맹렬히 휘감고 있음에도 불구하고, 아니 바로 그 때문에, 민족 공동체 시대가 결코 막을 내리지 않으리라 확신하는 입장이다.

이런 취지에서, 나는 '세계화'를 감히 국제주의의 외양을 걸친 민족주의 이데올로기라 규정하는 바이다. 그것은 세계동포주의적 화합이 아니라, 민족적 경쟁력 강화에 토대를 둔 세계제패 의지의 정치적 표현에 다름 아니라 할 수 있다. 요컨대 국제적 패권주의의 시대적 화장술의 일환인 것이다. 간단히 말해, 나는 자본주의로 거의 단일화한 세계화 시대는 민족주의의 조용한 종언이 아니라 오히려 그 떠들썩한 부활을 촉진하리라 예측한다. 예컨대 미국이 열창한 바 있는 '아메리카 퍼스트' 구호는 과연 어떠한 의미를 지니는 것일까? 나는 이러한 구호가 사실은 미국적 민족주의의 한 갈래라 여기고 있다. 어쨌든 오늘날 민족 공동체적 이기주의와 전 지구적 이타주의가 공존하는 모순적인 현실이 지배하고 있음은 부인할 수 없는 사실이다. 추가 어느 쪽으로 기우는가에 따라 세계평화가 좌우되리라는 예측이 가능해지는 현실이다.

현대사회는 급기야 세계화, 정보화, 사이버, '4차 혁명', 에이즈, 코로나, 급성호흡기증후군(Severe Acute Respiratory Syndrome: SARS) 등등 각양각색의 문제투성이 얼굴들을 수없이 전시하고 있다. 이처럼 절박한 상황으로 인해, "신속한 대처", "범지구적 행동" 또는 "새로운 패러다임의 전환" 등이 촉구되고 있는 현실이다.[19]

그런 탓에, 인간 스스로가 자초한 한계상황을 또 인간 스스로가 극복치 않으면 안 될 역사적 순간이 닥쳐온 것처럼 여겨질 정도다. 마치 극한상황에 다다른 인간의 이기적 본성이 급기야는 오직 인간적 공생주의가 내밀어줄 따뜻한 구원의 손길을 통해 활로를 개척할 수밖에 없도록 강압하기라도 하는 듯이 비쳐지는 인류사적 결단의 순간이 임박한 것처럼 보인다. 이윽고 우리 인간은 "지구 위 모든 생명체와 더불어 살 수 밖에 없는 공동 운명체"임을 뼛속 깊이 각성하지 않

---

19 예컨대 에치오니(Etzioni)는 핵무기 · 대량살상무기 · 사스(SARS) · 에이즈 · 자연발생적 전염병 또는 테러분자들에 의한 유행병 등을 오늘날 국제적 위기의 주된 원천으로 꼽고 있다. 그럼에도 그는 현재 "범지구적 공동체의 발전을 위한 전조(前兆)들"이 존재하고 있다고 역설한다. 그는 오늘날 "전 세계 인류가 명백하고도 시급한 위험에 직면"해 있는 탓에, 이에 대한 "신속한 대처"가 필요하다고 강조하며, 이러한 위기는 "구체제와 과거 방식으로는 효과적으로 해결할 수 없다"고 단언하고 있다. 이러한 관점에 입각하여 에치오니는 "이러한 심각한 상황은 범지구적 행동을 정당화"한다고 역설하면서, 그 해법을 "공동체형성"에서 찾기도 한다. 이에 대해서는, 아미타이 에치오니 지음/조한승 · 서헌주 · 오영달 공역,《제국에서 공동체로 : 국제관계의 새로운 접근》(매봉통일연구소 번역총서 1, 도서출판 매봉 2007), 298~9쪽을 볼 것.

으면 안 될 한계선에 도달한 것이다. "생명문화 공동체" 건설에 발벗고 나서도록 강제하는 급박한 역사적 상황의 도래를 감지케 하는 여러 현상들이 나타나고 있다.[20] 결코 우연은 아니다.

문제의 핵심은 한마디로 "생명중심 관점"이라 할 수 있다. 이것은 물론 '자연존중'의 태도와 직결해 있다. 이러한 생명중심 가치관은 무엇보다 인간을 포함한 지상의 모든 생명체가 '생명 공동체'의 일원이라는 믿음에 굳건히 입각해 있다. 따라서 우리 인간에게 부여된 시대적 임무는 바로 모든 생명체와의 공생·공존을 지향하는 자세를 인간적 삶의 본질적인 목표의 하나로 인식하고 실행하지 않으면 안 되리라는 것이다.[21]

이윽고 궁극적으로는 자연과 인간의 합일을 지향하게 될 '생명 공동체' 시대가 서서히 막을 올리고 있는 것처럼 비쳐진다.

어쨌든 이러한 '민족 공동체' 단계는 봉건적 특권계급에 대한 '공포'와 자본가 계급의 특수한 역사적 '이해관계'가 빚어내는 시대적 갈등이 '인연'의 핵심적 내용을 장식하며 개막하였다. 결국 이 단계는 대내외적으로 자본가 계급의 이해관계가 관철·급성장·급팽창되는 과정을 밟아왔다. 뿐만 아니라 그 와중에 부침을 거듭한 국제적인 반자본주의 세력의 이해관계와 심각하게 충돌하기도 하였다. 급기야는 적대적인 이념 상호간의 충돌이 전 지구를 초토화할 수 있는 핵무기 대결양상까지 자초하며, '공포심'의 확산과 '이해관계'의 상충위기를

---

20 이기상, "생명의 진리와 생명학 : 지구 생명 시대에 요구되는 생명문화 공동체",
    《생명사상과 전 지구적 살림운동》(세계 생명문화 포럼—경기 2006 ; world life—
    culture forum ; gyeonggi 2006 자료집), 104~105쪽.

21 이러한 관점에 대한 보다 치밀하고 구체적인 분석을 참고하기 위해서는, 폴 W.
    테일러, 《자연에 대한 존중》, 앞의 책, 109쪽 이하를 볼 것.

일촉즉발의 상황으로까지 극대화하기도 하였다. 그러나 역사는 다시 한 번 더 자본가 계급의 손을 들어주는 것처럼 보인다.

3—3 앞으로의 세계 : '생명 공동체'

앞에서 살펴본 바와 같이, 공동체는 한마디로 서로간의 결핍을 상호 충족하기 위한 인간의 본성적 요구에 의해 만들어진 것이다. 그러나 인간본성에서 비롯하는 '공포심'과 '이해관계'는 언제나 상호각축을 벌일 위험성을 필연적으로 내장하고 있다. 그러므로 갈등과 충돌을 억제·차단함으로써 공동체 내의 화합과 평화를 쟁취해내기 위해서는, 공동체 구성원, 나아가서는 개별 공동체 상호간에 연대와 결속역시 반드시 요구될 수밖에 없다.

하지만 우리 인간은 응당 자연 속에 있고, 자연은 우리의 가슴속에 있다. 그런데 우리 인간이 그 자연을 제대로 느끼지 못하는 것은 자연이 멀리 떨어져 있기 때문이 아니라, 오히려 자연이 너무나 가까이 있을 뿐만 아니라 우리가 한 번도 자연에서 벗어난 적이 없기 때문일 것이다.

그러나 자연을 '죽이면', 자연이 '죽인다'. 우리 인간이 자연 없이는 생존할 수 없기 때문이다. 따라서 인간이 자연을 학대하는 것은 바로 자기 자신의 삶 그 자체를 박해하는 것과 다를 바 없다. 한마디로 자연이 인간의 소유물이 아니라, 인간이 바로 자연의 소유물인 것이다.

그런데 우리들 정서의 현황은 일상적으로 어떠한 상태에 놓여 있을까.

'코카콜라'나 '달나라 로켓'이 아니라 '숭늉'이나 '계수나무 한 그루, 토끼 한 마리', 이런 것들이 실은 우리와 훨씬 더 푸근하게 아우러지는 우리의 오랜 가락이 아닐까.

우리는 어린 시절 학교에서 소풍 같은 것을 가드라도, 흔히 '자연을 벗삼는다'는 말투를 즐겨 덧붙였던 기억을 지니고 있다. 그 말속에는 물론 자연을 즐기면서도 자연을 가까운 친구처럼 생각하는, 우리들의 오래된 인간적 겸허함이 자연스레 깃들여 있었던 것이리라.

자연을 벗삼는 습속은 특히 우리 동양인의 오래된 생활전통이기도 하다. 그러니 서양처럼 자연을 순수한 정복의 대상으로 삼아 마구잡이로 쳐들어가는 것보다는 오히려, 자연과 동화하고 자연을 닮아가려는 몸짓이 우리들의 피부에 더욱 더 극진하게 와 닿았던 생활습성이었으리라. 그런 탓에, 서양인들처럼 자연을 갈아엎거나 자연과 전쟁을 벌여나가는 대신 오히려 자연 속에서 노니는 온유한 음풍농월(吟風弄月)이 우리네 본연의 삶의 가락 아니었을까.

자연을 향해 삿대질하기보다는 자연으로부터 무언가를 배워보고자 애써온 것이, 우리 옛 어른들의 갸륵하고 다소곳한 마음가짐이었으리라. 그로 인해 우리는 이른바 근대적 과학문명을 뒤늦게 밟아 나오게 된 탓으로, 자연과의 싸움질에 능숙했던 '앞선' 자들로부터 억눌리고 노략질당하는 아픈 세월을 겪기도 했다. 그리고 지금까지도 그 상흔을 짊어진 채 그 후유증에 마냥 시달리고 있는 실정이기도 하다. 장자(莊子) 선생처럼 풀이하면 소의 네 발을 자연이라 이른다면, 소의 코를 꿰뚫고 있는 코뚜레를 문화나 문명이라 일컬을 수도 있으리라. 이렇게 본다면, 서양인은 오히려 자신들의 코에 열심히 그리고 성공적으로 코뚜레를 만들어 꿰차고 그것에 질질 끌려 다녀온 신세라 할 수도 있지 않을까 싶다.

서양은 과연 앞서가고 있는가.

가령 서양의 것에 겉으로 드러나는 '색깔'만 요란하다면, 우리 동양의 밑바탕에는 속으로부터 우러나오는 '향기'가 그윽하다. 서양이 색깔의 문화라 한다면, 동양은 향기의 문화라 이를 수도 있지 않을까.

물론 우리 인간은 자연에 얽매여 살다가, 점차 자연을 부리고 거느리는 쪽으로 옮아 살아왔다. 그것을 우리는 흔히 문명이니, 발전이니 하고 높이 아우른다. 그러다가 근래에 들어서는 다행스럽게도 자연을 인간존재의 마지막 은신처처럼 생각하는 새로운 기운이 감돌아, 자연과 벗하던 이른바 '동양정신'에 대한 향수나 동경이 새롭게 샘솟기도 하는 눈치다. 예컨대 환경운동이라는 것도 다 그런 움직임과 맥락이 닿아 있는 것은 아닐는지 …. 하지만 시대의 진보는 자연환경의 퇴보임에랴.

흔히 자연을 체계적으로 연구하는 학문분야를 자연과학이라 이른다. 하지만 자연과학도는 자연과학을 배운다고 외치지, 자연을 배운다고는 말하지 않는 것 같다. 그러나 고대 희랍의 유물론 철학자인 데모크리토스(Democritos)도 인간이 이룩한 문명의 진보 중 상당 부분이 다른 동물의 행태를 관찰하고 모방하였기 때문에 가능할 수 있었다고 역설하지 않았던가. 말인즉슨 가령 거미로부터 직조기술의 힌트를 얻을 수 있었고, 새들로부터 노래하는 법을 배웠으며, 제비들이 집짓는 것을 보고 벽돌을 쌓아 집을 지을 생각도 하게 되었다는 말이다.

자연은 바라볼 뿐이다. 하지만 쉽게 입을 열지는 않는다. 열심히 일하면 많은 수확물로 보상해주는 데서도 드러나듯이, 자연은 자신에게 쏟아준 인간의 애정에 자연스럽게 응답할 줄 안다. 그러나 우리 인간은 자연을 부자연스럽게 들어 엎으려고만 한다.

어차피 자연은 우리 인간의 마지막 동반자다. 따라서 우리는 자연으로부터 부지런히 배워야 한다. 하지만 우리가 반드시 명심해야 할 일은, 자연을 따름으로써만 인간이 자연과 공존할 수 있다는 사실이다. 자연과 더불어 그리고 자연의 질서에 발맞추어 함께 살아가는 것이 의당 자연스럽지 아니할까. 괴테 역시 "자연과 가까울수록 병은 멀어지고, 자연과 멀수록 병은 가까워진다"고 역설한 바 있다. 의성(醫聖)으로 일컬어지는 희랍의 히포크라테스도 "자연이 아니면, 몸 안의 질병을 결코 이겨낼 수 없다"고 힘줘 말한 적이 있을 정도다.

시대가 달라져 상황이 변한 탓이라 여겨지기도 하지만, 어쨌든 오늘날 인간의 치료도 자연의 섭리를 따라야 한다는 자연의학적 의술이 꽤나 활기를 띠고 있는 것처럼 보인다. '자연의학자'들은 예컨대 동사(冬死)하거나 산불에 타죽거나 또는 사람이나 맹수에게 죽임을 당한 산짐승의 시체는 간혹 볼 수 있지만, 병으로 죽은 짐승들의 모습은 찾아보기 힘들다고 말한다. 그리고 산짐승들이 산 속에서 달리다 넘어진다 한들, 이 놈들이 진통제를 먹거나 주사 같은 걸 맞는 걸 보았는가. 이들은 그 상처를 자연적으로 거뜬히 치유해내곤 한다. 마찬가지로 자연의 동물인 인간도 역시 생래적으로 '자연 치유력'을 지니고 있다고 자연의학자들은 주장한다. 그리하여 우리 몸이 스스로 병을 치유할 수 있는 힘을 스스로 지니고 있다는 믿음에 입각해, 인위적인 의학을 넘어서서 자연치유의 원리로 돌아가야 한다는 '자연치유 사상'을 그대로 설파하는 의학서까지 등장하기도 했음은 물론이다.[22]

---

22 국내에서는, 예컨대 김윤세가 《내 안의 자연이 나를 살린다》(조선뉴스프레스 2016년)거나 《내 안의 의사를 깨워라》(중앙일보미디어디자인 2012) 등의 역저를 펴낸 바 있다. 그리고 최윤근 지음,《의사도 모르는 자연치유의 기적 : 한 권으로 보는 대체의학》(예신 2014) 등도 있다. 이 분야의 고전으로는 인산 김일훈 지음, 《신약》(神藥) ―개정증보판―(인산가(인산동천) 2013년)이 꼽히기도 한다.

한마디로 '자연으로 돌아가야 한다'는 외침인 것이다.

그들은 자연과 우리 인체가 대단히 유사한 구조로 짜여져 있다고 믿는다. 그런 탓에, 바위를 사람의 뼈로, 그리고 흙을 사람의 살로, 마찬가지로 물은 피, 강줄기는 혈맥, 그리고 풀뿌리와 나무뿌리는 모세혈관 등에 각각 걸맞은 것으로 풀이하기도 하는 것이다. 다른 한편 예컨대 동양의학의 '상사(相似)이론'은 인간의 하체를 식물의 뿌리, 그리고 상체를 땅위로 뻗은 잎이나 줄기, 꽃으로 인식한다. 이러한 관점에 의거하여, 예컨대 하체 부위의 강화를 위해서는 식물의 뿌리나 뿌리채소가 효과적이라 주장하기도 하는 것이다.[23] 혹여나 현대과학에 길들여진 현대인들에게 지탄받기 딱 좋은 주장들 아닐까 여겨지기도 한다.

하지만 꽃을 사랑한다면서 그 꽃을 꺾는 존재가 바로 인간이며, 그리고 아름답다고 경탄하며 꺾은 꽃이 시들면, 그걸 또 여지없이 쓰레기통에 처박아버리는 게 또한 인간 아닐런가. 이처럼 가장 아름다운 것을 가장 모질게 박해할 수도 있는 존재가 바로 인간임을 어찌 쉬이 잊으리요. 하지만 잡초가 아무리 성가시고 쓸모 없는 것이라 하드라도, 수십 길 험준한 절벽 바위틈을 뚫어 자연이 피워 올린 한 송이 풀꽃 앞에서 숙연해지지 않을 사람이 과연 몇이나 될까. 스스로 힘을 사랑하는 인간이 아니라 사랑의 힘을 가진 인간만이 오직 자연과 잘 어우러지지 않으랴. 자연은 겸허와 순수를 가르친다.

그러하니 자연에 귀 기울여야 할 게 어디 한, 둘뿐이리요.

그윽이 내려 쌓이는 눈발에서 차곡차곡 쌓아가는 땀흘린 결실의

---

23 이시하라 유미 지음/윤혜림 옮김,《노화는 세포건조가 원인이다》(도서출판 전나무숲 2017), 76쪽

아름다움을 엿듣고, 머물지 않고 마냥 흘러가는 구름의 헌거로움에서 사리(私利)에 파묻히지 않는 드넓은 기개를 귀동냥할 수 있다. 둥글었다 이지러졌다 하는 달의 의연함에서, 즐거워도 날뛰지 않고 쓰러져도 신음하지 않는 유유자적함을 배운다. 바람이 부는데 흔들리지 않는 나무도 기이하지만, 바람이 자는데도 계속 흔들리는 나무 역시 온전치 못한 것 아니리요. 큰 나무는 원래 바람을 많이 받을 수밖에 없는 법이라는 것 역시 기억해 둘만 하지 않을까.

장미처럼 이름난 꽃은 열매가 없고 고운 빛깔의 구름이 쉬 흩어지는 것과 마찬가지로, 인간 역시 크게 다를 바 없는 신세 아닐는지. 비범한 재주와 눈부신 자질이 크게 뛰어나면 흔히 공명(功名)이 떠나가 함께 하지 않음도, 그러한 이치와 마찬가지라 이를 수 있을 터이다. 미인박명(美人薄命)이니 재승박덕(才勝薄德)이라고도 하지 않는가. 빨리 피는 꽃이 빨리 진다는 것을 잘 깨닫는다면, 빨리 이루지 못해 한숨짓는 우리의 옹졸함도 크게 위로 받으리라. 혹여나 자연과 멀어진 문명인들은 문명화하는 수준과 속도만큼이나 신속히 순수의 빛을 상실해나가지나 않을는지 ….

그런데 자연의 산물인 인간은 오늘날 과연 자연의 순리에 따라 살아가고 있을까.

예컨대 누에는 애벌레처럼 생겼고, 뱀장어는 뱀과 닮았다. 그래서 사람들은 누에나 뱀장어를 보면 징그럽다고 질겁하기 일쑤다. 그러나 실 뽑는 여인들은 즐거이 누에고치를 어루만지며, 어부와 뱀장어 장수는 흥겹게 뱀장어를 쓰다듬는다. 이처럼 자신의 이해관계에 따라 자연을 어루더듬기도 하고 기피하기도 하는, 그렇지만 영원히 자연을 등지지는 못하는 기회주의적 생물이 바로 인간 아닐는지 ….

목이 탈 때 사람은 황급히 샘을 찾는다. 그러나 목을 축이고 나면,

금세 샘에 등을 돌려버리리라. 황금접시에 담았던 귤이라도 과즙을 짜내면 즉시 시궁창에 내던지지 않는가. 물에 빠져 허우적거릴 때는 안간힘을 써 움켜잡으려 애쓰던 나무토막도, 뭍에 오르면 허심탄회하게 내팽개치는 게 우리다. 열쇠로 문을 잠글 때는 이게 열리면 어쩌나 하고 속을 태우지만, 문을 열 때는 거꾸로 이게 열리지 않으면 어쩌나 하고 안절부절못하는 딱한 주제가 바로 우리 아닐는지 …?

그럼에도 이러한 이중성을 우리 자신은 거들떠보려 하지 않는다.

가령 정원의 꽃들이 향기롭고 아름답게 피어나길 원한다면, 때때로 고약한 악취를 풍기는 거름을 뿌려줘야 하는 게 자연스러운 이치 아니겠는가. 하지만 인간은 향기는 항상 향기여야 하고, 구린내는 항상 구린내여야 한다는 단세포적인 욕심을 쉬이 버리지 못하는 것 같다. 향기와 구린내 사이에 준엄한 장벽을 쌓아놓고는, 오로지 향기로만, 향기로만 매진하려 할 뿐이다. 심지어는 향기가 아닌 것을 향기라 우기고, 구린내가 아닌 것을 구린내라 윽박지르기까지 하지 않는가. 이처럼 인간의 욕망은 끝이 없다. 그러나 근심이란 바로 욕심에서 생겨나는 것인 탓에, 인간의 근심 역시 끝이 없다. 왜냐하면 욕망은 집착을 낳고, 집착은 번뇌를 낳고, 번뇌는 고통을 낳기 때문이다.

하지만 우리 인간이 이 자연계 안에서 자신의 생존을 위해 다른 생명체의 적절한 희생을 요구할 수밖에 없음은 불가피한 일이라 할 수 있을 터이다. 자연의 섭리이기도 하다. 그렇다면 우리 인간 역시 다른 생명체를 위해 스스로 희생을 감수해야 함은 지극히 자연스러운 이치요, 의무라 할 수 있지 않을까. 더구나 '생명 공동체' 시대가 열리기 시작하고 있지 않은가. 그런데 우리는 과연 어떻게 살고 있고, 도대체 어떻게 대응해나가고자 하는가?

1) 현대인의 본성 : '영혼 없는 기계'

'사색'은 자취를 감추고, '검색'만 활개치는 현실이다.

모두가 '사색'하는 대신, '검색'에만 몰두하는 것 같다. 온 세상이 집요한 '검색요원'들로 넘쳐나는 것처럼 보일 지경이다. 시민적 일상 역시 첨단 검색요원의 생활계획표에 준해 꾸려지고 있는 것은 아닐는지 …?

우리 모두는 혹시 인천 국제공항 검색대 앞에 늘어선 민완 검색 전문가들처럼 매일매일 살아가고 있지는 않을까 …? 안타깝게도 우리는 타인의 밝고 긍정적인 면모보다는 오히려 어둡고 부정적인 결함과 흠집 같은 것만을 보다 신속하고 날카롭게 검색해내는 일에만 심혈을 기울이도록 운명지어진 비극적 존재들인 것만 같아 보인다. 스스로 검색하면서, 응당 동시에 또 스스로 검색당하기도 함은 물론이다. 마치 생업이기라도 한 것처럼, 우리는 검색을 주고받는 이러한 살벌한 검색공정에 황홀하게 집념을 불태운다. 그런 탓에, 서로에 대한 불신과 부질없는 아귀다툼만 나날이 늘어나고 깊어지는 것만 같다. 그것은 비단 정쟁(政爭)이 본업인 정계 인사들만의 주업은 아니다.

일전에 습관처럼 홀로 훌쩍 여행을 떠난 적이 있었다. 이러한 우리들의 누추한 일상을 가까이서 직접 체험해보고자 한 속내인들 왜 없었을까. 그 와중에 우연히 전라북도 어느 시골 5일 장터를 지나치게 되었다. 배가 출출하여 요기라도 할 요량으로 어느 주막엘 들어갔으나 마침 빈자리가 없어, 안으로 헤집고 들어가 여든 가량 돼 보이는 노인 한 분 옆에 막무가내로 끼어 앉게 되었다. 이 또한 기막힌 인연이라며, 그 노인 분은 나에게 막걸리 한 사발을 권하기도 하셨다. 게다가 단숨에 한 잔을 걸지게 들이키시더니 두툼한 손으로 입가를 쓰옥 닦아내시며, 당신이 살아온 삶의 체험 한 토막을 되뇌기 시작하시는 게 아닌가.

투박한 말투를 제법 반들반들하게 번안하면, 대략 이런 내용이었다. 그는 '이 세상에는 두 부류의 인간이 있는 것 같더라'는 말로 말문을 열었다. 하나는 '검사' 형인데, 남의 잘못만 파고들어 무슨 결함이 있나 없나 하는 것만 열심히 파헤치려드는 녀석들이고, 다른 한 부류는 '중매꾼' 같은 스타일인데, 어떻게 해서라도 두 상대를 잘 엮어 내보려고, 좋은 말, 따스한 덕담만 애써 찾더라는 것이다. 그리곤 말을 이어서, "나 역시 한평생 검사처럼 살아온 것만 같소. 하지만 혹여나 내가 다시 태어날 수만 있다면, 이번에는 솔찬히 중매꾼처럼 한 번 살아보고 싶으이" 하고 말하며, 우울한 낯빛으로 술잔을 비우셨다. 울림이 작지 않았다.

하지만 정작 그 어르신의 소박한 인생론에 큰 충격을 받은 것은 다름 아닌 나였다. 나는 고개조차 제대로 들지 못할 지경이었다. 그야말로 왕'검사'처럼 살아온 사람이 바로 나 자신 아닌가. 무엇보다 이른바 학문한다는 사람들이 사실상 가장 탁월한 검사이자 출중한 검색요원으로 맹위를 떨칠 위험성이 지극히 높다. 남의 논리를 파헤쳐 그 잘못을 끄집어내곤, 자신의 주장이 왜 정당한가 하는 것을 명쾌히 드러내 보이기 위해 늘 결함 찾아내는 일에만 정통하고자 몸부림치는 옹졸한 작업에 종사하는 게 본업(?)인 탓에, 자연스럽게 그럴 위험성이 심대하리라 여겨진다. 좋게 말하면 직업병일 수도 있겠지만, 하여간 대학교수들은 이러한 자신들의 편협한 인성에 걸맞게, 대부분 쩨쩨하기 그지없는 일상을 영위하기 일쑤다.

어쨌든 오늘을 살아가는 한국인들은 대체로 보살피기보다는 살피고, 베풀기보다는 베며, 가르기보다는 가로채는 일에 보다 관심이 많은 것만 같다. 더불어 함께 나누는 인간적인 너그러움보다는 오히려 자기 몫만 살벌하게 챙기려드는 냉혹한 수지타산에만 골몰하는 듯해, 심히 무서울 정도다. 급기야는 무혈충(無血蟲), 아니 '영혼 없는 기계'로[24] 전락해버리고 마는 것은 아닐지 몹시 불안하다.

나는 특히 8 · 15 이후 우리 사회를 줄기차게 지배해온 규범이 있다면, 그것은 한마디로 '빨리 빨리, 그러나 아무렇게나' 정신이라 굳게 믿고 있다.

하기야 우리나라에서 '도로 위의 위기'가 얼마나 극렬했으면, 점잖은 주한 영국대사 부인까지 나서서, "한국서 횡단보도 건너기는 (축구에서 이른바 '죽음의 승부차기'하는 것처럼) 러시안 룰렛 같은 공포"를 유발한다는 쓴 소리까지 매스컴에 털어놓았을까(동아일보, 2017.05.04).

그러자 해당 언론매체는 도로로 나가 나름 정중하게 실험까지 해보이는 극진한 성의까지 보였다. 가까이에 지하철역도 있어 유독 유동인구가 많은 한 횡단보도 지점을 골라, 교통상황을 예의 점검했다. 보행자들은 길을 건너기 전 일단 횡단보도 앞에 서서 도로 양쪽을 신중하게 살폈다. 하지만 대부분의 차량은 길을 건너려는 보행자를 목격하고도, 속도를 별로 늦추지 않고 진입로로 '돌진'하다시피 했다고 한다. 그리고 약 20분간 관찰했는데, 횡단보도 앞에서 보행자를 발견하고 먼저 멈춘 차량은 70여 대 중 단 1대뿐이었다고 덧붙였다. 만약 도로 위에서 약자일 수밖에 없는 보행자를 언제나 우선적으로 보호

---

24 박호성, 《자연의 인간》, 앞의 책 180~200쪽에서 '영혼 없는 기계'라는 개념이 스치듯 처음으로 머리에 떠올라, 그 요지를 메모하듯이 짤막하게나마 후닥닥 정리해놓기도 한 바 있다. 여기서는 전체 저술의 맥락에 맞게 폭넓게 새로이 재구성하고 심화시켰다.

해야 한다는 안전의식이 제대로 뿌리내려 있다 한다면, 횡단보도 앞에 보행자가 서있는 경우 차량들이 일단 멈춰서야 한다는 것은 지극히 상식적인 대응자세다. 뿐만 아니라 특히 어린이들 등하굣길에서는, 학교가 있는 골목으로 들어갈 때 차량이 속도를 늦추어야 한다는 건 대단히 기본적인 운전예절에 속한다. 그럼에도 그걸 제대로 지키지 않아, 애들이 도로 가장자리에 붙어서 곡예하듯이 길을 걷는 게 일상적이라 한다. 2015년 기준으로 볼 때, 주요 선진국의 뒷좌석 안전띠 착용율이 평균 80%가 넘지만, 우리는 22%에 그치고 있다는 보도도 뒤따랐다. 그렇기 때문에 우리나라에서는 교통사고로 목숨을 잃는 '어리석은 죽음'이 일상화 한 게 아닌가 하는 숨막히는 우려가 넘쳐나는 형편이다.

그러나 그 까닭이 뭔지 일일이 헤아려볼 길이 막막해 보이긴 하지만, 도로 위에서 우리 한국인 모두는 그렇게 성급할 수가 없다. 과도한 경쟁심리 탓일까, 남보다 1초라도 빨리 달리려고 발버둥들을 친다. 하지만 다른 사람을 도와주기 위해 남보다 몇 분이라도 빨리 서둘러 달릴 수밖에 없다는 사람은 아마도 좀처럼 찾기 힘들 듯하다.

가령 명절 무렵인 경우, 귀성차량으로 막히는 고속도로 위에서 우리 한국인은 과연 어떠한 경이로운 창의력을 발휘할까? 남보다 한치라도 더 빨리 가기 위해 적잖은 돈을 지불하면서까지 멀쩡한 차를 견인차에 매달고, 고장난 것처럼 태연히 '갓길'을 달리기도 할 정도다. 이 세계 어느 국민도 감히 흉내낼 수 없는 초고성능 민족적 창의력이다. 정치만 제대로 굴러가 준다면, 대단히 기민하게 세계 제1위 국가로 급부상하는 것은 애국가 부르기보다 훨씬 더 쉬울 듯이 보인다.

'지구가 내일 종말을 고한다면, 당신은 지금 무엇을 하겠는가' 하고 누가 묻는다면, 우리 한국인은 아마도 '나는 쪼끔이라도 더 빨리

차를 몰아 앞차를 기어코 앞지르고야 말 것이다'이라고 기염을 토할지 모른다. 혹여나 우리 선조는 곰이 아니라, 미꾸라지 아니었을까?

하기야 우리가 어디 도로 위에서만 미꾸라지처럼 잽싸게 질주할까.

여우도 물을 건너려 할 때는, 먼저 그 꼬리부터 물 속에 담가본다고 한다. 비슷한 목소리로 《시경》(詩經)은 "시작을 잘 하지 못하는 사람은 없어도, 끝맺음을 잘 하는 사람은 드물다"고 읊고 있다. 시작하기는 쉬워도 끝맺기는 어려운 법이다. 한비자 선생까지 나서서 "높고 튼튼한 제방도 한갓 개미와 땅강아지 구멍 때문에 무너진다"며 한 말씀 더 보태기도 하였다.

이런 의미에서, 우리의 이러한 '빨리빨리 정신', 요컨대 '졸속의 원리'는 조그만 도로공사에서부터 크게는 국가의 운명을 좌우할 중대한 정책 결정에 이르기까지, 사회와 나라 구석구석까지 스며들지 않은 곳이 없다. 어쩌면 90년대 초반 성수대교와 삼풍백화점의 붕괴는 그 귀엽고도 눈곱만한 사례에 지나지 않을지 모른다. 바로 이러한 '후딱후딱 이데올로기'가 바로 우리의 정치이념이자 생활철학이었던 것이다. 어디 그뿐인가, 우락부락한 '한탕주의'가 또 그 옆자리에 근엄하게 똬리를 틀고 앉아 있기 일쑤다.

우리와는 달라도 너무나 다르게, 100여 년 전에 일본 사람이 만들어놓은 한강대교와 충무 해저터널은 아직도 끄떡 없이 건재하고 있다. 그럼에도 우리는 《일본은 없다》라는 책을 베스트 셀러로 극상시켜, 독서시장을 마구 휩쓸도록 만들어내고야 마는 민족이다.

하여튼 여기도 '대충대충', 저기도 '후딱후딱'이다. 바야흐로 대한민국이 '졸속 공화국'으로 전락하는 건 아닐지, 심히 우려될 정도다.

흔히 유대인의 율법 또는 우화집이나 처세훈 정도로 알려진 《탈무드》에는 다음과 같은 얘기가 전해온다.

한 나그네가 고된 길을 걷다가 우연히 마차를 만났다. 너무나 다리가 아픈 나머지, 좀 같이 태워줄 수 없을지 부탁할 수밖에 없었다. 마부는 물론 기꺼이 태워주었다. 나그네가 마부에게 물었다. "예루살렘까지는 여기서 얼마나 먼가요"? 마부가 대답했다. "이 정도 속도라면 보통 30분 정도 걸리지요".

나그네는 고맙다는 인사를 하고, 깜빡 잠이 들었다가 깨어보니 30분 정도가 지나 있었다. 그러자 성급히 "예루살렘에 다 왔나요?" 하고 물었다. 마부가 대답했다. "여기서 1시간 거리입니다". 나그네는 놀랐다. "아니, 아까 30분 거리라고 말씀하셨고, 그새 30분이 지났잖아요".

마부가 말했다. "이 마차는 반대 방향으로 가는 거예요".

《탈무드》는 아마도 인생에서 중요한 것은 속도가 아니라 방향이라는 걸 가르쳐주고 싶었던 듯하다. 방향이 맞으면 설령 늦어도 목적지에 이를 수 있지만, 방향이 잘못되면 아무리 빨리 달려도 결코 목적지에는 도달할 수 없다는 것은 지극히 자연스러운 이치 아니랴. 그러나 우리나라 도로 위에서는 속도를 높이는 일에만 열을 올리는 것만 같다. 오직 속도를 올리기만 해서, 오로지 남들보다 더 빨리 가려고만 발버둥치는 듯이 보인다. 그런데 과연 옳은 '방향'으로는 가고 있는 것인지 …?

어쨌든 인간의 이기주의가 얼마나 몰염치하게 자행될 수 있는가 하는 것을 우리는 우리의 도로 위에서, 숨쉬기운동 하듯 날마다 손쉽게 체험하고 있지는 않을까 싶다. 이기주의의 가투(街鬪)가 격렬하게 벌어지곤 한다. 이기주의가 눈꽃처럼 현란하게 난무한다. 하지만 무슨 목적 때문인지 서로 알 길은 없지만, 어쨌든 우리는 바로 같은 길

위에서, 같은 시각에, 어디론가 같은 방향으로, 같이 달려가고 있지 않은가. 심지어 우리는 '흐름을 타야 한다'고까지 말하면서, 부지런히 함께 달린다. 비록 짧은 시간이긴 하지만, 우리는 그 도로 위에서 서로 얼싸안기라도 할 수 있을 정도로 버젓한 운명공동체 아닌는지 ⋯. 그 시간과 공간의 폭을 크게 넓혀 생각하게 되면, 우리는 바로 인생의 '동료 여행객'이 되는 셈이다. 그럼에도 우리는 마치 인천상륙작전이라도 감행이나 하는 듯이, 서로를 적군처럼 노려보아야만 할까.

혹시 우리는 지금 스스로 인간이기를 포기한 채 기계처럼 살아가고 있는 것은 아닌는지 ⋯? 각성할 겨를조차 스스로 거부하면서, 우리는 도처에서 서로 경쟁이나 벌이듯 마냥 '영혼 없는 기계'로 서서히 전락해가고 있는 것은 아닐까 ⋯.

오늘날은 '영혼 없는 기계'의 황금시대인지, 온 세계가 기계 돌아가는 소음으로 가득하다. '영혼 없는 기계'가 도대체 무엇인가? 그것은 과연 어떻게 만들어지게 되었으며, 하물며 '영혼 없는 기계'로 전락한 인간은 대체 어떠한 속성을 지닌 존재인가?

온통 의문투성이다. 그러나 이러한 물음시리즈에 잇대어, 반드시 따라붙어야 할 유관 의문들이 또 어김없이 동시 출현해야 하리라 여겨진다. 하기야 '영혼'이란 게 또 무엇이며, 대체 어떠한 상태를 '인간적'이라 이를 수 있는 것인가 등등?

'인간적'이란 과연 어떠한 의미를 지니고 있는가 하는 문제를 뒷장에서 본격적으로 상세히 분석하게끔 요량하고 있긴 하지만, 우선 원활한 글의 흐름을 위해, 내친 김에 미리 요점만 간략히 압축해 털어놓을 필요가 있을 것 같다.

한마디로 '인간적'이란 무엇보다 이 자연계의 모든 인간이 필연적으로 죽을 수밖에 없는 절대평등을 서로 공유한 존재라는 사실을 돈독히 각성함으로써, 공생·공존·공영의 세계를 더불어 지향해나 갈 투지를 서로 함께 나누는 자세를 일컫는다. 따라서 특히 불우하고 소외당하는 동료인간의 고른 자리매김을 위해 나란히 헌신해 나가고 자 하는 마음가짐이 동행하리라 여겨진다. 이런 의미에서, 서로 손잡 아 연대하는 정신이야말로 '인간적'임의 표본이라 할 수 있을 것이다. 그러므로 달아도 뱉어내고 써도 삼키는 '역설적인' 삶에 등돌리지 않 으려는 다짐 또한 '인간적'임은 물론이다. 그러므로 이기주의야말로 비인간적인 정신자세의 본보기로 지목될 수 있을 터이다.

이런 맥락에서, '영혼이 없다'라는 말과 '비인간적'이라는 어휘는 대략 같은 범주에 속하는 것으로 간주해도 무방할 듯하다. 이렇게 볼 때, 여기서 말하는 '영혼'이란 자연에 그 뿌리를 드리우고 있는 인간 본성의 공존·공생 추구의지를 직접적으로 표상하는 것이라 이를 수 있다. 달리 표현하면, 자연에서 발원하는 인간적 평등의식 및 연대정 신의 실질적 구현을 위해 매진하는 본원적인 인간심성에 충실한 마음 가짐을 곧 영혼이라 이를 수 있지 않겠는가 하는 말이 되리라.

혹여나 영혼 없는 형체(形體)는 물건이오, 형체 없는 영혼은 환영 (幻影)에 지나지 않는다고 말할 수는 없을까. 어쨌든 '영혼 없는 기계' 란 '인간영혼이 혼란과 무질서에 빠져들어, 급기야 무기력하고 생기 없는 물건과도 같은 존재로 전락한 상태' 정도로 이해해도 큰 무리는 없을 듯하다. 반면에 '참된 영혼'이란 청빈한 '살림살이'를 통해, 우리 를 살리고 자연을 살리고 생명을 존중하는 법을 체득키 위해 최선을 다하는 살아 꿈틀거리는 인성이라 할 수 있을 것이다. 이런 의미에서, 영혼이란 인간심성을 비추는 맑은 샘 또는 밝은 거울이라 이를 수 있 으리라.

예컨대 인도의 요가 마스터이자 침묵하는 수도사로 널리 알려진 바바 하리 다스(Baba Hari Dass)는 영혼을 "몸 속에 깃든 지고의 존재"요, "신의 신전"이라 규정하기까지 한다.

"몸은 마음과 감각기관, 그리고 눈에 보이는 육체적 형상으로 이루어져 있다. 육체적 형상 속에는 영혼이 왕의 보좌에 앉아 마음과 감각 그리고 몸을 움직이고 있다. 몸 속에 깃든 영혼은 지고의 존재다. 그리고 몸은 영혼이 거주하는 신전이다. 개체적인 영혼은 독립적인 존재가 아니다. 영혼 속에서는 신의 생명력이 숨쉬고 있다. 영혼 속에는 신의 그림자가 있다. 그래서 영혼은 신의 신전이다.

진아(眞我) 속에는 지혜와 사랑, 덕이 풍성하게 담겨져 있다.

개체는 전체요, 전체는 개체다. 모든 것이 하나이며, 하나는 모든 것이다".[25]

다른 한편, 왕조시대 우리의 옛 선비들은 다소 독특한 맥락에서 영혼 문제를 이해한 것처럼 보이기도 한다. 조선조 정조대왕 시절 어느 날, 천주교리에 심취해 있던 이벽과 함께 천주교에 관해 담소하던 정약용은 그에게, "식물에도 혼이 있나요?" 하는 질문을 던진 적이 있었다. 이에 대해 이벽은 "혼이 없으면 생명이 없는 것이라네. 씨앗이 싹을 내어 자라고 열매를 맺는 것은 엄연히 혼이 있다는 증거일세. 그 혼을 생혼(生魂)이라고 하네." 정약용의 호기심은 이에 멈추지 않았다. 계속 이어서 "식물에도 혼이 있다면, 사람과 같겠군요" 하는 멘트를

---

25 바바 하리다스 지음/최홍규 옮김,《마음을 다스리는 아름다운 이야기》(평단 2008), 202쪽

날리니, 이벽은 이에 보다 구체적으로 대응한다. "전혀 다르네. 식물에는 생혼이 있지만, 지각이 없지. 또 동물의 경우도 각혼(覺魂)이라는 것이 있어, 귀로 듣고 눈으로 보며 코로 냄새를 맡는 등 지각을 갖추긴 했으나, 이(理)를 논할 수 없다는 점이 사람과 다르지. 그래서 사람의 혼을 다른 생물과 구별하여 영혼이라고 한다네".[26]

한마디로 이벽은 지각을 갖춘 데다 사물의 이치를 따질 수도 있는 생명체인 인간만이 유일하게 소유할 수 있는 살아 있는 혼만이 영혼이라 불릴 수 있는 것이라 역설하고 있다.

하여튼 이러한 '영혼 없는 기계'는 도대체 어떻게 만들어져, 급기야는 전 세계적으로까지 대세를 형성하게 되었는가?

그 생성과정을 구체적으로 뜯어보게 되면, 영혼의 개념이 보다 구체화하리라 여겨진다. 그 역사적 · 사회적 배경을 더듬어보도록 하자.

첫째, 무엇보다 과학 및 기계문명의 발달로 말미암은 것이라 유추되긴 하지만, 오늘날 현대인들은 대단히 복잡하고 전문화한 사회구조 속에서 각자 기계 부속품 같은 존재로 파편화하여 생존을 영위하게끔 되었다.

앞에서도 자세히 살펴보았지만, 예컨대 프랑스의 에밀 뒤르켐(Emile Durkheim)은 현대사회에서는 전통 및 전래된 사회적 규범 등에 의해 이루어지던 강한 공동체적 결속이 뒷전으로 물러나고, 그 자리에 복잡한 노동분화(division of labour) 및 전문화에 의해 조성된 '상호의존성'(interdependence)이 대신 들어서게 되었다고 역설한다. 달리 말

---

26 황인경 대하역사소설,《소설 목민심서》(랜덤하우스 5판 7쇄, 2010), 56쪽

하면, 마치 우리 인간의 신체가 이질적인 기능을 지닌 다양한 유기적 요소들로 이루어지는 것과 마찬가지로, 우리 현대인 역시 이 복잡다단한 사회구조의 한 유기적 구성인자로서 상호의존적인 존재로 살아갈 수밖에 없게 되었다는 말이다.

그러나 사실은 이러한 완강한 '상호의존성'으로 말미암아, 우리 인간이 급물살을 타고 기계부속품으로 전락해 들어가게 된 것이라 할 수 있을 것이다. 왜냐하면 노동분업이 심화하면 할수록, 그리고 각자의 활동영역이 특수화·전산화하면 할수록, 인간은 더욱 더 신속하게 개체화·고립화의 나락으로 굴러 떨어질 수밖에 없기 때문이다. 그에 따라 인간의 영혼 역시 황폐해지고 굳어지게 되리라.

예컨대 19세기를 살면서, 작가·비평가·사회운동가로서 또 미학의 귀재로서 당대 사회현실에 지대한 영향을 끼치기도 했던 영국의 존 러스킨(John Ruskin)은 영국 산업사회가 야기한 사회문제 해결에 깊은 관심을 가지고 경제학 연구에 몰두한 바 있다.

그런데 시대를 훨씬 앞질러 이미 1800년대에, 러스킨이 환경을 파괴하는 위험한 문명기술에 대해 심각한 우려를 표명하기도 했던 것은 실로 놀라운 일이라 하지 않을 수 없다. 이와 같이 그는 일찍이 "인간과 자연의 공존을 역설한 최초의 지식인"이라 부를 수 있을 정도였던 것이다. 그런 탓에 그는 간디, 톨스토이, 그리고 마르셀 프루스트 등의 삶에도 심대한 영향을 끼친 인물로 평가받기도 한다.

한마디로 러스킨은 인간이 만든 법칙이 반드시 자연의 법칙을 기반으로 하지 않으면 안 되리라 역설한 것이다. 이에 따라 그는 자연에 기초하지 않은 법칙은 결국 인간에게 화를 불러오리라 예언하기도 했다. 이런 관점에 입각해, "생명적인 오가닉 시스템"이 "기계의 메카닉 시스템"에 압도당하는 시대의 도래를 미리 예상하고는, 시대를 앞질러 경제학적인 차원의 '생명가치'를 주창하기도 한 것이다.[27] 아마도 인간영혼이 기계화하리라는 것을 이미 간파하고도 남음이 있었으리라 여겨진다.

하기야 문명의 발달과 궤를 같이 하는 '인간영혼의 기계화'로 인해, 역설적으로 사회발전이 보다 활발히 촉진되기도 하였음은 부인할 수 없는 사실 아니겠는가. 그러나 그에 비례하여 동료들과 힘을 합치도록 이끌 뿐만 아니라 난폭한 이기심의 충동질 역시 적절히 통제하기도 해야 할 인간의 영혼이 나날이 퇴락해갈 수밖에 없었음 또한 부정할 수 없는 사실 아니리요. 그에 따라 이웃사랑 정신이라든가 정의감 같은 것이 갈수록 위축되어 왔음 또한 분명한 사실이다. 결과적으로 의(義)로움보다는 이(利)로움에 더욱 더 편파적으로 애착하는 상황이 보편화하게 되었음은 물론이다. 공동체적 연대가 약화하면서 사회적 불평등이 심화해나가는 현상 역시, 우리가 일상적으로 체험하는 현실이다.

사회정의 역시 쇠락의 길을 걸을 수밖에 없었다. 현대인은 결국 자신의 실존적 생존의지를 손쉽게 내팽겨쳐버리곤 하였다. 이윽고 몰개성적·비주체적·타자 지향적 존재로 내려앉게 된다. 그에 따라 현대인의 '영혼 없는 기계화' 일상이 더욱 깊이 악화 일로를 걸을 수밖에 없게 되는 것이다.

예컨대 미국의 캘리포니아에서는 얼마 전 이런 일이 있었다 한다. 애슐리라는 이름의 아홉 살짜리 소녀, 이제 막 초등학교 3학년을 마친 이 소녀가 병원에서 급작스레 숨을 거두게 되었다. 그런데 부모들

---

27 이에 대해서는, 이어령,《생명이 자본이다》(마로니에북스 2015), 287쪽을 참고할 것.

은 딸의 시신을 병원에 그대로 남겨둔 채 황급히 집으로 돌아가서는, 숨가쁘게 화장(火葬)업체의 웹사이트부터 서둘러 찾았다고 한다. 그리고는 거기에 신용카드 번호를 입력하고는, 2주 가량 후 화장된 딸의 유골가루가 상자에 담겨 우송되기만을 기다렸다고 전한다.[28] 이러한 부모를 어찌 '영혼 없는 기계'라 부르지 않을 수 있을까 ….

다른 한편, 우리나라는 과연 어떨까.

몇 년 전 '아무도 찾지 않은 죽음'이 2,536명에 달하고, 무연고 사망이 40% 급증했다는 보도가 있었다. 아래 글은 그 기사 내용을 간추린 것이다.

김태성(가명 · 62)씨가 마지막으로 모습을 보인 건 지난 4월 18일이었다. 서울 관악구 신림동의 다세대주택에 사는 그는 그 날 집주인에게 4월분 월세를 냈다. 이후 주변에서 김씨를 본 사람이 없었다. 김씨의 집에 찾아온 사람도 없었다.

한 달 가까이 지난 5월 12일에서야 김씨는 다시 모습을 드러냈다. 존재를 알린 건 악취였다. 집주인은 '냄새가 난다'는 다른 세입자의 말에 김씨 집을 들여다봤다가, 사망한 김씨를 발견했다. 옆에는 빙초산 원액이 절반 가량 남아 있는 병이 놓여 있었다. 음독으로 추정되긴 했지만, 부패가 심해 정확한 사인은 알 수 없었다. 그에게는 형이 있었지만, 형은 사체 인수를 포기했다. 사체포기각서에는 "서로 안보고 산 게 20~30년 되었습니다. 사체를 포기합니다"라고 적혀 있었다.

그런데 김씨처럼 홀로 죽음을 맞는 무연고 사망자가 매년 늘고

---

28 케이틀린 도티 지음/임희근 옮김, 《잘해봐야 시체가 되겠지만: 유쾌하고 신랄한 여자 장의사의 좋은 죽음 안내서》(반비 2020), 155쪽

있다고 한다. 통계는 최소치라 실제 무연고 죽음은 더 많을 것으로 추정된다. 전문가들은 올해 연이 없는 죽음이 지난해보다 더 증가할 것으로 보고 있다.

― 연(緣) 없는 죽음 2,536명 ―

국회 보건복지위원회 소속 더불어 민주당 고영인 의원이 보건복지부로부터 받은 자료에 따르면, 지난해 전국 무연고 사망자는 2,536명으로 3년 전인 2016년(1820명)에 비해 40% 가까이 늘었다. 연도별로 보면 2016년 1820명, 2017년 2008명, 2018년 2447명, 2019년 2536명으로 해마다 증가했다. 무연고 사망자는 숨진 후 유가족이 시신 인수를 거부ㆍ위임하거나, 연고자를 찾지 못한 사람들이다. 이마저도 최소치라는 게 현장 이야기다.

서울시는 지난해 무연고 사망자를 486명으로 집계했다. 2018년(566명)보다 80명이 줄었다. 그러나 서울 공영장례 지원단체 '나눔과 나눔' 관계자는 "지난해 나눔과 나눔이 모신 무연고 사망자가 430여 명이었다"며, "공영장례 없이 바로 화장터로 가신 분들도 있다. 체감상 총 사망자는 486명보다 더 많을 가능성이 높다"고 했다.

실제로 올해 8월까지 '나눔과 나눔'을 통해 장례를 치른 무연고 사망자는 이미 지난해 수준을 넘어섰다. 이 관계자는 "지금 같은 추이라면, 올해 말까지 무연고 사망자가 600명까지 늘어날 것으로 보인다"고 말했다.

무연고 사망자 대부분은 유가족이 있었다. 지난해 무연고 사망자 가운데 1,583명(62.4%)은 연고자를 찾았지만, 장례비용 등으로 인해 시신 인수를 포기해, 결국 무연고 시신이 됐다. 가족들은 대부분 경제적 어려움이나 단절된 관계 때문에 연을 외면한다고 했다. "자식된 도리로 모셔야겠지만 경제적 여유가 없습니다, 죄송합니다." "저도 기초생활수급자라 생활고로 죽고 싶습니다." "아버지를 안 보고 산지 15년이 넘었습니다." 올해 서울에서 화장된 무연고 사망자의 유족이 남긴 시신처리 위임서는 다른 가족들의 사정을 짐작케 했다.

빈곤과 단절로 만들어진 무연고 죽음이 늘고 있지만, 관련 정책은 아직 걸음마 수준이다. 대책의 밑바탕이 되는 통계부터 명확치 않다. 복지부는 그동안 공식통계가 없는 고독사 실태를 추정하기 위해 무연고 사망 통계를 활용해왔는데, 지자체마다 무연고 판정기준이 달라, 2017년 국정감사에서 문제가 됐다.

이후 복지부는 연고 없는 기초생활수급자의 시신도 무연고 사망 통계에 반영하는 것으로 지침을 변경했지만, 구멍을 완전히 메우지는 못했다. 지난해 3월과 10월 복지부가 김승희 전 의원과 기동민 의원에게 제출한 2018년 무연고 사망자 수도 2,549명과 2,447명으로 102명의 차이가 있었다.[29]

─ 존엄한 죽음을 위해서 ─

정부는 지난 3월에야 고독사를 체계적으로 예방·관리하기 위한, 고독사 예방 및 관리에 관한 법률을 만들었다. 제정된 법에 따라, 내년부터 복지부는 5년마다 고독사 실태조사를 실시하고 결과를 발표해야 한다. 각 지자체도 복지부의 고독사 예방 기본계획에 따라, 연도별 시행계획을 세우고 이를 시행해야 한다.

하지만 죽음의 존엄성이 위협받는 일은 자주 발생하고 있다. 서울 중구의 쪽방 주민이었던 김모(74)씨는 지난해 7월 강원도 춘천 요양

---

29 국민일보(2020.10.02)

병원에서 입원치료를 받다가 숨졌다. 김씨에게는 연고자가 없었지만, 동네 이웃들이 있었다. 서울시 공영 장례조례대로라면, 서울에 주소지를 둔 김씨는 서울로 운구돼, 공영장례 지원을 받아야 했다.

하지만 김씨는 춘천에서 장례의식 없이 화장됐다. 관할 지자체인 중구청은 '사망지가 춘천이라 지원이 불가하다'고 봤다. 김씨가 화장됐다는 사실도, 사망 이후 5개월이 지난 지난해 12월에서야 공고했다. 김씨와 함께 늦깎이로 글을 배우고 노숙을 같이 했던 동료들과 쪽방촌 주민들은 뒤늦게 김씨의 사망 소식을 듣고, 추모할 시간도 없이 그를 보내야 했다.

서울시는 그제야 김씨의 유골을 서울로 이송하겠다고 했지만, 이미 춘천에서 흩뿌려진 뒤였다. 현행법은 무연고자인 김씨의 유골을 5년 간 봉안하도록 하고 있다. 혹시나 찾지 못했던 연고자가 나타날 수 있기 때문이다. 이동현 홈리스행동 상임활동가는 "중구청에서는 봉안을 전달했다고 하지만 춘천의 화장터에서는 전달받은 바 없다고 한다"며, "고인과 친했던 동료들은 '내가 죽어도 이렇게 되겠구나' 하면서 심하게 분노를 터뜨리며 허탈해 했다"고 말했다.

고영인 의원은 "무연고 사망자와 연고자를 찾아도, 시신인수조차 포기해야 하는 사람들이 늘어난다는 것은 너무나 안타까운 사회적 슬픔"이라며 "함께 생을 살다간 분들의 존엄한 죽음을 위해, 최소한의 작별인사를 건넬 수 있도록 차별 없는 장례절차를 마련해야 한다"고 강조했다.

최근 5년 간 발생한 고독사 사망자 중 50~60대 남성이 절반에 가까운 것(48.7%)으로 조사됐다. 고독사는 주로 노인 연령에서 발생한다는 통상적인 인식과는 다른 결과다. 지난해에만 3378명이 고독사로 숨졌다. 연평균 증가율은 남성 기준 10%에 이른다. 인구 대비로 따지면 부산, 인천, 충남, 광주 순으로 고독사가 많은 것으로 나타났다.

14일 보건복지부가 발표한 '2022년 고독사 실태조사 결과'에 담긴 내용이다. 이번 조사는 지난해 4월 시행된 '고독사 예방 및 관리에 관한 법률'에 근거해 처음 실시됐다. 한국보건사회연구원이 경찰청으로부터 최근 5년간(2017~2021년) 발생한 형사사법정보 약 24만 건을 받아 고독사 요건에 부합한 사례를 분석했다.

그래픽=김영옥 기자 yesok@joongang.co.kr

연간 사망자 중 고독사 사망자 수는 매년 약 1% 수준으로 집계됐다. 지난해의 경우 전체 사망자 31만 7680명 중 3378명(1.1%)이 고독사였다. 고독사는 2019년을 제외하면 매년 증가 추세로, 2017년 2412명에서 2021년 3378명까지 늘었다. 이관형 복지부 지역복지과 서기관은 "1인 가구 비중이 전체의 3분의 1 수준으로 증가했고, 사회관계망 지표가 악화하면서 고립·단절에 이르는 비율이 높아진 영향으로 본다"고 설명했다.

성별로는 최근 5년간 남성이 여성보다 4배 넘게 많았다. 지난해 고독사 남성은 2817명으로 여성(529명)보다 5.3배 많아 격차가 더 컸다. 고독사 연평균 증가율은 남성이 10%, 여성이 5.6%다.

연령별로는 50~60대 중장년층이 고독사의 절반 이상을 차지했다. 5년간 발생한 고독사 중 50~60대 비중은 52.8~60.1%, 20~30대는 6.3~8.4%다. 이날 열린 '고독사 예방을 위한 공청회'에 참석한 송인주 서울시복지재단 선임연구위원은 "(고독사한) 50~60대 남성을 보면 알코올 중독이나 간경변, 암 등 만성질환이 많이 나타났다"고 말했다.

고독사 사망자 발견 장소는 주택(단독·다세대·연립·빌라 등), 아파트, 원룸 순이다. 지난해 전체 고독사 사망자 중 1699명(50.3%)이 주택에서, 752명(22.3%)이 아파트에서, 439명(13%)이 원룸에서 사망했다. 고독사 중 자살 비율은 연령이 낮을수록 높았다. 50대가 16.9%, 40대가 26%인 반면, 20대는 56.6%, 30대는 40.2%로 조사됐다.

고독사가 가장 많이 발생한 지역은 경기도로 5년간 3185명이 사망했다. 서울과 부산이 뒤를 이었는데, 5년간 각각 2748명, 1408명이 발생했다. 인구 대비로는 지난해 기준 부산이 인구 10만 명당 9.8명으로 가장 높았고, 인천이 8.5명, 충남이 8.2명, 광주가 7.7명으로 나타났다. 모두 전국 평균(6.6명)보다 많았다.

인구 대비 고독사 발생이 매년 증가하는 지역은 대전·경기·전남 3곳이다. 조규홍 복지부 장관은 "관계부처·지자체와 협조해 내년 1분기까지 '제1차 고독사 예방 기본계획'을 수립해 시행하겠다"고 말했다.[30]

그러나 무연고 사망자 대부분에게는 유가족이 있다고 전해진다.

하지만 대한민국은 OECD 멤버이기까지 하다. 게다가 2021년에는 방위비 분담금으로 13% 인상된 1조 1740억 원 가량이나 떠맡도록 된 것으로 알려져 있다. 이처럼 거액의 방위비까지 부담하는 나라에서, 존엄하게 살지도 못하고, 동시에 또 존엄하게 생을 마감하지도 못하여 시신인수조차 거부당하는 무연소 사망자가 증대하고 있다는 사실은 과연 무엇을 말해주는 것일까. 물론 생활고 탓이 적지는 않겠지만, 모두가 다 올곧게 '영혼 없는 기계'로 전락해온 탓에 생기는 현상은 아닐까 …?

---

30 중앙일보(2022.12.15일)

둘째, 이미 앞에서 누차 강조했듯이, 현대사회를 관통하는 시대정신은 한마디로 '거인주의'(巨人主義)로 안착한 개인주의라 할 수 있다.

이러한 자유주의적 개인주의의 아바타는 바로 약육강식의 생존법칙이다. 그러므로 힘을 숭상하는 이러한 개인주의는 기회만 주어지면, 아니 기회를 만들어가면서까지 기민하게, 날렵한 이기주의로 손쉽게 변신할 수 있는 뛰어난 재능을 지니고 있다. 대내외적으로 '거인'의 독주만 옹호되고 장려되는 사회적 패권주의가 일상화한 탓이다. 따라서 도덕적 진보라든지 인간적 자아실현 등의 이상적 가치들이 속절없는 것으로 손가락질 당하기 일쑤다. 도처에 발가벗은 자신의 사적 이익만을 추구하는 '상인형 인간'만 활보한다. 그런데 이러한 황금만능주의가 과연 얼마만큼이나 '공익'에 대한 존중심을 지닐 것인가.

이와 같이 자유민주주의의 깃발 아래서는 오직 '거인'만이 진정한 개인 대접을 받을 수 있다. 따라서 대다수의 힘없는 개인은 소슬바람만 불어도 금세 무너져 내리기 쉽다. 예컨대 '유전무죄' '무전유죄'니, '금수저' '흙수저'니, '개천에서 더 이상 용 나지 않는다'는 등속의 자학적인 표현법들도 다, 이러한 현상의 한국판 판박이 화법이라 할 수 있는 것들이다.

이를테면 화폐로 중무장한 백전불굴의 '총력 전진파'들 사이에서 기합 든 낮은 포복의 미덕만 숨가쁘게 익히고 강요당해온 사람들, 유일하게 허여되어지는 게 있다면 무기력밖에 없고, 하다 못해 내세울 게 있다면 질박한 몸가짐과 투박한 말투밖에 없는 순한 사람들, 보살펴줄 사람이 없는 탓에 스스로 보살필 수밖에 없는 이 '허드렛물' 같은 사람들, 이들은 사실 낙타들이다. 항상 무릎꿇고 무거운 짐을 등에 싣고서는 폭염 속 불같은 사막을 횡단할 채비를 늘상 차리고 있어야 하는 낙타와 다를 바 없는 인간인 것이다.

결국 무한한 경쟁주의에 편승한 현란한 약육강식의 사회윤리가 일상화하면서, 결국 대다수의 약자들이 도움을 호소할 길을 찾지 못한 채 막무가내로 쓰러지기 일쑤다. 과연 어디서 한 뼘의 인도주의라도 찾아낼 수 있을까 …?

이처럼 자본주의적 물신숭배와 황금만능주의가 인간성을 궤멸시키는 지경에 이른 지는 이미 오래다. 그런 탓에 사회적 '조무래기'들은 다만 살아남기 위해, 오직 생명줄을 건 마지막 몸부림에 모든 걸 다 걸고 있는 것처럼 여겨진다. 세계 최고의 자살율이 이를 입증하고도 남는다. 하루 평균 36.1명이 스스로 목숨을 끊는 방식으로 생을 마감한다고 한다. OECD 1위를 기록하고 있음은 물론이다. 반면에 '왈짜'들은 마지막 한 줌까지 제것으로 만들기 위해, 빼앗고 찍어누르기에 혈안이 된 것처럼 보인다.

이런 상황에서 모두가 다, 결코 눈곱만한 착오가 있어도 안 되는 실험실용 정밀기계가 되어버린 듯하다. 한편에서는, 자신의 사적 이해관계를 마지막 한 톨이라도 다 채우기 위해, 반면에 다른 한편에서는, 종내 한 가닥 목숨만이라도 지켜내기 위해, 모두가 다 전자계산기처럼 정밀하게 삶의 자판을 두드리며 타산(打算)을 거듭한다. 한눈팔 여유가 없다. 모두가 다 정신 없이 고군분투하도록 운명지어진 것만 같다. 어찌 '영혼 없는 기계'를 향한 활주로가 자연스레 뚫리지 않을 도리가 있겠는가. 서로를 감싸 안는 공동체적 화합의 몸짓이 아니라, '멸균실 이기주의'로 중무장한 고지점령식 상호경쟁이 더욱 기승을 부리게 된다. 그야말로 전쟁상태다.

하기야 마치 태어나서 말하는 법만 배웠지, 말 듣는 법은 한 번도 제대로 배워보지 못한 것처럼, 우리는 지금까지 인간을 사랑하는 법을 제대로 배우기도 전에, 인간을 어떻게 '관리'하고 부릴 것인가 하는 문제에만 허둥지둥 매달려오지 않았던가. 결국 우리는 인간답게 서로 손잡아 보살피고 가꾸어나가야 할 사회적 인간관계를 통제하고 지휘하고 감독해야 할 관리대상으로만 인식하는, 부끄러운 '경영학적' 현실 속에 갇혀 살게 된 것이다. 여기에 '사익 절대주의'가 결정적인 역할을 떠맡고 있음은 의심의 여지가 없다.

이기주의는 비인간적인, 너무나 비인간적인 재앙의 불씨며 뿌리이리라. 무엇보다 우리 인간이 서로 죽음이라는 절대평등을 공유하고 있는 운명공동체이기 때문에, 어쩌면 '가장 비인간적인 것이 이기적인 것'은 아닐는지 …. 하지만 타인은 차갑게 증오하지만 자신만은 뜨겁게 열애하기만 하지는 않는지, 꾸준히 헤아려보아야 할 일이다.

더구나 위기에 휩싸인 자본주의의 거센 한파가 세계 도처에서 밀어닥쳐, 주위는 더욱 삭막하고 불안하다. 우리의 정겨운 이웃들이 언제 '무한경쟁', 아니 '무한타도'의 표적으로 손쉽게 탈바꿈하게 될지, 아무도 장담할 수 없는 현실인 듯하다. 그리하여 '우선 이기고 보자'가, 언제 어디서 '까짓 것, 없애버려!'로 돌변해버리지나 않을지, 아무도 자신 있게 말할 수 없다. 어두운 장막이 우리를 뒤덮고 있는 것 같다. 과연 내일 새로운 태양이 뜨나 할는지 ….

그럼에도 우리는 어린 시절부터 '소년이여, 야망을 가지라'는 말을 배우고 곱씹으며 자라왔다. 하지만 그 어느 누구도 우리에게 도대체 어떠한 '야망'을 지녀야 하는지를 구체적으로 말해주지는 않았던 것 같다. 그런 탓에, 각자가 알아서 그저 되는 대로, 예컨대 부자가 되어야 한다든가, 파워가 센 유명인사가 되어야 한다든가 하는 식으로, 적당히 머리를 굴리기만 하지 않았을까 싶다. 그러나 이 명언을 처음

던진 윌리엄 클라크(William Smith Clark)[31]의 의도와 문맥은 전혀 달랐다.

오히려 그는 "BOYS, BE AMBITIOUS, not for money, not for selfish accomplishment, not for that evanescent thing which men call fame. Be ambitious for attainment of all that a man ought to be …"(소년이여, 야망을 가지라. 돈을 위해서도 말고, 이기적인 성취를 위해서도 말고, 사람들이 명성이라 부르는 덧없는 것을 위해서도 말고, 오직 인간이 응당 갖추어야 할 모든 것을 얻기 위해서…)라는 뜻으로 외친 것이었다. 말하자면 클라크는 원래 올곧은 인간적 품위를 쟁취하기 위한 숭고한 헌신을 역설했었다는 말이 된다. '야망을 가지라'고 하면 항상 손쉽게 습관적으로 떠올리는, 예컨대 억만장자라도 되라는 꿈과는 거리가 멀어도 한참 먼 것이 본래 이 말을 남긴 이의 참된 의도였던 것이다. 혹여나 일본 고유의 '왜곡'판은 아니었을지 ….

뿐만 아니라 우리는 또 "뜻이 있는 곳에 길이 있다"(Where there's a will, there's a way)라는 말도 열심히 암기하면서, 좌우명으로 삼아야 한다고 배우며 자랐던 것 같다. 그러나 그뿐…. 도대체 어떠한 '뜻'을 가져야 어떠한 '길'에 이를 수 있다는 것인지 하는 것에 대해서는, 그 어느 누구도 친절히 가르쳐주지는 않았던 듯하다.

---

31 윌리엄 스미스 클라크(William Smith Clark, 1826~1886)는 삿포로 농학교(현 홋카이도 대학)의 초대 교감이었던 것으로 알려져 있다. 이른바 외국인 초빙인사의 한 사람이었다. 일본에서는 클라크 박사로 알려져 있는데, 식물학뿐만 아니라 자연과학 일반을 영어로 가르쳤다고 한다. 또한 성경을 배부하고, 기독교를 열성적으로 전파하기도 했다. "Boys, be ambitious"(소년들이여, 야망을 가지라)라는 말은 가장 많은 사람들에게 널리 전파된, 클라크가 남긴 명언 중의 하나로 기억되고 있다.

이어서 '불한당'(不汗黨)이란 말도 배웠다. 이는 "땀 흘려 일하지 않는 몹쓸 무리"를 가리키는 말로서, '나쁜 놈이나, 불량한 놈' 정도의 뜻을 가진 말이라 들었다. 땀 흘려 일하지 않는 불한당을 남의 것을 제멋대로 뺏어가기만 하는, 질 나쁜 깡패나 도둑놈을 일컫는 말 정도로 이해했던 것 같다. 따라서 특히 '일하지 않는 자는 먹지도 말라!'라는 가르침이 대단히 공명정대한 말로 받아들여져, 특히 우리 한국인은 '일하며 싸우고, 또 싸우며 일해온' 강인한 전통을 자랑하는 굳건한 역사까지 지니고 있을 정도다. 그런 탓에 우리는 제대로 쉴 줄도 모르는 건 아닌지, 아니, 쉰다는 것 자체를 죄짓는 일처럼 여기지나 않았는지 ….

이런 면에서 우리가 반드시 유념하지 않으면 안 될 엄정한 사실이 하나 있다. 그것은 바로 우리가 사회적으로 소득을 올릴 수 있는 방법은 딱 세 가지 뿐이라는 점이다. 일하거나, 훔치거나, 아니면 구걸하는 것, 꼭 이 세 유형뿐이다. 그러므로 만일 열심히 일하는데도 가난한 사람이 많은 사회는, 남의 것을 훔쳐가기만 하는 도둑놈이나 남의 밥을 빌어먹기만 하는 거지가 넘쳐나는 사회일 가능성이 높다는 말이 된다.

이런 상황에서 양산되는 '영혼 없는 기계'는 타성적으로 '내로남불'식 '나만이 최고주의'를 남발하기도 함으로써, 한탄과 자조감을 양산하는데도 크게 이바지하는 것처럼 보인다. 아마도 자기위안의 일환 아닐까 싶기도 하다. 자기 뜻이 아니라 하염없이 수동적으로만 돌아가기만 하는 '기계'의 자동운동성에 허망함을 크게 느낀 탓일지도 모른다. 인성에 가해지는 모멸감에 대한 반발일 수도 있을 것이다. 결국엔 자조적인 '자기 최고주의' 정신세계에 가 닿는다. 모두가 상습적으로 '나만이 최고'식 이기적 삶의 양식에 유감 없이 탐닉해 들어가고자 하는 것처럼 여겨진다. 그렇다면 이런 글을 쓰고 있는 나는 예외에 속할까? 천만에, 전혀 그렇지 않다. 개인적으로 나 역시 일상생활 속에서, '나만이 최고'식 이기적 삶의 본색에 흥건히 젖어 있음을 솔직히 고백하지 않을 수 없다. 과연 어떤 일상적인 사례들을 들추어볼 수 있을까?

만일 누군가가 자신의 일을 미처 끝내지 못했다면 게을러서 그런 것이고, 나 자신이 그랬다면, 그건 내가 너무나 바쁘고 해야 할 엄청 중대한 일이 너무 많아 그러한 것이라고 말한다. 만일 그가 자기 관점을 주장하면 고집불통이라 여기고, 내가 그렇게 하면 개성이 뚜렷해서라 생각한다. 만일 그가 나에게 말을 걸지 않으면 콧대가 높아서 그렇다 하고, 내가 그러면, 그 순간에 다른 심각한 사념에 잠겨 있었기 때문이라고 말한다. 만일 그가 친절하게 굴면 나에게서 뭔가 좋은 것을 얻어내려는 못된 성깔머리 때문에 그러한 것이고, 내가 친절하면 그것은 나의 유쾌하고 자상한 인품 탓이라 여긴다. 남이 출세하면 워낙 아부를 잘 해서이고, 내가 출세하면 내가 워낙 출중해서이다. 누군가 그에게 선심용 선물을 하면 다들 부패한 탓이고, 누군가 나에게 선심용 선물을 하면 그건 인사성이 밝아서 그런 것이다. 남이 뜻을 굽히지 않으면 완고하기 때문이고, 내가 뜻을 굽히지 않으면 의지가 강하기 때문이다. 남이 커피를 즐기는 것은 겉멋이 들어서이고, 내가 그러하면 그것은 입맛이 고상해서이다. 남이 계단을 빨리 뛰어 오르는 것은 평소 성격이 급해서이고, 내가 그러는 건 시간을 절약하기 위해서이다. 남이 고향을 들추면 지역감정이 악화하지만, 내가 그러면 애향심이 돈독해진다. 남이 차를 천천히 몰면 소심운전이고, 내가 그러면 안전운전이다. 내가 길을 건널 때는 모든 차가 멈춰서야 하고, 내가 운전할 때는 모든 보행자가 멈춰서야 한다. 마지막으로 우리 사회에서 가장 전형적으로 인기 있는 유행어는 소위 '내로남불', 즉 '내가 하면 로맨스, 남이 하면 불륜' 하는 식이다.

셋째, 하지만 자본주의의 아바타이기도 한 개인주의는 사실은 '개인 없는 개인주의'에 지나지 않는다.

예컨대 미국 철학자 노직(Robert Nozick)은 개인의 권리를 준수해야 하는 이유를 "개인은 단순히 수단이 아니라 목적이라는 칸트적 원리"에서 찾는다. 그러므로 개인은 "그들의 동의 없이는 다른 목적을 성취하기 위해 희생될 수도, 이용당해서도 안 된다". 개인이 곧 "신성불가침의 존재"이기 때문이다.[32] 무엇보다 개인이 어느 누구도 침해할 수 없고 어느 누구도 "도구나 수단이나 자원으로 이용할 수 없는" 인격적 존엄성을 지니고 있는 존재인 탓에, 그들이 지니고 있는 개인적 권리 또한 신성불가침인 것이다. 그러므로 개인적 권리를 침해한다면, 그것은 곧 도덕적 비행을 저지르는 것이 된다. 다른 말로 하면, 이러한 권리가 침해당하지 않는다면, 아무런 도덕적 잘못도 행해진 게 아니라는 말이 된다. 그러므로 개인적 권리행사에 대해서는 어떠한 도덕적 이의제기도 받아들여질 수 없는 것이 되는 것이다. 따라서 모든 사회제도들도 이 개인적 권리를 사수함으로써 비로소 그 도덕적 청렴성을 인정받을 수 있게 된다. 이와 같이 이러한 개인의 권리를 어떻게 수호할 것인가 하는 것만이 오로지 노직의 절대적인 관심사였

---

32 Nozick, Robert, Anarchy. State, and Utopia(New York: Basic Books 1974); 남경희 옮김, 《아나키에서 유토피아로: 자유주의 국가의 철학적 기초》(문학과 지성사 1983), 54쪽

다. 그의 이론이 "기초가 없다"(foundationless)라고까지 비판받는 이유 또한 바로 이런 한계성 때문이리라.[33]

이런 면에서 예컨대 아담 스미스(Adam Smith) 역시 이러한 개인 최고의 길을 닦는데 적잖이 일조하고 있다고 말할 수 있을 정도다. 그의 '보이지 않는 손'(invisible hand) 개념은 원래 각 개인이 자신의 이기적인 이해관계만을 충실히 뒤쫓게 되면, 결국에는 서로의 이해가 자연스럽게 조화를 이루게 되고, 이윽고는 전체 사회의 공공복리를 증진시키는 결과를 빚게 되리란 믿음에 바탕을 두고 있다.[34] 이 테제는 개인적 이기주의의 빼어난 기능과 그것이 거두어들이게 될 빛나는 전과를 동시에 높이 기림으로써, 결과적으로 개인과 개인, 개인과 사회 간에 멋들어진 조화가 이루어지리라는 낙관을 전파하고 있다.

하지만 자유주의가 닻을 올릴 무렵부터 이미, 이러한 개인주의의 예상 가능한 모순을 극복하는 장치로서 '보이지 않는 손'과 같은 추상적 매개물에 호소할 수밖에 없었다는 것은 암시하는 바가 적지 않다. 하기야 '손이 보이지 않는다'는 것은 '그러한 손이 없다'라는 말과 다를 바 없는 것이다. 어쨌든 자유주의적 개인주의는 개인적 평등과 개체의 존엄성을 힘껏 치켜세우긴 하지만, 실질적으로는 개인과 개인간의 이기주의적 갈등과 충돌을 그 숙명적 동반자로 삼을 수밖에 없는 근본적 한계를 지니고 있는 것이다.

나아가서는 '자유경쟁'과 '기회의 균등'이라는 자유민주주의의 본

---

33 Thomas Nagel, "Libertarianism without Foundations", in : 〈The Yale Law Journal 85, No.1〉(Nov.1975), pp.136~49 ; 이 논문은 Jeffrey Paul(ed.), Reading Nozick (Totowa: Rowman & Littlefield 1981)에 재수록 되어 있기도 하다.

34 이에 관해서는, A. Smith, 앞의 책, Book IV Chap. 2를 볼 것.

질적 구호에도 불구하고(아니, 실은 그 때문에) 빈부격차와 사회적 불평등이 부추겨지고 깊어진다는 측면 역시 결코 간과해서는 안 되리라 여겨진다. 그러나 이러한 부정적인 현상을 극복하기 위한 국가의 개입은 기본적으로 '개인의 자유'를 보호한다는 명분으로 억제될 수밖에 없다. 왜냐하면 국가 자체가 자유주의 국가이기 때문이다. 아울러 정치 · 제도적 영역을 벗어난 사회의 다른 분야, 예컨대 산업조직이나 경제구조에서의 민주화 역시 마찬가지로 기꺼이 받아들여지지 않는다. 예를 들어 기업이나 작업장에서의 의사결정에 근로대중이 동참한다는 것은 자유주의 및 시장경제의 원리와 어긋나는 것으로 인식되는 것이다. 뿐만 아니라 복잡한 사회관계와 방대한 관료조직은 국민 개개인의 합리적이고 적극적인 정치참여의 길을 막아버린다. 개인은 무기력하다. 결과적으로 자유민주주의적 개인은 오히려 자유주의가 그처럼 높이 기려마지 않는 개인주의의 희생물로 굴러 떨어진다.[35] 왜냐하면 자유민주주의의 깃발 아래서는 거인만이 진정한 개인이기 때문이다. 그리하여 구가되는 경제번영의 뒤안길에는 '개인 없는 개인주의'가 음습하게 번져나갈 수밖에 없는 것이다. 이처럼 자유민주주의의 수사학과 자유민주주의의 경험적 현실은 엄청난 괴리를 보여준다고 말할 수 있다. 이러한 측면 역시 우리의 영혼에 상흔을 입히는 것이다.

---

35 예컨대 갠즈는 개인주의를 오히려 자유민주주의의 "수많은 장애들 중의 하나"로 간주한다. 그러나 이 주장은 "자유민주주의는 기본적으로 평등주의적 복지국가다"라는 그의 '특이한' 규정에서 비롯한다. 그러나 갠즈의 이러한 정의는 자유민주주의의 본성이 아니라 자신의 희망으로부터 도출된 것이라 할 수 있다. Herbert J. Gans, Middle American Individualism : The Future of Liberal Democracy(The Free Press: New York 1988), p.121

넷째, 결과적으로 우리 모두는 '공생'을 위한 길라잡이에는 전혀 관심이 없고, 오직 '독주'에만 치성을 들이려 한다. 마치 온 사회가 어느 유명작가의 소설 제목처럼, '낯익은 타인들의 도시'[36]로 급속히 변모해 가는 것처럼 비친다.

더구나 전 세계를 단일시장화 하는 '세계화'의 확산과 더불어, 소비주의 · 물신주의가 동시에 세계화하고 있다. 이처럼 물신주의가 팽배할 때, "공익을 추구하는 존재로서의 '시민형 인간' 개념은 사라지고, 발가벗은 자신만의 사적 이익만을 추구하는 '시장형 인간'만이 활개치게 된다".[37]

결국 사회적 '사익 절대주의'가 그 자연스러운 종착점이 되리라 함은 의심의 여지가 없는 일이고, 아울러 그곳이 바로 '영혼 없는 기계'의 온상이 되리라 함 역시 부인할 수 없는 사실이다.

게다가 날이 갈수록 자연과 멀어지는 통에, 우리의 '영혼'은 더더욱 안주할 곳을 찾지 못해 숨조차 제대로 쉬지 못할 지경에 이를 정도가 된다. 모든 게 다 '기계적'으로 이루어지기 때문이다. 가장 '인간적인' 갈등양상의 하나인 법적인 소송사건의 절차와 운용 역시 예외가 아니다. 앞으로 가일층 '기계화' 할 것 같다.

얼마 전 예컨대 '전자소송시대'의 개막을 알리는 언론보도[38]가 적잖은 사람들의 경각심을 불러일으킨 적이 있었다

이를테면 종이서류가 필요 없어지는, 전자소송시대가 열리기 시

---

36 최인호,《낯익은 타인들의 도시》(여백 2011)

37 강정인, "세계화 그리고 민주주의의 미래", 강정인 · 김세걸 편,《현대 민주주의론의 경향과 쟁점》(문학과 지성사 1994), 38~40쪽

38 서울신문(2010. 04. 26)

작한다는 말이다. 요컨대 재판 당사자가 소장과 증거 등 소송 관련 서류를 인터넷으로 제출하면, 법원이 판결문이나 결정문을 전자문서로 회송하는 '인터넷 재판'이 개막하리란 것이다. 이 인터넷 재판이 우선 특허사건을 기점으로 해서, 앞으로 민사사건, 행정 · 가사 · 도산 사건 분야 등으로 점차 확대될 전망이라 한다. 결과적으로 법원을 방문하거나 대기할 필요조차 없이, 가정과 사무실에서 간단한 인터넷 손놀림으로 소송서류 제출이 가능해짐으로써, 재판진행이 신속하고 편리해지리라는 것이 사법부 주변의 희망찬 기대인 것 같다. 경우에 따라서는 변호사도 필요 없어지는, '나 홀로 소송'도 거뜬해질 것이라는 예측도 나돌고 있다.

어쨌든 로그인만 하면 각종 소송문서를 온라인으로 작성 · 제출하고, 법원이 송달한 전자문서를 열람 · 확인 · 출력할 수도 있다 한다. 소송비용까지 인터넷으로 납부 · 환급할 수 있게 되고, 사건기록도 실시간 조회가 가능해지리라는 것이다. 가령 법원이 소장을 접수하게 되면, 법원은 사건번호를 즉시 만들어 당사자에게 전자우편과 휴대전화 문자메시지로 통지한다. 가히 소송의 천국이 도래할 것만 같아 보인다. 그런 탓에, 머지않아 우리나라도 예컨대 선진대국 미국을 추종해, 몰 인간적인 '법 만능주의' 국가로 전락하지는 않을까, 몹시 우려된다.

그런데 이런 면에서, 미국이란 도대체 어떠한 나라인가? 그리고 인터넷 재판의 개장을 앞두고, 무엇 때문에 벌써부터 미국을 이렇게 모범국가인 양 성급히 입질에 올리게 되는 것일까 …?

미국이야말로 자유민주주의가 굳건히 뿌리내린, 전 세계의 대표선수와 다를 바 없는 상징적인 민주국가의 일원이라는 사실에 대해 아마도 이의를 제기할 사람은 거의 없으리라 짐작된다. 물론 봉건주의를 체험하지는 않았지만 가장 먼저 시민혁명을 치렀고, 그리하여 자유와 평등의 이상을 가장 먼저, 그리고 가장 이상적인 조건 아래서 내세우고 추구할 수 있었던, 지구상 거의 유일한 나라가 바로 미국이었다. 그리하여 미국에 첫발을 들여놓은 새로운 이주자들은, 유럽의 경우처럼, 기존의 낡은 사회조직(예컨대 '앙샹레짐'ancien regime 같은 것)을 변혁하고자 했던 것이 아니라, 이전 역사에 한 번도 존재해본 적이 없었던 전혀 새로운 속성의 국가를 처음으로 수립하고자 하는 뜨거운 열망에 부풀어 있었던 것이다.

드넓은 땅과 비옥한 토지와 풍부한 자연자원, 그리고 전통적인 착취와 억압을 겪지 않아도 좋았던 순수한 사회환경은 그야말로 원대한 건설과 "위대한 실험"의 성공을 미리부터 점지해주는 약속의 징표들이었다. 이 새로운 역사적 과정들은 미국 혁명이 발발하기 이전에 이미 착수되기도 하였다. 그랬기 때문에 두 번째 대통령이었던 존 애덤스(John Adams)도 독립전쟁은 "혁명전쟁이 아니었다. 왜냐하면 전쟁이 1775년 4월 19일 콩코드(Concord)와 렉싱턴(Lexington)의 소규모 전투에서 개시되기 이전에, 혁명이 이미 인민과 식민지 연합군의 마음 속에서 완료되어 있었기 때문"이라고 술회하지 않았던가.[39]

이렇게 볼 때, 오늘날 정치 · 군사 · 경제 등 거의 모든 분야에서 세계를 제패하고 있는 미국의 호방한 걸음걸이는 어쩌면 '역사적 필연'일지도 모른다. 하지만 그것만이 다가 아니다. 적잖은 의혹의 그림자를 길게 드리우고 있음 또한 부인하기 힘들기 때문이다. 심각한 물

---

[39] 애덤스(John Adams)는 이런 내용의 편지를 1816년 1월 1일 Dr. Mise에게 보낸 적이 있다 ; Andrew R. Cecil, Equality, Tolerance and Loyalty : Virtues Serving the Common Purpose of Democracy (The University of Texas at Dallas 1990), p.54 에서 재인용

음을 던질 수밖에 없다.

오늘날 미국은 과연 '자유'와 '평등'의 무기로 세계의 패권을 장악하고 있는가? 요컨대 자랑스러운 "혁명에 의해 창조된" 미국은 지금 인류의 원대한 꿈을 이 지상에 심기 위해 스스로의 힘으로 쌓아 올린 저 자유와 평등의 이상을 솔선하여 세계를 향해 발산하고 있는가 하는 물음인 것이다.[40] 유럽과는 달리 사회주의의 본격적인 세례를 받아본 적도 없이[41] 거의 독야청청 미국의 운명을 도맡아온 자유민주주의는 과연 어떠한 결과를 성취해내었는가? 미국은 과연 평등한 사회인가? 그렇지 못하다면 그 이유는 도대체 무엇인가? 한마디로 미국은 '제3세계적 세계 초강대국'이다.

미국의 자유주의는 한 번도 심각한 외부의 적과 맞닥뜨린 적이

---

40 데이비스는 미국과 프랑스 혁명 200주년에 즈음하여, 특히 "메시아적 꿈"을 혁명에 실어 건설된 미국이 왜 오늘날 "민중혁명의 주적(主敵)"이 되었으며, 쿠바의 바티스타(Batista), 필리핀의 마르코스(Marcos), 니카라과의 소모사(Somoza), 칠레의 피노체(Pinochet), 이란의 팔레비(Pahlavi) 등과 같은 반동적 지도자들을 지원하는 "신 메테르니히주의자"가 되었는가 하고 개탄하면서, 그의 글을 시작하고 있다. 이어서 그는 미국 혁명의 큰 뜻은 이미 오래 전에 "전 인류의 대의(大義)"이기를 그만두었다고 아쉬움을 토로한다. David Brion Davis, Revolutions : Reflections on American Equality and Foreign Liberations (Harvard University Press 1990), p.3

41 '미국에는 왜 사회주의가 존재하지 않는가?'라는 질문은, 립셋의 표현을 빌리면, 마르크스주의 이론가들에게는 "주된 당혹감"을 불러일으키는 문제다. 이 주제에 관한 가장 포괄적인 연구 가운데 하나는 S.M. Lipset, "Why No Socialism in the United States?", in : S. Bialer and S. Sluzar(ed.), Radicalism in the Contemporary Age, vol.1, Sources of Contemporary Radicalism (Westview Press: Colorado 1977), pp.31~150(인용은 p.32);

없다.[42] 미국의 정치질서도 오로지 공화당과 민주당, 두 자유주의 정당에 의해 대변되고 있을 뿐이다. 게다가 연방주의적 전통으로 말미암아, 미국의 자유주의는 국가권력의 축소에만 골몰해 왔다. 언제나 개인적 권리 및 자유의 수호만이 최대의 관심사였다. 그로 인해 정치의 개인주의화가 자연스레 전개하였다. 유럽에서 흔히 목격할 수 있는 경우와는 달리, 특히 미국에는 자국민을 하나로 통합시켜줄 수 있는 민족국가적 전통과 구심력이 지극히 박약하다. 또 그렇기 때문에 개인주의가 더욱 더 활성화할 수 있는 추진력 또한 그에 기인하는 바 적지 않게 된다. 실은 바로 이 개인주의가 사회적 평등화에 심각한 걸림돌이 되고 있는 것이다.[43]

인종적 · 문화적 다양성과 개인주의의 확산은 공통된 사회적 관습 및 규범의 형성을 저해한다. 법은 따라서 유일한 국민적 충성심의 대상으로 군림한다. 법치주의를 뛰어넘는 법 만능주의가 사회를 지배할 수밖에 없음은 지극히 자연스러운 현상이라 할 수 있을 정도다. 이런 의미에서, 미국이야말로 바로 '변호사 천국'이라는 일반적 평가는 결코 과장된 것이 아니다. 법 만능주의는 다시 개인주의를 심화하고,

---

42 이러한 측면을 특히 강조하는 것은 Louis Hartz, The Liberal Tradition in America : An Interpretation of American Political Thought Since the Revolution (New York: Harcourt, Brace and World 1955)이다. 그는 미국에는 봉건주의와 사회주의가 모두 결여되어 있었기 때문에, 미국 역사에서의 갈등과 논쟁은 모두 자유주의 내부의 다양한 차이들에서 유래하는 것이라 못박는다. 그러나 그는 동시에 미국의 자유주의가 경쟁적인 이데올로기를 곁에 두지 못했기 때문에, 이념적 체계와 엄밀성을 상실하였다고 주장하기도 한다.

43 Daniel Bell, "The End of American Exceptionalism", in : Nathan Glazer and Irving Kristol(eds.), The American Commonwealth 1976 (New York: Basic Books 1976), p.209 ;

인간 상호간의 관계를 물화(物化)하는 뛰어난 효능을 발휘한다. 악순환이다. 미국에서 예컨대 "안녕하십니까?" 하는 우리네 인사말만큼이나 흔하게, "당신을 고소하겠다"(I will sue you)는 말을 대단히 자주 그리고 아주 자연스럽게 주고받는 이유도 이런 데 기인하지 않나 생각될 정도다. 아마도 '고맙다'(thank you)는 말 다음으로 흔하게 쓰는 말이 이 말이리라 짐작된다.

예컨대 지난 90년대 초반 한 해 동안의 소송건수가 무려 2억 건에 달한 적이 있었다는 통계가 나온 적도 있다. 미 국민 1인당 1년에 거의 한 건씩 소송을 제기한 셈이다. 그런데 미국인은 왜 자신의 나라를 '변호사 천국'으로 만들고 있을까, 왜 그럴까?

자율적이고 결속력 있는 사회운동의 역사적 전통이 저조한 탓에 자연스럽게 일어날 수 있는 현상일 가능성도 적지 않다. 주민의 어려움과 이해관계를 대변하고 옹호할 강력한 사회운동 조직이 활발하게 움직이고 있다면, 이들이 앞장서서 변호사를 대신해 시민의 권익을 지켜줄 수도 있겠지만, 사실이 그렇지 못한 것처럼 보인다. 거기엔 매사를 개인이 알아서 독자적으로 처리해온 개인주의적 전통과 관행이 적잖게 작용하고 있으리라 여겨지기도 한다. 이러한 미국과는 달리, 특히 다양한 사회주의적 세례를 경험한 서유럽은 인간적 유대와 단합에 뿌리내린 사회운동이 꽤 활발하게 전개된 전통을 갖고 있다. 게다가 민족국가적 전통이 튼튼히 그 뒷배를 봐주기도 한다. 이를테면 사회적으로 소외되어 있는 주민집단의 권익을 법적 · 사회복지적 차원에서 자율적으로 지키려는 범국가적 차원의 단합된 움직임 같은 것이 줄기차게 이루어져온 것이다. 그러나 이러한 측면이 미국에는 상당히 결여되어 있는 것처럼 보인다.

결과적으로 실제로는 '힘센 놈이 최고'라는 현실인식에 똬리를 틀고 앉아 있는 자유주의적 개인주의가 미국사회를 물 샐 틈 없이 장악하게 되었다. 따라서 사회적 약자에 대한 돈독한 관심과 배려에 원천적으로 등한할 수밖에 없는 상황이 손쉽게 만들어질 수 있었다. 그리하여 미국에서는 공동체적 연대로 튼튼히 결속한 자율적인 사회운동 조직으로부터의 지원을 거의 기대할 수 없는 형편이 일상적이지 않을까 짐작되기도 한다. 원래부터 집단적인 소통과 결속이 그리 손쉽지만은 않았던 탓이다. 그러니 고통을 겪고 있는 개인이 있다면, 어디에 가장 먼저 호소하게 될까. 가장 손쉽게 상의하고 의지할 수 있는 대상은 자연스럽게 가장 가까이서 그리고 또 신뢰할만하게 법적인 문제를 성실히 처리해주는 변호사밖에 없지 않겠는가. 이렇게 본다면, 미국의 법치주의는 지극히 자연스럽게 '법 만능주의'로 귀결할 수밖에 없으리라 여겨진다. 이처럼 미국에서는 개인주의와 법 만능주의가 서로 떼려야 뗄 수 없이 견고하게 결속해 있는 것처럼 보인다. 끈질긴 악순환의 두 축인 것이다.

그렇다면 가장 본질적인 국가존립의 기본토대가 되는 국민의 건강상태 및 수준은 과연 어떠할까?

특히 약물 과다복용으로 인한 미 국민의 사망률이 유럽보다 훨씬 높고, 오히려 21세기 들어 더욱 급증하고 있다고 한다.

유엔이 발표한 세계 인구현황 보고서에 들어있는 2015~2020년의 국가별 평균수명을 보면, 일본이 84.7세로 세계 1위를 달리고 있다. 그 뒤에 한국, 이탈리아, 스위스, 싱가포르, 아이슬란드, 스페인, 호주, 이스라엘, 스웨덴이 세계 2~10위를 차지하고 있다. 그런데 미국은 78.3세로 여기에 수록된 201개국 중 48위에 그쳤다. 이는 OECD 평균에도 못 미치는 수치이다. 미국의 저조한 평균수명과 높은 조기 사망률이 과연 보건 및 의료 제도의 차이에서만 기인하는 걸까?

그런데 미국인이 유럽인에 비해 조기 사망하는 이유는 과연 무엇일까?[44]

가령 30세 미국인이 사망할 확률이 30세 유럽인의 3배에 달한다. 30세만 그런 게 아니다. 거의 모든 연령 대에서 동갑내기 유럽인에 비해 미국인이 일찍 사망할 확률이 높게 나온다. 게다가 그 확률의 차이가 갈수록 커지고 있다니, 그저 그런 식의 소소한 문제는 아닌 것 같다.

일례로 2017년의 경우, 미국의 나이별 사망률이 유럽과 같았다면, 사망자가 40만 명 가량 적었을 것으로 집계된다. 이는 같은 해 사망자 수의 12%에 달하는 수치다. 85세 이후만 보면 그 비율이 25%로 훨씬 더 높게 잡힌다.

우선 미국과 유럽의 사망률 차이의 55%가 비만에 기인한다는 조사 결과도 나온 바 있다. 가령 2016년에는 미국의 성인 비만율이 40%로 유럽보다 훨씬 높게 나온다. 게다가 부유한 국가들 중에서 보편적인 의료보험이 없는 유일한 나라 역시 미국이다.

게다가 무엇보다 미국에서의 약물 과다복용 문제는 점점 심각해지는 양상을 띠고 있다.

1990년대에 정부의 소홀한 관리·감독으로 인해 대형 제약회사들이 안전문제가 제기되던 진통제들을 급격히 시판하기 시작했는데, 이것이 아편류 진통제의 과다복용으로 인한 사망을 급증하게 만드는 기폭제로 작용하기도 했다. 이들 대형 제약회사들은 강력한 로비에 힘입어 아편류 진통제를 대대적으로 홍보하고 판매할 수 있었다. 이후 규제가 이뤄지기는 했으나, 이미 때늦은 셈이 되었다. 무엇보다 저

44　민중의 소리(2021.05.05)

소득 지역과 저학력 층에서 아편류 진통제의 불법 복용이 급속도로 확산한 것이다.

뿐만 아니라 자살이나 알코올 과다섭취로 인한 사망 역시 급증하였다. 이러한 현상을 목도한 한 경제학자는 미국에 바야흐로 '절망사'가 전염병처럼 확산하고 있다고 개탄하기도 했다. 그런데 21세기 들어 조기 사망률이 가장 많이 증가한 계층이 바로 저학력 집단이었던 것이다.

다른 한편 비만이 건강에 상당한 악영향을 끼친다는 사실이 널리 알려져 있음에도 불구하고, 미 국민은 여전히 건강에 유해한 음식들을 굉장히 선호하는 편이다. 물론 생리적으로 단 음식과 지방을 좋아해서 그렇기도 하겠지만, 무엇보다 이러한 부정적인 대중적 기호에 편승하여 거대한 수익을 거두어들이는 대형 식료품생산자와 유통업체들의 간교한 상술이 상존한다는 측면 역시 결코 무시할 수만은 없으리라.

뿐만 아니라 결국 자원과 권력의 불평등한 분배로 귀결하는 미국 사회의 구조적인 인종차별 습성 또한 유색인종의 건강에 크나큰 악영향을 끼친다. 유색인종은 보건의료 서비스나 건강보험 문제에서 차별을 감수하지 않으면 안 되도록 되어 있다. 다수로 이루어진 백인 남성 의사들은 특히 임신과 출산 과정에서 흑인이나 히스패닉 계의 건강 이상 신호에 별반 크게 신경을 쓰지 않는 관행에 물들어 있는 것으로 판명되기도 했다. 결과적으로 흑인과 히스패닉 계의 영아 및 산모 사망률이 상대적으로 높은 수치를 기록하는 것이 그렇게 비정상적인 현상만은 아니다. 반면에 흑인 의사가 치료할 경우, 흑인 영아의 상태가 훨씬 호전되는 것으로 드러나기도 한 바가 있을 정도다.

게다가 소득불평등 정도가 유독 심한 미국의 실정 상 인종간의 간극이 더욱 더 크게 벌어질 수밖에 없으리라는 것 또한 그리 기이한 일은 아니다. 게다가 미국에는 이러한 간극을 메워줄 사회보장 제도가 상대적으로 부실하다는 것 역시 널리 알려진 사실이다. 미국이 다른 OECD 국가들 수준의 사회보장 제도만 갖추고 있어도 평균수명이 3~4년 가량은 길어지리라는 연구결과가 나온 바도 있다.

어쨌든 이 모든 사실을 종합해 보건대, 미국의 높은 사망률은 비단 의약 및 공중보건 분야의 문제점에 국한될 뿐만이 아니라, 미국사회에 깊이 박혀있는 여러 구조적인 적폐에 기인하기도 한다고 말할 수 있을 것이다.

이러한 상황에서, 미국이 과연 얼마만큼이나 다른 나라들이 따라야 할 모범적인 국가모델로 손꼽힐 수 있을지 깊은 회의가 엄습할 수밖에 없으리라 예측된다.

하지만 우리나라는 과연 무사할까?

실은 널리 인간을 이롭게 한다는 '홍익인간' 정신의 아리따운 전통을 무색케 만들며, 장차 비인간적 물질주의의 폐해로 휘청거리는 이러한 미국을 황공하게도 추월할지도 모르리라는 불길한 예감까지 엄습함을 숨기기 힘들 정도다.

더구나 '4차 산업혁명' 이슈로 온 사회가 시끌벅적한 상태다. 인공지능(AI), 사물 인터넷(IoT), 빅데이터, 모바일 등등 첨단 정보통신기술이 경제·사회 전반에 융합되어 혁신적인 변화가 본격화한다면, 과연 어떤 일이 벌어지게 될까 …?

나는 심지어 천주교의 고해성사까지도 머지않아 4차 혁명의 제물이 되지 말라는 법이 있을까 하는 상상까지 해보곤 한다. 이렇게 되면, 참회자는 신부를 은밀하게 1:1로 마주할 필요조차 없게 될 것이다. 어떤 특정 전자장치를 향해서, 먼저 양심적인 성찰을 통해 지은 모든 죄를 생각해 내고는 다시는 이 같은 죄를 저지르지 않겠노라 깊이 뉘우치는 통회의 고백과정을 거치게 된다면, 그 기계는 고해신부를 대신하여 대단히 성스럽게 '과학적으로' 보속의 종류와 양을 정해줄 것이다. 이윽고 고해자는 이렇게 할당받은 보속을 실천함으로써, '드디어 고해성사가 끝났구나' 하고 흡족해하지 않을까 싶다. 아니면 정반대로, 어떤 특정적인 기계가 참회자를 대신하여 그 통회의 업무까지 대행하고 또 보속의 내용까지 알아서 스스로 결정하는, 요컨대 기계와 기계끼리 고해성사까지 다 알아서 자동적으로 처리하는 그런 날이 오지는 않을까 하는 상상까지 해보게 될 정도다. 대단히 가연성 높은 이런 불길한 예측으로 인해, 벌써부터 모골이 송연해진다.

하지만 오늘날 이루어지고 있는 가장 실질적인 인간관계의 현장을 한 번 맥짚어보게 되면, 이런 식으로 범 우주적인 차원의 거대한 상상의 나래까지 펼 필요조차 없어지지 않으랴 싶다.

인간을 가장 행복하게 만드는 것도 인간관계이고, 동시에 또 가장 불행하게 만드는 것 역시 인간관계임은 물론이다. 그런데 다름 아닌 이 4차 혁명의 예열이 이미 이 인간관계까지 서서히 교란하기 시작하는 눈치다.

근래에 들어 '비연속성', '즉흥성', '단발성' 등을 야기함으로써 SNS로 인해 왜곡되어지는 인간관계에 대한 자성의 움직임이 예사롭지 않게 비등하고 있는 경향을 보인다. 하기야 '인맥 왕(王)', '인맥 거지', '인맥 커팅', '인맥 다이어트' 등과 같은 신조어들이 출현한 지 이미 오래다. 예컨대 '티슈인맥'이란 말은 인간관계를 한 번 쓰고 미련 없이 버리는 티슈에 비유한 것으로서 관계와 권태기를 조합한 신조어인 '관태기' 등속의 어휘가 회자될 때 이미 등장했다.

이 같은 새로운 개념들은 페이스북, 카카오스토리 등 온라인 커뮤니티 활동으로 생겨나는 인간관계야말로 실은 외로움을 더욱 더 부추기는 "피상적이고 얄팍한" 관계 맺기에 지나지 않는다는 자성의 산물로 생성된 것처럼 보인다. 결국 이러한 "형식적인 인간관계"에 피로감을 느끼며 "가볍고 넓은 인맥"이 무의미하다는 것을 절감하고는, "진짜 친구"를 찾고자 노력하는 사람들이 부쩍 늘어나고 있는 추세라 한다. 그들은 요컨대 "인맥왕이 무슨 소용 있느냐"고 빈정거리며, 오히려 "인맥 거지"를 자처하는 쪽이다. 이러한 '현대'인들의 수가 증가세를 타고 있다. 이런 식으로 "인간관계를 정리하고자" 애쓰는 부류가 성인의 64%에 달한다는 언론보도까지 있을 정도다.[45]

갖가지 사례까지 속속 자태를 드러내기도 한다. 예컨대 대학시절 '인맥 왕'이라고 자부했던 어느 젊은이는 모처럼 생긴 여유에 친구를 불러 술 한 잔 할까 하다가 결국 '혼술'(혼자 먹는 술)을 택할 수밖에 없었노라 한탄하며, 휴대폰에 저장된 962명의 연락처 중 연락이 끊긴 지인이 절반 이상을 차지했다고 털어놓기도 할 정도다. 그는 "이 기회에 연락을 안 하는 친구들을 삭제하고 나니, 스마트폰에 저장된 친구·지인이 정말 몇 명 안 남더라"고 토로하며, "가볍고 넓은 인맥이 도대체 무슨 소용이 있나" 하고 개탄하기도 한다. 그리하여 이들은 스스로 '인맥 다이어트'를 추구하기도 한다. 요컨대 '양'을 지향하기보다는, 속을 터놓을 수 있는 '소수'의 질 좋은 지인들에 몰두하고 싶다는 욕구의 표출인 것이다.

어쨌든 어떻게 해서라도 인간관계의 폭을 넓히는 일이 긴요하다고 생각하는 고독한 현대인들의 맹목적인 가치관 탓이리라. 그러나

---

45 뉴시스(2017.04.29)

이러한 상황이 급변하고 있다. '인맥보다는 소맥(소주─맥주 폭탄주)'라는 자조 섞인 새로운 화법도 널리 퍼지고 있다. 말인즉슨 지난날에는 사회생활의 수단으로서 허황한 짓거리라고까지 말할 수 있을 정도의 양적인 인맥구축을 추구했다면, 이제는 질과 깊이를 중시하는 참되고 실질적인 인간관계의 값어치를 제대로 깨닫게 되었다는 말이 되겠다. 달리 표현하면, 사회적 기계화·전산화가 자초한 '영혼의 기계화' 현상이 빚어낸 부조리의 일단을 서서히 각성하기 시작한 태도라 할 수도 있으리라. 적잖이 고무적이기도 한 측면이 분명히 있다. 그런데 현대인들은 도대체 어떻게 살아가고 있는가?

2) 현대인의 실존 양식 : 엘리베이터 안의 고독

이미 살펴보았듯이, '인연론'은 근본적으로 '관계맺음'의 필연성과 그 존엄성을 깊이 존중하는 가치관에 입각해 있다. 그러므로 관계로 맺어진 타 개체 및 집단을 참답게 배려하는 습성을 귀중히 여기는 생활자세에 자연스레 가닿는다. 그 와중에 종내는 값진 휴머니즘으로 승화할 수 있는 기틀을 소중히 간직하게 되는 것이다.

하지만 나는 현대사회의 적막한 인간관계의 특성을 대단히 흥미롭고 상징적으로 드러내 보여주는 특이한 관계맺음을 일상적으로 체험하곤 한다.

하필 나 혼자에게만 예외적으로 나타나는 해괴한 특이증상인지는 잘 모르겠으나, 나는 엘리베이터에 타기만 하면 금세 '고독'을 절감한다. 답답하고, 아득하고, 무기력하고, 막막해진다. 눈을 감을 수도, 뜰 수도 없다. 입을 열 수조차 없다. 그런 탓에, 혹 나 자신의 개인적인 정신건강상 이상징후일지도 모른다는 우려가 엄습하기 일쑤다.

엘리베이터에 함께 타고 있는 승객들은, 그 순간만은, 대단히 협소한 동일 시공간에 공존·공생하는 결정적인 운명공동체를 형성한다. 같은 시간에 몸과 몸이 맞닿는 가장 은밀한 폐쇄공간 속에서 함께 서로 숨결을 나누고 있는 것이다. 비좁은 엘리베이터 안의 한정된 공기를 공유하는 탓으로, 내밀한 오장육부를 두루 다 거쳐온 각자가 내뱉는 숨결을 코와 입을 통해 서로 은밀히 주고받을 정도로 서로 밀착해 있다. 그럼에도 불구하고 이들은 마치 정탐꾼이나 지명수배자인 것처럼, 아니면 밀명을 띠고 잠입하는 독립군과도 같이, 서로 짓눌린 방어자세를 취하며 경원하는 눈빛으로 서로 낯설게 대치하고 있는 것이다. 대화를 나누기도 어색하고, 얼굴만 멀뚱히 쳐다보고 있는 것도 민망스러워, 공허하게 엘리베이터 바닥이나 천장을 속절없이 두리번거리기 일쑤다. 층수 표시램프만 속죄양이 된다. 물론 자신이 내릴 층을 확인하기 위해 바라다보는 경우도 있겠지만, 실은 시선을 둘 곳 몰라 방황하는 승객들의 고충을 어줍잖게나마 해결해주는 절호의 찬스를 제공하기 때문에 표시램프 쪽으로 시선을 집중하는 것이다. 어쨌든 엘리베이터 안의 그 순간만은 온 세상에서 가장 가까이 서로 마주하고 있음에도 흡사 각기 자신만의 무인도에 갇혀 홀로 생존을 위해 몸부림치는 사람들처럼, 자기소외와 고립감에 처절히 시달리는 모습만을 보여준다.

하지만 이들, 엘리베이터 안의 동지들은 무릇 운명공동체다. 그것도 동일한 순간과 동일한 공간에서, 숨막힐 듯 가장 끈끈하게 상호 밀착해 있는 운명공동체인 것이다. 그러나 더할 나위 없이 서로 완강히 밀착해 있긴 하지만, 실은 상호 화합과 소통이 철저히 차단된 격벽 속에 갇힌 채 가장 냉혹하게 서로 대치하고 있는 듯이 보이는, 가장 고독한 동아리처럼 여겨진다. 마치 코로나 스타일의 '거리 두기' 철칙을 고수하며 고독하게 평생을 격리돼 살아가도록, 저주로 가득 찬 실형이라도 선고받은 사람들 같아 보인다.

하기야 현대인들이 나날이 이렇게 각박한 모습으로 살아가고 있지나 않을지 … ?

어쩌면 우리 현대인 모두가 함께 공동생활을 영위하는 이 공간, 요컨대 마을과 도시와 나라 등속이 다 사실상 거대한 엘리베이터일지 모른다. 그것도 끝간 데 없이 단조롭고 무미건조하게 일상생활이 꾸려지는 서슬 푸른 감옥과도 같은 엘리베이터. 나는 오늘도 현대인의 실존적 참상을 가차없이 드러내 보여주는 이 엘리베이터에 또 몸을 싣는다.

그런데 이 엘리베이터 안에서 과연 우리는 매일 어떠한 일상을 체험하고 있을까.

가령 우리는 아침에 '현대' 아파트에서 일어나, '현대' 자동차를 타고 출근해서, '현대' 건설이 지은 빌딩에서 하루 종일 일하다가, 저녁에는 퇴근해서 '현대' 백화점에 들러 쇼핑을 하고 다시 '현대' 아파트로 돌아와 잠든다. 이처럼 우리 '현대'인들은 매양 '영혼 없는 기계'처럼 돌아간다. 우리의 거리는 고독한 '현대'적 규격품인 이러한 '영혼 없는 기계'들로 넘쳐난다. 알고리즘의 화신이다.

그런데 이 엘리베이터 안의 인간문법은 도대체 어떠한 속내를 지니고 있을까?

예컨대 오스트리아 빈에서 태어난 유태인 철학자 마르틴 부버(Martin Buber)는 1923년 불후의 명저 《나와 너》(Ich und Du)를 출간한

바 있다.[46]

여기서 부버는 우리 인간존재를 일반적으로 '나─너'(Ich─Du), 그리고 '나─그것'(Ich─Es), 이 두 개의 '근원어'(Grundworte)로 개념화할 수 있는 '관계'(Beziehung)로써만 규정할 수 있다고 역설한다. 그에 의하면, '나'는 오로지 '나'만으로서는 존재할 수 없다. 말하자면 우리가 '나'라고 말할 때, 그것은 '나─너'의 '나'이거나 아니면 '나─그것'의 '나'이지, 그 외의 독자적인 '나'란 결코 있을 수 없다는 말이다.

장자도 많은 평자들이 '중국 철학사의 최고봉'이라 일컫기도 하는 《제물론》(齊物論)에서 비슷한 어조로 자신의 견해를 밝힌바 있다[47]. 장자에 의하면, 사물은 모두 '저것' 아닌 것이 없고, 동시에 모두 '이것' 아닌 것이 없다. 말하자면 '저것'은 '이것'에서 나오고, '이것'은 '저것' 때문에 생겨난다는 말이다. 요컨대 '삶이 있기에 죽음이 있고, 죽음이 있기에 삶이 있다. 그리고 옳음이 있기에 그름이 있고, 그름이 있기에 옳음이 있지 아니한가' 하는 지적이다. 따라서 장자는 옳음도 무한한 변화의 하나요 그름도 무한한 변화의 하나이니, "무엇보다 '옳고 그름을 넘어서서 모든 것을 꿰뚫어 보는' 밝음이 있어야 한다"고 역설한 것이다. 한마디로 이분법적 사고방식에서 비롯하는 일방적 편견을 버리라는 말이리라. 요컨대 '이것'이라는 말은 '저것'이라는 말이 없을 때는 의미가 없고, '이것'이라는 말은 반드시 '저것'이라는 말을 전제로 하고 있다는 것이다. 즉 '이것'이라는 말속에는 '저것'이라는 말이 이미 내포되어 있는 고로, '이것'이 없으면 '저것'이 없고, '저

---

46 Martin Buber 지음/표재명 옮김, 《나와 너》(문예출판사 2001년 제2판 제5쇄), 이곳 저곳 참고

47 오강남 풀이, 《장자》(현암사 12쇄, 2005), 81쪽 이하

것'이 없으면 '이것'도 없게 된다. 이런 의미에서 '이것'은 '저것'을 낳고, '저것'은 '이것'을 낳게 되는 셈이다. 마르틴 부버 식으로 환원하면, '너'가 없으면 '나'가 없고, '나'가 없으면 '너'가 없다는 말이 될 수 있다. 장자는 이렇게 서로가 서로를 가능케 하는 것을 '방생'(方生)이라 규정하였다. 주석가들은 이러한 논지야말로, 우리가 진정으로 자유로우려면 사물의 한 면만을 보고 오직 거기에만 집착하려드는 옹고집과 다툼을 버려야 한다는 것을 '일깨워 주기' 위한 장자의 '구속론적 관심'에서 비롯하는 것이라 역설한다.

　어쨌든 부버는 인간세계를 지배하는 것은 바로 근본적으로 상이한 두 개의 질서라 주장한다. 하나는 '나―너'의 근원어에 바탕을 둔 인격 공동체이며, 다른 하나는 '나―그것'에 뿌리내린 것으로서, 다른 사람을 자신의 욕망을 충족하기 위한 수단, 곧 '그것'으로 밖에는 취급하지 않는 집단적 사회를 일컫는다. 그런데 '나―너'가 인격적인 관계인데 반해, '나―그것'은 이해관계, 소유관계, 목적관계 등이 뒤얽힌 비인격적 관계로 비하된다. 그리하여 전자는 참다운 '대화'(Dialog)가 이루어지는 관계라 할 수 있지만, 후자는 오직 '독백'(Monolog)만을 낳는 사회라 이를 수 있다는 것이 부버의 지론인 것이다.

　이 경우 '나―너'의 근원어로 맺어지는 인간관계는 '나'의 온 존재를 다 쏟아부은 행위의 소산으로서, "모든 참된 삶은 만남"이라는 인간 실존의 본질과 직결된다. 이런 의미에서, 이 '나―너'의 관계야말로 인간의 주체적인 체험의 결실로서 인격의 세계라 이를 수 있다는 것이다. 이를테면 '나'는 '너'로 인하여 비로소 '나'가 될 수 있다는 말이다. 바로 이런 관점에서, 부버는 '만남과 대화의 철학'을 역설하는 것이다.

　한마디로 말해, 이 '나―너'의 관계야말로 우리가 타자와 맺는 가장 긴밀한 인격적인 관계라 할 수 있다는 말이다. 이러한 관계를 통해 우리는 비로소 인격으로서의 자신을 깨달을 뿐만 아니라, 동시에 타자를 하나의 인격적 주체로서 만나게 되는 것이다. 반면에 '나―그것'의 관계에서는 타인은 '그것', 즉 오로지 비인격적 존재로 인식되게 됨으로써, 결국 '나'의 수단으로만 이용될 따름이다.

그렇다고 해서 '나―그것'의 관계가, 다른 사람을 하나의 사물과 같이 취급해 자신의 수단으로 삼아버리거나 또는 사람과 사람 사이에 발생하는 문제를 조건과 조건, 사물과 사물 사이의 문제 같은 것으로만 환원시켜버리는 저급한 차원에만 머무는 것은 아니다. 그러한 수준을 뛰어넘어, 그것은 과학적 관찰, 지식의 획득, 종교적 교리의 수립이나 철학적 인식 따위에 이르는 다양한 가치까지를 포괄하기도 하는 것으로 이해된다. 그러므로 '나―그것'은 실생활의 측면에서나 문명·문화적 차원에서, 일정 정도의 의의와 성과를 확보할 수도 있게 됨은 물론이다. 이처럼 우리 인간은 의당 '나―너'의 관계로써만은 살아갈 수가 없다. 그러므로 '그것'과의 관계는 배제되어서도 안 되고, 또 배제할 수만도 없는 것이라 주장하는 것이다.

이런 취지에서 부버는 "인간은 '그것' 없이는 살지 못한다. 그러나 '그것'만 가지고 사는 인간은 인간이 아니다" 하고 단언한다. 요컨대 부버는 현대인의 다양한 일상생활이 전적으로 '그것'에만 매몰당하고 있음을 문제삼고 있는 것이다. 이러한 부버의 입장을 따른다면, 예컨대 우리가 흔히 '인간성의 상실'이라 부르는 것은, 인격과 인격의 만남으로 이루어져야 할 인간적 삶이 이처럼 비인격화하여, '그것'과 '그것'의 부딪침으로 전락하고 말았음을 뜻하는 것이라 할 수 있을 것이다.

바로 이러한 측면에서, 또다시 새로운 문제가 제기될 수 있다.

혹여나 우리 모두가 언젠가 때가 오면 모든 '너'를 '그것'으로 전락시킬 수밖에 없는 잠재적 위험성을 필연적으로 안고 살아갈 수밖에 없는 운명에 처해 있는 것은 아닐까 하는 두려움이 바로 그것이다. 만약에 그러하다면, 어떻게 하면 '너'를 '그것'으로 전락시키지 않을 수 있겠는가 하는 문제가 자연스레 제기될 수밖에 없다. 부버의 철학은 바로 이러한 문제의식과 직결해 있는 것이다.

어떻게 하면 점점 더 '그것'으로 경직해가는 이 세계의 틀을 깨뜨리고 녹임으로써, 진정한 인간성 해방의 길로 나아갈 것인가 하는 방안을 모색하는 것이 부버의 근본적인 문제의식이었다고 말할 수 있다. 이런 취지에서, 부버는 이윽고 '나—너' 관계의 힘을 어떻게 복원할 것인가 하는 문제의 해법에 몰두할 수밖에 없었다.

마침내 부버는 인격적 '만남'과 '대화'의 사상을 제시하기에 이른다. 그리하여 그는 인간성 회복을 위한 상호소통이 평화적으로 이루어질 수 있는 사회를 이룩하기 위해, 무엇보다 인격과 인격이 대화를 통해 서로 만나야 함을 역설하게 된 것이다. 그런데 과연 그게 얼마나 가능한 일일까?

하지만 현실은 더욱 더 멀리 동떨어져 나온 것 같아 보인다. 사실은 부버의 바램과는 전혀 다르게, 오늘날 특히 현대의 물질문명과 신자유주의적 물량공세로 말미암아 인간은 더욱더 무서운 힘으로 '그것'으로 고착해가고 있는 현실 아닌가. 말하자면 극단적인 개인주의와 사익 절대주의가 횡행하게 되면서, 부버의 바람처럼 대화를 통해 서로 인격적으로 소통하는 만남의 장이 늘어나고 있는 것이 아니라 오히려, 자기상실과 고독에 몸부림치는 인간들이 폭증하는 현실로 추락해가고 있다는 말이다.

이러한 상황에서, 오늘날의 시대적 과제는 과연 무엇일까? 진정한 자기를 회복하고 참된 인격적 공동체를 이루어 나갈 수 있는 균형 잡힌 삶의 표지판을 탐색해나가는 것, 바로 그것이 아니겠는가. 그런 데 우리는 엘리베이터를 애용한다.

하지만 엘리베이터 안의 세계는, 아니 현대인들의 인간관계는, 부 버가 말하는 '나―너'도 '나―그것'도 아니라, 오직 '나―무(無)' 관계 인 것만 같아 보인다.

여기는 부버 식의 '대화'도 '독백'도 존재하지 않는 듯하다. 거 칠게 말해도 좋다면, 오로지 '아무러면 어때?', '해봤자 무슨 소용이 있어?', 또는 '아무렇게나 되는 대로' 혹은 '될 대로 되라지' 수준의, '나―무(Nothing)' 관계만 지배하는 것 같다는 말이 되리라. 그런 탓에 부버 식의 '그것'에도 미치지 못하는, 그저 어둡고 막막하기만 한 한 계 주변을 방황하고 있을 따름이다. 혹여나 오히려 그보다 더 저급한 차원은 아닐는지. 이해관계나 목적관계로 맺어져 있지도 않기에, 구 체적인 효용가치조차 전혀 찾아내지도 못하고 또 찾아내려고 하지도 않는, 마냥 짙은 안개 속에서 무의식 상태로 우왕좌왕하는 듯한 식물 적 인간관계만 올곧게 군림하고 있는 것은 아닐까 ….

한마디로 증오심보다 더 무서운 무관심이 지배하는 세계인 것이 다. 이러한 세계에는 장막이 드리워진 컴컴한 울타리 안에서, 서로 손 잡을 일도 없이, 본드보다 강력한 무관심으로 철저히 접착된 채, 마치 껍질은 있으되 속은 텅 빈 하루살이들처럼, 하루 하루를 숨가쁘게 연 명해나가는 사람들만 꿈틀거리고 있을 뿐이다. 한마디로 엘리베이터 안에서처럼, 서로 서로에 대해 서로 서로가 다 무(無), Nothing일 따름 이다. 곧 '영혼 없는 기계'의 실존양식인 것이다.

가령 우리가 국민(초등)학교 다닐 무렵, 대부분 학생들이 '간추린 전과' 한 권 정도씩은 다들 지니고 있었을 것이다. 그런데 우리는 그

전과 속에 특별한 방식으로 눈에 뜨이게 설치되어 있던 '요점과 급소' 난을 결코 잊지 못한다. 시험 때마다 얼마나 통쾌하게 번개같은 즉효약을 우리들에게 선사해주었던가. 물론 이런 유형의 참고서가 어떤 유래로 학교 시장을 풍미하게 되었는지는 알 수 없는 노릇이나, 아마 지금도 그 전통에는 큰 변화는 없으리라 짐작된다.

그러나 여기엔 심각한 문제가 도사리고 있다. 나는 이 '간추린 전과'와 '요점과 급소'식 학습방법이 실은 이 어린이들이 자라 성인이 될 때까지 치명적인 영향력을 지속적으로 행사해왔으리라 믿어 의심치 않는다. 왜냐하면 바로 그것이 교육 현장에서 대체로 '일망타진' 및 '속전속결' 전법만을 가르치기 때문이다.

우리의 일상용어 가운데 우리 국민 모두의 일반적인 생활정서에 속속들이 파고들어 있는 어휘가 둘 있다. 그것은 일반 국민들뿐만 아니라, 정계, 재계, 학계, 언론계, 문화계 등등, 사회의 모든 주요 분야의 생활양식에도 빈틈없이 골고루 적용되는 '범민족적인' 단어라 할 수 있을 정도다. 그 어휘가 바로 '일망타진'과 '속전속결'인 것이다. 우리 국민 모두는 모든 것을 속전속결로 일망타진하지 않고서는 직성을 풀지 못하는 존재들인 듯하다.

물론 나까지 포함해서 우리 대부분은, 이미 초등학교 때부터, 예컨대 '당일치기'라는 정겨운 생활철학에 탐닉해온 경험이 있을 것이다. 말하자면 아무런 사전 대비도 하지 않고 있다가, 시험 전날 '벼락치기' 식으로 대충 시험공부를 해치우고서는, 시험장에서는 으레 '운명'에 모든 걸 맡기는 한국적 숙명론을 익혀왔다는 말이다. 이미 어린 시절부터 갈고 닦는 이러한 범국민적 습속이 결국 어떤 형태로 사회적으로 발전해 나가겠는가. '속전속결' 정신 아닐까?

뿐만 아니라 식당에 앉아 주문한 음식을 쏜살같이 대령하지 않으면 우리처럼 즉각적으로 발광하는 국민도 쉽게 찾아보기는 힘들 것이다. 이런 의미에서 예컨대 뷔페식당은 '일망타진'과 '속전속결'이라는 우리의 범국민적 근성에 가장 성공적으로 부합한 성공사례라 할 수 있다. 먹고 싶은 것을 즉각적으로 가져다 먹을 수 있을 뿐만 아니라, 한꺼번에 온갖 종류의 음식을 송두리째 해치울 수 있는 곳이 바로 뷔페식당 아닌가. 우리 국민의 생활정서에 그대로 영합하는 이런 유형의 식당이 어찌 성공하지 않을 수 있겠는가. 해외에까지 진출한 지 이미 오래다. 물론 우리의 전통적인 음식 중에도 이러한 관행에 들어맞는 것이 적지 않다. 예컨대 비빔밥을 일망타진형이라 한다면, 근래에 개발된 컵 라면은 '속전속결 형'의 귀여운 사례라 이를 만할 것이다.

또한 우리가 일상적으로 사용하는 우리말 중에도 지극히 애매하게 '일망타진 형'으로 만들어진 것들이 적잖다. 예컨대 '시원섭섭하다'라는 말은 가령 그 사람이 떠나서 후련하다는 것인지, 아니면 몹시 아쉽다는 표현인지 분명치가 않다. 시큼달큼, 들락날락, 붉으락푸르락, 오락가락 등의 표현법도 비빔밥처럼 말의 본뜻을 알아내기가 쉽지 않다.

어디 이뿐인가. 말 한마디를 해도 극한 용어를 주어 섬기지 않으면 사람들의 미미한 관심조차 끌기 어려울 정도로, 사회가 일상적 '전투태세 완비' 쪽으로 극렬해진 것 같아만 보인다. '가격 파괴', 얼마나 으스스한 말인가. 정부에서 솔선해서 외쳐된 구호도 있다. 예컨대 '범죄와의 전쟁'이 그것이다. '온통', '왕창', '몽땅', '깡그리', '싹쓸이'라는 수식어를 얹어가며, "끝내 준다, 끝장낸다, 죽여준다, 엄청나다, 기똥차다, 까무러치다" 등등의 서술어가 예사롭게 쓰이는 사회에 우리는 살고 있지 아니한가. 어쩌면 우리는 '죽는다'는 말을 너무 경망스럽게 지나치게 자주 내뱉는 민족은 아닐는지 …. 하여튼 보고싶어 '죽

겠다', 보기 싫어 '죽겠다', 먹고싶어 '죽겠다', 먹기 싫어 '죽겠다' 등
등의 표현이 그렇다.

어쨌든 우리가 초등학교 시절부터 정성껏 갈고 닦아온 '간추린
전과'와 '요점과 급소' 스타일의 '일망타진' 및 '속전속결' 정신이야말
로 결국 요람에서 무덤까지 우리 한국인의 일상생활을 지배하는 삶의
방정식이자 생활철학 아닐까. "세 살 때 배운 버릇 여든까지 간다"고
하지 않았던가.

사실상 우리는 삶의 '전' 과목(분야)에 걸쳐, '급소'만 노리고 찾는
비장한 삶의 윤리만 배워온 셈이다. 하기야 우리는 '급소'만을 '요점'
정리하는 식으로 살아오지 않았을까.

그런데 사회생활을 영위하는데 '급소'란 도대체 무엇일까?

한마디로 그것은 권력과 부와 명예 등등, 한 개인의 사회적 행복
을 가장 극명하게 실현시켜줄 최상의 수단을 일컬은 말이라 여겨진
다. 당연히 그것은 흔하게 널려 있지는 않다. 그러므로 오로지 자기
혼자만의 양지를 개간하는 데만 겨우 쓸 수 있을 따름이다. 따라서 여
기에 공익이니, 이웃사랑이니, 사회적 평등이니 연대니 하는 인류적
가치들이 자리 잡을 틈이 얼마나 되겠는가. 단지 이기주의, 배금사상,
자기중심주의만이 기림받을 뿐이리라. 수단, 방법을 가리지 않고서라
도 오로지 자신의 이기적 욕망을 채우기만 하면 되는 것이다. 이를테
면 '천상천하 유아독존'인 셈이다. 하여 오로지 '향일성'만 요구된다.
자신의 것 이외의 다른 것에 신경 쓰거나 관심을 기울일 틈이 없고,
또 그래서도 안 된다. 오로지 자기에게 풍족한 자양분을 선사할 태양
만을 열심히 쫓아다니기만 하면 그만인 것이다.

결국 우리는 태어나서 죽을 때까지, 간추린 전과 속의 요점과 급
소만을 배우며 살고 있는 듯하다. 사전대비니 장래계획이라는 게 있

을 리 없다. 그러하니 매사를 일사천리로 즉결처분해 버리는, 이른바 '당일치기' 전술이 일상화하는 삶의 구조가 어찌 만들어지지 않겠는가. 요컨대 '빨리빨리, 그러나 아무렇게나'를 위한 정훈교육인 셈이다.

모든 게 일촉즉발이다.

'급소'를 누르면 물론 자신의 적을 죽일 수도 있지만, 반대로 자기가 당한다면 스스로가 목숨을 잃을 수도 있는 것이다. 얼마나 섬뜩하고 살벌한 싸움판이 만들어지겠는가. 따라서 자신의 급소는 완강히 방어하면서 타인의 급소에 대해서는 극렬한 맹공을 가하지 않으면 안 된다. 이런 게 곧 전쟁상태가 아니고 무엇이겠는가. 거기에 흑백논리까지 가세한다. 그것은 '언제나 나만 옳다'고 가르친다. 상대는 선천적으로 불순세력이기 때문에, 의당 제거되지 않으면 안 될 천부적 '악한'으로 규정되는 것이다.

이처럼 음습한 토양에서 '간추린 전과' 및 '요점과 급소' 형 생활철학이 독버섯처럼 번져나간 것이다. 그런데 그것이 왜 총애받게 되었는가?

한마디로 말해, 그것이 치열한 자본주의적 경쟁사회에서 궁극적인 승리를 쟁취하도록 만드는 탁월한 능력을 발휘하기 때문이다. 결국 착취당하기보다는 착취하는 쪽에 서기 위해, 그리고 억압당하기보다는 억압하기 위해 '출세 제일주의'와 막가파 식의 '막가이즘'이 부추겨지는 것이다. 그러하니 착취나 억압 그 자체에 대해서 별반 관심을 기울일 여유가 있을 리 없다. 더불어 함께 잘 살아가기보다는 우선 나부터 남보다 먼저 잘 살기에만 몰두하면 그뿐인 것이다.

가령 한국의 예약문화는 가히 첨단형이라 할 수 있다. 예컨대 항공권 예약을 위해 특별히 수수료를 지불할 필요가 없다. 공짜다. 그러니 모두가 다 무조건 일단 예약부터 하고 본다. '밑져보았자 본전'인 것이다. 그러니 언제나 매진이고, 자리가 없다는 볼멘소리뿐이다. 그러나 막상 비행기를 타보면, 임자 없는 빈자리가 너무도 많은 것에 또 한 번 놀라지 않을 수 없게 된다.

요컨대 이러한 '간추린 전과' 및 '요점과 급소' 형 생활철학은 자유경쟁에서의 결정적 승리를 위하여 예비하는 속전속결 형 전투훈련 교범 같은 것이다. 언제 어디서 적이 출몰할지 모르니 전 방위 공격 및 방어 체계가 빈틈없이 갖추어져야 한다. 오로지 눈앞의 이해관계만이 전부다. 여기서 요령주의, 황금만능주의, 벼락출세주의, 졸부 근성 같은 것들이 자연스레 출몰하는 것이다.

결국 사회적 불평등이 심화할 수밖에 없다. 그럼에도 그것이 당연시될 뿐만 아니라, 심지어 정당하고 바람직한 삶의 목표로까지 비약한다.

악취가 진동해도 숨은 쉬어야 한다. 삶이란 현재진행형이기 때문이다. 대체 우리는 어떻게 엘리베이터 안 같은 이러한 세계에서 벗어날 것인가?

모범답안보다는 모험정신이 더욱 긴요해 보인다.

그렇다면 과연 어떠한 유형의 인간관계가 그래도 바람직한 것이라 할 수 있을까?

3) '원시성'과 '야만성', 그리고 21세기의 '원시인'

바야흐로 인간관계의 '정형'을 탐색할 때가 다가온 것 같다.

무엇보다 어떻게 '영혼 없는 기계'로부터 벗어날 것인가 하는 문제부터 따져보는 게 순리인 듯하다.

인간에 대한 가장 큰 잘못은 아마도 증오심이 아니라 무관심이라 할 수 있으리라. 무엇보다 우리의 전 생애가 떼려야 뗄 수 없이 타인과 직결돼 있기 때문이다.

우리 모두는 언젠가는 필연적으로 이 세계를 함께 떠날 수밖에 없다. 그러므로 유한한 생명체라는 공동의 운명에 속박당한 사람들끼리, 어찌 서로 아끼고 서로 도우며 살아가지 않을 수 있겠는가. 이는 그야말로 천부적인 소명 같은 것이다. 더더구나 비록 힘께나 쓰는 자들에 의해 때로는 쓸모 있을 때마다 팔 걷어붙이며 동포라 떠받들림 받다가도, 또 이내 막무가내로 용도폐기당하기 일쑤인 사람들이긴 하지만, 동일한 전통 속에서 동일한 언어를 사용하며 동일한 영토에서 길고 긴 세월을 더불어 부대끼며 함께 살아온 덕에 특별히 같은 민족이라 일컬어지는 사람들 사이라면, 더 무슨 말을 덧붙일 필요가 있겠는가.

그런데 우리들의 원조는 과연 어땠을까?

캐나다 출신의 한 괄목할만한 심리학자는 지금까지 전개해온 모든 역사적 진보가 "겉으로는 개인의 완성을 향한 것처럼 보이지만, 사실은 인류의 노쇠를 향한 걸음"이었다는 사실을 망각해서는 안 되리라 경고한 바 있다. 그러면서 "원시상태"를 "세계의 진정한 유년"이라 특별히 힘주어 강조하기도 하였다. 이어서 그는 이 "원시상태야말로 어떤 혁명도 필요치 않았던 상태, 즉 인간에게 가장 좋은 상태"였노라 역설한 것이다.[48] 어쨌든 그는 '인류의 노쇠화' 과정을 강조하면

---

48 스티븐 핑커/김한영 옮김, 《The Blank Slate, 빈 서판 : 인간은 본성을 타고나는가》(사이언스 북스 2004), 32쪽

서, 실은 오늘날의 우리가 인류의 궁극적인 사망단계, 즉 인류사회의 종말로 나아가는 중간단계에 접어들고 있음을 암시하고자 했던 것처럼 보인다.

뿐만 아니라 의사까지 뒤질 새라 들고나섰다. 독일 의사 우베 카르슈태트(Uwe Karstädt)는 우리 인간이 대사작용, 식습관, 유전, 호흡기 또는 체온 등의 영역에서, "여전히 석기시대의 조상들과 유사하게 살고 움직이고" 있다고 주장하면서, "좋든 싫든 간에 선천적으로 우리는 여전히 대사작용을 위해 충분한 움직임, 맑은 공기, 햇빛을 필요로 하는 수렵채집인"과 다를 바 없다고 강조한다.[49] 물론 전혀 이질적인 맥락에서이긴 하지만, 널리 알려져 있다시피 영국의 시인 윌리엄 워즈워드(William Wordsworth)도 "어린이는 어른의 아버지"(The Child is father of the Man)라 읊지 않았던가.[50]

---

49 Uwe Karstädt, 《37°c의 비밀》: 독일의 자연요법 의사가 알려주는 건강과 치유의 비밀(경원북스 2017), 79쪽

50 워즈워스(William Wordsworth)의 〈무지개〉라는 시는 다음과 같다.

하늘의 무지개를 볼 때마다
내 가슴 설레느니,
나 어린 시절에 그러했고
다 자란 오늘에도 매한가지.
쉰 예순에도 그렇지 못하다면
차라리 죽음이 나으리라.

어린이는 어른의 아버지
바라노니 나의 하루하루가
자연의 믿음에 매어지고자!

【시 원문】

이처럼 원시상태나 선사시대를 인류의 복된 유년기적 시공(時空)으로 이해하는 다양한 시각들이 그리 낯설지만은 않다. 물론 이들이 보여주는 값진 교훈과 지혜들에 우리가 계속 톡톡히 빚지고 있음 또한 부인하기는 힘들다. 나는 주저 없이 이 암시를 인류의 역사에 대입하여, 이미 앞장에서 원시인을 '현대인의 아버지'라 규정한 바 있다. 무엇보다 우리 현대인의 혈맥 속에 아직도 원시인의 피가 연연히 살아 맥박치고 있음을 믿기 때문이다. 사실상 우리 모두는 혈족인 것이다.

그런데 이러한 원시시대의 혈흔이 생생히 살아 꿈틀거리는 깊은 감동을 언제나 나에게 아낌없이 불어넣어 주는 것은 바로 북소리다. 북소리를 들으며, 나는 원시인으로 새롭게 태어나곤 한다. 바야흐로 황홀한 진통의 순간이 나를 찾는 것이다.

모름지기 인류의 역사가 열리기 시작한 이래 인간이 지상에서 가장 먼저 창안해낸 것이 있다면, 그건 아마도 북이었을 것 같다. 그래

A Rainbow

My heart leaps up when I behold
A rainbow in the sky
So was it when my life began
So is it now I am a man ;
So be it when I shall grow old,
Or let me die !

The Child is father of the Man ;

And I could wish my days to be
Bound each to each by natural piety!

서 북소리가 천지창조의 소리처럼 들리는지 모를 일이다. 어쩌면 언어보다 앞서 만들어진 것이 북이었는지 모른다. 말이 인간의 입술 밖으로 새어나오기도 전에, 아마 북을 먼저 울렸을 터이다. 입으로 외치고 싶었을 때, 인간은 무릇 북을 먼저 두드리기 시작했을 것 같다. 애초에 마치 가슴 뛰는 소리에 견주어 북을 만들어낸 것처럼, 심장박동 소리를 가장 닮은 것이 실은 북소리다. 북을 두드리면 생명이 약동한다. 사실 북소리는 원초적 생명력의 폭발인 것이다. 대륙의 혼으로 가득한 웅장한 영혼의 울림이 있는 탓이다. 왜 전쟁터에서 북을 두드렸을까 …?

벌판의 울음을 닮아서일까, 북소리에는 수렵종족의 갸륵한 몸부림의 흔적이 잔잔히 배어 있는 것 같다. 한마디로 북소리는 원시적이다. 그러나 물론 야만적이지는 않다. 북소리는 우리를 하나로 껴안고 얼싸안게 만드는 힘을 지니고 있다. 북소리는 우리를 원시시대로 되돌아가게 만든다. 그것은 원시에의 노스탤지어를 끊임없이 일깨움으로써, 우리에게 버리고 떠나온 자연으로 되돌아가라고 끈기 있게 다그친다.

이처럼 북소리에는 원시인다운 순수한 영혼의 여톰이 있다. 아마도 북이 가장 먼저 생겨난 악기인 탓에, 거기에 어쩔 수 없이 자연스럽게 '원시성'이 짙게 배어 있을 수밖에 없을지 모른다. 아프리카 토인들이 두드리는 북소리를 한 번 들어보라. 타악기 소리를 귀기울여 들으면, 어딘지 모르게 태고의 향내가 연초처럼 짙게 풍겨 나오는 것 같지 아니한가. 이런 의미에서, 나는 북소리를 '만국공용어'라 생각한다. 그리고 진정한 의미의 '세계동포주의'(Cosmopolitanism)의 발산이라고 여기기도 한다. 〈모두가 하나의 종족〉(All one tribe), 이것은 어느 라틴 아메리카 그룹이 작곡하고 연주한 북소리 음악의 제목이다. 경탄스럽지 아니한가.

어쨌든 우리 현대인의 핏줄 속에는 저 아득한 원시시대, 노루나 토끼처럼 온종일 산과 들판을 뛰어다니던 원시인의 피가 아직도 팽팽히 맥박치고 있다. 현대인은 넥타이를 맨 정장한 원시인인 것이다. 그럼에도 우리 현대인은 폐쇄된 도시의 엘리베이터에 갇힌 채, 오염된 공기를 들이키고 상한 패스트 푸드로 배를 채우고 있다. 육체활동은 거의 중단한 채, 머리만 굴려대면서 시름시름 죽음처럼 살아가고 있다. 우리의 건강한 선조인 원시인을 외면하고 망각한 탓이다.

그럼에도 뿔뿔이 흩어져 외로이 떠돌며 살아가던 저 먼 원시시대의 고적한 외톨이 생리가 오늘날 우리 현대인에게까지 자자손손 유전되어 내려왔음을 결코 숨길 수는 없으리라. 그 피가 어김없이 우리들의 내면 속에 깊숙이 각인되어 있는 것이다. 첨단 원격 통신기술이 판치는 세상에 어찌 '디지털 유목민'(Digital Nomad)이 출현할 수 있겠는가. 마치 먹을거리를 찾아 무한히 떠돌지 않으면 안 되었던 저 원시인들처럼, 우리 현대인들 역시 마지막 남은 한 톨의 목숨이나마 부단히 지켜내기 위해, 한 곳에 정착하지 않고 끊임없이 떠돌아다니고 있는 것은 아닌지 …. 우리는 아직도 지난 원시시대로부터 물려받은 혈통을 고스란히 간직하고 있는 것처럼 보인다. 게다가 우리는 특히 과거를 되돌아봄으로써 미래를 설계할 수 있도록 만드는 뛰어난 '기억'의 능력까지 소유한 덕에, 이러한 역량을 최대화하려는 노력을 '역사'라 부르기까지 하며 애지중지하지 않는가. 원시를 향한 꿈이 아직도 은밀하게 맥박치고 있는 탓이리라. 이러한 성향을 아직도 견지할 수 있는 것은 그래도 변함 없이 존속하고 있는 '고독'과 '욕망'의 인간본성에 기인하는 바가 적지 않으리라.

고독은 욕망을 낳고, 욕망은 다시 고독을 불러온다. 고독과 욕망이 인간적 유한성의 필연적 산물이기 때문이다. 다른 한편 고독한 존재는 끊임없이 '변화'를 추구하는 기본속성을 버리지 못한다. 고독을 견디고 이겨내기 위해서다. 그러므로 자연은 이 고독한 존재로 하여금 그러한 변화를 촉진하고 충족시킬만한 충분한 욕망으로 무장하도록 이들을 창조한 것이다. 이처럼 인간은 자연으로부터 가장 많은 욕망과 욕구를 부여받았고, 또 그것들을 실현하기에 합당한 두뇌까지 제공받았다. 이러한 장치가 응당 대단히 미약한 육체적 한계를 보완하는 출중한 수단으로 기능하게 되었음은 물론이다.

　하지만 동시에 자연은 인간으로 하여금 유한자로서의 근본한계와 본원적 결핍에 속박당하도록 만들어내기도 하지 않았는가. 그리하여 이러한 자신의 자연적인 결함과 부족함을 상부상조함으로써 서로 보완할 수 있도록, 인간을 본성적으로 고독한 존재로 창조한 것이다. 오죽 하면 서로의 외로움과 결핍을 서로 떠받치며 풀어나가라는 뜻의 '사람 인'(人) 자 형태까지 만들어졌을까. 이처럼 고독을 이겨내고자 하는 격렬한 욕망으로 말미암아, 인간은 아마도 언어까지 발명해내었을지 모른다. 예컨대 '사리사욕'(私利私慾) 같은 어휘야말로 이러한 고독과 욕망의 인간적 본성을 가장 예리하고 상징적으로 드러내 보여주는 어법의 하나가 아닐까 한다. 좀 더 까발려서 말하면, 오로지 자신의 숙명적인 고독에서 비롯하는 불가피한 결핍만을 무분별하게 충족코자 극한적으로 몸부림치는 극렬한 인간적 욕망 추구자세, 그것이 바로 '사리사욕' 아니겠는가 하는 말이 되리라.

　그렇다면 이러한 인간본성에서 비롯하는 자연적인 결핍과 부족함을 과연 어떻게 극복해낼 것인가? 이 문제는 우리 인류가 두고두고 풀어내어야 할 근본적인 인류사적 과제 아닐까 짐작된다.

그렇다면 원초적으로 자연에 의해 예비된 상부상조 정신, 다시 말해 '인연'으로 결속한 이러한 자연적 심성은 과연 어떻게 구현될 수 있을까?

예컨대 자연 애호가이자 박물학자인 《동물기》의 저자 시튼(E.T. Seton)은 온 생애에 걸쳐 인디언에 관한 자료를 수집하여, 인디언의 삶과 철학에 관한 필생의 역작을 편찬한 바 있다. 《인디언의 복음》(The Gospel Of The Redman)이란 저술이 바로 그것이다.[51]

한마디로 시튼은 오랜 기간 동안 자연과 조화로운 삶을 영위해온 인디언의 심오한 삶의 결을 정겹게 다듬어냄으로써, 생태계의 무차별적인 개발과 파괴로 점철해온 병든 서구문명을 향해 울림이 큰 본보기 하나를 보여주고자 분투한 것처럼 여겨진다. 그는 이 책 전편을 통해 소위 '야만인'이라고 조롱받는 인디언들이 실은 서구의 문명인들보다 훨씬 더 훌륭한 품성을 지니고 있을 뿐만 아니라, '원시적'이라 경멸당하고 있긴 하지만 실은 훨씬 더 원숙한 문명을 꽃피웠다는 칭송을 아끼지 않는다.

이런 관점에서 시튼은 인디언이야말로 "가장 좋은 의미에서, 그리고 글자 그대로의 의미에서" 사회주의자였노라 단언한다. 예컨대 백인 농부나 사냥꾼은 자신의 농장이나 사냥터의 외딴 오두막에 격리되어 살지만, 인디언은 언제나 동족들과 함께 마을에서 공동생활을 영위한다는 것이다. 뿐만 아니라 모든 사회악의 뿌리라 할 수 있는 무분별한 개인적 탐욕추구가 인디언 사회에서는 불가능했는데, 혹시 전쟁이나 교역을 통해 누군가가 많은 재물을 획득하게 되면, 그것을 적

---

51 E.T. 시튼 저/김원중 옮김, The Gospel Of The Redman, 《인디언의 복음: 그들의 삶과 철학》(두레출판사 2000)

게 가지고 있거나 하나도 갖고 있지 못한 동료들에게 공평하게 분배하는 것이 인디언들의 일반 관행이었다고 한다. 그리고 땅은 종족에 속하는 것이기 때문에 어느 누구도 임의로 땅을 소유하지 못하도록 되어 있는데, 개인은 자신이 경작할 만큼만, 그리고 그의 집과 밭이 차지하고 있는 땅 만큼만 갖도록 되어 있다는 것이다. 나아가 병들고 곤경에 처한 모든 쇠약해진 노인들은 부족의 보호와 지원을 받을 권리를 갖는데, 왜냐하면 이들 모두가 젊고 기력이 왕성할 때 공공의 안녕을 위해 헌신해왔다고 믿기 때문이다(같은 책, 70쪽 이하). 상당히 천연적인 사회복지 구상 아닌가.

이러한 인디언들이었기에 "탐욕에 눈멀고 이방 종족에 대한 경멸과 미신으로 영혼이 중독된" 콜럼버스조차도 스페인 왕과 왕비에게 다음과 같은 '공정한' 편지를 보낼 수밖에 없었다고 한다. "온 세상에 이 사람들보다 더 다정하고 더 온유한 사람들, 즉 더 좋은 사람들은 없다는 것을 전하께 맹세합니다. 그들은 이웃을 자기 자신처럼 사랑하며, 언제나 웃으며 이야기합니다"(같은 책, 129쪽).

그런데 이 책에는 인디언의 〈12 계명〉이라는 제목이 달린 독특한 장(章)이 하나 있다.

특히 '큰 부(富)를 얻으려고 탐욕을 부리지 말라'라는 소제목이 달린 그 아홉 번째 계명은 다음과 같은 경탄할만한 웅변으로 가득 차 있다.

"부족 중에 궁핍한 사람이 있는데 어떤 사람이 엄청난 부를 소유하는 것은 부끄러운 일이고 천하에 불명예스러운 죄이다. 만일 상거래를 통해서나 전쟁을 통해서나 또는 위대한 영이 그에게 내려준 축복의 선물로 어떤 사람이 자신과 가족들이 필요로 하는 것 이상을 소유하게 된다면, 그는 사람들을 불러모아 포틀래취(북미 북서안의 인디언 사이에 선물을 분배하는 행사. 여기에서 파생되어 선물을 주는 축연, 파티를 뜻한다)나 선물을 주는 축제를 벌여 남는 것을 그들의 필요대로 가난한 사람에게 나누어 주어야 한다. 특히 과부와 고아 그리고 불쌍한 사람을 생각해야 한다"(같은 책, 45쪽).

다른 한편 홍크파 수우족의 추장 시팅 불(앉은 황소)은 이렇게 외치고 있다.

"지금 우리는 다른 인종과 상대하고 있다 …. (그런데 이들은) 소유의 욕망이라는 열병에까지 걸려 있다. 이 인간들은 규칙을 잔뜩 만들었다. 그러나 돈을 가진 자는 그 규칙을 따르지 않는 것을 대수롭지 않게 여긴다. 그러나 가난한 자는 규칙에 따르지 않으면 안 된다. 그들은 가난한 자들로부터 세금을 거둬서, 그것으로 나라를 다스리는 부자들의 생활을 지탱해주고 있다"(같은 책, 256쪽).

여기 등장하는 "돈을 가진 자"나 "나라를 다스리는 부자"를 자본주의적 부르주아지로 환치시켜도 전혀 무리가 없으리라 여겨진다. 추장 시팅 불은 혹시 인디언 마르크스주의자는 아니었을까 …?

뿐만 아니라 시튼은 "이론보다 실제가 훨씬 더 앞섰다. 그들의 종교는 신학보다도 더 건전했고, 그들의 정치제도는 정치학보다 더 성숙한 것이었다. 그들이 잘 알고 있었던 유일한 과학은 인간관계라고 하는 과학이었다"고 단언하며(같은 책, 135쪽), 인디언에 대한 칭송을 아낄 줄 몰랐다. 한마디로 인디언의 과학은 휴머니즘이었던 것이다. 나는 시튼의 이러한 인디언 경외심을, 지금부터 내가 풀어갈 논리대로 재해석하여— 인디언이야말로 탁월한 '원시성'을 유감 없이 발휘하는 빼어난 '원시인'이라— 규정해도 전혀 손색이 없으리라 믿어 의심치 않는다.

하지만 이러한 시튼이 다가 아니다. 예컨대 평생 자연주의적인 삶을 영위하고자 뼈를 깎듯 몸부림쳤던 헨리 데이빗 소로(Henry David Thoreau)는 인디언을 볼썽사나울 정도로 형편없고 저급한 존재라 혹평하는 역사가들을 "사냥꾼 같은 역사가들"이라 쏘아 부친다. 무엇보다 이들이 인디언들이야말로 "하나같이 불쌍하고, 하찮고, 가련한" 존재로서 기술과 재치도 부족할 뿐만 아니라, "인간성도 저급하고 너무 야만적이라 기록으로 남길 가치가 없다"는 식으로 왜곡을 일삼는다고 믿었기 때문이다. 소로는 이러한 역사가들이 실은 "총 대신 펜을 들었다는 차이만 있을 뿐, 들짐승을 잡듯이 인디언들에게 총구를 겨누는 사냥꾼이나 황무지 개간꾼들, 금광을 캐는 자들과 하나도 다를 것이 없다"고 혀를 내두르며, 이런 부류 못지 않게 이런 역사가들 역시 "잔혹하고 무자비"한 유형이라 쏘아 부친다. 더불어 그는 "인디언들의 지성은 당시 프랑스 농부들보다 우월했다. … 프랑스 농부들을 데려와 인디언들 밑에서 일을 시켜야 한다"고 역설하는 프랑스 선교사 르 준 신부의 충고를 덧붙이는 것을 잊지 않았다.[52]

그런데 '원시성'이란 과연 무엇인가, 그리고 그것은 어떠한 의미를 지니고 있는가?

나는 원시성을 '야만성'과는 결코 함께 짝할 수 없는 지극히 빼어난 개념이라 규정한다. 야만적인 속성과는 질적으로 전혀 차원을 달

---

52 헨리 데이비드 소로우 지음/박윤정 옮김, 《헨리 데이비드 소로우의 산책》(양문 2005), 102~3쪽

리하는 그 어떤 특별한 것인 탓에, 의심의 여지없이 야만성과는 결코 동렬에 둘 수 없는 범주인 것이다. 그러므로 철저한 구별이 필수적이다.

나는 원시성이야말로 교육이나 현대문명의 온갖 인습이나 제도 등에 전혀 길들여지지 않은, 그리하여 자연과 생명 본연의 상태나 면모를 그대로 순수하게 간직하고 있는 성향이라 생각한다. 따라서 이 세계를 보존하고 생명을 떠받치고 성숙케 할 가장 근원적인 힘으로 작용하리라 믿는다.

나아가 원시성은 자연의 순리에 부합하는, 순박하고 평화로운 됨됨이와 마음가짐 같은 것을 아우른다. 그러므로 그것은 미개하나 미천하지는 않고, 토속적이나 비속하지는 않으며, 야생적이나 야수적이지는 않고, 늠름하나 거칠지는 않은 격조 높은 심성과 짝한다.

이런 면에서 원시성이란— 야만성과는 전혀 다르게— '본연의', '원초적인', '토착적인', '생래의', '천연의', '가장 근원적인' 등등의 속성을 지닌 개념이라 이를 수 있다.[53] 어쨌거나 원시성이란 자연에 순응하는 영혼으로서, 서로 공평히 나누어 가지며 순박하고 평온하게 더불어 함께 살아나가고자 하는, 그리하여 주위 동료를 하나로 얼싸안게 만드는 상호 친화적인 힘을 가슴 밑바닥에 용암처럼 간직하고 있는 고귀한 마음가짐, 그 자체라 할 수 있는 것이다.

따라서 야만성과는 적대적이다. 야만성은 이기적이고, 모질고, 거칠고, 심술궂고, 사나운 심성과 짝한다. 그러므로 홀로 독불장군처럼

---

53 이런 의미와 유사하게, 예컨대 캐나다에서는— '캐나다'라는 나라 이름 자체도 인디언 습속에서 유래한 것으로 알려져 있긴 하지만— 인디언 원주민을 '원초종족'(First Nation)이라 일컫기도 한다.

으쓱거리며 서로 빼앗고, 서로 할퀴고, 서로 상처 입히는 족속들이 바로 '야만인'의 굴레에 속하는 부류이리라. 반면에 나는 풍족하지는 않지만 서로 나눌 줄 알고, 상대의 아픔을 같이 아파하며, 힘든 가운데서도 더불어 함께 평화롭게 살아갈 줄 아는 선량한 종족을 '원시인'이라 일컫는다. 이런 의미에서, 원시인을 순수한 '평화 공존론'의 원조라 불러도 무방할 것이다. 이처럼 '야만스러운' 현대인에게 특히 결여되어 있는 물심양면의 소중한 가치를 대내외적으로 골고루 다 갖추고 있는 원숙한 존재, 그것이 바로 원시인인 것이다.

이런 면에서, 예컨대 시튼이 체험한 바 있는 인디언 유형을 '현대적 원시인'이라 불러도 전혀 손색이 없으리라 믿어 의심치 않는다. 이런 마당에 우리 현대인들 역시 '원시'를 향한 그윽한 향수로 자신들을 불지피지 못할 까닭이 어디에 있으랴. 하지만 아메리카 인디언들을 통상적으로 '야만인'이라 경멸해버리고는 순식간에 눈길을 거두어버리기 일쑤다. 경악스럽고도 비통한 일이다. 이러한 형편이니, '현대적 원시인'인 '인디언의 과학', 요컨대 휴머니즘조차 주저 없이 야만적이라 깔보고 업신여기기에 여념이 없지나 않을는지 ….

우리들 대부분은 대체로 동물성과 신성(神性)이 결합한 상태를 일러 '인간성'이라 부르는데 지극히 익숙해 있는 것 같다. 이러한 관점에 입각해, '동물'에서 출발하여 '신'으로 향하는, 동물과 신 사이의 중간자적 존재를 바로 인간이라 일컫기도 한다. 예컨대 니체(Nietzsche) 역시 비슷한 취지로 인간을 "동물과 초인 사이에 놓인 하나의 새끼줄— 심연 위에 걸려 있는 하나의 새끼줄"이라 규정한 바 있기도 하다.[54] 그만큼 인간이 위태로운 존재라는 말이리라.

---

54 F. 니체 저/최민홍 역,《차라투스트라는 이렇게 말했다》(집문당, 2008), 15쪽

어쨌든 인간사회에서 발생하는 모든 문제는 동물성과 신성 양 측면 중 어느 한쪽을 상대적으로 더 많이 분출하고 있는가 하는 차이에 따라, 매 국면마다 그 속성과 선악의 판별이 달라진다고 말할 수 있을 정도다. 예컨대 선행은 '신성', 반면에 악행은 '동물성'의 발로라, 하는 식으로 말이다. 이 경우 동물성이란 게 대체로 우리가 살펴보았던 야만성과 비슷한 범주에 속하는 것으로 이해되어지는 게 일반적이라 할 수 있지 않을까 한다.

이런 맥락에서, 이 '야만성'이 함축하고 있는 독특한 사회적 의미에 특별히 주목해볼 필요가 있으리라 여겨진다.

특히 인간 상호관계에서 야만성은 흔히 모질고, 거칠고, 사납고, 발칙하고, 자기밖에 모르는 오만불손한 성향으로 나타난다. 이런 의미에서, '야만인'이란 오직 제 힘만 믿어 오로지 자신만을 전부로 여기며 홀로 독불장군처럼 설쳐대면서, 무차별적으로 짓누르고 빼앗고 할퀴고 상해(傷害)를 가하는, 그리하여 결국엔 온통 사회적 불화만 불 지피는 불한당 같은 존재를 가리킨다고 말할 수 있으리라. 이런 관점에서, 원시인이 '사랑의 힘'을 지닌 존재라면, 야만인은 오직 '힘을 사랑하는' 부류에 지나지 않는다고 말할 수 있을 것이다. 앞에서도 언급했듯이, 가령 '힘센 놈이 최고' 식의 '거인주의적'(巨人主義的) 개인주의에 의거해 가혹한 자유경쟁을 부추기고 합리화하는 자본주의 문명권의 일상이 오히려 이러한 '야만성'을 통상적으로 더욱 선호하고 장려할 수밖에 없지 않을까 한다. 그러므로 우리 현대인이 곧 야만인 아니리요. 현대인은 야만인으로 태어나는 것이 아니라, 야만인으로 만들어질 따름이다.

물론 전혀 이질적인 맥락에서이긴 하지만, 이 야만성 개념이 사회철학적으로 거론된 적이 없지는 않았다. 이를테면 "문명의 산물"인

"탐욕, 근심, 폭력" 등과도 같은— 나의 시각으로는— '야만적인 병폐'를 전혀 지니지 않은, "욕심이 없고 평화로운" 자연상태의 인간이 "고상한 야만인"으로 일컬어지기도 했던 것이다. 그런데 이 관점이 한때 루소에서 비롯한 것으로 잘못 알려진 적도 있긴 했지만, 사실은 1670년에 출판된 영국 문인 존 드라이든(John Dryden)의 《그라나다 정복》에서 유래한 것으로 밝혀진 바 있다(스티븐 핑커, 앞의 책, 31~2쪽). 이 책 속에는 다음과 같은 구절이 나온다.

> "나는 자연이 빚어낸 최초의 인간처럼 자유롭다. 예속을 강요하는 비천한 법이 생겨나기 전처럼, 고상한 야만인이 거칠게 숲을 뛰어다니던 때처럼".

그러나 여기서 유별나게 '야만인'이라 쓰고 있긴 하지만, 전체의 문맥과 정신을 고려할 때 우리가 지금껏 방점을 찍어온 '원시인' 개념과 거의 동질적인 것으로, 요컨대 '고상한 원시인'으로 재해석해도 전혀 무리가 없으리라 여겨진다.

그런데 '자연이 빚어낸 최초의 인간'인 이 '고상한 야만인'의 속내가 사실은 오늘날 현대인의 의식세계에까지도 적잖은 영향을 지속적으로 끼쳐오고 있다는 점을 외면할 수는 없을 것 같다. 가령 '인위적'인 것을 불신하는 와중에 출현한 것으로서, 예컨대 자연산, 자연분만, 자연의학, 유기농, 모유 등 '자연적인 것'을 선호하는 습성이라든가, '예속을 강요하는' 권위적인 방식의 양육이나 교육을 거부하는 경향 등속에서, 우리는 이러한 '고상한 야만인'의 정신적 전통이 여태껏 면면이 이어져 내려오는 듯한 낌새를 찾아볼 수도 있지 않을까 한다(같은 책, 34쪽 참고).

이러한 지금까지의 관찰을 토대로 하여, 나는 하등의 주저도 없이 아메리카 인디언을 감히 '현대적 원시인'이라 규정짓는 것이다. 그러나 누차 강조해왔듯이, 이른바 현대인들, 요컨대 '영혼 없는 기계'들은 자연과 더불어 살아온 이러한 '현대적 원시인', 곧 인디언의 '과학', 즉 휴머니즘을 서슴없이 야만적이라 깔보고 업신여겨오지는 않았을까. 바로 앞에서도 살펴보았듯이, 무엇보다 현대인들 스스로가 동료인간 및 자연에 대해서까지 방종(放縱)과 상해(傷害)를 일삼는 모질고도 거친 자신들의 일상적 삶의 방식, 요컨대 '야만적' 습성을 불가피하고도 정상적인 것으로 곡해하며 살고 있기 때문이다.

이런 맥락에서 볼 때, 무엇보다 '원시성'을 내장한 '현대인의 아버지', 즉 이 인디언들이 마치 생태위기를 자초한 오늘날의 우리를 뼈아프게 질타하기 위해 미리 미리 써놓은 것처럼 비치기도 하는 메시지 하나가 자못 압도적으로 우리의 가슴을 뿌리째 뒤흔들어놓는 것만 같다.

제14대 미국 대통령 프랭클린 피어스(Franklin Pierce)는 1855년, 북미 인디언 수와미 족의 추장 시애틀에게 부족들이 거주하는 땅을 미국정부에 팔고 보호구역으로 이주하라고 강압한 적이 있었다. 하지만 저급한 백인들과는 질적으로 전혀 차원이 다르게, 인디언들에게 땅이란 것은 돈으로 계산할 수 없는 소중한 자산이었던 것이다. 그런데 미국 독립 200주년을 맞아, 미국정부가 시애틀 추장의 답서를 공개한 바 있다. 이 속에는 야만인을 자처하는 한 인디언이, 당대뿐 아니라 여러 세기 후의 이른바 문명세계까지도 간곡히 통촉시키고자 했던 것처럼 보이는, 천둥소리처럼 울림이 큰 자연을 향한 애절한 호소가 담겨 있다.

"어떻게 감히 하늘의 푸름과 땅의 따스함을 사고 팔 수 있습니까? 우리의 소유가 아닌 신선한 공기와 햇빛에 반짝이는 냇물을 당신들이 어떻게 돈으로 살 수 있다는 말입니까?

이 땅의 모든 부분은 우리 종족에게는 거룩한 것입니다. 아침 이슬에 반짝이는 솔잎 하나도, 냇물의 모래밭도, 빽빽한 숲의 이끼더미도, 모든 언덕과 곤충들의 윙윙거리는 소리도, 우리 종족의 경험에 따르면 성스러운 것입니다.

우리는 땅의 한 부분이고, 땅은 우리의 한 부분입니다. 향기로운 꽃들은 우리의 형제며, 사슴, 말, 커다란 독수리까지 모두 우리의 형제들입니다. 그리고 거친 바위산과 초원의 푸름, 포니의 따스함, 그리고 인간은 모두 한 가족입니다. 산과 들판을 반짝이며 흐르는 물은 우리에게는 그저 물이 아닙니다.

물 속에는 훨씬 깊은 의미가 담겨 있습니다. 그것은 우리 조상들의 피입니다. 깊고 해맑은 호수는 우리 민족의 역사와 기억들을 되새겨줍니다. 강은 우리의 형제로서, 우리의 목을 적셔 줍니다(……). 우리는 백인들이 우리들의 풍습을 이해하지 못한다는 것을 잘 알고 있습니다. 당신들은 어머니인 땅과, 형제인 하늘을 마치 보석이나 가죽처럼 사고 파는 것으로 여기고 있습니다. 하지만 그 욕심은 땅을 모두 삼켜버릴 것이고, 우리에게는 결국 사막만이 남을 것입니다. … 도시의 소음은 우리의 귀를 모독하는 것 같습니다. 사람이 냇물 가에서 수다 떠는 개구리들과 달콤한 풀을 뜯는 염소의 소리를 듣지 못한다면, 사는 것이 무슨 의미를 지니겠습니까? 나는 붉은 사람(인디언)으로서 이해할 수가 없습니다(……). 이유 없이 살육당하는 들소와 길들여지는 말들, 백인들에게 잘려나가는 울창한 숲과, 말하는 전깃줄 때문에 짓밟히는 아름다운 꽃들을 보면, 당신들을 이해할 수 없습니다. 그 숲들은 어디로 갔죠? 모두 사라졌습니다. 이렇게 삶이 사라지

면 곧 살아남는 것은 싸움만 시작되는 것입니다".⁵⁵

그런데 이 인디언 추장의 통절한 경고처럼, 이 지상에 지금 과연 무엇이 살아남아 있는가 …? 그의 예고처럼 "결국 사막만이" 남아 있을 뿐이다.

이 편지 속에는 향기로운 꽃들과 사슴, 말, 독수리, 그리고 푸른 초원과 따스한 포니 등등, 지상의 모든 생명체를 형제와 가족처럼 여기는 인디언의 애틋한 마음가짐과 갸륵한 목소리, 그리고 이러한 자연을 짓이기는 백인들의 횡포가 결국에는 우리 모두를 삼켜버리리라는 애끓는 통분의 함성이 곳곳에 녹아들어 있다. 이처럼 자연종족인 아메리카 인디언들은 자연과 인간의 합일을 타는 목마름으로 울부짖었던 것이다. 이들은 이렇게 인간의 순수한 '원시성'을 순결하게 내뿜었지만, 결국엔 문명의 이름으로 처절히 짓이겨졌을 따름이다.

1492년 콜럼버스가 아메리카 신대륙에 첫 발을 내디뎠을 때, 그곳에는 약 500만 명 정도의 인디언들이 살고 있었다 한다. 멀쩡히 이미 사람이 살고 있는 땅을 백인들은 '신대륙의 발견'이라고 우겨대었지만, 인디언의 입장에서 보면 그것은 명백한 침략이라고밖에 볼 수 없는 약탈행위였다. 이들 인디언들은 하늘을 아버지로 대지를 어머니로 여기며, 자연과 더불어 살아온 온유한 자연종족이었던 것이다.

천연적이며 영적이기까지 한 이들 인디언들의 이름짓는 솜씨 또한 찬란하게 빛난다. '바람의 아들', '천둥구름'이란 멋진 이름이 있는가 하면, 아직도 미국에서는 그들을 전멸시키고서도 인디언들이 사용

---

55 성염/김석수/문명숙 공저, 《인간이라는 심연 : 철학적 인간학》(철학과 현실사 1998), 35~37쪽

하던 지명을 자랑스레 그대로 사용하는 경우도 적지 않다. 예컨대 '구름 아래 가장 아름다운 동네'라는 뜻을 가진 '맨해튼', 아침 인사로 쓰이던 '아이다호', '목초지'라는 의미의 '켄터키', '나의 사랑스러운 친구'라는 뜻의 '텍사스', '작은 섬'을 의미하는 '애리조나' 등등, 이루 다 말할 수 없을 정도다. 앞에도 나온 '시애틀'은 한 인디언 추장이름이었는데, 지금은 많은 미국인들이 가서 살기를 꿈꾸는 저명한 도시 이름으로 남아 있다.

그러나 결국은 땅 문제였다. 젖과 꿀이 흐르는 인디언 원주민의 땅이 숨막힐 정도로 탐났었기 때문에, 백인들은 마침내 참혹하게 원주민들을 핍박하기 시작했다. 이윽고 원주민들은 원래 그들이 거주하던 토지의 5%에도 미치지 못하는 눈곱만한 '인디언 보호구역'에 갇힐 수밖에 없었다. 유럽인이 처음으로 아메리카 원주민들과 조우했던 15세기 무렵, 미국 내 원주민 인구는 500만 가량이었다. 그러다가 20세기 초에는 25만 명으로 95% 급감했다. 한때는 그들의 땅이었던 미국에서 이제 인디언은 전체 인구의 1%도 채 되지 않는 극소수 집단으로 전락하고 말았다.[56]

하지만 "인디언으로 존재하는 것을 치욕적으로 생각하도록 만들"[57] 정도로 백인에 의한 잔혹한 살육이 본격화하기 이전에는, 그곳에도 인간이 있었음을 기억할 필요가 있다. 때때로 이들 인디언과 미국을 건설한 주역들 사이에는 종교와 관습의 차이를 뛰어넘는 끈끈한 인간적 유대와 화합의 안간힘이 잔잔히 꿈틀거리기도 했었던 것이다.

---

56   한겨레신문(2022.01.22.)

57   라셀 카르티에 · 장피에르 카르티에/길잡이늑대 옮김, 《인디언과 함께 걷기 : 현대 인디언들이 세상에 전하는 메시지》(문학의 숲 2010), 174쪽

그것이 사실 정상적인 인간과 정상적인 인간 상호간에 있을 수 있는 따뜻한 인간적 교류였음은 물론이다. 학살을 감행하기 이전, 유럽에서 건너온 이들 초심자들은 자신들의 생존을 위해 오히려 인디언에게 빚진 바가 적지 않았다.

청교도들은 메이플라워호를 타고 신앙의 자유를 찾아 신대륙으로 건너오긴 했다. 하지만 애초에는 난생 처음 발을 디딘 낯선 땅에서 혹독한 기아와 추위에 떨며, 온갖 역경과 고통에 신음할 수밖에 없었다. 원래 청교도들은 180톤짜리 메이플라워호에 102명이 타고 63일간의 항해 후 힘들게 북미대륙에 도착했다. 그러나 식량난과 추위 등으로 인해 1년 만에 약 반수에 가까운 44명이 사망하는 참극을 겪게 된다.[58]

바로 이 무렵, 이 청교도들을 위기에서 구출하기 위해 물불을 가리지 않는 따뜻한 동료 인간들이 천사처럼 홀연히 나타났으니, 이들이 바로 인디언 원주민들이었던 것이다. "친절한 인디언들의 호의"에 힘입어, 마침내 청교도들은 필수적인 생존방법을 자상히 배워 익히게 되었다. 이 토박이 선배 인디언들이 새까만 후배 이방인 신참들에게 다름 아닌 옥수수 심는 법과 농작물 재배법, 물고기 잡는 법, 기타 생필품 만드는 법 등등을 지극 정성으로 가르쳐준 덕분이었다.

더할 나위 없이 간곡했다. 이 백인 내방객들에게 인디언들은 사실상 생명의 은인이자 구원자였던 것이다. 그런 탓에, 인디언의 이러한 헌신적인 보살핌은 실은 '원수를 사랑하라'는 고귀한 기독교 정신을 엉뚱하게도 다름 아닌 이교도가 앞장서 솔선 수범한 예기치 않은

---

58 새가정사 편집부, 〈감사절의 유래와 각국 풍속〉(《새가정》 통권 231호, 1974), 54쪽

선행으로 기록될 수밖에 없으리라. 후에는 비록 원수지간이 되긴 했지만, 처음에는 이렇게 이웃사랑이라면 이웃사랑, 자비라면 자비라고 부를 수도 있는 인디언의 인간애는 압도적으로 갸륵한 것이었다. 이에 힘입어, 따스한 인간관계의 말문도 트이기 시작했다.

태초에는 평화가 있었다. 그런데 이처럼 대견한 이교도 인디언들의 인간적 보살핌에 최초의 외래종 백인 기독교도들은 과연 어떻게 대응했을까?

청교도들은 인디언들의 식량저장소를 약탈하기 일쑤였다. 뿐만 아니라 그들의 집과 무덤까지 습격하는 비행을 저지르기도 하였다. 아이들을 고문하고, 또 자식들을 산 채로 끌고가 부모 앞에서 불타는 오두막집 안으로 내던지는 등, 새로 도착한 백인들이 저지르는 잔혹한 만행들을 보면서, 인디언들은 백인들을 다시 바다 속에 내던져버리자며 들고 일어설 수밖에 없었다. 이런 식으로 인디언 최초의 전쟁이 시작되었다. 그러나 때가 너무 늦어버렸다. 백인들의 숫자가 이미 너무도 많이 불어나 있었던 것이다. 백인들은 보이는 족족 모든 인디언들을 포획해, 이들을 카리브 인이 운영하는 대농장에 노예로 팔아치우기도 했다. 그들은 인디언이 노예가 될 수 없다는 것을 모르고 있었다. 많은 사람들이 죽어갔다 ….

마침내 인디언들은 이 이방인 정복자들의 무력에 굴복할 수밖에 없게 되었고, 그리하여 청교도들은 옥수수 밭과 경작이 가능한 토지를 인디언들로부터 손쉽게 갈취해나갔던 것이다.[59] 정녕코 이러한 만

---

59 일찍이 '느린 거북'(슬로 터틀)이라 일컬어지던 한 인디언이 다음과 같이 술회한 적이 있다 : "'순례자'(아메리카 대륙에 온 청교도들이 스스로를 지칭한 말)들과 최초로 접촉한 것은 내 부족 사람들이다. 그들은 첫 해에 순례자들이 겨울의 혹독함을 이겨낼 수 있게 도와주었고, 식량을 나누어주었으며, 싹을 틔우는 법

행이 원수까지도 사랑하라는 예수님의 가르침이었을까 …?

하기야 자신들에게 도움을 베풀어주었던 인디언들을 초대해 이들과 함께 '감은'(感恩) 행사를 벌임으로써, 역사상 최초의 추수감사절 테이프를 끊기 시작한 이들도 바로 이 청교도들 아니었던가. 1623년 가을 풍성하게 첫 수확을 거둬들인 직후, 이들 청교도들은 "신대륙에서 처음으로 추수한 곡식에 칠면조를 잡아놓고 하나님께 감사기도를" 드릴 수 있게 되었다. 이것이 바로 '감사절'(Thanksgiving Day)의 유래이며, 일명 '추수감사절'이라고 불리기도 하는 것이다.[60] 어쨌든 전통이 빈약할 수밖에 없는 미국인들의 고유하고도 가장 큰 민속행사로 이 '추수감사절'이 정착하게 되었음은 지극히 자연스러운 현상이기도 하다. 그러나 그 은혜로운 뒷배가 바로 그들이 박해한 인디언들이었음을 어찌 잊을 수 있겠는가.[61]

을 가르쳐주었다. 그렇게 모든 것을 함께 나누었다. 그러나 얼마 안 있어 순례자들은 나누지 않은 전부를 원하기 시작했다. 그들은 땅을 경작하는 것보다, 인디언 마을들에 비축된 식량을 약탈하고 싶어했다"라고. 이에 대해서는 라셀 카르티에, 같은 책, 117~8쪽을 볼 것.

60 새가정사 편집부, 앞의 책, 54쪽 : 물론 청교도들은 온갖 역경과 고통의 와중에 "친절한 인디언들의 호의"로 옥수수 심는 법과 농작물 재배법을 배워 익히게 되었다. 그리하여 그 해 10월에 첫 수확한 농작물 등을 갖다 놓고 감사제를 지내게 되었는데, 총을 들고 새잡이에 나섰던 사냥꾼들이 부근에서 우연찮게 칠면조를 잡게 되어, 그 고기를 맛있게 먹을 수 있었다. 감사절에 칠면조를 먹는 풍습은 이에서 유래한다.

61 그러나 이 "추수감사 축제"(Erntedankfest)가 "서양 문화권에서는 아마도 자연에 대한 인간의 외경심에 입각한, 인간과 자연 사이의 주목할만하고(achtsam) 존경할만한(respektvoll) 소통(Kommunikation)의 마지막 기억(letzte Erinnerung)"일 것이라고까지 냉소하는 경우도 없지는 않다(Barbara Mettler—v. Meibom, Wertschätzung: Wege zum Frieden mit der inneren und äußeren Natur , 2.Aufl.

그런데 오늘날 21세기의 됨됨이는 과연 어떠한가?

비록 신자유주의 시대라 한들, 이러한 전통적인 아메리카 인디언들을 쏙 빼닮은 온후한 '현대적 원시인'이 이 지상에서 정녕 송두리째 자취를 감추어버렸을까.

예컨대 "모든 인류뿐만 아니라 지구의 모든 존재들의 자궁"이라 일컬어지기도 하는 아마존 밀림의 한 공동체에 요컨대 이 '현대적 원시인'들이 건재하고 있음이 밝혀진 바 있다.

"필요한 관계만을, (그리고) 보이는 관계만을 중요(시하며), 보이지 않고, 필요 없다 생각되는 관계"는 마냥 무시해버리는 일반 현대인들과는 정반대로, 이들 아마존의 '현대적 원시인'들은 무엇보다 '관계'의 철학을 여태 저버리지 않고 소중히 간직하고 있다. 하지만 일반 현대인들은 스스로 외면해버린 '관계'들로 인해, 늘 갈등과 고통과 비극을 겪지 않으면 안 되게끔 되어 버렸다. 반면에 이러한 '현대인'들과는 전혀 딴판으로, 아마존의 이 '현대적 원시인'들은 이렇게 항변한다 : "저 사람이 나라는 걸 알게 되고 세상의 모든 존재들이 나의 다른 모습임을 깨닫는다면, 어떻게 저들을 미워할 수 있고 죽일 수 있을까? 저 산과 강물이 나를 구성한 본질임을 깨달았다면, 어찌 개발한다면서 무지막지하게 파괴시키고 훼손할 수 있단 말인가?"라고 …(김병수, 《사람에게 가는 길》, 앞의 책, 426~27쪽).

아마존 밀림공동체의 이 '현대적 원시인'들이야말로 한편으로는, 자연과의 합일을 쟁취해내었을 뿐만 아니라 동시에 다른 한편으로는,

---

(Kösel—Verlag, München 2008), p.149). 하여튼 서구 기독교 문명권이 과학과 기술 쪽으로 더욱 더 가까이 다가가면 다가갈수록, 자연으로부터는 점점 더 멀어질 수밖에 없었음 또한 부인할 수 없는 사실이다.

동등한 자연의 산물임을 확신하는 주위 동료인간들과 더불어 온전한 공동체적 평등과 연대를 수립한 '자연의 휴머니스트'라 일컫기에 전혀 부족함이 없는 존재라 할 수 있다.

시베리아도 예외가 아니다.

우리 한반도 생물의 원류로 일컬어지는 우수리(Ussury)에는, 역사가 기록되기 이전부터 시베리아 호랑이를 신으로 숭배하는 원주민들이 살아왔다고 전해진다. 이들은 대대로 사냥을 하고 물고기를 잡으며 살아온 마지막 정령주의자들인데, 우리 민족과 마찬가지로 언어학 상으로는 알타이(Altai)계, 인종학 상으로는 '퉁구스(Tungus)족'에 속하는 북방 유목민족의 후예들로 알려져 있다. 숲과 물과 대지의 모든 생명에는 영혼이 존재한다고 믿으며, 그 영혼의 정령들과 교류하면서 지금껏 자연의 일부로 소박하게 살아온 종족이라 한다. 이들은 나무를 베거나 동물을 살상하는 것은 오직 자연의 정령이 인간의 생존에 필요한 만큼만 허락하는 것이라 믿기 때문에, 지나치게 죽이거나 파괴하는 것을 자연의 조화를 깨뜨리는 불손한 짓거리라 타매한다. 이런 뜻에서, 그들은 비록 자신이 살기 위해 불가피하게 사냥할 수밖에 없었던 동물들에 대해서까지 속죄의식을 치렀다고 한다. 급기야는 이런 속죄의식들이 아메리카 인디언의 경우처럼 토템사상으로 발전하기도 했는데, 모두 자신들이 생업으로 사냥하는 동물들을 토템으로 삼았다고 전해진다.[62]

---

62 이에 대해서는, 박수용, 《시베리아의 위대한 영혼》(김영사 2011), 특히 36쪽, 64~5쪽을 볼 것 : 저자는 이 책에서 20년 가까운 세월 동안 한 해의 절반을 시베리아 호랑이의 흔적을 따라 우수리와 만주, 북한 국경, 그리고 남한의 백두대간의 숲과 산맥들을 헤맸다고 술회한다. 그리고 나머지 절반을 영하 30도의 오지에서 오지 않는 호랑이를 끝없이 기다리며, 때로는 자연에 순응하고 또 때로

뿐만 아니라 지상의 다른 생명체 역시 인간 못지 않게, 아니 어떤 의미에서는 인간보다 훨씬 뛰어날 정도로, 자연의 내재적 가치를 한껏 발산하기도 한다.

'심지어는' 하찮은 나무조차도 '연대'를 한다.

나무에도 '연리지'(連理枝)라는 게 있다. 연리지는 서로 가까이 있는 두 나무가 자라면서 하나로 합쳐지는 현상을 일컫는데, 처음에는 가지끼리 그저 맞닿아 있는 것처럼 보이지만, 나중에는 맞닿은 자리가 붙어 한 나무로 변해버린다고 한다. 이를테면 지하에 뿌리는 둘이면서, 지상에 나온 부분은 한 몸이 된다는 말이다. 그러나 그럼에도 불구하고 합쳐지기 전의 성격과 기질은 고스란히 그대로 간직한다는 것이다. 서로 다른 특성을 지닌 채 한 몸을 이루며 살뿐만 아니라, 한 몸이 되고 나서도 서로의 개성을 존중하면서도 조화를 잃지 않고 숭고하게 더불어 살아가는 나무의 모습이다. 하물며 나무'조차도' 이처럼 계속 서로 다른 특성을 견지하면서도 한 몸을 이루며, 또 한 몸이 되고 나서도 서로의 개성을 존중하며 조화를 잃지 않고 살아가고 있는 것이다.[63]

뿐만 아니다. 낙엽 또한 얼마나 경탄스러운가.

한 뿌리에서 나왔으되 생명을 다하여 본체에서 떨어져내려 땅위에 쌓이는 낙엽, 비록 숨죽여 말라비틀어지긴 했으나 다시금 자신을 거름이 되도록 썩혀, 원래 자신을 키워준 뿌리의 영양분으로 새로이

는 자연을 원망하며 보낼 수밖에 없었다고 되뇐다. 그 결과 이전에는 한 시간짜리로도 기록되지 못했던 야생의 시베리아 호랑이를 1,000시간 가까운 영상으로 남길 수 있게 되었다며, 뼈아프게 지난 날들을 되돌아보기도 한다.

63 이에 대해서는 우종영, 《나는 나무처럼 살고 싶다》(중앙 M&B 2002/12쇄), 171~79쪽을 볼 것.

태어나 보은하지 않는가. 자신을 썩힘으로써 되살아나는 탄복할만한 '헌신적 존재', 그게 바로 낙엽이다. 요컨대 '낙엽이 떨어져 뿌리를 키우는 거름이 된다'는 '엽락분본(葉落糞本)'의 자세, 바로 그것이다. 가히 연대를 통한 식물세계의 부활이라 일컬을 만하다. 인간보다 더욱 인간적이지 아니한가. 그런데 가을날 이 낙엽 하나가 떨어지기 위해서도, 폭우와 햇빛과 혹한과 비바람 등등, 온 우주의 힘이 함께 하지 않았겠는가. 자연과 인간 역시 나무와 나뭇잎 같은 관계라 할 수 있다. 잎 없는 나무가 있을 수 있으며, 나무 없는 잎이 존재할 수 있겠는가.

이런 옛 얘기가 있다.

할아버지와 손자가 밭에서 콩을 심고 있었는데, 손자가 흙에 구멍을 내면 할아버지는 콩 세 알을 넣고 흙을 덮곤 했다. 손자가 머리를 갸우뚱하며 물었다. "할아버지! 구멍 하나에 콩 한 알만 심으면 되지, 왜 세 알씩이나 넣어요"? 할아버지는 구슬땀을 닦으며 허허 웃으며 말했다. "그래야 하늘에 나는 새가 한 알 먹고, 땅에 사는 벌레가 또 한 알 먹고, 그리고 나머지 한 알이 자라면 사람이 먹는 거란다".

하늘을 나는 새와 땅속의 벌레와 지상의 인간이 먹을 것을 서로 공평히 나누는 세상, 얼마나 아름다운가. 뿐만 아니라, 그렇게 배고픈 시절임에도 까치밥 하려고 감 하나를 따지 않고 남겨두는 아량. 그리고 밭에서 일하던 농부들이 곁두리를 먹기 전에 음식조각을 던지는 고수레 풍습. 우리 선조는 그랬었다. 이처럼 우리 선조는 하늘과 땅과 사람이 한데 어울려 사는 세상, 요컨대 자연과 인간이 서로 손잡고 정겹게 살아가는 조화로운 세상을 꿈꾸었던 것이다. 하지만 지금은 과연 어떠할까. 혹여나 콩 세 알을 우리가 어김없이 다 독차지하려들지나 않을는지 ….

물론 장구한 세월이 흘렀음을 어찌 부인할 수 있으리요만, 오늘날 거의 천지개벽하는 수준으로 모든 게 송두리째 변질해버렸음 또한 어찌 부인할 수 있겠는가. "무자비한 동물 학대에 지구도 병들어 간다"는 개탄이 거의 일상화한 실정이다. 그리하여 인간의 욕심이 만들어놓은 "밀집사육 방식의 공장 식 축산의 폭력성"이 결국 "인간의 재앙"으로 앙갚음하게 되리라는 지극히 가공할 예측까지 나돌 정도다. 이런 상황에서, 소·돼지·닭 등속이 이제 더 이상 "가축이 아니라, 공산품"으로 전락하게 되어버렸노라는 기구한 비탄이 쏟아져 나올 수밖에 없는 것 또한 지극히 일상적인 반응이라 할 수밖에 없을 것이다.[64]

다시 강조하거니와, 자연의 내재적 가치는— 자연의 산물인 다른 생명체의 경우와 마찬가지로— 인간의 본성에도 물론 그대로 발현될 수밖에 없으리라 여겨진다. 이런 취지에서, 인간의 '자연'(nature), 요컨대 인간의 '본성'(human nature)은 자연적 '인본주의'(humanity)의 직접적 부산물이라 할 수 있다.[65] 그러므로 앞에서도 이미 살펴보았듯이, 인간본성의 정수(精髓)가 곧바로 자연에서 발원한 인간적 평등의식과 연대정신이 될 수밖에 없음 또한 지극히 자연스러운 현상이라 할 수 있을 것이다. 뿐만 아니라 기회 있을 때마다 강조해왔듯이, 인간적 공

---

64 이에 대해서는, [배정원의 핫한 시대], 〈무자비한 동물 학대에 지구도 병들어간다〉(시사저널, 2022.11.12. 1726호)를 참고할 것.

65 이에 대해서는, 박호성, 앞의 논문, 〈자연의 휴머니티에 관한 소고〉, 173~182쪽 참고

존·공생 추구의지 역시 바로 이러한 인간본성의 자연스러운 발로임은 자명한 이치다. 이처럼 자연은 스스로 평등하게 창조한 모든 생명체와 인간으로 하여금(평등의식) 서로 손잡고 함께 어울려(연대정신) 평화롭게 살아가야 할 소명을(공존·공생 추구의지) 자연스레 부여하였다. 이것이 바로 자연의 '기본권'과 '인본주의'의 요체인 것이다.

따라서 '인간은 자연적'이 될 수밖에 없다. 무엇보다 '자연이 인간적'이기 때문이다.

왜 그래야 하는가, 그리고 그 의미는 도대체 무엇인가?

첫째, 누누이 강조했듯이, 인간본성은 인간에 대한 자연의 직접적인 '기본권' 행사를 통해 비로소 배태될 수 있었다. 인간본성이야말로 자연적 '인본주의'의 직접적인 산물인 것이다. 그러므로 인간의 자연주의와 자연의 인간주의는 서로 변증법적 상호관계에 놓여 있다고 말할 수 있다. 인간은 자연을 개조하고, 자연은 인간을 개혁하는 것이다. 그런 탓에, 자연은 원래부터 인간적일 수밖에 없다. 그러므로 자연 역시 '휴머니티'를 지닌 하나의 독립된 인격체로 존중받아 마땅한 권리를 지닌다고 말할 수 있다. 이것이 바로 자연의 '기본권'인 것이다. 뿐만 아니라 이러한 인본주의적 '자연권'이 응당 여타 모든 다른 생명체의 창조원리의 기본토대로 작용하기도 함은 물론이다. 이러한 측면이 바로 자연이 '인간적 자연'이 되는 배경을 형성하는 요인이 되는 것이다. 비록 이질적인 맥락에서이긴 하지만, 예컨대 미국의 윤리학자로서 특히 환경 윤리학분야 연구에 심혈을 기울였던 폴 W. 테일러(Paul W. Taylor)도 이러한 측면을 특별히 강조한 바 있다. 그는 자신의 저서 《자연에 대한 존중》에서 "'자유'라는 단어의 중요한 의미 한 가지는 인간에게 적용되는 것과 마찬가지로 동물과 식물에도 적용된다"고 단언한 바 있다.[66] 이윽고 그는 '생명중심 평등주의'를 주장하기에 이르렀다.

둘째, 어쨌든 인간은 이러한 생명의 탯줄을 통해, 마치 친인척과도 같이, 대자연의 모든 생명체들과 불가분의 유기적인 상호관계로 서로 결연하게 된다. 따라서 이 생태계 속에는 존재가치를 존중받지 못할 존재는 존재하지도 않을 뿐만 아니라, 동시에 존재할 수도 없다. 이것이 바로 인간이 '자연적 인간'이 되어야 하는 이치인 것이다.

한 마디로 말해, 이러한 '자연의 인간화'와 '인간의 자연화'가 동시에 구현되는 상태, 이것이 바로 자연과 인간의 합일이라 할 수 있을 것이다. 그러나 그 실현의 주체가 의당 인간이어야 함은 자명한 이치다.

무릇 자연은 모든 생명의 원천이다.

따라서 생명의 질서, 즉 자연질서의 창조자 겸 주재자인 자연의 섭리에 순응하는 인간적 삶의 방식이야말로 바람직할 뿐만 아니라 필연적이라 할 수 있으리라. 무엇보다 자연이 인간의 소유물이 아니라, 인간이 바로 자연의 소유물이기 때문이다. 인간에게 자연은 전부이나, 자연에게 인간은 극히 미세한 한 조각에 지나지 않는다. 자연은 '생명의 근원'이자 '생명체의 본질'인 것이다. 따라서 모든 생명의 원천인 자연을 단순히 '보호'만 할 게 아니라 오히려 '존중'하는 자세를 굳건히 키워나가는 것이 응당 올바르고 소망스러울 수밖에 없음은 두

---

66 그는 이어서 "제약의 부재라는 의미의 자유는 모든 생명체에게 도구적 선이다. 인간에게 소중하듯이, 동일한 이유로 인간 이외 존재들에게도 소중하다"고 역설한다. 폴 W. 테일러 저/김영 옮김,《자연에 대한 존중 : 생명중심주의 환경윤리론》(도서출판리수 2020), 119쪽

말 할 나위도 없는 일 아니겠는가.[67] 그리고 오직 그러한 윤리의식을 통해 우리는 비로소 인간과 자연의 조화로운 공생을 지향하는 새로운 '생명 공동체'의 터전에 자그마한 주춧돌 하나라도 겸허히 깔아놓을 수 있게 될 것이다.

오늘날 바야흐로 생명체 상호간의 평화적 공생·공존·공영을 성취해내지 않으면 안 될 절박한 시기가 도래한 것 같다. 곧 이어 제시할 '현대 원시주의' 생태론이야말로 이러한 시대적 요구에 부응하는 상생의 환경윤리라 이를 수 있으리라.

4) '생명 공동체'의 정신적 토대 : '현대 원시주의 생태론' 및 '생태·환경 민주주의'

자연존중의 원리가 기본적으로 경제문제와 직결된다 함은 지극히 자연스러운 현상이라 할 수 있다. 예컨대 '경제학'(economics)과 '생태학'(ecology)의 머리말인 'eco'라는 용어 둘 다가, 흥미롭게도 집 또는 거처를 의미하는 희랍어 oikos에서 유래했다는 사실은 우리에게 일러주는 것이 적잖다. 하지만 경제를 생태학적 원칙을 뛰어넘는 가치체계로 "격상시킨다는 것은 우리가 자연법칙의 영향을 받지 않아도 된다고 생각하는 것"만큼 모순적일 수밖에 없다. 왜냐하면 우리의 인간적 생존에 필요한 "기본적인 것 모두는 생태계에서 나오는 것이므로, 인간이 만들어낸 것, 곧 경제를 자연보다 높은 위치로 격상시킨다는 것

---

67 유사한 의도로, 폴 W. 테일러도 자신의 괄목할만한 저서의 제목을 《자연에 대한 존중》(Respect for Nature)으로 붙였으리라 짐작된다.

은 자살행위"와 다를 바 없기 때문이다(데이비드 스즈키, 앞의 책, 64쪽).

그런데 우리 인간 스스로가 자신의 생존을 위해 다른 생명체의 희생을 요구할 수밖에 없다면, 마찬가지로 우리 인간 역시 다른 생명체의 생존을 위해 일정하게 스스로 희생을 감수해야 함은 지극히 자연스러운 이치요 의무라 할 수 있지 않을까. 대자연의 모든 생명체들이 자연이 기획한 생명의 탯줄을 통해 마치 형제자매처럼 서로 유기적으로 결연해 있기 때문이다.

이런 의미에서, 혹여나 자연을 '자매결연 공동체'라 부를 수는 없을까? 어쨌든 절제할 줄 아는 '살림살이'를 통해 우리를 살리고, 자연을 살리고, 생명을 존중하는 법을 체득해나간다는 것은 지극히 귀중한 덕목이라 하지 않을 수 없으리라. 따라서 '청빈(paupertas)'이야말로 "나와 인류와 온 누리를 구하는 길이며 생명가치를 구현하는 길"임은 결코 부인할 수 없는 삶의 기본원리라 할 수 있을 것이다(진교훈 앞의 글, 34쪽).

그렇다면 이러한 '청빈'을 도대체 어떻게 구현할 것인가?

내 생각으로는, 자연과 조화롭게 공존·공생하기 위해 스스로 꾸준히 헌신해나가는 자세가 도탑지 않을까 한다. 그러므로 인성의 대혁신이 급선무이리라 여겨진다. 무엇보다 힘을 사랑하는 인간이 아니라 사랑의 힘을 가진 '인도주의적인 원시인'으로 거듭 태어나는 것이 바람직하지 않을까 한다.

지금도 '문명세계' 한 가운데서 '원시시대'를 줄곧 재현해가며 공존·공생하고 있는 '고상한 원시인'들이 적잖음은 앞에서도 이미 살펴본 바 있다. 마치 하나의 횃불에서 수많은 사람이 불을 나눠 가져도 그 횃불의 불꽃이 줄어들지 않는 것과 마찬가지로, 이 '현대적 원시인'은 행복 역시 아무리 나눠 가져도 결코 감소하지 않으리라는 것을 우리들에게 묵묵히 가르치고 있는 듯하다. 한마디로 그들은 '생명사랑', 곧 '바이오필리아(Biophilia)'야말로 우리가 앞으로 헤쳐 나아가야 할 우리의 조신한 이정표임을 고즈넉이 가리키고 있는 것이다.[68]

이런 의미에서, '현대 원시주의' 생태론의[69] 기본원칙은 바로 이러한 '바이오필리아'의 세계를 '청빈'의 토대 위에서 지향해나가는 것이라 할 수 있겠다. 곧 이어서 살펴보겠지만, 그 기본정신은 한마디로 민주주의의 실현이다. 그러나 엄밀하게 말해, 나는 자연과 직결된 민주주의가 본질적으로 '생태' 민주주의 및 '환경' 민주주의 두 요소로 구성되어 있다고 생각한다. 이런 의미에서, '현대 원시주의' 생태론의 기본정신은 총체적으로 '생태·환경 민주주의'의 구현이라 할 수 있다. 그렇다면 '생태·환경 민주주의'의 본질은 과연 어떠한 것인가? 우선 뿌리에서부터 출발하도록 하자.

무엇보다 '현대 원시주의'의 근간인 '원시성'은 자연과 인간의 합일 그리고 인간과 인간의 합일이라는 이중적 합일성을 동시에 추구한다. 그런데 이러한 합일 지향성을 추동하는 힘은, 앞에서도 살펴보았듯이, 다름 아닌 '자연의 휴머니티'가 배태한 생래적 평등정신과 연대

---

68 참고로 말해, 생명을 뜻하는 '바이오'와 사랑을 의미하는 '필리아'를 합성하여 '바이오필리아'란 신조어를 처음 만들어낸 이는 생태학자 에드워드 O. 윌슨으로 알려져 있다. 윌슨은 우리 인간이 무엇보다 자연상태에서 진화해 나온 탓에, "다른 종들과 어울려 살려고 하는" 생래적 필요를 절실히 느끼고 있다고 믿는다. 바로 이러한 사실을 드러내기 위해, 윌슨이 이 '바이오필리아' 개념을 만들어내었다고 한다. 이에 대해서는 데이비드 스즈키, 앞의 책, 111쪽을 볼 것.

69 박호성, 《자연의 인간, 인간의 자연》(후마니타스 2012), 272쪽 및 241쪽 이하에서, 이 주제에 관해 처음으로 간략히 문제제기를 한 바 있다. 여기서는 이 주제를 이 글의 전체적인 흐름에 적합하게 재구성하고 심화해 나간다.

의식에 기초한다. 이런 취지에서, '현대 원시주의' 생태론은 문명세계의 조악한 생태환경 속에 바로 이러한 '원시성'을 새로이 현현(顯現)해내는, 윤리적인 환경정의 및 정의로운 생태윤리 정립을 목표로 한다고 말할 수 있다. 그렇다면 그것은 구체적으로 어떤 의미를 지니고 있는가?

한마디로 '현대 원시주의 생태론'의 임무는, '원시성'이 지향하는 바와 마찬가지로, 이중적이라 할 수 있다. 이미 앞에서, 인간과 자연을 포괄하는 최상의 대안개념으로 새로이 '생태·환경' 개념을 제시한 바 있다.[70] 따라서 '현대 원시주의 생태론'의 이중적 임무 역시 자연스럽게 이 새로운 대안개념과 직결된다. 그리하여 그것은 결과적으로 '생태' 민주주의와 '환경' 민주주의라는 두 이념을 본질적인 목표로 삼게 될 것이다. 그렇다면 '현대 원시주의' 생태론의 이중적 임무는 구체적으로 과연 어떠한 것인가?

첫째로, 자연과 인간의 합일을 추구하는 것이다. 그러므로 무엇보다 생태계의 모든 생명체들이 동등한 내재적 가치를 지니고 있다는 믿음에 뿌리를 드리우지 않으면 안 되리라 여겨진다. 따라서 모든 생명체들이 상호 공생·공존·공영을 함께 누려나갈 수 있는 공정한 생태환경을 지속적으로 조성하기 위해 최선의 노력을 경주하지 않으면 안 될 것이다. 뿐만 아니라 우리 모두가 이러한 의무를 공유하고 있음을 끊임없이 일깨워 나가도록 해야 한다. 이것이 바로 '생태' 민주주의의 기본목표인 것이다.

둘째로, 인간과 인간의 합일을 지향하는 것이다. 무엇보다 자연 앞에서는 모든 인간이 궁극적으로는 평등한 존재라는 믿음에 입각하

---

70 앞장의 1.3.2. 절을 참고할 것.

여, 우리 모두가 다 공생·공존·공영의 세계를 함께 누려나갈 수 있는 공정한 사회환경을 정립해나갈 임무를 공유해야 한다. 응당 그러한 윤리적 원칙과 사명을 계속 심화·주지시켜 나가야 함은 물론이다. 이런 취지에서, 특히 불우하고 소외당하는 동료 인간이 가까이 있다면, 우리 모두는 우선적으로 이들의 '인간화'를 위해 더불어 헌신해나가야 할 것이다. 이러한 것들이 바로 '환경' 민주주의의 요체인 것이다.

따라서 자연과 인간의 합일을 지향하는 '생태' 민주주의 그리고 인간과 인간의 합일을 목표로 하는 '환경' 민주주의, 바로 이 두 유형의 민주주의의 특성이 조화롭게 결합하여 점차 '생태·환경' 민주주의를 배태하게 되리라.

하지만 대개의 미래지향적 분투노력이 그러하듯이, 이런 속성의 '민주화 운동'의 여정에서 우리는 물론 유토피아와 등질 수는 없을 것이다. '생태·환경' 민주주의를 기본토대로 하여 '원시성'에 입각한 이상적인 삶의 양태를 현대화해 내고자 하는 이러한 '현대 원시주의'의 생태론적 시도 역시 불가피하게 유토피아적인 속성을 내장할 수밖에 없을 것이다. 인간세계에서 문제의 영원한 해결은 있을 수 없다. 다만 문제의 영원한 지속만 있을 따름이다. 바로 그렇기 때문에, 우리 인간에게는 역설적으로 유토피아가 필연적으로 요구되는 것이다. 앞에서도 누누이 역설해온 바와 같이, 나는 이러한 유토피아를 통해 우리 인간이 앞으로 나아갈 역사발전의 동력을 얻게 되리라 믿어 의심치 않는다. 이런 의미에서, 유토피아가 역사적 건강증진을 위한 필수 아미노산으로 기능하게 되리라 함은 자명한 이치라 할 수 있을 것이다. 그러하니 이러한 역사발전의 활력소를 어찌 외면할 수 있겠는가.

그렇다면 이러한 '생태·환경 민주주의'의 기본정신을 내장하고 있는 '현대 원시주의' 생태론의 본질은 과연 무엇인가? 그 구체적인 특성과 내용을 살펴보도록 하자.

앞에서도 누누이 밝혔듯이, 이중적 합일성을 동시에 추구하는 '원시성' 개념에 입각해 있다는 견지에서, '현대 원시주의' 생태론의 지향목표 역시 이중적이라 할 수 있다. 무엇보다 인간을 둘러싼 생태계뿐만 아니라 인간사회 그 자체를 동시에 포괄하지 않으면 안 되리라 여겨지기 때문이다. 이런 의미에서, '현대 원시주의' 생태론은, 앞장 환경, 생태계 및 자연의 개념 교통정리 편에서 언급한 바 있는, '생태중심주의'(Ecocentrism)와 '인간중심주의'(Anthropocentrism)를 양 날개로 한다고 말할 수 있다. 따라서 '자연의 휴머니즘(humanism)'을 논리전개의 기본토대로 삼는 것이 합당하리라 여겨진다. 그러므로 한편으로는 '인간의 자연화', 그리고 다른 한편으로는 '자연의 인간화'를 참다운 생태론의 양대 축으로 설정하는 것이 바람직하다고 말할 수 있다. 왜 그러한가?

무엇보다 절박한 시대적 상황이 우리로 하여금 '자연적 인간'이 되도록 촉구하고 있을 뿐만 아니라, 자연으로 하여금 '인간적 자연'으로 계속 공존해나갈 수 있도록 촉진하기 위해, 자연의 본질적 산물인 인간 스스로가 자연을 존중하는 노력을 계속 심화해나갈 수밖에 없기 때문이다. 특히 우리 인간으로 하여금 자연 속의 모든 생명체들과 동등하게 연대해야 할 소명을 부여한 주체가 바로 자연, 요컨대 '인간적 자연'인 탓이다. 이러한 자연 및 모든 자연산물에 대한 '존중심'이 인간본성의 한 필연적인 요소로 자리잡게 된 것은 물론 자연의 배려에 기인하는 것이라 할 수 있다. 한마디로 'Human Nature'(인간본성)의 뿌리가 'Nature'(자연) 그 자체이기 때문이다.

하기야 자연의 텃밭에는 온갖 종류의 생명체가 차고 넘치지 않는

가. 하루살이가 있는가 하면, 불로장생의 메커니즘을 소유해 영구생명체라고까지 불리는 홍해파리 같은 것도 있다. 게다가 약초와 독초가 어깨를 나란히 하기도 한다. 어디 그뿐인가. 창공을 장쾌하게 날아다니는 독수리며 땅속을 즐겨 싸돌아다니는 땅강아지, 왜소한 개미와 거대한 코뿔소, 사자와 토끼, 고래와 새우 등등 ….

하지만 이들 사이에는 나름 엄격한 윤리와 질서가 지배하고 있지 않겠는가. 이들은 균형과 조화를 도모하기 위해, 자신을 자율적으로 통제하기까지 하는 것 같다. 비록 인간이라는 훼방꾼이 교란을 일삼기도 하지만, 대체로 대부분의 생명체들의 이러한 분투노력이 궁극적으로는 공생 · 공존을 향하고 있으리라 함은 생태계의 실상이 넉넉히 증언하고 있지 않을까 한다. 자율과 자치는 어쩌면 이들에게 허여된 고유영역일지도 모른다. 이런 의미에서, 자연이 민주주의의 요람이라 할 수 있으리라.

바로 이러한 관점에 입각해, 나는 전 생태계 속에서의 평등의식의 선양 및 연대정신의 함양을 지극히 자연스러운 자연의 인본주의적 생리로 이해하는 것이다. 그러므로 나는 자연론이 인간론이고, 인간론이 곧 자연론일 수밖에 없으리라 믿어 의심치 않는다. 따라서 인간의 '사회적' 환경변화를 외면한 채 오직 '자연' 환경의 변화에만 몰입한다면, 그것은 모래성 쌓는 일과 다를 바 없으리라 여겨진다. 물론 그 역도 마찬가지다. 모름지기 주위 동료인간에 대한 사랑 없이 어떻게 자연에 대한 사랑이 가능해질 수 있을까 …? 반대로, 자연을 사랑하지도 않으면서 인간을 사랑한다는 것 역시 가능하기나 한 일일까 …?

① 3개의 민주주의
우리는 현재 지구적 이중위기, 요컨대 인간위기와 자연위기로 등쌀을 잃고 있다. 이런 면에서, 나는 이러한 이중적 위기양상이 역시 이중적 대응논리를 절실히 요구할 수밖에 없으리라 믿는다. 말하자면 하나는 인간과 인간 사이에, 그리고 다른 하나는 인간과 자연 간에 각각 개별적으로 적용될 이중적 해법을 제시하는 것이 짐짓 마땅하지 않겠는가 하는 말이다.

이러한 관점에서, 나는 민주주의의 속성 또한 불가분의 상호관계로 연결된 두 개의 상이한 차원으로 상호 구분하여 이중적으로 고찰하는 것이 타당하리라 생각한다.

첫째는— 현실적인 위기대응 과제와 관련지어—, 자연과 인간 사이의 친화적 연결 고리로 기능하게 될 인간공동체 중심의 정신적·실천적 의지를 대변할 민주주의, 그리고 둘째로는— 이상적인 미래지향적 목표의식과 연관지어—, 인간공동체의 범주를 뛰어넘어 전 생태계를 아우르는 총체적 가치체계를 동시에 포괄할 또 하나의 다른 속성의 민주주의가 바로 그것이다. 이런 취지에서, 나는 전자를 '환경'공동체 민주주의, 그리고 후자를 '생태'공동체 민주주의로 각각 개별화하고자 한다. 하지만 이 두 유형의 민주주의가 궁극적으로는 '생태·환경' 민주주의로, 요컨대 '공동체 민주주의' 하나로 수렴하는 과정을 걷게 되리라 기대한다.[71] 그러나 각각의 민주주의가 응당 각각의 독립적인 '민주화운동'을 동반하게 되리라 함은 물론이다.

나는 앞의 1장에서, 생태계의 근본 속성 그리고 생태계와 환경간의 불가분의 상호관계를 고려하여, '생태환경' 개념이 보다 적실하리란 견해를 밝힌 바 있다. 여기서 나는 자연 속 모든 생명체의 상호 의

---

71 이어지는 글은 박호성 논문, "공동체 민주주의론 연구"(〈철학연구회〉 제101집, 2013년 여름)에 준거하고 있음을 밝혀둔다.

존성 및 보완성 원리와 불가분의 상호 관계를 맺고 있는 인간적 삶의 조건을 '생태환경'이라 규정한 바 있다. 요컨대 인간을 포함한 모든 생명체의 지속 가능한 공존·공생을 추구하는 실천적 개념을 '생태환경'이라 상정한 것이다.

이렇게 볼 때, '생태계'는 자연과 인간, 그리고 인간과 인간이 서로 떼려야 뗄 수 없는 상호불가분의 관계로 견고하게 결속해 있는 운명 공동체라 할 수 있지 않을까 한다. 그러므로 '너'가 존재하기 때문에 '내'가 존재할 수 있고, 또 '너'가 존엄하기 때문에 '나' 역시 존엄할 수 있으리란 믿음에 뿌리를 드리우고 있는 영역인 것이다. 이런 의미에서, '생태환경' 원리는 이 생태계에 존재하는 모든 생명체의 평화 공존을 목표로 한다고 말할 수 있다.

물론 인간이야말로 이 목표를 주도적으로 수행해야 할 임무를 지닌 핵심적 생명체라 이를 수 있을 것이다. 무엇보다 가장 압도적으로 이 생태계에 위해를 가할 수 있을 뿐만 아니라 동시에 또 그것을 가장 주도적으로 지켜나갈 수도 있는 존재가 바로 인간이라 여겨지기 때문이다. 우리 인간은 다른 종들과는 달리, "어떻게 우리 존재를 유지할 것인지, 심지어 우리 존재를 과연 지속시킬 것인지를 선택할 자유"를 소유하고 있다. 이처럼 이러한 "자기 주도적 존재로서 독립성"을 지니고 있기 때문에, 우리의 힘을 "가치실현"에 쓸 수도 있고 또 "자기파괴" 목적에도 이용할 수 있음은 물론이다(폴 w.테일러, 앞의 책, 112—3쪽).

하지만 생명 중심적 관점에 입각한다면, 인간 역시 다른 모든 생명체와 마찬가지로 이 지구 생명 공동체의 일원일 수밖에 없음은 자명한 일이다. 따라서 이 지상의 '인연'에 따라, 다른 모든 종들과 함께 상호 의존적이고 상호보완적인 시스템을 구성하는 한 요소에 지나지 않게 된다. 하지만 이 지구에 상대적으로 뒤늦게 온 '새내기'였던 탓에, 우리 인간은 이 생명질서 속에서 다른 생명체 없이는 살아갈 수 없는 존재로서의 근본적인 한계를 지닐 수밖에 없었다. 반면에 다른 생명체들은 우리 인간 없이도 엄연히 잘 살아 왔다. 이런 의미에서, "인간은 다른 생명체보다 본질적으로 우월하지 않다"고도 말할 수 있지 않을까 한다. 사실상 우리 자신은 이 "거대한 지구 생명 공동체의 (고작 하나의) 작은 부분"에 불과한 존재는 아닐는지 …?(같은 책, 109 및 111쪽)

이미 여러 차례 반복적으로 강조해왔지만, 우리 인간은 자연에서 와서 더불어 자연으로 함께 되돌아갈 '피붙이 공동 운명체'다. 따라서 언젠가는 이 세계를 반드시 떠나야만 할 유한한 생명체로서, 서로 아끼고 서로 도우며 살아가야 할 천부적 의무를 공동으로 부여받지 않았겠는가. 그러므로 공동의 삶의 터전인 인간 공동체를 더불어 가꾸어나가는 간곡한 상부상조 정신, 그리고 이 인간 공동체가 그 뿌리를 드리우고 있는 생태 공동체에 대한 숭고한 사랑과 존중심을 무한히 앙양해나가야 함이 마땅하리라 여겨진다.

하지만 특히 현대인들은 공적인 영역보다는 자기 자신만의 사적 세계에 보다 더 열렬히 집착하는 것처럼 보인다. 그러므로 공공영역을 공공선을 고양하기 위해 함께 봉사하는 공간으로 인식하는 대신, 오히려 개인의 안전과 신분을 보다 더 확실히 보장해주는 보조장치 정도로만 이해하는 경향이 더욱 짙은 것 같다. 그러므로 "공공영역 (public space)을 식민화 하는 주체, 그것은 바로 개인의 사적 세계"라는 주장까지 제기될 정도다.[72]

이와 관련하여, 개인주의의 발상지인 유럽에서 무릇 공동체에 대

---

72 Cray, Graham, Disciple & Citizens : A Vision for Distinctive living (The London Lectures in Contemporary Christianity, Nottingham 2007), p.59

해 부정적인 시각이 지배적일 수밖에 없음은 지극히 자연스러운 현상이라 할 수 있을 것 같다. 학문적으로도 "공동체(Gemeinschaft)란 오로지 하나의 밑바닥 흐름(Unterstrom), 하나의 희망, 하나의 사회학적으로 무정형적인 감정"에 지나지 않을 뿐만 아니라, 거대한 정치ㆍ사회적 체제 분석을 위해서도 별반 쓸모 없는 한갓 "찌꺼기 개념 (Residualbegriff)"에 지나지 않는다는 경멸 섞인 비판이 심심찮게 제기되기도 한다. 동시에 공동체를 그룹과 같은 단순한 집단개념으로 평가 절하하거나, 아니면 신뢰, 도덕, 연대, 이타주의나 상호성 등의 질적인 현상을 싸잡아 뭉뚱그리기 위한 일종의 복합개념 정도로 홀대하는 편협한 학문적 시각도 적잖이 등장한다.[73]

반면에 정반대로, 이 공동체(community)를 '인간적 삶의 근원'으로까지 극화하는 입장도 없지는 않다. 예컨대 캐나다의 철학자이자 사회운동가이기도 한 장 바니에(Jean Vanier)는 우리에게 만약 "강렬한 공동체적 정서가 없었다면, 인류는 말라 비틀어져 죽게 되었으리라" 확신한다. 그는 "공동체는 곧 인류사회의 토대(foundation)이고, 상호 의존의 정점이며, 총체성의 축소판이다 …. 공동체는 영혼의 위안 (comfort of souls) 이상의 것으로서, 종(種)의 생존(survival of species)을 의미해왔다. 공동체 경험을 계속 이끌어나가고 풍부하게 만들지 못한다면, 그리고 우리를 앞으로 이끌어가는 공동체의 영광(glory)에 대한 통찰력을 갖지 못한다면, 우리 모두는 마침내 소멸하고 말"리라 단언하

---

73 이러한 경향에 대해서는, 특히 Opielka Michael, Gemeinschaft in Gesellschaft : Soziologie nach Hegel und Parsons , 2., überarbeitete Auflage(VS Verlag für Sozialwissenschaften, Wiesbaden 2006), p.9 이하를 참조할 것.

기도 한다.[74] 나아가서는 물질문명이 빚어낸 인간소외 및 인간존엄성의 타락상에 대한 노골적인 저항이 다름 아닌 공동체에 대한 향수로 뿜어져 나오기도 한다는 주장도 제기된 바 있다.[75]

하지만 공동체를 둘러싼 이처럼 다양하고 이질적인 시각들은 오히려, 공동체와 관련된 새로운 민주주의의 유형 및 속성에 관해 새롭게 문제를 제기해야 할 필요성까지 자극하는 것처럼 비쳐지기도 한다.

이 기회에, 위에서도 잠깐 언급한 바 있는 '환경공동체 민주주의' 및 '생태공동체 민주주의', 나아가 '생태·환경 민주주주의'의 특성을 보다 구체적으로 상호 비교·검토·분석하는 것이 적잖이 유의미하리라 여겨진다. 그렇다면 각각의 민주주의는 과연 어떠한 특성을 지니고 있는 것인가?

첫째, '환경공동체 민주주의'란 무엇보다 자연존중 정신에 입각하여 인간 상호간의 민주적 상호관계 수립을 지향하는 가치체계를 의미한다. 자연 앞에서 모든 인간은 궁극적으로 평등한 존재다. 따라서 인간에게는 상호 공생·공존·공영에 필요한 인간적 사회환경을 더불어 구축해나갈 수 있도록 서로 굳건히 결속해야 할 천부적인 소명이 자연적으로 주어져 있으리라 짐작된다. 무엇보다 불우하고 소외당하는 동료인간의 인간적 해방에 대해서는 특별한 관심이 요구된다. 나는 이러한 천부적인 소명의식의 기본토대를 바로 '환경공동체 민주주

74 Jean Vanier, Community and Growth , revised ed.(Darton, Longman and Todd, London 1990), p.3

75 Andrew Lockley, Christian Communes (SCM Press Ltd 1976, London), p.4—5

의' 정신에서 찾고 있는 것이다.

　이 '환경공동체 민주주의' 이념은 무엇보다 인간존재가 자연에서 와서 더불어 자연으로 되돌아갈 '피붙이 공동운명체'라는 믿음에 튼튼히 뿌리를 드리우고 있다. 말하자면 인간은 지위고하·빈부귀천을 가리지 않고 언젠가는 모두 필연적으로 자연으로 되돌아갈 수밖에 없는, 절대평등의 지상명령을 안고 태어난 존재라는 인식에 기초한다는 말이다. 무릇 이 생태계의 지극히 미세한 한 부분에 지나지 않는 인간은 따라서 곡진한 상호연대 소명을 천부적으로 타고난 존재일 수밖에 없으리라. 본질적으로 '환경공동체 민주주의' 이념은 인간 상호간의 평등 및 연대 체제수립을 지향하는 근본속성을 함유하고 있다.

　둘째, 이러한 관점과 연결해, 바로 두 번째 민주주의 유형인 '생태공동체 민주주의'가 뒤따른다.

　나는 '생태계' 개념이 인간이 소위 '만물의 영장'이 아니라 오히려 이 거대한 자연계의 미미한 한 구성인자에 지나지 않는 존재라는 인식에 엄중히 기초해 있다고 믿는다. 그러므로 생태계의 모든 생명체들이 동등한 내재적 가치를 지니고 있다는 믿음이 자연스레 엄호할 수밖에 없다. 이런 취지에서, 생태계란 인간의 생존을 보다 근원적이고 확고하게 보장·보강해줄 수 있는 원동력으로 작용한다고 말할 수 있다. 따라서 모든 생명체들이 상호 공생·공존·공영을 함께 누려나갈 수 있는 공정한 생태계를 지속적으로 조성해나갈 의무를 인간 또한 더불어 나눠져야 마땅한 일이다. 이런 의미에서, 전체 생태계의 지속 가능한 유지·존속을 위해, 모든 생명체 상호간의 민주적 관계 정립을 목표로 하는 자연존중의 정신적·실천적 노력의 총화가 바로 '생태공동체 민주주의'의 본질인 것이다.

　그런데 바로 앞에서도 밝혔듯이, '생태·환경'이란 어차피 생태계를 포괄하는 자연과 인공환경의 변증법적 종합개념이라 할 수 있다. 따라서 궁극적으로는 '환경 민주주의'와 '생태민주주의'가 '생태 · 환경 민주주의' 하나로 수렴되어야 마땅하다 할 것이다. 또한 그것이 '현대 원시주의' 생태론의 기본토대임은 물론이다.

이어서 셋째, '생태 · 환경 민주주의'의 본질에 대해 보다 구체적으로 살펴보아야 할 차례인 것 같다.

총체적으로 보아 '생태 · 환경 민주주의'는 크게 두 개의 범주를 포괄하는 이념으로 이해할 수 있다. 하나는 '환경' 민주주의다. 바로 조금 전 살펴본 바와 같이, 그것은 인간 중심적 사회환경, 요컨대 인간사회를 포괄하는 민주주의의 근본이념으로서, 인간다운 삶의 구현, 즉 인간의 자연친화적 기본권 신장을 목표로 한다. 그리고 다른 하나는 '생태' 민주주의다. 그것은 전체 생태계를 포괄하는 민주주의의 기본이념으로서, 인간이 앞장서는 '자연의 기본권' 쟁취를 추구한다.

구체적으로 말해, 우선 '환경' 민주주의는 궁극적인 '생태환경' 민주화 쟁취를 위한 예비적 · 선제적 과업을 떠맡게 될 것이다. 말하자면 그것은 자연친화적인 '사회적 생존욕구'의 충족, 즉 궁극적으로 전체 생태계의 공생 · 공존 토대를 확립하기 위한 예비적 준비단계로서, 온전한 인간기본권 쟁취를 그 기본목표로 한다는 말이다.

좀 더 부연해서 설명하자면, '환경' 민주화운동은 자연의 '휴머니즘'을 어떻게 '사회화' 할 것인가, 이를테면 자연을 보호하고 존중하기 위해 인간의 사회적 평등 및 연대 체제를 어떻게 선제적으로 구축해낼 것인가 하는 것을 자신의 기본목표로 삼는다는 말이 되리라. 반면에 '생태' 민주화운동은 자연의 '휴머니즘'을 어떻게 '자연화' 할 것인가, 이를테면 인간 주도 하에 전 생태계에 걸친 생명체 상호간의 평등 및 연대 체제를 어떻게 구현해낼 것인가 하는 목표를 지향한다고 말할 수 있다. 어떤 경우에든, '자연의 휴머니즘'이 기본 관건으로 작용함은 자명한 이치다.

이러한 의미에서, '생태 · 환경' 민주주의가 이미 앞에서도 살펴본 자연의 인본주의적 요청, 요컨대 '평등의식 및 연대정신'의 함양을 자신의 기본적인 정신적 · 실천적 목표로 설정할 수밖에 없음은 지극히 당연한 일이라 할 수 있다. 이렇게 볼 때, '생태 · 환경' 민주화운동이란 인간사회 및 전 생태계의 민주화를 일상화 하고자 하는 인간적 노력의 총화로서, 모든 사회운동 일반을 포괄하는 '종합운동'의 속성을 지니는 것으로 풀이할 수 있을 것이다. 물론 그것이 궁극적으로는 '현대 원시주의'의 구현과 직결해 있음은 두말 할 나위도 없는 일이다.

다른 한편, 예컨대 미국의 히스터(Randolph T. Hester) 교수는 한때 '생태 민주주의'로 번역할 수도 있는 "ecological democracy"를 제창한 바 있다. 그러나 그는 그것이 "우리 자신 및 주거(habitation)를 감염시켜온 독(poisons)의 해독제(antidote)"라 규정한다. 이어서 히스터 교수는 '생태 민주주의'가 우리가 달성할 수 있는 가능한 최고의 삶을 제시하긴 하지만, 그것이 "신속한 해결책"(quick fix)이 아니라 오히려 "긴 여행을 위한 행로(a path for a long journey)를 제공할 따름"이라 술회하며 아쉬움을 토로하기도 한다. 나아가 그는 '생태학'과 '직접민주주의'야말로 사경을 헤매다 가까스로 소생한 듯이 보이는 주제라 주장하면서, 이 두 요소를 '생태 민주주의'의 두 원동력으로 파악하고 있다. 그럼에도 그는 자신의 꿈이 실은 '응용 생태론'(applied ecology)에 입각하여 추진되는, 자유와 시민의 기대에 부응하는 민주적 "도시—설계"(city—design)에 있음을 숨기지 않는다. 그러므로 그에게 생태학과 민주주의는 "강력하지만 분리된"(powerful but separate) 수준 정도의

것으로 비칠 수밖에 없는 것이다.[76]

미루어 짐작컨대, 히스터 교수는 이 'ecological democracy'(생태 민주주의)를 내가 지금 이 글에서 선보이는 '환경' 민주주의와 거의 유사한 개념으로 이해하는 듯이 여겨진다. 그럼에도 그와 나의 근본적인 차이점은, 그와는 달리 내 자신이 무엇보다 '환경'과 '민주주의'를 결코 상호 분리 가능한 단위로 파악하지 않고 있다는 측면이라 할 수 있다. 어떻게 보면 그의 '생태 민주주의'론은 적잖이 미시적일 뿐만 아니라, 지엽적이고 말초적인 속성을 지니는 것으로 비쳐진다.

하지만 나의 견해 역시 적잖은 문제를 안고 있음은 숨길 수 없는 일이다.

무엇보다 '생태·환경' 민주주의의 기본토대 위에서 원시적인 삶의 본질을 현대화해내고자 시도하는 나의 이러한 '현대 원시주의' 생태론이 불가피하게 유토피아적인 근성에서 벗어나지 못하고 있기 때문이다. 그러나 그렇다고 해서 '현대 원시주의론'이 다만 몽환적인 미래의 꿈속에 유폐된 한가롭기 짝이 없는 시도에 지나지 않는 것일까. 이미 앞에서도 누차 강조했듯이, 나는 실현될 수 없는 꿈임에도 불구하고 우리 인간에게는 의당 유토피아가 필연적으로 요구된다고 믿어 의심치 않는다. 세계사야말로 장구한 유토피아의 실현과정이라는 준엄한 교훈을 역사는 우리에게 보여주고 있지 아니한가.

앞에서도 수시로 언급했듯이, '인연'의 주체는 한마디로 자연과 인간이다. 그러므로 인연의 본질인 '관계맺음'의 도정에서, 두 개의 방향이 설정될 수 있을 것이다. 첫째로 인간 자신을 향해, 그리고 둘

---

76 이에 대해서는, Randolph T. Hester, Design for Ecological Democracy (MIT Press, Cambridge · Massachusetts London, England 2006), p. 4~5를 볼 것.

째로는 자연을 향해 인간 스스로가 각각 어떠한 자세로 임해야 할 것인가 하는 양 측면에 자연스레 초점이 맞추어지리라.

지금껏 분석해온 '현대 원시주의'는 뒤에서 다룰 '인연 휴머니즘'과 불가분의 상호관계를 맺고 있다.[77] 응당 '바이오필리아(Biophilla)'가 그 정신적 근간으로 작용하고 있음은 물론이다. 무엇보다 내 자신 스스로가 '생명사랑', 곧 '바이오필리아'를 통해 자연과 인간의 합일뿐만 아니라 인간과 인간의 합일, 곧 평등 및 연대 체제 구축이 동시에 도모될.수 있으리라 믿기 때문이다. 이러한 관점과 관련지어, 잠시 '고독'과 '욕망'의 인간본성 구조를 다시 한 번 더 간략히 환기할 필요가 있으리라 여겨진다.

한마디로 '현대 원시주의'의 요체는 고독과 욕망이라는 인간본성에 잠재해 있는 부정적 요소와 긍정적인 측면을 발전적인 차원에서 종합해냄으로써 보다 높은 단계의 정신적 가치를 지향하는 데 있다고 말할 수 있다. 이런 의미에서, '현대 원시주의'란 인간본성인 고독과 욕망의 변증법적 종합이라 이를 수 있으리라. 구체적으로 말해, 한편으로는 고독한 인간본성의 부정적 요소라 할 수 있는 의타심, 이기주의, 탐욕, 타자 이용심리 등속을 극복해가며, 다른 한편으로는 욕망의 인간본성이 지니는 긍정적인 측면이라 할 수 있는 자립성, 독립성, 결단력, 투지력, 열정, 돌파력, 등등을 확대 재생산해냄으로써, 점차 공유(share)와 연대(solidarity)를 쟁취하기 위한 불굴의 결의를 심화시켜나가는 정신자세, 이것이 바로 '현대 원시주의'의 요체라는 말이 되겠다. 이를테면 '현대 원시주의'란 인간의 본성이 지니는 부정적 요소를 척결해나가는 동시에 그 긍정적인 측면을 앙양해 나감으로써, 궁극적

---

77 뒷 부분, 제5장 '인연 휴머니즘' 편을 참고할 것.

으로는 인간 상호간의 공존·공생·공영을 일상화해 나가고자 하는 투지를 함축하는 원리라 할 수 있는 것이다.

② '맹종'(盲從)과 '순종'(順從)과 '방종'(放縱)과 '추종'(追從)

나는 지난 90년대 초반, 알프스를 난생 처음 찾은 적이 있었다.

우리의 땅 백두산에는 편안히 오르지도 못하면서, 그 보다도 훨씬 높은 남의 산에까지 다 오를 수 있다는 것에 대해 도대체 어떠한 자긍심을 느껴야 할지 머리를 갸우뚱거리며, 케이블카로 4천m 정도 되는 고지를 정복한 것이다.

그러나 태고의 자연을 간직하고 있어 마치 빙하시대를 연상시키는 듯한 이 알프스 산골짜기에도, 나를 포함한 자본주의적 인간군상들이 홍수처럼 범람하고 있었다. 그런 탓에, 스위스는 바야흐로 고산(高山)을 오르내리는 케이블카와 호텔과 관광객들로 넘쳐나는 나라, 주민이 살고 있는 주택보다 호텔 등속이 더 많아 매일매일이 주말이나 휴가철과 다를 바 없는 나라가 되어버린 것이다. 하지만 호텔들은 정겨운 이름들을 한껏 뽐내고 있었다. '눈 쌓인 들판', '알프스의 행복', '새들이 깃든 숲', '저녁노을', '숲 속의 고요', '알프스의 장미', 심지어 '콜로라도'라는 간판까지 눈에 뜨였다.

그런데 놀랍게도 이 알프스 산자락 마을에는 폭이 1미터 가량, 길이가 고작 2미터 정도 될까말까한 장난감 같이 생긴 차들만 쏘다니고 있었다. 전기 자동차였다. 대량생산이 불가능한 탓에, 이 꼬마 차 한 대가 어마어마한 값을 호가한다지 않는가. 이런 애틋한 모습에 걸맞게, 인형 같이 생긴 쪼끄만 '쓰레기 집'(Kehrichthaus)이 만들어져 있어 쓰레기들을 상냥하게 담아내고 있었다. 그리고 길가 곳곳에 쓰레기용 플라스틱 봉투 케이스가 토끼의 두 귀처럼 양쪽에 쫑긋 달라붙어 있는 쓰레기통까지 놓여 있어, 언제나 자유롭게 봉투를 끄집어내어서 쓰레기를 편안하게 처리하게끔 되어 있기도 했다.

하지만 지나치게 합리적이고 타산적인 계산에 의해 이끌리는 서구사회는, 모든 게 다 기계적으로 작동하는 것처럼 비쳤다. 공동체적 유대의식이 줄어들고 인간미가 메마를 수밖에 없는 것이 그 자연스러운 귀결이 아닐까 싶을 정도였다. 한 번은 예전에 이런 일도 있었다 한다. 불이 난 동양인 친구 집에 헐레벌떡 뛰어들어온 어느 유럽 학생이 만사 젖혀두고, "나한테 빌려간 책도 탔니?" 하는 물음부터 숨넘어가듯 던지더라는 것이다.

하지만 알프스는 '원시'에의 노스탤지어를 끊임없이 일깨움으로써, 우리에게 버리고 떠나온 자연으로 속히 되돌아가라고 끈기 있게 타이르고 있는 것처럼 보였다. 자연의 소리에는 '원시인'다운 순수한 영혼의 여울이 있다. 그것은 우리를 하나로 껴안고 얼싸안게 만드는 순박한 힘을 지니고 있는 것이다. 이 알프스는 우리에게 원시를 향한 애틋한 망향가를 가슴 매이듯 절창하는 듯했다.

하지만 오늘도 알프스의 거리와 호텔에서는 서로 피 흘리며 붙들고 싸우는, 자유경쟁 정신으로 중무장한 이 자본주의 시대의 '야만인'들이 칼춤을 우아하게 추어대고 있을지 모른다. 하지만 알프스의 빙벽과 계곡들에서는 인간에 대한 사랑과 믿음을 일깨우는 북소리와도 같은 원시인의 함성 역시 끊임없이 울려 퍼지고 있는 듯했다. 절로 깊이 가슴에 새겨졌다.

어쨌든 스위스는 자본주의의 요정 같았다.

그러하니 스위스에도 어쩔 수 없이 자본주의적 낭비의 물살이 흥건할 수밖에 없었다. 가령 한 줄에 띄엄띄엄 연결되어 수천 미터 산꼭대기까지 왔다갔다하는 케이블카는 미리 공표한 운행시간에 맞춰 손님이 한 명도 없더라도 종일 연이어 오르락내리락거리고 있지 않은 가. 물론 '계약을 준수해야 한다는 것'(Pacta sunt servanda)이야말로 자 본주의의 뛰어난 장기임에는 틀림없는 일이다. 하지만 보통 때는 거 의 텅 빈 케이블카들만 왔다갔다하는 경우도 다반사여서, 엄청난 양 의 전력을 헛되이 탕진할 뿐만 아니라 동시에 자연의 이름으로 생태 계까지 마냥 훼손하고 있으니, 이러한 비생산적인 현상을 도대체 어 떻게 받아들여야 할는지 …. 이런 면에서, 알프스는 나를 적잖이 각성 시켰다. '바이오필리아'가 그리 멀리 떨어져 있지는 않아 보였다.

더욱이 이 알프스 산자락의 한 카페에서, 취리히 대학 교수라는 분과 우연히 자리를 같이 하게 되는 행운까지 얻어 걸치게 되었다. 대 단히 부러운 눈빛으로 스위스의 자연환경의 탁월성을 칭송하는 나에 게, 그는 체르노빌 원전사고를 대표적인 사례로 꼽아가며, 외부에서 침투해 들어오는 끊임없는 환경오염 문제로 인해 스위스도 그리 편안 치만은 않다고 투덜거리는 게 아닌가. 이를 통해 그는 사실상 부지불 식간에 국제정치 이론에서도 지금 심각하게 대두하고 있는 쟁점의 하 나를 건드린 셈이었다.

국제정치 분야에서는 현재 국가이기주의를 추구하는 현실주의와 공동선을 지향하는 이상주의가 서로 갈등을 일으키고 있는 형편이다. 따라서 어떻게 하면 국가 상호간의 공동적 이해를 침해하지 않으면서 자기의 국가적 이해관계를 한껏 충족시킬 수 있을 것인가 하는 문제 는 심각한 논쟁거리가 될 수밖에 없는 것이다. 무엇보다 환경위기는 이러한 쟁점을 첨예하게 노출시키고 있는 대표적 사례로 꼽는다. 요 컨대 다른 나라에서 무작정 불어닥치는 오염된 공기를 도대체 어떻게 막아낼 것인가? 예컨대 황사의 생성과 그 세계적 확산을 가령 국가적 이기주의의 발로로 볼 수 있겠는가? 아니면, 황사로 인한 환경적 폐해를 국제적으로 과연 어떻게 극복해낼 것인가? 이처럼 환경위기의 처리 문제가 이윽고 국가 상호간의 공동선 추구라는 인류사적 과제해결에 중대한 변수로 떠오르게 된 것이다.

근래에 들어 더욱 더 심각해지는 공기오염과 기후온난화 등 자연적 이상증후 현상은 전 지구적 차원에서 발생하고 확산하는 것이기 때문에, 결과적으로 현재 전 인류로 하여금 자기 국가만의 민족적 사리사욕에 집착할 수 없도록 만드는 역설적 상황이 강요되는 것처럼 비치는 현실이 나타나기도 한다. 그리하여 전 지구의 생존 및 인류적 공생을 위한 범 세계적 단합과 결속이 결정적으로 요청되는 시대가 도래할 수밖에 없게 된 것처럼 보일 정도다. 급기야 민족국가적 이기주의와 전 지구적 이타주의의 공존이라는 역설적인 상황이 돌출하는 국제정치적 현실이 주조되게끔 된 것이다. 이윽고 자연과 인간의 합일을 지향하는 '생명 공동체' 시대가 자연스레 열리기 시작한 것처럼 보인다.

되돌아보면, 인류는 지금껏 '자연'에서 출발하여 또다시 '자연'으로 회귀하는 삶의 양식을 발전시켜온 듯 여겨진다.

이를테면 우리 인류의 역사는 자연에 '맹종'(盲從)해온 무기력한 고대사회에서 출발하여, 자연에 대한 '순종'(順從)으로 일관한 정적인 중세 봉건사회를 거쳐, 이윽고 자연의 정복과 파괴에만 몰두하며 자연에 대한 '방종'(放縱)을 일삼는 완력적인 근대 자본주의사회로의 길을 밟아오다가, 급기야는 환경오염, 생태계 파괴, 자본주의적 물신숭배와 황금만능주의가 무절제하게 부추겨지는 혼란스러운 세계화 시대로 접어들게 된 것이다. 하지만 상황은 돌변하는 것처럼 보인다. 바야흐로 오늘날 우리 인류는 자연을 '추종'(追從)해야 할 마지막 목표지점만 눈앞에 두고 있는 것처럼 비쳐진다. '생명 공동체' 시대가 그 건널목이 되리라.

줄여 말하면, 우리 인류는 지금껏 자연에 대해 '맹종'(盲從)하고, '순종'(順從)하고, '방종'(放縱)하는 역사과정을 거쳐, 급기야 '추종'(追從)해야 할 단계로 접어들었다는 말이 되는 것이다.

하지만 비록 지금은 해결이 지극히 난망한 것이긴 하지만 결정적인 속성의 심각한 난제들 몇몇이 문 앞에서 우리를 날카롭게 꼬나보고 있음을 결코 외면할 수는 없으리라 여겨진다. 무엇보다 긴급을 요하는 것들이기 때문이다. 비록 지금 당장은 명쾌한 해법을 제시할 수 없을지 모른다. 하지만 지난한 것임에도 불구하고 지극히 충격적인 속성을 지니고 있는 것이기 때문에, 응당 앞으로 반드시 공론의 핵심 주제로 설정해 나가야 할 것임은 물론이다. 그 몇몇 문제는 다음과 같다.

첫째, 예컨대 원자력의 경우처럼, 자연과학의 성과와 성취도를 적극적으로 활용해나가면서도, 어떻게 하면 생태학적 삶을 위기에 빠뜨리지 않도록 만들어나갈 수 있겠는가?

나아가 둘째, 이른바 '환경운동' 및 '생태주의'의 사회계급적 기반은 과연 무엇이고, 무엇이 되어야 할 것인가? 예컨대 충분한 먹거리와 건강한 마실 거리 그리고 쾌적한 주거 환경 등등, '삶의 질'과 직결된 핵심분야에서 지구상 절대다수의 인구가 아직까지 심각한 결핍과 고통 속에 시달리고 있음은 널리 알려진 사실이다.

우리의 생태론적 애정과 관심에 기초하여, 무엇보다 인간의 생존에 결정적인 식량문제 하나만을 집중적으로 살펴 보드라도, 우리는 즉각 주체하기 힘든 곤혹스러움에 빠져들지 않을 수 없을 것이다. 무릇 전 세계 인구의 50% 이상이 기아와 식량부족으로 고통받는 빈곤선상에서 허덕이고 있는 실정 아닌가. 이처럼 엄청난 수의 우리의 동료들이 근본적인 결핍에 혹독하게 고통받으며 암담한 상황에 처해 있는 현실임에도 우리는 '자연보호'라는 순결한 명분을 내걸며, 자연자원을 계속 깨끗이만 '수호'코자 하는 숭고한 과업에만 매달릴 것인가?

요컨대 정조를 지키고자 하는 이러한 환경수절(守節) 행위가 과연 얼마나, 언제까지나 정당화될 수 있을 것인가 하는 물음인 것이다. 말하자면 '자연보호'의 기치를 내걸고 있음에도 불구하고, 아니면 바로 그 때문에, 결국엔 이 자연수호의 최후의 보루일 수도 있는 인간의 보호엔 눈감아버리는, 비인간적 · 비자연적인 작태를 태연히 자행하는 것은 아닌가 하는 날선 다그침이 되리라. 이처럼 기본적인 생존 필수 자원이 결여된 상황에서, 오로지 환경보호의 명분을 들이대며 자연자원을 수호하기에만 급급해 하는 것은 결국 동료인간의 고통에 눈감게 돼 위선적 행위로 전락하는 결과만을 자초하게 되는 것은 아니겠는가? 가령 우리나라에서도 환경보호 차원에서 높이 존중받는 값비싼 '친환경식품'이나 유기농산물의 주 고객은 과연 어떤 사회계층에 속하는 사람들일까? 요컨대 자연보호 문제는 계급적 문제인가, 아니면 인간적 문제인가?

셋째, 그런데 자연의 섭리에 순응하면서도 어떻게 하면 인간의 자유와 주체성을 끊임없이 키워나가는 삶의 방식을 계속 지켜나갈 수 있겠는가? 이러한 총체적인 문제 역시 소홀히 할 수는 없으리라 짐작된다. 이를테면 자연과 인간의 궁극적인 화합을 성취해내는 조화로운 해법과 관련된 문제인 것이다.

어쨌든 오늘날 전 지구적인 환경오염과 생태계 파괴현상이 줄을 잇는 비극적인 상황 속에서, 우리 인류가 그야말로 절망과 희망이 교차하는 곡예사와도 같은 위태로운 삶을 영위하고 있음은 부인할 수 없는 사실인 듯하다.

하지만 나는 우리 대한민국의 미래에 찬란한 서광이 비치고 있음을 믿어 의심치 않는다. 우리의 위상이 다각적으로 전혀 차원을 달리하는 까닭이다.

무엇보다 자연과 더불어 살아온 우리 민족의 기나긴 역사적 삶의 발자취가 매우 괄목할만한 것이다. 우리는 빼어나게 '자연 친화적인' 공동체적 삶의 전통을 누리며 살아온 가상한 민족 아닌가. 집요하게 자연과 한 몸처럼 더불어 살아온 심대한 기량이 강물처럼 넘실댐은 지극히 자연스러운 현상이다.

예컨대 소나무 하나를 보자. 우리는 소나무와 끊으래야 끊을 수 없는 간곡한 인연을 맺으며 살아왔다.

눈, 바람, 서리를 이겨내며 늘 푸르게 우리 땅 어디에서나 잘 자라는 소나무는 우리 민족의 삶 속에 깊숙이 뿌리내려왔다. 우리 애국가에도 "남산 위에 저 소나무 …" 하는 구절이 있을 정도 아닌가. 우리 선조는 소나무로 지은 집에서, 소나무 장작으로 불을 피우며 살았고, 죽어서는 소나무 관에 누웠다. 송진으로 배의 이음새를 메웠고, 흉년이나 보릿고개에는 소나무 속껍질로 허기를 달랬으며, 어두운 밤에는 관솔불로 주변을 밝혔다. 추석에는 솔잎을 깔고 송편을 쪘으며, 솔잎이나 송홧가루, 솔방울 등으로 차나 술을 빚으며 살아오지 않았던가. 소나무의 땅 속 뿌리에 기생하는 '(백)복령'을 요긴한 약재로 쓰기도 했다. 소나무는 바위 꼭대기 천길 높이에 우뚝 서 있기도 하다. 올바른 마음과 굳은 절개를 지니고 사철 푸른 본성을 간직해내며 얼음과 서리를 막아 추위를 이겨내니, '군자'는 소나무를 본받는다 일렀다. 이처럼 정신적으로도 우리는 늘 이런 소나무와 함께 하며, 그를 본받고자 애써온 것이다. 산꼭대기 바위틈에까지 소나무를 키우는 우리 강산은 또 얼마나 축복받은 땅인가. 그러나 그게 다가 아니다. 우리는 늦가을에 잘 익은 홍시를 따내면서도, 까치가 요기 삼아 찾아먹을 수 있게끔 몇 알은 따지 않고 나무에 그대로 남겨둘 줄 아는 '형제애'를 발휘하기도 하지 않았던가.

더욱이 찬송가 가사에서까지 '삼천리 반도 금수강산, 하나님 주신 동산' 하며, 우리 자연에 대한 예찬을 아끼지 않을 정도다. 물론 외국인들도 예외는 아니다. 그네들은 우리 산천이 그렇게 인간 친화적일 수 없다고 입을 모은다. 무지막지할 정도로 광활한 대평원들이 끝간데 없이 뻗어 있는 다른 나라들과는 달리, 우리나라의 경우에는, 오밀조밀한 들판이 널찍이 펼쳐져 있는가 싶으면 그 끝자락에는 다소곳한 산이 병풍처럼 포근하게 감싸고 앉아있기 일쑤여서, 그렇게 아늑하고 편안한 정감을 자아낼 수 없다고 경탄들을 한다. 계곡을 굽이굽이 감돌아 흘러내리는 물 색깔은 또 어떠한가. 아름답다고 칭송을 한 몸에 받는 알프스 산록의 계곡 물조차 대개가 다 뿌우연 잿빛을 띠기 일쑤다. 그야말로 옥구슬처럼 맑고 투명한 우리네 물빛 같은 것을 세계 어디서 그리 손쉽게 찾아볼 수 있을지 …. 이처럼 우리 민족은 방방곡곡 어디에서나 줄곧 늘푸른 소나무와 고즈넉한 산, 그리고 맑고 수려한 물과 함께 할 수 있는 유려한 삶의 터전에서 지금껏 고결한 삶을 이어오지 않았던가. '삼천리 금수강산'이란 말이 어디 괜스레 나왔을까…?

그러나 그게 다가 아니다.

우리는 여태껏 냉전체제에 볼모 잡힌 세계유일의 분단국가 아닌가. 더구나 그런 탓에, 우리는 전쟁이 아니라 필연적으로 평화를 선도하지 않으면 안 될 인류사적 소명을 한 몸에 안고 있기도 하지 않은가. 그런데 인류사회의 평화는 궁극적으로는 무엇보다 자연과의 평화를 통해 확립되어질 수밖에 없는 것이라 할 수 있다. 전쟁이란 곧 자연파괴를 의미하는 것이기 때문이다. 그러므로 이처럼 자연과 한 몸처럼 살아온 우리 민족이야말로, 당면한 인류사적 과제라 할 수 있을 생태계 보호 및 세계평화 구축이라는 세기적 사명을 주도해나가기에 가장 마땅한 존재 아니리요.

더구나 자연과 극한대치 중인 총체적 난국에 직면하여, 이 지구촌을 선구적으로 앞장서 선도할 수 있는 용솟음치는 기백과 출중한 역량을 한 몸에 올곧이 담지하고 있는 나라가 우리 외에 또 더 있을 수 있을까.

그러나 이와 같이 축복받은 이 땅의 자연처럼 순박한 백성들은 지금 과연 어떤 상태에 놓여 있을지 …?

③ 홍익인간(弘益人間), 홍손인간(弘損人間)

지금으로부터 4천300여 년 전 10월 초사흘, 한반도에 바야흐로 인간의 역사가 비롯하였다. 하늘이 열리고 나라가 세워진 이 날을 기려, 우리는 '개천절'이라 부른다.

고려 말 승려 일연은《삼국유사》에서 우리 민족의 시조로 일컬어지는 '단군'과 관련된 일화를 흥미롭게 서술하고 있다.[78]

하느님의 아들 환웅이 무리를 이끌고 땅의 세계에 내려온 곳은 태백산 꼭대기 신단수(神壇樹) 아래다. 예로부터 인간세상의 이상을 펼치기 좋은 곳으로, 흔히 신성함과 자연스러움을 함께 간직하고 있

---

78 이 부분에 대해서는 황훈영,《우리 역사를 움직인 33가지 철학》(푸른숲 1999)에서 적잖은 가르침을 받았다. 특히 13~25쪽에 등장하는 참신한 역사해석 면모에 깊은 감명을 받은 바 있다.

는 높은 산이 꼽혔다. 그런 탓에 사람(人)이 골짜기(谷)에 있으면 세속의 사람, 즉 '속인'(俗人)으로 불리지만, 반면에 사람(人)이 산(山)에 있으면 신선, 곧 '선인'(仙人)이라 일컬음 받는다. 속인과 선인의 차이를, ─ 이처럼 사람이 골짜기에 있는가 산에 있는가에 따라 구별할 만큼 ─ 산은 신성한 공간으로 인식되었던 것이다.

환웅이 인간을 다스린 것은 '인간을 이롭게 하자'는 뜻에서였다. 그러나 그는 인간의 일에 자신이 직접 나서지는 않았다. 다만 '천부인' 세 개로만 다스렸을 뿐이다. 인간을 위해 요컨대 바람, 비, 구름을 거느리는 것, 이것이 신시(神市)에서 환웅이 한 일의 요체였다. 이는 곧 인간의 행복을 위해 자연과의 조화를 꾀했다는 것을 의미한다.

환웅은 환인(하늘님)의 서자였는데, 신들의 세상보다는 늘 땅의 세계를 동경하였다. 이는 그야말로 심지어 하느님의 아들조차 본래부터 인간과 더불어 인간처럼 살아가고자 하는 소망을 가슴속 깊이 품고 있었다는 것을 뜻한다. 다른 한편 굴속에 살던 곰과 호랑이 또한 항상 인간이 되고 싶어 하늘님께 빌었다.

신화에 이처럼 신과 짐승 모두가 다 인간이 되고 싶어 안달했노라 쓰여 있는 것이다. 이걸 보면, 우리 옛 선조들이 인간을 얼마나 귀하고 자랑스럽게 여겼던가 하는 것을 충분히 미루어 짐작할 수 있지 않을까 한다. 가장 지고한 하늘나라의 신뿐만 아니라 가장 힘이 센 맹수까지도 인간사회를 그리워했다는 것은, 인간을 멸시하는 사상에서는 결코 나올 수 없는 상상력이다. 이처럼 우리의 신화는 근본적으로 인간 지향적인 '친인(親人)의식'을 밑바탕에 깔고 있는 것이다.

이런 점에서, 서양의 역사와는 너무나도 판이한 차이를 보여준다.

서양의 역사는 한마디로 '단절'에서 비롯하는 것이라 할 수 있는데, 창세기 신화에 그 속성이 뚜렷이 잘 드러난다.

여호와 하느님께서는 "사람이 혼자 사는 것이 좋지 아니하니, 내가 그를 위하여 돕는 배필을 지으리라 하시니라" 하셨다(창세 2:18). 아담 내외는 알몸이면서도 서로 부끄러운 줄 몰랐다(창세 2:25). 그런데 "하느님이 지으신 들짐승 중에 가장 간교"한 뱀이(창세 3:1) 어느 날 여자에게 "하느님이 참으로 너희에게 동산 모든 나무의 열매를 먹지 말라 하시더냐"고 물었다. 여자가 대답하였다, "동산 나무의 열매를 우리가 먹을 수 있으나, 동산 중앙에 있는 나무의 열매는 너희는 먹지도 말고 만지지도 말라, 너희가 죽을까 하노라" 하셨다(창세 2—3). 그러자 뱀이 여자를 꾀었다. "너희가 결코 죽지 아니 하리라. 너희가 그것을 먹는 날에는 너희 눈이 밝아져 하느님과 같이 되어 선과 악을" 알게 될 것을 하느님이 아시고, 그렇게 말하신 것이다. 여자가 그 나무를 쳐다보니, "먹음직도 하고 보임직도 하고 지혜롭게 할 만큼 탐스럽기도 한 나무인지라", 그 열매를 따먹고 남편에게도 따 주었다. 남편도 받아먹었다. 이윽고 두 사람은 눈이 밝아져, 자기들이 알몸인 것을 알고 무화과나무 잎을 엮어 앞을 가리었다(창세 4—7). 하느님께서 아담을 불렀다. "네가 어디 있느냐"? 아담이 대답하였다. "내가 벗었으므로 두려워하여 숨었나이다". "네게 먹지 말라 명한 그 나무열매를 네가 먹었느냐". 그러자 아담은 핑계를 대었다. "하느님이 주셔서 나와 함께 있게 하신 여자 그가 그 나무 열매를 내게 주므로 내가 먹었나이다". 이번에는 하느님께서 여자에게 물었다. "네가 어찌하여 이렇게 하였느냐"? 여자도 핑계를 대었다. "뱀이 나를 꾀므로, 내가 먹었나이다". 하느님께서 이제 뱀에게 이르셨다. "네가 모든 가축과 들의 모든 짐승보다 더욱 저주를 받아 배로 다니고 살아 있는 동안 흙을 먹을지니라. 내가 너로 여자와 원수가 되게 하고, 네 후손도 여자의 후손과 원수가 되게 하리니, 여자의 후손은 네 머리를 상하게 할 것이요, 너는 그의 발꿈치를 상하게 할 것이니라"하시고는, 또 여자에게 이르시되, "내가 네게 임신하는 고통을 크게 더하리니 네가 수고하고 자식을 낳을 것이며, 너는 남편을 원하고 남편은 너를 다스릴 것이니라"하셨다(창세 3:9—16). 아내가 임신하여 가인을, 또 아벨을 낳았다(창세 4:1—2). 그러나 여호와께서는 세상이 사람의 죄악으로 가득차고 사람마다 악한 생각만 하는 것을 보고, 왜 사람을 만들었던가 한탄하시었다(창세 6:5—6). 여호와께서는 "내가 창조한 사람을 내가 지면에서 쓸어버리되, 사람으로부터 가축과 기는 것과 공중의 새까지 그리 하리니, 이는 내가 그것들을 지었음을 한탄함이니라"하고 탄식해 마지않았다(창세 6:7). 그런데 전지전능하신 하느님께서는 세상을 여는 순간에, 어이하여 이다지도 말썽꾸러기인 인간을 창조해냈을까?

이처럼 서양 문화권에서는 에덴동산에서 죄를 짓고 쫓겨남으로써 비로소 인간의 역사가 열리기 시작하게 된다. 우리처럼 신과 짐승이 인간세계 안으로 들어옴으로써 역사가 열리는 것이 아니라, 정반대로 신에게서 버림을 받음으로써 바야흐로 인간의 터전이 형성되기 시작하는 것이다.

단군 신화는, 서로 다른 두 신분(환웅과 곰)이 결합해 단군이라는 통치자를 낳음으로써, 화합과 창조의 역사를 만들어내었다. 이 말은 곧 천상과 지상의 힘이 서로 화합함으로써 인간은 비로소 인간다워질 뿐만 아니라, 그에 따라 인간 특유의 사회가 형성될 수 있다는 의미로 읽힌다. 나아가 우리는 하늘의 마음과 땅의 현실(즉 동물적 본능의 세계)를 결합해내는 존재만이 인간을 다스릴 수 있는 힘을 갖게 되리라는 믿음이 그 속에 엄중히 내재해 있음을 알아차릴 수 있다.

반면에 서양의 경우, 하늘에 대한 일반인의 시각은 판이한 차이를 보여준다. 하늘은 인간이 그리워하고 우러러보다가 마침내 죽어서 승천하는, 성스럽기 그지없는 곳으로 이해된다. 이러한 인식은 말하자면 부족한 인간이 하늘나라로 올라감으로써 비로소 완전한 존재로 거듭 태어날 수 있으리라는 믿음에 뿌리내린 것이라 할 수 있다.

하지만 우리의 경우는 정반대다. 단군 설화에도 그대로 드러나듯이, 인간이 하늘나라로 올라가고자 꿈꾼 게 아니라, 오히려 하늘이 땅을 매양 그리워하다가 이윽고 스스로 인간세계로 내려오는 것으로 매듭이 풀린다. 그야말로 이러한 인식은 결코 하늘나라가 아니라 바로 이 지상에 천국을 건립할 수 있다는 믿음에 뿌리내리고 있는 것이라 할 수 있지 않으리요. 그리하여 우리 선조들은 이 지상에 천국을 세우기 위해, 광활한 대지를 내달리는 말처럼 대륙적이고 활달하고 용감무쌍하게 갈기를 휘날렸으리라.

이처럼 우리 민족 전래의 진정한 정신적 자산은 그야말로 지상으로 하늘을 끌어내리는 이 드라마틱한 역동성 그 자체 아니겠는가.

반면에 아담과 이브는 과연 어떠했는가? 하느님과 함께 죽음과 병고가 없는 축복받은 낙원에서 살다가, 원죄를 저지른 탓에 결국엔 에덴동산으로부터 지상으로 추방당함으로써 급기야는 영원한 생명과 자연과의 완전한 조화 및 하느님과의 친교까지도 모조리 다 잃어버리게 되지 않았는가. 이를테면 아담과 이브 이 둘의 타락으로 말미암아, 그 후손들까지도 마치 연좌제의 희생양들처럼 연루되어, 힘든 노동과 고통과 죽음이 지배하는 험난한 세상으로 내동댕이쳐진 셈이 되어버린 것이다. 결과적으로 이 땅은 가혹한 유배지나 감옥 혹은 저주받은 형벌의 공간으로 이해될 수밖에 없게 되었으리라. 반면에 우리의 단군신화에서는 이 땅이 오히려 지상천국을 세울 수 있는 평화롭고 활

기찬 희망의 대지로 각인되고 있지 아니한가.[79]

그런데 하고많은 짐승 중에서, 하필이면 왜 곰이 사람으로 변해 단군을 낳게 된 것일까?

아마도 우리 선조들은 곰과 호랑이에 대한 상징체계를 서로 달리하고 있었으리라 짐작된다. '호랑이는 현실적이고 외적인 힘을, 반면에 곰은 이상적이고 내적인 힘의 원천을 상징한다' 하는 식으로 느끼지 않았을까 싶다.

이러한 상징성은 두 짐승의 이질적인 특성에서 쉽게 도출될 듯하다. 호랑이는 과거 무반들의 상징 아니었던가. 매서운 이빨과 용맹, 그리고 날쌘 동작은 투쟁의 세계를 상정한다. 그러나 곰은 힘을 안으로 간직하고 있다. 맹수이면서도 우둔하고 점잖은 편이다. 끈기와 참을성이 있다. 환웅은 곰과 호랑이에게 쑥과 마늘을 주면서, 이것을 먹으며 1백일 동안 햇빛을 보지 말라고 일렀다(참고로 말하면, 흥미롭게도 마늘은 2005년, 세계보건기구(WHO)에 의해 10대 건강음식의 하나로 지정된 바 있다). 요컨대 환웅은 마음속의 투쟁, 즉 어려움을 참고 극복하는 내면적인 결기를 통해 곰과 호랑이의 우열을 판가름하고자 했던 것이리라. 응당 참을성과 순박함을 지닌 곰의 승리로 대단원의 막이 내렸다. 그리하여 곰의 속성, 즉 '은근과 끈기'가 곧 우리 민족전래의 평상적인 심성이라 일컬어지게 된 것이다.

이는 '정복하는 힘'으로 인간의 역사를 이끌어온 서양인의 마음가짐과 얼마나 큰 대조를 이루는 것인가. 쑥과 마늘은 쓰고 매운 것의 상징이다. 그리고 햇빛을 보지 말라는 것은 어둠을 견디라는 말이다. 원시인들에게 어둠은 하나의 공포이자, 죽음이며, 절망이었을 터이다.

---

79 이에 대해서는, 최명희 대하예술소설,《혼불》9권(한길사 1997), 174, 183쪽 참조

이를 통해 우리는 인간이야말로 이처럼 맵고 쓰고 어둡고 험난한 고난을 이겨내지 않으면 안 되는 강인한 존재여야만 하리라는 굳건한 인간관을 우리 조상들이 지니고 있지 않았을까 추정해볼 수 있으리라 여겨진다. 우리는 지금도 여전히 자식을 낳으면 삼칠일 동안 사람을 들이지 않고, 1백일이 지난 다음에야 잔치를 벌인다(백일잔치). 그것은 곧 곰이 인간이 되는데 삼칠일이 걸렸고, 1백일 동안 참고 견디면 인간이 되리라는 환웅의 약속과 우연히 일치한다. 태어나기만 하면 곧 사람이 되는 것이 아니라, 삼칠일과 1백일의 시련을 겪어내어야 비로소 인간으로 대접받을 수 있다는 사고방식이 그 밑에 깔려 있는 것처럼 보인다.

단군은 신성을 지닌 아버지와 동물성을 지닌 어머니 사이에서 태어났다. 즉 신성과 동물성을 동시에 지닌 존재다. 이것을 풀이하면, 인간은 본능적 욕구를 완전히 초월한 신도 아니고, 동시에 그러한 욕망에 전적으로 매몰되어 있는 동물도 아니라는 말이 되리라. 인간은 이 두 속성을 적절히 조화시킬 줄 알아야 하리라는 암시를 은연중에 그 속에 깔아놓은 것은 아닐까 짐작된다. 환웅은 하늘의 신분이었고, 웅녀는 땅 위의 존재였다. 따라서 단군은 하늘과 땅 사이, 곧 '지상적' 존재인 것이다. 그런 탓에 전통적으로 아버지를 하늘, 어머니를 땅이라 칭했다. 여기서 바로 '천부지모'(天父地母)의 세계관이 나오기도 했다. 또한 하늘과 땅 사이에 인간이 있어 세계를 이룬다는 '천지인'(天地人) 삼재(三在) 사상 역시 단군신화의 토대를 이루고 있는 것이라 할 수 있을 것이다.

이윽고 천신(天神)인 환인이 인간세상에 대해 품고 있었던 원래 뜻을 따라, '홍익인간' 이념이 결국 우리 민족의 정신세계에서 으뜸으로 자리 잡게 되었다. 그리하여 나라를 다스리는 근본이념으로 고착하게 된 것이다. 마침내는 대한민국의 교육법이 규정한 기본적인 교육이념으로 도약하기도 하였다.

어쨌든 홍익인간 이념은 원칙적으로 '나'라는 개인보다는 내가 속한 공동체인 '우리'를 보다 중시하고, 또 이에 더욱 더 애착하는 기본속성을 지닌 원리라 할 수 있다.

이런 습성은 지금까지도 일상생활에까지 사실상 그대로 투영되어 나타난다. 일상적으로 쓰는 우리말에 그 흔적을 쉽게 찾아볼 수 있다. 우리는 보통 '나의' 나라가 아니라 '우리' 나라라고 말하며, '내' 집이 아니라 '우리' 집, 그리고 '나의' 딸이 아니라 '우리' 딸이라고 말한다. 남편들이 자기 아내를 이를 때도, '우리' 와이프라고 말하지 않는가. 이 말을 가만히 따져보면, 한 부인을 여러 남편이 공유하는 것처럼 들릴 가능성이 농후하다. 문법적으로는 분명히 틀린 말일지 모르지만, 홍익인간 사상이 낳은 언어적 표현임을 이해한다면, 이는 결코 그릇된 말이 아니다.

하지만 '변화'만큼 변함 없는 진리를 찾기는 힘들리라.

이 땅에 특히 자본주의가 번창한 이래, 사회적 기상도가 사뭇 달라진 듯 보인다. 나는 이미 오래 전 홍익인간 이념이 바야흐로 '인간을 널리 손해보게 한다'는 뜻의 '홍손인간'(弘損人間) 개념으로 뒤바뀌어버렸다고 믿는다.

오늘날 우리 사회에는 우주간에 나보다 더 존귀한 것은 없다는 의미의 '천상천하 유아독존'(天上天下唯我獨尊) 스타일의 '사익 절대주의'가 기승을 부리고 있는 것 같다. 그런 탓에, 사회구성원 상호간의 공생과 유기적 연대에 똬리를 튼 우리의 전통적인 공동체의식이 상처에 소금 저며지듯 다름 아닌 이기주의에 의해 맹렬히 할큄을 당하고 있는 것처럼 보인다. 물론 '힘센 놈이 최고' 식의 자본주의적 자유경쟁 원리가 그 든든한 주춧돌 노릇을 하고 있음은 의심의 여지가 없는 일이다. 사회적 평등에 대한 기대가 그만큼 더욱 더 멀어질 수밖에 없음은 지당한 이치다.

반면에 자연은 사뭇 다른 실상을 보여준다.

가령 뱁새가 깊은 숲에 보금자리를 만드는데 필요한 것은 나무 한 가지에 불과하고, 두더지는 강에서 물을 마시지만 필요로 하는 물은 배를 채울만한 분량뿐이라지 않는가. 낙타는 엄청나게 무거운 짐을 등에 질 수 있지만, 개미는 불과 부스러기 하나밖에 짊어지지 못한다. 하지만 둘 다 모두 온 힘을 다 기울인다는 점에서는 전혀 다를 바 없다. 하기야 호랑이 역시 소소한 토끼 한 마리 잡기 위해서도, 예컨대 덩치 큰 들소에게 기울이는 것마냥 전력을 다한다고 하지 않는가. 그리고 코끼리는 어마어마한 양의 물을 마시지만, 쥐는 겨우 한 모금의 물밖에 마시지 못한다. 그래도 쥐나 코끼리 모두 배를 가득 채우는 데는 전혀 지장이 없다. 열매를 맺으려 땀흘려 일하는 호박꽃의 뛰어남을 장미가 어찌 따를 수 있겠는가만, 과연 자연이 가시밖에 없는 장미꽃더러는 예쁘다 하고 튼실한 열매를 낳는 호박꽃더러는 못 생겼노라 밉다 손가락질하겠는가. 이러한 자연인데, 어이 인간을 차별대우할 리 있으리요.

다른 생명체와 마찬가지로, 자연 앞에서는 인간 역시 평등한 존재임은 물론이다. 루소 또한 "자연의 질서 아래에서는 인간은 모두 평등하다"고 역설한 바 있지 아니한가(루소, 《에밀》, 앞의 책, 43쪽). 뿐만 아니라 그는 "자연적 평등"과 "사회적 불평등"을 나누어 헤아리기도 하였다.[80]

---

[80] 장 자크 루소/주경복 · 고봉만 옮김, 《인간 불평등 기원론》(책세상 2017), 15쪽

이미 앞에서도 자세히 살펴보았지만, 자연의 자연스러운 인본주의적 요청은 한마디로 인간의 '자연적 평등' 명제에 입각해 있다고 말할 수 있다. 이러한 관점에서 볼 때, 인간적 평등을 구현하기 위한 사회건설에 매진해나가는 것 역시 응당 자연의 섭리에 순응하는 일이라 할 수 있을 터이다. 이런 견지에서, 독불장군 식 이기적 삶의 습성을 뛰어넘어 더불어 함께 나누는 공동체적 공생주의를 지향해나가는 자세 역시 이러한 자연적 명제에 순응하는 일이 되리라 여겨진다. 따라서 특히 불우하고 소외당하는 동료의 인간적 해방을 위해 헌신하는 일이야말로 자연의 준엄한 원리이자 가르침이라 할 수 있으리라. 이러한 정신이 실은, 앞에서도 살펴보았지만, '자연의 휴머니티'의 기본 토대로 작용하는 것이라 할 수 있다.

이런 관점에서, 공생을 도모하는 보다 포괄적인 공익의 잣대로 사익의 규모와 방향성을 사전 점고해보는 관용의 자세를 키워나감이 마땅하리라 여겨진다. 그러므로 개인의 사익에 앞서 집단의 공익을 배려함과 아울러 공익을 훼손하는 사익의 부당한 개입을 차단하는 자세를 키워나감이 자연스럽고도 마뜩한 일 아니겠는가. 이를 통해 실은 자연의 휴머니즘이 자신의 진면목을 드러내기도 하는 것이다. 실은 이러한 정신이 본질적으로 홍익인간 이념과 크게 배치되지 않음은 물론이다. 이러한 취지에서, 오늘날 우리 사회를 지배하고 있는 '홍손인간'의 난맥상이 마땅히 척결되어야 함은 이론의 여지가 있을 수 없는 일이라 할 것이다.

하기야 인류의 역사 자체가 인간의 일상적 삶이 지녀야 할 존엄한 가치와 윤리를 구현하기 위한 끊임없는 투쟁의 전개과정 아니었으랴.

그런데 우리는 언제, 어디서, 과연 진정으로 인간다운 삶을 영위해보기라도 한 적이 있었던가? 아울러 '인간다운 삶'이란 도대체 무엇을 의미하는 것인가? 뿐만 아니라 인권이나 인간의 존엄성 그리고 인간 상호간의 자유와 평등처럼, 인간적인 삶과 직결해 있는 여러 숭고한 가치들이 현재 우리의 일상생활에서 과연 얼마나 제대로 관철되고 있는가?

이를 쟁취하기 위한 각고(刻苦)의 투쟁의 역사가 실은 휴머니즘이 걸어온 험난한 길이기도 한 것이다. 우리 인류는 과연 어떠한 길을 걸어왔던가?

4. 휴머니즘의 길

4—1 휴머니즘 개념의 정신사

그런데 휴머니즘의 '정신사'가 본격적으로 막을 올리기 시작한 것은 과연 언제부터였을까?[1] 그것은 한마디로 르네상스를 기점으로 한다.

1) 르네상스와 휴머니즘의 시대

르네상스야말로 결정적으로 새로운 세계관이 형성되는 획기적인 역사적 계기로 작용하였다. 이러한 해석의 기초를 확고히 닦은 학자는 스위스의 문화사가 야콥 부르크하르트(Jacob Burckhardt)다.

널리 알려진 대로, 그는 근대문화의 선구를 르네상스라 규정하고, 그것이 이성적인 사유와 합리적인 생활습성을 견인해냄으로써 결국은 인간의 해방 및 재발견을 이룩해낼 수 있는 길을 열어 주었다고 역설

---

1 박호성,《휴머니즘론 : 새로운 시대정신을 위하여》(나남 2007), 1부 및 2부 (81~153쪽)에서 이 주제를 다룬 바 있다. 이 부분을 여기서는 이 저술의 흐름에 맞게 폭넓게 심화 · 재구성한다 : 한편 양승태 교수는 '정신'이란 "원초적이면서 감각적인 활동과 더불어 고도로 분화되고 발전된 지성 및 추상적인 사변활동 등 인간활동의 주체적 측면 모두를 총체적으로 포괄할 수 있는 말"이라 역설한 바 있다. 이런 의미에서 그는 "정신의 역사"가 "무의식적이거나 본능적인 행위를 비롯한 개별적이고 일회성에 그치는 활동을 포괄해 다루는 것은 아니며, 어디까지나 집합적인 자의식의 형태로 시간적인 연속성 속에서 변화 · 발전하는 주체적 정신세계가 그것의 대상이 된다"고 밝히고 있다(양승태,《앎과 잘남 : 희랍 지성사와 교육과 정치의 변증법》(책세상 2006), 45~46 쪽). 이런 관점에서, 르네상스 및 휴머니즘의 시대 그리고 인권이념의 역사를 '정신사'의 틀 속에 묶어 총괄적으로 고찰하는 것 역시 그리 어긋나 보이지는 않는다.

하였다. 그는 1860년에 발표한 저서 《이탈리아의 르네상스 문화》(Die Kultur der Renaissance in Italien)에서[2] '시대'로서의 르네상스라는 관점을 표방함으로써, 현재까지의 연구에 결정적인 영향을 끼치게 되었다.

그는 르네상스와 중세를 완전히 상호 대립적인 것으로 파악하고, 근세의 시작은 중세가 아니라 고대라 주장하기에 이르렀다. 이런 관점에서 그는 중세를 지극히 정체된 암흑시대라 혹평한 것이다. 익히 알려져 있듯이, 부르크하르트의 이 저술은 르네상스와 휴머니즘이라는 핵심적이고도 지배적인 개념을 결정적으로 정립한 '문화사의 기념비적인 걸작'으로 평가받기도 한다.

어쨌든 그에 의하면, 르네상스는 "조금씩 모방하고 수집하는 것만이 아니라 (본격적인) 재탄생"을 의미하는 것으로서, 세계와 인간에 대한 새로운 발견과 각성이었다. 부르크하르트는 이 르네상스를 다름 아닌 "세계사적인 필연"으로 간주하면서, 그것이 도래함으로써 인간을 바야흐로 인종·민족·파당, 또는 그 어떤 형태의 협동체나 보편적인 단위의 하나로 간주하기 시작했노라 주장하였다. 나아가 인간을 신앙과 소아병적인 편견 그리고 환상 속에서 인지하고자 했던 중세가 소멸하기에 이르렀다고 선언한 것이다. 이러한 기본입장에서 출발하여, 그는 이윽고 세계에 대한 객관적 관찰을 가능케 하고, 나아가서는 주체·객체·개성에 대한 관념을 완벽하게 생성시킨 새로운 시대가 출현하였다고 역설하였다. 그 "필연적인 전제"로서 "도시 생활의 발전"이 이루어지는 가운데, 고대문학이 부활하고, 세속적이며 심지어는 반종교적인 가치체계가 정립되는 토대가 닦이게 되었다고 강조하였다. 그런데 "중세의 환상 세계"에서 벗어나기 위해서는 '안내자'가

---

2 부르크하르트 저/안인희 역, 《이탈리아 르네상스의 문화》(푸른숲 1999)

필요했는데, 그것이 바로 "고전적인 고대세계"라 힘주어 지적했던 것이다. 이러한 안내자를 통해 바야흐로 세속생활과 세속생활인을 찬미하는 새롭고도 명백히 근대적인 새로운 생활철학이 등장하게 되었다고 선언하였다(부르크하르트 같은 책, 227쪽).

Renaissance는 '재생' 또는 '부활'을 의미하는 프랑스어인데, 원래는 14세기에 '생명을 잃었던 사람이 새로이 태어난다'는 종교적 의미로 처음 사용되었다 한다.

그러나 단순한 '부활'이 아니라, '새로운 기반 위에서 이루어지는 새 출발'을 의미한다고 보는 편이 더 적절하리라 여겨진다. 당대인들은 철학·문학·예술적 대 발견 등에 대한 열정에 불타올라, 처음에는 자신들이 단지 새 봄을 맞이했다는 정도가 아니라 새로운 영적 갱생의 시대가 도래했다고 믿는 쪽이었다. 이런 의미에서 종교개혁과 예술사상의 혁신은 상호불가분의 것으로서, 동시대적인 동전의 양면이라 할 수 있을 정도다. 따라서 르네상스가 일반적으로는 흔히 고대혹은 이탈리아적 취향에 대한 찬미라는 뜻으로 축소해 사용되기도 하지만, 단순한 '고대의 부활' 정도의 의미는 지극히 제한적인 르네상스해석에 지나지 않는다고 말할 수 있다.

다른 한편 역사적 개념으로 이 용어를 사용할 때는, 보통 두 가지의미로 통용된다.

좁은 의미의 르네상스는, 14~16세기 유럽에서 일어난 새로운 문화운동을 가리킨다. 처음 이태리에서 시작하여 15세기 후반에는 알프스 이북의 유럽으로 전파되었고, 학문·예술·사상 등의 분야에서 고대의 그리스·로마 문화를 부활하여 이를 본받고자 한 점에 그 특성이 있다. 그러나 고대문화의 부활이란 측면은 단순히 고대세계로의 복귀를 의미하지는 않는다. 인간적이고 현세적인 속성이 강한 고대문화로 관심의 방향을 돌린 것이 사실이긴 하지만, 그것은 오히려 중세의 초월적인 종교문화에 대한 거부감의 표시였던 것이다. 바로 이 측면에서, 고대문화의 부활이 새로운 근대문화 형성에 중요한 기반을 제공할 수밖에 없었다는 것은 자명한 사실이다.

반면에 넓은 의미의 르네상스는, 역사적 시대개념을 가리킨다.

14~16 세기는 중세에서 근대로 넘어가는 과도기로서, 문화적인 면에서뿐만 아니라 정치·경제·사회적 측면에서도 대대적인 변화가 일어난 시기였다. 정치적으로는 지방분권적 봉건제가 무너지고 중앙집권적 국민국가가 출현하기 시작하였으며, 경제적으로는 장원제도가 해체되면서 자본주의가 성립하게 되었다. 사회적으로는 상업과 도시가 발달함에 따라 시민계급이 새로운 사회세력으로 떠오르게 되었고, 세계관 역시 신 중심에서 인간 중심으로 뒤바뀌게 되었다. 이처럼 르네상스 시대는 중세적 요소가 쇠퇴하고 근대적 특성이 발아하는 획기적인 전환기였던 것이다.

한마디로 르네상스는 고대의 그리스 ·로마 문화를 이상으로 삼아 이를 부흥시킴으로써 인간중심의 새 문화를 창출해내려는 역사적 운동이었던 것이다. 이윽고 사상·문학·미술·건축 등 다방면에 걸친 대대적인 범주와 규모를 과시하게 되었다. 요컨대 인간성을 억압한 구시대적 야만성을 극복하기 위한 신시대적 인간해방 운동이 바로 르네상스였던 것이다. 르네상스를 새로운 문화운동으로 본다면, 그 운동의 지도이념이 바로 휴머니즘이었다. 그리고 르네상스를 과도기라는 시대개념으로 파악한다 하드라도, 그 시대정신을 이끌어간 지적 운동이 바로 휴머니즘이었음은 의심의 여지가 없다. 이를테면 휴머니즘은 근대문화 배양의 지적 토양, 그 자체였던 것이다.

어쨌든 지적 정열과 예술적 창조력이 용솟음친 르네상스 시대는 중세를 떨쳐내고 근대세계로의 진입을 촉진하기 위한 역사적 도약대를 제공했다. 하지만 그것은 동시에 사회적 불안, 정치적 소요, 종교적 분쟁 등으로 얼룩진 어지러운 시기이기도 하였다. 르네상스는 당시 사람들에게 비록 고전문명의 '부활'로 일컬어지긴 했지만, 다른 한편으로는 균형 잡혔던 중세 전성기 문화가 붕괴하면서 촉발된 혼란의 시기이기도 했던 것이다.

이러한 르네상스의 혼잡상을 마주하며, 당대인들은 대단히 이질적인 두 유형의 사회적 대응 양상을 보여주었다.

한편으로는, 오랫동안 익숙해왔던 신앙이 주는 안정감을 상실하는 데서 오는 공포와 불안감으로 인해 극단적인 비관론과 절망감에 휩싸였다. 그러나 동시에 다른 한편으로는— 일반적으로 르네상스에서 연상하는 내용이긴 하지만— 전통과의 모든 연결고리가 끊어지고 부가 넘쳐나며 국경선이 바다 건너 미지의 땅으로 무한히 뻗어가는 극적인 상황이 도래함으로 해서, 이제야 비로소 진정한 자유를 만끽할 수 있게 되었노라는 극단적인 낙관론에 휘감기기도 한 것이다.

그런데 바로 이러한 혼란스러운 변화양상에 직면하여, 상호 모순적인 두 인간유형이 출현하기도 했다. 하나는, 르네상스의 영광을 찬양하는 과감한 탐험가, 뛰어난 예술가, 부유한 자본가, 강력한 군주 등과 같은 낙관주의적 유형이었고, 다른 하나는, 인간의 기본성향에 대한 불신으로 말미암아 참되고 올바른 삶을 추구하려는 이상에 이끌려 자신들만의 유토피아로 숨어 들어가며, 깊은 비관주의에 빠진 몽테뉴 같은 유형이었다.[3]

---

3 이에 대해서는, 로버트 램 저/이희재 역,《서양문화의 역사 II : 중세 르네상스

참고로 말해, 이처럼 사회적 혼란을 야기하기도 한 르네상스 시대의 시대상황은, 시대적 한계를 뛰어넘어, 유별난 역사적 상상력을 자극하는 색다른 면모를 보여주기도 하는 것처럼 보인다. 무엇보다 예컨대 '세계화 이데올로기'가 풍미하는 오늘날의 사회현실을 되돌아보게 만들기 때문이다. 말하자면 르네상스와 유사하게 세계화 역시 한편으로는, 전통과의 유대를 단절하고 미지의 열린 세계를 향하여 무한히 뻗어나갈 수 있으리라는 희망과 자유의지를 살찌우기도 하지만, 동시에 다른 한편으로는, 기존의 민족국가적 전통과 민족공동체적 일체감을 동요케 함으로써 사회적 불안과 두려움을 심어주기도 하는 상호 모순적인 속성을 보여주고 있는 것처럼 비치기 때문이다.

어쨌든 인간이 살아가는 유일한 목표는 내세에서 구원을 받는 것이라 굳게 믿었던 중세 기독교세계의 신념은 지상의 삶이 그 자체로서 의미 있는 것이며 개개인의 삶에는 그 나름의 고유한 가치가 있다는 믿음에 서서히 밀려날 수밖에 없었다. 아무튼 르네상스인들은 중세인들보다는 개인주의적이었고, 물질주의적이었으며, 회의적이었다. 그러한 상황에서, 고대 유산을 맹렬히 부활시킴으로써 멋진 신세계를 창조할 수 있는 남다른 개인적 능력에 대한 자부심이 불타오르기도 한 것이다. 그 와중에 부에 대한 추구와 찬미, 예술적·종교적 개인주의, 민족의식, 다재다능함을 지향하는 모험심과 호기심, 주해·의식(儀式)·타성 등에서 벗어난 원전 자체에 대한 확고한 믿음, 사치와 육체에 대한 사랑, 다시 말해 생(生)에 대한 사랑과 독특한 자유정신이 다양하게 분출하였다. 이러한 역사적 배경을 뒤로하며, 바야흐로 모든 일에 통달한 만능인간이라는 의미를 지닌 '르네상스적 인간'이란

편》(사군자 2000), 322 및 332 쪽을 볼 것.

어법도 새로이 출현하게끔 되었다.

2) 르네상스 휴머니즘의 본질

근대 유럽정신의 핵심은 널리 알려져 있다시피 신본주의(神本主義), 즉 신 중심사상을 뛰어넘어 발전해온 인본주의(人本主義), 즉 인간 중심사상이라 할 수 있다. 이탈리아 르네상스가 그 직접적인 촉매제였음은 재차 강조할 필요조차 없을 정도다.

바로 앞에서도 살펴보았듯이, 르네상스가 근대세계에 끼친 가장 큰 공헌 중 하나는 '인간의 발견'이라 할 수 있다. 응당 그것이 르네상스 휴머니즘과 직결해 있음은 물론이다. 자연스럽게 르네상스 휴머니스트들은 인간의 보편적 특성에 대한 새로운 깨달음에서 출발하여, 이윽고는 독립적이고 자율적인 존재로서의 주체적 자아를 새롭게 각성하게 되었던 것이다.

예컨대 대표적인 르네상스 휴머니스트의 한 사람인 페트라르카(Petrarca)는 자아에의 몰입을 극찬한다. "고독 속으로 빠져드는 것"이 그에게는 곧 "자기 고유의 내면성이 지닌 엄청난 부를 재발견하고, 신과의 만남을 다시 만들어내며, 동료 인간들과 활발히 접촉하기 위한 길을 닦아나간다는 것"을 의미하는 것이었다. 요컨대 그에게 고독이란 수도자의 은둔 같은 것이 아니라, 보다 더 진실한 사회를 창출코자 하는 적극적 행동양식이었던 것이다. 그리하여 그에게는 자신의 내면 세계에 침잠해 들어가는 일이 "(인간의) 가치와, 행위와, 언어, 그리고 이 모든 것을 하나로 묶는 사회로 이루어지는 세계, 즉 인간적 세계를 찬양하는 것"과 다를 바 없는 것으로 비쳤다. 이런 믿음을 곱씹으며 페트라르카가 '벤투 산'을 오르며 아우구스티누스의 명상록을 떠올리는 정경은 인간의 정신세계에 경탄하는 그의 빼어난 풍모의 일부를 상징적으로 드러내 보여주기도 한다.

> "인간은 산의 높이, 바다의 거대한 파도, 강의 광활한 흐름, 대양의 광활한 넓이, 그리고 천체의 운행 등에 대해 감탄만 되풀이하다가, 급기야는 자기 자신을 상실해버린다 …. 이처럼 인간은 자신의 내면 속에 스스로 지니고 있는 것임에도 불구하고 그것을 외부세계의 그릇된 환상 속에서 찾으려 애쓰다가, 결국에는 진정으로 가치 있는 것을 모두 다 잃어버릴 정도로 어리석은 존재니라".[4]

여기서도 암시받을 수 있듯이, 페트라르카는 언제나 인간 스스로가 자신을 숨기기 위해 둘러쓴 환상의 가면을 찢어발기고 고귀한 정신세계를 찾아 나서는 일에 매진할 것을 진지하게 촉구하고 있다. 이처럼 그는 참답게 살아가기 위해 인간은 항상 자기 자신의 참다운 본성의 세계를 열심히 찾아 나서지 않으면 안 된다고 강력히 다그치는 것이다. 이와 같이 페트라르카는 대단히 열정적으로 인간의 내면세계 및 자아문제에 관심을 집중하고 있다.

　이러한 측면이 사실상 르네상스 휴머니즘의 본질이라 할 수 있다. 왜냐하면 르네상스 휴머니즘이야말로 참다운 인간으로 살아가기 위해서는 항상 참된 자아를 탐색하지 않으면 안 될 뿐만 아니라, 동시에 자신의 현존상태를 줄곧 진지하게 점검하지 않으면 안 되리라 끊임없이 촉구하는 속성을 지니고 있기 때문이다. 이처럼 자신의 내면세계

4　Eugenio Garin, Der italienische Humanismus(Bern, Francke Ag. 1947), p. 14~15

에 대한 탐구와 자아에 대한 애착을 애지중지하는 르네상스 휴머니즘은 결과적으로 개인주의적 특성을 강하게 띠게끔 되기도 하였다.

하지만 다른 한편으로는, 바로 앞에서 페트라르카가 '자신의 내면 세계에 대한 몰두가 결국은 동료 인간들과의 활발한 접촉을 예비하기 위한 사전 노력의 일환'이라고 역설한데서도 엿볼 수 있듯이, 르네상스 휴머니스트들은 동료 인간들과의 유대관계 문제에도 역시 깊은 관심을 기울일 수밖에 없었다. 무엇보다 참다운 인간공동체 속에서 비로소 참된 인간성이 완성될 수 있으리라는 믿음을 지니고 있었기 때문이다. 휴머니스트들은 인간을 사회적 동물로 인식함으로써 상부상조 및 상호보완이 절실히 요구된다는 것을 깊이 깨닫고 있었을 뿐만 아니라, 공동체의 목표가 바로 개개인의 잠재력 실현을 지향하는 것임을 믿어 의심치 않았다.[5]

이처럼 르네상스인들은 자아의식을 각성함으로써 개성적이 되었을 뿐만 아니라, 동시에 인간을 '정신적 개체'로 각인하기도 하였던 것이다. 결과적으로 인간의 덕성과 능력을 적극적으로 높이 평가하게 되었다. 결국 이와 같은 '인간의 발견'으로 말미암아 다채롭고 개성적인 르네상스 문화가 꽃피게 되었고, 나아가 근대적 개인주의가 튼튼히 발아하는 토대가 구축되기도 한 것이다.

물론 이러한 르네상스인들의 강한 자아의식과 개성은 그들의 명예추구 욕구에서도 잘 드러나고 있다. 르네상스의 문인, 학자, 예술가, 군주들은 한결같이 불후의 명성을 얻으려는 열망에서 학문과 예술에

---

5 이에 대해서는, 백승대, "르네상스 휴머니즘의 사회사상", 신구현 외 6인 공저, 《르네상스 휴머니즘의 현대적 의의》(영남대학교 출판부 1990) 197~202 쪽을 참고할 것.

집념을 불태웠고, 또 이를 적극적으로 후원하기도 한 것이다. 개성의 발달로 말미암아 다재 다능한 만능인, 이른바 '르네상스적 인간'이 출현하기도 하였다. 예컨대 레오나르도 다빈치와 미켈란젤로가 회화 · 건축 · 시 · 음악 등에 두루 통달한 만능의 천재라는 것은 널리 알려진 사실이다.[6]

이처럼 르네상스는 다재다능한 천재의 시대이자, 개성이 최고도로 발현된 전면적인 개인의 분출기였다고 말할 수 있을 정도다. 어쨌든 개인에 대한 확고한 자각을 토대로 하여 결국엔 인간 전반의 문제로 관심을 확산하게 되었고, 이어서 인간의 자유와 존엄성 개념을 본격화하게 되었던 것이다.[7]

----

6 레오나르도 다빈치가 한때 프랑스에서 일자리를 얻기 위해 프랑스 왕에게 이력서를 써서 제출한 적이 있었다 하는데, 그는 그 이력서에다가 자신의 능력에 대해 쓰기를 〈연금술사, 물리학자, 철학자, 수학자, 법률가, 군인, 군사학자, 시인, 음악가, 가수, 건축가, 기계전문가〉 등 20여 가지를 열거하고 나서, 맨 끝에다가 〈취미로 그림도 조금 그림〉이라고 기록한 것으로 알려져 있다. 뿐만 아니라 그는 인생의 불안한 전환기로 알려진 서른 살 무렵, 밀라노 통치자에게 편지를 보내, 자신을 고용해야만 하는 이유를 구구절절 나열한 적도 있었다. 그는 피렌체에서 화가로서 어느 정도 명성을 얻었지만, 의뢰받은 작품을 제때 끝내지 않기로도 악명 또한 높았다. 그 때문에 뭔가 새로운 일거리를 찾지 않으면 안 되었던 모양이다. 이 편지의 시작부터 열 번째 문단까지는 교량 · 수로 · 대포 · 장갑차 · 공공건물을 설계할 수 있는 자신의 공학적 능력을 줄줄이 늘어놓았다. 끝 부분인 열한 번째 문단에 이르러서야 비로소, 자신이 또한 예술가라고 덧붙이며, "그림도 마찬가지로, 저는 뭐든 다 그릴 수 있습니다" 하고 늘어놓았다고 한다.

7 P. O. Kristeller 저/진원숙 옮김,《르네상스의 사상과 그 원천》(계명대학교 출판부 1995)에서 〈르네상스의 인간 개념〉을 다룬 제4부를 참고할 것. 여기서 저자는 르네상스 사상의 인간 강조 및 우주에서의 인간의 위상인식 방법 등이 "전적으로 새로운 것은 아니었다"고 주장하면서도(209쪽), 르네상스가 중세에 비해 "보다 '인간적'이고 세속적"이었다는 점에 대해서는 이의를 제기하지 않는다(210쪽).

그리하여 이윽고 스스로의 자유의지에 따라 성장·발전할 수 있는 가능성이 주어져 있는 존재는 오직 인간밖에 없다는 믿음을 심화할 수 있었다. 그에 따라 신의 피조물 가운데 오로지 인간만이 자유의지에 따라 신의 경지에 도달할 수도 있고, 아니면 정반대로 동물의 상태로 전락할 수도 있다고 역설하는 철학적 신조가 확산하기 시작하였다. "인간은 원하기만 하면, 그 무엇이든 다 될 수 있다"는 자부심과 더불어, 인간은 자신의 의지로 자신의 운명을 되돌려놓을 수도 있다는 자신감 같은 것이, 중세의 부정적 인간관을 자신에 찬 긍정적인 근대적 인간관으로 바꾸어놓는 추동력으로 작용하게끔 되었던 것이다(부르크하르트, 앞의 책, 189쪽). 이윽고 인간의 존엄성과 고귀함은 혈통과 가문이 아니라 바로 개인의 덕성과 능력에 달려 있다는 믿음이 널리 퍼져나가기 시작하였다. 마침내 근대정신의 여명이 밝아오게 된 것이다.

그렇다면 근대정신이란 과연 어떠한 것인가?

그것은 보다 높은 초월적 존재나 초자연적인 매개물로부터의 인간의 독립을 주장한다. 이러한 신조를 토대로 하여, 자기존재의 뿌리가 다름 아닌 물질적 세계에 있다고 확신한다. 그리하여 인간이란 바로 이러한 세속적 환경 속에서 자신의 구원과 행복을 구현할 수 있다고 믿는 자연적 존재라는 자의식이 근대정신의 중추로 작용하게 되었다. 한마디로 '개인주의', '세속주의' 그리고 '물질주의'가 바로 근대정신의 요체인 것이다. 덧붙이자면, 개인주의는 인간의 개체성과 개

인간의 존엄성 및 자유에 대한 르네상스의 입장은 특히 제9장(212~226 쪽)에 잘 기술되어 있다.

인적 자유 및 권리의 정당성을 옹호하며, 세속주의는 인간의 이성과 인간사회의 자족성을 설파하고, 물질주의는 인간적 행복과 성취를 자연 속에서 그리고 인간의 노동에 의해 획득한 대상의 소유와 향유로부터 찾아낼 수 있다는 믿음에 기초하는 정신적 원리라 할 수 있다.

르네상스 휴머니즘은 바로 이러한 근대정신의 토대를 튼실하게 구축해나가기 시작한 것이다. 인간의 재발견이 그 본질적 소명이었음은 두말 할 나위도 없다.

그러나 인간의 발견이 동시에 세계의 발견으로 이어지기도 하였음은 지극히 자연스럽고도 괄목할만한 현상이기도 했다. 종교적 권위를 부정하고 점차 초자연적인 질서체계를 거부함에 따라, 세속적·자연적 세계를 전면에 등장시키게 되었다. 그와 동시에 확고하게 인간 스스로를 이성적 존재 그리고 사유하는 주체로 인식하기 시작하면서, 신의 자리에 대신 들어선 자연에 맞서 인간본위의 주체성을 구현코자 하는 움직임도 본격화하였다. 결과적으로 인간이성에 의한 자연지배의 길이 활짝 열리기 시작한 것이다. 그리하여 열심히 자연을 관찰하고 측정함으로써, 어떤 법칙적 관련성을 찾아내고자 노력하기도 하였다. 나아가서는 자연의 부(富)를 이끌어내고, 또 그를 통해 살기 좋은 행복한 인간세계를 만들어 나가고자 하는 노력 역시 줄기차게 심화하였다. 이처럼 근대의 과학정신은 자연에 대한 합리적·기술적 지배를 강력히 추구하면서, 휴머니즘 정신과 긴밀히 결합하기도 한 것이다.

이러한 르네상스 휴머니즘의 역사적 기원은 대학에서 법학연구의 강화를 촉구하던 당시 이탈리아의 사회·경제적 삶의 현실에서도 찾아볼 수 있다. 성장하는 도시 중심의 상업경제를 효율적으로 조직해내고 또 그것을 질서 있게 관리·통제할 수 있도록 해나가기 위해, 법률 관련 직종이 크게 각광받았던 것이다. 결과적으로 특히 법률가와 공증인 그리고 의료인 등이 근대 최초의 속인 전문직업인으로서 큰 영향력을 발휘하게 되었다. 특히 법학연구가 크게 인기를 끌면서, 문학과 도덕철학에 대한 관심 역시 널리 진작되기도 하였다. 르네상스 휴머니즘의 생성·발전이 법률계통 직종의 후원 하에 널리 촉진되어졌다는 평가가 나름 호소력을 지니게 되는 것도 실은 이런 배경에 기인한다고 말할 수 있을 것이다.

교육·학문운동으로서의 르네상스 휴머니즘이 대체로 인간의 교양 및 덕성 함양을 지향하였다는 것은 널리 알려진 사실이다. 교양과 덕성이란 것이 실은 지극히 소소한 개념에 불과한 것처럼 여겨질 수도 있긴 하지만, 도도한 지성사적 흐름의 기준에서 볼 때, 당시의 현실은 이와는 전혀 달랐다. 무엇보다 고대에서는 교양이 야만상태로부터의 해방을 뜻하는 것이었다 한다면, 르네상스 시대에 와서는 그것이 초월적인 신의 세계로부터의 해방을 지향하는 웅대한 인간적 자립 정신을 지향하는 것이었기 때문이다.

그렇다면 '해방의 원리'로서 르네상스 휴머니즘이 지니는 역사적 특성은 과연 어떠한 것인가?

휴머니스트들은 고대의 역사와 학문을 탐구하면서, 그 속에서 무엇보다 현실에 적용할 수 있는 정치 및 도덕의 원리를 찾아내기 위해 분투하였다. 따라서 고대인의 사유목록과 생활방식에 대한 정확한 이해가 필수적으로 요청될 수밖에 없었다. 그를 위해 무엇보다 사본(寫本)을 비교하고 정확한 텍스트를 선별해내는 일이 급선무였는데, 그 와중에 언어문헌학이 발달하게 되었다. 휴머니스트들에게는 이러한 작업이 단순히 연구 보조수단 정도의 의미를 지니는 것은 결코 아니었다. 오히려 그것은 인간성에 대한 총체적인 탐구를 가능케 함으로써, 인간을 참답게 자각토록 만드는 핵심적이고도 본질적인 수단으로 인식되었던 것이다.

특히 수사학은 르네상스 시대에 대대적으로 확산하고 발전하였다.[8] 수사학의 속성이 무엇보다 인간중심 사상이나 실용적인 쓰임새 등과 긴밀히 연관되어 있는 탓에, 문명의 모든 영역에 광범위하게 침투해 들어갈 수 있는 특이점을 지니고 있었기 때문이다. 이런 맥락에서, 휴머니스트들은 언어·문학·도덕 등 수사학 관련 커리큘럼에 입각한 교육이야말로, 엄격한 논리학에 비해, 실제생활에 보다 더 직접적인 도움을 주는 직관과 정신적 융통성을 키워줄 수 있는 분야라 믿게 되었다. 수사학자들은 인간에 관심을 집중하였기 때문에, 인간의 영역을 넘어선 문제에 대해서는 대체로 무관심으로 일관하는 편이었다. 이 점에서 그들은 일반 철학자들과 구별되었다.

물론 철학자들 역시 학문의 출발점과 역점을 응당 인간에 두고 있었음은 두말 할 나위도 없는 일이다. 그러나 그들의 궁극적 지향점은 인간과 초월적 세계, 그 모두에 있었던 것이다. 반면에 수사학자들은 주로 구체적 현실사회 속에서의 인간에 관심을 집중하였다. 그 가운데서도 그들이 추구하고자 한 것은 인간의 본질이나 궁극적 존재목적 같은 것이 아니라, 실제생활에 직접 활용 가능한 효용과 가치의 문제였다. 따라서 궁극적인 것보다는 직접적인 것을, 그리고 분석과 추론보다는 적용과 기술을 보다 중시할 수밖에 없었다. 그리하여 그들은 덕·선·정의·행복 등, 인간 사회의 기본가치에 대한 체계적인 인식과 해석보다는 오히려, 어떻게 하면 실생활 속에서 그러한 상태

---

8 이에 대해서는, P.O. Kristeller 저/진원숙 역, 앞의 책, 제5부(263쪽 이후)를 참고할 것. 여기서 저자는 고대부터 르네상스까지의 철학과 수사학의 특성을 명쾌하게 상호비교하고 있다(특히 르네상스 부분은 298쪽 이후).

에 도달할 수 있겠는가 하는 실용성과 실천의지 그 자체를 우선시 하게 되었던 것이다. 철학자들이 가령 진리추구와 개인의 완성을 위하여 고독한 내면생활과 명상체험에 보다 깊은 관심을 집중했다면, 수사학자들은 사회적 출세와 성공을 위해 실천적이고 행동적인 생활양식에 더더욱 치중할 수밖에 없었다. 그런 탓에, 철학자들의 목표가 현인이 되는 데 있었다 한다면, 수사학자들의 꿈은 오히려 다재 다능한 예인이 되는 것이었노라 말할 수 있을 정도다. 그러므로 르네상스 휴머니스트들 가운데 체계적인 대 철학자를 발견하기는 힘들어도, 백과사전적 만능인을 보다 손쉽게 찾아낼 수 있는 것 또한 이런 데 연유하는 것이라 할 수 있으리라.

이런 의미에서, 휴머니스트들이 지식의 기능을 진리의 증명보다는 진리의 활용에서 찾고자 했던 것은 지극히 자연스러운 현상이었다. 따라서 그들에게는 인간의 의지를 움직이고 심성을 감동시킬 수 있는 효과적인 설득방법 같은 것이 보다 중요시 될 수밖에 없었던 것이다. 휴머니스트가 수사학을 존중하게 된 것도, 그것이 가장 효율적인 설득술을 가르쳐주는 학문이라고 믿었기 때문이다. 그리하여 르네상스이래 휴머니스트들의 관심은 차차 논리학에서 수사학으로, 형이상학에서 윤리학으로, 자연철학에서 문학과 교육 방면으로 옮아가게 되었던 것이다.

뿐만 아니라 예술의 발전과 기술의 진보가 불가분의 상호관계에 놓여 있었다는 점도 주목을 요하는 측면이다. 예컨대 미켈란젤로가 그처럼 큰 대리석 덩어리를 주무르며 창작에 몰입할 수 있었던 것도, 대체로 광산에서의 채광 및 운송기술의 발전에 기인한다고 볼 수 있을 것이다. 이런 취지에서, 15세기 이탈리아의 비약적인 예술부흥을 화약·나침반·인쇄술의 이른바 3대 발명과의 직접적인 관련성 속에

서 진단해보는 것 또한 대단히 의미 있는 시도가 되리라 여겨진다.[9]

　다른 한편 알프스 이북의 휴머니즘은[10], 이탈리아 휴머니즘에 비해, 사회비판적 · 종교개혁적 성향을 보다 강하게 발산하는 편이었다. 이런 면에서, 흔히 이탈리아 르네상스는 예술과 학문을 추구하였고, 알프스 이북의 르네상스는 종교 및 사회개혁을 지향했다는 주장이 널리 공감을 얻기도 한다.

　알프스 이북의 유럽에는 계속 봉건제도와 교회의 힘이 강력하게 잔존해 있었다. 따라서 사회갈등의 요소가 보다 심각하게 내재해 있을 수밖에 없었다. 그런 탓에, 사회개혁을 촉구하는 역사적 상황이 보다 강하게 조성되어 있었으리라 여겨진다. 예컨대 '휴머니스트의 왕'으로 불리기도 하는 네덜란드의 에라스무스(Erasmus)는 《우신예찬》을 써서 당시의 교회와 성직자의 타락을 혹독하게 풍자하기도 하였고, 그의 절친한 친구로 알려진 영국의 토마스 모어(Thomas More)도 《유토피아》라는 저서를 통해 기존 현실을 날카롭게 비판하기도 하지 않았던가.

　하기야 이 시기에 이르게 되면, 사회적 부에 대한 인식도 전면적으로 뒤바뀌기 시작한다.

　초기 휴머니스트들은 애초에 대체로 프란체스코 교단의 '청빈 이념'을 바람직하고 이상적인 세계관으로 인지하고 있었고, 부와 세속

9　예컨대 중국에는 화약, 나침반, 인쇄술 같은 것들이 이미 수세기 이전부터 존재했는데도 불구하고, 왜 이러한 유형의 '르네상스' 운동이 일어나지 않았던가 하는 측면을 되짚어보는 것 또한 적잖은 역사적 흥미를 유발할 수 있으리라 생각된다.

10　알프스산맥 북쪽의 휴머니즘에 대해서는, 찰스 나우어트, 앞의 책, 제3장 및 퍼거슨, 앞의 책, 제9장 등을 참고할 것.

적 지위를 경멸해 마지않던 스토아 철학의 교리에도 적잖이 물들어 있기도 하였다. 하지만 15세기에 들어와서는 이러한 경향이 크게 동요하면서, 부를 시민생활의 기본토대라 하여 적극적으로 평가하였을 뿐만 아니라, 심지어는 덕을 실행하기 위한 필요조건으로까지 간주하기 시작하였다(김영한, 앞의 책, 145쪽). 나아가 부를 획득함으로써 비로소 사상과 예술창조에 필요한 여유를 확보할 수 있다는 믿음이 널리 퍼져나가기도 하였다. 그런 와중에 부를 신의 축복으로 간주하기까지 하는 관행이 널리 확산하기도 하였다. 게다가 당시 사회 · 경제적으로 보다 역동적이었던 북부 이탈리아를 지배했던 것은 전통 봉건귀족이나 성직자가 아니라, 부유한 도시상인을 비롯한 다양한 공인(工人)들이었다. 그와 더불어 바야흐로 상업 및 산업활동에 종사하는 지식인들이 사유재산 및 사적계약에 뿌리내린 그러한 사회에서 가장 융숭한 대접을 받는 사회계층으로 각광받기 시작하기도 하였다(나우어트 앞의 책, 24쪽). 가령 예술에서의 금융이론을 만들어낸 인물로도 널리 알려진 로렌초 데 메디치(Lorenzo de´ Medici)는 성공한 상인의 자제 같은 부류들만이 완벽한 일 처리능력을 소유하고 있다는 소신을 숨기려들지 않았다.

이런 식으로 르네상스 사회는 개인주의자와 이들의 교리가 관철되는 공간으로 자리잡아나갔다. 예전의 사회관계들이 절단된 그 자리에, 자신들의 사회적 이해를 충족시킬 수 있다고 믿는 용기와 탐욕 혹은 천재성을 지닌 유형들이 대신 들어서게 된 것이다. 대표적인 인물이 바로 발명가들이었다. 야망을 품은 사람들은 자신을 관철하기 위해 곧잘 새로운 전문화를 추구해나갔던 것이다.

어쨌든 사회적 부를 흔쾌히 받아들이기 시작하면서, 휴머니스트들은 일상적인 희로애락의 정서에 내포된 도덕적 가치를 높이 평가하였으며, 나아가 야망과 명예를 추구하는 행위야말로 숭고한 이상실현에 필수적인 수단이라 역설해마지 않았다. 휴머니스트들의 이러한 도덕적·심리적 자세 변화의 밑바닥에는 사회적 책임이 뒤따르는 실천적 행동을 수행해야 하는 존재가 바로 인간이라는 믿음이 용트림하고 있었던 것이다. 그에 따라 적극적인 사회참여와 시민으로서의 능동적인 정치활동 역시 강력히 권장되기도 하였다.

이러한 르네상스 휴머니즘이 서양 근대세계에 지대한 영향을 끼쳤음은 의심의 여지가 없는 일이다. 그렇다면 그것은 과연 어떠한 역사적 의의를 지니고 있을까?

첫째, 그것은 오늘날 서양문명의 토대가 된 고전문화를 부활하여 전승시켰다. 이런 의미에서 만약 르네상스 휴머니즘이 존재하지 않았더라면, 서양문화에서 고전주의 전통의 대부분이 유실되었을지 모른다고 말할 수 있을 정도다.

둘째, 자국어 문학이 직접적으로는 물론 민족의식의 성장이라든가 중앙집권국가의 출현이라는 정치적·역사적 배경 하에서 생성·발전하였음은 결코 부인할 수 없는 사실이다. 하지만 르네상스 휴머니즘이 유럽 주요 국가들의 자국어 문학 또는 국민문학의 발전에 적잖이 기여하기도 하였음 역시 결코 묵과해서는 안 되리라 여겨진다.

예컨대 단테(Dante)는 이태리어로 《신곡》(La Divina Commedia)을 써서 불후의 명성을 남겼고, 보카치오(Boccaccio)의 《데카메론》(Decameron)은 근대적 단편소설의 효시로 널리 알려져 있다. 영국의 초서(Chaucer)는 데카메론의 영향을 받아 《캔터베리 이야기》(The Canterbury Tales)를 저술하였고, 셰익스피어는 많은 희곡작품을 써서 영국의 국민문학에 초석을 깔기도 하였다. 프랑스의 몽테뉴(Montaigne)는 인간성을 깊이 있게 성찰함으로써, 근대 수필문학의 선구자가 되었다.

뿐만 아니라 스페인의 세르반테스(Cervantes)는 중세의 기사도를 풍자하면서, 햄릿과는 대조되는 낙천적이고 행동적인 인간형을 묘사한《돈키호테》(Don Quixote)를 펴내기도 하지 않았던가. 이 모든 게 실은 이러한 시대정신의 직접적인 산물이었던 것이다.

셋째, 나아가 르네상스 휴머니즘은 새로운 비판정신 및 역사의식을 활성화하기도 하였다. 휴머니스트들이 문헌을 수집하여 고증하고 유물을 검증하는 과정에서, 문헌과 역사적 사실에 대한 비판정신이 동시에 함양되게 되었다는 측면 역시 부인할 수 없는 사실이다. 결과적으로 이러한 비판정신이 현실사회에 대해서도 전혀 가감 없이 적용되었음은 물론이다. 교회와 성직자들의 타락에 대한 휴머니스트들의 신랄한 비판은 종교개혁의 정신적 풍토를 예비하는 것이기도 하였다.

뿐만 아니라 이와 같은 비판정신과 현실주의는 역사인식과 역사관에도 깊은 영향을 끼친 바 있다. 중세의 역사관은 한마디로 신의 섭리사관이었기 때문에, 모든 역사현상을 초자연적 인과관계로 설명하고자 하였다. 반면에 휴머니스트들은 역사를 인간적 동기에 의해 성립하고 부침을 거듭하는 인간행위의 전개과정으로 인식하였다. 이와 같은 현세적이고 인간 중심적인 역사관은 시대구분 문제에서도 전통적인 기독교 사관과 현격한 차이를 보여줄 수밖에 없었다. 중세의 교부들은 예수의 탄생을 기점으로 하여, 그 이전을 암흑과 죄악의 시대로 그리고 그 이후를 광명과 진리의 시대로 이분화 하여 역사를 기술하였다. 하지만 르네상스 휴머니스트들은 그리스·로마의 고전문화를 높이 평가하였기 때문에, 고전문화가 부활했다고 믿은 자신들의 시대를 '새로운 시대'로 인식함으로써, 고대 중세 근대라는 3분법적 시대구분의 토대를 구축하기도 한 것이다.

넷째, 휴머니즘에 내포된 현세주의는 마침내 세계와 자연으로 눈을 돌리게끔 이끌었다. 새로운 세계에 대한 호기심과 미지의 세계에 대한 모험심에 이끌려 많은 사람들이 여행을 감행하게 되었고, 그것은 이윽고 지리상의 발견을 야기하기도 하였다. 이처럼 르네상스 시대는 인간 자신에 대해 강렬한 향학열을 불태웠을 뿐만 아니라 동시에, 인간을 둘러싼 자연세계에 대해서도 깊은 탐구열을 진작시켰던 것이다. 결과적으로 이미 알고 있던 인간은 재확인되었고, 미지의 대륙은 새로이 발견되었다. 르네상스는 요컨대 '인간의 발견'과 더불어, '세계의 발견'을 가능케 한 것이다.

그리하여 자연에 대한 관심은 한편으로는, 자연을 관찰하고 탐구하는 과학정신을 일깨움으로써 근대과학과 기술발달의 밑거름으로 작용하였고, 다른 한편으로는, 자연의 아름다움을 있는 그대로 표현하려는 문학 및 예술활동을 자극하기도 하였다.

예컨대 코페르니쿠스(Copernicus)의 지동설과 이를 지지한 케플러(Kepler) 및 갈릴레오 갈릴레이(Galileo Galilei)의 학설에 의해 우주의 신비가 하나씩 벗겨지면서, 마침내 중세의 우주관을 뒤엎는 과학혁명이 터져 나오게 되었다. 이와 같은 새로운 천문학적 지식은 천여 년 동안 확고부동하게 군림하고 있었던 신학적 학설과 성서 중심의 세계관을 뒤흔들어놓는 결정적 계기로 작용하였다. 그와 더불어 구텐베르크의 활판 인쇄술은 새로운 지식과 사상의 전파에 획기적으로 공헌함으로써, 17세기의 지적 혁명을 가능케 한 발효효소로 기능하기도 하였다.

어쨌든 르네상스는 이처럼 다양하고 심대한 역사적 영향력을 발휘하게 되었다. 이윽고 일찍이 아테네 소피스트들의 구호였던 '인간은 만물의 척도'라는 구호가 다시 이 시대의 좌우명으로 부활하는 것처럼 보일 정도였다. 그리스·로마인의 현실 긍정적 생활신조와 낙관주의를 다시 불지핀 것이 바로 이 르네상스 휴머니즘이었던 것이다. 르네상스인들은 지상의 생에 강렬한 보람을 느꼈고, 세속적인 삶을 능동적이고 자신 있게 이끌어나갈 용기와 지혜에 크게 고무되었다.

이러한 르네상스의 현실주의와 낙관주의를 본격적으로 점화시킨 것은 무엇보다도 15세기 이래의 지리상의 발견이라든가 근대적인 인쇄술의 발명 등이었다.

새로운 대륙을 발견해냄으로써 미지의 세계로 웅대하게 뻗어나가게 되었다. 뿐만 아니라 기술 및 기계의 발달을 통하여 과학적 시야를 심화·확대할 수 있게 됨으로써, 이윽고 인간의 신체에 관한 정확한 구조와 원리를 밝혀내고 활기찬 삶에 대한 낙관적인 믿음과 인간 능력에 대한 무한한 자신감을 획기적으로 고취할 수도 있게 되었다. 나아가 근대적 인쇄술은 무지를 일깨우고 전통적 권위를 뒤흔들어 놓았으며, 자연과학적 계측과 합리적 사고는 돈과 시간에 대한 관념을 현실화하였다. 새로운 세계에서 들어오는 수많은 진기한 물품들이 유럽인의 일상생활을 다채롭게 만들면서, 향락적인 삶을 애호하도록 이끄는 다양한 자극제로 작용하기도 하였다. 결과적으로 삶에 대한 낙관과 자연극복에 대한 자신감이 팽배하게 된 것이다.

이처럼 르네상스는 다방면에 걸쳐 자신감과 자만심을 한껏 불어넣었다. 중세와는 달리 사람들은 내세와 피안에 기대를 거는 대신, 자신이 처해 있는 시대와 사회, 즉 바로 '지금 여기에서' 욕망을 충족하고 생을 즐기고자 하는 현실주의자로 바뀌어나가게 되었다. 그들은 자기 시대에 야망을 달성하고 업적을 드러내고 또 기존사회에서 칭송과 명예를 획득하고자 했지, 죽은 뒤의 일에는 무관심으로 일관하게 끔 되기도 하였던 것이다.

나아가 이와 같은 세속적 생활태도에 힘입어, 독립적·자주적인 개인으로서의 자아를 새로이 각성하는 기회도 갖게 되었다. 이윽고 고대 그리스 이래 처음으로 가장 활기차고 강렬하게 개인의 능력을 낙관하는 풍조도 만들어졌다. 휴머니스트들이 인간의 자유의지에 절대적인 지위를 부여한 것도 그에 수반된 필연적인 산물이었다. 한편 물질적인 욕망이 죄의식과 불가분의 관계를 맺고 있었던 탓에 경제활동에 대한 태도가 매우 소극적일 수밖에 없었던 중세와는 달리, 금전이나 이윤취득과 같은 경제적 이해관계의 추구가 적극적으로 현실화하고, 또한 경제관념도 덩달아 근대화하게 되었다. 자본주의의 생성과 성장에 불꽃을 점화하는 여러 상황과 여건이 점차 꼴을 갖추어나가기 시작한 것이다.

4—2 인권(Human Rights) 이념의 본질과 그 전개과정

정치행위의 가장 오래된 이상적 가치의 하나는 바로 모든 인간이 어느 누구도 함부로 침범할 수 없는 고유한 권리를 소유하고 있다는 믿음이라 할 수 있다. 그러나 이러한 인권이념이 최초로 성립한 이후 무려 2천 년 이상이 흐르고 나서야 비로소 그에 부합하는 정치질서가 올곧게 구현될 수 있었다. 역사적으로 볼 때, 인권개념의 출현은 민주주의보다 빨랐다고 말할 수 있다.[11]

물론 이념은 자신의 힘 하나만으로써는 역사 속에서 제대로 된

---

11 인권과 민주주의의 상관관계에 대해서는 임혁백, "한국 민주주의의 발달과 인권의 변화 발전", 《인권평론》(Human Rights Review) 2006.12. 창간호(한길사), 51~56쪽을 참고할 것.

기능을 좀처럼 발휘하기 힘들다. 그러나 정치·사회·경제적 제반 상황이 이 이념에 유리한 토양을 공급할 때라야만 비로소, 역사의 전개를 규정하는 힘으로 작용할 수 있게 되는 것이다.

인권이념도 마찬가지였다. 그것이 바야흐로 구현될 실마리를 찾기 시작한 것도 영국의 부르주아 계급이 비로소 개인의 정치적 자유를 쟁취할 수 있을 정도로 충분히 강력해졌던 17세기에 이르러서였다. 말하자면 영국·미국·프랑스 등지에서 자유주의적 정치질서가 서서히 자리잡아나가기 시작하면서, 점차 인권이념을 실현코자 하는 다양한 시도가 행해지게 되었던 것이다.

1) 인권개념의 성립과 그 발자취

사실 이러한 인권이념은 이미 고대의 자연법 사상에 그 뿌리를 드리우고 있다.

여기서 우리가 주목할만한 것은— 후세의 인권관념과 연결될 수 있는 민주적 헌정질서의 특징으로서— 평등과 더불어 '자유' 개념이 이미 BC 5세기 경의 문헌들에 등장한다는 사실이다.[12]

---

12 자유개념의 역사를 살펴보기 위해서는, Jürgen Schlumbohm, Freiheitsbegriff und Emanzipationsprozess : Zur Geschichte eines politischen Wortes (Göttingen 1973) ; Donald W. Treadgold, Freedom: A History (New York University Press 1990) ; Orlando Patterson, Freedom: Vol.1, Freedom inthe Making of Western Culture (BasicBooks 1991) ; 특히 고대 아테네에서의 자유와 평등 그리고 민주주의의 상호 관련성을 보기 위해서는 Mogens Herman Hansen, Was Athens a Democracy? : Popular Rule, Liberty and Equality in Ancient and Modern Political Thought (Copenhagen 1989)를 참고할 것.

아리스토텔레스에 의거해 알 수 있는 사실이지만, 예컨대 카르게돈 지방 출신 팔레아스(Phaleas)는 기원 전 4세기경에 이미 토지의 균등한 분배, 모든 시민에 대한 평등한 교육 실시, 그리고 수공업의 집단적 경영에 대한 요구를 공식적으로 제기한 바 있다. 팔레아스는 선구적으로 소유의 불평등이 모든 정치적 혼란의 근본 원인임을 날카롭게 설파해낸 것이다.[13] 그 당시의 정황으로 볼 때, 이러한 견해는 가장 과격한 민주적 평등이념의 하나로 손꼽힐 만한 것이라 할 수 있는 것이었다. 이러한 주장 속에 폴리스의 정치적 동등권을 사회경제적 수준으로까지 확장하려는 진지한 시도가 이미 표출되었다는 사실이 매우 흥미롭게 드러난다.

그러나 이러한 신조는 명백히 사회적 한계를 지니고 있었다. 요컨대 그것은 오직 폴리스만을 대상으로 하고 있을 뿐만 아니라, 주민의 특정한 부분, 즉 정치적 권리를 온전히 지니고 있는 '시민'만을 고려의 범주에 포함시키고 있을 따름이었던 것이다. 노예라든지 또는 주로 농공업 등 생산노동에 종사하던 이주민들이 정치적 동등권의 고려 대상에서 제외될 수밖에 없었음은 물론이다. 이런 점에서, 인권의 사각지대가 당연히 폴리스의 내부에 용트림하고 있었음은 부인할 수 없는 사실이다.

그러나 대담하게도 처음으로 폴리스의 한계를 뛰어넘는 자연법적 평등관이 출현하기 시작한다. 그 첫 자태를 우리들에게 드러내 보여준 것은 놀랍게도 아테네의 소피스트들이었다. 이들은 대체로 외국인으로 구성되었고, 또 그로 인해 시민권 공유로부터도 배제될 수밖

---

13 아리스토텔레스/이병길 · 최옥수 역,《정치학》(박영사, 2판/1996), 제2편, 제7장
    (62~66 쪽) 참고

에 없었던 부류들이었다. 바로 이 소피스트들이야말로 기원전 5세기 경 다름 아닌 그리스의 대표적인 정신적 저항세력이었던 것이다.

소피스테스(sophistes)란 지혜를 뜻하는 말인 그리스어 소피아 (sophia) 또는 그것의 형용사인 소포스(sophos)에서 유래한 것이라 하는데, 소피스트는 문자 그대로 '지혜를 가진 사람'을 뜻하는 말이었다. 이들은 그야말로 희랍사회 최초의 알바 형 가정교사 같은 존재들이었다. 이들은 전통적인 학문과 교육방식을 비판하면서, 새로운 지혜를 가르치고 학생들을 훌륭한 사람으로 교육하노라 선전하며 전 희랍을 떠돌아다녔던 것처럼 보인다. 그런데 그 중에서도 특히 부유하고 교육열이 높은 아테네는 희랍 각처에서 모여든 소위 '일류'급 스타강사 소피스트들로 들끓었던 모양이다.

이들은 고대희랍 형 '실학파'였던 것처럼 비친다. 무엇보다 이들의 주목표가 형이상학적인 것이 아니라, 인간의 구체적인 삶에 대한 지식과 지혜였기 때문이다. 요컨대 '잘 사는 것'(eu zen), 요즘 시쳇말로 하면 웰빙을 위한 지혜, 그것이 바로 소피스트들이 팔고 다녔던 핵심품목이었던 것이다. 여기서 잘 산다는 것은 행복하게 사는 것 또는 삶에서 성공하고 출세하는 것 등을 뜻하는 것이었고, 이것은 결국 권력을 손에 넣음으로써 이룰 수 있는 것으로 이해되었다. 그리하여 소피스트들은 젊은이들에게 정치의 광장에서 성공할 수 있는 기술을 가르치노라 선전하며 떠돌아다녔던 것이다. 그 기술이 바로 변론술 (rhetorike), 또는 웅변술이었다.

그들은 인간 스스로에 의해 만들어지긴 하나 강자의 권리에 기초하는 법(nomos)과 만인에게 똑같은 방식으로 적용되는 자연의 불변적 법(physis)을 서로 대비시킴으로써, 과연 어느 쪽이 더 바람직한 것인가 하는 것을 드러내기 위해 그야말로 고군분투하였다. 그리하여 폴리스의 공적 삶을 규정하는 법(nomos)은 가차없이 평가절하해 버리고 (이것은 시민적 권리를 공유하지 못하던 당시의 소피스트들에게는 지극히 자연스러운 현상이기도 했을 것이다), 그 대신 새로운 유형의 평등의 기초가 되는 자연 개념(physis)을 새롭게 제시하게 된 것이다.

플라톤의 입을 빌어, 예컨대 소피스트인 히피아스(Hippias)는 이렇게 말하고 있다.

> "나는 … 우리가 법을 통해서가 아니라 자연에 의해 친척이요, 친구며, 동료시민이라 생각한다. 왜냐하면 평등한 것은 자연에 의해 평등한 것과 친화하기 때문이다. 그러나 인간의 폭군인 법은 많은 것을 자연에 거슬러 강제한다".[14]

이처럼 소피스트들은 인간이야말로 동일한 자연적 종(種)에 속하기 때문에, 마땅히 동등한 사회적 평등을 누리지 않으면 안 되리라 역설했던 것이다. 이를테면 그들은 인간이 각자의 개인적·사회적 차이에도 불구하고 모든 것을 포괄하는 자연의 관점에서는 서로 평등한 존재일 수밖에 없다는 것을 강조한 것이었다. 그러나 이러한 사고방식은 상당한 추상적 인식능력을 전제하는 것이기 때문에, 주로 철학자나 지식인 사이에서 통용되었을 가능성이 높았으리라 짐작된다. 그러다가 훗날 이윽고 스토아(Stoa) 학파에 의해 계승되어, 새로운 발전의 기틀이 닦이기 시작하는 것이다.

---

14 Otto Dann, Gleichheit und Gleichberechtigung : Das Gleichheitspostulat in der alteuropäischen Tradition und in Deutschland bis zum ausgehenden 19. Jahrhundert (Berlin; Duncker & Humblot 1980), p.38에서 재인용

말하자면 처음으로 인권이념을 본격적으로 발전시킨 것은 다름 아닌 그리스·로마의 스토아 철학자들이란 말이 되겠다.

특히 정치철학자 조지 세바인(J. Sabine)은 스토아 철학이 활짝 꽃 피게 된 배경을 제대로 추스르기 위해서는, 무엇보다 아리스토텔레스 사후 200여 년 동안의 정치·사회적 역사 발전과정에 주목할 필요가 있다고 강조한다. 세바인은 우선 폴리스가 파멸의 길을 걷게 되면서 이윽고 도시국가의 "자기 중심적 지방근성"(self centered provincialism) 이 만천하에 드러나게 되었다는 사실에 착안한다. 이어서 그는 그를 통해 비로소 시민과 외국인 사이의 현격한 차별이라든가 통치에 동참할 수 있는 자들에게만 한정된 시민권 허용과 같은 불합리한 관행이 더 이상 통용될 수 없게 된 새로운 역사적 상황이 출현하게 되었음을 환기시키고 있다. 바로 이러한 현실이 스토아 철학자들로 하여금 '대국가'(the Great State)에 적합한 새로운 정치사상을 개발토록 종용하게 되었다는 것이 세바인의 주장인 것이다. 그는 이러한 배경 하에서 바야흐로 스토아 철학자들이 모두를 충분히 포괄할 수 있을 만큼의 폭넓은 정의의식으로 결속한 범세계적인 "인간적 형제애"(human brotherhood) 관념을 제시하게끔 되었다고 강조한다. 결국 이러한 관념에 기초해 인종·지위·재산의 차이에도 불구하고 모든 인간이 '본성적으로'(by nature) 평등하다는 신념으로 나아가게 되었다는 것이 세바인의 해법인 것이다.[15]

스토아 철학자들에 의하면, 신적(神的)인 힘으로 충만해 있는 이 세계는 자연과 인간 그리고 그 창조물들로 가득 차 있다. 그런데 그

---

15 George H. Sabine, A History of Political Theory (3rd. Ed., Holt, Rinehart and Winston, NY-Chicago-Sanfrancisco-Toronto-London 1961), p.157~158

들은 이러한 신적인 힘이 바로 이성이라 주장한 것이다. 인간은 보편적인 이성을 소유한 존재라는 점에서 동물과 차이가 난다. 물론 인간의 행위가 항상 이러한 이성적 본성에 부합하는 것은 아니지만, 이성이 근본적으로 진정한 인간적 본질임에는 변함이 없다. 따라서 인간이 참으로 이성적인 생활을 영위한다면, 인간은 자신의 본성뿐만 아니라 신 및 자연과도 일체를 이루게 된다고 믿었다. 그렇게만 된다면, 인간은 스스로 보편적 이성의 일부가 됨으로써 비로소 궁극적인 평화를 획득하고 향유할 수 있게 되지 않겠는가 하는 것이 스토아 철학자들의 소신이었던 것이다.

말하자면 그들은 모든 인간에게 이러한 보편적 이성이 생동하고 있기 때문에, 빈자든 부자든, 노예든 자유시민이든, 아테네 인이든 야만인이든지를 가리지 않고, 누구나 다 인간으로서의 불가침적인 존엄성 그리고 동등하게 존중받을 권리를 똑같이 소유하게 된다고 역설한 것이다. 이러한 인간들 사이에 신과 인간이 모두 다 함께 그 구성원이 되는, 모든 이성적 존재로 구성된 공동체가 세워진다. 그리고 이 공동체의 모든 구성원에게는 특정적인 최고의 법 규범이 공통적으로 적용되는데, 바로 이것이 인간의 진정한 본성인 이성에 부합하는 '자연법'이라는 것이 스토아 철학자들의 믿음이었다. 이들은 인간의 생득적 권리로서 자유, 평등, 존엄을 강조하였고, 나아가 개인을 국가의 상위에 두는 개인주의를 표방하게 되었다. 뿐만 아니라 이들은 '인류평등'관에 입각하여, 그리스인의 우월의식과 노예제도를 신랄히 비판하기도 하였다.[16]

반면에 이러한 인간의 본성적 평등 및 자연법이라는 최고의 법

---

16 김홍우 지음,《한국정치의 현상학적 이해》(인간사랑 2007), 189쪽

규범에 관한 보편적 사상이 사실은 모든 인간이 동일한 이성적 법 아래 살아야 한다고 설파하며 결국엔 로마의 세계지배를 철학적으로 정당화하는 수단으로 기능하기도 했음은 숨길 수 없는 일이다. 그러나 고대에서는 그 이상의 구체적인 사회적·정치적 결실이 생겨나지는 않았다. 비록 이성을 공유하는 존재로서의 인간적 평등을 설파하긴 했지만, 대부분의 철학자들은 사회적 불평등의 가장 적나라한 표본인 노예제도는 대체로 용인하는 쪽이었다. 키케로(Cicero), 세네카(Seneca), 에픽테투스(Epictetus), 마르쿠스 아우렐리우스(Marcus Aurelius) 등이 대표적인 로마의 스토아 철학자로 통한다.

이러한 스토아 학파의 사상은 점차 기독교적 자연법과 접맥하기에 이른다.

기독교는 인간을 신의 모사물이며 동시에 원죄를 저지른 죄인으로 인식하였기 때문에, 역설적으로 모든 인간을 평등한 존재로 간주하는 편이었다. 이러한 관점에 입각해 최고의 법 원칙을 함유하는 자연법이 모든 인간에게 적용된다고 믿었던 것이다.

가장 중요한 기독교적 자연법 사상가인 토마스 아퀴나스(Thomas Aquinas)는 특히 세 개의 법을 다음과 같이 서로 구별하여 우리에게 일러주고 있다.[17]

첫째는 우주를 관장하는, 신적인 정신으로 충만한 이성이라 할 '영구법'(Das ewige Gesetz=lex aeterna)이 있고, 그 다음 이러한 법에 인간이 동참함으로써 생성되는 '자연법'(Naturgesetz=lex naturalis)이 있는데,

---

17 이에 대해서는, Hans Maier/Heinz Rausch/Horst Denzer(Hg.), Klassiker des politischen Denkens , 1.Bd., Von Plato bis Hobbes, 2.Auflage(C.H.Beck 2004), p. 114~146을 볼 것.

인간은 자신의 이성과 양심에 의해 이 자연법에 동참할 능력을 소유하고 있는 것으로 인식된다. 셋째로 인간과 인간이 더불어 살아가는 실생활과정에서 발생할 수 있는 여러 개별적 문제들을 처리하기 위해, 인간에 의해 만들어졌으며 자연법에 위배되지 않을 때만 그 유효성을 인정받을 수 있는 '인간의 법'(Das menschliche Gesetz=lex humana)이 가장 밑바닥에 위치한다.

이러한 법 관념에 입각하여, 토마스 아퀴나스는 인간의 법, 즉 '실정법'(Das positive Gesetz)이 자연법이나 신법에 배치될 때 불복종의 원리를 인정하는 진취적인 입장을 보여주기도 한다(훗날 예컨대 존 로크가 또 다른 맥락에서 '저항권'을 인정하기도 했음은 널리 알려진 사실이다). 하지만 아퀴나스 역시 사회적 현실에 상존하는 인간의 부자유와 불평등을 신에 의해 주어진 불가피한 가치라 용인하는 전통적인 입장을 넘어서지는 못하고 있다. 아퀴나스는 요컨대 '신 앞의 평등'으로부터 법적이거나 사회적인 평등을 도출해내지는 않았던 것이다. 자유는 다만 신의 의지를 행하는 내면적 자유로만 이해되어졌을 뿐이다. 이를테면 오직 신에 대한 헌신과 희생만이 본질적인 것으로 치부되었을 뿐, 세속적 고통이나 생활현실 문제는 비본질적 것으로 차치될 수밖에 없었던 것이다.

어쨌든 기독교는 한편으로는, 신과의 직접적인 관련성을 통해서만 인간을 평등한 존재로 간주하는 한계를 보여주긴 했다. 하지만 다른 한편으로는, 모든 인간에게 평등하게 적용되는 자연법을 설파하는 진취적인 모습을 보여주기도 하였다. 나아가 자유를 다만 신의 의지를 행하는 내면적 자유로 이해하는 취약성을 보여주기도 하였지만, 자유를 주요한 인간적 가치의 하나로 간주하는 과감한 면모를 숨기지는 않았다. 이처럼 심각한 역사적 한계를 노출하고 있긴 했지만, 기독교는 이러한 방식으로나마 흥미롭게도 인권의 핵심가치인 자유와 평등의 단초를 예비하고 있었던 것이다.

다른 한편, 우리는 중세의 '신분적 자유' 전통으로부터 또 하나의 다른 근대적 인권개념의 유력한 물줄기를 찾아볼 수 있다.

중세적 봉건국가에서는 지배자의 권력이 대체로 전래의 법이나 봉건적 주종관계 또는 타 신분들과의 협약 등을 통해 제한받도록 되어 있었다. 말하자면 한 군주의 지배가 정당한가 아닌가 하는 것은 그가 이러한 전통적 규범을 얼마나 충실하게 준수하고 있는지 하는 여부에 달려 있었다는 말이다. 만약 군주가 전래의 법과 협약을 침해한다면, 그는 복종의무의 해약을 각오해야만 했다. 예컨대 마그나 카르타(Magna Charta)의 경우에서도 드러나는 것처럼, 타 신분들은 군주의 힘이 상대적으로 약해진 틈을 이용하여 그로부터 부가적인 양보를 얻어내기도 했던 것이다. 어쨌든 전래되거나 혹은 신분들에 의해 협약된 법 규범에 따른 법률적 심판에 의해서만 오로지 신하의 자유, 재산, 일상생활 등에 대한 간섭과 개입이 가능하다거나, 아니면 신분들의 동의 없이는 어떠한 새로운 세금이나 관세 인상이 불가능하다는 계약과 타협 등을 이끌어낼 수 있었다. 급기야는 군주로부터 신분의 동의 없이는 어떠한 전쟁도 개시할 수 없다는 양보도 얻어낼 수 있었고, 심지어는 법을 깨뜨리는 군주에 대한 신분들의 저항권까지 부가적으로 쟁취해내기도 하였던 것이다.

하지만 영국을 제외한 유럽대륙의 대부분의 나라들에서는, 절대왕권 하에서 신분들이 취득하였던 이러한 중세적 자유권이 거의 외면당하는 실정이었다. 예컨대 프랑스 혁명이라는 세계사적 대 사건이 다른 지역이 아닌 바로 프랑스에서 발발할 수 있었다는 것도, 절대군주에 의한 봉건적·절대주의적 횡포와 착취가 타 지역의 추종을 불허할 정도로 유독 프랑스에서 극심하게 자행되었다는 반증이 될 수도 있는 것이다. 그러나 영국에서는 사정이 전혀 달랐다.

예컨대 루이 14세가 유럽대륙에서 절대주의 체제를 공고하게 유지하고 있는 동안, 영국에서는 의회세력이 왕권을 곤경에 빠뜨리곤 하는 일이 자주 발생하였다. 13세기 이래 영국에서는 대의정치가 상당한 영향력을 발휘하고 있었기 때문에, 왕이 의회의 눈치를 보지 않으면 안 될 경우가 드물지 않았다. 예컨대 프랑스에 비해 특히 외세의 침투로부터 비교적 안전한 지정학적 유리함을 지니고 있었다는 점 때문에, 영국은 프랑스와는 달리, 군비유지, 과세, 또는 강력한 권력집중 문제 등의 측면에서 왕의 자의적인 권한행사를 용이하게 견제할 수 있는 이점을 지니기도 하였다.

그러나 17세기에 들어서서 영국도 점차 절대주의를 체험하게 되면서, 강력한 왕권집중화 시도가 자행되기도 하였다. 이윽고 영국의 절대주의는 튜더(Tudor) 왕조에서 성립하여, 스튜어트(Stuart) 왕조에서 완성되기에 이르렀다. 하지만 스튜어트 왕조는 입헌주의적 전통에 입각한 의회의 강력한 반발에 부딪쳐, 곧 이어 설명할 두 번의 혁명을 감수하지 않으면 안 되었다. 그런데 바로 그 혁명을 통해 영국은 인권을 존중하는 시민적 민주주의로의 거보를 내딛으며, 가장 진취적인 근대국가로 발돋움하는 획기적인 역사적 계기를 만나게 되었던 것이다.[18] 이런 의미에서, 중세의 신분적 자유전통이 존속할 수 있었다는 것 역시 영국 역사의 특수성에 기인한다고 말할 수 있으리라. 중세적 자유를 보장한 가장 유명한 문서 중의 하나가 바로 '대헌장'(Magna Carta)임은 널리 알려진 사실 아닌가. 그것은 이미 1215년에 반포되었다.

---

18 차하순,《서양사 총론》(탐구당, 1986 전정판), 304쪽 이하를 볼 것.

과세에 반대한 영국의 귀족들이 자신들의 봉건적 권리를 내세우며 그것을 확인시키기 위해 당시 존(John) 왕에게 서명·공포토록 압박했던 것이 바로 이 '마그나 카르타'였다. 비록 이 '마그나 카르타'가 영국 헌정사상 중대한 역사적 문서의 하나로 손꼽히긴 하지만, 특히 봉건귀족들이 자신들의 권리를 지키기 위한 자위적 수단으로 관철시킨 성과물이라는 점 때문에, 인간의 기본권을 주창한 18세기의 혁명적 문서와는 근본적으로 그 성격을 달리 할 수밖에 없음은 부인할 수 없는 사실이다. 일종의 '집단적 이기주의'의 표출이라 할 수도 있는 이 문서에 의해 비록 자의적인 왕권행사에 경고등이 켜진 것은 사실이지만, 실은 왕권이 그렇게 심각한 타격을 입지는 않았던 것으로 밝혀졌다. 하지만 무엇보다 "자유민은 그 누구도 연행·투옥·재산몰수·추방 혹은 어떠한 방식의 괴로움도 받지 아니한다. 단 그의 동계급(同階級) 사람들(peers)의 판결에 의해서거나, 혹은 영국 국법에 의한 경우는 이에서 제외한다"고 선언한 제39조는 특히 주목할 만하다. 그러나 여기서 '자유민'은 물론 당시 인구의 대부분을 차지한 이른바 '일반 국민'들이 아니라, 성직자 계급 및 대 귀족층 등 특권층을 가리키는 것이었다. 이런 맥락에서 볼 때, '마그나 카르타'의 역사적 의의가 그 본래의 정신보다는 오히려 그것을 적절히 적용하고 확대해석한 역사의 재창조 노력에 있다고 보는 편이 보다 옳은 것처럼 여겨진다(같은 책, 178~179쪽 참고).

그 이후 영국의회는— 비록 강력한 튜더 및 스튜어트 왕조가 일시적으로 신분의 여러 권리를 위축시킨 적이 있긴 했지만— 계속 성공적으로 마그나 카르타의 기본원칙들을 관철시켜 나갔다. 예컨대 의회의 동의 없는 조세 및 관세부과 금지조치, 그리고 찰스(Charles) 1세에 대해 법관의 판결 없는 인신구속의 금지를 요구한 1628년의 '권리

청원'(Petition of Rights)은 이 마그나 카르타의 기본원칙에 기초하고 있었고, 1679년의 '인신보호법'(Habeas Corpus Acte) 역시 중세적 법 관념과 일정 정도 연결된다고 말할 수 있다. 그러나 특히 이 '인신보호법'은, 오늘날에까지도 유효할 정도로, "어느 누구도 영장 없이는 체포할 수 없고, 체포 후 20일 이내에 재판관에게 인도해야 한다"고 엄격히 규정하고 있어 커다란 반향을 불러일으키기에 부족함이 없어 보인다.

이처럼 영국에서는 전통적인 여러 자유관념과 계몽사상이 결합하여, 17~18세기에 걸쳐 개인적 · 정치적 자유의 근대적 개념이 활성화하게 되었던 것이다.

물론 이러한 영국적 특성이 장구한 역사적 흐름의 산물임은 자명하다.

합리주의가 대두하면서, 르네상스가 휴머니즘 및 계몽사상의 전통이 자연법의 세속화를 촉진하였음은 부인할 수 없는 사실이다. 자연법이 점차 기독교의 틀에서 벗어나기 시작하면서— 스토아 철학에서와 마찬가지로— 자신의 기초를 다시 이성에서 찾게 되었다는 점은 특히 주목할 만한 사실이리라. 그 와중에 합리주의적 자연법이 생성하게 된 것이다.

널리 알려져 있다시피, 근대적 자연법 개념의 토대를 처음으로 체계화한 사상가는 네덜란드의 휴고 그로티우스(Hugo Grotius)였다. "근대적 자연법의 아버지" 또는 "국제법의 아버지"로도 일컬어질 만큼, 그로티우스는 합리주의적 토대 위에서 근대적 자연권 이론 및 국제법 사상의 새로운 시대를 열어젖힌 것이다.

그는 인간의 온갖 천부적 권리를 더 이상 신의 의지라든지 계율로부터가 아니라, 세속적으로 이해되어진 인간의 본성으로부터 도출하기 시작하였다. 이런 맥락에서, 그로티우스는 "자연권이란 신조차도 그것을 변경할 수 없을 정도로 불변적인 것"이라고까지 선언하기에 이른다.[19] 참고로 말해, 이러한 그로티우스의 소신의 편린이 혹시 프랑스 혁명 선언에 나타나는 '신성 불가침의 인권' 이념으로 도약하는 발판으로 작용하지는 않았을까 추론해볼 수도 있으리라 여겨진다. 어쨌든 그는 모여 살기 좋아하는 인간의 사회적 본성과 충동에 주목하면서, 인간의 이성이 보편적 행복을 보장하는 사회를 건설할 수 있는 통찰력과 역량을 지니고 있다고 본 것이다.

이러한 주장은 인간이성의 자율성을 옹호하면서 세속적 도덕의 근원이 바로 이러한 이성에 있음을 강력히 주창하는, 당시에 흔히 등장하던 특징적 이념현상의 하나라 할 수 있음은 물론이다. 그를 통해 자연권이론의 대표자들은 왕권신수설의 반동적인 옹호자들을 포함하여 기존 사회의 권력상황을 신적 의지의 표현 등으로 정당화하고자 했던 봉건체제의 중추세력들에 대해 결정적인 타격을 가하기도 했던 것이다.

다른 한편 '해양의 자유' 이념 역시 그로티우스와 긴밀하게 연결되어 있다.

그로티우스가 물론 자신의 조국인 네덜란드의 경제적 이해관계를 옹호하고 정당화하기 위해 최선의 노력을 경주하기도 한 사상가였음은 의심의 여지가 없는 일이다. 그는 국제법 이론가로서, 네덜란드가 무제한적으로 세계무역에 자유로이 동참할 수 있음은 두말 할 여지없이 당연한 민족적 권리에 속하는 일이라 강력히 주장하였다. 스페인과 포르투갈 두 나라가 세계무역을 독점적으로 장악하고 있던 당

---

19 Hans Maier, 앞의 책, Klassiker p.314에서 재인용.

시의 국제정치 상황 하에서 이러한 자유무역 이론은 여타의 다른 민족들에게도 응당 해양에서의 동참권이 당연히 부여되지 않으면 안 된다는 것을 합리화하는 논리로 활용될 수밖에 없었음은 물론이다. 말하자면 배타 독점적인 체제에 맞서, 다원적이고 개방된 자유체제를 옹호하는 정당화논리로 동원되었다는 말이다. 그리하여 자유무역 원칙의 선두투사로 나선 한 민족, 요컨대 자신의 조국인 네딜란드를, 전 인류의 복지와 이해관계를 위해 투쟁하는 정의의 사도처럼 인식하도록 이끌었던 사상가가 바로 그로티우스 자신이었던 것이다.[20] 보다 구체적으로 덧붙이자면, 영국과 네딜란드는 사실상 스페인과 포르투갈이 장악하고 있던 무역 독점체제를 자신들의 그것으로 교체하려는 저의에서 이러한 논리를 개발하였다고 말할 수 있을 정도다. 다른 한편 그러한 의도는 동시에 개신교적 해양세력과 카톨릭적 이베리아 세력간의 쟁투라는 국제정치 현실을 반영하는 것이기도 했다.

어쨌든 근대적 국제법의 창시자인 그로티우스는, 비록 신(神)이 존재하지 않는다 하더라도, 이성에 의해 창안된 자연법은 그 정당성을 추호도 의심할 수 없다는 입장을 고수하였다. 요컨대 인간을 자율적 인격체로 인식하기 시작한 것이다. 결과적으로 인간은 이성적 존재이고, 따라서 이성에 걸맞게 자신의 생명과 자신의 주위환경을 변화시킬 수 있는 자유를 소유하지 않으면 안 된다는 주장이 비등해질 수밖에 없었다. 이윽고 비이성적인 정치·사회적 속박으로부터의 자유는 비이성적인 고통의 질곡으로부터 해방되어야 마땅한, 이성적으

---

20 이에 대해서는, Heinz Gollwitzer, Geschichte des weltpolitischen Denkens ; Bd.1, Vom Zeitalter der Entdeckung bis zum Beginn des Imperialismus (Göttingen-Vandenhoeck&Ruprecht 1972), p.68 이하를 참조할 것.

로 사유하는 자유와 동등하게 인식되었던 것이다.

16세기 말엽 이래, 이러한 합리주의적 자연법 사상과의 밀접한 관련성 속에 등장해서 서서히 정치적 영향력을 갖추기 시작한 사조가 바로 이른바 '사회계약론'이었다.

서로간에 물론 세세한 차이점은 지니고 있긴 했지만, 사회계약론 자들은 대부분 근본적으로 자유로운 인민은 지배자가 인민의 안전과 질서와 특정한 권리 등을 보장하는 한에서 그에 복종할 의무를 진다는 계약을 체결함으로써, 비로소 국가가 수립되어진 것으로 인식하였다. 한마디로 계약의 핵심적 목표는 인민의 생명·자유·재산의 보호였던 것이다. 따라서 지배자가 이러한 국가의 근본목적을 훼손하는 경우, 그것은 인민과의 약속 및 신뢰를 파기하는 것으로 이해되었기 때문에 정부의 타도가 정당화되어질 수 있었다. 이러한 인식체계는 자연권적인 주권관념을 재정립하는 것으로서, '저항권' 사상의 토대로 기능할 수 있게 되었다. 예컨대 존 로크(John Locke)는 이러한 저항의 권리를 "하늘에 대한 호소(Appeal to Heaven)"라고까지 설파하며,[21] 이를 적극적으로 옹호하고 나서기도 하였다. 이 경우 로크가 이해한 '인민'은 물론 유산 시민계층이었다.

어쨌든 인민의 생명·자유·재산의 존엄성을 역설하는 사회계약론은 절대주의적 봉건체제에 저항하는 효율적인 사상적 무기로서, 보다 숭고한 자유를 희구하는 여러 집단들에 의해 적극적으로 활용되곤 하였다. 가령 종교 및 사상의 자유, 재산의 보호 등을 촉구하였던 영국과 프랑스의 칼빈주의자(Calvinist)를 비롯한 종교적 소수파들이라든

---

21 John Locke, The Second Treatise of Government (Basil Blackwell, 3rd.ed., 1976), p. 121~2

지, 법률적 안정과 경제적 팽창에 지대한 관심을 지닐 수밖에 없었던 도시의 신흥 부르주아지 등이 바로 그들이었다. 17세기 영국 혁명은 확연히 이러한 자연법 및 사회계약론과의 깊은 연관 하에 전개된 역사적 사례의 하나라 말할 수 있을 정도다.

물론 괄목할만한 정치적·정신사적 의의를 지니는 것은 1688년 영국 명예혁명의 철학자라 일컬어지는 로크의 탁월한 저작들이라 할 수 있다. 바야흐로 로크를 통해 인권이념은 그 장엄한 고전적인 본모습을 드러내기 시작한다. 그는 한마디로 합리주의적 자연법과 영국적 자유전통을 결합하고자 노력한 사상가였다. 요컨대 개인적·정치적 자유를 향한 영국적 이상을 합리주의의 철학적 수단을 동원하여 정당화하고자 시도했던 것이다. 그러한 작업을 통해 로크는 인권이념의 고전적 대변자가 되었을 뿐만 아니라, 근대적 자유주의의 선구자로 인식되기도 한다.

의심할 여지없이 로크는 인간의 합리성에서 출발한다. 일단 그는 인간이 완전히 평등하고 자유롭게 살았었고, 아직 어떠한 국가도 존재하지 않았던 자연상태를 가상한다. 나아가 그는 모두가 스스로 존중하지 않으면 안 될 권리의 제반 원칙, 요컨대 생명·자유·재산에 대한 모든 인간의 권리가 존재한다고 선언하는 주체가 바로 인간의 이성이라 역설한다. 로크는 이러한 권리의 다양한 원칙들이 인간에게는 영원하고 불변적인 자연권이라 확신하고 있었던 것이다. 생명에 대한 권리는 두말 할 나위 없이 그 어느 누구도 결코 시비 걸 수 없는 명백하게 근원적인 것으로 인식되었다. 그리고 자유란 이성에 따라 살 수 있고 또 살아가야 한다는 것을 의미하기 때문에, 자유에 대한 권리는 인간의 합리성에서 유래할 수밖에 없는 것으로 이해되어졌다. 그렇다면 재산의 권리에 대한 속내는 어떠했던가?

로크 역시 홉스를 비롯한 다른 자연권 이론가들과 마찬가지로, "인간의 자연적 평등"(equality of men by nature)에 대한 소신에서 출발한다.[22]

그러나 "가장 위대한 자유주의 철학자"로 추앙받는 로크의 핵심적인 정치사상은 그야말로 특별한 주목을 요하는 그의 소유(property) 개념에 있다고 말할 수 있을 것 같다. 그는《시민정부이론》에서 유독 한 장(章)을 할애하여, 특별히 소유의 문제를 다루고 있을 정도다. 비록 그 개념을 명확히 규정하지는 않았지만, 논지의 펼쳐짐을 따라가면 소유는 대략, '자연에 인간의 노동을 투입함으로써 얻는 획득물'이라는 정도의 의미를 이끌어낼 수 있지 않을까 한다.

로크는 성서에 나오는 쓰임새를 본떠 "신은 이 세계를 인간에게 공동으로 하사"함으로써, 그것을 인간의 삶에 가장 이롭게 사용되도록 하였다고 말문을 열고 있다(26, p.15). 이 땅과 그곳에 널려 있는 온갖 것들은 모두 인간의 공동 소유물이다. 그렇다고 해서 신이 그것들이 계속 공동의 것으로, 그리고 경작되지 않은 채 내버려지기를 바란다는 것은 결코 아니다. 신은 그것들을 "근면하고 이성적인" 사람들이 활용하도록 당부하였다(34, p.18). 그리하여 '노동'(labour)이 요구되어지는 것이다. 노동이 없으면 모든 것이 "좀처럼 값어치(worth)를 지니지 못하게" 된다. 그리고 노동은 "모든 것에 가치의 차이가 생기도록" 만든다(40, p.23, p.22/43). 이윽고 "순수하게 자신의 것이라 말할 수 있는 자기 몸과 손의 노동"을 통해 자연상태로 놓여 있던 것들은 비로소 인간의 소유가 된다. 왜냐하면 "노동은 노동하는 사람(labourer)

---

22 John Locke, 같은 책, 5(p.4) ; 본문의 소절 및 페이지 번호는 이 책의 것을 따른 것이다.

의 의심할 바 없는 소유물(property)"이기 때문이다. 그러므로 그는 자신의 노동의 산물에 대해 사적인 소유권을 갖게 되는 것이다(27, p.15). 그러나 로크는 의도적으로 그랬는지 실수로 그랬는지는 알 수 없으나, 계속 이어지는 글에서, "나의 하인이 자른 뗏장도 …. 어느 누구의 지시나 동의 없이 나의 소유가 된다"(28, p.16)라고 쓰고 있다. 하지만 하인의 노동의 산물이 왜 하인에게 돌아가지 않고 주인이 가로채는가 하는 의문에 대해서 로크는 결코 적절한 답변을 제시하지는 않는다.[23]

어쨌든 로크는 이러한 사적 소유가 무한정 받아들여지는 것은 아니라고 주장한다. 왜냐하면 "신은 어떠한 것도 인간으로 하여금 썩히거나(spoil) 망가뜨리도록(destroy) 만들지는 않았"기 때문이다(31, p.17). 이처럼 로크가 문제삼았던 것은 소유가 얼마나 많은가 하는 것이 아니라, 어떤 것들이 쓸모 없이 썩어 문드러지는가(perish) 하는 것이었다(46, p.25). 그래서 사람들은 남는 것을 남에게 주어도 좋고, 서로 맞바꾸어도 좋다. 그러나 이런 골칫거리들은 화폐가 만들어지면서 별반 문제없이 풀리게 된다. "화폐의 발명"이 바야흐로 재산의 무한한 증식에 도움을 줄뿐만 아니라, 또한 그러한 행위를 자연스러운 것으로 받아들이도록 만들었기 때문이다. 로크가 애초부터 문제삼았던 것은 소유의 양이 아니라 소유물의 훼손이었기 때문에, 화폐의 도입으로 인해 재산의 격차가 크게 벌어진다 한들 그것이 달리 문제될 리 없었

---

23 바로 이러한 '사소한' 예들은, 아브래스터가 날카롭게 꼬집고 있듯이, 로크의 이론체계가 철저한 일관성을 결여하고 있음을 나타내는 증좌들로 인식된다. 이런 문제들과 아울러 특히 로크의 소유 개념에 대한 간결하지만 참신한 비판을 보기 위해서는, Anthony Arblaster, The Rise & Decline of Western Liberalism (Basil Blackwell 1987), pp.162~7을 참고하기 바란다.

다. 자연상태의 초기단계에서 인간이 누렸던 자연의 평등한 공유는— 화폐라는 것이 서로간의 동의를 통해서만이 가치를 지니게 되는 것이기 때문에— 이윽고 사람들이 서로 인정하는 "불균형하고 불평등한 소유"로 변질되게끔 되었다(50, p.26). 이제 소유의 불평등은 그야말로 사회적 필연으로 고착하게 된 것이다. 그리하여 바로 이 "재산의 보호"를 위해 사람들은 사회로 들어오기로 작정하였다. 그리고 재산의 보호는 "정부의 목적" 그 자체다(138, p.71). 이처럼 시민사회로 들어오면서, 자연적 평등이 아니라 '생명, 자유, 재산'이 로크에 의해 인간의 기본권으로 기림을 받게 된 것이다. 자연적 평등은 이제 연령, 덕, 재능과 장점(parts and merit), 출생 등에서의 자연스러운 불평등으로 뒤바뀌었다. 그리고 평등은 단지 "사법(jurisdiction)의 관점에서", 요컨대 "자연적 자유"(natural freedom)에 대한 "평등한 권리"(equal right)라는 의미로 이해되었던 것이다(54, p.28).

물론 논리의 전개방식은 서로 다르지만 홉스와 로크의 경우에서 보듯이, 시민사회의 수립과 더불어 지배·피지배 관계가 생겨나고 그로 인해 사회적 불평등이 제도화되는 것으로 간주된다. 말하자면 자연적 평등은 사회의 성립과 함께 인간들이 서로 동의하는 사회적 불평등으로 뒤바뀌게 되는 것이다. 그리하여 자연권적 평등개념은 사회적 불평등을 필수적 대전제로 깔면서, 다만 그 전제 하에서의 법률적 평등 및 정치적 동등권에 대한 요청으로 스스로를 한정시켜 나가게 되었다. 한마디로 시민사회에서의 재산의 안전한 보호라는 지상명령으로 인해, 자연상태에서의 원초적 평등은 자취를 감추게 된 것이다. 이처럼 17세기 및 18세기 초의 자연권 이론가들은 기존 사회질서의 옹호자로서 시민적 유산계층의 물질적 이해관계를 법적·정치적으로 정당화하는 사명을 떠맡고 있었다. 그 가장 전형적인 예를 우리는 로크에게서 찾아 볼 수 있으리라 여겨진다.

　17세기 정치사상의 요람은 영국이었다. 어떤 식으로든지 수 차례에 걸친 혁명적 소용돌이에 맞대응할 수밖에 없었던 여러 정치적 노력들이 결국엔 소중한 정치사상으로 새롭게 태어났던 것이다. 무엇보다 정치사상이란 모순적인 기존질서에 대한 비판이자 새로운 이상사회에 대한 대안제시를 목표로 하는 논리체계이기 때문이다.

　덧붙여 말하자면, 이른바 사회계약이론은 '계약서' 원본을 증빙문서로 결코 제시할 수 없는, 하나의 픽션이라 할 수 있다. 비록 실제적인 역사체험에 기초한 것은 아니라 할지라도, 규범적 이념으로서 실질적 의미를 갖추게 된 이론체계라 할 수 있다. 요컨대 사회계약론은 국가의 권위라는 것이 항상 시민의 명시적이거나 아니면 최소한 묵시적인 동의에 기초해야 마땅하다는 규범을 제시하고 있는 것이다. 이와 더불어 사회계약론이 나름 국가성립의 당위성과 국가임무를 구축한 철학적 토대로 기능한 측면이 있음에도 유념할 필요가 있다. 특히 국가성립 이전에 이미 다양한 권리를 인간이 소유하고 있었다는 로크의 주장은 후세에까지도 적잖은 영향을 미쳤다. 무엇보다 이러한 관점에 입각해, 로크는 시민의 생명·자유·재산의 보호라는 근본의무를 국가에 부여하였던 것이다. 물론 국가는 이러한 권리를 인간에게서 박탈할 수는 없다. 왜냐하면 국가가 이 권리를 인간에게 부여한 것이 아니라, 국가성립 이전부터 이미 인간에 의해 확보되어 있었던 원천적인 권리이기 때문이다. 그러므로 그 권리를 국가가 침해할 때, 국가는 자신의 기초와 토대를 스스로 허물어뜨리게 되는 결과를 자초하게 되고, 그러한 국가에 대해 인민은 자연스레 저항할 권리를 응당 가질 수밖에 없게 되는 것이다. 이와 같이 로크는 인간적 이상과 국가적 현실 사이에 언제나 역사적인 긴장관계가 상존할 수 있음을 명확히 깨닫고 있었다고 말할 수 있다.

무릇 인간의 다양한 이념적 이상들이 구체적인 역사현실 속에서 스스로를 관철할 수 있기 위해서는, 오랜 기간에 걸친 국가와의 끊임 없는 쟁패과정을 거칠 수밖에 없음은 자명한 역사적 현상이라 할 수 있다. 이런 의미에서 정치사상과 국가론이 불가분의 상호관계를 맺을 수밖에 없다는 사실 또한 자연스러운 이치라 할 수 있다. 무엇보다 정치사상이란 자신이 지향하는 이상적 가치를 기존의 정치·사회적 모순을 극복함으로써 구현코자 노력하는 논리체계라 할 수 있기 때문이다. 이런 면에서, 예컨대 플라톤이 이미 2천 5백여 년 전 철학의 여명기에, 우선적으로《국가론》(Politeia)을 저술하였다는 사실이 일러주는 바가 적지 않음 역시 흥미로운 측면이라 할 수 있으리라.

그렇다면 인간의 다양한 이념적 이상들이 구체적인 역사현실 속에서는 과연 어떻게 관철되었을까? 무엇보다 오늘날에 이르기까지도 지대한 영향을 끼치고 있는 인류사적인 대사건이었던 프랑스 대혁명이 우리에게 결정적인 제보자 구실을 담당하리라 여겨진다. 한마디로 합리주의적 자연권 이념의 클라이맥스를 장식한 것은 다름 아닌 프랑스 대혁명의 〈인권 및 시민권 선언〉 아닐까 한다. 드높이 휘날리던 이 혁명의 깃발에는 자유주의 정신이 웅장하게 나부끼고 있었던 것이다.

2) 프랑스 대혁명과 인권이념의 특성 : 자유와 평등을 중심으로

근대 이후의 역사가 자유주의의 역사라 해도, 결코 지나친 말은 아닐 것이다.

모름지기 자유주의는 자유의 대헌장이다. 그러나 전통적으로 자유주의는 인권실현의 근본토대를 아우르는 자유와 평등의 긴장관계를 과장하는 습성이 있다. 평등의 침투로부터 자유의 '성역'을 올곧게 수호하려는 깊은 뜻이 그 밑에 짙게 깔려 있음은 의심의 여지가 없다. 그런데 실상은 과연 어떠한가.

자유와 평등 사이에 필연적으로 갈등이 잠복해 있음은 부인하기 힘든 일이다.

자유를 옹호하는 쪽은 개인이야말로 자신의 특수한 욕구와 이해관계를 가장 잘 알고 잘 표현할 수 있다고 확신한다. 그러므로 국가나 기타 다른 집단이, 요컨대 제3자가 사적 시민의 삶과 자유에 개입한다는 것은 이롭지 못할 뿐만 아니라 온당치도 않다고 주장하는 것이다. 앞에서도 누차 지적했듯이, 자유는 개인주의와 한 몸처럼 굳게 뭉쳐 있다.

반면에 평등은 개인적 결핍이나 결함을 외부의 도움을 빌어 보완코자 하는 기본속성을 지니고 있다. 따라서 국가 등, 제3자의 개입을 당연시하는 것이다. 기존의 특권을 제거하고 사회적 조건을 골고루 하기 위해서는, 다시 말해 불평등을 없애기 위해서는, 국가나 사회의 개입이 필연적이라 믿기 때문이다. 그러나 이러한 개입은 의당 개인적 자유의 자유로운 행사를 저해하는 행위로 간주되기 일쑤다. 왜냐하면 기존의 개인적 부와 특권이 그로 인해 동요될 수밖에 없으리라 여겨지기 때문이다.[24] 그런데 자유와 평등의 이러한 야릇한 상호관계는, 이 두 개념이 실질적인 실천의 강령으로 나부꼈던 프랑스 대혁명으로 거슬러 올라가 보면, 더욱 일러주는 것이 유별남을 알 수 있다.

---

24 Marx, "Zur Judenfrage", MEW 1, p.354f

'시민권'(citizens' rights)은 부르주아 혁명의 와중에 그리고 그 결과로, 여러 선언 및 법률들에서 "인간 및 시민의 권리"(rights of man and citizen)로 자리잡게 되었다(Imre Szabo, 앞의 책, p.27). 하지만 마르크스는 '인간'과 '시민'을 동시에 등장시킬 수밖에 없었던, 딱하기 짝이 없는 이러한 엉거주춤하는 부르주아적 생리를 날카롭게 파헤친 적이 있다. 그는 이미 〈유태인 문제〉에서 '인권'과 '시민권'의 구별이 만들어지게 된 근본원인이 인간의 삶이 지니고 있는 이중성에 있다고 단언한 바 있다. 왜냐하면 인간은 한편으로는 자본주의적 시민사회의 구성원으로서의 "지옥적 생활", 그리고 다른 한편으로는 정치적 국가의 국민으로서의 "천국적 생활"을 동시에 영위할 수밖에 없는 기괴한 존재라 확신했기 때문이다. 말하자면 자본주의적 인간은 '사회' 내부에서는 필연적으로 자행될 수밖에 없는 억압과 착취 등 지옥과도 같은 고통을 감내할 수밖에 없지만, '국가'에 의해서는 자신들을 억압·착취하는 자들과 똑 같이 이른바 '법 앞의 평등'을 만끽하며 천국적 삶을 향유하도록 보장받기도 하는 모순적 존재라는 말이다.

정확히 들여다보면, 프랑스 혁명선언은 한편으로는 추상적이고 보편적인 인간의 기본권을, 그리고 다른 한편으로는 시민계급의 구체적이고 특수한 계급적 이해관계 둘 다를 동시에 포괄하고 있다. 결과적으로 인권개념은 한편으로는, 시민계급의 특수한 이해관계를 추상적인 포장을 통해 보편적인 인간의 권리인 것처럼 꾸며내는 기능을 떠맡고 있다. 하지만 다른 한편으로는, 결국 시민계급의 이해관계만 지배적으로 관철되게 함으로써 자기 스스로를 상대화·허구화시키는 궁지에 빠뜨리기도 하는 것이다.[25]

---

25 부르주아 계급과 '인권'의 상호관련성을 보기 위해서는, W.-D. Narr/K. Vack,

예를 들어 '거주이전의 자유'나 '직업선택의 자유' 등은 프랑스 혁명선언에서 그 기원을 찾아볼 수 있는 것이지만, 우리나라를 포함한 거의 대부분의 민주국가 헌법에 신성불가침의 천부적 인권으로 엄숙히 기림을 받고 있다. 하지만, 이렇게 추상적·보편적으로 선포된 이러한 '인간의 권리'가 사실은 농촌 노동력을 자본주의적 산업화현장인 도시로 강제이주라도 시켜 애써 공장을 돌리고 싶어 안달했을 당시 프랑스 부르주아지의 특수하고 구체적인 '계급적 권리'를 직접적으로 반영하는 것이었을 가능성이 지극히 높은 것이라 충분히 추정하고도 남음이 있다.

어쨌든 바로 이러한 인권과 시민권의 분리가 정치 및 법 이론에서 실제로는 자유와 평등의 이원화로 나타나게 되었음은 무척 흥미로운 사실이다.[26]

이를테면 자유는 애초부터 자본주의적 생산관계가 지배하는 부르주아 사회에서의 사적 소유 및 자본주의적 경제활동에서의 자유를 일컫는 것이었다. 반면에 평등은 자본주의 사회의 정치적 공동체, 즉 국가에 대한 정치참여의 평등한 권리를 뜻하였다. 그것이 바로 '법 앞의 평등'으로 구체화되었던 것이다. 그러나 우리의 흥미를 절절이 자극하는 것은 바로 평등이 1789년 프랑스 혁명선언의 '양도할 수 없는 천부적 인권' 가운데는 전혀 포함되지 않았다는 사실이다. 여기

"Menschenrechte, Bürgerrechte, alle Rechte", in : ⟨Freiheit + Geleichheit. Streitschrift für Demokratie und Menschenrechte⟩(Heft 1, Dez.1979), p.6을 참고할 것.

26 이에 대해서는, Szabo, Imre Szabo, "Fundamental questions concerning the theory and history of citizens′ rights", in : Socialist Concept of Human Rights(Budapest 1966), p.38 이하를 참고할 것

에서는 단지 자유, 소유, 안전, 그리고 억압에 대한 저항권만이 보편적 권리로 선포되어 있을 뿐이었다. 봉건적 수탈 기제(機制)의 타도를 위한 비상수단으로 간주되었던 마지막의 저항권을 빼놓는다면, 나머지는 다 사실 재산과 직결된 것들이었다. 즉 '재산의 자유와 안전', 바로 이것만이 최대의 관심사였던 것이다.

그러다가 1793년 헌법에 가서야 비로소 '평등'이 가까스로 포함되기에 이르렀다. 그런데 자유와 평등의 첫 관계가 사적 영역, 곧 자유로운 영업활동 및 계약을 통한 사유재산 취득에서의 '자유의 평등'(equality of freedom)으로 맺어지게 되었다는 사실 역시 지극히 흥미진진한 일이었다. 어쨌든 자유는 재산의 취득과 활용에서의 평등한 기회로, 그리고 평등은— 그 실제적인 실행 여부는 정치상황에 따라 지극히 유동적일 수밖에 없는— 정치적 참여에서의 자유로 이해되었던 것이다. 이렇게 볼 때 자유는 국가 이전(以前)의 '무조건적인'(unconditional) 권리로서의 절대적인 지위를 누린 반면에, 평등은 정치적·법률적 상황에 따라 이리 저리 뒤흔들릴 가능성이 지극히 높을 수밖에 없는 '조건적' 권리로서의 상대적인 위상만을 부여받게 되었다고 말할 수 있다.

사실 이러한 속내가 프랑스 혁명 당시의 실정이었다. 비록 역사의 흐름에 발맞추어 국가의 개입을 통해 인권을 신장하고 사회적 불평등을 완화하려는 노력이 치열하게 베풀어지지 않은 것은 아니지만, 적어도 아직까지 자본주의권을 지배하고 있는 일반적 운동논리는 바로 이러한 프랑스 혁명의 기본정신이라 할 수 있는 것이다.

그러나 평등은 그 본질 속에 이미 적잖은 강점을 품고 있다.

평등을 그리 기꺼워하지 않는 이탈리아 정치학자 조반니 사르토리(Giovanni Sartori)조차도— 오히려 자유를 측은히 여기는 듯한 느낌까지 자아내면서— 그다운 명쾌함을 가지고 이 측면을 솔직히 고백하지 않을 수 없었다. 평등은 자유와 달리 다수의 힘에 의존하므로 정당화가 손쉽다는 것, 평등의 이념은 그 의미전달에 있어 구체적이고 서술적이라는 것, 평등의 이상은 가장 모자라는 것을 가장 많이 원한다는 평범한 진리를 채워주는 심리적 이점을 줄 수 있다는 것, 평등의 실현은 과학적·이성적 심성에 맞아떨어질 수 있다는 것 등이 바로 그것이다. 그러나 이처럼 평등의 강점을 솔직히 시인할 수밖에 없는 사르토리에게도, 자유는 기본적으로 '몸통'인 반면에, 평등은 '다리' 정도에 지나지 않는 것으로 인식될 따름이었다.[27] 하기야 아마도 가장 정직한 자유주의적 대응의 하나는 사르토리처럼 자유를 '몸통'으로, 그리고 평등을 '다리'로 간주하는 정도일 것이다. 그런데 '몸통' 없는 '다리'는 있을 수 없어도, '다리'없는 '몸통'은 존재할 수 있지 아니한가. 하지만 '다리'와 '몸통'을 제대로 다 구비한 인간만이 비로소 온전한 인간 대접을 받을 수 있다는 것은 그 어느 누구도 부인할 수 없는 너무나 명백한 진리 아니리요.

마찬가지로 자유가 빵 문제를 해결할 수 없듯이, 빵 역시 자유의 문제를 풀지 못한다. 그러나 문제는 어떻게 하면 자유를 한껏 즐기면서도 빵 또한 마음껏 먹을 수 있겠는가 하는 데 있다. 자유롭게 빵을 먹을 수 있는 권리와 먹을 빵을 충분히 나누어 가질 수 있는 자유는 과연 어떻게 동시에 확보되어질 수 있는 것일까? 한마디로 평등과 성취, 균형과 능률, 복지와 경쟁 사이의 조화를 도대체 어떻게 이루어낼 것인가 하는 문제인 것이다. '빵'과 '자유'를 동시에 만끽할 수 있을

---

27 Giovanni Sartori, Democratic Theory (Detroit–Wayne State University Press 1962), p.332, 345, 348

때, 온전한 인간의 권리가 비로소 가능해질 수 있으리라 함은 너무나 자명한 이치다.

바로 이것이 우리의 문제인 것이다.

전형적인 자유주의자의 입장에서 보면, 자유는 당연히 평등에 우선한다. 평등은 오히려 자유에 종속적이다. 그러므로 그들은 자유의 이름으로 '위험한' 평등을 물리치기 위해 자유와 평등의 대립관계를 지나치게 부추기려드는 경향이 있다. 그들이 눈감아 줄 수 있다고 생각하는 것은 고작 '법 앞의 평등' 정도이다. 그러나 이 법률적 평등이 봉건시대의 마지막 특권계급에게 끝없는 공포를 불러일으켰던 것과 마찬가지로, 경제적 평등 요구 또한 이 자유주의자들에게 끊임없는 공포를 불러일으키고 있음 또한 부인할 수 없는 사실이다. 그들에게 는 평등이 단순히 "보복의 도구"(vehicle of vindictiveness)로만 비칠 따름이리라.[28]

그러나 문제는 그리 단순치만은 않다.

우리에게 던져진 당혹스러운 과제는 버트란트 러셀(Bertrand Russell)도 고전적인 어투로 읊조렸듯이, "진보를 위해 필수적인 개인적 이니시어티브와 생존을 위해 필수적인 사회적 결속을 도대체 어떻게 결합할 것인가" 하는 데 있다.[29] 말하자면 '평등'과 '성취'(achievement) 또는 '경쟁'(competition)과 '복지'(welfare) 사이의 조화를 과연 어떻게 이루어낼 것인가 하는 것이 문제란 말이다. 미국의 사회학자 겸 정치학자인 시모어 마틴 립셋(Seymour Martin Lipset)이 자성적으로 털어놓았

---

28 Andrew R. Cecil, Equality, Tolerance and Loyalty : Virtues Serving the Common Purpose of Democracy (The University of Texas at Dallas 1990), p.45 ff

29 Bertrand Russell, Authority and the Individual (London 1949), p.11

듯이, "성취는 기회의 균등이 행하는 기능"이지만, 이에 대한 강조는 "새로운 신분의 불평등 그리고 높은 지위를 지키고 보호하기 위한 타락한 수단"으로 활용될 수도 있는 것이기 때문이다. 그는 이러한 현상을 "미국의 딜레마"로 규정하기도 했다.[30] 그러나 이것이 어찌 미국만의 문제이겠는가. 미국을 비롯한 대부분의 자본주의 국가들은 이 '성취'에 지나치게 매달리고 있고, 과거 소련과 동유럽 공산권은 주로 '평등'에 매진하였던 것으로 비친다. 결과는 우리가 지금 목격하는 바대로다.

"정치적 자유가 빵 문제를 해결하지 못하는 것이 사실이듯이, 빵이 정치적 자유 문제를 풀지 못하는 것 역시 사실이다"(Sartori, 앞의 책, p.333). 이 역설 또한 사실이다.

우리에게는 '자유냐, 평등이냐'가 아니라 '자유도, 평등도'가 문제다. 말하자면 '자유와 빵을 동시에'가 문제라는 말이다. 물론 자유와 평등 사이에 숙명적으로 내재하는 대립적 속성을 외면해서는 안 될 것이다. 그러나 중요한 것은 마이클 월쩌(Michael Walzer)의 주장처럼, 자유와 평등이 "함께 설 때 그들은 가장 잘 설 수 있다"는 것을 확신하는 일이다.[31] 그렇기 때문에 일정한 타협은 피할 도리가 없는 것처럼 보인다. 그리고 그러한 타협의 내용과 방향이 당연히 주어진 역사

---

30 Seymour Martin Lipset, The First New Nation : The United States in Historical and Comparative Perspective (Garden City, New York: Doubleday, Anchor Books 1967), p.2 및 여러 곳 ; B.S. Turner도 Equality, 앞의 책(p.51)에서 자본주의적 민주주의의 일반적 딜레마는 '경쟁'과 '복지'를 어떻게 결합시킬 것인가 하는 데 있다고 강조한 바 있다

31 Michael Walzer, "In Defense of Equality", in : Dissent 20(Fall 1973), p.408

발전의 수준에 의해 규정될 수밖에 없음은 물론이다. 고통스러운 역사적 문젯거리다.

더구나 지금은 신자유주의가 범 세계적으로 위세를 떨치고 있는 현실 아닌가. 그에 발 맞춰 극심한 경제적 불평등 역시 범 세계적으로 확산할 수밖에 없게 되고, 혹심한 경쟁주의는 냉혹한 약육강식의 사회질서를 줄기차게 양산하고 있으며, 결과적으로 빈익빈·부익부 현상과 양극화의 심화로 인해 사회적 약자는 점점 더 설 곳을 찾지 못하는 기구한 실정이 되풀이되고 있다. 하기야 세계화가 빈부의 격차까지 세계화하고 있는 실정이니 어쩌겠는가. 이러한 세계화 이데올로기가 지배하는 오늘날 자유와 평등은 과연 어떻게 타협을 쟁취할 수 있을까, 혹은 그게 가능하기나 한 일일까 …? 하지만 엎친 데 덮친 격으로 여기에 또 코로나가 팬데믹의 능선을 넘어선 지 이미 오래다.

물론 자유와 평등의 실현이 인간해방과 불가분의 관계를 맺고 있음은 의문의 여지가 없다.

이른바 최초의 공산주의자로 알려진 바뵈프(Babeuf)는 이미 프랑스 대혁명의 와중에 다음 세기에 본격적으로 터져 나올 인간적 착취와 억압상황을 미리 예고라도 하는 듯, 다음과 같이 절규한 적이 있다.

"인민에게 나이나 성적(性的) 차이 이외의 다른 차별이 없도록 하라. 모든 사람이 다 동일한 욕구와 동일한 능력을 갖고 있기 때문에, 지금부터는 동일한 교육과 동일한 식사를 갖도록 하라. 그들은 만인을 위해 마련된 똑같은 태양과 똑같은 공기에 만족하고 있다 : 그런데 왜 도대체 똑같은 양과 똑같은 질의 음식이 그들 각자에게 주어지지 못하는가?"[32]

물론 이러한 바뵈프의 주장이 과학적으로 잘 다듬어지고 사상적으로 잘 가꾸어진 심오한 이론적 체계의 산물은 결코 아닐 뿐만 아니라, 합리적인 요구라 하기에도 대단히 곤혹스러운 측면이 있음도 부인하기 힘든 사실이다. 하지만 당시 숨죽이고 있던 수많은 대중들의 가없는 불만을 그대로 대변한 것임은 분명하다. 결국 이러한 소용돌이는 마르크스와 엥겔스에 와서 획기적으로 체계화하기 시작한다.

역사적으로 볼 때, 예컨대 1848년 혁명은 자유주의적 부르주아계급들로 하여금 점차 노동대중에 뿌리를 드리우기 시작하는 '민주주의'에 대한 공포를 새삼 환기시켜 주는 심각한 계기가 되었다. 그러나 동시에 프랑스 대혁명의 혁명구호의 하나이기도 했던 '자유'의 운동원리를 새롭게 점검하는 자아 비판적 기회를 만들어 주기도 한 소중한 선물 같은 것이기도 하였다.

자유가 인민대중의 행복을 보장해주지 못한다는 것이 확연해지자, 자유에 대한 반란이 본격적으로 조직화하기 시작한다. 다양한 공산주의 및 사회주의 조류들이 대오를 정비하였다. 이 두 그룹은 비록 수단과 방법의 측면에서는 적잖은 이질성을 드러내고 있었지만, 특히 경제적 평등의 구현이라는 궁극적 목표에서는 대체로 견해의 일치를 보이고 있었다. 어쨌든 여기저기서 자유주의 진영으로 하여금 위기의식으로 몸살을 앓도록 유인하는 상황이 조성되게 된 것이다.

---

32 Steven Lukes, "Socialism and Equality", in : Leszek Kolakowski/Stuart Hampshire(eds.), The Socialist Idea : A Reappraisal (London Weidenfeld and Nicolson 1974), p.75, 각주4에서 재인용

때맞춰 바야흐로 자유민주주의가 용트림하기 시작하였다.

자유주의적 부르주아계급이 거의 임기응변식 자구책 삼아 고안해낸 것이 바로 자유민주주의였던 것이다. 사실상 획기적인 역사적 창작품인 셈이다.

그것은 경제적 평등이 아닌 정치적 평등만을 인민대중에게 허용함으로써, 한편으로는 자유주의적 지배세력의 경제적 기득권은 계속 온존시키면서, 다른 한편으로는 사회주의 세력의 변혁적 공세는 미연에 무력화시키도록 기획, 일종의 절묘한 정략적 타협책이기도 하였던 것이다. 그러나 그마저도 실은 적잖은 주저와 불안 속에서 이루어질 수 있었다. 물론 자유민주주의 역시 자유와 평등 상호간의 갈등을 온전히 극복해내기에는 역부족일 수밖에 없었다.

하기야 갈등과 알력으로 점철해온 장구한 전통을 과시하는 대표적인 사례 가운데 하나가 바로 인간해방의 실현과 직결해 있는 자유와 평등의 상호관계 아니겠는가. 예컨대 사회주의는 개인주의를 사회적 불평등을 감싸고도는 반동적 원리라고 윽박지르고, 거꾸로 자유주의는 개인의 자유에 대한 사회주의적 통제를 전체주의적 발상이라 사정없이 내몰아치곤 하였다. 현대사는 이러한 상쟁의 소용돌이를 우리에게 생생히 각인시켜준다. 어쨌든 지금까지 다양한 우여곡절을 겪어오긴 했지만, 자본주의 사회는 오늘날 '자유 속에서의 평등구현'의 역사적 단계에 진입해 있다고 말할 수 있을 수준이다.

다른 한편 보다 과격한 사회주의 세력들은 자유민주주의 체제의 허구성과 기만성을 속속들이 폭로하면서, 사적 소유의 철폐와 경제적 불평등의 제거만이 진정한 인간해방의 길임을 역설하였다. 이를 위해 혁명적 방법만이 유일한 대안이라 강변하기도 하였다. 그들은 대체로 평등 속에서 그리고 평등을 통해서만이 자유를 온전히 구현할 수 있다고 믿었다. 러시아의 볼셰비키 혁명은 이러한 신조의 산물이었다. 그리고 소련은 한때 이러한 이상이 바야흐로 실현되었노라고 자랑스레 선포한 적도 있다. 그러나 그들은 당과 국가를 통해 단지 개인의 자유와 창발성을 획일적으로 짓누르며 평등을 구가하는 '앵무새의 평등'만을 현실화시켰을 따름이다. 하지만 그조차 얼마나 허구적이었던가 하는 것이 동구 공산권의 궤멸로 인해 결정적으로 들통난 셈이다. 이렇게 하여 '평등 속에서의 자유구현'을 위한 혁명적 실험은 일단 좌절당한 것처럼 보인다. 거칠게 말해 그것은 자유에 대한 평등의 패배와 다를 바 없는 것이라 할 수 있을 것이다.

어찌됐건 현대사는 앵무새와 호랑이 상호간의 전투로 얼룩져왔다고 말할 수 있다. 말하자면 공산주의적 '앵무새의 평등'과 자본주의적 '호랑이의 자유' 상호간의 챔피언 쟁탈전이 현대사를 주름잡아왔다는 말이 되겠다.

지금까지 살펴본 바대로, 문제의 본질은 인권의 근저에 자리잡고 있는 최후의 어휘가 다름 아닌 '만인'을 위한 자유와 평등의 구현이라는 점이다.[33]

물론 종교계 역시 결코 침묵을 고수하진 않는다. 평등의 대헌장을 선포한 지 이미 오래인 것이다.

불교의 《장아함 소연경》(長阿含 小緣經)에는 이러한 가르침이 있다. "세상에는 왕족과 바라문과 평민과 노예 등 네 가지 계급이 있다. 그러나 왕족이라 해서, 남의 생명을 해치고 재산을 약탈하거나 음란한

---

33 Ossip K. Flechtheim, "Humanismus und Menschenrechte", in : 〈Frankfurter Hefte〉(Sep. 1976), p. 27~34 참조

짓을 하고 거짓말과 이간질 악담을 하며 탐욕과 성냄과 그릇된 소견을 가지고 있다면, 그들도 또한 죄를 범하게 되며 그 갚음을 받게 된다. 바라문이나 평민, 노예도 이와 마찬가지다 …. 네 가지 종족이나 계급은 그 사람의 혈통이나 신분으로서 차별되는 것이 아니다. 우리는 모두가 똑같은 사람이다".[34]

기독교의 신약성서도 '갈라디아서' 3장 28절에서 "유다인이나 그리스인이나, 종이나 자유인이나, 남자나 여자나 아무런 차별이 없습니다. 그리스도 예수 안에서 여러분은 모두 한 몸을 이루었기 때문입니다"라고 선포하고 있다.

인류의 역사가 시작된 이래, 평등의 존엄성 그 자체는 한 번도 외면당한 적이 없다. 평등은 박해당하기는 하였으나 부인당한 적은 없다. 아리스토텔레스가 평등을 '비례적 평등'과 '산술적 평등'으로 애써 공들여 나누어보고자 했던 것이나, 토크빌(Tocqueville)이 '평등'의 확산에 공포를 품었던 것도 실은 다 평등을 원칙적으로 받아들였기 때문에 가능한 반응들이었다. 다만 평등을 허용하는 폭을 극단적으로 좁혀서건 또는 그것도 안 되면 저 먼 천국의 복락 속으로 그 완성을 기약 없이 미루어 놓든지 간에, 우리 인간은 평등에 대한 열망을 잠시도 게을리 한 적이 없다. 세계사를 평등의 확장사라 일컬어도 큰 무리가 되지는 않으리라. 그만큼 평등은 역사의 진전에 따라, 그 폭과 넓이와 깊이를 한결 더해 왔던 것이다.

안타깝긴 하지만, 역설적이게도 평등의 가장 위대한 '적'은 다름 아닌 자유였다. 그리고 이러한 전통은 아직까지 생생하게 살아 꿈틀거리고 있다. 근대 이후의 모든 사회문제는 언제나 자유와 평등 사이

---

34 김성우 발행,《불교성전》, 제30판(동국역경원 1988), p.102~3

의 대립관계를 어떻게 풀어나갈 것인가 하는 데 모아졌다고 해도 결코 지나친 말은 아니다. 그러나 자유주의의 역사적 승리는 자유를 일단 절대적 가치로 붙박아놓은 상태에서 평등에 대해 어느 정도의 관용을 베풀 것이냐 하는 쪽으로 논의의 흐름을 잡아가도록 만들었다. 지금은 더구나 신자유주의가 범 세계적으로 위세를 떨치고 있는 현실 아닌가.

결과적으로 원자화한 개인의 사적이익이 공동체의 공공이익 위에 군림하게 되는 현실이 만들어졌다. 이를 조장하는 시장주의가 강화하면서, 자본주의적 물신숭배(Fetishism)와 황금만능주의가 바야흐로 인간성 파괴의 주범으로 기승을 부리게 되었다는 세론이 널리 퍼져 있기도 하다. 그에 발맞춰 극심한 경제적 불평등 역시 범 세계적으로 확산할 수밖에 없게 되고, 그에 따라 민주주의가 생존할 수 있는 가능성이 점점 희박해질 수밖에 없으리라는 위기감이 고조되고 있기도 하다. 이러한 상황에서, 높이 울려 퍼지는 '인권' 신장의 외침이 과연 어떠한 가치와 어느 정도의 의미를 지닐 수 있는 것일까?

여기저기서 인권선언이 한갓 '정치적 구호'로 전락하지 않았는가 하는 개탄의 목소리가 난무한다. 예컨대 2001년 '9·11 테러' 직후, 인권보호와 인민해방을 명분으로 내건 미국 부시대통령의 아프가니스탄 및 이라크 침공 같은 군사행위를 목격하며, 그리고 미국이 자신의 노선을 따르지 않는다고 몇몇 주권국가를 '악의 축'으로 규탄하며 이들을 국제적으로 고립시켜 나갈 때, 서구적 인권개념이 한낱 "제국주의의 통제수단"으로 전락하지 않았는가 하는 경종을 난타하는 소리 역시 거세게 터져 나오기도 했다.[35] 바로 이러한 관점에서, "인권

---

35 김용해, "인권의 보편성과 인간존엄성",《탈민족주의 시대의 민족 담론》(3) : 제

제국주의"의 횡포를 질타하는 비판의 목소리가 드높을 수밖에 없음
은 지극히 자연스러운 현상이라 할 수 있으리라.[36]

　　나아가서는 이러한 국제적 환경에서, 특히 아시아 지역의 인권증
진이라는 측면과 연관지어 미국의 도덕적 권위가 심각하게 실추하고
있음을 입증하는 여러 사례들이 폭로되기도 한다. 예컨대 다니엘 벨
(Daniel Bell) 같은 정치철학자는 "높은 마약 사용률, 가족붕괴, 범죄증
가, 경제불평등 증대 및 정치과정으로부터의 소외 등"과 같은 심각한
국내의 사회문제들로 인해, 미국은 "더 이상 과거에 그랬던 것과 같은
매력적인 정치적 모델이 되지 못한다"고 비판한다. 예를 들어 베트남
전에서와 같이, "자유를 증진한다는 이름 하에 혐오스러운 일을 수행
하는 근성, 미국 사업이익의 압력에 대한 반응으로 중국에 대한 최혜
국 대우를 재검토하는 경우", 그리고 "동티모르의 경우에서와 같이,
총체적 인권침해에 대한 적극적 지지는 아닐지라도 수동적 묵인을 하
는 경우" 등등과 같이, 인권이 상업적·안보적 이해관계 등과 갈등을
일으킬 때, 미국은 줄곧 이러한 물질적 이해관계에 "인권을 종속시키
는 경향"을 과시해왔다고 날카롭게 칼을 세운다. 아울러 1995년 6월
마약거래와의 투쟁의 와중에 미얀마의 군사정권과 협력하기로 결정
한 경우에도 드러나듯이, 미국정부는 국내의 마약문제를 빌미로 하여
"악랄한 인권기록을 자랑하는 체제"를 지지하는 잘못을 저지르지 않
았는가 하고 준엄히 비판하기도 하였다. 이와 같이 다니엘 벨은 바로
이러한 사례들 모두가 사실상 "인권분야에서 미국의 도덕적 신뢰성

──────────

　　16회 한국 철학자 대회 2003(도서출판 인향 2003), 212쪽

36　이동희, "동아시아적 컨텍스트와 인권 그리고 보편윤리", 사회와 철학 연구회
　　지음, 사회와 철학 5 ;《동아시아 사상과 민주주의》(이학사 2003), 63쪽

과 권위를" 실추시킬 수밖에 없었노라고 준엄히 경고한 것이다.[37]

뿐만 아니라 다양한 사회적 소요에 대한 미국경찰의 폭력적인 진압방식 역시 매우 심각한 우려를 자아내기도 하였다. 〈워싱턴포스트〉(WP)의 〈치명적인 공권력(fatal force)〉 데이터베이스에 의하면, 최근 1년 간 경찰폭력으로 사망한 민간인이 954명에 달한 것으로 나타났다. 게다가 피해자가 될 확률 면에서 흑인이 백인보다 2배 이상 높은 것으로 드러나기도 하였다. 인구 100만 명 당 경찰폭력에 의한 사망자 수는 인종별로 흑인이 36명, 히스패닉이 27명, 백인이 15명, 기타 5명으로 나타났다. 또한 이들 사망자의 95%가 남성이며, 과반 이상이 20~40대의 청년층으로 조사되었다. 2015년 이후 계속 업데이트 되고 있는 이 통계에 따르면, 매년 1천 명에 가까운 민간인이 경찰에 의해 살해되고 있다. 예컨대 2015년 1월 2일부터 2021년 5월 21일까지 대략 6년 동안 경찰폭력에 의해 죽임을 당한 사람들의 수가 6천303명임이 입증되기도 하였다.[38]

하여튼 이처럼 곤고한 대내외적 난관에 직면하여, 우리는 도대체 어떻게 평화적이고 합법적인 테두리 안에서 인권증진을 쟁취해낼 수 있을까? 물론 대단히 험준한 역사철학적 난제임에는 의심의 여지가 없다.

혹여나 사회적 특권세력이 자신에 대한 자율적 통제를 통해 사회

---

37 Daniel Bell, "The East Asian Challenge to Human Rights: Reflections on an East West Dialogue"의 일부가 《계간 사상》에 번역·수록되어 있다. 본문의 인용을 보기 위해서는, 다니엘 벨, "서구적 인권 체제에 대한 동아시아의 도전", 《계간 사상》(1996 겨울 호), 51~52쪽

38 프레시안(2021.05.25.)

적 약자들을 자신들과 동등한 존재로, 요컨대 '형제'로 처우할 수 있는 방안을 과연 스스로 만들어낼 수 있을까? 하지만 우리는 현재 혹시나 '형제애'(Brotherhood)와 휴머니티 상호간의 결합이 마치 늑대와 양 사이의 연대처럼 극적으로 실현 불가능한 현실 속에 살아가고 있지는 않은가? 그런 탓에, "대중이 짐 나르는 동물처럼 겨우겨우 연명하고 있는데 반해, 그 옆에는 맹수 같은 소수가 자신의 힘을 수호할 뿐만 아니라 나아가서는 그것을 더욱 증대시켜 나가기까지 하는 곳에서", 과연 박애와 휴머니티를 기대할 수 있겠는가 하는 목멘 절규가 터져 나오기도 한다(Flechtheim, 앞의 글, p.34).

어떻게 할 것인가?

그러나 안타깝게도 이게 다가 아니다.

여기에 오늘날 인권에 관해 제기되는, 결코 외면할 수 없는 다음과 같은 몇몇 주요 철학적 쟁점이 더 추가되지 않으면 안 될 것처럼 보이기 때문이다.[39]

> 1) 일반적으로 '권리', 특히 '인권'이란 무엇을 의미하는가? '권리'가 목표, 의무, 이해관계 및 욕구 등과 다른 점은 어떠한 것인가? '인권'과 다른 윤리적 규범과의 차이는 무엇이며, 어떤 가치가 더 중요한가?
>
> 2) 인권은 어떤 종류의 재화, 이득, 이해관계들을 보호하는가?
>
> 3) 그리고 그러한 권리는 상호관련이 있는 의무를 수반하는가? 그런데 정부 스스로가 그 의무를 설정하는가? 나아가서 이런 의무를

---

39 이에 대해서는, Morton E. Winston, The Philosophy of Human Rights (Belmont California, Wadsworth Publishing Company 1988), p.6~7을 볼 것.

수행해야 하는 존재는 과연 누구이며, 그리고 과연 누가 그 권리를 강제하고 보호하고 실행할 책임을 지는가?

4) 인권의 위상은 어떠하며, 과연 '절대적 권리'라는 것이 존재할 수 있는가? 만약 그렇지 않다면, 어떤 상황에서 인권이 제한·축소·유보되어질 수 있는가? 그리고 인권이 다른 권리와 충돌할 경우, 어떤 권리가 우선권을 갖는가? 나아가서는 개인의 권리가 사회의 보편적 이해관계와 충돌할 경우, 개인의 권리를 어느 정도 보호할 것이며 사회의 일반적 이해를 어느 정도까지 추구할 것인지를 어떻게 결정하는가?

5) 인권이란 것이 단순히 서구의 철학적·정치적 전통의 수호에 지나지 않는다는 주장에 대해 어떤 해답을 제시할 수 있는가? 다른 문화권의 인권에 대한 이질적인 인식이 보편적인 도덕적 기준을 저해하는가?

6) 무엇이 인권의 존재에 대한 신념을 궁극적으로 정당화할 수 있는가?

7) 사회조직이나 초 개체적 존재, 그리고 비인간적인 동물 등이 전혀 갖지 못하는 권리를 인간이라고 해서 모두 보편적으로 그리고 동등하게 소유한다고 주장할 수 있는가? 뿐만 아니라 모든 인간이 이런 권리를 가질 자질이 있다는 것이 과연 올바른 주장인가? 혹시 인간에 따라 서로 다양하고 차별적인 권리를 갖는 것이 정당한 것은 아닐까?

산 넘어 태산이다.

하지만 이 지상에 금본위 제도보다는 인간본위 제도를 널리 확립해나가는 것이 보다 준엄한 시대적 요청이리라 여겨진다.

그런데 그것을 과연 어떻게 실현할 것인가?

강자에게는 강하게, 그리고 약자에게는 약하게 대응하는 사회체제, 요컨대 강자가 밑에 있고 약자가 위로 올라서는 '인간 피라미드' 체제를 구축하는 것은 어떠할까?

그런데 그것은 또 어떻게 이루어질 수 있는가?

상상력이 소진될 정도로, 오로지 문제만 지속될 따름이다.

20세기는 자유주의, 마르크스주의 그리고 사회민주주의, 이 세 개의 주요 이념적 패러다임의 각축 속에서 닻을 올렸다. 그러나 세기말에 와서는, 자유주의의 '반 명제'(Antithese)인 마르크스주의적 사회주의가 판정패 당한 셈이 되었다. 그리고 사회민주주의는 많은 면에서 '종합'(Synthese)의 속성을 띠는 것처럼 보인다.[40]

이러한 이념적 각축 속에서, 인권의 기초인 자유와 평등은 또 어떻게 생존해왔던가.

평등과 성취, 또는 더 폭넓게 자유와 평등 사이의 긴장이라는 면에서는, 자본주의와 사회주의 체제 사이에 본질적인 차이는 거의 없는 것처럼 비친다. 자본주의 사회에서는 경제가 사회적 불평등의 근본 요인으로 작용하지만, 대신에 정치가 분배의 평등을 촉진하는 민주적 도구로 기능할 수 있다. 반면에 사회주의에서는 경제적 차원에서는 원칙적인 평등이 조성되지만, 오히려 정치의 논리가 그것을 불평등으로 변질시키는 악역을 떠맡기 일쑤다. 이를테면 자본주의에서는 상품관계가, 반면에 사회주의에서는 권력관계가 사회적 불평등의

---

40 Ramesh Mishra, The Welfare State in Crisis : Social Thought and Social Change (New York: St. Martin's Press 1984), p.162 참조

기본요인으로 작용한다고 말할 수 있을 정도인 것이다.

총체적으로 살펴보건대, 평등을 거부하는 논리는 대체로 세 개의 이론적 · 현실적 근거에 뿌리를 드리우고 있는 것으로 보인다.

첫째는, 평등은 다른 본질적인 가치, 예컨대 개인적 자유와 배치되는 측면이 강하다는 주장을 들 수 있다. 자유가 평등보다 더욱 고귀하고 바람직한 가치이기 때문에, 또는 평등을 실현하기 위해서는 필연적으로 자유를 손상하지 않으면 안 될 것이기 때문에, 평등의 추구에는 일정한 제약이(예를 들어 기회균등에 한정하는 식으로) 필연적으로 뒤따를 수밖에 없다는 입장을 개진한다.

둘째는, 사회적 평등을 성취해내기 위한 정치적 노력은 대체로—국가에 의한 대대적인 정치 · 사회적 통제를 야기함으로써 전체주의 또는 권위주의 체제를 초래할 위험성이 농후해지는 등의— 위험한 결과를 초래하리라는 부정적 견해가 뒤를 잇는다. 요컨대 평등의 구현은 개인적 재능과 업적을 무시하고 억누르는 정치적 전제주의로 귀결할 위험성이 높으리라는 우려인 것이다.

셋째는, 정치적으로 극복 불가능한 '자연적' 불평등과 극복되어져야 할 부 · 권력 · 사회적 기회 등에서의 '비자연적' 불평등 사이의 경계를 과연 어떻게 확연히 제시할 수 있는가 하는 데 대한 본질적인 회의가 웅크리고 있다.

평등을 거부하는 이런 유형의 논거들은 대체로 자유민주주의 진영의 산물이라 할 수 있다.

그렇기 때문에 자유민주주의는 원칙적으로 '법 앞의 평등' 및 '기회균등'을 허용할 수 있는 최대한의 평등 범주로 이해하면서, 경제적 불평등을 당연시하는 기본속성을 버리지 못하는 것처럼 보인다.

반면에 국가 사회주의는 관념적으로는 경제적 평등의 원칙을 고수하지만, 현실적으로는 개인적 자유를 심각하게 훼손하는 '결과의 평등'만을 추적한 셈이라 할 수 있다.

다른 한편 사회민주주의는 일반적으로 자유 속에서의 평등, 즉 정치적 자유의 토대 위에서 '조건의 평등'을 겨냥하는 듯 비친다. 다른 말로 하면, 사회민주주의는 개인적 권리 즉 개인주의를 옹호하지만, 단지 집단적 결정을 통한 개인적 자유의 실현을 지향한다고 주장하는 것처럼 보인다는 말이다. 그러므로 당, 계급, 민족 등 특정 집단의 권리나 지배를 요구 또는 허용하지 않는 것이다.[41] 이런 맥락에서, 사회민주주의적 개인주의를 '집단적 개인주의'라 할 수 있을지도 모른다. 요컨대 사회민주주의는 개인적 자유의 집단적 확보전략을 선호하는 것이다. 그러나 자유민주주의와는 달리, 국가의 개입과 생산수단의 공유화 등이 빈곤의 퇴치 및 사회적 기회의 폭넓은 보장을 가능케 함으로써, 오히려 개인의 자유와 전체 공동체의 이해를 더욱 공고히 할 수 있다고 확신하는 듯 여겨진다. 다시 말해 평등의 확보를 통해 자유가 더욱 증진될 수 있으리라는 입장을 견지하고 있는 것처럼 보인다는 말이다. 하지만 가능한 상호충돌적인 요소들— 예컨대 자본과 노동, 성장과 분배, 방임과 계획, 시장과 국가, 자유와 평등 등— 의 힘겨운 조화를 추구하고자 하는 탓에, 사회민주주의는 그만큼 더 많은 난관과 장애를 마주하고 있다고 말할 수 있다.

---

41 이에 대해서는, Giles Radice, Democratic Socialim(London: Longmans 1965) p.26 참조.

3) 전 망

도식적으로 표현하자면 근대 이후의 역사는 '평등 없는 자유'(자유주의)에서 출발하여, 한편으로는 '자유 없는 평등'(국가 사회주의)의 실험적 거역(拒逆)을 거치면서, 다른 한편으로는 '자유 속에서의 평등'(자유민주주의 및 사회민주주의) 단계로 항진해왔다고 말할 수 있다. 역사의 비약적 발전이 불가능하다는 것을 전제한다면, 우리 시대의 가장 실현 가능한 최고이상은 자유의 기본전제 하에서 최대한의 평등을 현실화하는 일일 것이라 예측된다. 그리고 바로 현실화하고자 하는 이 평등의 폭과 깊이의 차이가 결국은 자유민주주의와 사회민주주의의 차이를 만들어낸다고 말할 수 있다. 그렇지만 자유민주주의와 사회민주주의의 실천과정에서의 차이는, 대개의 경우, 수단의 차이라기보다는 오히려 목표의 차이에 있다고 보는 편이 타당하리라 여겨진다.[42]

이런 의미에서, 현실정치적 차원에서 볼 때, 앞으로의 세계는 당분간 자유주의 또는 자유민주주의와 사회민주주의 상호간의 화합과 충돌로 점철되리라 예측된다. 다시 말해 사회주의 혁명은 이제 새로운 시대의 촉망받는 대안으로서의 지위를 오랫동안 상실할 가능성이 높다는 말이 되겠다. 그것은 혁명적 목표의 유실이 아니라, 오히려 혁명적 방법론의 퇴각을 의미한다. 이러한 시대적 상황 속에서, 평등에 대해 과연 어떠한 전망을 가질 수 있을까?

---

42 자유민주주의와 사회민주주의의 차이에 관한 간결한 정리를 참고하기 위해서는, Dorothy Pickles, Democracy (New York: Basic Books, Inc. Publishers 1970), pp.66~71를 볼 것.

사회적 불평등은, 사회적 노동분화(Arbeitsteilung)의 성립과 더불어, 이 노동분화를 명령과 복종, 지배와 피지배, 상위와 하위 등의 위계적 질서체계에 따라 조직할 필요성에서 생겨난다고 말할 수 있을 것이다. 따라서 이러한 사회적 위계질서를 보다 균등하게 만들어나가는 형평화 작업의 토대 위에서 집단적 자유의 증진이 도모될 수 있으리라 짐작된다. 이 과정에서 무엇보다 정치적 민주주의의 확립은 필수적인 기본전제가 될 수밖에 없으리라. 그리하여 정치적 자유의 기본토대 위에서, 개인 및 집단 상호간의 인간적 연대의 공고화, 자본의 전횡에 대한 민주적 통제, 국가와 사회의 적극적 개입을 통한 사회적 권력 및 부의 균등한 분배, 개별 사회조직 및 집단 내부에서의 민주적 의사결정의 확충 등이 추진될 수 있을 것이다.

무엇보다 중요한 것은 '소유에 대한 평등한 권리'(equal rights to property)가 자본주의에 의해 절대명제처럼 존중받아왔던 것과 마찬가지로, '평등한 소유에 대한 권리'(rights to equal property) 역시 미래 사회를 위한 소중한 인류적 요청이 되리라는 것을 받아들이는 일이다. 그러나 동시에 토니(R.H. Tawney)가 경고해마지 않았듯이, "자본을 사회의 폭군으로 만드는 것은 대부분" 자본의 위력에 짓눌린 자들의 "자본에 대한 숭배" 탓이라는 것을 절실히 깨닫는 것도 필요할 것이다. 왜냐하면 사회적 불평등은 "부유한 사람이 가난한 사람을 착취하기 때문만이 아니라 너무나 많은 가난한 사람들이 그들의 가슴속에서 부유한 사람들을 찬미하기 때문에도" 끊임없이 지속되어지는 것이기 때문이다.[43] 일찍이 프랑스의 무정부주의 철학자 프루동(Pierre

---

43 R.H. Tawney, Equality, 4th. ed.(London: George Allen & Unwin 1952⟨1931⟩), 제
   4판, p.29~30 ;

Joseph Proudhon) 역시 이와 유사한 진술을 남겨 놓고 있다. 그는 이렇게 외친다, "평등이 극복하지 않으면 안 되는 최대의 장애물은 부유한 자의 귀족적 자부심이 아니라, 오히려 가난한 자의 수양되지 않은 (undisciplined) 이기주의다".[44]

한 마디로 말해서, 나는 역사가 '자유와 평등의 동시적 확보'라는 유토피아를 향해 꾸준히 나아가고 있다고 믿는다. 의당 지금까지의 역사 역시 나날이 이 방향으로 진전해왔음을 물론이다. 그러나 자본주의의 전일적 지배 하에 놓여 있는 오늘날의 역사발전 단계를 감안한다면, 우리가 제시할 수 있는 실효성 있는 현실적 대안의 폭은 지극히 한정적일 수밖에 없으리라 여겨진다.

냉철하게 따져서, 나는 21세기 초반 현재 예컨대 특히 우리 한국에서는 복지국가 체제 수준 정도가 그래도 실현 가능한 범주의 현실적 대안 아닐까 한다. 무엇보다 그것이 제한된 범위 안에서나마 합법적으로 자본에 대한 노동의 통제를 일정하게 가능케 할 수 있으리라 판단되기 때문이다.

사실 지금까지 복지국가를 둘러싼 수많은 논쟁이 되풀이되어 왔다.

그러나 나는 일단 복지국가의 성립배경을 둘러싼 저간의 치열한 논란에 특별히 주목할 필요가 있다고 생각한다. 무엇보다 그것이 다양한 오늘날의 이념적 기상도를 총괄하고 있기 때문이다. 대략 다음과 같은 유형이 있다.

우선 복지국가의 생성을 산업화와 산업사회의 논리로 설명코자

---

44 James Joll, The Anarchists(Boston, Little, Brown 1964), p.67에서 재인용

하는 시도를 지적할 수 있다.[45] 또는 산업화의 맥락에서 완전한 시민권을 획득하기 위한 정치적 동원의 산물로 이해하는 경향도 있다.[46]

아울러 이 두 해석에 기반은 하면서도, 특히 자본주의를 점진적으로 변형코자 하는 사회민주주의의 성공적인 정치적 노력이 케인즈 경제학의 수용과 더불어 복지국가의 도래를 가능케 했다는 입장을 보이는 또 다른 유형도 있다. 보다 특수하게는 사회민주주의의 정치적 힘과 자본의 경제적 힘 사이의 '권력투쟁'이 복지국가를 배태한 근본원인이었다고 진단하는 쪽도 있다.[47] 물론 이 주장들에는 다 나름대로의 허점이 내재해 있는 게 사실이긴 하지만,[48] 어쨌든 사회민주주의

45　특히 Harold L. Wilensky, The Welfare State and Equality : Structural and Ideological Roots of Public Expenditure (University of California Press: Berkeley 1975)

46　대표적으로는 T.H. Marshall, Sociology at the Crossroads (London: Heinemann 1963)

47　W.Korpi, "Power, Politics, and State Autonomy in the Development of Social Citizenship : Social Rights during Sickness in Eighteen OECD Countries since 1930", in : American Sociological Review, 54(3), pp.309~28 ; G. Esping-Andersen, Politics against Markets (Princeton University Press 1985) ; J. Stephens, The Transition from Capitalism to Socialism (London: Macmillan 1979) ; Michael Shalev, "The Social Democratic Model and Beyond: Two 'Generations' of Comparative Research on the Welfare State", in : R.F. Tomasson(ed.), Comparative Social Research , vol.6(1983) 및 The Welfare State, 1883~1983, pp.315~52 ; 예컨대 스카치폴은 복지국가의 사회민주주적 생성 배경을 강조하는 이러한 Shalev의 견해가 부당하다는 것을 특히 미국의 예를 들어 비판하고 있다. Theda Skocpol, Protecting Soldiers and Mothers: The Political Origins of Social Policy in the United States(Harvard University Press 1992), pp. 23~6

48　특히 이러한 주장들에 대한 비판을 보기 위해서는, 대단히 날카로운 문제제기와 치밀한 분석이 돋보이는 Christopher Pierson, Beyond the Welfare State?:

와 복지국가의 긴밀한 상호관련성에 대해서는 어느 누구도 쉽게 부인하지는 않고 있는 수준이다.

복지국가는 마샬(Marshall)의 주장처럼, 이미 18세기에 확보된 '인권'(언론 · 결사 · 집회의 자유 · 법앞의 평등 등의 개인적 자유)과 19세기에 획득된 '정치적 권리'(선거권 등 정치적 자유)에 20세기에 들어와서 쟁취된 '사회적 권리'(의무교육 · 연금 · 의료보험 등 사회적 복지)가 덧붙여진 국가형태라 할 수 있다.[49] 다르게 표현하면, 복지국가는 '자유주의 국가'(liberal state)와 '민주주의 국가'(democratic state)의 타협의 산물이라 할 수 있는 것이다.

자유주의 국가는 자본주의적 사회관계의 기초를 파괴하지 않는 한도 내에서, 즉 노동의 상품적 성격을 보존하는 범주 안에서 사회정책을 시행한다. 그러므로 시장에서의 '자연적인' 임금결정 과정을 손상시키는 어떠한 정책도 수용할 수 없게 된다. 반면에 민주주의 국가의 분배논리는 정반대다. 민주주의 국가에서는 개인이 불균등한 가치를 대변하는 존재로서가 아니라 평등한 시민으로 만나는 것이다. 따라서 민주주의 국가는 노동시장에서의 지위와는 상관없이 개인 및 가정으로 하여금 정상적인 생활수준을 유지할 수 있도록 만드는 수단을 공급받게 하기 위해 끊임없이 노동을 탈 상품화 하고자 위협하는 것이다.[50]

The New Political Economy of Welfare(The Pennsylvania State University Press 1991), pp.32~9를 참고할 것.

49 Marshall, 앞의 책, pp.70~4 및 같은 저자의 Class, Citizenship, and Social Development(University of Chicago Press 1964), p.92f

50 John Myles, Old Age in the Welfare State : The Political Economy of Public Pensions(Revised Edition: University Press of Kansas 1989), p.30 참고.

한마디로 복지국가는 불평등을 바탕으로 하는 자본주의 경제와 평등을 촉구하는 정치적 결단의 결합이라 할 수 있다. 그리고 그것은 본질적으로 대립적일 수밖에 없는 이 두 요소 사이의 적절한 균형을 통해, 소득과 부의 분배 그리고 소득 증대와 경제적 안정의 면에서 국민들에게 보다 바람직한 결과를 제공하기 위해 노력한다. 그러나 시장의 논리와 그에 대한 정치적 통제 사이에는 항상 긴장과 갈등이 뒤따를 수밖에 없다. 이렇게 볼 때, 시장 메카니즘에 대한 통제의 폭이 얼마나 넓은가 하는 것이 일반적으로 복지국가가 제공하는 복지의 수준이 얼마나 높은가 하는 것을 규정하는 기준으로 작용하는 것이다. 복지국가의 다양한 유형도 실은 이 두 요소간의 힘의 역학관계에 좌우된다고 말할 수 있다.

고프(Ian Gough)는 복지국가를 "자본주의 사회에서 노동력의 재생산을 수정하기 위한, 그리고 비 노동인구를 부양하기 위한 국가권력의 사용"으로 정의한다.[51] 그는 첫째, 노동력을 재생산하기 위해 현대국가가 벌이는 복지활동으로, "개인이나 집단의 직접적 생활조건을 변화시키는 (개인이나 기업체의) 사적 활동에 대한 국가의 규제"를 꼽는다. 여기에는 각종 조세정책과 공장법으로부터 소비자보호법, 건축법, 의무교육법에 이르기까지 모든 영역의 사회입법이 포함된다. 그리고 둘째, 비 노동인구를 부양하기 위한 국가활동으로는, "특정한 상황 또는 위험에 처해 있는 개인이나 가족에 대한 사회 서비스의 국가공급"을 들고 있다. 여기에는 기본적으로 사회보장, 보건, 사회복지, 교육, 직업훈련, 주택지원 등이 포함된다(같은 책, 16~7쪽). 이런 의미에서 복

51　Ian Gough 저/김연명 · 이승욱 옮김,《The Political Economy of the Welfare State 》
　　《복지국가의 정치경제학》(한울 1990), 66쪽

지국가는 '규제'와 '서비스'라는 이중적 기능을 수행한다고 말할 수 있다. 이러한 이중성은 복지국가 자체의 내면적 모순과 깊은 관련을 맺고 있다. 고프도 "복지국가가 억압기구인가, 아니면 인간의 욕구를 확대하고 자유시장경제의 혹독함을 완화하는 제도인가? 자본과 이윤 축적의 조력자인가 ; 또는 월급봉투처럼 방어되어야 하고 증가되어야 할 '사회적 임금'(social wage)인가? 자본가의 기만인가, 아니면 노동자 계급의 승리인가?"라고 자문한다. 그러면서 복지국가는 "모순적 통일체"(contradictory unity)로서, 자본과 노동 양쪽에 다 해당하는 "긍정적인 모습과 부정적인 모습"을 동시에 지니고 있다고 단언한다.[52] 비슷한 취지로 힌데스(Barry Hindess) 또한 "자본주의적 지배계급이 장악하고 있는 도구이면서, 동시에 자본주의 사회의 바다에 떠 있는, 노동자계급이 창조한 조그만 사회주의의 섬"이라 규정한다.[53] 여기에 마르크스 진영이 가세한다.

대체로 마르크스주의적 입장에서는 복지국가를 한편으로는, 계급지배의 한 표현으로서 자본주의의 유지 및 재생산 수단으로, 그러나 동시에 다른 한편으로는, 노동자계급의 복리 및 계급투쟁의 기초를 마련하기 위한 반 자본 투쟁수단으로 이해한다. 하지만 "불균형한(asymmetrisch) 계급화해" 및 자본주의 사회를 향한 노동운동의 "부분

---

52 같은 책, p.26~7 ; 고프는 이러한 측면을 다음과 같이 정리하고 있다. "복지국가는, 사회복지를 향상시키고 개인의 능력을 개발하며 시장력의 맹목적 역할에 대한 사회적 통제를 가능케 하는 (긍정적, 필자) 경향들과, 인간을 억압하고 규제하며 그들을 자본주의 경제의 요구에 적응시키는 (부정적, 필자) 경향들을 동시에 갖고 있다"(p.28) .

53 Barry Hindess, Freedom, Equality, and the Market: Arguments on Social Policy (Tavistock Publications: Sondon & New York 1987), p.100~101

적 통합"이야말로 복지국가의 본질임을 잊지 않는다. 그런데 그것이 '불균형한' 계급화해인 이유는 자본가계급이 노동자계급보다 구조적으로 더 월등하게 자신의 사회적 이해관계를 대변하기 때문이며, 나아가 그것이 노동운동의 '부분적 통합'인 까닭은 노동운동이 항상 자본주의 사회의 경계를 뛰어넘고자 노력하면서도 명백히 비 혁명적인 속성을 지닐 수밖에 없기 때문이다[54].

어쨌든 이러한 특성을 지닌 체제로 인식되는 복지국가는 계급화해 및 개량주의를 그 본질로 하는 사회민주주의에게는 대단히 바람직한 운동의 터를 제공하는 것으로 비칠 수밖에 없다. 왜냐하면 그것은 첫째, 집단적인 노동권과 아울러 때때로 노동자의 공동결정권까지를 보장하는 조직된 노동운동을 인정할 뿐만 아니라, 둘째, 국가에 의해 촉진되는 사회보장 및 사회정책을 통하여 어느 정도 폭넓은 사회적 안전망을 구축해주고, 셋째, 보통선거권과 대의제 민주주의의 토대 위에서 노동자계급 및 사회주의 운동의 동등한 정치참여를 보장하며, 마지막으로, 하층계급의 사회적 몫을 확보토록 하기 위해 교육개혁과 문화정책을 통하여 사회적·경제적 구속과 제한을 완화시키고자 노력하기 때문이다. 어떻게 보면 복지국가가 가지고 있는 이러한 이중성이야말로 자본주의의 울타리 안에서 하염없이 사회주의를 지향하는 사회민주주의의 양면성과 탁월한 조화를 이룬다고 말할 수 있을 정도다.

이처럼 복지국가 자체가 이중적인 모순을 지니고 있기 때문에, 그

---

54 Peter von Örtzen, "Eine marxistische Grundlegung des Demokratischen Sozialismus?", in : Thomas Meyer(Hg.), Demokratischer Sozialismus : Geistige Grundlagen und Wege in die Zukunft (G Ü nter Olzog Verlag: M Ü nchen/Wien 1980), p.90

것은 또한 자유주의 및 마르크스주의 양쪽으로부터 동시에 공격을 받을 수밖에 없는 곤혹스러운 상황에 처하기 일쑤다. 한마디로 우파로부터는 이 복지국가 체제가 개인적 '기여'에 따른 분배라는 엄격한 공정성의 원칙을 위배하는 것으로, 그리고 좌파로부터는 그것이 '필요'에 따른 분배라는 평등의 대명제를 거스르는 것으로 비난당하는 처지다. 특히 자본주의적 자유주의 전통에 입각할 때, 복지국가는 주로 개인적 자유에 대한 압박 장치로 비쳐진다. 널리 알려져 있다시피, 예컨대 아담 스미스는 개인의 자유로운 경제활동의 총화가 결국 사회적 복지의 총량으로 모아진다고 믿기 때문에, 개인적 이해관계의 자유로운 추구를 철저히 보장하기 위해 외부로부터의 구속이나 통제가 철폐되지 않으면 안 된다고 확신하고 있었다. 이런 입장에 설 때, 복지국가체제는 자본주의 경제와 양립할 수 없는 존재로 비칠 수밖에 없는 것이다.

하지만 시대상황의 여러 현실적 제약 등을 감안할 때, 오늘날 예컨대 우리 한국에서 실현 가능해 보이는 자유와 평등의 상호화합 수준은 복지국가 체제의 완비 정도가 아닐까 여겨진다. 하지만 그마저도 그리 용이해 보이지는 않는다. 무엇보다 인도주의의 장애물들이 곳곳에 시한폭탄처럼 잠복해 있기 때문이다.

이미 밝힌 바와 같이 휴머니즘의 다양한 시대적 요청과 과제를 직시하면서, 마지막으로 과연 '우리 한국인은 인도적인 민족인가' 하는 물음을 한 번 진지하게 던져볼 필요가 있을 듯하다. 자성적인 차원에서 보다 바람직한 미래를 대비해야 하리라는 취지에서도, 전혀 무의미한 시도로는 읽히지 않는다.

4—3 사례점검 : 우리 한국인은 과연 인도적인가?

상당히 오래 전 일이다.

어느 늦가을쯤 북한 소 한 마리가 '탈북'한 적이 있었다. 아마 홍수가 터져 휴전선 바로 밑 김포 부근 어느 조그만 섬까지 떠밀려온 모양이다. 그때 자랑스러운 대한민국의 어느 TV는 저녁 정기 뉴스시간에 놀랍게도 "인도주의적 견지에서 이 소를 빨리 구출해야 한다!"고 절규한 적이 있다. 그리고 우리 언론의 생리에서는 당연한 반응이었겠지만, 또 군사작전이기라도 한 것처럼 불 뿜는 취재경쟁을 벌였음은 물론이다.

우리네 시장바닥에서는 이렇게 가축 한 마리에까지도 스스럼없이 '인도주의'를 갖다 부칠 정도로 인간미가 넘쳐흐른다. 그런데 과연 우리 민족은 인도적인가?

예컨대 88올림픽 얼마 후에, 미국 매스컴이 앞장서서 한국인의 '아기수출'을 경쟁적으로 비판한 적이 있다. 이를테면 "아시아의 신흥공업국으로 '88올림픽' 주최국임을 자랑하는 한국은 정부의 은밀한 지원 아래 해마다 6천 명 가량의 어린이를 미국 가정에 입양시키고 있으며, 미국 가정에 입양되는 외국 어린이의 59%가 한국 출신"이라고 뼈아프게 꼬집은 것이다.

가령 우리나라 경제개발 시기인 50~70년대에는, 가발, 눈썹, 신발, 청바지, 선박, 철강, 자동차 등속이 주요 수출품목들로 지목되곤 하였다. 그러나 그 당시 최대 수출품목으로 손꼽히는 것은 다름 아닌 '어린애'라는 비아냥거림이 뜨겁게 입소문을 탄 적이 있을 정도였다. 그런 탓에 한국이 바야흐로 20세기 최대의 '고아 수출국'이라는 낯뜨거운 참사를 한 몸에 받았을 뿐만 아니라, 이에 준하여 '입양산업'이라는 조롱섞인 신개념까지 만들어지기도 하였다. 예컨대 1988년에는 해외입양 시 아동 1명당 5천 달러, 2000년에는 1만 달러 정도의 돈을 거두어들였다. 그러다가 그 이후 '가격'이 인상되어, 1인당 1만1천~1만6천달러 가량을 챙기는 입양기관도 생겨났다고 한다.

하기야 그 무렵 사회복지를 떠맡고 있다는 이른바 국내의 여러 '자선'단체들이 더 높은 '수익'을 보장하는 해외입양에만 관심과 열정을 쏟아 부으며 치열한 '수출경쟁'까지 벌이기도 하였음은 널리 알려진 사실 아닌가. 심지어 보건사회부 감사 결과 홀트 아동복지회 등 해외입양기관들이, 입양아동을 더욱 많이 그리고 보다 빨리 쟁취하기 위해, '목 좋은' 고아원 등 복지시설과 병원 등의 의료기관에 양육비와 사례금 명목으로 '사전에' 막대한 청탁성 뇌물까지 미리 갖다 뿌린 것으로 밝혀진 적도 있다. 그야말로 '고아 선도매입'이었던 것이다. 6ㆍ25 직후라면 누군들 '정상참작'이라도 하지 못하랴 만은, 그러나 올림픽을 치르고 선진국 대열에 돌입하고 있다며 야단법석을 떠는 나라에서 '아기 수출량'이 갈수록 증가하다니! 지극히 자연스럽게 국제입양 분야에서 우리 한국이 차지하는 위상은 가히 독보적이다. 한국은 가장 오랫동안, 그리고 가장 많은 아동을 해외로 입양 보낸 나라다. 1953년 이후 2010년대 중반 무렵까지 대략 60여 년 동안, 한국 정부의 통계를 따르면 16만여 명, 국제사회의 추정으로는 20만 명 이상에 이르는 것으로 밝혀지기도 하였다(프레시안, 2017.09.08).

물론 오래 전 일이긴 하지만, 북한이 스웨덴이나 덴마크 등지의 해외공항에서 한국으로부터 '팔려오는' 어린이들의 사진을 찍어 그것을 선전자료로 활용하였다는 것은 널리 알려진 사실이다. 그들이 이런 '고아수출'을 '동족을 팔아먹는' 반민족적 '만행'이라 규탄할 때, 우리는 과연 어떻게 반박할 수 있었겠는가. 게다가 뜨거운 혈육의 정을 강제로 끊긴 채 동생은 이 나라로, 언니는 저 나라로 뿔뿔이 흩어졌다가 서로에 대한 그리움을 달랠 길 없어 낯선 이국 땅에서 자살로 어른들의 비인간적 불륜을 고발하기도 하는 한국인 해외입양 어린이들의 참담한 보도를 접할 때, 우리 어른들은 도대체 무슨 배짱으로 얼굴을 치켜들 수 있었겠는가.

반면에 '기다리고 기다리던' 한국인 입양아를 자기네들 공항에서 처음으로 마주하는 순간 반가움의 눈물을 주체하지 못하는 '코쟁이' 양부모들의 정겨운 모습을 우리는 그냥 무심코 지나쳐버릴 수만 있는 것일까. 왜 우리는 우리의 동족을 비정하게 '팔아치우는데', 그들은 마냥 기쁨의 눈물을 하염없이 흘리는가. 많은 이득을 남겼다는 장삿속에서 참다못해 뿌리는 감격의 눈물일까, 아니면 위선일까. 걸핏하면 '인간적으로 하자'는 말을 거들먹거리기 좋아하는 우리 한국인들은 과연 인도적인 민족인가?

나도 한때 이러한 '고아수출'의 일익을 담당한 적이 있었다.

70년대 중반 어느 가을이었다. 대망의 큰 뜻을 품고 나도 비록 빈털터리 신세이긴 했지만 감히 유학이라도 한 번 해보겠노라고 김포공항을 뜨는 만용을 부린 적이 있다. 높이 울려 퍼지는 학문의 고귀한 세계와는 아무런 인연도 가져본 적이 없던 나는 다만 인생을 한 번 시험해보리라는, 내가 즐겨 쓰는 말로 하면, '한 번 저질러보겠다'는 철없는 실험정신으로 서른 살 가까운 '늙은' 나이에 객기를 부려본 것이 이른바 독일 유학이란 것이었다. 사실 나는 '무작정 상경파'였고, '죽은 나무 꽃피우기'하는 처절한 심정뿐이었다. 내 호주머니 속에는 가는 편 비행기 삯 외에 달랑 한 달 가량 버틸 수 있는 돈 정도나 들어 있었을까, 그야말로 비행기 타는 김삿갓이었다.

마침내 나는 수소문, 수소문 끝에, 그 유명한 홀트의 문을 두드릴 수 있게 되었다. 나는 드디어 알아낸 것이다. 홀트 입양아를 유럽 양부모 측에 전달만 해주면 '항공료'가 반값으로 잘린다는 것이다. 얼마나 큰 횡재인가. 물론 출국했다가 한달 내로 되돌아오는 왕복여행객도 동일한 요금이었으니, 이들에게는 보다 더 큰 이득이 돌아갔음은 두말 할 나위도 없다. 그러니 경쟁은 치열할 수밖에 없었다. 그리하여 이러한 인간적 '자선'에 헌신할 유리한 기회를 쟁취한 사람은 또 소개꾼에게 인사치레로 커미션까지 집어줄 수밖에 없었음은 한국 사회에서는 어쩔 수 없는 예의고 염치였을지 모른다. 어쨌든 홀트는 역시 '자선'으로 똘똘 뭉친 인류애적 기관이었다. 대체로 한 팀당 꼬마 세 놈을 할당받았다.

내가 역사적으로 한국을 뜨던 날, 나는 그 녀석들을 '인수'하기 위해 이른 아침 합정동 어딘가에 있는 홀트 사무실로 갔다. 우리 일행은 일종의 성스러운 인수·인계식을 엄숙하게 봉행해야만 했던 것이다.

어떤 사람들인지는 알 수 없는 노릇이었지만, 정해진 시간에 야릇한 여인네들이 떼지어 몰려드는 게 아닌가. 그들은 인도주의로 강력히 무장한 듯한 애잔한 표정으로 우리와 어린애들을 둘러쌌다. 그러고는 입에 침을 튀겨가며 절절한 목소리로 순결한 기도를 바치는 것이었다. 묘령의 여인들이 튀긴 성스러운 침방울이 내 뺨에 살풋이 내려앉기도 했다. 요컨대 어쩔 수 없이 정든 조국을 떠나는 불쌍한 이 어린 '천사'들을 주님께서 잘 보살펴달라는 취지였다.

나는 서서히 기분이 언짢아지기 시작하였다. 이 기도는 또 무엇인가, 그리고 '천사'도 '파는' 물건인가? 자신들이 보살펴야 마땅할 애들을 외국인에게 팔아 넘기면서 그 책임은 '주님'에게로 돌리는 투가 아닌가. 그런데 이들은 왜 이렇게도 독립투사들처럼 비장한가. 나는 기이한 애들을 껴안고 이상한 몸짓으로 출국장을 나서는 기괴한 내 모습을 보시며 눈물짓지 못하시게 해드리려고, 연로하신 어머님께는 부디 공항까진 나오시지 말라고 신신 당부 드리는 효성을 미리 보이기도 하였음은 물론이다.

실증근거를 보지 못한 채 나중에야 들어서 안 일이지만, 입양아 '수송'비용은 입양받는 양부모 쪽에서 부담하는 것으로 사전에 이미 약속되어 있다는 것이다. 말하자면 애들 운반비용까지 그리고 운반책의 수고료까지 양부모들이 스스로 다 떠맡는 셈이다. 그런데 우리는 '이 싼 비행기 값이 웬 떡이냐' 하며, 눈물 쏟을 정도로 그 자비로움을 고마워하기만 했다. 홀트에서는 결코 '항공료'니 '비행기 삯'이니 하는 천박한 말을 쓰지는 않고, 우리가 내는 이 눈물겨운 쌈짓돈을 단지 '헌금'이라고만 불렀다. 말하자면 국제적 자선사업에 바치는 우리의 고결한 헌신인 셈이었다.

나는 비행기 속에서 다양한 투쟁을 전개하지 않으면 안 되었다. 한 녀석에게 우유병을 물리고 있으면 딴 녀석이 울부짖고 해서 그쪽으로 달려가는 사이에 우유병 문 녀석은 그만 좌석 밑으로 굴러 떨어지기 일쑤였다. 그 외국 항공기의 멋진 스튜어디스들이 헌신적으로 나를 도와주었음에도, 내 젖먹이는 방법은 서툴렀고 울음 달래는 수법도 그리 탁월치는 못하였다.

이제 벌써 몇십 년 흘렀으니, 이놈들도 지금은 다 커서 어른들이 되었을 터인데, 이국 땅에서 잘들 살고나 있는지, 아니면 아직 살아있기라도 한지 …. 물론 이름도 얼굴도 모른다. 스쳐 지나가는 공항에서 양부모 쪽 사람들을 잠깐 만나 이 애들을 건네준 탓으로, 이 사람들이 어디에 사는 어떤 사람들인지 전혀 알 수도 없다. 그런 게 물론 감히 내 소관도 아니었다. 이따금 속 편하게 그저 가슴아픈 추억거리처럼 더듬어보기만 할 뿐이다.

그 후 본격적인 유학생 시절, 나는 남부 독일의 어느 조그만 시골 마을의 한 수도원에 칩거해 조용히 책이나 좀 보려고 잠깐 머문 적이 있었다. 어느 날 그 동네 서점에서 일하는 할머니 한 분이 있다가 시골에서 보기 힘든 이상하게 생긴 낯선 황인종이 이따금 왔다갔다하니, 흔하게 듣는 말이지만, 날더러 어디서 왔냐고 물었다. 코리언인 것을 알고 나서는 '이 마을에도 한국에서 온 어린애 한 녀석이 살고 있다'고, 그렇지 않아도 홀트로 건너온 내 호기심을 정답게 자극하는 게 아닌가. 그러더니 그분이 다정한 시골 할머니답게 결국 솔선해서 주선에 나섰던 모양이다. 이 깡촌에 나를 찾아온 사람이 있다니, 놀랍게도 하루는 수위실로부터 면회 온 분이 있다는 연락을 받게 되었다.

이윽고 나는 수도원 입구에서 그 한국 애를 데리고 살고 있다는 한 독일 부부를 만나게 되었고, 급기야는 그 집에 초대까지 받게 되었다. 그 부부는 한국에 선교사로 와서 수년 동안 봉사생활을 하다가 몇 년 전 귀국할 때, 이 어린애를 데리고 왔다는 것이다. 나는 애가 없어서 입양까지 하시게 되었냐고 한국 사람답게 이 부부에게 물었더니, 좀 큰애들이 둘이나 더 있다고 하시는 게 아닌가. 나는 입을 다물 수밖에 없었다.

한 번은 이 부부가 자기 집에 와서 한국 요리를 한 번 하지 않겠냐고 정중히 초대를 해주셔서, 나도 독일 음식에 질리기도 했던 터라 기꺼이 좋다고 했다. 물론 별반 재료는 없었지만 나는 소매를 걷어 부치고 성심껏 요리를 준비했다. 그런데 느닷없이 김치 주문을 하시는 게 아닌가. 그러더니 밭에서 기르던 상추 비슷한 것을 한 옹큼 날래 뽑아다주셨다. 나는 고춧가루도 넉넉히 뿌리고 해서 맵상한 겉절이 김치 비슷한 것을 만들었다. 뛰어난 선수가 되기 위해서는 반드시 훌륭한 운동기구가 있어주어야만 하는데, 요리재료가 도무지 신통치 않았다. 그저 맵게만 되었다.

그러나 그 한국 어린애가 역시나 빼어난 선수였다. 그 녀석이 싹 쓸이하듯 김치를 독차지해서 입안으로 밀어 넣는 게 아닌가. 그러고 나서는 대단히 서툰 독일말로 자기 독일 엄마를 향해 눈을 흘기며, "엄마는 이런 맛있는 것도 안 만들어 줘" 하고 말하면서 어리광피우듯 울먹거리기도 했다. 우리의 꿋꿋한 꼬마 동포가 결국 그 매운 김치를 바닥내고 말았다. 이것이 결국 '피' 탓 아니겠는가. 나는 어리둥절했다. 잠시 말문을 잊었다. 예닐곱 살쯤이나 되었을까, 그 녀석은 역시 어김없이 자랑스러운 우리의 핏줄이었던 것이다.

그런데 우리 민족은 과연 인도적일까 …?

이 기회에, 비록 적잖은 시간이 흐른 일이긴 하지만, 무엇보다 여러 관련 사례들을 잠시 되돌아보는 게 나름 유의미하리라 여겨진다.

우선 한국인의 해외 활약상부터(?) 간략히 훑어보기로 하자.

뉴욕타임스의 한 보도에 의하면, 남태평양의 미국 령 사모아 제도에 있는 한 한국인 소유의 소규모 의류공장에서 발생한 끔찍한 노동 착취 사실이 미 노동부 조사팀에 의해 발각되었다고 한다.

노동부 보고서는 이 공장의 근로자 합숙소는 감옥을 연상케 했으며, 근로자들에게는 영양부족을 일으킬 정도의 죽만 공급된 반면, 의무 귀소시간인 밤 10시 이후에 들어온 근로자들은 구타당하기까지 했다고 밝혔다. 그뿐 아니라 한 근로자가 파이프에 맞아 한 쪽 눈이 실명되는 사태까지 발생하는 등, 이 공장에서는 다양한 종류의 학대행위가 자행되었다고 전한다. 이들은 한 달에 400달러를 받았으나, 당초 약속과는 달리 숙식이 무료로 제공된 것이 아니라 월 150~200달러의 숙식비 지불까지 강요당하기도 하여, 결국 이 공장을 고소하기에 이르렀다고 한다. 사모아의 최저임금이 시간 당 2.6달러임에 반해서, 이들 근로자들의 임금은 시간 당 불과 1달러 정도에 지나지 않았다는 것이다. 뉴욕 소재 노동운동단체인 '전국 노동위원회'의 찰스 커내건 위원장은 "지난 15년 간 노동착취 현장에 대한 조사를 수행해왔으나, 이처럼 극단적으로 노동착취가 자행된 것은 처음 본다"고 말할 정도였다(New York Times, 2001.02.06.). 일부 우리 젊은이들에 의해 '제국주의 국가'로 비난받아온 미국보다 더 지독한 제국주의적 착취가, 실은 바로 해외에 진출한 우리 민족 자신에 의해 저질러진 것이다.

이처럼 해외에 진출한 우리 한국 기업의 인권침해 작태는 대단히 우려할만한 수준이다.

2005년 6월 23일, 미국의 하와이 지방법원에서 한 한국인 기업가에 대한 선고공판이 열렸다. 피고는 미국 령 사모아에서 '대우사'란 의류업체를 운영하는 한 한국인이었는데, 법원은 베트남 노동자 200여 명을 강제로 가두고 일을 시킨 혐의를 인정해, 징역 40년과 배상금 180만 달러를 선고했다 한다.

외국 언론들은 이 사실을 전하며, "미국 영토 안에서 인신매매 범죄사상 가장 무거운 중형인 징역 40년형이 선고됐다"고 대서특필했다. 뿐만 아니라 미국 법무장관까지 성명을 내어, "인신매매는 현대판 노예제와 다르지 않다. 법무부는 인신매매로 이익을 취하는 사람들을 계속 처벌해나갈 것"이라고 목청을 높이기도 했다.

도대체 어떤 일이 있었기에 이런 중형이 선고됐을까? '대우사'는 1999년 초부터 베트남 등지에서 데려온 노동자 250여 명을 고용해 제품을 생산하기 시작했다. 이들 대부분은 주 40시간 노동에 월급 400 달러를 받기로 하는 3년 계약을 맺고, 송출업체를 통해 사모아에 온 시골 출신 여성들이었다. 이 송출업체에 4~8천 달러를 내고 사모아에 온 이들은, 1년 동안 일해서 빚을 갚고, 나머지 2년 동안은 돈을 벌어 고향으로 되돌아가는 것이 큰 꿈이었다고 한다. 하지만 현실은 참담했다.

초과 근무수당도 없이 잔업을 강요받았고, 쥐가 들끓는 비좁은 막사에서 생활하지 않으면 안 되었다. 막사 뒤쪽으로는 철사와 면도날로 둘러쳐진 담장이 있었고, 야간통행 금지령까지 내려졌다. 먹을 것조차 제대로 나오지 않았다. 베트남 인권단체인 '베트남 레이버 워치'가 2001년 펴낸 보고서는 "밥값과 숙박료가 월급에서 공제되면서, 노동자들은 최소한의 액수만을 받을 수 있었다"고 밝히며, "결국 2000년 말 대규모 파업이 벌어졌고, 이 와중에 한 노동자는 눈을 잃기도 했다"고 쓰고 있다. 우여곡절 끝에 회사는 파산하고 말았다. 오갈 데 없이 불법 체류자로 전락하게 된 노동자들은 길거리를 헤맬 수밖에 없었다. 결국 그 한국인 사장은 미국 당국에 체포돼 2003년 유죄 평결을 받고, 2년 후 40년형을 선고받았던 것이다(한겨레, 2005.07.06.).

이 사례는 물론 극단적인 경우라고 말할 수도 있겠지만, 외국에 진출한 한국 기업들의 인권침해 사태가 전혀 비 일상적인 일은 아니라는 게 중론이다.

한마디로 노동자들에 대한 국내의 비인도적인 처사가 그대로 해외에까지 직수출된 셈이다. 요컨대 식민 모국의 반민주적 억압체제를 식민지에도 그대로 강요한다는 마르크스주의자들의 반 제국주의론의 정당성을, 대한민국이 앞장서 멋들어지게 입증하고 있는 셈이다.

물론 그게 다가 아니다. 뒤질 새라 급기야는 성 착취까지 강행한 것이다.

해외에 진출한 한국인들이 아동에 대한 성 착취까지 자행하여, 국제적인 망신을 톡톡히 당하기도 하였다(한겨레, 2007.02.25). 예컨대 남태평양의 섬나라인 키리바시 공화국에서 한국인 선원의 현지 여성 성 매매가 기승을 부린 것은 자그마한 사례에 불과하다.

해양수산부의 현지조사 결과, 2005년 국제적 물의를 빚은 후 일시 중단되었던 일부 한국인 선원들과 현지 여성간의 성 매매가 다시 시작된 것으로 확인되었다. 한국 선원과 관계한 여성 24명 가운데 7명이 18살 미만의 미성년자였으며, 여기엔 14살짜리 소녀까지 포함돼 있었던 것으로 드러났다.

조사단은 2005년 성 매매 물의가 불거진 뒤 한국의 수산업체들이 선원들의 상륙을 금지하자 성 매매가 일시 중단되긴 했으나, 2006년 선원들의 상륙 및 여성들의 승선을 다시 허용하자 재개된 것으로 보인다고 밝혔다. 현지 활동가들의 추정으로는, 현지 여성 40~50명이 한국인 선원과 성 매매를 했으며, 성 매매 여성의 연령도 점차 낮아졌다고 한다.

조사단은 한국 선원과의 성 매매로 임신한 여성 2명과 아이를 낳아 기르고 있는 여성 3명도 확인했다며, '키리바시 2세 지원책'이 필요하다고도 강조했다. 뿐만 아니라 '유엔 아동기금(유니세프)' 남태평양 지부까지 나서서 '한국인 선원 성 매매'를 규탄하는 보고서를 내는 등, 국제사회를 향해 문제제기를 계속하는 통에 국제적 망신거리가 되고 있다고 조사단은 지적했다.

키리바시는 2003년에도 한국인 선원의 성 매매가 심각해지자, 한국 어선 정박을 금지한 적까지 있었다. 이 지역에선 성 매매 여성을 가리켜, '꼬레 꼬레아'라고 부르는 신조어까지 만들어질 정도였다 한다. 인구 9만 명에 지나지 않는 미니 국가 키리바시는 관광사업이 발달하지 않아, 국고의 상당부분을 해외 원양어선들의 입어료에 의지하는 편이라 한다.

성 매매 피해여성들은 매 해 50~80명으로 추산되는데 대부분 18세 미만이며, 경제적으로 열악한 형편 탓에 한국 선원으로부터 성 매매 대가로 받은 돈과 현물로 가족들을 부양하고 있다고 전한다. 성 매매는 보통 한국선박이 정박하는 부두 근처의 술집이나 선박 안 선실에서 이뤄지는데, 이들은 1회 성 매매의 대가로 돈 또는 현물(생선, 담배, 술, 옷 등)을 받으며, 이들이 1회에 받는 1백 호주달러(8만원 정도 ; 1호주달러= 8백 원)는 실업률이 50%에 육박하는 키리바시에서 직장인의 평균 2주 수입에 해당했다고 한다. 하지만 '꼬레 꼬레아' 2세들까지 늘어나면서 상황이 더욱 심각해지자, 키리바시의 여성NGO들은 '한국 선원들에 의한 아동 성 매매'를 2004년 11월 UN의 '아시아·태평양 경제사회이사회'에 보고하기에 이르렀는데, "현지 소녀들의 건강권 및 정신건강의 피해가 매우 심각하다"는 우려를 전달했다. 뿐만 아니라 "한국선원들이 콘돔을 사용하지 않아 에이즈 감염 등으로 소녀들의 건강권이 위협받고 있으며, 키리바시에서도 최근 HIV 감염자가 생겨나면서 이를 더욱 경계하고 있다"고 밝히면서, "버려지는 경우가 많은 '꼬레 꼬레아' 2세들에 대한 지원도 시급한 상황"이라는 볼멘 소리도 드높였다.

하지만 또 이게 다가 아니다. 이번엔 필리핀이 등장한다.

1990년대 후반부터 유학생, 기업 주재원, 은퇴자, 관광객 등 다양한 한국인들이 여러 가지 이유로 필리핀으로 몰려간 적이 있었다. 아마도 한국보다 싼 물가, 천혜의 자연자원 등이 한국인들을 끌어들였던 것 같다.

어찌 성 착취에 관심을 갖지 않을 리가 있었을까, 한국 남성들은 필리핀 여성들에게 접근했다. 하룻밤 만남도 갖고, 연애도 했다. 그 사이 아이들도 태어났다. 한국 남성들은 물론 책임지려들지 않았다. "애를 지우라"고 강요하기 일쑤였다. 이윽고는 연락을 끊고 표표히 잠적하기도 했다. 운 좋게 연락이 닿는 기적이 일어나도, 결코 도우려 하지는 않았다. 어쩌다 아빠를 찾아내서 도움을 요청했지만, 전화번호도 바꾸고 '협박'까지 일삼으며 모른 척하기만 했다. 한국 정부도, 그리고 필리핀 정부도 경쟁하듯 입을 모아, '우리 아이들'이 아니라고 떼를 썼다.

위대한 한국인 남성들을 결국 국제적인 신조어까지 창조해내는 괴력을 발휘했다. '코피노'가 바로 그것이다. '코피노'란 한국인(Korean)과 필리핀인(Filipino)의 혼혈을 뜻하는 합성어다. 이 코피노가 국제문제로 비화한 지 이미 오랜 시간이 흘렀다. 그러나 달라진 건 하나도 없다. 아이와 엄마들의 어려운 삶만 계속 이어졌을 따름이다.

'한국인'은 단지 가난과 외로움만 남기고 떠난, '나쁜 아빠'로만 기억될 뿐이다. 무지막지한 궁핍은 코피노 가족의 일상이 되었다. 뿐만 아니라 애들은 남다른 외모로 인해 학교에서도 왕따당하기 일쑤다. 코피노를 낳은 필리핀 여성들은 한국인 남성을 향하여, "다른 여자가 생겨도 아무 상관이 없어요. 다만 당신 아들만은 잊지 말아주세요" 하며 애끓는 속을 토해낼 따름이다(경향신문, 2019.09.12).

그렇다면 해외에서 동족들끼리라도 서로 잘 뭉쳐서 별탈 없이 사이좋게들 잘 지내고 있을까 …? 식량난으로 신음하고 있는 북녘 동포에 대한 인도주의적 지원문제가 쟁점으로 부각된 적도 있긴 했지만, 남북관계를 일단 젖혀두고 보더라도 상황은 그리 밝아 보이지만은 않는 것 같다.

미국 LA의 한인 '사기꾼'들이 북상중이라는 소문까지 들려온 지이미 오래다. 이를테면 LA 한 지역에서 오랫동안 사기행각을 일삼아오던 일부 한인들이 이미 낱이 팔릴 대로 다 팔려 들통이 다 나버린 탓에, 그곳에서 더 이상 작업을 벌일 수 없어 결국엔 낯선 한인들을 찾아 샌프란시스코니 시애틀이니 하는 곳으로 북상한다는 말이다. 한인 사이에 '한국 동포들을 가장 조심하라'는 관광홍보까지 성행하기도 하였다. 그런 와중에 가슴아픈 사건들이 줄을 이었다.

우리 동족의 쾌거가 다시 한 번 더 '뉴욕타임스'를 탔다. 보도에 따르면, 한인 이민자 13명이 한인 증권브로커에 속아 거액을 날렸다며, 이들을 고용한 대형 증권사를 상대로 2천250만 달러의 손해배상을 요구하고 나섰다 한다. 뿐만 아니라 특히 영어에 서툰 신규 이민자들을 상대로, 주식시장에서 일정 수익률을 보장해주겠다고 속이는 "동족간 사기"(Affinity Fraud)가 급증하고 있다고 보도한 적도 있을 정도다(New York Times, 2001.05.15).

다른 한편 고초를 겪고 있는 해외 우방국가들에 대한 우리의 인도적 지원 자세는 대체 어떠할까.

예를 들어 지난 2005년 8월 허리케인 카트리나가 미국 뉴올리언스 지역을 강타하여 1천여 명이 숨졌을 때, 한국 정부는 매우 발빠르게 움직이는 열의를 보여주었다. 즉시 관계부처 장관회의를 열어, 3천만 달러(한화 300억 원 가량)을 지원하기로 결정하였다. 뿐만 아니라 경제·종교계 등에 대해서는 대략 2천5백만 달러(250억 원 가량)를 분담시키기도 했다 한다. 결국 세계 90여 개 국이 카트리나로 큰 피해를 입은 미국에 구호물자와 자금을 보내게 되었는데, 3천만 달러를 내놓기로 한 한국이 지원금 규모에서 세계 4위를 기록할 것으로 보인다는 언론보도가 뒤따른 적도 있었다(오마이뉴스, 2005.09.07).

비슷한 시기 파키스탄에 규모 7.6의 강진이 일어났다. 사망자는 4만 명이 가까울 것으로 추정되었다. 정부는 관계부처 장관회의에서 3

백만 달러(30억 원 가량)를 지원하기로 했다. 또 적십자사가 100만 달러(10억 원 가량)를 모금하겠다고 했고, 건설연합회는 30만 달러(3억 원 가량)를 내놓겠다고 밝혔다. 그래서 모두 430만 달러(43억 원 가량) 정도가 되었다. 하지만 한 언론기관은 1인당 국민총소득(GNI)이 600달러 정도에 지나지 않아 외부지원이 절절한 나라로 꼽힐 뿐만 아니라 40배나 더 많은 희생자가 난 지역임에도, 미국의 1/10 수준에 지나지 않는 지원을 하는 셈이라며 아쉬움을 토로하기도 했다. 그러나 일본은 달랐다. 카트리나 피해에 1백만 달러 '정도' 밖에 내놓지 않았지만, 파키스탄 강진에는 2천만 달러를 갹출하기로 한 것이다. 이 사실이 알려지자 이 신문은, "자칫 이번 일로 한국이 인도적 차원의 해외지원에 너무 국제정치의 논리를 들이대는 나라로" 비치지는 않을까 하는 우려를 피력하기도 했다(한겨레, 2005.10.12).

반면에 자랑할만한 박애정신으로 가득한 우리 민족의 여러 긍정적인 실제 사례들이 적잖다는 것 역시 결코 부인할 수 없는 사실임은 물론이다. 하지만 위에 열거한 여러 경우들 속에는, 우리 민족 스스로 부끄러워해야 하고 극복해나가야 할 비인도적인 성향이 적잖다는 점 역시 거부할 수 없는 사실이다.

음산하고 습기 찬 음지에 밝은 햇살이 가 닿으면 해충이 기를 펴지 못하리라. 인간존엄을 기리는 휴머니즘이야말로 인간세상의 이러한 음지를 밝히는 햇빛과도 같은 존재 아니겠는가. 과연 어떤 속성의 휴머니즘이 보다 밝은 태양이 될 수 있을까 …?

그런데 '인간의 존엄성'이란 도대체 어떠한 것을 가리키는가? 그리고 인간을 '인간답게' 만드는 것은 대저 무엇이며, '인간적'이란 게 대체 어떠한 것인가?

5장 '인연 휴머니즘'

5—1 무엇을 '인간적'이라 하는가

1) 인간, 화장하는 동물

나름 인간본성의 한 단면을 드러내 보일 양으로 흔히들 입에 올리곤 하는, 제법 호소력 있는 단골 비유법들이 있다. 예컨대 '표리부동'(表裏不同, 겉 다르고, 속 다르다)이니, '감탄고토'(甘吞苦吐, 달면 삼키고 쓰면 토해낸다)느니, '여측이심'(如廁二心, 화장실 들어갈 때와 나올 때의 마음이 다르다)이니 하는 등속이 그런 부류들이다. 대체로 인간의 이중성을 꼬나보는 눈초리들이다.

그 때문인지, 화장(化粧)하지 않고는 단연코 배겨내지 못하는 동물이 있다면, 그건 유독 인간뿐 아닐까 싶다. 어쨌든 인간은 화장하는 동물이다.

어차피 정신적으로나 육체적으로 어떻게 해서든지 자신을 조금이라도 꾸며내지 않고서는 잠시도 견뎌내지 못하는 속성을 지닌 존재가 바로 인간 아닐까 한다. 늘 꾸며야 하는 탓에, '형식주의'가 언제나 뒤따를 수밖에 없지 않으랴 싶다. 형식주의야말로 필수 불가결한 인간적 삶의 동반자인 것만 같다. 물론 삶의 방식이나 생활현장의 속성적 차이에 따라 두루두루 다양하고 이질적인 성향을 드러내긴 하겠지만, 형식주의가 곳곳에 널려있는 생활필수품처럼 보인다.

한편 사회적으로 볼 때 형식주의란, 실제로는 새우의 속을 지니고 있음에도 겉으로는 야수의 거죽을 뒤집어쓰고 맹수인양 으스대려 하는 위장형 사고방식이나 행동양식을 가리키는 말인 것처럼 여겨진다. 정신질환의 한 유형인 것만 같아 보일 정도다.

그런데 우리 사회는 어떤 화장독, 아니 어떤 유형의 형식주의에 시달리고 있을까?

예컨대 살림살이가 워낙 팍팍했던 지난 1960~70년대쯤, 아무나 감히 해외여행 할 꿈도 꾸지 못할 시절이라 그랬는지, 서양을 난생 처음 구경하고 돌아온 행운아들에게는 공통된 체험담이 하나 있었다. 그곳에 여행을 다녀와서는 충격을 받은 듯 제일 먼저 신기하다며 꺼내는 말들이 대체로, "거, 서양 집들에는 울타리 같은 게 아예 없더군" 하는 식이었다. 육중한 돌담이 전혀 없거나 담 같은 게 있다 해도 삽살개 정도면 충분히 훌쩍 뛰어넘을 수 있을 수준의 나지막한 나무 울타리, 그게 전부라는 말이었다. 그 '신사유람단'들은 정원은 물론 집 안까지 훤히 들여다보이는 집들을 지나다니면서, 마치 여인네 속치마라도 훔쳐보는 듯한 떨림과 낯섦을 맛보았던 것 같다.

그에 비해 그 무렵 우리의 집들은 대체 어떠했던가. 서양의 그런 낙천적인 주택가 풍경과는 아마 적대적으로 대비될 수 있을 정도 아니었을까 싶다. 아마도 동화 속 옛 이야기 수준일지도 모른다.

시멘트로 험상궂게 장벽을 쌓아올리고도 안심이 되지 않아, 날카로운 유리조각들을 담 위에 촘촘히 박아놓고 또 그 위에 철조망을 이중삼중으로 둘러쳐 마치 토치카처럼 보이던 주택들이 특히 우리 도시에서는 흔히 눈에 띄었다. 뿐만 아니라 개가 없음에도 벽에는 왕왕 '맹견주의'라는 경고 판을 터억 하니 걸어두기 일쑤였다. 물론 아파트라는 말조차 제대로 들어본 적도 없던 시절, 가히 완벽한 주택형 안보 체제 구축이라 할 만하였다.

우리는 범람하는 군사문화 속에서 우리의 정신까지 이렇게 완전 무장시키지 않으면 안 되었다. 그러나 놀라운 것은, 그렇게 토치카 같아 보이는 시멘트 담도 일단 뛰어넘기만 하면 안방까지의 진입은 식은 죽 먹기 식이었다는 사실이다. 창문고리나 현관출입문의 개폐장치가 어이없을 정도로 허술했기 때문이다.

그러나 서양 집들은 정반대다. 권위 없는 그 담장을 보면서 안방의 보석함이 내 손 안에 들어있는 것이나 진배없다고 낙관할지 모르지만, 천만의 말씀이다. 허술하기 짝이 없는, 그것도 대개 하루종일 열려 있기 일쑤인 집 울타리를 통과한다 하드라도 그 이상의 진출은 거의 불가능하다. "가정은 성이다"라는 영국의 격언이 있긴 하지만, 안채는 그야말로 난공불락의 성채처럼 버티고 있다. 완벽에 가까운 자물쇠 장치와 물 한 방울 새어들지 않을 정도로 빈틈없는 창틀이 맹위를 떨치기 때문이다. 요컨대 형식은 어수룩하게 보이지만, 내용은 튼실한 것이다.

그러나 우리 집들은 달라도 너무 달랐다. 겉은 맹수처럼 으스스해 보였지만, 속은 새우처럼 마냥 물러 터져 있었던 것이다. 이것이 바로 '한국적 형식주의'의 진면목이다. 물론 이러한 형식주의적 난맥상이 집 담벼락을 넘어서서 우리의 사회현실 곳곳에 폐수처럼 그대로 의연히 녹아들어 있었음은 두말 할 나위도 없다.

예컨대 우리는 소위 '거물급'들 옆에 나란히 서서 함께 사진 찍기를 즐기고 또 부러워도 한다. 다른 한편 거물들도 자기를 조금이라도 도와주거나 도울 수 있다고 생각하는 사람들에게는 마치 답례품처럼 함께 '증명사진'을 박자고 솔선수범해 이끌기도 한다. 이런 사진이 저 자바닥의 사기술에 자주 활용되기도 한다는 것은 널리 알려진 사실이다. 사기꾼들은 이런 거물들과 찍은 사진을 즐겨 주민등록증처럼 지갑에 넣어 다니거나 또는 사무실 책상 뒤 벽에 크게 확대해 걸어놓곤 한다. 그리고는 곧장 자기 힘이 얼마나 쎈가, 또 자신이 유명인사들과 얼마나 친분이 두터운가 하는 걸 은근히 과시해댄다. 다른 한편, 그

사진을 바라보는 사람들도 대개는 존경심 가득히 그럴 가능성을 곧잘 믿는 눈치다. 그리고는 자연스럽게 돈을 뜯기거나, 사기당하기 일쑤다. 한 번은 고국에 다니러온 어느 한국인이 영어로 된 미국 운전면허증을 길에서 경찰에 제시했더니, 그 경관이 "수고하십시오!"하고 경례를 빳빳하게 부치며 가더란다. 마치 무슨 어마어마한 기관에나 있는 사람으로 간주하는 눈치로.

하기야 공공기관이나 골프장 같은 곳에도 조그만 차를 타고 가면 푸대접받기 일쑤다. 심지어 아니 오히려, 달동네 살거나 월세 사는 쪼들리는 형편이라도 번쩍거리는 자가용을 생활필수품처럼 여기는 세상흐름이 널리 퍼져 있는 형편이었으니 어쩌겠는가. 사정이 그러하니 성냥곽 만한 소형차에도 무선전화 안테나까지 처억 달아매면서 직성을 풀곤 했던 세태를 어이 이상하다 할 수 있으리요. 사실 지금은 박물관에나 들어 있을 법한, 머나먼 옛날의 추억거리 정도에 불과할 테지만 ….

근엄한 우리의 국회의사당도 물론 예외는 아니다. 국가대사가 아니라, 한갓 '소소한' 의상문제로 전 국회가 떠들썩한 적도 있었다. 국회 본회의장에 예컨대 미니 스커트나 분홍색 원피스 혹은 바지 정장을 입고 등장한 여성 국회의원이 국회의 숭고한 '품위'를 손상시킨다 하여 지탄받기도 하였다. 남성 의원들 간에는 한때 '노타이 바람'이 불기도 했다 한다.[1] 어쨌든 겉 모양새에 불과한 패션 스타일에 시비를 걸면서까지 국회의 '권위'를 확립해보고자 애썼던 의원님들의 안간힘이 눈물 날 정도로 측은해 보일 정도다.

종교의 세계도 크게 다를 바 없다.

---

1 중앙일보(2020.08.06.)

나는 한때 대중매체를 통해, 특히 IMF 시대 같을 때는 모든 기업이 교회로부터 세일즈를 배워야 한다고 역설한 적도 있었다. 나는 오래 전 산보를 하다가, 어느 교회에 속한 대형버스와 마주친 적이 있었다. 허나 딱 한 번 스쳐 지나치며 보았을 뿐인데도, 나는 그 버스 옆구리에 터억 하니 붙어 있던 그 교회 전화번호를 지금까지 종내 잊지 못하고 있다. 그 전화번호는 그저 * * *—0191이었다. 그러나 그 번호 옆에 괄호를 치고 큼지막하게 매달아놓은 한글 주석이 접착제처럼 기어코 내 기억력을 붙들어맨 것이다. 한마디로 '영혼구원'이었다. 지극히 간단명료했다. 하기야 죄 많은 영혼이라 그러하겠지만, 그 교회의 전화번호는 내 뇌리 속에 파편처럼 박혀 떠날 줄 모른다. 얼마나 강렬하게 우리의 영혼까지 사로잡는 선전문구인가. '예일 교회'라 써 붙인 큰 교회간판도 보았다. 나는 혹시 '하버드 교회'는 없을까 하고, 주위를 두리번거리기도 했다. 허나 그것은 단순히 내 정신착란증에 불과했다. 그 약칭은 물론 예일대학 부설교회를 의미하는 게 아니라, 그저 '예수 제일교회'를 줄인 말일뿐이었다. '잘 되는 교회'라는 간판을 매단 교회도 보았다.

이처럼 온갖 종류의 선전간판이 난무한다. 시인 김규동은 〈하늘과 태양만이 남아 있는 都市〉라는 시에서, "간판이 커서 슬픈 거리여, 빛깔이 짙어서 서글픈 都市여" 하고 읊은 적이 있다. 거리에 내다 건 과잉 광고간판을 마냥 나무라기만 할 형편인가만, 그래도 속에서 우러나오는 엷은 신뢰의 흔적이나마 찾아볼 수 있어야 하지 않으리 싶었다.

만일 '상식'이 통하는 사회라면, 어디 목소리를 뺑튀길 필요가 있을까.

우리는 '붕어빵' 사회에 살고 있다. '붕어빵'에 '붕어'가 없듯이,

겉으로 드러나는 주장과 속의 내용이 한결 같지가 않다. 요컨대 '표리부동', 곧 겉 다르고 속 다르다는 말이 진리처럼 통용되는 사회에 살고 있다는 말이다. 예컨대 '어린이 보호차량'이라 써 붙인 차가 어린이를 가장 열성껏 보호할까? 아닐 것만 같다.

자연스럽게 '구호'만 난무하는 세상이 되어버렸다.

예전에 독일이 통일되기 전 공산 동독을 거쳐 서독으로 기차여행을 하다보면, 두 국가의 가장 큰 차이점이 금세 한 눈에 확 드러났다. 동독에는 '무엇을 하자, 어쩌고저쩌고 하며' 요란히 떠들어대는 현수막이 즐비했지만, 서독에는 그러한 게 거의 전무했다.

현수막이 난무한다는 것은 국민의 의사소통이 민주적이고 자율적으로 평화롭게 제대로 이루어지지 않고 있다는 반증이다. 실은 현수막들이 위로부터의 일방적인 지침하달과 지배집단의 화려한 실적 과시, 그리고 그것을 무조건 추종해야만 하는 국민들의 헐벗은 모습을 여실히 폭로하고 있는 것이다. 한마디로 그것은 흔히 전체주의적인 국가에서나 발견할 수 있는 반민주적인 시대상의 반영에 지나지 않는다.

예컨대 박정희 시대, 얼마나 휘황찬란한 현수막들이 거리를 물들였던가. 〈재건〉, 〈조국 근대화〉, 〈일하며 싸우고, 싸우며 일하세〉, 〈초전 박살〉, 〈자수하여 광명 찾자〉 등등. 하기야 박정희는 제멋에 겨워 급박한 사이렌 소리로 가득 찬 사회적 공포분위기를 마음대로 양산하지 않았던가. 무엇인가를 금하고, 억누르고, 정탐하고, '엮어내고', 뒤쫓고 하는 등등의 어둡고 불안한 세태만을 만들어내었을 뿐이다. 그리하여 한편으로는 숨죽이고 주위를 두리번거리지 않으면 안 되었던 착하고 선량한 사람들과, 다른 한편으로는 사이렌 소리까지 제멋대로 울려댈 수 있는 절대권력을 마구잡이로 휘두르는 분들이 명확히 구분되던 시절이었다.

어쨌거나 현수막 통치는 호소와 설득과 타협이 아니라, 억압과 전시행정과 강제집행이 전횡하는 시대의 산물인 것이다. 실은 이 모든 게 형식주의의 광란증과 그 결을 나란히 하고 있는 것들이다.

하지만 근래에는 놀랍게도 생물의 영역에까지 이러한 형식주의가 침투해 들어와 있다.

오늘날 대한민국은 가로수를 심지 않고 꽂는 나라다. 바야흐로 '인조가로수'가 이 길, 저 가로를 당당히 점령하기 시작한 것이다. 펄펄 살아 숨쉬는 느티나무나 은행나무가 아니라, 매스게임처럼 인공적으로 만들어진 인형 같은 '인조가로수'가 나 보란 듯 버젓이 위엄 있게 꽂혀 있다. 그저 겉으로만 가로수처럼 보일 뿐, 새싹을 틔우거나 낙엽을 떨어뜨릴 수도 없음은 물론이다. 그러니 공기정화라든가 계절의 변화를 곱씹게 해주는 미덕 같은 건 추호도 찾을 길 없음은 불문가지다. 경탄해야 할까, 한탄해야 할까? 하여튼 대단한 한국적 형식주의다. 위대한 대한민국이다.

그러나 그게 다가 아니다.

신발을 신지 않고 품에 안고 가는 기행을 일상적으로 벌이는 나라도 있다. 바로 대한민국이다.

얼마 전 한 매스컴에서, 〈비 오면 안고 가는 70만 원짜리 스니커즈 사는 아이들〉이란 제목으로 대단히 '기상천외한' 기사를 게재한 적이 있었다(오마이뉴스, 2020.08.23).

그 매체의 편집자는 요즘 10대들 사이에서는 알바비를 꼬박 모아 명품을 사는 게 유행이라며 말문을 연다. 이처럼 문제제기부터가 활어처럼 싱싱하다. 부유함의 상징이었던 명품이 어떻게 10대들의 마음까지 파고든 것일까 하는 물음부터 던지며, 학교 현장과 가정의 생생한 목소리를 담아내고 있다.

한때 아이들 사이에 노스페이스 패딩이 '신분증' 역할을 했던 적이 있었다고 한다. 같은 브랜드라도 가격대별로 등급이 나뉘었고, 아이들은 색깔과 디자인만으로도 정확한 가격을 알 수 있을 정도였다니 …. 약칭 '노페'로 불리기도 한다는데, 특정 학교와 지역에 한정되지 않고 날씨와 상관없이 교복 재킷 위에까지 이 패딩을 껴 입었다고 한다. 왜냐하면 그것이 아이들에게는 자신의 '레벨'을 드러내주는 징표이기 때문이다. 그러므로 교복 재킷을 벗을지언정 패딩을 포기하는 경우는 거의 없을 정도라는 것이다. 너끈히 '신분증' 역할까지 했던 탓이다.

그러나 그 옷 한 벌 값이 웬만한 TV 한 대 값 정도라니, 형편이 녹록치 않은 집에서는 선뜻 사 입힐 수 없는 수준이다. 그런 까닭에 부모의 수심을 깊게 하고 허리를 휘게 한다는 뜻으로, '등골 브레이커'라고도 불렀다 한다. 도난사건과 '짝퉁'의 범람이 뒤따랐음은 물론이다. 그런데 이 노스페이스 패딩이 위세를 떨치기 전엔, 교복 브랜드로 서열을 매기는 분위기가 팽배했다고 전한다. 예컨대 대기업 브랜드가 찍힌 제품과 중소기업에서 만든 것 그리고 지방기업이 만든 공동구매 교복을 상호 구분함으로써, 아이들은 서로를 시샘하고 놀려대었던 것이다. 어린애들 방식의 신분 및 위계질서 수립방책이었던 셈이다. 위화감과 상호불신, 그리고 분열과 분파가 뒤따를 수밖에 없었음은 자명한 이치다. 학교교실이 그야말로 극심해진 경제적 양극화의 전시장이자 경매장이 된 것이다.

이처럼 서열이 매겨지는 교복과 패딩, 그에 따라 겉치레로 구획되는 정신적 신분질서로 회칠된 이러한 형식주의적 전통은 끝을 몰랐다. 유행이 다시 바뀐 것이다.

그리하여 지금은 어린이들의 사회계급을 증명할 새로운 '신분증'으로 바야흐로 스마트폰이, 즉 아이폰이냐 갤럭시냐 하는 그 스마트폰의 브랜드가 그 바통을 이어받았다고 전한다. 그 와중에 아이폰 사용자가 늘어나면서부터는, 아이팟 전용 아이폰인지, 아니면 헤드셋을 연결하는 아이폰인지를 군이 따지고 비교하는 일까지 벌이고 있다는 풍문이다. 그런 탓에 얼마 전 풍미했던 노스페이스 패딩 시대를 뛰어넘어, 어느덧 아이폰이 바야흐로 학부모들의 새로운 '등골 브레이커' 지위를 석권한 것이다.

　　다시 '가슴에 안는' 신발 얘기로 되돌아가 보자.

　　요즘 유행하는 캐나다 브랜드의 스니커즈는 새 신발처럼 말끔한 게 아니라, 표면을 가공처리 해 오래 신은 듯한 고풍스러운 느낌을 주는 게 특징이라 하는데, 가격이 무려 70만 원에 육박한다고 한다. 그러나, 아니 그 때문에, 비가 오면 발에 신지 못하고 가슴에 안고 다닌다는 것이다. 발은 물에 젖어도 상관없지만, 신발에 물이 묻으면 큰일 나기 때문이다. 비 오시는 날엔 신지 않고, 때가 묻었을 땐 전문 세탁소에 갖다 맡기며, 며칠 이상 신지 않을 때는 방습제와 함께 신발 안에 형태가 유지되도록 보형 틀을 끼워두는 게 철칙이라 한다. 기자는 어처구니없는 이러한 괴현상에 빗대어, "신발이 발을 보호하기 위한 물건이 아니라, 발이 신발을 위해 희생하는 꼴"이라며 헛웃음을 터뜨린다. 우산이 작아 책가방은 빗물이 들이차 이미 축축이 다 젖어버렸는데도, 신발은 비닐로 꽁꽁 싸맨 채 가슴에 품고 조심스레 발을 떼어 놓는다. 이쯤 되면 소위 명품이라는 것이 사람을 노예로 부리는 주인이자 군림하는 신(神)과 별반 다를 바 없는 것으로 격상된다. '명품'이 인간을 만든다. 하기야 명품을 입고, 들고, 신고 찍은 사진을 인스타그램 등에 올리는 게 요즘 또래들의 가장 큰 즐거움이자 행복이라는 게 중론이니, 어쩌겠는가. 오늘날 대한민국은 명품 절대주의가 지배하는 나라인 것만 같다. 우리 국민은 죄다 유물론자들인가 …?

어쨌든 이러한 형식주의를 제대로 극복하지 못하는 한, 우리 부모님들의 등골이 성할 날은 없을 것만 같다. 내면 깊숙이 진득이 쌓여있는 인품이나 덕망이 아니라, 순간적으로 겉만 번쩍거리는 겉치레용 소유물의 가격과 본새가 인간의 됨됨이를 저울질하게 되어버린 탓이다. 하지만 등골을 부러뜨린 우리 부모님들 스스로는 기꺼이 이른바 '다이소 클래스'(Class)로 주저앉는다. 한창 유행하기 시작한 이 '다이소 계급'이란 조어는 물건값이 대체로 천 원 안팎에 불과한, 이른바 싸구려 매장인 다이소 애용 고객들의 자학적 멸칭이다.

이처럼 우리 한국사회에서는 '강자 최고주의'와 '사회적 형식주의'가 멋진 조화를 이루며 양립하고 있는 것처럼 보인다. 말하자면 사회적 강자의 존재양식에 대한 무한한 동경과 그를 닮고자 발버둥치는 전인적 모방심리가 '한국적 형식주의'의 온상이 되고 있다는 말이다. 하지만 일시적인 강자의 편의나 취향에 따라 워낙 많은 게 시도 때도 없이 제멋대로 뒤바뀌는데다가 또 그런 변화무쌍함에 대한 사전예고나 안내가 또한 제멋대로인 형편이니 약자들은 그저 뒤죽박죽일 따름이다. 소통불능이다. 상식이 편안하게 자리잡을 여지가 없다. 이런 실정이니, 아마도 세계에서 간첩이 침투해 암약하기 가장 힘든 나라가 우리나라 아닐까 싶을 정도다. 도대체 누가, 무엇을 믿고, 안심하고 꾸준히 뒤따를 수 있겠는가.

물론 이러한 한국적 형식주의는 근엄한 종교세계라 해서 결코 예외로 남겨두지는 않는다. 성당 안의 여성신도 머리 위에 사뿐히 내려앉아 있는 하얀 미사포, 붉은 네온사인으로 적화(赤化)된 교회의 십자가 뽀족탑, 그리고 녹음 테이프에서 울려나오는 절 안의 목탁소리 등도 그럭저럭 다 이런 모양새를 지닌 것들이리라.

뿐만 아니라 건축물 역시 예외는 아니다. 밖으로 세워 올린 건축물들은 겉보기에는 또 얼마나 위풍 당당한가. 겉으로는 보무 당당히 활개치는 듯 보이나, 속으로는 연신 곪아터지고 있는 것들이 어디 한둘뿐이랴.

가령 성수대교나 삼풍백화점 같은 것들이 겉모습이 허술해 무너졌던가. 예컨대 박정희 시절 '재건'과 서민을 위한다는 명분을 내걸고 주로 눈에 잘 띄는 높은 언덕 위에 세워 올렸던 '시민 아파트'들은 그 전형적인 사례에 속한다. 결국 우리의 '와우 아파트'가 와르르 무너져 내려 그 의젓한 본때를 보여주기는 했지만 …. 세월호나 이태원 참사 역시 결코 이 범주를 벗어나지는 못하리라.

옛 선인들은 자신들의 삶의 지혜를 몇 마디 생활철학적 경구로 압축해내어, 후손을 위한 정신적 유산으로 남겨놓곤 했다. 예컨대 '빛 좋은 개살구'란 경구는 아마도 이러한 형식주의에 대한 경고문 같은 것이 아니었을까 싶다. 반면에 '뚝배기보다는 장맛'이라 하여, 튼실한 내용주의의 값어치를 동시에 어김없이 설파해내기도 했다. '깊은 물은 소리 없이 흐른다'고도 했고, '큰 나무는 바람을 많이 받는다'고도 가르쳤다. '도둑이 제 발 저리다'고도 하지 않았던가. '계단을 밟아야 계단 위에 올라설 수 있다'는 터키 속담도 있다. '내일은 내일의 태양이 뜬다'고도 했다. 특히 시각·청각 중복장애인으로서 미국의 작가며, 교육자이자 사회주의 운동가이기도 했던 헬런 켈러(Helen Adams Keller, 1880~1968)는 "세상은 고통으로 가득하지만, 그것을 극복하는 사람들로도 가득하다"고 외쳤으며, 영국의 낭만파 시인 셸리(Percy Bysshe Shelley)는 "겨울이 오면 봄이 멀지 않으리" 하고 읊조리기도 하지 않았던가. 이처럼 이 세상은 질곡 속에서 서로 부대끼면서도 성실한 삶을 이어가며, 이 거친 현실에서 나름대로 굴곡지긴 했으나 건강한 자화상을 남겨놓고 떠난 사람들로 가득하다.

반면에 오늘날 우리 한국인들은 자신의 타고난 '결핍증'을 제대로 충족시키지 못해, 늘 불안해하고 목말라 하는 것처럼 비친다. 이윽고 '조상 탓' 주술까지 등장시킨다. 그리고 거의 유일한 자위책이 '불행 중 다행'이라는 자기위안 법인 듯하다. 모든 불행의 근원을 조상 탓으로 돌리거나, 그래도 힘겨우면 불행이 이 정도 수준에 멈추어주어 그나마 다행이라 스스로를 위로하곤 한다. 급기야는 모든 잘잘못을 '운명' 탓으로 돌리며, 세속적 염세주의에 안착하기도 한다. '자기 자신'은 온데간데없다. 결국 '자기실종증'에 빠지게 된다.

그리하여 이러한 증세에서 벗어나기 위해, 요컨대 자기를 상실함으로써 점점 깊어질 수밖에 없는 고독의 공포를 극복하기 위해, 인간 본성의 또 하나의 다른 요소인 욕망에 필사적으로 매달리는 것처럼 보이기까지 한다. 일류대학이나, 고급아파트, 강남 8학군 등을 향한 열망은 그 진부한 사례에 지나지 않는다. 어쨌든 고독을 잊기 위해, 욕망이라는 아편에 기꺼이 중독되고자 하는 것처럼 보일 지경이다.

일상적으로 자신을 향해 돌진해오는 다양한 공세에 당당히 맞서지 못하는 옹색함, 다시 말해 먼지 묻고 때가 덕지덕지 낀 자신의 지저분한 얼굴을 맑은 물로 깨끗이 씻어내는 대신에 오히려 거기다 향내나는 분을 막무가내로 덧칠하는 속절없는 화장술에만 탐닉하려는 몸부림, 그것이 바로 형식주의를 향한 갈구로 나타나는 것이리라. 과연 이것이 인간적인 행동양식일까?

2) 과연 무엇이 '인간적'인 것인가

이 세계에서 우리만큼 이 '인간적'이라는 말을 어마 무시할 정도로 그렇게 자주 또 그렇게 당당하게 써대는 민족이 또 있을까? 우리는 일상생활 속에서 이 '인간적'이라는 어휘를 서로 경쟁이라도 벌이듯 대단히 호방하게 애용하는 국민 아닐까 싶다. 우리가 과연 '인간적'이라서 그럴까 …?

가령 조그만 차량 접촉사고라도 나서 운전자들끼리 길바닥에서 서로 먹살잡이라도 하듯 시끌벅적하게 언쟁을 벌이는 현장에서, 우리는 흔히 '목소리 큰놈이 이긴다'라는 말을 자주 듣곤 한다. 마치 인간 행위의 정당성 여부가 목소리의 크고 작음에 따라 판가름난다는 신념을 사수라도 하려는 듯이 목청들을 높인다. 어쨌든 일단 거친 고함질로 서로 승부를 겨루다가 어느 한쪽이 끝내 승복치 않거나 목청이 서로 엇비슷하여 판정이 도저히 불가해진다 싶으면, 막판에 가서는 "우리 인간적으로 합시다"며 두 손을 잡는 경우가 흔히 뒤따른다. '인간적'이란 말이 야수적인 포효 다음에야 비로소 등장하는 것이다. 이를테면 고함질이 인간의 것이 아니라는 것을 서로 자인이라도 하듯이 말이다. 그래도 정 안 되면, 마침내는 "우리 파출소 갑시다"로 마무리 짓는다. 이처럼 말다툼이나 삿대질 같은 게 있을 때마다, 이 지상에서 과연 '인간적으로 하자' 라는 말투를 우리들보다 더 스스럼없이 즐겨 애용하는 민족이 또 있을까? 아니, '인간적'이라는 어법을 우리들보다 더 열정적으로 애지중지하는 민족이 과연 이 지상에 존재하기나 할까?

하지만 '인간적'이라는 말투가 마치 인간성이 밑바닥에 곤두박질칠 때가 되어서야 비로소 허둥지둥 뱉어내는 동물의 울부짖음 같은 것으로 들릴 지경이다. 하기야 '인간'이 남용되고 있는 것은 아닐는지 …? '한국적 형식주의'가 이러한 현상을 든든히 뒷배를 봐주고 있음은 물론이다.

그런데 '한국적 형식주의'의 인간론은 대저 어떠한 속성을 지니고 있을까?

곤혹스러울 정도로 지나치게 빈번히 되풀이했지만, 우리가 지금 몸담고 살아가는 자유민주주의 사회는 개인주의적 인간에 뿌리내리고 있다.

개인주의는 물론 자유주의의 철학적 기초다. 봉건적 신분질서로부터의 개체의 해방을 기치로 내걸었던 부르주아지는 개인이야말로 자신의 이해관계를 가장 잘 알고 있을 뿐만 아니라, 또 그것을 가장 합리적으로 추구할 능력을 소유하고 있다고 확신하고 있었던 것이다.

무릇 인간사회 및 그 제도와 조직들보다는 개인을 더욱 근본적이고 더욱 실질적인 존재로 간주하는 자유주의적 개인주의는 응당 사회나 어떤 사회적 집단보다도 개인에게 더 높은 도덕적 가치를 부여한다. 즉 개인은 사회 '이전에' 온다. 말하자면 개인의 권리와 요구는 사회의 그것보다 도덕적으로 우선하는 것이다. 따라서 자유주의는 애초부터 이러한 개인의 자유로운 정치·경제활동이 철저히 보장되지 않으면 안 된다고 역설하였다. 그런데 도대체 어떠한 유형의 개인이 이러한 정치·경제활동을 마음껏 자유롭게 펼쳐나갈 수 있는 압도적인 능력을 소유하고 있을까? 그것은 당연히 어떠한 자유경쟁도 압도할 수 있는 강한 개인이다.

이러한 자유를 더욱 공고히 하기 위해, 자유민주주의는 '기회균등'(equality of opportunity)의 원칙을 엄수한다고 선언한다. 사실 이 기회의 균등은 오늘날 자본주의 사회에서 가장 널리 각광받고 있는 거의 유일한 평등의 성역이라 할 수 있다. 그리고 그것은 이미 저 프랑스와 미국 혁명에 그 심원한 뿌리를 드리우고 있다.

이 기회균등의 원칙은 모든 개인이 자신의 소질과 능력을 자유롭게 개발할 평등한 권리와 기회를 가질 뿐만 아니라, 동일한 업적에 대해서는 동일한 보상을 부여받는다고 선언한다. 요컨대 그것은 곧 모든 사회제도에 대한 접근을 모든 사람에게 균등하게 열어 놓는다는 입장을 밝히는 것이다. 따라서 혈통이니, 종교적 배경이니, 가문이니 하는 등등의 객관적 조건이 아니라, 오직 개인의 주관적 능력만이 결정적인 규정요소로 공인 받을뿐이다. 비유컨대 모든 사람을— 그들이 지체부자유자든, 올림픽 금메달리스트든, 재벌 집안 자식이든, 달동네 주민이든지를 가리지 않고— 출발선 위에 공평히 세워 놓고 자유롭게 100m 달리기 경주를 시키는 경우와 흡사하다. 이럴 때 과연 누가 그 경주에서 마지막 승리를 쟁취하게 될까? 이런 의미에서, 예컨대 채프맨(John W. Chapman) 같은 학자는 이 기회의 균등이 "가장 무능한 자와 가장 유능한 자에게 성공을 위한 경주의 평등한 출발을 부여"하는 조처라 조롱하기도 하는 눈치다.[2]

실제로는 원천적인 '기회의 불균등'이 지배하는 현실임에도 그것을 애써 눈가림하고자 하는 다양한 시도들이 엄존할 수밖에 없다. 상황이 이러하니, 어찌 숨죽이고만 있을 수 있겠는가. 여기저기서 다양한 비아냥거림이 용솟음친다. 예컨대 프랑스의 소설가이자 비평가인

---

2 Carl J. Friedrich, 〈A Brief Discourse on the Origin of Political Equality〉, in : Roland Pennock/John W. Chapman(ed), Equality (Nomos IX. NewYork: Atherton Press 1967), p.219에서 재인용.

아나톨 프랑스(Anatole France)는 "법은, 그 장엄한 평등 속에서, 가난한 사람뿐만 아니라 부자에게도 다리 밑에서 자고, 거리에서 구걸하고, 빵을 훔치는 것을 금하고 있다"고 비웃는다(Arblaster, 앞의 책, p.74에서 재인용). 뿐만 아니라 영국의 시인 윌리엄 블레이크(William Blake)까지 나서서, "사자와 소를 위한 하나의 법(one law)은 억압"이라는 직언을 날리기도 한다.[3]

그러나 개중에는 이러한 기회균등의 원칙을 개개인의 인품과 관련짓기도 하는 유별난 시도도 있어, 적잖은 흥미를 유발하기도 한다. 예컨대 〈미국 예술과학 아카데미〉 회원이기도 한 데이비드 브룩스(David Brooks)는 자신의 각별한 저서 《인간의 품격》(The Road to Character)에서, "삶이란 더 나은 인간이 되기 위한 투쟁"이라 강조하며, 인간이 실생활에서 지니고 살아가는 '덕목'의 내용을 대단히 호소력 있게 두 개의 유형으로 나누어 그 차이를 밝히고 있다. 이를 통해 브룩스는 사실 인간을 두 유형으로 나누어 고찰하는 주목할만한 본새를 보여주기도 하는 것이다.[4]

그는 덕목을 "이력서에 들어갈 덕목"과 "조문(弔文)에 들어갈 덕목", 둘로 나누어 고찰한다. 여기서 "이력서 덕목"은 "일자리를 구하고 외적인 성공을 이루는데 필요한 기술들을 말한다". 반면에 "조문(弔文) 덕목"은 "그보다 더 깊은 의미를" 지니는데, "장례식장에 찾아온 조문객들이 고인에 대해 이야기할 때 나오는 덕목들로서, 한 존재

---

3 Philip Green, The Pursuit of Inequality(Pantheon Books, New York 1981), p.165
   에서 재인용.

4 데이비드 브룩스/김희정 옮김,《인간의 품격》(부키(주) 2020), 5쪽 이하

의 가장 중심을 이루는 성격들"로 이루어진다. 보다 구체적으로 말해, "그이가 용감하고, 정직하고, 신의가 두터운 사람이었는지, 어떤 인간 관계를 이루고 살아간 사람이었는지" 하는 등등의 것을 아우르는 것이다.

저자는 비록 대부분의 사람들이 겉으로는 '조문 덕목'을 '이력서 덕목'보다 으레껏 더 중요하게 여긴다고 떠벌리긴 하지만, 정녕코 그런 자세로 실제 삶을 영위하는 사람들이 과연 얼마나 될까 회의하는 입장을 은연중에 내비치기도 한다. 그는 예컨대 "현재의 교육체제도 조문 덕목보다 이력서 덕목 위주로" 만들어져 있지 않은가 하고 반문하기도 하는 것이다. 말하자면 "사회적으로 공론화된" 대부분의 행동 양식들이 사실상 "깊이 있는 인격을 기르는 방법보다는 성공적인 커리어를 성취하는 방법"에 더욱 더 치중하고 있지 않은가 하고 개탄한다는 말이다. 이러한 문제의식에 입각하여 브룩스는 기존 현실을 보다 구체적으로 분석하고 있다.

그는 두 가지 덕목에 관한 이러한 자신의 견해에 대해 적잖은 영향을 끼친 문헌으로, 랍비 조셉 솔로베이치크(Joseph Soloveitchik)가 1965년에 저술한《고독한 신앙인》(Lonely Man of Faith)을 지목한다(같은 책 6쪽 이하). 솔로베이치크는 창세기에 나오는 창조에 관한 두 가지 묘사가 실은 인간 본성의 두 가지 상반된 측면을 상징한다고 주장하며, 이 두 본성을 각각 아담 I, 아담 II라 지칭했다고 한다.

솔로베이치크의 이러한 분석을 브룩스는 좀 더 '현대화' 한다.

우선 아담 I을 "커리어를 추구하고 야망에 충실한 우리의 본성"과 맞닿으며, "이력서에 담길 덕목을 중시하는 외적인 아담"이라 규정한다. 이를테면 "무언가를 건설하고 창조하고 생산하고 발견하길" 원하면서, "드높은 위상과 승리"를 지향하는 타입을 바로 아담 I로 설정하는 것이다.

반면에 아담Ⅱ는 "특정한 도덕적 자질을 구현하고" 싶어하는 존재인 "내적인 아담"으로 규정된다. 그러므로 아담Ⅱ는 "고요하고 평화로운 내적 인격을 갖추길 원하며, 옳고 그름에 대한 차분하지만 굳건한 분별력"을 지니고자 노력하는 타입인 것이다. 말하자면 "선한 행동을 하는데 그치지 않고 선한 사람이" 되고자 애쓰는 유형이란 말이다. 이런 취지에서 아담Ⅱ는 "친밀한 사랑을 원하고, 다른 이들을 위해 자신을 희생하길 원하고, 초월적 진리에 순응하며 살길 원하고, 창조와 자신의 가능성을 귀하게 여기는, 내적으로 단단하게 결합된 영혼을" 열망하는 것이다.

이런 관점에 입각해 아담Ⅰ과 아담Ⅱ를 상호비교하면, 다음과 같은 해석을 이끌어낼 수 있을 것이다. "아담Ⅰ은 세상을 정복하고 싶어하는 반면, 아담Ⅱ는 세상을 섬기려는 소명에 순응하고 싶어한다". 따라서 아담Ⅰ은 무언가를 이룩함으로써 자기성취를 만끽하고자 하지만, 아담Ⅱ는 보다 거룩한 목적을 위해 세속적인 성공이라든가 사회적 지위를 포기하기도 하는 것이다. 이런 측면에서, 아담Ⅰ이 "무엇이 어떻게 돌아가는지에 의문을" 가진다면, 아담Ⅱ는 "그것이 왜 존재하고 우리가 존재하는 궁극적인 이유가 무엇인지"를 탐구하고자 한다. 그러므로 "아담Ⅰ의 좌우명이 '성공'이라면, 아담Ⅱ는 삶을 하나의 도덕적 드라마로 경험"하고자 하기 때문에 그의 "좌우명은 '박애·사랑·구원'이" 되는 것이다. 이런 의미에서, 우리가 앞에서 살펴보았던 한국적 형식주의는 대체로 아담Ⅰ의 기본성향과 맞물린다고 말할 수 있으리라.

어쨌든 이러한 분석을 통해 솔로베이치크는 사실상 우리가 다름 아닌 바로 이 두 유형의 아담이 빚어내는 갈등 속에서 살아가고 있음을 밝혀내고자 한 것이다. 왜냐하면 "위풍당당한 외적 아담과 겸손한 내적 아담"이 완전히 조화를 이룰 수 없기 때문이다. 그러므로 우리는 끊임없는 자기갈등 속에서 허우적거리지 않으면 안 된다. 그리하여 우리 모두는 "이 두 페르소나를 모두 충족시켜야만 하고, 따라서 이 두 가지 서로 다른 본성 사이에 생기는 갈등 속에서 사는 기술을" 익히지 않으면 안 되리라는 중간결론에 도달하게 되는 셈이다.

그러나 솔로베이치크는 이 양자가 대단히 이질적인 논리를 지니고 있기 때문에, 이에서 비롯하는 갈등과 충돌이 결코 손쉬운 해법을 찾아내기는 힘들리라 단언한다. 그는 "창조하고 건설하고 발견하려는 아담 I 은 간단명료한 실용주의 논리를 따른다"고 다시 한 번 더 힘주어 강조한다. 요컨대 개인의 이익을 추구하고 효용을 극대화함으로써, 결국 세상을 놀라게 만드는 "경제학의 논리"를 추구한다는 것이다. 반면에 아담 II 는 "경제학적 논리가 아니라 도덕적 논리"라는 "정반대"의 길을 걸으며, "진정으로 원하는 것을 얻기 위해서는 자신의 욕망부터 정복"하라고 부르짖는다. 그리하여 "자아를 성취하기 위해서는 자신을 잊어야" 하고, "자기 자신을 찾기 위해서는 자신을 잃어야" 한다고 역설하기에 이르는 것이다(같은 책 6쪽 이하).

물론 이처럼 상반된 두 개의 모형을 상극적으로 대비하게 되면, 거의 극적으로 이질적인 인간의 두 면모를 대단히 호소력 있게 제시할 수 있을는지는 모른다. 그러나 문제는 인간이란 존재를 과연 이처럼 대나무 쪼개듯 명쾌하게 가를 수 있는가 하는 데 있다. 하기야 이렇게 하늘과 땅처럼 갈라놓은 상극적인 두 개의 유형 사이에 얼마나 많은 갖가지 인간형들이 무수히 자리잡고 있을까 …? 그뿐 아니다. 특히 자기 한 몸에 아담 I , II 의 상극적인 성향과 기질 둘 다를 한꺼번에 다 지니고 있는 사람의 경우, 다시 말해 자기 몸의 반쪽은 아담 I ,

다른 반쪽은 아담 Ⅱ인 사람의 '비극적인 운명'은 과연 어떻게 해명해 낼 수 있을까 …?

그럼에도 브룩스는 이러한 붙박이식 유형론에 입각하여 현존 사회의 문화적 속성에 대해 비판을 아끼지 않는 뛰어난 과감성을 보여 주기도 한다. 그는 우리가 아담Ⅰ, 즉 외적인 아담을 크게 키우면서도 아담Ⅱ에 대해서는 전혀 관심을 기울이지 않는 그런 성향의 사회 속에 살고 있음을 개탄한다. 요컨대 우리 사회가 잘 팔리는 커리어 쌓는 방법에만 골몰하면서, 내적인 삶을 키워가는 일에는 소홀하기 짝이 없음을 질타하는 것이다. 브룩스에 의하면 "소비시장은"— 내 자신의 논법을 따를 것 같으면, '호랑이와 토끼에게 성공을 위한 경주의 평등한 출발을 부여하는 기회균등의 시장'은— 애당초 정신적·도덕적 삶의 철학을 망각토록 유도하는 반면에, 오직 실용적이고 타산적인 욕망에만 집착토록 유혹하는 "빠르고 얄팍한" 삶의 길만을 장려할 따름이다. 그러므로 인격형성에 필요한 "겸양과 공감, 그리고 자기직시의 태도"는 내팽개치면서, 오로지 "자신을 내세우고, 광고하며, 성공하는데 필요한 기술연마"만을 가르칠 뿐이다.

결국 브룩스는 우리 모두는 어차피 "게임을 하는데 능숙하고 모든 것을 게임으로 치환하는, 자기 보존적이고 교활한 생명체"로 전락하게 되리라는 비극적인 예측을 내놓는다. 따라서 우리는 진정으로 사랑해보지도 못하고, 아울러 삶에 궁극적인 가치를 부여할 수도 있는 도덕적 목적에 진정으로 탐닉해보지도 못하게 되리라 예견하는 것이다. 이윽고 우리는 무의식적인 권태를 안고 살아가면서 다른 사람이 인정해주는 일만 하며 피동적으로 살아가는데 익숙해지리라. 이렇게 미래를 비관적으로 투시하면서, 브룩스는 "솔직히 말해서 나 자신의 영혼을 구하기 위해서 이 책을 썼다"고 스스로 겸허하게 고백한다

(같은 책, 8~9쪽).

　　브룩스의 이런 글을 대하며 불현듯, 사르트르가 "나를 쏘아다보는 타인의 눈초리, 저게 바로 지옥"이라고 내질렀던 절규가 불자동차 소리처럼 뇌리를 때림을 느낀다. 우리는 흔히 스스로가 행복해지기를 원하는 것보다, 오히려 남에게 행복하게 보이려고 더 애를 쓰지는 않는가. 아마도 사르트르는 자신의 주관적인 의지대로가 아니라, 남의 구미에 맞는 삶의 방식대로 살아가는데 보다 익숙해지도록 길들여진 몰 주체적인 현대인들을 이렇게 꾸짖지 않았으랴 싶다. 요컨대 자신이 아니라 타인들의 판단과 평가에 지나치게 의존하며 비주체적으로, 그리하여 결국 타인에 얽매인 채 종속적으로 살아가는 우리들의 무기력한 일상성에 대한 질타이리라 짐작된다. 그런데 가령 '눈치'라는 어휘를 우리나라에서보다 더욱 능란하고 빈번하게 쓰는 나라가 또 있을까? 일상적으로 남의 눈치를 비범하게 살피며 살아가는 우리 한국인들에게 사르트르는 혹여나 '지옥처럼 살아간다'고 윽박질렀을지도 모를 일이다.

　　어쨌든 브룩스는 자신의 논리전개에 토대로 작용하는 '뒤틀린 목재'(crooked timber)라는 핵심개념을 "인간이라는 뒤틀린 목재에서 곧은 것이라고는 그 어떤 것도 만들 수 없다"는 이마뉴엘 칸트의 유명한 언명으로부터 도출하였음을 밝힌다(같은 책, 34). 이어서 그는 "인간을 '뒤틀린 목재'(crooked timber)로 보는 사고방식이 지배하는 문화적·지적 전통"이야말로 바로 "우리 자신의 불완전성을 강조하는 도덕체계"라는 시각을 제시하며, 도덕적 교훈을 담은 전기 식 일화를 이것저것 소개하면서 논의를 이어나간다(같은 책, 11).

　　《The Road to Character》라는 이 책의 원제에 걸맞게, 저자는 결론적으로 이러한 불완전한 도덕체계의 문제를 해결하는 인격수양의

'길'(Road)을 우리에게 제시하면서 긴 논의의 막을 내린다. 그 와중에 독자들에게 문제의 실상과 그 해법을 들려주기 위해, 다양한 실증적 사례들을 성실하게 전달하는 정성을 아끼지 않음은 물론이다. 그런데 과연 아담 I 과 아담 II 의 속성은 오직 대립적이고 상호충돌적이고 적대적이기까지만 한 것일까, 그렇다면 그가 보여주는 대안은 과연 어떠한 것인가?

무엇보다 브룩스는, "이력서에 들어갈 덕목", 요컨대 아담 I, 즉 외적인 아담을 장려하고 칭송하는 현존 사회체계를 "능력주의 시스템"이라 규탄한다. 이 시스템에서는 "자신을 크게 생각해야 한다. 자신을 부풀리고, 스스로에 대한 확신을 가져야 하며, 자신은 많은 것을 누릴 가치가 있는 사람이고, 그것이 좋은 것인 한에서는 자신이 누릴 가치가 있는 것을 얻어내야 한다고 믿도록 장려한다. 능력주의는 우리에게 자신의 주장을 내세우고, 자신을 광고하라고 권한다. 자신의 성취를 드러내고 과장해야 한다. 자신의 우월성을 드러내면 성취구조로부터 보상이 따른다. … 능력주의 시스템은 우리에게 점점 더 좁은 곳에 집중하라고 부추기며, 더욱 약삭빠른 동물이 되라고 독려한다"(같은 책, 428). 이를테면 자기과장, 자기우월성 전파, 자기광고 등속을 자신만만하게 수행할 수 있는 능력이야말로 현존 사회체계에서 스스로를 우뚝 설 수 있도록 이끌어주는 필수요건이 되리란 말이 되겠다. 이처럼 브룩스는 우리 모두가 오늘날 "겸손의 미덕"과 나란히 하는 "리틀 미"(Little Me)가 아니라, "자기과잉"을 부추기는 "빅 미"(Big Me) 시대를 살고 있다는 경멸 섞인 푸념을 숨기지 않는다(같은 책, 24~29 쪽 참고).

이런 관점에 입각하여, 브룩스는 인간을 '뒤틀린 목재'로 간주하는 "도덕적 실재론의 전통"이 구약시대부터 비롯하였다고 단언한다.

따라서 이 '도덕적 실재론'은 "죄를 강조하고, 세속적 성공을 거부하고, 은총의 필요성을 믿고, 분에 넘치는 신의 사랑에 자신을 맡기는 도덕체계", 그 자체로 인식되는 것이다(같은 책, 435쪽). 이처럼 도덕적 실재론의 바람직한 전통을 동경하는 듯한 숨은 뜻을 은연중에 드러내면서, 저자는 자신의 지극히 보수적이고 현실주의적인 입장을 숨기려 들지는 않는다.

이러한 성향에 걸맞게, 브룩스는 바로 이 '도덕적 실재론'에 반기를 들고 그 라이벌 격인 "도덕적 낭만주의"가 18세기 경 서서히 떠오르기 시작했다고 주장한다. 하지만 도덕적 실재론자들이 "자아를 불신하고 자아 밖에 존재하는 제도와 관습을 신뢰"하는 견고한 현실주의적인 입장을 견지했던 반면에, "장 자크 루소와 같은 낭만주의자들은 … 자신을 신뢰하고 바깥 세상의 관습을 불신"하는 태도를 고수하였기에 비판받아 마땅하리라 규정한다. 요컨대 현실주의적인 "실재론자들은 수양과 문명과 계획을 신뢰했고", 이상주의적인 "낭만주의자들은 자연과 개인과 진실성을 신뢰"한 것이다. 이런 의미에서 도덕적 실재론의 바람직한 전통이 분쇄되면서 오늘날 횡행하게 된 "자기억제, 죄악, 타락과 같은 어두운 주제의 족쇄" 같은 것들, 요컨대 파국적인 '빅 미의 시대상'이 사실상 루소와 같은 낭만주의자들의 그릇된 사고에서 비롯한 것임을 결코 숨기지 않는다(같은 책, 436~37쪽).

이런 방식으로 브룩스는 결국 과거로 회귀한다. 그리하여 그가 제시하는 대안의 '길'은 종내는 종교적이고 도덕적이고 보수적인 속성을 버리지 못하게 된다. 심지어는 교조적인 풍미까지 풍길 정도다. 예컨대 '죄를 짓지 말라' 하는 식의 이른바 '도덕군자'의 몽환적인 가르침처럼, 막판에 가서는 흔히 누구라도 손쉽게 촉구하고 권유할 수 있는 속성을 지닌 탓에 그 어느 누구도 감히 거부하고 삿대질하기 난감하기 짝이 없는 영구불변의 참 진리의 성역으로 슬그머니 빠져드는 것이다. 그런 탓에 그가 제시하는 '길'이란 것이 결국에 가서는 성자가 아닌 보통 인간들이 일상적으로 그걸 실행에 옮기기에는 거의 천지개벽에 가까운 기적이 일어나지 않으면 거의 불가능에 가까운 것들로 돌변하는 것처럼 비친다.

어쨌든 브룩스는 '뒤틀린 목재'로 대변되는 "도덕적 실재론의 전통"을 부활시켜야 한다고 역설한다(같은 책 463쪽). 이 사회를 수도원 공동체로 혁신하고자 하는 꿈을 강조하는 것처럼 보일 정도다. 아마도 그의 꿈은 성자들만의 사회 창설일지도 모른다.

이런 취지에서 그는 자연스럽게 우리 인간이 "행복을 위해 사는 것이 아니라 성스러움을 위해 산다"고 강조한다. 그러므로 "삶은 본질적으로 향락의 드라마가 아니라 도덕적 드라마"가 되어야 하는 것이다. 현실주의자의 기본 속성이긴 하지만, 그는 인간에 대해 근본적으로 비관과 불신에 사로잡혀 있다. 그런 탓에 인간이 "선천적으로 이기적이고 오만한 방향으로 흐르려는 성향"을 갖고 있으며, "자신을 우주의 중심에 두려는 경향"에 빠져 있다고 본다. 그럼에도 그는 인간이 "죄를 짓지만 동시에 그것을 인식하고, 부끄러워하고, 극복할 줄도 안다"고 두둔하기도 한다. 이런 의미에서, 인간이 "약하면서도 강하고, 구속되어 있으면서도 자유롭고, 앞을 못 보다가도 멀리 본다. 따라서 자신을 상대로 투쟁할 능력을 가지고" 있음을 받아들인다(같은 책 464~66쪽). 급기야는 인간에 대한 이러한 너그러운 관용으로 일관하기도 한다.

이처럼 브룩스는 정치적·사회경제적 사회현실의 모순을 방기하면서, 결국엔 이러한 양비론·양시론적인 절충주의로 가라앉고 마는 것처럼 비친다. 하지만 어쩌면 그의 이러한 노고 자체가 인간이야말로 정확하게 본질을 파악하고 인식해내기가 엄청나게 복잡하고 난해하기 그지없는 존재라는 점을 솔선해서 모범적으로 보여주고자 하는 고행의 하나로 비쳐질 정도다.

지극히 자연스럽게 그는 마침내 "외부로부터 구원을 위한 손길", 즉 '은총' 밖에 없음을 실토하는 쪽으로 가 닿는 것 같다(같은 책 469쪽). 이것이 그의 종착역인 것처럼 보인다. 그는 빼어난 보수주의자답게, 우리 조상들이 "실질적 지혜, 전통, 습관, 예의, 도덕적 감성, 관행 등을" 꾸준히 축적해왔음을 명심하여, "순수한 이성보다 경험이 더 나은 스승"임을 결코 망각해서는 안 되리라 다그치는 것으로(같은 책 471쪽) 긴 글을 마무리한다.

인간에 대한 이러한 스타일의 브룩스의 관점을 선보인 김에, 문학 작품에 등장하는 또 하나의 다른 유형의 '인간 타입'을 덧붙여도 별반 큰 무리는 없을 듯하다. 이번에는 너무나도 널리 알려진, 도스토예프스키의 《죄와 벌》을 잠깐 일별해보도록 하자.

이 작품에는 이른바 "송충이 같은" 전당포 할멈을 살해한 유명한 라스콜리니코프가 등장한다. 그런데 놀랍게도 라스콜리니코프가 "자연법칙에 의해" 인간을 두 유형으로 나눌 수 있다고 장담하는 장면이 나온다. 한 유형은 "자기 자신과 같은 것을 번식시키는 이외에는 아무 능력도 갖지 못한 저급한 종족, 즉 평범한 사람, … 다만 물질에 지나지 않는" 부류이고, 다른 하나는 "순수한 인간으로서 자신이 지닌 새로운 언어를 구사할 줄 아는 천분을 가진 사람들"이다. 그런데 "제1의 종족, 즉 물질적인 부류는" 대체로 "보수적이고, 질서적이고, 복종의 생활을 영위할 뿐 아니라, 오히려 복종적인 일을 달게 받는 사람들", 요컨대 "복종적이어야 할 의무를 지니고" 있는 자들이다. 반면에 "제2의 종족"은 "법을 초월하는 사람들로서 스스로 가진 능력에 따라 파괴자이거나, 그런 경향을 갖게 마련"인 인물들로 이루어진다. 따라서 이들 대부분은 지향해야 할 목표를 정해놓고서는, 그를 실현하기 위해 기성질서를 파괴하려고 애쓰는 사람들이다. 예컨대 솔로몬, 마호메트, 나폴레옹 같은 이들이 여기에 속한다.[5] 아마도 라스콜리니코프는 자신 스스로가 바로 '지향해야 할 목표를 충실히 이행하기 위해 기존질서를 파괴한', 제2의 유형에 속하는 영웅적인 인물임이 분명하다고 은연중에 암시하고자 했던 것처럼 보인다. 이런 취지에서 그는 "핵심이 되는 목적만 좋은 것이라면 개개인의 악한 행위는 용납될 수 있다"고 큰소리친다(같은 책, 668쪽). 이런 식으로 그는 자신의 살인행위를 정당화하고자 애쓰는 것처럼 보인다. 어쨌든 도스토예프스키는, 라스콜리니코프의 입을 빌어, 인간을 저급하고 물질적인 굴종형 인간과 기존질서 타파적인 영웅형 인간으로 대별하고 있음을 넌지시 보여주는 것 같다.

다른 한편, 예컨대 인도 전문가인 하인리히 침머(Heinrich Zimmer)는 힌두 철학이 제시하는 인간적 삶의 '4단계'를 다음과 같이 정리해 보여준다.[6]

첫 번째는 "학생의, 배우는 자의, 제자의 단계"로서, 하루 중의 아침에 해당한다. 이 단계에서는 주로 스승의 명령에 복종하고, 그의 비판을 겸허히 수용해야 한다.

그 다음 하루 중의 정오에 해당하는, 두 번째 단계가 뒤따른다. 성인이 된 인간이 결혼해서 가정을 꾸리게 됨으로써, 생활비를 조달하

5　도스토예프스키/유성인 옮김,《죄와 벌》(하서 출판사 2015), 345쪽

6　프레데리크 그로 지음/이재형 옮김,《걷기, 두 발로 사유하는 철학》(책세상 2016), 18~20쪽

고 직업에 종사하고 사회적 제약을 따를 의무를 지게 된다. 이 단계에서는 그는 사회와 가정에서 스스로 어떤 역할을 담당해야 하는지를 정해주는, "사회적 가면"을 쓰라는 요구를 받아들이게 된다. 그리고 훗날 삶의 오후에 맞먹는 세 번째 단계에 접어들면서, 사회적 의무와 가족부양의 의무, 경제적 부담을 훌훌 벗어 던져 버리고 은자(隱者)로 변신한다. 이 때는 "숲으로 떠나는 단계로, 명상과 묵상을 통해 이미 오래 전부터 우리 마음속에 변하지 않고 있는 것, 우리 마음속에서 깨어나기를 기다리고 있는 것과 가면과 직무와 정체성과 역사를 초월하는 그 영원한 자아와 친숙해지는 법"을 배워야 한다.

이어서 마침내 "순례자는 은자의 뒤를 이어받아 우리 삶의 끝없이 이어지는 찬란한 여름밤"을 보내게 되는데, 이것이 마지막 네 번째 단계다. 이 단계에서는 "현자는 모든 것을 포기"함으로써, "최고의 높은 경지의 자유, 완전한 해탈의 자유"를 만끽하게 된다. 이것은 사실상 거지와 다를 바 없이 떠도는 순례자의 여정으로 이해된다.

이를테면 힌두 철학자 하인리히 침머는 인간의 삶이 스승의 가르침에 복종하는 학생, 가면을 쓰고 사회적 제약에 순응하는 생활인, 영원한 자아와 친숙해지는 은자, 그리고 완전한 해탈의 자유를 만끽하는 순례자, 즉 떠돌이 거지로 변모하는 과정을 겪으며 진화하는 것으로 파악하는 것이다.

하지만 이와 같이 다양한 인간유형이 제시되고 있음에도, 도대체 '인간다움'이나 '인간의 존엄성'이 과연 어떠한 것인가 하는 원초적인 물음에 대한 납득할만한 언질이 그리 속시원하게는 들려오지 않는 것 같다. 인간을 인간답게 만드는 것, 요컨대 '인간적'이란 과연 어떠한 것을 가리키는 것일까? 명백히 내 자신 스스로가 진정한 인간임에도 왜 이러한 질문에 자못 조심스러워지는 걸까….

무릇 '인간적'이란 도대체 무엇을 의미하며, 어떠한 속성을 지니고 있고, 또 어떠한 요소를 두루 갖추고 있어야 마땅한 것인가?[7]

일상적으로 대단히 빈번히 사용하는 용어임에도, 막상 이렇게 제식훈련처럼 꼿꼿이 맞닥뜨리게 되면 무척 당혹스러워질 수밖에 없는 게 또한 지극히 사람다운 행세 같아 보이기도 한다. 그러나 난해한 개념에 부딪쳤을 때, 우선 정반대 편에 자리한 대립 항부터 먼저 떠올려보는 게 유익한 경우가 적지 않다. 예컨대 평등이나 자유의 개념을 따져보고자 할 때, 일단 불평등이나 부자유가 어떠한 것인가 하는 것부터 먼저 떠올려보는 게 적잖은 도움을 줄 수도 있는 경우처럼 말이다. 이런 견지에서, 우선 '비인간적'이란 어떠한 것인가 하는 것부터 미리 살펴보는 게 유용하리라 여겨진다.

나는 가장 비인간적인 것은 한마디로 이기적인 삶의 태도라 생각한다. 무엇보다 모든 인간이 유한한 생명체로서 필연적으로 죽음이라는 절대 평등의 울타리에 둘러싸여 서로 격려하고 서로 도우며 살아갈 수밖에 없는 공동 운명체인 탓이다. 가령 한 방에 함께 모여 있는 모두가 오랜 굶주림으로 사경을 헤매고 있는데, 누군가 옆에서 혼자만 맛있게 밥을 먹고 있다면, 그런 작자를 과연 인간적이라 할 수 있을까? 무릇 모든 인간이 굶어 죽지 않을 천부적인 권리를 소유하고 있는 것과 마찬가지로, 주위에 만일 굶어 죽어가는 사람이 있다면 이들을 무조건 살려내야 할 천부적인 의무 역시 동시에 지니고 있어야 하지 않을까. 이런 게 대저 인간의 인간다운, 인간적인 자세 아니겠는

---

7 '인간적'이란 어떠한 것인가 하는 주제를 지나치듯이 지극히 간략하게나마 처음으로 시험삼아 운을 떼어본 것은 나름대로의 인생철학을 정리해본 나의 졸저, 《인간적인 것과의 재회》(도서출판 푸른숲 1998)의 한 장인 〈아아, 인간이 보고 싶다〉(70쪽 이하)에서다.

가.

한때 일본에서 이런 일이 있었다고 전해진다.

1964년의 제18회 도쿄올림픽 준비로 경기장 확장공사를 한창 진행하던 중에, 지은 지 얼마 안 된 집을 부득이 헐 수밖에 없는 일이 생겼다 한다. 그런데 인부들이 지붕을 들어내다가, 꼬리가 못에 박힌 채 꼼짝달싹 하지도 못하는 도마뱀 한 마리를 발견하였다. 아마도 그 도마뱀은 집 지을 때 어쩌다 못에 박혀, 여러 해 동안이나 움직이지 못하면서도 죽지 않고 버텨온 것으로 보였다. 인부들은 이 도마뱀이 한 자리에 붙박여 있음에도 어찌 오랫동안 굶어 죽지 않고 살아남을 수 있었는지 몹시 의아해질 수밖에 없었다. 그들은 일손을 놓고, 조심스레 현장을 꼼꼼히 지켜보았다. 그런데 웬 도마뱀 한 녀석이 불현듯 나타나더니, 꼬리에 못이 박힌 자기 동료에게 먹이를 물어다 주는 게 아닌가. 그 도마뱀은 그 기나긴 세월 동안 하루에도 몇 번씩이나 친구를 위해 먹이를 날라다주는 고행을 말없이 수행해왔던 것이다. 일꾼들은 할 말을 잊었다.

도마뱀 같은 미물도 이 정도 수준이다. 그런데 이처럼 하찮은 동물들이 인간보다 더 인간적으로 살아가야 할까…?

고래 역시 다쳐서 거동이 불편한 동료를 결코 방치하는 법이 없다고 한다. 다친 동료를 여러 고래들이 둘러싸서 들어 나르기도 하고, 그물에 걸린 동료를 구출하기 위해 그물을 물어뜯기까지 하는 것으로 알려져 있다. 뿐만 아니라 울새, 개똥지빠귀, 박새 같은 작은 새들도 매가 접근하면, 무리 지어 다른 새에게 경고를 보낸다. 그들은 낮게 웅크린 채 특유의 가늘고 새된 소리를 내며, '동지애' 차원에서 다른 새들에게 위험을 알린다는 것이다. 침팬지는 포유동물 중에서도 가장 이타적인 부류에 속한다고 한다. 그들은 공동 사냥이 끝나면, 포획물을 공유할 뿐만 아니라 양자까지 들인다고도 한다. 또한 하등동물, 특히 개미나 꿀벌, 말벌 집단의 구성원들은 자기 집을 사수하기 위해, 침입자에게 미친 듯이 돌진할 준비가 되어 있다는 것이다.[8]

물론 보다 더 극적인 사례가 없는 것도 아니다.

예컨대 황제펭귄은 모두 다 함께 극한추위를 이겨내기 위해, '허들링'을 감행한다고도 하지 않는가.

황제펭귄이 서식하는 남극은 겨울이 되면 기온이 영하 40도까지 떨어질 뿐만 아니라, 시속 140km가 넘는 매서운 강풍까지 몰아붙이는 곳이다. 제 아무리 남극이 고향인 펭귄이라 한들, 이렇게 혹독한 환경 속에서 홀로 겨울을 날 수는 없다. 바람이 매서워지면, 황제펭귄들은 집단체조 하듯 허들링 대열을 만들기 시작한다고 한다. 허들링 (huddling)이란 으스스한 강풍에 열을 빼앗기지 않고 자신들을 지켜내기 위해, 울타리 치듯 원형으로 빽빽이 둘러서서, 서로 겹겹이 들러붙는 대열을 만드는 것을 뜻한다.

한편 가장 바깥쪽에서 대열을 꾸리는 펭귄들은 당연히 가장 혹독하게 강추위와 맞붙을 수밖에 없게 된다. 그러나 추위를 견뎌낸 이 펭귄들이 지치게 되면, 이번에는 대열의 안쪽에 있던 펭귄들이 직접 매서운 바람에 맞서기 위해 결연히 맨 밖으로 몸을 돌린다. 자발적인 임무교대다. 그러면 혹독한 칼바람에 맞서 온통 바람막이 역할을 해내

---

8 이에 대해서는 최재천, 《생명이 있는 것은 아름답다》(효형출판 2001/2005~9쇄), 58쪽, 그리고 에드워드 윌슨/이한음 옮김, 《인간본성에 대하여》(사이언스 북스 2000), 211~212쪽을 볼 것.

며 추위에 떨던 펭귄들이, 바야흐로 대열의 안쪽으로 들어가 서서히 몸을 녹일 수 있게 된다. 황제펭귄들은 이러한 허들링을 통해 영하 40도의 남극에서 체온 37.5도를 지켜낸다고 한다. 얼마나 존엄한 연대인가.

우리 인간 역시나 매서운 바람이 몰아치는 이 혹독한 인생살이에서 혼자 맨몸으로 이 칼바람에 맞선다면, 이내 맥없이 곤추 꼬꾸라지고 말리라. 그럴 경우, 마찬가지로 우리에게도 서로서로 힘을 합처 몇 겹의 원꼴을 구축해 버텨내는 이러한 허들링이 필요하지는 않을까. 서로가 서로에게 더불어 바람막이가 되어주는 세상에서는 아마도 혹한의 겨울도 그리 혹독하지는 않으리라.

'하찮은' 도마뱀이나 펭귄조차 이러하거늘, 하물며 소위 '만물의 영장'이라는 인간은 대체 어째야 할까…?

무엇보다 이기적인 삶의 태도가 가장 심각한 문제로 부각될 수밖에 없을 듯하다.

앞에서도 지적했듯이, 의사까지 나서서 이기주의란 것이 자신의 생명조차 거스르는 반인간적이고 반인류적인 폐습이라는 점을 특별히 의학적으로 밝혀내기도 한 바 있을 정도다.

인간의 삶은 울음에서 시작하여 울음으로 끝난다. 태어날 때는 물론 자신이 울고 죽을 때는 다른 사람들이 울어주지만, 어떻게 보면 인생은 울음의 교향악이라 이를 수도 있으리라 여겨진다. 이런 처지에서, 불우한 주위 동료인간을 위해 애완동물에게 기울이는 애정의 1/10, 1/100 만이라도 베풀어준다면, 그러한 것이 훌륭한 이웃사랑이 되지 않을까 …?

한편 애완동물을 향한 뜨거운 애정이 근래에 들어 보다 급속히 열렬해지기 시작한다고 한다. 예컨대 명품업계를 비롯한 유통업계 전반이 '펫셔리'(펫+럭셔리) 시장에 공을 들이고 있다는 언론보도까지 뒤따를 정도다. 일부 연예인이나 부자들의 유별난 소비풍조 정도로 취급해온 '럭셔리 펫' 아이템을 향한 분위기가 달라지고 있다는 것이다. [9]반려견·반려묘를 위해 수십 만원에서 수백 만원 수준의 지출도 아까워하지 않는 소비자들이 늘어나고 있다고 한다. 가령 신세계는 한 호텔과의 협업을 통해, 프랑스 왕비였던 마리 앙투아네트가 사용한 디자인을 재현한 반려견용 집인 '펫 스위트'와 벨기에 산 친환경 소재를 활용해 짜맞춤한 '펫 소파'를 이색 추석선물로 내놓기도 했는데, 가격이 각각 420만원과 65만원이었다고 전한다.

두말 할 필요도 없이, 휴머니즘이 결코 소나 돼지 같은 동물을 향한 인간적 자비심의 발로를 의미하는 것이 아님은 너무나 뻔한 노릇이다. 인도주의란 이 땅에서 더불어 살다가 다시 이 땅 속으로 더불어 함께 돌아갈 동료인간에 대한 인간적 공감이며, 애정이오, 존중심을 일컫는 말이다. 하나도 복잡할 게 없다.

이런 취지에서, 자신이 기르는 애완동물에 쏟아붓는 애정의 한 귀퉁이 정도만이라도 주위의 불우한 동료인간에게 베풀어준다면, 그게 당당한 인도주의가 될 수 있음은 물론이다. 요즈음에는 이런 저런 대학들에 '애완동물 관리학과' 같은 것도 만들어져 있을 정도다. 이처럼 말 못하는 동물에게도 지극한 정성을 기울일 수 있는 존재가 바로 인간인데, 하물며 같은 인간에게는 더 이상 무슨 복잡한 설명이 필요하

---

9 이에 대해서는, 서울신문(2021.09.04)을 참조할 것 : 예컨대 프라다는 지난 5월 프라다의 시그니처인 나일론 소재를 이용한 반려견 용 우비(59만원)와 백팩 모양의 하네스(어깨와 가슴에 착용하는 줄 · 68만원)를 선보였다. 이에 앞서 4월에는 펜디의 상징인 F이니셜이 돋보이는 캐리어(300만원), 리드 줄(47만원), 목줄(33만원)과 함께 반려견 코트(54만원)를 내놓았다.

리요.

　인간도 물론 숨쉴 줄 아는 동물이다. 그런데 만의 하나라도 애완동물이 우리의 휴머니즘을 독차지하는 일이 벌어져서야 되겠는가. 이런 애완동물이 부럽고 존경스러운 나머지, '애완인간'이라도 되었으면 하고 목 따갑게 갈망하는 사람이 어디 한둘일까 싶을 정도다. 그러나 행복한 애완동물이 되기보다는 비참하더라도 인간, 인간이 되어야 하는 게 더욱 당당할 것임은 두말 할 나위도 없는 일 아니리요. 그런 탓에, 짐짓 애완동물만큼이나 동료인간을 정성껏 사랑할 수 있는, 그저 예사롭게 따스한 체온이 감도는 '인간적인' 인간이 더욱 더 값진 존재 아니겠는가.

　그렇다면 도대체 어떠한 됨됨이를 '인간적'이라 이를 수 있는가?

　첫째, 지겨울 정도로 무수히 되풀이하는 말이긴 하지만, 우리 모두는 언젠가는 예외 없이 더불어 생명을 마감할 수밖에 없는 유한한 존재다. 언제나 우리의 앞을 가로막고 서서 다시금 자연으로 되돌아가도록 독촉하는 거대한 죽음의 장벽을 어떻게 넘어설 수 있겠는가.

　그리하여 자연 앞에서는 결국 모든 인간이 궁극적으로는 평등한 존재일 수밖에 없다.

　요컨대 우리 모두는 인간다운 삶을 영위할 공평한 권리를 몽고반점처럼 선천적으로 가슴 깊이 지니고서 평등하게 이 자연 속으로 태어나는 것이다. 그런 탓에, 우리의 삶이 마침내 종언을 고하여 다시금 자연으로 회귀할 때까지, 우리 모두가 서로 고무 · 격려하고 서로 손잡아 이끌며 온갖 고난을 함께 헤쳐나가는 것이야말로 지극히 마땅하고도 자연스러운 이치 아니겠는가.

이를테면 우리는 이 자연 속에서 공생·공존·공영의 세계를 함께 일궈나가기 위해 서로 굳게 뭉쳐 연대해야 하리라는 지상목표를 공유하고 있는 것이다. 이처럼 모두가 더불어 서로 힘을 끌어모아 평화롭고 행복한 세계를 함께 만들어나가기 위해 분투하는 진취적 자세를 일러 어찌 '인간적'이라 하지 않을 수 있으리요. 한마디로 우리 인간사회에 온전한 자유와 평등의 복지(福地)를 건설하리라는 궁극적인 우리의 이상을 실현하기 위해 상호 연대하는 삶의 의지야말로 지극히 '인간적'이라 할 수밖에 없으리라.

　이런 취지에서, 특히 불우하고 소외당하는 동료인간이 가까이 있다면, 특별히 그들의 인간다운 삶을 위해 더불어 헌신해나가는 자세야말로 정녕코 '인간적인' 면모라 하지 않을 수 없을 것이다. 따라서 동료인간 상호간에 수탈이나 억압·착취 등이 자행된다면, 이는 자연으로부터 부여받은 인간의 존엄성을 뿌리 채 뒤흔드는 지극히 비인간적 만행이라 하지 않을 수 없으리라. 이런 면에서, 예컨대 얼마 전 국회에서 논란을 벌인 바 있는 '차별금지법'(평등법) 제정 문제는 중대한 의미를 지닌다고 말할 수 있다. 만일 이 법이 직접적인 차별을 겪고 있는 특정 소수자 집단에만 국한된 것이 아니라, 가령 이러한 한계를 뛰어넘어 모든 생활영역에서의 모든 형태의 불합리한 차별을 금지하는 내용을 총괄함으로써 불평등한 일상생활을 감내할 수밖에 없었던 모든 국민에게 골고루 확대 적용될 수만 있다면, 이 법률안은 결정적으로 '인간적인' 법 정신을 온전히 구현해내는 특출한 법률적 보호수단이 될 수 있으리라. 역사적으로 길이 길이 박수갈채 받을 시도임은 물론이다. 그러나 한국적 정치인과 정치수준이 과연 이러한 출중한 역사성을 감히 만들어낼 수 있을까?

둘째, 인간이 그러한 것과 마찬가지로, 자연 앞에서는 모든 생명체가 다 골고루 평등한 존재일 수밖에 없다. 자연은 모든 생명체를 동등한 내재적 가치를 지닌 존재로 창조해내었을 뿐만 아니라, 이 지상의 모든 유한자에게 정해진 한도 내에 이 지구를 잠시 빌려쓰도록 허여했을 따름이다. 따라서 생태계 안의 균형 잡힌 평등체제 구축이야말로 응당 자연의 지극히 자연스러운 내재적 요청이라 할 수 있을 것이다. 그러므로 공정한 생태환경을 지속적으로 조성·유지함으로써 인간은 말할 것도 없고 여타 다른 생명체들 모두가 다 함께 상호 공생·공존·공영의 행복을 끊임없이 더불어 누려나갈 수 있게 되리라 함은 너무도 명백한 일이라 하지 않을 수 없다. 의당 인간이 그 주도적인 책임과 의무를 지고 있음은 물론이다.

이런 의미에서, 자연에 내재한 이러한 오묘한 평등의 이치 및 자연과의 관계에서 인간의 역할을 일상적으로 배워 익히는 존재를 일러 가히 '인간적인' 인간이라 이를 수 있으리라.

셋째, 특히 개개인의 일상생활과 결부시켜 볼 때, '인간적'이란 '역설적인' 삶을 살아가고자 다짐하는 마음가짐이라 할 수 있다. 말하자면 앞에서도 자세히 살펴본 바 있는 '행동적 니힐리즘'의 기본정신이 바로 '인간적'이라는 말이 되리라.

일상적으로 우리는 예컨대 생일축하 파티를 경쟁적으로 열어제치곤 한다. 그런 면에서 나는 이를 대단히 위대한 행동양식이라 격찬한다.

하지만 정직하게 털어놓으면, 생일맞이 잔치란 한 살씩 나이를 더 먹어가는, 요컨대 한 걸음씩 더 종말에 가까이 다가가는 죽음맞이 잔치, 그 자체라 할 수 있는 것이다. 이런 의미에서, '생일을 축하한다'는 의식이 사실은 당신이 한 발자국씩 더 죽음에 가까이 다가가고 있다는 사실을 축하한다는, 다소 소름끼치는 행사임을 부인할 길이 막막하다.

그런데 나는 이를 왜 '대단히 위대한 행동양식'으로 간주하는가?

왜냐하면 바로 이러한 행위양식이야말로 한마디로 내가 그토록 기려마지 않는 '행동적 니힐리즘'의 진수이기 때문이다. 죽음을 향해 쉴새 없이 앞으로 전진해가고 있는 허망한 현실임에도 그를 온갖 정성을 다해 함께 축복하는 역설적 도전, 이 얼마나 도도한 니힐리즘 극복운동인가.

"한창 살아가는 중에도, (우리는 사실) 이미 죽어가고 있다"고 역설한 한 현자가 있었다. 이것은 사실 라틴어, '메디아 비타 인 모르테 수무스'(Media vita in morte sumus)에서 온 말이다. 이런 면에서, '생일을 축하한다'는 것은 사실 이러한 죽음에 과감히 맞서고자 하는 결연한 인간적 투지, 그 자체라 할 수 있는 것이다.[10] 이 얼마나 장엄한 인간적 행위인가! 이러한 것이 바로 '행동적 니힐리즘'의 진수이며, 앞에서도 언급한 바 있는 '불구하고' 철학의 요체인 것이다. 이 얼마나 '인간적'인 결행인가.

다른 한편 인간은 참으로 흥미진진한 동물이기도 하다.

꽃을 사랑한다면서 꽃을 꺾는 존재가 바로 인간이며, 그리고 아름답다며 꺾은 꽃이 시들면, 그걸 또 여지없이 쓰레기통에 처박아버리기도 하는 게 또한 인간 아닌가. 이처럼 인간은 가장 아름답다고 칭송한 것을 가장 모질게 핍박할 수도 있는 존재이기까지 한 것이다.

'보신탕'에 침흘리면서도 애완동물은 또 끔찍이 애지중지하는 동

---

10 케이틀린 도티 지음/임희근 옮김, 앞의 책, 311쪽에서 재인용

물, 그리고 코로는 좋은 냄새만 맡으려고 안달을 부리면서도, 항문으로는 썩은 냄새만 풍기는 존재 역시 인간 아닌가. 그러므로 이처럼 상습화 한 인간의 모순된 일상과 속절없는 고정관념에서 일탈하여 '거꾸로', 즉 역설적으로 살아가고자 애쓴다면, 인간의 타고난 허망함이 훨씬 더 큰 위안을 받지 않으리요. 잡초가 아무리 성가시고 쓸모 없는 것이라 손가락질한들, 과연 그 누가 험준한 암벽을 뚫고 피어오르는 애절한 풀꽃까지 뽑아 젖힐 수 있을까.

우리는 흔히 사람들의 진부하기 짝이 없는 비루한 일상적인 삶의 자세를 상징적으로 타박하기 위해 달면 삼키고 쓰면 뱉는다는 '감탄고토'(甘呑苦吐)라는 말을 즐겨 애용하지 않는가. 반면에 역설적으로 달아도 뱉고 써도 삼키는 '고탄감토'(苦呑甘吐) 하면 어떠할까. 이렇게 함으로써 종내는 쓰디쓴 사회적 고난을 보다 줄여나가고, 또 스스로 단 것을 내뱉음으로써 이윽고는 사회적 풍요를 보다 늘여나가는 일에 다소나마 기여하게 되지 않을까. 나는 이러한 본새를 '역설적인' 삶의 눈곱만한 한 유형으로 간주하는 것이다.

사실 '역설'은 평화와 화합의 미덕을 창조해내는 힘을 간직하고 있다. (실제로 있기도 한 일이었지만), 가령 성탄절에 절(寺) 일주문에 '기쁘다 구주 오셨네!' 하는 현수막이 나부끼고, 석탄일에 교회 입구에다 '부처님의 탄신을 축하합니다' 하는 메시지가 게시되면 어떨까 …?

우리는 사실 대단히 '역설적으로' 살아온, 지극히 자랑스러운 선조를 뒤로하고 있다고 자부해도 좋을 듯하다. '급할수록 둘러가라' 또는 '돌다리도 두드려보고 건너라'든가, '이열치열'(以熱治熱) 등은 얼마나 갸륵한 '역설적인' 삶의 용례들인가. 내 어눌한 짐작이긴 하지만, 이러한 화법들이 통용되던 시절에는 아예 '비인간적'이란 어휘 자체가 생겨날 기미조차 없었을 것 같아 보인다. 물론 이 '비인간적'이란 단어의 역사적인 성립과정을 꼼꼼히 추적해봐야 하겠지만, 이러한 '역설적인', 요컨대 인간적인 삶의 양상이 지배적인 사회환경에서 어떻게 '비인간적'이란 말 자체가 감히 함께 쓰일 수 있었으랴 짐짓 유추해보기 때문이다.

하기야 종말이 있을 수밖에 없는 유한한 존재인 탓에, 인간의 삶은 본질적으로 '허무' 그 자체 아니랴.

그런 탓에, 나는 허무가 우리의 고향이라 믿는다. 고향을 떠나 있을 때 고향에 더더욱 애착하게 되듯이, 우리는 떠나온 고향처럼 '행동적 니힐리즘'을 더욱 더 사랑해야 하리라 여겨진다.

이러한 인간의 타고난 숙명인 종말과 허무의 굴레를 겸허히 받아들이면서도, 그럼에도 불구하고, '도전에 한계를 두지 않고 한계에 도전해나가는' 활달한 삶의 투지를 꿋꿋이 발휘해나가는 태도, 이 얼마나 열정적인 응전인가. 살아간다는 것은 사실 '허무'를 향한 지칠 줄 모르는 항진, 그 자체임에랴. 하지만 이러한 허무에 대한 순결한 사랑으로 허무를 열렬히 포옹해나가는 삶 속에서 스스로를 불태우며 걸림돌을 디딤돌로 만들어나가는 꿋꿋한 정진의 몸짓, 이러한 태도를 어찌 '인간적'이라 이르지 않을 수 있으리요. 이러한 삶을 살아가는 인간은 응당 '때문에'가 아니라, '불구하고'의 세계, 요컨대 '역설' 속에서 삶의 대의를 찾아 나서게 되리라.

이러한 취지에 부응하여, '역설적' 삶을 점지하는 '십계명' 유형의 소소한 다짐 정도를 감히 주워섬기더라도 서로에게 나름 소곳하지 않으랴 싶다.

부드러워도 나약하지 않고, 굳세어도 사납지 않으며, 너그러워도 어리석지 않고, 신중하되 느슨하지 않으며, 무심한 것 같지만 냉담하지 않고, 솔직하지만 거칠지 않으며, 명랑하지만 들떠 있지 않고, 잠자코 있지만 어두운 기색은 없으며, 의연하지만 각박하지 않고, 품위를 지키되 우쭐대지 않는 삶의 맵시 ….

이를 감히 역설적인 삶의 '십계명'이라 주워섬기긴 했지만, 실은 '불구하고의 세계'를 살아가는 유용한 삶의 지혜라 이를 수도 있을 터이다. 하지만 처녀림을 탐사하는 여행객처럼, 이러한 삶에 어찌 고통을 맞닥뜨리지 않을 수 있겠는가. 그러나 그것은 아마도 진정한 봄을 더욱 더 알차게 깨우쳐주는 겨울 같은 고통이리라. 하여 고통은 정작 꿈의 걸림돌이 아니라 디딤돌인 것이다. 그러하니 고통을 사랑하는 마음가짐, 이 또한 어찌 '인간적'이지 않을 수 있겠는가.

여기 19세기 영국 시인 프랜시스 톰슨(Francis Thompson)이 있다. 한때 마약중독자이기도 했지만, 결국엔 폐결핵으로 생을 마감한 이 시인은 "우리는 타인의 고통 속에서 태어나, 자신의 고통 속에서 죽어간다"고 읊은 바 있다.[11] 이처럼 고통이 삶과 죽음을 관류하는 절체절명의 존재와 다를 바 없을진대, 어찌 고통을 사랑하지 않을 수 있으리요.

하지만 자신이 깨끗하다하여 남의 더러움을 기꺼이 포용치 못한다면, 그것은 참된 깨끗함이 아니라 결벽증에 지나지 않으리라. 그리고 자기가 옳다고 여긴대서 남에게까지 그 길을 강요하려든다면, 그것은 옳음이 아니라 자기도취일 수 있다. 진정으로 '인간적'인 인간이라면, 이러한 지혜 역시 참답게 깨닫고 있지 않으랴. 이러한 '인간적'

---

11 리처드 칼슨 지음/강미경 옮김, 《우리는 사소한 것에 목숨을 건다》(창작시대사 2009), 166쪽에서 재인용

인 인간만이 내일 할 일은 오늘 하고, 오늘 즐길 일은 내일 즐기고자 하리라. 그런고로 우리의 삶에 어찌 희망 없는 일이 있을 수 있으랴, 다만 희망 없다고 생각하는 사람만 있을 따름이리라. 그러하니 작은 이슬방울, 가느다란 실개천 하나 하나까지 다 받아들임으로써 비로소 바다의 가없는 깊이가 온전해질 수 있으리란 걸 어찌 모른 척할 수 있으리요.

모름지기 '좋은 일'과 '좋아하는 일'이 하나로 합쳐지는 길을 찾아 나서는 자만이 참으로 '인간적인' 인간이 될 수도 있으리라. 좋은 일이 하필 내가 좋아하는 일이고, 내가 좋아하는 일이 유독 좋은 일일 수만 있다면, 이보다 더 한 행복을 대체 어디서 만날 수 있으리요.

넷째, '솥·냄비'는 무척 '인간적'이다. 그러하니 '솥·냄비'를 짊어지고 흔쾌히 삶의 여로를 헤쳐나가고자 하는 마음가짐이 어찌 '인간적'이 않을 수 있으리요.

무릇 '길'에는 두 개의 형상이 있을 터이다. 우선 이미 만들어져 있는 길들 중에서 대체 어떤 길을 택하고 따를 것인가 하는 것이 그 첫째이고, 다음은 과연 어떠한 길을 만들어나갈 것인가 하는 게 그 둘째이리라. 한 쪽은 추종의 길이고, 다른 한편은 창조의 길이 될 것이다.

그러나 길을 걷는 속도보다는 길을 택하는 속도가 더욱 소중한 것임은 두말 할 나위도 없는 일이다. 재빠르게 걷고 있는 길이 하필 그릇된 길이라면, 걸으면 걸을수록 목표지점으로부터는 그만큼 더 멀어질 수밖에 없기 때문이다. 뱀이 물을 먹으면 독이 되지만, 소가 마시면 젖이 되지 않으리요. 이처럼 같은 물을 먹어도 만들어지는 게 서로 다른 이치와 마찬가지로, 같은 길을 걸어도 발자국은 서로 다른 법이다. 길을 과연 어떻게 걷는가 하는 게 요체인 까닭이다.

그러나 모든 '길'은 통한다. 끝에 가서 보면, 모든 길이 결국 하나로 통해 있고 또 서로 만나고 있음을 알 수 있게 될 것이다. 다만 어떤 길이 둘러 가는 길이고 또 어떤 게 질러가는 길인가, 아니면 어떤 것이 험한 길이고 또 어떤 게 평탄한 길인가 하는 정도의 차이밖에 없다는 걸 알게 되리라. 하지만 둘러 가는 길에서는 천천히 많은 것을 둘러볼 수 있다. 들꽃이 반갑고, 또 머리 위를 날아가는 이름 모를 산새들의 울음소리가 정다울 것이다. 반면에 타닥타닥 재빨리 걸음을 옮기는 지름길 위에서는, 급히 걷느라 무언가를 흘리기도 하고 또 바라보아야 할 것을 놓치기 일쑤이리라.

그런데 '솥·냄비'를 둘러매고 걷는 길은 과연 어떤 길일까?

이 세상에 원래부터 만들어진 길은 없다. 길은 다만 만드는 것일 뿐이다.

그러므로 아무도 걸어본 적이 없는 그런 길은 아예 존재하지 않는다. 아무도 밟지 않은 눈길이 오래오래 밟고 다님으로써 편안히 다져지듯이, 비록 처음 만들어지는 길이 비록 거칠고 험상궂다 하드라도 뒷사람들에게는 고르고 탈 없는 탄탄대로가 될 수도 있을 터이다. 썩어 문드러지기보다는 차라리 닳아 없어지는 게 더욱 지혜로운 삶의 길이 되는 이치와 마찬가지리라.

그렇다면 '솥·냄비'의 길은 과연 어떠할까.

물과 불은 한데 섞일 수 없는 것이라 서로 골똘히 나누고 갈라야 하는 것이다. 그럼에도 불구하고, 우리는 흔히 '물불을 가리지 않는다'는 말을 자주 되뇌곤 한다. 이 말 속에는 은연중에 물에 빠져 가라앉거나 불에 타 재가 되는 쓰라린 위험도 결단코 마다하지 않으리라는 옹골찬 각오 같은 게 짙게 서려 있다. 실은 이처럼 어마어마하게 혹독한 속뜻을 지니고 있는 말임에도, 아무렇게나 숨쉬기하듯 마구잡이로 남용하는 경향이 다분한 현실이다. 어쨌거나 과감하게 어떠한 난관과 위험도 무릅쓰겠다는 결기 있는 다짐의 한 가닥임에는 틀림이 없다. 그런 탓에 '물불 안 가리고'라는 말은 무조건, 온갖 장애나 위험을 무릅쓰고 닥치는 대로, 한꺼번에 왕창, 요컨대 깊이 생각해보지도 않고 그냥 막무가내로 밀어붙이는 습성 따위를 드러내기 위해 통용되는 화법이다.

그러한 행동양식에 빗대어, 우리는 또 '이판사판'(理判事判)이라는 말도 자주 애용한다. 이 말은 원래 절 집안에서 '이판승'(理判僧)과 '사판승'(事判僧)을 한꺼번에 아울러 쓴데서 비롯한 말이었다. 본래 '이판승'은 주로 속세를 떠나 수도에만 전념하는 승려로서 불경 연구와 참선에 열중하는 참 중을 가리키는 말로, 반면에 '사판승'은 절의 재물과 행정 및 사무를 도맡아 처리하는 승려로서 허드렛 중을 일컫는 말로 쓰였던 것 같다. 그러다가 불교 식 이권다툼이 심해지자 이런 경계가 허물어지면서, '이판사판'이라는 화법은 본뜻이 바뀌어 '본연의 임무를 벗어나거나 기준도 없이 아무렇게나 무질서하게 막 해대는 행동'을 가리키는 말로 쓰이게 된 듯하다. 이를테면 '어디 끝장을 보자!' 하는 식으로, 막다른 골목에 이르거나 어쩔 수 없이 일이 엉망진창이 되어버린 지경을 나타내는 말로 쓰이는 형편이다. 따라서 '물불을 가리지 않는다'는 말 본새와 그리 큰 차이는 없어 보인다.

한편 불은 은연중에 징벌의 위력을 감추고 있어 그런지, 은근히 무시 못할 위엄을 지니고 있는 것처럼 비친다. 하기야 불의 성질은 거칠고 세차서 보기만 해도 무서우므로, 사람들이 감히 가까이 다가가려고 하지 않는 게 보통 아닌가. 그래서 불로 인해 죽는 사람은 그리 많지 않은 편이다. 반면에 물은 대단히 부드럽게 보이는 탓에 사람들은 물을 별반 무서워하지 않아, 도리어 물 때문에 죽는 사람이 더 많다고들 한다. 하지만 "불난 끝은 있어도, 물 난 끝은 없다"는 말이 있다. 이를테면 집에 불이 나면 나중에 무엇 하나 꺼낼 수도 있고 타다 남은 자리에 하다 못해 못 토막 하나라도 건져낼 수 있지만, 수재를 당하여 물이 한 번 휩쓸고 지나가 버리면 아예 아무것도 남지 않는다는 말일 터이다. 어쨌든 불은 뜨거운 것이긴 하지만, 동시에 차디찬 냉혹함 같은 것을 품고 있는 탓에 성스럽기조차 할 때도 있다. 하기야 불을 신성시하는 토속신앙을 바탕으로 하는 '배화교' 같은 것도 있지 아니한가.

어쨌든 사람은 불을 무서워하긴 하지만, 또 바로 그렇기 때문에 불 구경은 대단히 즐기는 것 같아 보인다. 모든 사람이 다 불에 대해 극진한 공포심을 지니고 있긴 하지만, 타오르는 공포의 회오리바람이 자신에게만은 전혀 밀어닥치고 있지 않다는 걸 자신하게 되면, 거꾸로 훨훨 너울거리며 다른 것을 사납게 핥아대고 있는 불의 혓바닥을 즐기듯 흥겹게 구경하곤 한다. 뿐만 아니라 심지어는 그 쾌감을 즐길 수 있는 시간이 더욱 길어지길 속으로 남몰래 기원하기까지도 할 정도다.

그러나 활활 타오르는 불꽃은 전율을 일으킬 수밖에 없다. 또 바로 그 때문에, 그것은 성스러울 정도로 인간을 숙연하게 만드는 힘을 갖고 있기도 하다. 게다가 불은 또 얼마나 끈기가 있는가. 그러니 꺼진 듯이 보이는 불이 실은 재 밑에서 잠깐 잠자는 것에 불과한 경우도 종종 나타날 정도다. 그런 탓에 '꺼진 불도 다시 보자'는 게 중요한 우리네 생활철학의 하나로 튼튼히 자리잡지 않았겠는가.

다른 한편 물은 어떠한가.

물 없이 어떤 것도 생명을 부지할 수는 없다. 하지만 물은 꽃병이나 항아리, 개울이나 폭포수처럼 자신을 담는 용기에 따라 언제나 자유롭게 형태를 바꾸어나가며 조금도 거역하는 법이 없을 정도로 유연하다. 그리고 물은 언제나 높은 데서 낮은 곳, 낮은 곳으로만 흘러내리는 타고난 겸허함을 지니고 있다. 그럼에도 물은 바위도 뚫고 부수는 무서운 괴력을 가슴속에 은밀히 감추어 두고 있기도 하다. 이를테면 물은 유연성과 겸허함 그리고 비장의 폭발력을 소중히 간직하고 있는 존재인 것이다. 그런 탓에 사람들은 '물이 배를 띄우기도 하지만, 배를 가라앉히기도 한다'는 말로, 물의 위력을 조심스레 되새김질하기도 한다. 이처럼 물은 만물을 살리는 자신의 본성을 흐트러뜨리지는 않으면서도, 갖가지 대상들과 그윽하게 손잡을 수 있는 여유를 지니고 있기도 하다. 그러므로 우리는 이러한 물의 온유한 성향에 기대어, 때로는 다양한 유형의 사람들과 너그러이 손 맞잡고 유연하게 더불어 살아가라고 말없이 타이르는 듯한 물의 부드러운 속삭임에 다시 한 번 더 귀기울이기도 할 것이다. 또 때로는 물의 폭발력을 떠올리며 가령 불의에 맞설 때는 노도처럼 단호히 폭발할 수도 있어야 하리라 다그치기도 하리라.

무릇 흐르는 물은 담대한 융통성을 지니고 있다. 물은 흘러가다가 벼랑을 만나면 폭포가 되고, 평평한 들을 만나면 부드러운 시냇물이 되어 흐르며, 바다를 만나면 또 거기에 조용히 섞여 흘러 들어간다. 그러면서도 만물을 생존케 하는 물의 본성에는 아무런 변함이 없다. 이러한 관용과 너그러움은 또 얼마나 지혜로운가. 하지만 우리가 유념해야 할 게, 왜 또 없으리요. 물은 깊을수록 소리가 없으며, 깊고 수량이 풍부한 물이 비로소 큰 고기를 키운다는 사실에 어찌 눈감을 수 있을까. 이처럼 물은 우리네 삶의 본바탕이 흐르는 물처럼 유유하도록, 우리를 이끌고 가르치는데 여념이 없다.

사람들로 하여금 뛰지 않을 수 없게 만드는 것이 불이며, 모든 것을 맑고 투명하게 보이게 하는 것이 물임은 너무나 뻔한 속내다. 그런 탓에 사람들은 불과 보조를 맞추기 위해 달리고, 물 속을 들여다보기 위해 멈추어 선다. 그러하니 물처럼 냉정하고 불처럼 뜨거우면 또 어떨까. '물과 불은 좋은 하인이지만, 나쁜 주인이라'는 말까지 있지 아니한가. 또 군자가 때를 만나면 물처럼 부드럽지만, 소인은 불처럼 날뛴다고도 한다. 그리고 불같은 사람의 말은 엄히 따르나 그 주위에 사람이 모여들지 않고, 물 같은 사람의 말은 심각히 따르지는 않지만, 그 곁으로 사람들이 많이 모여든다고도 하지 않던가.

어쨌든 물과 불은 서로 상극이어서, 결코 합칠 수 없다. '수화상극'(水火相剋)이라 하지 않는가. 하지만 이 물과 불 사이에 바야흐로 솥·냄비가 없으면 과연 어찌될까?

이 솥·냄비는 서로 섞일 수 없는 물과 불의 힘을 한데 모아, 갖은 맛을 내는 음식을 만들어낸다. 이를테면 새로운 생산물을 창조해내는 것이다. 물불을 가리어 그 둘을 조화롭게 엮어나가는 일, 그리하여 또 하나의 새로운 '멋진 신세계'를 일으켜 세워나가는 일, 무릇 이러한 일을 바로 이 솥 냄비가 떠맡고 있지 아니한가. 그러나 솥·냄비는 쉬이 녹슬고 짓눌리고 곧잘 우그러지기도 한다. 이와 같이 솥 냄비는 자신은 뜨겁게 달구어지고 심하게 찌그러지면서도 값지고 새로운 신세계를 창출해내는 '역설적' 존재 아니겠는가. '솥·냄비'는 스스로 뜨거워지면서 자신의 존재이유를 덤덤히 펴나가는 것이다.

이처럼 자신은 끊임없이 뭉개지고 문드러지면서도 두루두루 형형색색의 주위 사람들을 따뜻이 껴안아나가며 새롭고 가치 있는 생산물을 만들어내는 '솥·냄비' 같은 삶을 살아가는 건 어떠할까. 이러한 '솥·냄비 인생'을 살아가는 됨됨이야말로 정녕 '인간적'이라 어찌 이르지 않을 수 있으리요. 물이 꽁꽁 얼어붙은 곳엔 불, 또 불이 훨훨 타오르는 곳엔 물, 그리하여 물불을 잘 엮어내어 이로움이 아니라 의로움을 지향하는 삶의 길로 나아가는 다짐과 몸치레, 그야말로 '인간적'인 자태가 아니겠는가.

다섯째, 낙엽 또한 얼마나 '인간적'인가.

낙엽! 이 얼마나 경탄스러운 존재인가. '낙엽이 떨어져 뿌리를 키우는 거름이 된다'는 '엽락분본(葉落糞本)'의 자세, 가히 연대를 통한 식물세계의 부활이라 일컫지 않을 도리가 있을까. 이러한 낙엽 앞에서 어찌 숙연해지지 않을 수 있으리요.

나뭇잎이 떨어져 스스로를 썩혀 자신을 키워준 뿌리의 밑거름이 됨으로써 다시 자신의 후예인 새로운 나뭇잎을 키우는 싱싱한 바탕 힘으로 부활하는 이치, 결국 이러한 숭고한 낙엽의 견인력이 개체와 인류 사이에도 마찬가지로 서로를 끌어당기고 있지 않을까. 말하자면 인류는 수없이 많은 이파리를 달고 있는 한 그루 거대한 나무와도 같으며, 개체는 인류의 새로운 거름이 되기 위해 떨어져 썩는 낙엽과도 같은 존재와 흡사하지 않으랴 하는 말이 되리라.

이처럼 스스로 낙하하여 썩어문드러지면서 자신을 키워준 뿌리를 다시 키우는 거름으로 헌신하는 낙엽과도 같은 됨됨이, 있는 힘을 다해 몸과 마음을 송두리째 다 바쳐 이루어내는 이러한 웅혼한 연대의 몸부림이 어찌 '인간적'이지 아니하리요.

하지만 여기서도 헤아려볼 수 있듯이, 이러한 '인간적인 인간'으로서의 삶을 심화·확산하기 위해, 이를 지향하는 이들간의 상호연대가 강물이 바다로 흘러 들어가는 것만큼이나 마땅하고 절실하다 함은 어찌 두말 할 나위가 있는 일이라 할 수 있으랴.

① '인간적인 인간'이란?

지금까지 세세히 살펴보긴 했지만, '인간적'이란 어떠한 것인가 하는 것을 간략하게나마 다시 한 번 더 요약·정리해보는 것이 논지의 원만한 전개를 위해 보다 유의미할 것 같아 보인다. 연이어 '인간적인 인간'이 과연 어떠한 존재인가 하는 것에 대해 간결한 해석을 함께 곁들이는 것이 사뭇 자연스러우리라 여겨진다.

간추려 말해, '인간적'이란 다음과 같은 인간의 됨됨이를 아우른다.

무엇보다 자연 앞에서는 모든 인간이 평등한 존재라는 사실을 명확히 인지하여 공생·공존·공영의 세계를 함께 지향해나감으로서, 특히 불우하고 소외당하는 동료 인간의 한결같이 고른 자리매김을 위해 기꺼이 더불어 헌신해나가는 마음가짐이야말로 '인간적'인 인간정신의 백미(白眉)라 할 수 있으리라.

이러한 자세는 바로 모든 생명체를 평등하게 창조한 자연의 섭리에 입각한 생태계 윤리와 질서에 순응하는 삶의 규범에서 비롯하는 것이라 할 수 있다. 이런 의미에서, 우리 스스로가 '현대적 원시인'으로 거듭 태어나기 위해 최선의 노력을 경주함이 마땅한 일이라 할 수 있을 것이다. '현대적 원시인'은 한편으로는, 자연과의 합일을 이룩해내고자 열과 성을 다해 노력할 뿐만 아니라 동시에 다른 한편으로는, 동등한 자연의 산물임이 입증된 주위 동료인간들과 더불어 온전한 공동체적 평등과 연대를 수립하기 위해 분투하는 '자연의 휴머니스트'라 일컫기에 부족함이 없는 존재라 할 수 있으리라. '인간적 인간'이란 한마디로 이러한 '현대적 원시인'으로 거듭나기 위해 분투하는 사람이다.

하지만 최소한 삶의 활력을 재충전받기 위해서라도, 응당 기찻길 같이 권태로운 일상의 단조로움을 뛰어넘을 필요가 있으리라. 어찌 탄산수 같은 일탈이 소망스럽지 않으리요. 하기야 익숙한 것을 떠나 낯선 것에 몰입함으로써 얻을 수 있는 정서적 쇄신은 또 얼마나 생동적일까. 하여튼 우리의 상습적인 이중성과 속절없는 고정관념의 가면을 벗어 던지는 것이 뜻깊으리라.

그렇게만 된다면, 타고난 우리의 허망한 인간적 일상이 모름지기 크나큰 위안을 받게 될 것이다. 이는 앞에서도 면밀히 살펴본 바 있는 이른바 '불구하고의 철학'과 곧바로 연결된다. 한마디로 '불구하고의 철학'은 인간으로서 가없는 선천적인 한계와 압도적인 결함을 지니고 태어났음에도 '불구하고' 그를 극복하고자 매진할 때, 바로 그러할 때, 오히려 '역설적으로' 앞으로 나아가는 더욱 더 강렬한 투지력을 발산하게 되리라는 믿음에 기초하는 것이다. 넘어지면서 끝없이 다시 일어서고, 또 일어서면서 또다시 끝없이 넘어지는 것, 그러면서도 다시금 일어서는 여유 있는 기백, 이러한 됨됨이가 곧 '거꾸로' 살아가는 '역설적인' 삶의 본새 아니겠는가. 이처럼 인간의 타고난 숙명인 유한성과 허무의 굴레를 겸허히 받아들이면서도, 그럼에도 '불구하고' 끝내 마지막 한계선을 향하여 돌진하며 혼신의 투지를 용암같이 불태우는 불굴의 영혼, 이것이 바로 '불구하고 철학'의 원동력이자 인간존엄성의 표상인 것이다. 이러한 '역설적인' 삶의 자세가 어찌 '인간적'이지 않을 수 있으리요. 허무함에도 불구하고 그 허무를 향유코자 하는 '행동적 니힐리즘'이 바로 그 본색이기 때문이다. '인간적인 인간'이란 곧 행동적 니힐리스트인 것이다.

뿐만 아니라 낙엽 또한 얼마나 경탄스러울 정도로 '인간적'인가.

놀랍게도 이러한 낙엽이 이어달리기하듯 곧장 '솥·냄비'로 뻗어나가리라.

종내 살신성인하는 낙엽의 됨됨이는 이윽고 상극적인 물과 불을 한데 끌어모아 새로운 맛의 신세계를 창조해내는 솥·냄비로 승화하는 것이다. 자신은 달구어지고 찌그러지면서도 값지고 새로운 신세계를 창출해내는 역설적 존재, 그것이 바로 솥 냄비 아니겠는가. 그러하니 이처럼 자신은 끝없이 망가뜨려지면서도, 물과 불처럼 양극단에 포진한 주위 사람들까지 두루두루 뜨겁게 껴안아나가며 참신한 삶의 값어치를 새로이 만들어내는, 이른바 '솥·냄비 인생'을 살아가는 것은 어떠할까. 이 역시 '역설적인' 삶의 한 표본이자, 정녕코 '인간적'인 면모 아니겠는가. '인간적인 인간'은 역시 이러한 '솥·냄비 인생'을 살아가고자 분투하리라.

하지만 이러한 '인간적인 인간'으로서의 삶을 심화·확산하기 위해, 서로간의 상호연대가 강물이 바다로 흘러 들어가는 것만큼이나 마땅하고 절실하리라 함은 두말 할 나위조차 없는 일이라 할 수 있다. 인간이라고 해서 누구나가 다 '인간적인 인간'일 수 없음은 물론이다. 인간이라고 다 인간이겠는가. 삶이 그리 순탄치만은 않은 까닭이다.

5—2 인연 휴머니즘

그렇다면 이러한 '인간적인 인간'은 대체 어떠한 유형의 휴머니즘을 지향하게 될까?

글머리에서도 이미 힘주어 밝혔듯이, 오늘날은 이중위기, 즉 인간위기와 자연위기로 인해 심하게 등쌀을 앓고 있다. 따라서 '인간적인 인간'이 응당 이러한 이중위기를 극복해낼 수 있는 휴머니즘을 추구하게 되리라는 것은 지극히 자연스러운 일이리라. 이중위기에 대해 이중대응책을 모색하는 것 역시 순리에 맞는 처사 아니겠는가.

인간적인 인간은 무엇보다 경쟁적 이기주의가 기승을 부리고 있는 인간사회의 엽기적 당면 현실에 우선 절박한 눈길을 던질 수밖에 없다. '사회적 이기주의'야말로 상호 공존·공영·평화·평등 및 상호연대의 세계를 지향하는 그들에게는 그야말로 결정적인 장애물로 비칠 수밖에 없기 때문이다. 이런 의미에서, 이러한 사회적 이기주의 극복노력을 '자연의 휴머니즘'이 필연적인 토대로 작용하는 중대한 생명운동의 하나로 간주하기도 한다. 왜냐하면 자연으로부터 함께 생명을 얻고, 자연 속에서 더불어 살다가, 또다시 같이 자연으로 되돌아가야 할 우리 인간들에게는 갖은 삶의 터전을 골고루 나누어 누릴 수 있는 권리야말로 자연으로부터 부여받은 필연적 가치라 여기기 때문이다.

곧 이어서 누누이 살펴보겠지만, 모름지기 인간적인 인간이 모든 생명체의 동등성을 확고히 받아들이는데 솔선해왔음은 지당한 일이다. 그러므로 이들이 생태적 이성에 귀기울이는 자연의 휴머니즘을 응당 인간사회로까지 동시에 확장·적용코자 분투하리라 함은 지극히 자연스러운 순리라 할 수 있다. 그런 까닭에, 무엇보다 소외당하고 핍박받는 불우한 동료인간의 동등한 사회적 품위 쟁취 및 보전을 위해 헌신하는 삶을 살아갈 수밖에 없으리라 함 역시 지당한 이치다. 힘에 대한 사랑이 아니라, 사랑의 힘을 신봉하기 때문이다. 그러하니 비일상적인 '역설'을 마다할 까닭이 있으리요. 오히려 이들은 대단히 자연스럽게 '행동적 니힐리스트'로서의 삶의 길을 동행하게 되었음을 무척 대견스럽게 여길 것이다.

인간적인 인간은 이러한 자신의 삶의 방식을 심화·확산하기 위해, 무엇보다 인간과 인간, 그리고 인간과 공동체 상호간의 '연대'를 확립하기 위해 언제나 통절히 자신을 불사를 준비가 되어 있는 존재다. 무엇보다 시멘트처럼 공고한 사회적 연대 수립이야말로 자신들의 소중하고 마땅한 소명이라 믿어 의심치 않기 때문이다. 이런 의미에서, 인간적인 인간이란 무엇보다 온전한 공생·공존·공영의 복지(福地) 건설이라는 궁극적인 이상실현을 위해 서로 굳건히 상호 연대하는 존재인 것이다.

예컨대 이 코로나 난세가 우리에게 일상적으로 보여주는 바와 같이, 험난한 역사적 공동과업을 더불어 수행할 때나 또는 사회구성원에게 가해지는 역사의 단근질이 자못 심란할 때, 개인과 개인 그리고 개인과 사회가 서로 굳게 결속하고 있다면, 우리의 결의는 강화하고 고통은 약화할 것이다. 상호간에 구축되는 역사적 연대가 그만큼 절실하고 소중한 것이기 때문이다. 그런데 여기서 우리가 특별히 주목해야 할 포인트는 바로 이러한 인간 상호간의 배려와 단합이야말로 '인연'의 최고덕목, 그 자체라는 점이다.

앞에서도 세세히 살펴보았지만,[12] 다시 한 번 더 간략히 부언하자면 '인연론'은 인간의 세계를 자연이 인간을 출연시켜 펼쳐가는 자연 자신의 모습이자 동시에, 인간이 자연에 의존하여 전개하는 인간 자신의 모습에 다름 아닌 것으로 인식한다. 그러므로 인간세계란 어떤 창조자가 조성해놓은 일방적인 절대객관의 세계가 아니라, 상호의존적인 인간과 자연의 상호작용에 기초하여 만들어지는 상대객관의 '인연'의 세계인 것이다. 그리하여 자연은 인간의 품격을 만들고, 인간은 자연에 뿌리내린 문화를 창조하게 된다.

무엇보다 이러한 인간세계는 본질적으로 인연의 기본구조 속에

---

12 앞의 1.2장 참조

서 작동하는 다양한 '인간관계'에 기초한다. 그러므로 이 인간관계야 말로 지금까지 모든 인류사회의 기본토대로 작용해온 주춧돌과도 같은 것이라 할 수 있다. 다시 한 번 더 강조하거니와, 이러한 인간관계의 개념 속에는 사회의 토대가 되는 "제도와 인간이라는 두 개의 범주"가 하나로 통합해 있다. 다시 말해 일정한 시공간에서의 제도와 인간의 상호관계 그리고 특정적인 제도 속에서의 인간과 인간의 상호작용을 총망라하는 개념이 바로 인간관계인 것이다. 이런 취지에서 사회를 '인간관계의 지속적 질서'로 간주할 수 있음은 물론이다.

인류사적으로 볼 때, 이 인간관계는 자연과의 근본적인 관련성 속에서, 예컨대 주종관계, 지배ㆍ피지배 관계, 계급관계, 억압ㆍ피억압 관계, 착취ㆍ피착취 관계 등등, 다양한 사회적 편차와 양상을 보이며 변모해왔다. 이런 의미에서, 나는 이러한 인류사회의 기본토대인 인간관계의 원천, 그것이 바로 '인연'이라 거듭 강조해온 것이다. 다시 말해, 자연 속에서의 인간과 인간의 다양한 이합집산, 한마디로 인간관계를 형성하는 기본토대로 작용하는 것이 바로 이 '인연'이란 말이 되겠다.

따라서 인연은 근본적으로 '관계맺음'을 존중하는 이해방식과 불가분의 상호관계를 맺을 수밖에 없게 된다. 그리고 이러한 관계맺음의 전개과정에서는 타 개인 및 집단에 대한 '배려'를 필수적인 덕목으로 간주하게 되리라함은 지극히 자연스러운 이치다.

일반적으로 이 배려는 남의 처지를 헤아리는 심적 관용으로 이해되어진다. 이를테면 배려의식이 대체로 처지(處地)를 서로 바꾸어 봄으로써 상대의 입장에서 생각해본다는 의미를 지닌 역지사지(易地思之)하는 됨됨이에서 비롯한다는 말이다. 그러므로 자기주장에 앞서 먼저 상대방을 이해하고 존중하며 상대를 염려해주는 관용적인 태도를 선호하게 된다. 물론 배려해야 할 대상과 배려의 폭과 성향이 지극히 다양하고 복잡하게 나타날 수밖에 없음은 당연한 일이라 할 수 있다. 하지만 이 배려의식이야말로 인연 세계의 핵심적인 행동준칙이라 이를 수 있는 것이다.

이러한 취지에서, 상대에 대한 존중과 배려야말로 바로 인간관계는 말할 것도 없고 대 생태계 관계에 이르기까지 일체의 상호관계에서 필연적으로 요구되는 핵심적인 덕목이라 할 수 있을 것이다. 그리하여 존중하면 배려하게 되고, 또 배려하면 존중하게 될 수밖에 없으리라. 그런데 이 존중과 배려가 바로 연대의 기본토대로 작용하는 것이라 함은 두말 할 나위도 없는 일이다. 그런 탓에, 본래부터 인연의 최고덕목으로 자연스레 자리매김 될 수밖에 없는 것이기도 한 것이다. 모름지기 이러한 존중과 배려, 요컨대 연대의 정신자세가 지극히 자연스럽게 자연 및 인간에 대한 휴머니즘의 토대를 구축하게 되는 것임은 자명한 이치다. 인간적인 인간에게는 기본적으로 이러한 정신자세가 체질화되어 있다. 이러한 맥락에서, 나는 이러한 인간적인 인간이 추구하는 휴머니즘을 한마디로 '인연 휴머니즘'이라 규정하는 것이다.

이미 앞장의 〈인연론〉에서, '인연'이라 함은 자연의 기본토대 위에서 펼쳐지는 인간과 인간의 다양한 연관성이라 해석한 바 있다. 요컨대 인간본성에서 비롯하는 공포심과 이해관계에 기초하여 상생(相生)을 도모하는 갖가지 유형의 인간적 '관계성'이 곧 인연인 것이다. 바꾸어 말하면, 특정한 시간과 공간 속에서 이루어지는 다양한 인간관계의 생성·전개·소멸의 원인(因)과 조건(緣)과 결과(果)가 생성하고·전개되고·소멸하는 장(場)이 바로 인연이라는 말이 되겠다. 이를테면 인간적 삶의 특정한 유형과 속성을 만들어내는 원인과 조건 그리고 그 결과가 총체적으로 다 함께 작동하는 기본토대가 바로 인연인 것이다.

태초에 인연이 있었다.

원래부터 우리 인류는 바로 이러한 인연의 기초 위에서 인간본성인 고독과 욕망을 극복·충족해나가기 시작한 것이다. 애초엔 자연과 인간 사이에 예컨대 수렵·채취 식의 지극히 고립적이고 단순하기 짝이 없는 인연맺음을 통하여, 나아가서는 날로 심화·확산해가는 인간 상호간의 복잡다단한 교류 및 밀착 인연을 토대로 차츰 보다 큰 규모의 공동체를 형성해나가면서, 우리 인류는 점차 고독극복과 욕망충족을 위한 획기적인 장도에 오르게 되었다. 그리하여 인연은 인간의 본성인 고독극복 및 욕망충족의 수단이자 목적으로서, 장구한 기간에 걸쳐 인간본성의 발전적 계기로 작용해온 것이다.

이와 같이 우리 인간은 역사적으로 자신의 인간적 본성을 끊임없이 순치(馴致)해가며, 인간 상호간의 배려와 단합이라는 인연 최고의 덕목을 실현코자 줄곧 노력해온 것이다. 이러한 장구한 역사과정 중에 인간적인 인간으로 거듭 태어날 수 있는 적절한 환경과 기회가 도래하면서, 바야흐로 인연 휴머니즘 발전의 토대가 서서히 구축되기 시작한 것이다.

그 와중에 우리는 오늘날 심각한 인간적 위기까지 체험하게 되었다.

무엇보다 극심한 '사익 절대주의'가 전횡을 일삼아온 탓이다. 그리하여 온화하게 가꾸어나가야 할 사회적 인간관계가 경쟁적 이기주의와 냉혹한 수지타산의 격류에 휩쓸려 난파선처럼 표류하지 않을 수 없게 되었다. 이윽고 인간관계의 핵심적인 두 축인 존중과 배려가 송두리째 뒤틀어져버렸다. 사적 이해관계에 몰입하느라 공동체적 윤리까지 백안시하기 일쑤였다. 결국 인류적 가치보다는 경제성장을, 상호협력보다는 경쟁을, 그리고 공동체적 공익보다는 개인적 사익을 더욱 열렬히 기리는 세태가 조성되기에 이르렀다. 사회갈등이 조장되고 공동체적 연대가 짓이겨지는 모순적인 현실이 배태될 수밖에 없었다. 어느새 건강한 '개인주의' 대신에, '힘센 놈이 최고' 식 자유민주주의적 '거인주의'가 박수갈채를 받으며 입성하였다.

오늘날 세계화 시대는 우리 인간사회를 극한상황으로 내몰고 있는 것처럼 보인다. 공익을 추구하는 '시민적 인간형'은 숨을 죽이고, 적나라한 사적 이익만을 추구하는 '시장형 인간'만 활개치는 듯하다. '독주'의 자유만 있지, '공생'의 자유는 찾아보기 힘들다. '나눔'(share)이 아니라 '거래'(trade)가 삶을 지배한다. 자연스럽게 '강자 최고주의'의 사회적 통념이 무한정 찬양받는 사회윤리로 군림할 수밖에 없게 된다. 그에 따라 소비주의, 물신주의만 활보하게 되어, 결국 도덕적 진보와 인간적 자아실현의 이상이 비실용적인 것으로 냉소당하는 현실이 도래하게 된다. 어디 그뿐인가. 생태계 역시 심각한 위기상황에 신음하고 있다.

그런데 지금 우리 사회의 정신건강 상태는 어느 정도나 될까.

'사회'가 '거래'(trade)의, 거래에 의한, 거래를 위한 행위양식을 관철시키고 있다면, '공동체'는 '나눔'(share)을 존중하는 원칙을 미덕으로 여긴다. 그리하여 공존과 공생, 그리고 구성원 상호간의 굳은 연대를 높이 기리리라.

하지만 요즈음 우리 사회에는 서로 얼싸 안는 인간적 화합의 몸짓이 아니라 경쟁적 이기주의가 더욱 살인적으로 기승을 부리는 듯하다. 마치 "사회 자체가 거대한 에고이즘의 덩어리"인 것만 같다.[13] 타

---

13 박경리 대하소설, 《토지》(나남 2011)16, 제4부 4권, 37쪽

인에 대한 차가운 증오와 자신에 대한 뜨거운 열애만이 가장 확실한 삶의 밑천인 것처럼 보이기도 한다. 더구나 위기에 휩싸인 자본주의의 한파가 세계 도처에서 밀어닥쳐 주위는 삭막하고 불안하다. 우리의 정겨운 이웃들이 언제 '무한경쟁', 아니 '타도'의 대상으로 손쉽게 탈바꿈하게 될지 아무도 장담할 수 없는 현실이다. 그리하여 '우선 이기고 보자'가, 언제 어디서 '까짓 없애도 좋아'로 변질해버리게 될지, 아무도 자신 있게 말할 수 없는 어두운 장막이 우리를 뒤덮고 있다.

이런 상황에서 더불어 함께 살아가고자 하는 '공동체적 삶'이 과연 얼마나 가능할까?

공동체정신은 이른바 '사회적 거리'(social distance)를 단축하기 위해 헌신한다. 이를테면 남한과 북한의 날 세움, 국민과 정부의 정떨어짐, 부자와 빈자의 등돌림, 도시와 농촌의 벌어짐, 지식인과 노동자의 편가름, 남성과 여성의 갈라짐 등의 '거리'를 메움으로써, 전체 사회 구성원을 하나로 통일시켜 나가는 힘으로 작용하게 되리라. 그러므로 '공동체적 삶'은 이윽고 휴머니즘에 뿌리내린 문화적 동질성, 민주주의에 기초하는 정치적 동등성, 자연과의 교감을 지향하는 자연적 동화성, 그리고 민족통일에 의해 이룩되는 공간적 동일성의 토양 위에 구축될 수 있으리라 여겨진다. 이 세상엔 한계만 지니고 있거나 가능성만 가진 사람, 그 어느 편도 존재하지 않는다. 이런 의미에서 이러한 인간적 한계를 조금씩 줄여나감과 동시에 그 가능성을 시나브로 높여나가는 공동체적 삶에 한마음 한뜻으로 매진하는 것이 바로 오늘날 우리에게 주어진 기본 책무는 아닐는지 …?

이런 뜻에서, 우리의 '공동체주의'는 무엇보다 사회적으로 소외당하고 억눌림당하는 사회 저변집단의 해방을 일차적인 목표로 삼아야 할 것이다. 그리고 바로 그러한 성취를 도약대로 하여, 공동체 전체 구성원 모두의 화해와 연대를 지속적으로 추구해나갈 수 있으리라. 그러나 아랫사람은 자신의 모든 것을 다 바치면서까지 감히 전체의 이익을 도모하려 하지는 않을 것이고, 윗사람은 전체의 손해를 감수하면서까지 아랫사람의 이익을 챙기려 하지는 않을 것이다. 이런 연고로, 강자의 재난은 항상 다른 사람을 지배하려는 욕심 때문에 초래되고, 약자의 재난은 늘 남을 팔아서 자신의 이익을 도모하려 하기 때문에 일어날 가능성이 높지 않을까. 욕심은 근심을 만든다.

어떻게 할 것인가.

이처럼 결국 황금 만능주의를 양산해낸 물질문명의 폐해 그리고 신자유주의적 물량공세에 직면한 오늘날, 존중과 배려 그리고 관계맺음에 충직한 인연의 토양에 뿌리내리는 인연 휴머니즘이 절실한 시대적 요청으로 서서히 떠오르기 시작하는 것처럼 보인다.

그러나 그게 다가 아니다.

또 하나, 보다 더 근원적인 문제가 도사리고 있지 않은가.

우리의 공동체적 삶의 터전이자 최후의 보루이기도 한 자연까지 지금 심각한 위기에 봉착해 있지 아니한가.

나는 이처럼 막막한 현실에서, 인연 휴머니즘의 재활을 위해 다시 한 번 더 '불구하고의 철학'과 '행동적 니힐리즘'에 호소할 길을 찾을 수 있게 되어 깊은 안도를 느낀다.

우리는 길 위에서 만난다. 하지만 이 세상에 원래부터 만들어진 길은 존재하지 않는다. 길은 단지 만드는 것일 뿐이다.

예컨대 백범 김구 선생께서도 즐겨 길을 읊곤 하셨다. 여기 조국 광복의 대장정의 길에서 중대한 결단을 내려야 할 때마다 애송하셨다는 서산(西山) 대사의 시구가 있다.

답설야중거 불수호란행(踏雪野中去 不須胡亂行)

금일아행적 수작후인정(今日我行蹟 遂作後人程)

눈 덮인 광야를 지날 때는 / 모름지기 함부로 걷지 말라

오늘 나의 발자국은 / 마침내 뒷사람들의 길이 되리니

하기야 처음 만들어지는 눈길은 험상궂고 거칠 것이다. 그러나 아무도 밟지 않아 미끄럽고 위태롭기까지 한 그 길도 오래도록 밟고 다니면 편안히 다져지리라. 그러면 뒷사람들에게는 고르고 편안한 대로가 되지 않으리요. 삶의 길 또한 마찬가지일 터이다.

길 위에 희망 없는 일은 없다. 다만 희망이 없다고 생각하는 사람만 있을 따름이다. 그러하니 이러한 길 위에서는 썩어 문드러져 없어지기보다는 차라리 닳아 없어지는 편이 더욱 지혜롭고 탐탁지 않으랴.

그 길 위에서 혹여나 누가 돌에 걸려 넘어진다면, 그것은 뒤에 오는 사람들에게 걸림돌이 있음을 미리 알려주기 위함이라 할 수 있을 터이다. 뿐만 아니라 그 돌을 그냥 방치한 채 무심코 재빨리 앞서 지나쳐버린 사람을 질책하는 뜻이 숨어 있기도 한 것일 수 있으리라. 하지만 사람들은 대저 큰 바위에 걸려 넘어지지는 않는다. 사람을 넘어지게 만드는 것은 오히려 자그마한 돌부리에 지나지 않는다. 그런데 약자는 그 돌부리를 걸림돌이라 생각하지만, 강자는 그것을 디딤돌로 여긴다. 하지만 절대로 넘어지지 않으려면, 아예 길 위를 걷지 않으면 될 일이다.

무릇 실패하지 않을 수 있는 유일한 길은 결코 아무것도 시도하지 않는 것뿐 아니겠는가. 그러므로 실패하지 않았다는 것은 전혀 노력하지 않았다는 것을 의미한다. 하지만 크게 실패할 용기가 있는 사

람만이 언제나 크게 성공할 수 있을 것임은 물론이다. 응당 타석에 들어서지 않고서 어떻게 홈런을 칠 수 있을 것이며, 낚싯줄을 물에 드리우지 않고서 어떻게 고기를 잡을 수 있을 것이고, 또 물 속에 뛰어들지 않고서 어떻게 수영을 배울 수 있으리요. 이와 같이 시도하지 않고서는 결코 목표에 도달할 수 없다는 것을 우리 모두는 익히 잘 알고 있다. 그러나 그걸 실행에 옮기려 하는 사람은 그리 흔치 않아 보인다.

하기야 우리 모두의 삶과 사회생활에도 어찌 혹한의 겨울이 찾아오지 않을 수 있으리요. 그러나 한 겨울에 어떤 사람은 얼어죽고, 또 어떤 사람은 스키를 즐긴다. 그런데 우리는 얼어죽어야 할까, 아니면 스키 타는 법과 겨울을 즐기는 방책을 강구해야 할까? 또는 눈이 녹기를 기다려야 할까, 아니면 눈을 다져 길을 만들어야 할까? 어느 편이 보다 지혜로울까? 비가 오면 비관주의자는 땅이 질척거리리라 말하고, 낙관주의자는 먼지가 가라앉을 것이라 말한다. 낙관주의자는 살아 있는 것이 기쁘다 하고, 비관주의자는 죽어야 하는 것이 슬프다고 말한다. 과연 어떤 쪽을 택해야 할까?

물론 삶과 죽음의 길은 무수히 많다. 따라서 인간은 언제고 항상 결단할 수밖에 없다.

어떠한 길로 갈 것인가, 다시 말해 자신을 어디로 어떻게 '내던질'(entwerfen) 것인가 하는 것이 본질적으로 각 개체의 준엄한 선택과 결단에 달려 있기 때문이다. 앞장에서도 이미 넉넉히 살펴보았듯이, 비록 우리 인간이 덧없이 '내던져지긴'(geworfen) 했으나, 그러나 그럼에도 불구하고 우리 스스로를 값지게 '내던질' 수 있는 존재이기도 한 것이다. 이를테면 우리는 우리 스스로를 새로운 세계를 향하여 '내던짐으로써' 인간본성인 고독과 욕망에 잠재해 있는 긍정적인 측면을 부활할 수 있는 존재이기도 하다는 말이 되겠다. 그를 통해 우리는 바야흐로 인간성 회복을 쟁취하면서, 인간적인 인간을 향한 도정으로 굳건히 나아갈 수 있을 것이다. 인간의 르네상스와 진배없으리라. 인연 휴머니즘으로의 여정인 것이다.

한마디로 인간적인 인간은 자연 및 인간에 대한 휴머니즘을 체화하고 있는 존재다. 그리고 이들이 지향하는 휴머니즘이 다름 아닌 '인연 휴머니즘'인 것이다. 그것은 끊임없이 인간적 본성을 순치(馴致)해 나감으로써 인간적인 인간성이 지속적으로 보전될 수 있도록 일상적으로 거듭 분투노력할 것이다. 무엇보다 존중과 배려를 통한 연대와 연대에 기초한 존중과 배려야말로 시대적 요청으로서 인연 휴머니즘의 기본목표이기도 하기 때문이다.

총체적으로 볼 때, 인연 휴머니즘은 응당 금본위 제도보다는 인간본위 제도를 더욱 보람찬 것으로 기릴 것이다. 혹여나 강자에게는 강하게 그리고 약자에게는 약하게 적절히 대응하기 위하여, 강자가 밑에 있고 약자가 위로 올라서는 '인간 피라미드'를 구축해내는 과업은 또 어떨까. 아마도 이러한 목표의식은 곧 이어서 살펴보게 될 '인연 휴머니즘의 정치학'을 통해 강화될 수도 있으리라 여겨진다.

그런데 이러한 인연 휴머니즘 앞에는 과연 어떠한 길이 놓여 있을까?

하기야 혹한의 겨울에 스키를 즐기고, 고기를 잡기 위해 낚싯줄을 물에 드리우며, 수영을 배우기 위해 물 속에 뛰어들고, 홈런을 치기 위해 늠름하게 타석에 들어서며, 살아 있는 것이 기쁘다고 외치는 것, 그리고 온갖 곤경에 맞서 다시 한 번 더 당당히 '불구하고의 철학'을 소환해내는 일, 이러한 것이 대체로 인연 휴머니스트의 여정 아니겠는가.

그리하여 인연 휴머니즘은 비록 길 위의 돌에 걸려 넘어지더라도 그 쓰라린 동작을 걸림돌을 디딤돌로 만들어나가는 결연한 발걸음이라 관용하는 넉넉한 품새를 바탕 삼아, 정작 우리가 두려워할 것은 두려움 그 자체라는 믿음을 곱씹고 또 곱씹으며 '행동적 니힐리즘'의 길로 수굿하게 나아가게 되리라. 그 길 위에 어찌 자연의 축복이 함께 하지 않으리요.

1) '자연살이' 소고

인간적 삶의 생명줄인 자연이 심각하게 훼손당하는 오늘날과 같이 비통한 현실을 마주하며, '인간적인 인간'은 과연 어떠한 대응책을 예비하고 있을까. 하여 자연을 어떻게 지켜나갈 것이며, 인간과 자연을 서로 따사로이 이어줄 상생의 공감대를 도대체 어떻게 열어나갈 것인가.

응당 자연을 '존중'하는 삶을 영위하도록 여지껏 자신을 굳세게 단련시켜온 인간적인 인간은 무엇보다 '자연의 휴머니즘'을 향하여 기민하게 눈을 열기 시작할 것임은 물론이다. 앞에서도 구체적으로 분석한 바 있는 탓에[14] 또다시 새로이 중언부언할 필요까진 없긴 하지만, 한마디로 자연의 휴머니즘은 궁극적으로는 자연의 기본권 쟁취를 목표로 하여 견실한 상호연대의 토대 위에서 모든 생명체 상호간의 공존·공생·공영을 지향한다고 말할 수 있다. 그렇다면 인간적인 인간은 자연 속의 한 생명체로서 이러한 자연의 휴머니즘을 몸소 실

---

14 앞 1.3.3.장 참조

천하기 위해 나름 어떠한 현실적 대응방안을 모색하게 될까?

한마디로 그들은 청빈한 '자연살이'를 추구하게 되리라 여겨진다. 자신들의 삶의 원형 그 자체가 모름지기 절제 있는 자연살이라 굳게 믿으리라 짐작되기 때문이다.

무릇 이 지상의 모든 생명체가 의당 생(生)과 사(死)를 초월하여 언제나 이 자연의 일부로서 그리고 이 자연 속에서 영원히 더불어 존재할 수밖에 없는 존재라 함은 너무도 지당한 사실이다. 하지만 인간이야말로, 자연이 자신의 뜻을 가장 잘 인지하고 실행할 수 있도록 특별히 유별난 관심을 기울여 창조해낸 생명체인 탓에, '만물 중에서 가장 지혜로운 존재'임이 분명하리라 유추된다. 그러므로 우리 인간은 만물을 보다 잘 이해하고 또 그것을 어떻게 다스려야 하는지 보다 잘 숙지하고 있지 않으리요. 이러한 인간에게 으레껏 '스스로 만든 악으로부터 만물을 보호해야 할 책임이' 주어져있음 또한 자명한 이치 아니겠는가. 이런 의미에서, 그야말로 바로 우리 인간에게 이 생태계를 돌보아야 할 엄중한 임무가 주어져 있음 또한 어찌 부인할 수 있으리요. 따라서 우리 자신을 자연에 봉사하는 존재로 간주함이 마땅하다 할 것이다.

이러한 자연의 순리를 하기야 비교적 성실하게 잘 이행토록 이끌어줄 그나마 현실적인 방안이 '청빈한 자연살이' 아닐까 여겨진다. 더구나 인간심성을 비추는 밝은 거울, 맑은 샘과도 같이 생명가치를 구현하는 나름 의미 있는 디딤돌의 하나가 되어줄 삶의 기본원리이기도 한 '청빈(paupertas)'이 자연과 동행하니, 그 기반이 얼마나 든든해질 것인가.

원래 '살이'란 말은 "어떤 일에 종사하거나 어디에 기거하여 사는 생활"이라는 뜻을 지닌 접미사다.[15] 예컨대 감옥살이, 셋방살이, 시집살이, 타향살이 등등이 대표적인 그 일상용례들이라 할 수 있으리라. 이런 본보기에서 힘을 빌어, 나는 자연 속에서, 자연의 뜻에 순응하며, 자연과 더불어 살아가는 인간생활의 다양한 형태와 속성을 일러 '자연살이'라 일컫기로 하였다.

이러한 '청빈한 자연살이'야말로 종내 우리를 살리고, 자연을 살리고, 생명을 존중하는 법을 심화해나갈 값진 삶의 행로가 될 것이다. 따라서 서서히 열리고 있는 새로운 '생명 공동체시대'의 지극히 자연스러운 생활양식으로 자리잡아 나가리라 여겨지기도 한다. 의당 이러한 '청빈한 자연살이'를 주도적으로 영위해나갈 주체적 존재가 바로 '인간적 인간'임은 물론이다. 그렇다면 청빈한 자연살이는 구체적으로 어떠한 속성을 지니게 될까?

바로 앞에서도 지적했지만, 무릇 자연살이의 정신적 토대는 한마디로 자연의 휴머니즘이다. 그러므로 여기는 자연 '보호' 정도가 아니라 무엇보다 자연 '존중'의 원리가 지배하게 될 것이다. 따라서 모든 생명체에 대한 자연의 절대평등 원칙에 기초한다. 이러한 원칙에 입각하여, 자연의 섭리에 순응해가며 생명가치를 존중하고, 궁극적으로는 인간사회의 평등과 연대를 촉진하는 삶의 자세를 추구해나가게 되리라. 한마디로 자연살이의 궁극적인 목표는 자연과 인간의 절대적인 평화와 화합을 촉진하는 삶이라 할 수 있을 것이다.

하지만 흥미롭게도 톨스토이 역시 자연이 부여하는 "평화와 화합과 사랑"의 섭리에 반하는, 요컨대 그야말로 이러한 '자연살이'에 천

---

15 국립국어연구원(엮음),《표준국어대사전》(두산동아 2000)

부당만부당 등돌린 인간의 황량한 삶의 태도를 호되게 꾸짖은 적이 있다. 그는 그의 소설 《부활》의 문을 열기 시작하자마자부터 준열한 몸짓으로 팔을 걷어붙이기 시작한다.

그는 카투사의 재판이 열리는 어느 봄날 아침, 마치 카투사가 이 생명의 '봄' 기운을 빌어 '부활'해 되살아나 주기를 간곡히 갈망하는 듯한 자세로, 생명을 샘솟게 하는 이 자연의 순리를 외면하는 인간의 몹쓸 망동을 준엄하게 꾸짖는 필치를 몰아치는 것이다.

"몇 십만 명의 인간들이 비좁은 곳에 모여 서로 밀치락달치락 하며 그 땅을 못 쓰게 만들려고 아무리 애를 써도, 그 땅에 아무 것도 돋아나지 못하도록 어떤 돌들을 깔아놓아도, 조그만 돌틈 사이로 싹을 틔운 풀을 아무리 뜯어 없애도, 석탄이나 석유 연기로 아무리 그을려도, 아무리 나뭇가지를 베고 짐승과 새들을 쫓아 버려도 도시의 봄도 역시 봄이었다. 햇볕이 따뜻하게 내리쬐면 풀은 생기를 되찾아 쑥쑥 자라고, 뿌리가 남아 있는 곳이면 어디든, 가로수 길의 잔디밭은 물론 포석 틈새에서도 여기저기 파랗게 싹을 틔우고, 자작나무며 포플러며 벚나무도 향기롭고 윤기 나는 어린 잎을 펼치고, 보리수는 껍질을 뚫고 나온 새 움을 부풀렸다.

까마귀와 참새와 비둘기들은 봄을 맞아 즐겁게 둥지를 틀고, 파리는 양지바른 담장마다 분주히 날아다녔다. 풀도 나무도 새도 벌레도 아이들도 모두 즐거워 보였다. 그러나 사람들은— 이미 다 자란 어른들만은— 여전히 자기 자신뿐 아니라 서로를 속이고 괴롭히기를 그치지 않았다. 사람들에게 신성하고 중요한 것은 이 봄날의 아침도 아니고, 만물의 행복을 위해서 주어진 신이 창조한 이 세계의 아름다움, 즉 평화와 화합과 사랑으로 사람들의 마음을 이끄는 이 아름다움도 아니었다. 그들은 서로 상대를 지배하기 위해서 자기들 머리로 생각해낸 일만이 신성하고 중요하다고 생

각하고 있었다".[16]

톨스토이는 마치 "지나친 물질적 축복에 대한 약간의 이성적 경멸만큼 유익한 것은 없다"[17]는 교훈을 일깨우기라도 하려는 것처럼, 자연의 아름다움을 도외시하는 경멸스러운 인간을 매섭게 몰아붙이는 것이다. 현재 전 세계를 공포의 도가니로 몰아넣고 있는 코로나 19가 사실상 이러한 지침을 절박하게 새로이 되새겨주는 것만 같다. 코로나야말로 "인간 빼고 모든 생명체한테 축복"이라는 격한 비판까지 등장할 지경이 되지 않았는가.[18]

하기야 코로나 덕에 단박에 공해의 양이 어마어마하게 감축되었다 한다. 세계의 오염도가 눈에 띄게 줄어들고 있다는 보도도 줄을 잇는다. 코로나 여파로 인해 인간의 '고차원적인 활동'이 크게 줄어들다 보니, 자연스럽게 이산화질소 농도가 급격하게 감소한 덕분이라 한다. 뿐만 아니라 개미와 쥐들처럼 원래 지니고 있긴 했지만 잃어버리고 있었던 우리 인간의 '미세한 진동을 감지해내는 원시인다운 능력'까지 재활하고 있다는 소식도 들려온다. 바야흐로 자연의 섭리에 대한 경탄의 환성까지 드높게 울려 퍼지고 있는 것처럼 비칠 정도다. 하여튼 자연과 인간이 일심동체(一心同體)라는 사실에 대한 경이로운 각성의 물결이 널리 번져나가고 있음은 분명해 보인다. 어쨌든 코로나는 지금 '자연살이'의 소중함을 다시 한 번 더 엄중히 각인시켜주고

---

16 톨스토이/이동현 옮김,《부활》(동서문화사 2015), 11~12쪽

17 알도 레오폴드 지음/송명규 옮김,《모래 군(郡)의 열두 달 : 그리고 이곳 저곳의 스케치》(도서출판 따님, 6쇄 2010), 19쪽

18 이모작 뉴스(2020.04.12)

있는 것처럼 여겨진다.

흥미롭게도 근래 이탈리아에서는 주목할만한 반(反) 코로나 '청빈한 자연살이' 실험이 실시되기도 하여, 국제적인 관심과 호응의 열기를 불러일으키기도 했다 한다. 한 언론매체는 이렇게 전하고 있다.[19]

이탈리아 지중해의 외딴 섬, 아에올리아 제도 리파리 섬의 한 소규모 농장에서 최근 페이스 북에, "작은 농장을 운영하기 위해 허드렛일을 도와줄 도움이 필요해, 올 11월부터 내년 2월까지 겨울을 리파리 섬의 농장에서 보낼 사람을 구한다. 급여는 줄 수 없다. 그 대신 숙식은 무료로 제공하겠다"는 톡을 올렸다고 한다. 또 지원자에겐 장작을 땔 수 있는 난로, 테라스, 해먹, 와이파이 등과 함께 매일 밤마다 지중해를 감상할 수 있는 개인 방이 주어진다고 공지했다. 지원자만 3천 명이 몰려들었다고 한다. 그리고 사람들은 지원동기를 "코로나 바이러스 감염증을 피해 차라리 외딴 섬에 들어가겠다"고 밝혔다. 그 농장에서는 동네 시장에 내다 팔기 위한 과일과 야채를 재배하며, 닭과 당나귀를 키우고 있다. 올리브 오일과 당나귀 우유로 천연 비누를 만드는 일도 한다. 그런데 지원자가 이탈리아뿐만 아니라, 영국, 프랑스, 스페인 등 유럽 국가는 물론이고 미국과 일본 등지에서도 나왔다고 한다. 농장주는 사람들의 관심이 폭발적으로 쏟아져 나오는 통에 혼란스러울 지경이었다고 실토하기도 했다. 그러나 이들 중 이 농장에서 일할 수 있는 합격자는 고작 4명뿐이라, 농장주는 안타까움을 떨치지 못했다고 전한다.

---

19 조선일보(2020.10.14.)

이제 숙제가 하나 남았다.

그것은 우리의 삶 속에서 서로 인연을 맺으며 더불어 살아온 모든 생명체에게 베풀어온 존중과 배려의 정신자세, 다시 말해 자연살이의 생리를 어떻게 사회화해나갈 것인가 하는 문제와 직결해 있다. 요컨대 인연 휴머니즘의 현실화 방안을 탐색해내는 과제인 것이다.

2) 인연 휴머니즘의 정치학

물론 우리나라 현실에 국한시킬 수밖에 없는 제약이 뒤따르긴 하지만, 나는 이러한 인연 휴머니즘의 현실화 방안으로서 상호 불가분의 상호관계로 연결된 두 개의 진로를 간략히 제시하고자 한다. '3공주의'(三共主義)와 '3생정치론'(三生政治論)이 바로 그것이다. 앞의 것은 우리가 꾸준히 지향해나가야 할 궁극적인 대안으로서의 이상적 성격을 띠고 있고, 둘째는 구체적인 실천전략으로서 현실적인 속성을 지니는 것이라 할 수 있을 것 같다.

① '3공주의'(三共主義)

역사적으로 볼 때, 앞으로의 세계는 개인의 자유를 옹호하는 '개인주의'와 이러한 개인에 대한 개입을 통해 공동체적 결속을 지향하는 '집단주의' 또는 '국가주의'의 대결로 점철되리라 예측된다. 그러나 실질적으로 여태껏 개인의 자유와 공동체적 단합을 제대로 향유해보지도 못한 우리나라 국민을 위한다는 명분으로, 나는 일찍이 심지어는 〈시민참여와 국민복지 확대로 민족통일을!〉이라는 구호까지 만들어내어, 이 구호를 부디 우리의 세기적 좌우명으로 정립해나갈 것을 감히 촉구하는 만용까지 부린 적도 있었다.[20] 무엇보다 우리 민족 공동체의 21세기적 과업이 한마디로 '시민참여·국민복지 확대로 민족통일의 달성', 그 자체라 여겼기 때문이다.

그렇다면 어떻게 할 것인가.

개인적으로는 나에게, 추상적인 도덕률과 사변적인 철학적 명제 등에 집착하는 대신, 인간의 구체적 삶과 일상적 생활이 지니는 가치에 더욱 강한 애착을 지니게 되도록 스스로를 꾸준히 채찍질하곤 해온 어줍잖은 습벽이 하나 있다. 이러한 나의 소심한 취향 덕에 을씨년스럽게도 새로이 만들어진 용어 하나가 바로 이 '3공주의'(三共主義)다. 사실은 이 저서 여기저기에 흩뿌리듯 던져놓은 나의 소박한 단견들을 한데 긁어모아, 하나의 깃발 아래 단출하게 나란히 정렬해본 수준 정도의 것이라 이를 수 있을 듯하다.

이 3공주의는 '공생'(共生)주의, '공화'(共和)주의, '공영'(共榮)주의를 포괄한다.[21]

첫째, '공생'(共生)주의라 함은 우리가 오랫동안 동일한 역사적 체험을 공유하며 동일한 문화 및 삶의 양식 아래 온갖 희로애락을 함께 겪어온 운명공동체임을 깊이 깨달아, 우리 공동체 전 구성원들이 빈부·귀천의 차별 없이 상부상조하고 상호 협동함으로써 공동의 삶을 평화롭게 더불어 잘 이끌어 나가고자 하는 진취적 삶의 의지를 일컫는다. 그러므로 종전의 구호 중 '국민복지의 확대'가 가장 절실한 현

---

20 나는 이런 방식의 제안을 박호성,《우리 시대의 상식론 : 새로운 휴머니즘을 위하여》(랜덤하우스 중앙 2006), 362쪽에서 처음으로 제시한 바 있으나, 여기서는 이 책의 전반적인 흐름을 좇아 체계적으로 재구성하고 심화하였다.

21 이 3공주의는 앞에서도 이미 밝힌 바 있는 나의 졸저《공동체론》, 605~6쪽에서 맨 처음 간략히 소개한 바 있다.

실적 과제가 되리라 짐작된다.

둘째, '공화'(共和)주의는 이 운명공동체의 제도적 원칙과 관련된다. 즉 이러한 공동의 운명 아래 함께 살아가고 있는 전 공동체 구성원들이 공동체 안팎에서 일어나는 모든 일들을 공동으로 합심하여 처리해나가는, 일체의 차별과 억압을 단호히 배척하는 진취적 민주이념이 바로 공화주의인 것이다. 그러므로 '시민참여의 확대'가 긴요하게 요구된다.

셋째, '공영'(共榮)주의는 이 운명공동체의 장기적인 지향목표로서, 삶의 질과 정치·사회적 권리를 함께 고양함으로써 모든 공동체 구성원이 더불어 번영을 도모하고 향유할 수 있어야 하리라는 인륜적 소명의식과 직결된다. 따라서 궁극적으로는 공생과 화합을 통하여이 지구촌 모든 세계동포가 함께 번영을 구가해나갈 수 있는 인류애의 공동구현이 본질적인 목표가 되리라 함은 자명한 이치다. 이를테면 "특정한 사람을 사랑하는 것으로 인류 전체를 사랑하는 법을 배운다. 지름길은 없다"라는 원리를 함께 공유하는 정신자세라 이를 수도 있으리라.[22] 이런 의미에서 '민족통일'의 완수야말로 우리의 당면 목표라 할 수 있을 것이다.

바로 이러한 취지에서, 곧 이어서 살펴보게 될 '3생 정치론'의 이념적 표지판이기도 한 이 '3공주의'(三共主義)의 21세기적 과업을 한마디로 〈시민참여·국민복지 확대로 민족통일의 달성〉이라 강조할 수 있었던 것이다.

---

22 조너선 색스 지음/임재서 옮김, 《차이의 존중 : 문명의 충돌을 넘어서》(말·글 빛냄 2007), 107쪽

② 3생 정치론(三生政治論)

그렇다면 〈시민참여와 국민복지 확대로 민족통일을!〉이라는 이 구호의 기본정신은 과연 무엇인가? 우선 그 숨은 뜻부터 구체적으로 따져보는 것이 원만한 논지전개를 위해 유익하리라 여겨진다.

첫째로, '시민참여의 확대'란 한마디로 정치적·사회적 평등의 확산을 의미한다. 이를테면 국가나 지역을 비롯한 개별 사회조직 내에서의 정치나 경영 등에 구성원 스스로 직접 동참할 수 있는 실질적인 기회를 확충함으로써, 국정과제에서부터 가능한 한 개별적인 일상생활 영역에 이르기까지 범국가적으로 직접 민주주의를 확장시켜 나가야 하리라는 요청을 함축하고 있는 선언이라 할 수 있다.

둘째로, '국민복지의 확대'란 사회경제적 평등의 심화를 일컫는다.

예컨대 지금까지 경제정책은 대체로 성장 제일주의에 편중해온 편이라 할 수 있다. 하지만 그 과정에서 성장에 직접 기여했음에도 불구하고 그 혜택으로부터는 직접 배제되어온 수많은 사회 저변계층이 양산되었다. 따라서 이들 상대적인 사회적 낙후계층을 위한 사회보장 및 복지의 확대가 절실히 요청된다고 말할 수 있다. 예컨대 통계청의 '2020년 주택 소유 통계'에 따르면, 국내 무주택 가구가 총 1천만 가구에 육박하면서, 전체 가구에서 이 무주택 가구가 차지하는 비중이 대략 44% 가량으로 집계된 바 있다.

우리는 현재 이러한 무주택자, 실업자, 노동자, 이른바 다양한 달동네 주민 등등, 상대적인 사회적 낙후계층의 삶의 질 향상이라는, 무엇보다 시급히 해결해야 할 과제를 안고 있다. 우선 이들이 자신들의 요구를 합법적으로 개진하고 관철시킬 수 있는 자율적이고 민주적인 장치와 통로가 가급적 신속히 만들어져야 하리라 본다. 이를 위해 사회 저변계층의 사회적 연대기반으로서, 사회적 조합의 형태를 띤 다양한 자율적 민생기구의 조직이 활성화할 수 있도록 법제도적인 지원조처가 선제적으로 갖추어질 필요가 있으리라 여겨진다.

이런 면에서, 우리는 국민복지가 단순히 장애인, 노령자 또는 연소자 등등, 사회의 구조적 소외집단의 지원에만 국한된 지극히 편협한 범주만 포괄하고 있는 것은 결코 아니라는 사실에 유념할 필요가 있다.

오히려 총체적이고 거시적인 차원에서, 특히 다양한 사회조직이나 기업체 등에서의 성적 차별 해소 및 소득수준의 평준화, 빈부격차 타파, 그리고 계층 간 생활 및 소비문화의 불균형 극복 등을 동시에 조준해야 할 것임은 물론이다. 게다가 이러한 다양한 복지대책이 결코 국가의 편의적 시혜가 아니라 당연한 의무임을 뼈에 새겨둘 필요가 있으리라.

셋째로, 민족통일 문제 역시 근본적인 재검토와 더불어 과감한 혁신이 긴급히 촉망된다.

그런데 참으로 기괴한 것은 특히 남한에서는, 여태껏 통일의 개념과 본질에 관한 논의나 합의를 한 번도 제대로 수행해본 적이 없음에도 불구하고 통일의 방안만 난무하는 기이한 현상이 되풀이되고 있다는 사실이다. 과연 어떠한 것을 통일이라 이를 수 있는가 하는 본질적인 주제에 관해서는 완강하게 침묵으로 일관하면서도, 어떻게 통일할 것인가 하는 부수적인 문제에 관한 논의만 문전성시를 이루고 있는 것이다. 말하자면 예컨대 파리로 향할 것인지 아니면 워싱턴으로 갈 것인지 하는 목표가 일단 정해져야 배로 갈 것인지 비행기로 갈 것인지 하는 구체적인 방안이 정해질 수 있음에도 불구하고, 행선지는 전혀 정해놓지도 않은 상태에서 한심하게도 비행기냐 배냐 하는 방안들만 가지고 서로 싸움질을 벌이는 황당한 개그콘서트만 열리고 있다는 말이다.

이를테면 통일의 본질과 기본원칙에 대해 서로 충분히 동의하는데도 불구하고 제시되는 방안들만 달라지는 것인지, 아니면 서로 다른 통일의 모형을 염두에 두고 있기 때문에 방안들만 그토록 차이가 나는지 하는 것 등에 관해, 거의 한 번도 구체적이고 본격적인 토론을 실시해본 적이 없는 것이다. 이런 의미에서 남한에서는 '통일의 방안'이 아니라, '방안의 통일'이 더욱 긴급을 요하는 시대적 요청이라 하지 않을 수 없다. 지극히 복잡하고 난해할 수밖에 없는 주제이긴 하지만, 이왕 거론된 김에 통일의 개념에 관해 상식적이고 원론적인 문제제기 정도는 필요하지 않을까 한다.

통일이란 우선 갈라진 영토와 민족의 재통합을 의미한다.

그것은 가능한 한 모든 차원에서 민족의 동질성을 회복하고 민족적 단합을 다시 이루어내며, 휴전선 철조망을 제거하고, 그 철책 언저리에 포진하고 있는 적대적 군사력을 철수시키며, 나아가서는 서로를 겨냥하고 있는 무기체계를 파기함을 뜻한다. 물론 여기에는 외국군과 핵무기의 철수도 당연히 포함된다. 따라서 통일은 의당 평화를 전제한다. 통일 없는 평화는 있을 수 없으며, 평화 없는 통일 또한 불가능하다. 뿐만 아니라 통일은 상실된 민족적 자주성의 회복을 말한다. 분단이 대체로 외세의 논리이기 때문이다. 이런 면에서, 통일은 민주적 변혁을 동반해야 한다. 사회주의와 민주주의가 양립할 수 없는 탓이다.

한마디로 통일이란 민주주의와 자주성의 토대 위에 구축되는, 국토와 민족의 평화적 재통합이라 규정될 수 있다.

그렇다면 어떠한 유형의 통일방안이 현재 우리 민족에게 가장 절실히 요구되어지는 것일까? 그것은 한마디로 바로 앞에서 엄정하게 규정된 통일개념에 입각한 방안이라야 할 것이다. 요컨대 민주주의와 자주화와 평화를 동시에 그리고 또 가장 확실히 보장해줄 수 있는 통일방안이 바로 그것이다. 그리고 이러한 방안 실현에 디딤돌로 작용할 수 있으리라 여겨지는 몇몇 중간단계의 통일예비 조처들이 필수적으로 선행되어야 할 것임은 물론이다. 우선 일반교육을 통일지향적으로 개혁해야 할 것이다. 나아가 분단현실의 정당화나 민족적 적개심의 고양을 위해 동원해온 각종 교육방침이나 시책뿐만 아니라, 민족통일에 역행하는 경상도니 전라도니 하는 식의 지역분리주의 등도 과감히 철폐하고 극복해야 하리라 여겨진다. 그를 통해 '대결로부터 포용으로' 나아가는 새로운 시대를 열어나갈 수 있게 될 것이다. 물론 이러한 시책들을 통해 감축될 군사비는 응당 사회복지 자원으로 재활용될 수 있을 것임은 의심의 여지가 없는 일이다.

줄여 말해, 시민참여 및 국민복지 확대로 축적되는 단합된 결속력을 토대로 민족통일을 추진해나가는 것, 이것이야말로 21세기 우리 민족에게 주어진 핵심적인 역사적 대과업이라 할 수 있을 것이다. 바로 이러한 과제를 성공적으로 해결해나가는 과정에서 능히 디딤돌 구실을 해낼 수 있으리라 여겨지는 방책으로서, 나는 이른바 〈3생 정치론〉(三生政治論)을 감히 제창하기에 이른 것이다. 나아가 '3공주의'(三共主義)에 기초한 이러한 방책을 통해, 바야흐로 우리의 '인연 휴머니즘' 전개에 필요한 기본적인 사회적 토양 역시 비옥하게 배양될 수 있으리라 판단된다.

그렇다면 〈3생 정치론〉(三生政治論)이란 대체 어떠한 것인가?

그것은 한마디로 '생산(生産)의 정치', '생명(生命)의 행정', '생활(生活)의 자치'를 일컫는다.

첫째, '생산의 정치'란, 요컨대 한국인의 일반적 결함이라 부정적으로 비판받아오기도 한 우리의 민족적 특성들을 긍정적인 차원으로 승화해냄으로써, 한국사회의 변증법적인 발전을 쟁취해내는 정치를 의미한다.

일반적으로 흔히 자주 거론되는 우리의 민족적 특성으로서, 대략 다음과 같은 면면들을 손꼽아볼 수 있지 않을까 한다.

1) 높은 교육열과 그에서 비롯하는 고급지식인의 풍부함, 2) 통일된 언어를 소유한 단일민족으로서의 돈독한 유대감, 3) 주위열강의 끝없는 침탈을 통해 단련된 불굴의 저항의식, 4) 특히 비상상황에서 두드러지게 드러나는 뛰어난 대내적 결속력, 그리고 5) 순교도 불사하는 고도의 신앙심과 종교적 순결성 등이다.

그러나 역사는 지금껏 우리에게 부정적으로 작용하기도 해온 이러한 특성들을 환골탈태의 결의로써 긍정적인 차원으로 승화하는 활달한 노력을 전개토록 열렬히 촉구하는 듯하다.

말하자면 :

1) 풍부한 지적 자산과 뛰어난 교육열을 토대로 하여, 살아남기 위해 발버둥치는 급박한 생존경쟁을 뛰어넘어, 격조 있는 품격으로 더불어 함께 살아나갈 수 있는 성숙한 문화적 삶의 질 향상을 위한 지성적 공동노력을 펼쳐나가고,

2) 단일민족으로서의 강인한 결속력을 선용(善用)하여, 동등한 권리에 기초하는 민족구성원 상호간의 강력한 연대 및 단호한 응결력(凝結力)을 구축해나가며,

3) 추상적인 대상을 지향해온 역사적 순교정신을, 현실사회의 구체적인 정의를 확립하기 위한 결연한 헌신의지로 승화하고,

4) 우리 민족의 전통적인 불굴의 저항정신과 결속력을, 이러한 과

업들을 끈기 있게 밀고나가는 굽힐 줄 모르는 굳건한 정치적 원동력
으로 부활시켜나가야 하리란 말이 되겠다.

둘째, '생명(生命)의 행정'이란, 생태 친화적 정책수행에 몰입하는
공적 자세를 일컫는다. 한마디로 '자연을 인간처럼 존중하고, 인간을
자연의 섭리에 순응토록 이끄는' 이러한 친환경적 자세를 우리의 공
적인 삶의 지침으로 정립시켜나가도록 모두 함께 힘을 모아야 하리
란 말인 것이다. 말하자면 인간위기와 자연위기로 등쌀을 앓고 있는
오늘날의 지구적 이중위기 국면에 적절히 대응해나가기 위해, 궁극적
으로는 자연과 인간, 그리고 인간과 인간의 합일을 지향하는 '생태ㆍ
환경 민주주의'[23]를 공공행정의 초석으로 삼아나가야 하리란 말이 되
겠다. 요컨대 자연 친화적 노력을 통해, 힘을 사랑하는 국민이 아니라
사랑의 힘을 가진 국민으로 육성해나가는 관료적 노력이 바로 '생명
의 행정'인 것이다. 그를 통해 인간사회 및 전 생태계의 민주화가 일
상화하는 새로운 세계를 체험하게 되리라 여겨진다.

셋째, '생활(生活)의 자치'란, 시민의 일상적 삶과 직결되는 기본
업무들을 시민의 직접적 참여를 통해 규제ㆍ관리하는 민주질서를 확
립해나가는 정치적 태도를 의미한다. 이를 위해, 예컨대 모든 지방자
치지역 내부의 교통망 형성, 교통체계 수립, 도로건설, 공원조성, 양로
원 등 복지시설 배치, 상가ㆍ병원ㆍ학교 등 주요 단지설립, 환경보호
상태 점검 등등과 관련된 주요 사항에 대한 심의ㆍ결정권을 주민들에
게 자율적으로 위임하는 법제도적 조처가 수반되어야 할 것이다. 이

---

23 앞의 3.3.4. 장을 참고할 것.

는 직접민주주의의 심화를 위해서도 절실히 요망되는 정치적 시도라 할 수 있다.

줄여 말해, 결함으로 작용하기도 해온 우리의 이러한 민족적 특성을 미래지향적으로 활성화하고 발전적으로 활용해나갈 정치체제를 어떻게 건설해나갈 것인가, 아울러 자연 친화적인 노력과 시민의 자율적인 정치참여의 폭을 어떻게 심화시켜 나갈 것이며, 그리하여 궁극적으로는 세계사적 진보에 어떻게 공헌할 것인가 하는 것이 바로 〈3생 정치론〉의 궁극적인 과업이라 할 수 있을 것이다.

그러나 그것은 위기 속에서 기회를 찾아내고자 하는 집단지혜의 발현으로서, 그 실현을 위해 무엇보다 인간적 '연대'가 필연적으로 요구되리라 함은 두말 할 나위도 없는 일이라 할 수 있다.

이 세상에 새로이 얼굴을 내미는 신제품의 경우, 질이 떨어지면 그 반대급부로 양으로 벌충하려는 속셈을 드러내는 게 다반사다. 이 책의 경우도 크게 다를 바 없는 것 같다. 주제넘게 양만 터무니없이 엄청 커져버렸다. 그런 탓에, 혹시 호기심으로나마 이 두꺼운 책을 집어드는 수고를 아끼지 않는 미래의 독자분께 보여드리는 마지막 예의 삼아, 장황하기 그지없는 이 책의 전체적인 흐름을 조망하기 편하도록 이 결론 부분은 나름 소상히 정리해보고자 마음을 굳히게 되었다. 하지만 또 양이 늘어난다.

이 저술은 오늘날 한국 및 지구사회 전반을 강타하고 있는 인간 및 자연을 둘러싼 '이중위기'의 실상을 들추어내고, 소소하나마 그 해법을 탐색해보고자 하는 문제의식에서 출발하였다.

애당초 이 연구가 전지구적인 인간과 자연에 대한 이중적 위기의식과 직결해 있는 터라, 무엇보다 인간과 자연이 도대체 어떠한 존재인가 하는 것을 따지는 곤고한 개념작업부터 서두를 수밖에 없었다.

결국 나의 저술은 '인간의 본성은 과연 무엇인가?' 하는 대단히 성가신 물음에서 출발하게 되었다. 게다가 골치 아프게도 그걸 다시 속수무책 같아 보이는 이른바 '인연론'이란 것과 자진해서 얽어매어 버렸으니, 처음부터 일종의 학문적 마조히즘으로 몸살을 앓을 수밖에 없었다. 어쨌든 '인간본성론' 및 '인연론'에 기초하여 시대적 '이중위기'의 해법을 나름 탐색해보고자 감히 삽질을 시작한 것이다. 이윽고 캐내고 까부시는 심란한 채광작업을 거치면서, 종내는 저급하게나마 나름 우리 한국적 상황과 국제정치적 현실에 대한 대안제시를 모색하는 품새로 긴 글을 마감할 수 있게 되어 잠시나마 숨을 돌리는 여유를 얻을 수 있게 되었다.

─ 인간본성론

그런데 인간의 본성은 과연 무엇인가?

그것을 나는 한마디로 '고독'과 '욕망'으로 규정한다.

그렇다면 인간은 왜 본성적으로 고독한 존재인가?

무엇보다 죽을 수밖에 없는 유한한 존재이기 때문이다.

하늘 아래 대체 그 무엇이 무한할 수 있으리오. 모든 인간은 바로 이 죽음을 절대적으로 평등하게 맞이할 수밖에 없다. 하지만 안타깝게도 이처럼 '끝'이 있을 수밖에 없는 유한한 한계를 지니고 이 세상에 나오게 되었음에도 불구하고, 인간은 그 못지 않은 불운을 하나 더 짊어지고서야 구걸하듯 가까스로 생명을 하나 얻어낼 수 있을 따름이다. 왜냐하면 인간이란 이 세상에 단순히 '내던져진'(geworfen) 생명체에 지나지 않기 때문이다. 인간이란 원래 자신의 의지와는 아무런 상관도 없이, 다시 말해 자신이 태어날 시간과 장소를 스스로 선택할 수 있는 자유를 원천적으로 완벽히 박탈당한 채, 이 지상에 마구잡이로 내던져진 존재인 것이다. 얼마나 고독한 존재인가.

뿐만 아니라 이러한 인간의 본성적 고독은 필연적으로 '근원적인 결핍'과 불가분의 관계를 맺을 수밖에 없다. 막무가내로 '내던져진' 인간이 무언가를 이미 소유하고 있다는 게 도대체 말이나 되는 일인가. 그야말로 유행가 가사처럼 "빈손으로 왔다가 빈손으로 가는" 그 '빈손'으로 온 것이다.

이처럼 인간의 본성적 고독은 본질적으로 바로 이러한 '근원적인 결핍'을 대동할 수밖에 없는 것이다. 어떻게 보면 아기가 태어날 때 처음 우는 소리인 고고성(呱呱聲)은 이러한 본성적 고독을 알리는 예광탄(曳光彈) 같은 것인지도 모른다. 아무튼 가진 것이라곤 오로지 울음밖에 없다는 뜻 아닐는지.

하지만 우리 인간은 이 비정한 세계에 막무가내로 '내던져진' 존재임에도 불구하고, 언제나 스스로 자신을 새로이 '내던지며' 살아갈 수 있는 존재이기도 하다는 사실은 준엄한 역설이다. 인간의 삶이란 결국 '내던져짐'에서 시작하여, '내던짐'으로 종언을 고하는 셈이다.

'내던진다'는 것은 한마디로 '결단한다'는 것을 의미하는 것이다.

우리 인간은 '결단'하는 존재다. 말하자면 인간으로서의 자기존재성을 자각하기 시작하는 순간부터 즉각적으로, 어떠한 식으로든지 항상, '결단'을 수행하지 않으면 안 되는 생명체가 바로 우리 인간이란 말이다. 우리는 늘, 언제 어디서건, 어떻게, 무엇을 할 것인가를, 숨쉬기하듯 끊임없이 결단할 수밖에 없는 존재인 것이다.

우리는 매 순간 순간 루비콘 강을 건너야 한다.

우리가 할 일은 쉴 새 없이 주사위 던지는 일밖에 없다. 우리의 삶이 오직 '결단'의 연속일 따름이기 때문이다. 하찮기 짝이 없는 옷이나 신발 고르는 문제부터, 무얼 먹을까, 어디서 잘까, 어느 대학에 갈까, 어디에 취직할까, 어떤 파트너를 배우자로 선택할까, 혹은 어떻게 죽을 것인가 하는 절체절명의 문제 등등에 이르기까지, 우리를 둘러싸고 있는 모든 것이 사소한 것이든 중대한 것이든 간에 결국엔 언제나 결단을 요구하는 것들뿐이다. 물론 우리는 희망을 선택할 수도 있고, 절망을 선택할 수도 있다. 이처럼 결단의 대상과 향방은 지극히 번다하고, 다양하고, 이질적일 수밖에 없다. 그것은 때로는 부패하기도 하고, 또 때로는 발효하기도 할 것이다. 그러나 결단의 책임은 항상 결단의 주체인 자기 자신에게로 돌아간다.

어쨌든 우리 인간의 삶은 쉴 새 없는 결단, 그 자체인 것이다.

그러하니— 흔히 우아하게 스트레스라 부르기도 하지만— 절로 피로에 찌들 수밖에 없다. 그러나 피로하더라도 결단해야 하고, 또 피로를 이겨내기 위해서도 결단해야 한다. 이처럼 우리는 마치 절대적인 자유의 화신인 것처럼 보이기도 한다. 외형적으로는 모든 결단이 언제나 자유의지의 발산으로 나타나기 때문이다. 어쨌든 자유가 항상 삶을 이끄는 형식으로 표출되는 것이다. 응당 구속에서 벗어나기 위한 자유가 온당한 것이겠지만, 속박당하기 위한 자유 역시 기꺼이 받아들이지 않으면 안 되기도 한다. 아마도 강요당하는 자유일 가능성이 높으리라. 예컨대 헌법에서까지 보장하는 '직업선택의 자유' 역시 속박의 자유일지도 모른다.

그러나 이러한 '결단'은 언제나 인간본성의 다른 하나인 '욕망'과 떼려야 뗄 수 없이 강고하게 밀착해 있다. 그러므로 결단의 순간은 동시에 욕망이 전면에 부각되는 순간이기도 한 것이다. 다시 말해, 결단의 구체적인 목표와 유형과 시기, 그리고 결단을 수행하는 주·객관적인 환경 등등이 결국엔 욕망에 의해 좌지우지 당할 수밖에 없게 되리란 말이다. 그렇다면 이러한 '욕망'의 정체는 과연 무엇인가?

애초부터 철저히 결핍된 '빈손' 상태로 무작위적으로 내던져진 존재, 그런 탓에 원천적으로 '고독'할 수밖에 없는 이러한 인간이 무엇보다 그 '근원적인 결핍'을 과연 어떻게 해소할 수 있겠는가? '욕망'의 진두지휘를 추종할 수밖에 없으리라 함은 너무나 지당한 이치다. 예컨대 배고픔을 이겨내기 위한 욕망을 충족하기 위해, 도둑질까지 불사할 수도 있으리라. 바야흐로 인간의 두 번째 본성인 '욕망'이

도도한 자태를 드러내는 것이다.

이처럼 인간의 욕망추구 본성이 '고독성'(때때로 인간의 본성인 고독을 이런 식의 축약한 형태로 활용하기도 함)에서 발원한다 함은 지극히 자연스러운 현상이라 할 수 있다. 무엇보다 인간이 원천적으로 '고독'한, 다시 말해 '결여된' 존재이기 때문이다. 그러므로 자신의 근원적인 결핍을 충족하기 위해 마땅히 욕망에 안착하지 않으면 안 되리라 함 역시 지극히 자연스러운 귀결인 것이다. 응당 어쨌든 인간은 고독을 극복하기 위해 무엇보다 욕망을 동반하지 않으면 안 되도록 그렇게 만들어진 존재다.

원래 '고독'은 이기주의와 동행하도록 되어 있다. 하지만 역설적으로 인간은 동시에 타자의존성 역시 대동할 수밖에 없도록 운명 지워진 특이한 존재이기도 하다. 왜냐하면 고독에서 벗어나기 위해, 다른 말로 하면 자신의 원천적 결여를 해소하기 위해, 어쨌건 만사를 제쳐두고라도 거의 부지불식간에 일단 그것을 가능케 해주리라 여겨지는 가장 가까이 있는 타자부터 먼저 찾을 수밖에 없게 되는 것, 그러한 것이 인간의 본능적인 속성이기 때문이다.

이런 의미에서, 인간은 본질적으로 모순적인 존재라 할 수 있다. 왜냐하면 선천적으로 오로지 자기 자신만의 사적 이해관계에 일방적으로 확고히 밀착해 있으면서도 동시에 타자 지향적이기도 한 천성을 결코 거스르지 못하는 탓에, 이기적이면서 동시에 이타적인 양면성 또한 결국엔 버리지 못하기 때문이다. 다시 말하면 자기 자신에 깊이 애착하면서도 동시에 타인을 도외시하지는 못하는 야누스의 얼굴을 가진 존재, 그러한 존재가 바로 인간이란 말이다.

하지만 인간은 숙명적으로 욕망을 극대화하고 고독을 극소화하고자 하는 본능적 의지를 결코 외면할 수 없는 존재다. 무엇보다 욕망이 지향하는 극한적인 '이해관계'를 최대한 충족시키면서 동시에 고독이 생성하는 무한한 '공포심'을 최소화하고자 하는 내재적 염원이야말로 가장 자연스러운 인간의 본성적 의지이기 때문이다. 그러나 모든 개인이 지니고 있는 이러한 자연적 의지는 필연적으로 상호 충돌할 수밖에 없다. 흔히들 말하듯, 무릇 이 지상의 재화는 유한하나 욕망은 무한하기 때문이다. 따라서 이러한 천연적인 갈등을 예방, 조절 또는 극복하기 위해 자연스럽게 상호 공감대 형성이 필요해질 수밖에 없게 된다. 이러한 환경에서 바야흐로 상호연대가 당위적으로 요구되어지리라.

근본적으로 최소한도의 생존을 유지하기 위해서는, 일단 최소한도의 먹거리가 반드시 우선적으로 확보되지 않으면 안 되리라 함은 너무나 지당한 이치다. 그러나 예컨대 이러한 먹을 것을 확보코자 하는 나의 '이해관계'가 제때 제대로 충족되지 못하게 되면, 굶주림이나 아사의 '공포심'은 증대할 수밖에 없게 되리라. 하지만 이해관계가 크면 클수록 공포심 역시 따라서 더욱 커질 수밖에 없으리라는 것은 자명한 일이다. 가령 열흘 이상 굶주린 사람이 한두 끼 굶은 사람에 비해 더욱 더 큰 공포에 시달리게 되지 않겠는가. 반면에 이해관계가 줄어들면, 공포심 역시 자연스레 감소한다. 이처럼 '이해관계'와 '공포심'은 비례관계를 형성한다. 공포심이 이해관계를 뒤쫓는 형국이다.

― 사회적 인연론

여기서 우리는 우선 인간본성인 '고독'과 '욕망', 그리고 이 본성에서 비롯하는 '공포심'과 '이해관계'가 다름 아닌 '인연'(因緣)과 떼려야 뗄 수 없는 상관관계를 맺고 있다는 점에 주목할 필요가 있다. 무엇보다 인연이 바로 인간관계의 기본토대로 작용하기 때문이다. 이런 의미에서, 인간이란 인연의 굴레 안에서 서로 인간관계의 쳇바퀴를 굴리며 생명활동을 전개해왔고, 또 앞으로도 계속 그렇게 살아나갈 수밖에 없는 존재라 할 수 있으리라.

그렇다면 이러한 '인연법'의 본질은 과연 어떠한 것인가.

그것은 '이것이 일어나면, 저것이 일어난다'는 불교철학의 기본원리에 입각해 있다. 그러므로 자연스럽게 인간과 세계의 상호의존, 요컨대 상호관계로부터 발현하는 존재의 의미를 가르친다. 이러한 원리에 준하여, 자기 값으로만 존재하는 절대적으로 독립된 개별존재란 있을 수 없고, 다만 다양한 조건에 연동하여 일정한 관계망 속에서 자유롭게 운동하는 의존적 존재만 있을 따름이라 강조하는 것이다. 따라서 이러한 존재는 항상 외부의 조건과 환경에 열려 있는 존재일 수밖에 없다. 또한 열린 존재이기 때문에, 지속적인 변화를 동반할 수밖에 없게 되는 것이다.

그런데 열려 있다는 것은 일정한 관계맺음을 통해, 다시 말해 '서로 주고받음의 관계' 속에서 외부 세계가 가지런하게 자신의 존재 틀 속으로 들어오게 된다는 것을 의미한다. 예컨대 태양, 물, 공기, 흙 등은 독립된 개별존재가 아니라, 오직 인간과 관계맺음으로써 비로소 인간존재의 일부가 될 수 있는 것이다. 이를테면 '인연법'은 예컨대 너가 괴로우면 나도 괴롭고, 너가 행복하면 나 또한 행복해지며, 자연이 오염되면 인간 역시 오염될 수밖에 없으리라는 그러한 유형의 상호 관계맺음이 이 우주를 지배한다는 논리에 입각하는 것이라 할 수 있다.

한마디로 '인연의 법'은 '나고(生) 죽음(滅)'이 이루어지는 거시적인 시간과 공간의 체계를 기본골격으로 삼는다. 그리하여 종내는 모든 삼라만상이 '인'(因)과 '연'(緣)이 화합함으로써 생겨나게 된다는 신조를 표방하기에 이르게 된다. 이처럼 일체의 존재가 상호화합의 이치를 따른다는 믿음에 준거하여, 이 우주 안의 어느 것 하나도 결코 저 홀로 독자적으로는 도무지 생겨날 길이 없다는 소신을 피력하게 되는 것이다. 그런 탓에, 예컨대 '전지전능한 절대자' 개념 같은 건 아예 발붙일 여지가 전혀 없게 된다. '인'과 '연'을 둘러싼 무수히 많은 원인과 조건들이 함께 조화를 이루어 상호 화합함으로써, 비로소 존재의 생성이 가능해진다고 믿기 때문이다.

이러한 관점에 입각해, 나는 특히 자연의 기본토대 위에서 펼쳐지는 인간과 인간의 다양한 상호관련성을 사회적 '인연'이라 규정하는 것이다. 바꾸어 말하면, 특정한 시간과 공간 속에서 이루어지는 다양한 인간관계의 생성·전개·소멸의 원인(因), 조건(緣) 및 결과(果)가 생성하고·전개하고·소멸하는 기본토대를 곧 인연이라 일컬을 수 있다는 말이 되리라. 요컨대 특정한 인간적 삶의 환경을 조성해내는 변화무쌍한 원인과 조건 그리고 그 결과가 총체적으로 다 함께 연동(聯動)하는 장(場), 즉 기본구조가 바로 인연인 것이다. 말하자면 공포심과 이해관계에 기초하여 상생(相生)을 도모하는 사회의 다양한 인간적 '관계성'이 곧 인연이란 말이다.

태초에 인연이 있었다.

원래부터 인연의 기초 위에서 우리 인류는 고독을 극복하고 욕망을 충족해나가기 시작한 것이다. 처음에는 자연과 인간 사이의 심원한 '연대형성'이라고도 할 수 있는 채집이나 수렵 등속의 노동이라는 인연맺음을 통해서, 나아가서는 날로 심화·확산해가는 인간 상호간의 밀착인연을 토대로 차츰 보다 큰 규모의 공동체를 형성해나가면서, 우리 인류는 점차 본격적으로 고독극복과 욕망충족의 획기적인 장도에 오르게 된 것이다.

그러나 앞에서도 지적했듯이, 인간이 고독한 존재이기 때문에 '공포심'을 지닐 수밖에 없고, 또 욕망으로 가득 찬 존재인 탓에 '이해관계'를 본능적으로 추구할 수밖에 없음은 대단히 자연스러운 현상이라 할 수 있다. 하지만 바로 인간의 본성에서 유래하는 이러한 공포심과 이해관계, 즉 '인'(因)은 종내는 결국 주어진 자연환경 속에서 인간을 서로 결집토록 해 공동체를 구성토록 이끄는 자연적 추동력, 즉 '연'(緣)과 결합하게 된다. 그를 통해 바야흐로 사회적 인연(因緣)의 대장정이 본격화하는 것이다. 다시 말해 인간은 본성적으로 '인연'의 직접적 창조자이자 동시에 산물이기도 하다는 말이다. 이처럼 인연은 인간의 본성인 고독과 욕망의 극복 및 충족의 수단이자 목적으로서, 역사적으로 장구한 기간에 걸쳐 인간본성의 발전적 계기로 작용해온 것이다.

또 되풀이하는 것이긴 하지만, 좀 더 구체적으로 살펴보는 게 보다 유익한 마무리가 되리라 여겨진다.

사회적 '인연론'은 근본적으로 '관계맺음'을 존중하는 이해방식에 기초한다. 그러므로 타 개인 및 집단에 대한 '배려'를 필수적인 덕목으로 인지하는 지극히 자연스러운 특성을 지니게 된다. 이 배려는 시쳇말로 남의 처지를 헤아리는 심적 관용에 뿌리를 두고 있는 마음가짐이라 할 수 있으리라. 어쨌든 '배려의식'은 인연론의 핵심 행동준칙이라 이를 수 있는 것이다. 이러한 정신자세에 기초하고 있는 까닭에, 인연론은 자연스레 자연 및 인간에 대한 휴머니즘과 스스럼없이 접목할 수 있게 된다. 엄정하게 말해, '인연 휴머니즘'이 안착하는 지점인 것이다.

그런데 인연이란 도대체 무엇을 지향하는가?

모름지기 인간의 세계란 자연이 인간을 등장시켜 펼쳐놓은 자연 자신의 모습이자 동시에, 인간이 자연에 의존하여 펼쳐가는 인간 자신의 모습이라 할 수 있다. 요컨대 자연은 인간의 기량을 키우고, 인간은 자연을 닮은 문화를 만드는 것이다. 그러므로 인간세계란 어떤 창조자가 조성해놓은 절대객관의 세계가 아니라, 인간과 자연의 상호 의존적인 상호작용에 기초하여 만들어지는 상대객관의 세계라 할 수 있다.

이러한 인간세계는 무엇보다 인연의 기본구조 속에서 작동하는 다양한 '인간관계'에 기초한다. 그러므로 바로 이 인간관계가 지금까지 모든 인류사회의 기본토대로 작용해온 것이다. 이러한 인간관계의 개념 속에는 사회의 토대가 되는 "제도와 인간이라는 두 개의 범주"가 하나로 통합해 있다. 다시 말해 일정한 시공간에서의 제도와 인간의 상호관계 그리고 특정적인 제도 속에서의 인간과 인간의 상호작용을 총망라하는 개념이 바로 인간관계라는 말이다. 이런 취지에서, 사회를 으레 "인간관계의 지속적 질서"라 규정할 수도 있음은 물론이다.

인류사적으로 볼 때, 이 인간관계는 자연과의 근본적인 관련성 속에서 예컨대 주종관계, 지배·피지배 관계, 계급관계, 억압·피억압 관계, 착취·피착취 관계 등등, 다양한 사회적 편차와 양상을 보이며 변모해왔다. 이런 면에서, 나는 '인연'을 바로 이러한 인류사회의 기본토대인 인간관계의 출발선으로 간주하는 것이다. 다시 말해, 자연의 품속에서 이루어지는 인간과 인간의 각양각색의 이합집산, 요컨대 다양한 유형의 인간관계를 형성하는 기본 축으로 작용하는 것이 바로 이 '인연'이란 말이다. 그러므로 바로 위에서도 밝힌 바 있듯이, 인간의 본성에서 유래하는 '공포심'과 '이해관계'가 바로 이러한 '인연'을 생성케 하는 기본동인으로 기능한다고 말할 수 있는 것이다.

― 삶의 방정식

하지만 우리 모두는 언젠가 이 세계를 영원히 등질 것이다. 하늘 아래 대체 그 무엇이 무한할 수 있으리요.

그런 탓에, 우리의 삶은 원래부터 허망한 것일 수밖에 없다. 끝이 있는 모든 것은 항상 허무한 법이기 때문이다. 본래 인간의 삶이란 유한한 생명의 짐을 짊어지고 종말을 향해 끝없이 치달을 수밖에 없는 허무한 나그네길, 그 자체인 것이다.

하지만 인간은 역설적 존재다.

타고난 숙명인 이러한 유한성과 허무의 굴레를 겸허히 받아들이면서도, 그럼에도 불구하고 최후의 순간까지 그 한계를 향하여 무한한 도전을 무한히 되풀이할 수 있는 존재, 그러한 역설적 존재가 바로 인간인 것이다. 넘어지면서 끝없이 다시 일어서고 또 일어서면서 또 다시 끝없이 넘어지는, 그럼에도 허, 허 웃으며 옷을 툴툴 털고 다시 일어서는 여유 있는 매무새, 이러한 숭고한 삶의 자세에 길들여진 생명체가 바로 인간 아니겠는가. 이를테면 도전에 한계를 두지 않고 한계에 도전하는 존재, 그러한 존재가 바로 인간 아니리요 하는 말이 될 터이다. 우리는 이러한 도전을 통함으로써만 비로소 그 절망적인 허무의 한계를 뛰어넘을 수 있게 될 것이다. 하염없이 맨 밑바닥까지 가라앉고 나서야 비로소 서서히 떠오르는 물질들처럼, 절망의 밑바닥에서 바야흐로 새로운 희망의 길이 열리기 시작할 것이다.

그런데 이러한 도전의 가시밭길은 도대체 어떻게 헤쳐나가야 하는 것일까?

무릇 이 세상에는 원래부터 만들어진 길이란 존재하지 않는다. 길은 만드는 것이다. 그러하니 지금껏 아무도 걸어보지 못한 길이 어찌 있을 수 있으랴. 그런데 바로 그 길 위로 '행동적 니힐리즘'이 동행한다는 것이 어찌 크나큰 축복 아니겠는가.

그런데 '행동적 니힐리즘'이란 과연 어떠한 것인가?

한마디로 나는 도전에 한계를 두지 않고 한계에 도전하는 결기 있는 삶의 열정을 일러 '행동적 니힐리즘'이라 부른다. 인간의 타고난 숙명인 종말과 허무의 굴레를 겸허히 받아들이면서도, 그럼에도 불구하고, 생동하는 삶의 투지를 결기 있게 발휘해나가는 태도, 이 얼마나 다이내믹한 삶으로 연결될 것인가. 태생적 한계와 허무를 용인하되, 그럼에도 불구하고 그것을 극복해내기 위해 무한한 도전을 감행하는 역설적인 삶의 정신, 그것이 바로 '행동적 니힐리즘'의 진수인 것이다. 이는 이른바 '불구하고의 철학'과 불가분의 연관성을 함유하고 있다.

거듭 강조하지만, 종말이 있을 수밖에 없는 유한한 존재인 탓에, 인간의 삶은 '허무' 그 자체다. 하지만 허무에 대한 순결한 사랑으로 허무를 열렬히 포용하면서 넘치는 활력으로 스스로를 불태우며 걸림돌을 디딤돌로 만들어나가는 삶의 역동성, 나는 이를 당당히 '인간적'이라 일컫는다. 그러하니 어찌 '때문에'가 아니라, '불구하고'의 세계를 찾아나서지 않을 수 있으리요.

가령 우리가 '때문에'에 집착하게 된다면, 우리는 '무엇무엇 때문에 어쩔 수 없이 아무것도 하지 못했다' 하는 식으로, 구실과 핑계거리만을 찾아 정신 없이 헤매 돌게 되리라. 결국엔 한 발자국도 앞으로 나아가지도 못하고, 그 자리에서 마냥 넋빠지게 맴돌기만 하게 되지 않으랴. 반면에 '불구하고' 정신에 애착하게 되면, 과연 어찌 될까? 의외로 환상적인 결과가 우리를 기다리리라. 예컨대 '시간이 없기 때문에 무엇무엇을 하지 못했다'가 아니라, 오히려 '시간이 없음에도 불구하고 나는 그 일을 해냈다' 하는 식으로, 앞으로 무한히 뻗어나갈 예상외의 희귀한 동력까지 확보할 수 있게 되지 않겠는가.

이처럼 '불구하고'의 세계는 하고많은 핑계거리들과 맞붙어 싸우는, 완강한 전투력으로 무장한 강인한 전사(戰士)들의 웅거지라 할 수 있으리라. 이를테면 허무한 인생이기 '때문에', 온갖 변명거리를 주워삼키며 두 손놓고 마냥 쩔쩔매며 하염없이 방황하기만 할 것인가, 아니면 허무한 삶임에도 '불구하고' 용솟음치는 강렬한 투지로 맞붙어 싸우며 결연히 활로를 개척해나갈 것인가.

우리는 '바람 앞의 등불'(風前燈火)이 아니라, '바람을 비추는 등불'이 되어야 하리라. 인간이야말로 무엇보다 '역설적인' 존재이기 때문이다. 이것이 바로 '불구하고 철학'의 요체다. 요컨대 '행동적 니힐리즘'의 기본신조이자, 곧 허무주의적 낙관주의자의 삶의 원리이기도 한 것이다. 그리하여 이 '불구하고의 세계'엔 온갖 구실과 변명거리만을 찾아 퍼드덕거리는 속절없는 웅얼거림이나 졸렬한 날갯짓 같은 건 아예 찾아볼 수도 없다. 반면에 허무함에도 불구하고, 오로지 쇠갈고리 같은 도전장을 내던지며 우렁찬 함성으로 장렬하게 맞붙어 싸우는 광활한 활갯짓만 솟구쳐 오를 따름일 것이다.

'그럼에도 불구하고', 이 얼마나 휘황하게 인간을 인간답게 만들어주는 환희의 여덟 글자인가! 예컨대 용기란 두려움이 없기 '때문에' 행동하는 것이 아니라, 두려움에도 '불구하고' 행동하는 능력을 일컫는 말 아니리요.

이런 의미에서, 우리들 삶의 본질은 일방적으로 '내던져진' 존재성을 결연히 자유롭게 '내던짐'(극복함)으로써, 바야흐로 자유의지의 발판을 딛고 새로운 결단의 길을 지속적으로 용감하게 개척해나가는 것이라 할 수 있을 터이다. 요컨대 인간의 삶이란 '내던져짐'에서 '내던짐'으로의 진화과정인 것이다. 그것은 이를테면 피동성으로부터 역동성으로의 환골탈태(換骨奪胎)식 발전과정이며, 인간본성인 '고독'의 극복과정이자 동시에 또 다른 본성인 '욕망'의 순치과정이기도 한 것이다.

하지만 이러한 거친 삶의 마라톤 풀 코스에 결연한 완주를 촉진하는 빼어난 천연비타민이 등장한다. 그것이 바로 '행동적 니힐리즘'인 것이다.

하기야 '내던져짐'의 순간이 필연적인 지고(至高)의 역사적 찰나임을 어이 부인할 수 있으리요. 무엇보다 자연과 인간 사이에 최초의 '인연'이 이루어지기 시작하는 스타팅 라인이기 때문이다. 말하자면 우리는 '내던져짐'으로써 바야흐로 생존을 위한 노동을 통해 본격적으로 자연과 인연을 맺게 됨과 동시에, 하나의 특정한 인간무리에 귀속하게 됨으로써 동료인간들과의 첫 인연의 장을 열어나가기 시작하게 된다는 말이 되리라. 물론 그 뒤를 이어 '내던짐'이 꾸준히 뒤따르게 되는 것이다.

그렇다면 온갖 속성과 유형을 지닐 수밖에 없는 이 '내던짐'은 도대체 어떻게 이루어져야 마땅한 것인가, 요컨대 과연 어떠한 '내던짐'이 가장 값진 것일까?

무엇보다 '인간적인 인간성' 회복이 최선의 방책이 되지 않겠는가.

좀 더 구체적으로 말해, 생태계 윤리와 질서에 순응하며 모든 생명체들이 상호 공생·공존·공영을 함께 누려나갈 수 있는 공정한 생태환경을 지속적으로 조성해나가기 위해 노력하는 함께 하는 삶의 자세, 이를테면 절제할 줄 아는 '자연살이'를 통해 우리를 살리고, 자연을 살리고, 생명을 존중하는 법을 함께 체득해나가기 위한 삶의 기본원리로서 '연대'와 '청빈'(paupertas)을 실행하는 삶이 의당 바람직하지 않으랴 하는 말이다.

물론 자연의 지극히 자연스러운 요청으로서, 무엇보다 자연의 동
등한 산물인 인간과 인간 사이에 온전한 평등 및 연대체제를 선제적
으로 구축함으로써, 참다운 '자연살이'의 활로를 열어나가는 작업이
선행되어야 할 것이다. 이것이 바로 이른바 '환경'공동체 민주주의의
수립인데, '생태'공동체 민주주의를 위한 사전 정비작업으로서의 기
능을 떠맡게 된다. 그리하여 이러한 노력이 성공적으로 이루어지게
되면, 바야흐로 '인간적인 인간'의 이념적 이상향이기도 한 '생태 · 환
경' 민주주의가 기지개를 펴게 될 것이다. 그런 탓에, 모름지기 견뎌
내지 않으면 안 될 험준한 여로가 우리를 기다리고 있을 것임은 물론
이다. 그렇다면 이 여정을 도대체 어떻게 돌파해낼 것인가?

이 나그네길을 우리는 과연 홀로 걷게 될까?

'인연'에 뿌리내린 우리 인간은 응당 열린 존재일 수밖에 없다. 그
러므로 홀로 외로이 살아가는 유폐된 삶과는 숙명적으로 결코 서로
짝할 수 없는 것이다. 같은 짐을 짊어진 이웃들과 함께 서로 위로하
며, 더불어 웃고 더불어 울며 어울려 함께 길을 걷거늘, 도대체 무엇
이 두렵겠는가. 우리가 두려워할 것은 오로지 두려움밖에 없으리라.

하기야 종말과 허무만이 우리의 영원한 동반자이거늘, 우리에게
는 모름지기 허무를 향한 순결한 사랑만이 전부 아니겠는가. 그러하
니 허무를 포옹하고 애무하는 넘치는 활력이 깊이 용솟음치게 해야
하리라. 이로움이 아니라 의로움을 지향하는 삶, 도전에 한계를 두지
않고 한계에 도전하는 삶, 썩어 문드러지기보다는 닳아 없어지는 삶,
이런 삶이야말로 자연이 우리에게 부여한 인간 고유의 존귀한 존재양
식 아니겠는가. 우리의 본성인 '고독'을 용인하면서도 '욕망'을 절제
하며 함께 더불어 하는 삶에 맹렬히 투신하는 숭고한 삶의 자세, 이것

이 바로 우리의 자연적 본성을 충실히 용해해내는 '행동적 니힐리즘'의 본질, 그 자체 아니리요.

— 인간적인 인간

하지만 무언가가 진중하게 문 앞에서 우리를 기다리고 있다. 그것은 바로 '인연 휴머니즘'이다.

그런데 인연 휴머니즘의 특성은 대저 어떠한 것일까?

그것은 바로 끊임없이 자신의 인간적 본성을 순치(馴致)해나가며 '인간적인 인간'으로 거듭 태어나기 위해 분투노력 하는 의연함에 있지 않을까 한다. 한마디로 인간적인 인간이란 그야말로 인간 상호간의 배려와 단합이라는 인연 최고의 덕목을 자기화 해낸 존재라 일컬을 수 있으리라.

이런 의미에서, 인연 휴머니즘은 무릇 인간적인 인간의 본향 같은 것이라 할 수 있을 것이다.

그렇다면 '인간적'이란 대체 어떠한 것을 가리키는가?

본문에서 늘어질 정도로 장황하게 살펴보긴 했지만, 결론 삼아 편의상 그 특성을 간략히 간추린다면, '인간적'이란 대략 다음과 같은 인간의 됨됨이를 아우른다고 말할 수 있을 것이다.

그것은 무엇보다 자연 앞에서는 모든 인간이 평등한 존재라는 사실을 명확히 인지하여, 공생 · 공존 · 공영의 세계를 더불어 지향해나가고자 하는 마음가짐에 기초한다. 그런 탓에, 특히 불우하고 소외당하는 동료 인간의 한결같이 고른 자리 매김을 위해 함께 헌신해나가는 정신자세야말로 '인간적'인 됨됨이의 본바탕이라 할 수 있으리라. 이는 그야말로 모든 생명체를 평등하게 창조한 자연의 섭리에 뿌리내린 생태계 윤리와 질서에 순응하는 삶의 태도에 부합하는 것이기도 하다.

이런 취지에서, 인간적인 인간은 마땅히 '현대적 원시인'으로 거듭나기 위해 최선의 노력을 경주하는 존재라 할 수 있으리라. 왜냐하면 '현대적 원시인'이야말로— 현대인의 아버지인 고대의 원시인답게— 한편으로는, 자연과의 합일을 이룩해내고자 열과 성을 다해 헌신할 뿐만 아니라 동시에 다른 한편으로는, 동등한 자연의 산물이라 믿어 의심치 않는 주위 동료인간들과 더불어 온전한 공동체적 평등과 연대를 수립하기 위해 최선을 다하는 인간 유형이기 때문이다. 따라서 '자연의 휴머니스트'라 일컫기에 전혀 부족함이 없는 존재인 것이다.

뿐만 아니라 인간의 상습적인 이중적 일상과 부질없는 고정관념으로부터 일탈해 그야말로 '거꾸로' 살아가고자 애쓰는 '역설적인' 삶 또한 '인간적'임은 물론이다. 무엇보다 인간의 타고난 허망함에 큰 위안을 안겨주는 '행동적 니힐리즘'에 충실하기 때문이다. 이처럼 삶의 근본적인 허무함과 맞서 싸움으로써 삶의 본원적인 허무함 자체를 극복코자 시도하는 '행동적 니힐리스트'의 삶이 어찌 '역설적'이지 않을 수 있으리요. 그러므로 이들은 '낙엽'처럼 살아갈 수밖에 없으리라. '떨어져 스스로 썩어 자신을 키워준 뿌리를 다시 키워주는 거름이 되는 낙엽 같은 자세', 요컨대 '엽락분본(葉落糞本)'의 역설적 됨됨이, 그야말로 어찌 경탄 그 자체 아닐 수 있으리요. 그러하니 이러한 낙엽 같은 마음가짐이 어이 '인간적'이지 않을 수 있겠는가.

다른 한편 '낙엽'은 이윽고 '솥·냄비'가 된다. 이러한 낙엽의 됨됨이는 마침내 도저히 섞일 수 없는 물과 불을 한데 끌어모아 새로운 맛의 신세계를 창조해내는 솥·냄비로 승화하는 것이다. 자신은 끊임없이 불에 타고 찌그러지면서도 물과 불같은 양극단의 주위 사람들까지 두루두루 따뜻이 껴안아나가며 새롭고 가치 있는 것을 새로이 창조해내는 '솥·냄비 인생'을 살아간다면 어떠할까. 이 어찌 관용과 연대를 동시에 구현해내는 '역설적인' 삶 아니겠는가. 정녕 '인간적'이라 하지 않을 수 없으리라. 이렇게 '인간적' 됨됨이의 테두리를 더듬다보면, '인간적인 인간'의 윤곽이 이윽고 제대로 드러날 것이다.

인간적인 인간이란 무엇보다 생태계의 질서윤리에 순응함으로써 자연스레 자연을 존중하는 삶의 태도를 견지해나가는 품성을 지니게 되리라. 나아가서는 이러한 생활관에 입각하여, 모든 생명체의 동등성을 수용할 줄 아는 존재로 거듭나게 된다. 그러므로 무엇보다 인간과 인간, 그리고 인간과 공동체 상호간의 연대확립을 위해 분투 노력함을 자랑스럽게 여기게 될 것이다. 힘에 대한 사랑이 아니라 사랑의 힘을 우러르기 때문이다.

이러한 인간적인 인간은 '비일상적인' 것을 결코 '비정상적인' 것이라 매도하지 않는다. 뿐만 아니라 '다른' 것을 '틀린' 것이라 비방하지도 않으리라. 따라서 이러한 됨됨이를 갖춘 인간적인 인간이 어찌 '역설'을 마다할 리 있겠는가.

그리하여 이들은 짐짓 허망하고 혹독한 삶이 가하는 억압과 속박이 이윽고는 참된 행복을 불러올 수밖에 없으리라는 소신으로 무장한 '행동적 니힐리스트'로서의 삶의 길로 내닫게 될 것이다. 이러한 인간적인 인간은 무엇보다 시멘트처럼 공고한 사회 및 자연에 대한 '연대'야말로 소중하고도 마땅한 소명이라는 확신을 지니고 있다. 요컨대 인간의 휴머니즘과 자연의 휴머니즘을 공정히 준수하게 될 것이다. 인간과 자연을 향한 이러한 견고한 연대의 자세야말로 무엇보다 '이중위기'로 점철된 오늘날과 같은 상황에서는 더더욱 바람직하고도 소중한 시대적 요청일 수밖에 없으리라 여겨진다.

그런데 이러한 '연대'가 바로 인간본성에서 흘러나와 끈질긴 상호 불가분의 상관관계를 맺고 있는 공포심과 이해관계에서 비롯한다 함은 유독 뜻깊은 일이라 하지 않을 수 없다. 왜냐하면 특히 사회적 공포심을 줄여나가면서 동시에 자기 이해를 넓혀나가기 위해서는 무엇보다 사회구성원 상호간의 상호공감대 형성이 지극히 중요한 변수로 작용할 수밖에 없기 때문이다. 무엇보다 바로 이러한 상호 존중과 배려가 바로 연대의 기본토대로 작용하는 것임은 특별한 주목을 요하는 사항이다. 존중하면 배려하고, 배려하면 반드시 존중하게 되지 않으리요. 그러므로 이 존중과 배려야말로 인간관계 일반에서 가장 높이 추앙받는 소망스러운 가치라 할 수 있을 것이다. 그런데 바로 이러한 인간 상호간의 배려와 단합이 곧 '인연'의 최고덕목이기도 함을 결코 간과해서는 안 되리라.

나는 앞으로 전개될 역사가 공동체주의와 개인주의간의 상호쟁투로 점철하리라 생각한다. 이런 면에서, 나는 인간공동체 내부에 수립되는 집단적 연대를 통하여 공동체 및 공동체 구성원의 자유롭고 평화롭고 미래지향적인 공동발전을 촉진하는 길로 나아가는 것이 대단히 바람직하리라 믿는다. 이런 의미에서, 앞으로의 세계는 원칙적으로 사익보다는 공익을 보다 폭넓게 배려하는 쪽으로 나아가야 하리라 여겨진다. 나는 이러한 진로를 지향하는 정신적 자세를 이를테면 '인연 휴머니즘'으로 포괄하는 것이다.

그렇다면 나는 왜 이러한 '인연 휴머니즘'이 시대적 요청이라 주장하는가?

지금껏 나는 줄곧 공동체적 연대의 의의를 큰 목소리로 역설한 바 있다.

나는 공동체를 '정치적인' 단위이면서 동시에 '문화적인' 범주로 인식한다. 한마디로 내가 이해하는 공동체는 정치·문화적 단위인 것이다. 그러므로 가령 우리가 연대를 호소하는 직접적인 대상을 우리와 '같은 인류나 인간'이라 부르기보다는, 오히려 보다 구체적으로 바로 '우리와 다를 바 없는 동료시민'이라고 선언할 때, 비로소 우리의 연대의식이 가일층 강렬한 위력을 발휘하게 되리라 믿는다. 왜냐하면 특히 온갖 정성을 다 기울여 연대하고자 시도하는 경우, '동료인간'이라는 외침이 절박함이 빈약하고 폭발력이 거세된 것처럼 보여 그저 형식적이고 밋밋한 호소 정도로 받아들여질 가능성이 적지 않으리라 여겨지기 때문이다. 어쨌든 이처럼 형제애에 뿌리를 둔 이러한 연대의식의 뿌리가 곧 인간 상호간의 배려와 존중이며, 이것이 바로 '인연'의 최고덕목이기도 한 것이다.

　나아가 나는 이러한 '인연 휴머니즘'의 기본정신이 대내외적으로도 적잖은 의미와 가치를 지니는 원리로 활용될 수 있으리라 판단한다.

　우선 현재 국제정치 분야로 일단 눈길을 돌려보자.

　국제정치 일반론에 따르면, 국제사회는 대체로 국가이기주의를 추구하는 현실주의와 공동선을 지향하는 이상주의가 서로 갈등을 일으키는 상황에 놓여 있다. 따라서 어떻게 하면 자신의 국익을 전면적으로 관철시킬 수 있을까, 또는 국가 상호간의 공동적 이해를 본격적으로 침해하지 않는 범주 내에서 자기의 국가적 이해관계를 적절히 충족시킬 수 있을 것인가 하는 문제가 언제나 심각한 관심거리가 될 수밖에 없다.

　그러나 '다행스럽게도' 전 세계적으로 환경위기가 몰아닥치고 있다.

하지만 이 환경위기는 국가 상호간의 이러한 전통적인 패권경쟁을 둘러싼 논쟁을 특이한 방향으로 몰아가기도 한다. 말하자면 예컨대 한 나라에서 무작정 불어닥치는 오염된 공기를 도대체 어떻게 막아낼 것인가, 가령 황사의 생성과 그 세계적 확산을 요컨대 전통적인 국가적 이기주의의 발로로 볼 수 있겠는가, 아니면 황사로 인한 환경 폐해를 국제적으로 과연 어떻게 극복해낼 것인가 …? 하는 등등의, 지금까지 거의 체험해보지 못한 특이한 국제상황이 속출하고 있다는 말이 되리라. 이처럼 환경위기의 처리문제가 이윽고 국가 상호간의 공동선 추구라는, 이상주의적인 인류사적 과제해결에 중대한 변수로 떠오르게 된 것이다.

그런데 심각한 공기오염과 기후온난화 등 자연적 이상증후 현상이 근래에 들어 전 지구적 차원에서 발생하고 확산하면서 더욱 더 첨예한 국제적 두통거리를 연일 만들어내고 있다. 어떻게 할 것인가? '지구를 살리자'는 구호까지 등장하고 있지 아니한가.

이러한 현실에서, 급기야는 전 인류로 하여금 자기 국가만의 민족적 사리사욕에서 탈피토록 강권하는 역설적 상황이 출현하기에 이를 정도다. 이윽고 전 지구의 생존 및 인류적 공생을 위한 범 세계적 단합과 결속이 결정적으로 요청되는 시대가 도래한 것처럼 보인다. 그리하여 민족국가적 이기주의와 전 지구적 이타주의의 공존이라는 곤혹스러운 국제정치적 현실에서 새로운 활로를 모색해야 할 단계에 접어든 것처럼 비친다. 그런데 이 뜻깊은 역사적 현실이야말로 인간 스스로가 자초한 한계상황을 또 인간 스스로가 극복토록 지원하는, 자연이 베풀어주는 역사적 '시혜' 같은 것일지 모른다.

바야흐로 '궁즉통' 및 '상호의존성'의 인연철학이 활성화할 국제적 여건이 점점 성숙해 가는 조짐이 보이는 것 같다. 이윽고 자연과 인간의 합일을 지향하는 새로운 '생명 공동체' 시대가 본격적으로 열리기 시작하는 상황이 조성되어가고 있는 것이다.

되돌아보면, 인류는 지금껏 '자연'에서 출발하여 또다시 '자연'으로 회귀하는 순환론적 삶의 양식을 발전시켜온 듯 여겨진다. 이를테면 우리 인류의 역사는 자연에 '맹종'(盲從)해온 무기력한 고대사회에서 출발하여, 자연에 대한 '순종'(順從)으로 일관한 얼어붙은 중세 봉건사회를 거쳐, 이윽고 자연의 정복과 파괴에만 골몰하며 자연에 대한 '방종'(放縱)을 일삼는 완력적인 근대 자본주의사회로의 길을 밟아온 것처럼 보인다는 말이다. 급기야는 환경오염, 생태계 파괴, 자본주의적 물신숭배와 황금만능주의가 무절제하게 부추겨지는 파국적인 세계화 시대로 접어들기에 이른 것이다. 하지만 이에 대한 반동으로 우리 인류는 오늘날 바야흐로 자연을 '추종'(追從)해야 할 마지막 결단의 순간을 눈앞에 두고 있는 것처럼 비친다. 하기야 우리 인류는 지금껏 그야말로 자연을 '맹종'(盲從)하고 '순종'(順從)하고 '방종'(放縱)하는 미숙한 과정을 거쳐, 바야흐로 '추종'(追從)하고자 하는 완숙한 단계로 점차 접어들고 있는 건 아니겠는가. 급기야는 특히 코로나 사태로 말미암아 자연과 생명을 아끼고 존중하는 법을 열심히 학습하고 있는 결정적인 낌새가 심상찮아 보이기까지 할 정도다.

이러한 국제상황에서 우리 한국사회의 실상은 과연 어떠한가.

오늘날 우리 사회에는 '정글 자본주의'가 범람하고 있다. 그리고 그로 인해 소중한 공동체적 가치가 적잖이 침수당하고 있음을 부인하기 힘들다. 뿐만 아니라 급속한 산업화와 무조건적 경제성장의 소용돌이 속에서, 자유의 철학이나 평등의 윤리 같은 것 역시 제대로 자리잡지 못한 형편이다. 그 와중에 '세계화'의 돌풍까지 엄습해온 통에, 다시금 새로이 '무한경쟁'의 회오리 속으로 휩쓸려 들어간 지 이미 오래인 듯하다. 한반도는 지금 한편에서는 '자유롭게' 억눌리고, 다른 쪽에서는 '평등하게' 굶주리는 중이다. 이처럼 주눅들고 굶주리면서, 그 정확한 의미는 방관한 채 겉으로만 목이 쉬도록 '통일'을 줄기차게 외쳐대고 있다.

그러는 사이 참사만 줄기차게 터져 나온다. 대한민국은 유례를 찾아보기 힘든 참사 공화국이다. 이어달리기하듯, 세월호에 이어 이태원 참사까지 터지는 바람에 그야말로 수많은 꽃 같은 청춘들이 안타깝게도 속절없이 세상을 떠난 것이다. 온 국민이 한 마음 한 뜻으로 가슴을 치며 분통을 터뜨리고 있지 아니한가. 하지만 잘 못한 사람은 하나도 없다. 박근혜 정권에 이어, 이태원은 모름지기 윤석열 정권 자체의 참사인 것이다. 약속이나 한 듯, 희한하게도 다 보수정권의 작품이다.

물론 우리 사회는 특히 1987년 '민주화' 이후 심각한 변화를 겪어왔다.

한편에서는, 민주주의 실현의 불가피한 전제조건이기도 한 개인의 자유와 권리가 적잖이 신장되기도 하였음은 분명한 일이다. 반면에 다른 한편에서는, 그것이 오히려 우리 사회의 갈등을 조장하고 공동체적 연대를 짓누르는 모순적인 현실을 배태하는데 일정하게 기여하기도 하였음 역시 부인하기 힘든 사실이다. 이 와중에 개인의 권리 및 사회구성원 상호간의 경쟁이 지나치게 강조되면서, 국가의 권위체계는 물론 여타 다른 유형의 사회적 품위기반도 적잖이 손상되기도 하였음은 물론이다.

결국 사적 이해관계에 몰입하느라 정신을 놓은 사이에, 거뜬히 공동체적 윤리를 백안시하는 일도 다반사로 일어났다. 이윽고 인륜적 가치보다는 경제성장을, 상호협력보다는 경쟁을, 그리고 공동체적 공익보다는 개인적 사익을 더욱 열렬히 기리는 고까운 상황을 당연시하게끔 되는 결과도 빚어졌다.

게다가 '인간을 널리 이롭게 한다'는 우리의 소중한 '홍익인간'(弘益人間) 전통이 '인간을 널리 손해보게 한다'는 '홍손인간'(弘損人間)' 풍조로 전락한 것 같아 가슴이 미어질 듯하다. 사적 이기주의가 우리의 전통적인 공동체적 단합의식을 강타한 것이다. 건강한 '개인주의' 대신, '힘센 놈이 최고' 식의 자유민주주의적 '거인주의'가 기림을 받으며 입성한 탓이다.

그러나 그게 다가 아니다. 보다 더 근원적인 문제까지 심각하게 똬리를 틀고 있는 실정이다. 우리의 공동체적 삶의 터전이자 최후의 피난처이기도 한 자연이 지금 나날이 기하급수적으로 오염되고 수탈당하고 있는 중이다.

어떻게 할 것인가?

서로 감싸 안는 인간적 화합의 몸짓이 아니라, 경쟁적 이기주의가 더욱 엽기적으로 좌충우돌하고 있는 사회에서 어떻게 활로를 개척해 나갈 것인가?

─ 〈시민참여와 국민복지 확대로 민족통일을!〉

무엇보다 나는 한국의 21세기가 '참여'와 '복지'와 '통일'의 세기로 굳건히 도약해나가리라 믿어 의심치 않는다. 바로 이런 믿음에 기초하여, 나는 〈시민참여와 국민복지 확대로 민족통일을!〉이라는 구호를 우리의 세기적 좌우명으로 정립해나갈 것을 다시 한 번 더 힘주어 촉구해마지 않게 되었다.

'시민참여의 확대'는 이를테면 정치적·사회적 평등의 확산을 의미한다. 국가나 지역 그리고 사회조직 등의 정치나 운영 등에 시민이 직접 참여할 수 있는 실질적인 기회를 확충함으로써, 일상생활 자체까지 민주화해나가야 하리란 말이다.

다른 한편 '국민복지의 확대'란 사회경제적 평등의 확충을 일컫는다.

지금까지의 경제정책은 성장 제일주의에 집중하였다. 그 과정 속에서 성장에 직접 기여했음에도 불구하고 그 혜택으로부터는 속절없이 배제되어온 수많은 사회 저변계층이 양산되었다. 따라서 이들 상대적인 사회적 낙후계층을 위한 사회보장과 복지의 확대가 절실히 촉구될 수밖에 없는 현실이다. 그리하여 열악한 처지에 놓인 무주택자나 세입자, 실업자와 중소상공인, 노동자와 각종 사무직원 등의 현실적 난관타파를 지원하기 위해 무엇보다 이들의 사회적 연대기반으로서, 사회적 조합의 형태를 띤 사회 저변계층의 다양한 자율적 민생기구의 설립이 활성화할 수 있도록 법제도적인 조처가 선제적으로 이루어질 필요가 있으리라 생각된다. 이 경우, 국민복지가 단순히 장애인, 노령자 또는 연소자, 실업자 등등, 사회구조적 소외집단에 대한 미시적인 지원에만 국한될 문제가 결코 아니라는 점에 특히 주목할 필요가 있다. 오히려 빈부격차의 축소, 그에 따른 생활 및 소비문화의 불균형 극복, 그리고 사회조직이나 기업 등에서의 남녀 권리 및 소득수준의 평준화 등을 동시에 구현하기 위한 거시적인 차원의 정치적 혁신을 과감하게 병행해나가야 할 것이다. 그것이 국가의 시혜가 아니라 국가의 의무임은 두말 할 나위도 없는 일이다.

다른 한편 통일 문제 역시 과감한 혁신이 긴급히 요망된다.

그런데 무엇보다 기이한 것은, 특히 남한에서는 통일의 개념과 본질에 관한 논의나 합의를 한 번도 제대로 이루어본 적도 없는 진공상태에서 통일의 방안들만 경쟁적으로 난무하는 참으로 애처로운 실정만 되풀이 해왔다는 사실이다. 이를테면 통일의 본질과 기본원칙에 대해 서로 충분히 동의하는데도 불구하고 제시되는 방안들만 달라지는 것인지, 아니면 서로 다른 통일의 모형을 염두에 두고 있기 때문에 방안들만 그토록 차이가 나는지 하는 것 등에 관해, 거의 한 번도 구체적이고 본격적인 토론을 실시해본 적이 없다는 말이다. 목청껏 '통일'만 외쳐댈 뿐이지, '어떠한 통일'을 성취해야 하는가 하는 문제에 대해서는 다들 끔찍이도 말문을 닫아온 것이다. 예를 들어, 파리로 갈 것이지 아니면 워싱턴으로 갈 것인지 하는 목표가 일단 정해져야 배로 갈 것인지 비행기로 갈 것인지 하는 구체적인 방안이 결정될 수 있음에도 불구하고, 목적지를 전혀 정해놓지도 않은 상태에서 비행기냐 배냐 하는 방안들만 가지고 유령 같은 싸움질만 되풀이해왔다는 말이다. '통일 코미디'다. 따라서 남한에서는 '통일의 방안'이 아니라, '방안의 통일'이 더욱 긴급한 역사적 과제라 하지 않을 수 없다.

지극히 복잡하고 난해할 수밖에 없는 주제이긴 하지만, 거론된 김에 통일의 개념에 관해 간략하고 원론적인 문제제기 정도는 필요하지 않을까 한다.

통일이란 우선 갈라진 영토와 민족의 재통합을 의미한다. 그것은 가능한 한 모든 차원에서 민족의 동질성을 회복하고 민족적 단합을 다시 이루어내며, 휴전선 철조망을 제거하고, 그 철책 언저리에 포진하고 있는 적대적 군사력을 철수시키며, 나아가서는 서로를 겨냥하고 있는 무기체계를 파기함을 뜻한다. 물론 여기에는 외국군과 핵무기의 철수도 당연히 포함된다. 따라서 통일은 의당 평화를 전제한다. 통일 없는 평화는 있을 수 없으며, 평화 없는 통일 또한 불가능하다. 그리고 통일은 상실된 민족적 자주성의 회복을 말한다. 분단이란 바로 외세의 논리이기 때문이다. 통일은 민주적 변혁을 가리킨다. 사회주의와 민주주의는 양립할 수 없기 때문이다.

통일이란 결국 민주주의와 자주성의 토대 위에 구축되는, 국토와 민족의 평화적 재통합을 의미한다. 따라서 민주주의와 자주화와 평화를 동시에 그리고 가장 확실히 보장해줄 수 있는 통일방안만이 모든 민족구성원이 동의하고 수용할 수 있는 대안이 될 것이리라.

줄여 말해, 우리는 이 21세기에 시민참여와 국민복지 확대를 통해 축적되는 단합된 결속력을 바탕으로 민족통일을 추진해나가야 한다는 말이다. 나는 물론 이것이 현재 우리에게 주어진 결정적인 역사적 과제라 인식하고 있다.

이러한 역사적 과업을 효율적이고 성공적으로 수행하기 위한 방안의 하나로, 외람되이 나는 이른바 〈3생 정치론〉(三生政治論)을 제창하기도 하였다. 한마디로 그것은 '생산의 정치', '생명의 행정', '생활의 자치'를 일컫는다. 나는 이를 통해 우리의 '인연 휴머니즘' 전개에 필요한 기본적인 사회적 토양이 비축되리라 기대해마지 않는다. 어쨌든 결함으로 작용하기도 하는 우리의 민족적 특성을 어떻게 미래지향적으로 발전시켜나갈 것인가, 아울러 자연 친화적인 노력과 시민의 자율적인 정치참여의 폭을 어떻게 심화시켜 나갈 것인가, 그리하여 궁극적으로는 세계사적 진보에 어떻게 공헌할 것인가 하는 문제의식이 바로 이 〈3생 정치론〉의 기본토대인 것이다. 그러므로 그것은 이 시대상황에 임하는 우리의 과업과 다짐이자, 걸림돌을 디딤돌로 만들어나가는 집단지혜의 발산이라 할 수도 있을 것이다. 그러나 우리가 걸어가야 할 그 힘겨운 역사의 험로에서, 우리에게 무엇보다 절실히 소망스러운 것은 한마디로 인간적 '연대'라 할 수 있다.

이런 관점에 입각하여, 나는 집단적 연대를 통하여 공동체 및 공동체 구성원의 평화롭고 미래지향적인 공동발전을 촉진하는 실천적 의지를 '3공주의'(三共主義)의 기본틀 속에 담아내고자 시도하였다. 이 또한 '3생 정치론'의 이념적 토대이기도 함은 물론이다. 이 '3공주의'는 '공생'(共生)주의, '공화'(共和)주의, '공영'(共榮)주의를 포괄한다. 그 궁극적 목표는 공생과 화합을 통하여 이 지구 모든 세계동포가 함께 번영을 구가해나갈 수 있는 인류애의 공동구현이며, 당면 목표는 '민족통일'의 완수라 할 수 있다. 다시 한 번 더 강조하거니와, 우리 인연 공동체의 21세기적 과업은 〈시민참여 · 국민복지 확대로 민족통일의 달성〉, 바로 이것이다.

이런 취지에서, 나는 이러한 '3생 정치론'과 '3공주의'(三共主義)를 '인연 휴머니즘'의 현실정치적 토대로 간주하고 있다. 어쨌든 이 인연 휴머니즘의 기본정신을 따른다면, 금본위 제도보다는 인간본위 제도가 더욱 보람찰 것임은 분명한 일이다. 그를 위해 강자에게는 강하게 그리고 약자에게는 약하게 대응할 수 있도록, 강자가 밑에 있고 약자가 위로 올라서는 '인간 피라미드'를 구축하는 것은 또 어떨까. 이러한 이상을 위해 외람되이 '인연 휴머니즘'이 그 바람직한 동반자 노릇을 오롯이 해내리라 믿고 있다.

― 새로운 민주주의

하지만 누차 강조해왔듯이, 오늘날 우리는 지구적 이중위기, 요컨대 인간위기와 자연위기로 등쌀을 앓고 있다. 그러므로 지극히 자연스럽게 이러한 이중적 위기양상에 대해 역시 이중적으로 대응할 필요성이 절실히 제기된다. 하나는, 인간과 인간 사이 그리고 다른 하나는, 인간과 자연 간에 이루어져야 할 공동체적 유대구축이 바로 그것이다.

이러한 상황은 민주주의의 속성 역시 마찬가지로, 불가분의 상호 관계로 연결된 두 개의 상이한 유형으로 차별화 할 필요성을 동시에 제기하고 있다.

한편으로는, 인간과 인간의 합일을 향한 노력의 일환으로서, 인간 중심적 사회환경, 요컨대 인간사회를 집중 조준하는 민주주의의 근본 이념이 있다. 그것은 인간다운 삶의 구현, 즉 인간의 자연친화적 기본 권 신장을 목표로 한다. 이러한 민주주의는 특히 자연 앞에서는 모든 인간이 궁극적으로는 평등한 존재임에 유념함으로써, 모두가 공생·공존·공영의 세계를 함께 누려나갈 수 있는 공정한 사회환경을 정립 해나갈 임무를 공유하고 있음을 계속 환기시켜 준다. 나는 이러한 유 형의 민주주의를 일단 '환경'공동체 민주주의라 규정한다. 이것이 그 하나다.

하지만 다른 한편으로는, 자연과 인간의 합일을 지향하는 이상적 인 미래지향적 목표의식과 연관지어, 인간공동체의 범주를 뛰어넘어 전 생태계를 포괄하는 총체적 가치체계가 제시되지 않으면 안 될 엄 중한 상황에 접어들었음에 주목할 필요가 있다. 그를 위해 응당 또 하 나의 다른 속성의 이념, 요컨대 인간이 앞장서서 '자연의 기본권' 쟁 취를 촉구하는 민주주의 구상이 새로이 제시되지 않으면 안 되리라 여겨진다. 이러한 유형의 민주주의는 '자연의 휴머니즘'을 어떻게 '자 연화' 할 것인가, 다시 말해 전 생태계에 걸쳐 생명체 상호간의 평등 및 연대를 어떻게 구현해낼 것인가 하는 목표를 지향한다고 말할 수 있다. 나는 이 두 번째 유형을 '생태'공동체 민주주의라 규정한 바 있 다.

나는 일단 이런 형식으로, 새로운 민주주의를 인간의 '인간화'를 지향하는 '환경'공동체 민주주의와 자연의 '자연화'를 추구하는 '생태'공동체 민주주의로 양분화할 수 있으리라 믿고 있다. 하지만 궁극적으로는, '생태환경' 민주주의 하나로 수렴하는 과정을 걸어야 하고 또 걷게 되리라 기대하고 예측하고 있기도 하다. 무엇보다 각각 자연과 인간 그리고 인간과 인간의 합일을 지향하는 이러한 '생태' 민주화 및 '환경' 민주화, 이 두 방향의 노력을 결국엔 '생태·환경' 민주주의 하나로 통합해내는 것이야말로 집단이성의 표출이라 믿고 있기 때문이다.

이쯤에서 좀더 구체적인 설명이 뒤따라야 할 것 같다.

일차적으로 궁극적인 '생태환경' 민주주의의 쟁취를 위한 예비적·선제적 과업을 떠맡게 될 것은 '환경' 민주화운동이라 할 수 있다. 그것은 자연 친화적인 '사회적 생존욕구'의 충족, 요컨대 궁극적으로 전체 생태계의 공생·공존의 토대를 확립하기 위한 준비단계로서, 온전한 인간기본권 쟁취를 그 기본목표로 하게 되리라. 좀 더 부연해서 설명하자면, '환경' 민주화운동이란 '자연의 휴머니즘'을 어떻게 '사회화' 할 것인가, 다시 말해 자연을 살리기 위해 선제적으로 어떻게 인간의 사회적 평등 및 연대를 사전에 미리 구축해낼 것인가 하는 것을 자신의 기본목표로 삼고 있다는 말인 것이다.

이미 본문에서도 구체적으로 살펴본 바 있듯이, '생태·환경' 민주주의가 자연의 인본주의적 요청, 요컨대 '평등의식 및 연대정신'의 함양을 자신의 기본적인 정신적·실천적 목표로 설정할 수밖에 없음은 지극히 당연한 일이라 할 수 있다. 이렇게 볼 때, '생태·환경' 민주화운동이란 인간사회 및 전 생태계의 총체적인 민주화를 일상화 해내고자 시도하는 인간적 노력의 총화로서, 모든 사회운동 일반을 포괄하는 '종합운동'의 속성을 띠는 것으로 풀이할 수 있다. 그리고 그

1차적인 기본목표는 상호연대에 기초한 평화로운 상호합의를 통해 인간적인 민주적 인연 공동체를 구축해내는 일이라 할 수 있다. 물론 그것이 궁극적으로는 '현대 원시주의'의 구현과 직결해 있음은 자명하다. 따라서 '현대 원시주의'의 기본정신이라 할 수 있는 이 '생태·환경' 민주주의가 '인간적인 인간'의 이념적 무기 역할을 수행할 것임은 당연하고도 마땅한 일이라 할 수 있으리라.

다시 한 번 강조하거니와, 인간의 본성은 '고독'과 '욕망'이다.

고독한 본성이 지니는 부정적인 그림자를 극복하기 위해, '연대'가 소망스럽다. 그리고 또 하나의 다른 본성인 욕망이 품고 있는 독소는 '청빈'이 교화해줄 것이다. 다시 말해 인간본성에 똬리를 틀고 있는 유해한 독성을 삭이고 치유하기 위해, '청빈'과 타인과의 '연대'가 그만큼 소중하다는 말이 되리라. 그러므로 이 '연대'와 '청빈' 두 세계를 향해 투신하는 것이야말로 가장 값진 '내던짐'의 표본이 되리라 여겨진다. 이러한 연대와 청빈이야말로 '내던짐'의 본질로서, '인연 휴머니즘'의 정수이기도 함은 물론이다.

바로 이러한 청빈의 토대 위에서 상호연대에 뿌리내린 '생명사랑', 곧 '바이오필리아(Biophilla)'의 세계로 나아가는 기본원칙을 지향하는 것이 곧 '현대 원시주의' 정신의 본질인 것이다. 이러한 '현대 원시주의' 원리야말로 앞으로 생성·발전해나갈 '생명 공동체'의 정신적 토대로서 '인연 휴머니즘'의 뿌리와 줄기로 기능하게 될 것이다.

한마디로 '원시주의'의 요체는 '고독' 및 '욕망'의 인간본성이 품고 있는 부정적 요소와 긍정적인 측면을 종합해냄으로써, 보다 높은 단계의 정신적 가치를 발전적으로 구현해내는 정신자세라 할 수 있다. 다시 말해, 고독과 욕망이 지니는 부정적 요소라 할 수 있는 의타심, 이기주의, 탐욕, 나태심 등속을 극복해나가며, 긍정적인 측면이라 할 수 있는 자립성, 애타심, 공유 및 공감의지, 쟁취력, 근면성 등속을 확대 재생산해냄으로써, 화합과 연대를 위한 굳센 투지를 심화해나가는 정신자세, 이것이 바로 '원시주의'의 본질이란 말이다. 이를테면 '원시주의'란 인간본성이 지니는 부정적 요소를 척결해가는 동시에 그 긍정적인 측면을 심화해나감으로써, 인간 상호간의 공존·공생 및 상호연대를 일상화 해나가고자 노력하는 투지의 발현인 것이다.

말하자면 '현대 원시주의'는 인간본성인 '고독'과 '욕망'의 변증법적 종합을 추구한다고 말할 수 있는 것이다. 그리고 그 지향목표는 한마디로 '인간적인 인간'으로의 회귀라 할 수 있다. 이러한 이상을 실현하기 위해, 다시 말해 참다운 '내던짐'을 이루어내기 위해, 다름 아닌 '행동적 니힐리즘' 정신을 토대로 하여 인간적 연대를 지향하는 '역설적인' 삶이 절실히 요구될 수밖에 없으리라. 이러한 것이 실은 '인간적인 인간'으로서의 바람직한 삶의 자세인 것이다.

어쨌든 이러한 '생태·환경' 민주주의가—생명을 외경하는 기본자세에 뿌리내릴 수밖에 없는 자신의 본성 상— 필연적으로 '자연과의 평화'를 지향할 수밖에 없음은 너무나 자명한 이치라 할 수 있다. 왜냐하면 "생태계 위기는 자연에 대한 전쟁, 나아가 우리 자신에 대한 전쟁", 그 자체이기 때문이다. 그러므로 "자연과의 평화 없이는 세계평화" 역시 불가능할 수밖에 없게 된다. 왜냐하면 "모든 전쟁은 자연파괴"이기 때문이다.

이런 취지에서, 자연이 인간의 소유물이 아니라 인간이 바로 자연의 소유물이라는 원리에 다시 한 번 더 특별히 유념할 필요가 있으리라.

그런데 '생태·환경' 민주주의의 기본토대 위에서 '현대 원시주의' 정신을 통해 원시적인 삶의 본질을 현대화해내고자 시도한다니,

이게 웬 말인가.

직설적으로 말해, 나의 이러한 '현대 원시주의' 구상이 불가피하게 유토피아적인 속성을 안고 있음을 결코 숨길 수는 없다. 그러나 나는 우리 인간에게는 '역설적으로' 유토피아가 필연적으로 요구되어질 수밖에 없다고 믿는다. 유토피아는 실현될 수 없는 것임에도 불구하고, 그것이 실현될 수 있다는 꿈을 우리에게 끊임없이 불러일으킨다. 그를 통해 우리 인간은 조금씩 앞으로 나아가는 힘을 얻는다. 유토피아를 지향하는 이러한 힘이 결코 경시할 수 없는 역사발전의 추동력으로 작용한다는 것 역시 숨길 수 없는 사실 아닐까 한다. 무릇 인류의 역사는 바로 이러한 유토피아를 향한 끝없는 투쟁으로 어우러져오지 않았는가. 이런 의미에서, 인류사야말로 유토피아의 실현과정이라 이를 수 있으리라. 가령 수만 년 전 한 얼빠진 고대원시인 하나가주위 동료들에게 예컨대 컴퓨터 비슷한 물체에 관해 떠벌렸다면, 그는 분명히 유토피안이라 손가락질 받았을 터이다. 그러나 우리는 지금 정보화 시대에 살고 있다.

인간은 꿈꾸는 동물이다. 왜냐하면 인간사회에는 영원한 투쟁만이 존재하기 때문이다. 하나가 해결되면 필연적으로 또 하나의 다른 '문제'가 연이어 꼬리를 문다. 요컨대 문제의 영원한 해결이 아니라 문제의 영원한 지속만이 우리 인간사회를 지배할 수밖에 없다는 문제를 우리는 종내 안고 살아갈 수밖에 없을 것 같다. 그러므로 우리는 꿈을 꾸어야 한다. 홀로 꾸면 꿈으로 남겠지만, 여럿이 함께 꾸면 그것이 현실이 될 수 있다. 역사는 늘 이러한 교훈을 환기시켜준다. 하지만 꿈은 꿈꿀 자격이 있는 사람에게만 찾아가는 법이다. 고통이 꿈의 걸림돌이 아니라 꿈의 디딤돌이기 때문이다. 선인이 가르쳤듯이, 영원히 살 것처럼 꿈꾸고 오늘 죽을 것처럼 살아간다면 어떠할까. 하기야 우리 인간들에게 무한한 꿈을 심어주며, 동시에 그 꿈을 실현하기 위한 불굴의 용기와 투지를 불러 일으켜주는 역사적 디딤돌 같은 존재가 바로 유토피아 아닐는지 ….

하지만 우리 인간은 결코 외톨이가 아니다.

우리 모두가 자연에서 와서 더불어 함께 자연으로 되돌아가야 할 '피붙이 공동 운명체'이기 때문이다. 하기야 필연적으로 언젠가는 함께 이 세계를 반드시 떠나야만 할 유한하고 고독한 생명체인 탓에, 서로 아끼고 서로 도우며 살아가야 할 천부적인 공동임무 또한 어찌 방기할 수 있으리요. 마찬가지로 공동의 삶의 터전인 인연공동체를 더불어 가꾸어나가는 간곡한 상부상조 정신과, 이 공동체가 그 뿌리를 드리우고 있는 생태공동체에 대한 숭고한 사랑과 존중심 역시 무한히 함께 앙양해나가야 함은 자명한 이치 아니겠는가.

사실상 우리 모두는 서로 동지일 수밖에 없다.

비록 머무는 곳이 서로 다를지언정, 우리는 언제나 잠자리에 들기 전 하나같이 맨 먼저 문단속부터 신경 쓰는 동일한 속성을 공유하고 있지 아니한가. 하지만 동시에 언제나 새로운 인연을 찾기 위해 꾸준히 분투하기도 하지 않는가. 그런 탓에 우리는 결코 한 곳에만 머물러 있으려 하지는 않는다. 더구나 위대한 영혼까지 공유하고 있지 아니한가. 그런고로 우리는 비록 나그네이긴 하지만, 가령 특급호텔이나 여인숙 등등, 머무는 곳의 서로 다름을 결코 속 편히 감내하려고는 하지 않는다. 실은 늘 자유니, 평등이니, 착취니, 억압이니, 소외니, 운명이니, 신의 뜻이니 하는 등속의 유려한 사회개념들을 앞세워 목숨걸고 서로 맞붙어 싸워오기도 하지 않았던가. 항상 더욱 더 뜻깊은 인연을 창출코자 몸부림치는, 숭고한 이상으로 응어리진 영혼이기에 더욱 그러하리라. 새로운 인연의 아지랑이가 쉴 새 없이 우리를 손짓해 부르고 있음을 익히 숙지하고 있는 탓이다.

그 때문일까, 이 세상이 잠깐 스쳐 지나갈 덧없는 여로에 불과한 것이기도 한 것임을 과연 그 누가 감히 모른척할 수 있으리요. 하지만 스쳐 지나갈 수밖에 없을지언정 오직 한 번 뿐인 길이기에, 이 나그네 길이 또 얼마나 보석같이 존귀한 것인가 하는 걸 또 누군들 가슴에 새겨두고 있지 아니할까. 그러하니 서로 만나지 못하고 단순히 스쳐 지나쳐버릴지도 모르지만, 고독한 이 여로를 함께 거니는 우리들 나그네끼리는 서로 또 얼마나 소중한 동지이리요. 이다지도 간곡한 인연으로 같이 걷는 이 길 위에서, 누군들 감히 야박하게 서로를 짓이기려 들까, 몰아치는 사나운 비바람에 함께 부대낄 터인데도 ….

― 에필로그

어차피 우리는 인간관계의 기본토대인 인연의 굴레를 통해 자연의 품속에서 생명활동을 전개하다가, 어느 날 끝내 종언을 고하고 영원히 자연 속으로 되돌아갈 수밖에 없는 존재들이다.

하지만 흙에서 나서 다시 흙으로 되돌아가는 이 장엄한 삶의 여로에서, 자연으로 귀환하는 마지막 순간만큼은 정녕 아름다워야 하지 않으리요. 태어날 때는 비록 나 홀로 울고 모든 이들이 즐거이 웃지만, 내가 영원히 떠나는 바로 그 순간, 모든 이들이 복된 환송가를 부르며 울면서 나를 떠나보낼 때, 내가 환히 웃으며 마지막 숨을 거둘 수만 있다면, 이 또한 얼마나 아름다우랴.

아름다운 죽음을 위해 '욕망'의 본성을 아름답게 다스리고, 또한 아름다운 죽음을 통해 '고독'한 본성을 아름답게 마감하는 일이야말로, 인간적 인간으로서의 장엄한 국기 하강식 같은 게 되지 않으랴. '낙엽'과도 같은 삶의 아름다운 종언이야말로 삶의 아름다운 부활이 되리라.

창조의 비의(秘儀)라고나 할까, 우리는 원천적으로 우리의 삶의 출범을 결코 우리 스스로의 힘으로 결정지을 수 있는 권능을 전혀 지니지 못하고 이 세상에 온다. 어쩌면 이러한 우리의 근본적인 한계가 우리로 하여금 평생을 필연적으로 고통 속에 헤매도록 점지하였는지도 모른다.

하지만 햇빛 비치는 좋은 날만 계속되면, 이 세상 모든 게 다 사막으로 변하지 않을 것이다. 휘몰아치는 거센 폭풍우와 북풍한설이 있기에 새싹이 돋아나지 않겠는가.

그러한 탓에, 우리 모두는 다 같이 그러한 새싹을 키우며 이 고통스러운 세상을 함께 헤쳐나가는 '삶의 동지' 아니랴. 김수환 추기경께서도 "고통은 새로운 세계를 열어주는 문"이라 하시지 않았던가. 그러므로 이러한 문을 함께 열어가며 더불어 살아가는 이 세상살이에서, 서로 찔러대는 대신 서로를 감싸안는 너그러움이 더욱 도탑지 않으랴. 그러하니 부디 청룡언월도더러 몽당연필을 깎지 못한다고 빈정거리지는 말았으면 좋겠다. 야구방망이에게 '너는 이를 쑤실 수 없는 꼬락서니를 갖고 있다'고 비아냥거리는 이쑤시개도 되지 않는다면 또 어떨지. 하기야 태양으로는 촛불을 켤 수 없다 하여, 그걸 태양의 결점이라고 윽박지르는 노릇이 달가울 리 있을까. 자기와 다르다고 하여 그것이 틀린 것이라 손가락질 해대거나, 비일상적이라 하여 그걸 비정상적이라 타박 놓기만 할 것인가.

비가 내리니 땅이 질척거리리라 투덜대는 대신, 먼지가 가라앉을 것이라고 여유 좀 부리면 어떨까. 죽어야 하는 것이 슬프다고 말하는 본새보다는, 오히려 살아 있는 게 기쁘다고 다독이는 건 또 어떨지. 하기야 우리는 말하는 건 태어나면서부터 곧장 바로 배우지만, 침묵하는 건 좀처럼 배울 기회를 갖지 못하지 않는가. 그러하니 황제처럼 말하고, 벙어리처럼 침묵하면 또 어떨는지. 큰 바다가 먼지와 쓰레기를 개의치 않는 것처럼, 아무것도 소유하지 않았지만 모든 것을 지닌 '인간적인 인간'으로 거듭 난다면 또 어떨까 …?

하지만 우리가 두려워할 것은 두려움밖에 없다.

그야말로 젖먹이 때부터 우리는 거듭거듭 넘어지면서도 삐뚤삐뚤 한 발짝 한 발짝 씩 위태롭게 걸음마를 익혀가며, 바야흐로 직립보행 하는 이른바 '만물의 영장'의 지위에 오를 수도 있지 않았던가. 사실상 젖먹이 때부터 우리 모두는 초인적인 전투훈련, 요컨대 피땀 나는 인생 유격훈련을 받아온 셈이다.

실은 바로 이때부터, 넘어질 때마다 다시 일어서는 인고(忍苦)의 회복탄력성을 익히기 시작해온 것이다. 이미 젖먹이 시절부터 시작해 그 후 장구한 세월을 이어가며, 속절없이 주저앉지 않는 '삶의 가장 큰 영광'을 쟁취할 능력을 굳건히 배양 받아오지 않았는가 하는 말이다. 이렇게 유아기부터 초인적인 전과를 쌓아온 우리들인데, 두려워할 게 두려움 외에 도대체 무엇이 더 있을 수 있으랴. 더더구나 홀로 외로이 살아가는 삶이 아니라 똑같은 짐을 짊어진 동료 나그네들과 함께 손잡고 서로를 위로하며 더불어 걸어가는 당당한 삶의 여로이거늘, 도대체 무엇이 두려울 수 있겠는가.

그런데 이렇게 주절대기만 하는 나는 도대체 어떠한 인간인가?

나는 현실적 이상주의자요, 허무주의적 낙관주의다.

나는 지금껏 그렇게 자임하며 살아왔다. 그리고 비록 나에게 허용된 시간이 그리 길게 남아 있진 않지만, 유통기한이 끝날 때까지는 앞으로도 또 계속 그렇게 살려 애쓰다가 조용히 자연으로 되돌아갈 수만 있다면 하는 소소한 소망을 간직하고 있기도 하다.

게다가 나는 유토피안이다. 그러나 유토피아의 실현불가능성을 믿기 때문에 현실적이오, '그럼에도 불구하고' 유토피아를 뒤쫓기 때문에 이상주의적이다. 내가 현실적 이상주의자인 까닭이다. 또한 나는 허망한 삶의 유한함을 믿기 때문에 허무주의자다. 하지만 삶 속에서 그걸 극복할 수 있으리라 믿고 분투하는 '행동적 니힐리스트'이기에 허무주의적 낙관론자인 것이다.

마지막으로, 우리들이 한데 뒤엉켜 함께 살아가고 있는 우리나라는 대체 어떠한 나라인가?

여태껏 냉전체제에 볼모 잡힌 거의 유일한 분단국가에 살고 있다는 사실 역시 앞으로 또 하나의 멋들어진 '역설'을 마련해주리라 예측된다. 그렇게 오랜 기간 참담한 식민지배를 당한 치욕적인 과거를 지니고 있음에도, 우리 한국은 지금 세계에서 유일무이하게 우뚝 선 나라다. 식민지배를 겪은 나라들 중에, 지금 우리나라처럼 당당하게 OECD의 일원으로 선진국 대열에 들어서 있을 뿐만 아니라, 올림픽이나 월드컵을 줄줄이 다 개최해본 실적이 있는 나라가 단 하나라도 있는가? 물론 하나도 없다.

여러 면에서 바야흐로 우리나라의 앞날에 상서로운 서광이 영롱히 빛나게 되리라는 확신으로, 지금 나의 가슴은 몹시도 뜨겁게 울렁거린다.

오늘날 우리 인류는 절망과 희망이 교차하는 불안한 지구적 상황 속에서 나날이 위태로운 삶을 영위하고 있지 아니한가. 하지만 우리나라는 전혀 차원을 달리 한다. 우리나라야말로 바로 이러한 난국에 직면하여, 보다 활기차게 이 지구촌을 미래지향적으로 앞장서서 선도해나갈 희망찬 가능성을 지니고 있는 나라이기 때문이다. 머지않아 우리나라는 그야말로 세계의 등불로 비상할 것이다.

우리나라는 정녕 축복받은 나라임이 분명해 보인다. 왜 그러한가?

하기야 세계적인 환경오염과 생태계 파괴현상이 줄을 있는 비극적인 상황임에도, 자연과 더불어 살아온 우리 민족의 역사적 삶의 발자취는 가히 괄목할만한 기량을 뽐낼 만하지 않은가. 우리는 뛰어나게 '자연 친화적인' 공동체적 삶의 전통을 누리며 살아온 빼어난 민족 아닌가. 집요하게 자연과 한 몸처럼 살아온 것이다.

예컨대 소나무 하나를 보자. 우리는 소나무와 끊으래야 끊을 수 없는 간곡한 인연을 맺고 살아왔다. 눈, 바람, 서리를 이겨내며 늘 푸르게 우리 땅 어디에서나 잘 자라는 소나무는 우리 민족의 삶 속에 깊숙이 뿌리내려왔다. 우리 애국가에도 "남산 위에 저 소나무 …" 하는 구절이 있을 정도 아닌가.

우리 선조는 소나무로 지은 집에서 소나무 장작으로 불을 피우며 살았고, 죽어서는 소나무 관에 누웠다. 송진으로 배의 이음새를 메웠고, 흉년이나 보릿고개에는 소나무 속껍질로 허기를 달랬으며, 어두운 밤에는 관솔불로 주변을 밝혔다. 추석에는 솔잎을 깔고 송편을 쪘으며, 솔잎이나 송홧가루, 솔방울 등으로 차나 술을 빚었다. 소나무의 땅 속 뿌리에 기생하는 '(백)복령'을 요긴한 약재로 쓰기도 하지 않았으랴.

바위 꼭대기 천길 높이에 장엄하게 우뚝 서 있는 것도 소나무다. 올바른 마음과 굳은 절개를 지니고 사철 푸른 본성을 지켜내며 얼음과 서리를 막아 추위를 이겨내니, '군자'는 소나무를 본받는다 이르지 않았던가. 이처럼 정신적으로도 우리는 늘 이런 소나무와 함께 하며,

그를 본받고자 애써오지 않았으랴. 높은 산꼭대기 바위틈에까지 소나무를 키워내는 우리 강산은 또 얼마나 복 받은 땅인가.

그러나 그게 다가 아니다. 우리는 늦가을에 잘 익은 홍시를 따내면서도, 까치가 요기 삼아 찾아먹을 수 있게끔 몇 방울은 따지 않고 나무에 그대로 남겨둘 줄 아는 '형제애'를 발휘하기도 하지 않았던가. 더욱이 찬송가 가사에서까지 '삼천리 반도 금수강산, 하나님 주신 동산' 하며, 우리 자연에 대한 예찬을 아끼지 않을 정도다. '금수강산'이란 말이 어디 괜스레 나왔으랴. 이처럼 우리 민족은 지금껏 장렬하게 자연과 한 몸처럼 살아 온 것이다.

게다가 아직도 국가인 탓에, 전쟁이 아니라 필연적으로 평화를 추구하지 않으면 안 될 인류사적 소명을 안고 있기도 한 나라가 역시 우리뿐 아니랴. 하지만 이 평화는 궁극적으로는 무엇보다 자연과의 평화를 통해 확립되어질 수밖에 없다. 따라서 이처럼 자연과 한 몸처럼 살아온 우리 민족이야말로 자연보호와 아울러 세계평화 구축이라는 인류사적 소명을 주도해나가기에 가장 빼어난 존재 아니겠는가. 게다가 '평화로운 자연'과 '선량한 주민', 이것이야말로 세계에 자랑스레 내세울만한 손색없는 우리 민족의 천연 트레이드마크 아니리요.

어찌 이런 나라의 앞날에 찬연한 서광이 비치지 않을 수 있겠는가.

이《인간론》저술을 마무리지으며, '열길 물 속은 알아도, 한 길 사람 속은 모른다'던 옛 선조들의 지혜에 그저 다시 한 번 더 삼가 머리 숙여 경탄할 따름이다.

□ 참고 문헌

— 국문 문헌 —

(가)

강금실 외 7인 지음,《지구를 위한 법학 : 인간중심주의를 넘어 지구중심주의로》(서울대학교 출판문화원 2020)

강명관,《조선의 뒷골목 풍경》(푸른역사 2003/2004 13쇄)

강영진,〈공익과 사익〉, 월간「참여사회」(2002년 4월호)

강정인,〈세계화 그리고 민주주의의 미래〉, 강정인 · 김세걸 편, 《현대 민주주의론의 경향과 쟁점》(문학과 지성사 1994)

강정인,《서구중심주의를 넘어서》(아카넷 2004)

국립국어연구원(엮음),《표준국어대사전》(두산동아 2000)

김대식,〈우리는 자연적(natural)으로 메저키스트인가?〉,《공동선》(2010 09+10, No. 94)

김명호,《생각으로 낫는다 : 생각을 치료하는 한의사 김명호의 생명 이야기》(역사 비평사 2002)

김명호,《자연, 사람 그리고 한의학》(역사비평사 1995)

김병수,《사람에게 가는 길 : 팔당농부의 세계 공동체 마을 순례 여행》(마음의 숲 2007)

김상봉,〈자유와 타자 : 한국문화의 지역성과 세계성에 대한 한 가지 반성〉, 대한철학회 논문집「哲學硏究」제88집(2003.11)

김성우,《불교성전》, 제30판(동국역경원 1988)

김성한 장편소설,《고려 태조 왕건》(포도원 1993)

김승동 편저,《불교 · 인도사상 사전》(부산대학교 출판부 2000)

김용해, 〈인권의 보편성과 인간존엄성〉, 《탈민족주의 시대의 민족 담론》(3) : 제16회 한국철학자 대회 2003(도서출판 인향 2003)

김월운 옮김, 《잡아함경 2》(동국대학교 부설 동국역경원 2009)

김윤세, 《내 안의 의사를 깨워라》(중앙일보미디어디자인 2012)

김윤세, 《내 안의 자연이 나를 살린다》(조선뉴스프레스, 2016)

김윤세, 《내 안의 자연이 나를 살린다》(조선뉴스프레스 2016년)

김종원, 《지구환경 위기와 생태적 기회》(계명대학교 출판부 2000)

김호식, 《인간론 : 세계 문명과 인간의 본질 및 그 운명에 관한 이해》(한국성서대학교 출판부, 2012)

김홍우, 《한국정치의 현상학적 이해》(인간사랑 2007)

(나)

남성현, 《위기의 지구, 물러설 곳 없는 인간 : 기후변화부터 자연재해까지 인류의 지속 가능한 공존 플랜》(서가명강 II, 21세기북스 2020)

(다)

다니엘 벨, 〈서구적 인권 체제에 대한 동아시아의 도전〉(Daniel Bell, "The East Asian Challenge to Human Rights : Reflections on an East West Dialogue), 《계간 사상》(1996 겨울호)

다카기 진자부로 지음/김원식 옮김, 《지금 자연을 어떻게 볼 것인가》(녹색평론사, 2쇄 2007)

덩 밍다오 지음/박태섭 옮김, 《道人 1》(고려원미디어 1993)

데니스 포플린, 〈공동체의 개념〉, 신용하 편, 《공동체 이론》(문학과지성사 1985)

데이비드 브룩스 지음/김희정 옮김, 《인간의 품격》(부키(주) 2020)

데이비드 스즈키 지음/오강남 옮김,《마지막 강의 : 지속 가능한 미래를 상상하라》(서해문집 2012)

데이비드 흄 지음/이준호 옮김,《인간 본성에 관한 논고 2 : 정념에 관하여》(서광사 1996)

데이비드 흄 지음/이준호 옮김,《인간 본성에 관한 논고 3 : 도덕에 관하여》(서광사 1998)

도날드 휴즈 · 표정훈 옮김,《고대문명의 환경사》(사이언스 북스 1998)

도스토예프스키 지음/유성인 옮김,《죄와 벌》(하서출판사 2015)

도스토예프스키 지음/장한 옮김,《카라마조프가의 형제들》 2권 (더클래식 2018)

도올 김용옥,《금강경 강해》(통나무 2017판)

동아일보(2017. 05. 05일자)

동아일보(2019. 09. 24.일자)

(라)

라셀 카르티에 · 장피에르 카르티에 지음/길잡이늑대 옮김,《인디언과 함께 걷기 : 현대 인디언들이 세상에 전하는 메시지》(문학의 숲 2010)

라이너 촐 지음/최성환 옮김,《오늘날 연대란 무엇인가 : 연대의 역사적 기원, 변천 그리고 전망》(한울아카데미 2008)

로버트 램 지음/이희재 옮김,《서양문화의 역사 II : 중세-르네상스 편》(사군자 2000)

로저 트리그 지음/최용철 옮김,《인간 본성에 대한 철학적 논쟁》(간디서원 2003)

루소 지음/주경복 옮김,《인간 불평등 기원론》(책세상 2003)

루소 지음/민희식 옮김,《에밀》(개정판)(육문사 2021)

루크 마텔 지음/대구사회연구소 환경연구부 옮김,《녹색사회론 : 현대 환경의 사회이론적 이해》(한울아카데미 1999)

리오 휴버먼 지음/장상환 옮김,《자본주의 역사 바로 알기》(책벌레 2000년)

리처드 도킨스 지음/홍영남 · 이상임 옮김,《이기적 유전자》(을유문화사 2019)

리처드 도킨스 지음/이용철 옮김,《눈먼 시계공》(사이언스북스, 11쇄, 2010)

리처드 칼슨 지음/강미경 옮김,《우리는 사소한 것에 목숨을 건다》(창작시대사 2009)

(마)

마이클 가자니가 지음/박인균 옮김,《왜 인간인가? : 인류가 밝혀낸 인간에 대한 모든 착각과 진실》(추수밭 2012)

마틴 부버 지음/표재명 옮김,《나와 너》(문예출판사 제2판 제5쇄, 2001)

마크 베코프 지음/윤성호 옮김,《동물 권리선언 : 우리가 동물의 소리에 귀 기울여야 하는 여섯 가지 이유》(미래의 창, 2011)

마키아벨리 지음/임명방 · 한승조 옮김,《군주론》(삼성출판사 1999)

막스 베버 지음/이상률 옮김,《직업으로서의 학문, 직업으로서의 정치》(문예출판사 2005, 2판)

미산,《미산스님 초기경전 강의》(명진출판 2010)

미하엘 하우스켈러 지음/김재경 옮김,《왜 살아야 하는가 : 삶과 죽음이라는 문제 앞에 선 사상가 10인의 대담》(창림출판(주) 2021)

(바)

바바 하리 다스 지음/최홍규 옮김,《마음을 다스리는 아름다운 이야기》(평단문화사 1997)

바바 하리 다스 지음/최홍규 옮김,《마음을 다스리는 아름다운 이야기》(평단문화사 2008)

박경리 대하소설,《토지》(나남 2011~16, 제4부 4권

박경환,《환경과 인간론》(홍 2003)

박서연, 〈한국불교사와 동양의학사에서의 인간론 변용 고찰 : 의상과 이제마를 중심으로〉(불교학연구, Vol.33, 2012)

박수용,《시베리아의 위대한 영혼》(김영사 2011)

박영수,《지식 속의 지식 2730》(석필 1998)

박용환,《동의보감으로 시작하는 마흔의 몸공부》(도서출판 이와우 2019)

박은정,《햇빛도 때로는 독이다 : 생활 속 화학물질로부터 건강을 지키는 법》(경희대학교 출판문화원 2022)

박이문,《문명의 미래와 생태학적 세계관》(당대 1997)

박종현 역주,《플라톤의 국가》(서광사 1997)

박찬국,《하이데거의 〈존재와 시간〉 강독》(그린비 출판사 2015)

박호성 수상록,《바람을 비추는 등불처럼 : 인간적인 것과의 재회》(나남출판 2007)

박호성 수상록,《인간적인 것과의 재회 : 바람을 비추는 등불처럼》(도서출판 푸른숲 1998)

박호성, 〈루소의 자연개념 : 비판적 자연과 창조적 자연〉(한국정치학회보. Vol.27 No.2, 1994)

박호성, 〈공동체 민주주의론 연구〉(철학연구회 제101집, 2013년 여름)

박호성,《공동체론 : 화해와 통합의 사회 · 정치적 기초》(효형출판

2009)

박호성,《노동운동과 민족운동》(역사비평사 1994)

박호성,《우리 시대의 상식론 : 새로운 휴머니즘을 위하여》(랜덤하우스 중앙 2006)

박호성,《자연의 인간, 인간의 자연》(후마니타스 2012)

박호성,〈자연의 휴머니티에 관한 소고〉(한국철학사상연구회《시대와 철학》, 2011년 여름호 제22권 2호)

박호성,《평등론 : 자유민주주의 · 사회민주주의 · 맑스주의의 이론과 현실》(창작과 비평사 1994)

박호성,《휴머니즘론 : 새로운 시대정신을 위하여》(나남 2007)

배연국,《거인의 어깨를 빌려라 : 성공 공식을 읽다》(지상사(청홍) 2016)

백승대,〈르네상스 휴머니즘의 사회사상〉, 신구현 외 6인 공저,《르네상스 휴머니즘의 현대적 의의》(영남대학교 출판부 1990)

법정,《아름다운 마무리》(문학의 숲 2008)

법정/류시화 엮음,《산에는 꽃이 피네》(동쪽나라, 1998)

부르크하르트 지음/안인희 옮김,《이탈리아 르네상스의 문화》(푸른숲 1999)

빌 브라이슨 지음/이한음 옮김,《바디 : 우리 몸 안내서》(까치 2020)

(사)

새가정사 편집부,〈감사절의 유래와 각국 풍속〉《새가정》통권 231호, 1974)

서공석,《하느님과 인간 : 신학적 인간론》(서강대학교 출판부 2014)

서문성,《인연 산책 – 삶의 지혜와 진리가 담긴》(미래북 2006)

서영표 · 영국 적록연구그룹,《사회주의, 녹색을 만나다 : 생태주의, 사회주의, 민주주의》(한울아카데미 2010)

서울경제신문(2011. 10. 11일자)

선재광,《피 해독으로 만성질환 치료하기》(전나무숲, 20220)

성염 · 김석수 · 문명숙 공저,《인간이라는 심연 : 철학적 인간학》(철학과 현실사 1998)

세네카 지음/천병희 옮김,《세네카의 행복론 : 인생이 왜 짧은가》(숲 2002)

손호철,《해방 60년의 한국정치 : 1945-2005》(이매진 2006),《현대 한국정치 : 이론과 역사 1945~2003》(사회평론, 개정증보 2판, 2003)

송명규,《현대 생태사상의 이해》(도서출판 따님, 2008)

스티븐 R. 건드리 지음/박선영 옮김/이용승 감수,《오래도록 젊음을 유지하고 건강하게 죽는 법》(로크미디어 2020/초판 15쇄)

스티븐 핑커 지음/김한영 옮김,《The Blank Slate, 빈 서판 : 인간은 본성을 타고나는가》(사이언스 북스 2004)

스티븐 호킹 · 믈로디노프 지음/전대호 옮김,《위대한 설계》(까치 2010)

시튼 지음/김원중 옮김, The Gospel Of The Redman,《인디언의 복음 : 그들의 삶과 철학》(두레출판사 2000)

신영복,《강의 : 나의 동양고전 독법》(돌베개 2004)

신용국,《연기론 : 인식의 혁명》(하늘북 2009)

쌩 떽쥐뻬리 지음/김제하 옮김,《어린 왕자》(소담출판사 1990)

쓰지 신이치(이규) 지음/김향 옮김,《슬로 라이프》(디자인 하우스, 1판 13쇄 2014)

쓰지 신이치 지음/권희정 옮김,《슬로우 이즈 뷰티풀》(Slow is Beautiful)(빛무리 2003)

(아)

아리스토텔레스 지음/이병길 · 최옥수 옮김,《정치학》(박영사, 2판/1996)

아리스토텔레스 지음/최명관 옮김,《니코마코스 윤리학》(서광사 1994)

아미타이 에치오니 지음/조한승 · 서헌주 · 오영달 공역,《제국에서 공동체로 : 국제관계의 새로운 접근》(매봉통일연구소 번역총서 1, 도서출판 매봉 2007)

아미타이 에치오니 지음/조한승 · 서헌주 · 오영달 공역,《제국에서 공동체로 : 국제관계의 새로운 접근》(매봉통일연구소 번역총서 1, 도서출판 매봉 2007)

안종수,《동양의 자연관》(한국학술정보[주] 2006)

안토니 A. 후크마 지음/류호준 옮김,《개혁주의 인간론》(기독교문서선교회 : CLC, 1990)

알도 레오폴드 지음/송명규 옮김,《모래 군(郡)의 열두 달 : 그리고 이곳 저곳의 스케치》(도서출판 따님, 6쇄 2010)

알랭 지음/유상우 옮김,《행복론 · 인간론》(홍신문화사 2011)

알랭(Alain) 지음/방곤 옮김,《행복론 · 인간론 · 말의 예지》(동서문화사 2008)

앤드루 비티 · 폴 에얼릭 지음/이주영 옮김,《자연은 알고 있다》(궁리출판 2005)

앨런 블록 지음/홍동선 옮김,《서양의 휴머니즘 전통》(범양사 출판부 1989)

양승태,《앎과 잘남 : 희랍 지성사와 교육과 정치의 변증법》(책세상 2006)

양적 지음/노승현 옮김,《동서인간론의 충돌 : 문화비교와 소외

론》(백의 1997)

어네스트 겔너, 〈근대화와 민족주의〉, 백낙청 엮음, 《민족주의란 무엇인가》(창작과 비평사 1981)

에드워드 윌슨 지음/이한음 옮김, 《인간본성에 대하여》(사이언스 북스 2000)

에리히 프롬/H. 포핏츠 지음/김창호 옮김, 《마르크스의 인간관》 (동녘 1983)

오강남 풀이, 《장자》(현암사 12쇄, 2005)

오마이뉴스(2020. 08. 23일)

오제키 슈지 · 가메야마 스미오 · 다케다 가즈히로 엮음/김원식 옮김, 《환경사상 키워드》(알마(주) 2007)

우베 카르슈태트, 《37°c의 비밀》 : 독일의 자연요법 의사가 알려주는 건강과 치유의 비밀(경원북스 2017)

우종영, 《나는 나무처럼 살고 싶다》(중앙 M&B 2002/12쇄)

유발 하라리, 《사피엔스》(김영사 2017)

유원기, 《자연은 헛된 일을 하지 않는다 : 아리스토텔레스의 자연 철학》(서광사 2009)

이기문(문학박사) 감수, 《동아 새국어사전》(동아출판사 1996/3쇄)

이기상, 〈생명의 진리와 생명학 : 지구 생명 시대에 요구되는 생명문화 공동체〉, 《생명사상과 전 지구적 살림운동》(세계생명문화 포럼- 경기 2006 ; world life-culture forum ; gyeonggi 2006 자료집)

이동희, 〈동아시아적 컨텍스트와 인권 그리고 보편윤리〉, 사회와 철학연구회 지음, 사회와 철학 5 ; 《동아시아 사상과 민주주의》(이학사 2003)

이병수, 〈마르크스주의와 인간론 : 주체사상의 인간론에 대한 검토〉(시대와 철학, Vol.1 No.1, 1990)

이상익,《유교전통과 자유민주주의》(심산 2004)

이승환, 〈누가 감히 '전통'을 욕되게 하는가?〉,《전통과 현대》(1997년 겨울 제2호)

이시하라 유미 지음/윤혜림 옮김,《노화는 세포건조가 원인이다》(도서출판 전나무숲 2017)

이안 구프 지음/김연명-이승욱 옮김,《복지국가의 정치경제학》(Ian Gough, The Political Economy of the Welfare State)(한울 1990)

이어령,《생명이 자본이다》(마로니에북스 2015)

이진우 · 이은주,《제5의 물결, 녹색인간》(이담북스, 2010)

일리노 오스트럼 지음/윤홍근 옮김,《집합행동과 자치제도》(자유주의 시리즈37, 자유기업센터 1999)

임종만,《인간론》(6판, 성광문화사 1996)

임혁백, 〈한국 민주주의의 발달과 인권의 변화 발전〉,「인권평론」(Human Rights Review) 2006. 12. 창간호(한길사)

임효선,《삶의 정치사상 : 동서 정치사상 비교》(한길사 증보판 1996)

(자)

장은주, 〈인권의 보편주의는 추상적 보편주의인가? : 비판에 대한 응답〉, 사회와 철학 연구회 지음(사회와 철학 5),《동아시아 사상과 민주주의》(이학사 2003)

장지청 지음/오수현 옮김,《황제내경, 인간의 몸을 읽다》(판미동 2015)

재레드 다이아몬드 지음/강주헌 옮김,《대변동: 위기, 선택, 변화》(김영사 2019)

잭 캔필드(외) 엮음/신혜경 옮김,《자연이 우리에게 준 1001가지 선물》(도솔출판사 2005)

제이 그리피스 지음/박은주 옮김, 《시계 밖의 시간》(도서출판 당대 2002)

제인 구달 지음/박순영 옮김, 《희망의 이유》(궁리출판 2003)

제인 구달 · 세인 메이너드 · 게일 허드슨 지음/김지선 옮김, 《희망의 자연》(사이언스북스 2010)

조긍호, 《이상적 인간형론의 동 · 서 비교》(지식산업사 2007)

조너선 색스 지음/임재서 옮김, 《차이의 존중 : 문명의 충돌을 넘어서》(말 · 글 빛냄 2007)

존 벨라미 포스터 지음/추선영 옮김, 《생태계의 파괴자 자본주의》(책갈피 2003)

지그문트 프로이트 지음/김인순 옮김, 《꿈의 해석》- 프로이트 전집 4(열린책들 2003)

진교훈, 〈생명과 철학 : 철학에서 본 생명〉(서강대 생명문화 연구원, 《생명의 길을 찾아서》(민지사 2001)

(차)

차하순 지음, 《서양사 총론》(탐구당, 1986 전정판)

찰스 나우어트 지음/진원숙 옮김, 《휴머니즘과 르네상스 유럽 문화》(혜안 2003)

최명희 대하예술소설, 《혼불》 9권(한길사 1997)

최민자, 《생태정치학 : 근대의 초극을 위한 생태정치학적 대응》(도서출판 모시는 사람들 2007)

최인호 장편소설, 《상도》 2권(여백미디어 2009)

최인호, 《낯익은 타인들의 도시》(여백 2011)

최재천, 《생명이 있는 것은 다 아름답다》(효형출판 2001/2005-9쇄)

최철주, 《존엄한 죽음》(메디치미디어 2017)

(카)

카를 프리드리히 폰 바이츠제커 지음/이신철 옮김,《역사 속의 인간 : 우리는 누구이며 어디서 와서 어디로 가는가》(에코리브르 2007)

케이틀린 도티 지음/임희근 옮김,《잘해봐야 시체가 되겠지만 : 유쾌하고 신랄한 여자 장의사의 좋은 죽음 안내서》(반비 2020)

(타)

토머스 홉스 지음/진석용 옮김,《리바이어던 : 교회국가 및 시민 국가의 재료와 형태 및 권력》, 1권(나남출판사 2008)

톨스토이 지음/이동현 옮김,《부활》(동서문화사 2015)

툴민 지음/이종흡 옮김,《코스모폴리스 : 근대의 숨은 이야깃거리들》(경남대학교 출판부 1997) ; Stephen Toulmin, Cosmopolis : The Hidden Agenda of Modernity(NY 1990)

(파)

폴 W. 테일러 지음/김영 옮김,《자연에 대한 존중 : 생명중심주의 환경윤리론》(도서출판리수 2020)

표재명,《키에르케고어 연구》(지성의 샘 1995)

프란츠 알트 지음/손성현 옮김,《생태주의자 예수》(나무심는 사람, 2003)

프레데리크 그로 지음/이재형 옮김,《걷기, 두 발로 사유하는 철학》(책세상 2016)

프리드리히 니체 지음/최민홍 옮김,《차라투스트라는 이렇게 말했다》(집문당 2008)

(하)

하루야마 시게오 지음/심정인 옮김,《뇌내혁명》 3권, 완결편(사람과 책 출판사 1999)

한겨레신문(2005. 08. 24일자)

한상복,《배려 : 마음을 움직이는 힘》(위즈덤하우스 2007)

한상복,〈한국인의 공동체의식에 관한 연구〉, 정신문화연구회 편,《한국의 사회와 문화》제3집(1980)

헨리 데이비드 소로우 지음/박윤정 옮김,《헨리 데이비드 소로우의 산책》(양문 2005)

화타 김영길,《누우면 죽고 걸으면 산다, 1권》(도서출판 사람과 사람 25쇄, 2017)

황인경 대하역사소설,《소설 목민심서》(랜덤하우스 5판 7쇄, 2010)

황훈영,《우리 역사를 움직인 33가지 철학》(푸른숲 1999)

P.O. Kristeller 지음/진원숙 옮김,《르네상스의 사상과 그 원천》(계명대학교 출판부 1995)

R.G. 콜링우드 지음/유원기 옮김,《자연이라는 개념》(이제이북스 2004)

W.K. 퍼거슨 지음/진원숙 옮김,《르네상스사론》(집문당 1991)

— 외국어 문헌 —

(A)

Allaby, Michael(ed.), A Dictionary of Ecology, 4th. ed.(Oxford University Press 2010)

(Arbeiterprogramm) Über den besonderen Zusammenhang der gegenwärtigen Geschichtsperiode mir der Idee des Arbeiterstandes, in : Jenacz, Friedrich(Hg,), Ferdinand Lassalle. Reden und Schriften. Mit einer Lassalle-Chronik(München 1970)

Arblaster, Anthony , The Rise & Decline of Western Liberalism(Basil Blackwell 1987)

Aristoteles, The Politics(Penguin Books 1986), Book VI

Aristotle/Roger Crisp(ed.), Nicomachean Ethics(Cambridge University Press 2007)

(B)

Bahro, Rudolf, Die Alternative(Köln/Frankfurt a.M. 1979)

Bauer, Otto, Die Nationalitätenfrage und die Sozialdemokratie(2. Auflage, Wien 1924)

Bell, Daniel, "The End of American Exceptionalism", in : Nathan Glazer and Irving Kristol(eds.), The American Commonwealth 1976(New York: Basic Books 1976)

Berlin, I., Russian Thinkers(Hogarth Press 1978)

Bernstein, "Was ist Sozialismus?"(Vortrag vom 28. Dezember 1918), in : Helmut Hirsch(Hg.), Ein revisionistisches Sozialismusbild, 2. Auflage(Berlin/Bonn-Bad Godesberg 1976)

Bernstein, "Wie ist wissenschaftlicher Sozialismus möglich?"(Vortrag vom 17.Mai 1901), in: Helmut Hirsch(Hg.), Ein revisionistisches Sozialismusbild, 2. Auflage(Berlin/Bonn-Bad Godesberg 1976)

Böhme, Gernot, Natürlich Natur : über Natur im Zeitalter ihrer technischen Reproduzierbarkeit(Suhrkamp Verlag, Frankfurt am Main 1992)

Böhme, Gernot, Natürlich Natur : über Natur im Zeitalter ihrer technischen Reproduzierbarkeit(Suhrkamp Verlag, Frankfurt am Main 1992)

Brian, Maxson, The humanist world of Renaissance Florence(New York : Cambridge Univ. Press 1978)

(C)

Cecil, Andrew R., Equality, Tolerance and Loyalty : Virtues Serving the Common Purpose of Democracy(The University of Texas at Dallas 1990)

Cray, Graham Disciple & Citizens : A Vision for Distinctive living(The London Lectures in Contemporary Christianity, Nottingham 2007)

(D)

Dahrendorf, Ralf, Fragmente eines neuen Liberalismus(Stuttgart 1987)

Dann, O., Gleichheit und Gleichberechtigung : Das Gleichheitspostulat in der alteuropäischen Tradition und in Deutschland bis zum ausgehenden 19. Jahrhundert(Berlin; Duncker

& Humblot 1980)

Davis, David Brion, Revolutions : Reflections on American Equality and Foreign Liberations(Harvard University Press 1990)

(E)

Engels, F., Herrn Eugen Dührings Umwälzung der Wissenschaft(Anti-Dühring), MEW 20

Engels, Der Ursprung der Familie, des Privateigentums und des Staates, MEW 21

Esping-Andersen, G., Politics against Markets(Princeton University Press 1985)

(F)

F.A. Hayek, The Constitution of Liberty(London 1960)

Flechtheim, Ossip K., "Humanismus und Menschenrechte", in : 「Frankfurter Hefte」(Sep. 1976)

Friedman, Milton, Capitalism and Freedom(Chicago and London 1962)

Friedrich, Carl J., 「A Brief Discourse on the Origin of Political Equality」, in : Roland Pennock/John W. Chapman(ed), Equality(Nomos IX. NewYork: Atherton Press 1967)

(G)

Gans, Herbert J., Middle American Individualism : The Future of Liberal Democracy(The Free Press: New York 1988)

Giles, Radice, Democratic Socialim(London, Longmans 1965)

Gilpin, Robert, "The Richness of the Tradition of Political

Realism", in : Robert O. Keohane, Neorealism and Its Critics(New York, Columbia University Press 1986)

Gollwitzer, Heinz, Geschichte des weltpolitischen Denkens ; Bd.1, Vom Zeitalter der Entdeckung bis zum Beginn des Imperialismus(Göttingen-Vandenhoeck&Ruprecht 1972)

Green, Philip, The Pursuit of Inequality(Pantheon Books, New York 1981)

(H)

Hartz, Louis, The Liberal Tradition in America : An Interpretation of American Political Thought Since the Revolution(New York: Harcourt, Brace and World 1955)

Heiss, Robert, 「Die Idee der Revolution bei Marx und im Marxismus」, in: "Archiv fÜr Rechts- und Sozialphilosophie", v.38(1949/50)

Helmut Rüdiger, Föderalismus : Beitrag zur Geschichte der Freiheit(Berlin 1979)

Hester, Randolph T., Design for Ecological Democracy(MIT Press, Cambridge-Massachusetts London, England 2006)

Hindess, Barry, Freedom, Equality, and the Market: Arguments on Social Policy(Tavistock Publications: Sondon & New York 1987)

Hochschild, Jennifer L., What's Fair?: American Beliefs about Distributive Justice(Harvard University Press 1981)

Honey, W. B., Nature God and Man : a pamphlet(Pen-In-Hand, Oxford 1949)

Hossein, Seyyed, Man and Nature : The Spiritual Crisis in

Modern Man(ABC International Group, Inc., Chicago 1977)

(J)

Joll, James, The Anarchists(Boston, Little, Brown 1964)

Joseph, Keith and Sumption, Jonathan, Equality(London 1979)

(K)

Kautsky, Karl, "Die Moderne Nationalität", Neue Zeit 5(1887)

Korpi, W., "Power, Politics, and State Autonomy in the Development of Social Citizenship : Social Rights during Sickness in Eighteen OECD Countries since 1930", in : American Sociological Review, 54(3)

(L)

Lakoff, Sanford A., Equality in Political Philosophy(Harvard University Press 1964)

Laski, Harold, The Rise of European Liberalism(Allen & Unwin 1936)

Leroy S., Rouner,(Ed.), On Nature(University of Notre Dame Press, Notre Dame, Indiana 1984)

Lipset, Seymour Martin, The First New Nation : The United States in Historical and Comparative Perspective(Garden City, New York: Doubleday, Anchor Books 1967)

Lipset, S.M., "Why No Socialism in the United States?", in: S. Bialer and S. Sluzar(ed.), Radicalism in the Contemporary Age, vol.1, Sources of Contemporary Radicalism(Westview Press: Colorado

1977)

Locke, John, The Second Treatise of Government(ed. by J.W.Gough, Basil, Blackwell 1976)

The Second Treatise of Government(Basil Blackwell, 3rd.ed., 1976)

Lockley, Andrew, Christian Communes(SCM Press Ltd 1976, London)

Lukes, Steven, "Socialism and Equality", in : Leszek Kolakowski/ Stuart Hampshire(eds.), The Socialist Idea : A Reappraisal(London-Weidenfeld and Nicolson 1974)

Luther, An Open Letter to the Christian Nobility of the German Nation, Concerning the Reform of the Christian Estate(1520), in : Luther's Three Treatises(Philadelphia 1943)

(M)

Maier, Hans/Rausch, Heinz/Denzer, Horst(Hg.), Klassiker des politischen Denkens, 1.Bd., Von Plato bis Hobbes, 2.Auflage(C. H.Beck 2004)

Marshall, T.H., Class, Citizenship, and Social Development(University of Chicago Press 1964), Marshall, T.H., Sociology at the Crossroads(London: Heinemann 1963)

Marx, Karl, Das Kapital, Bd.1(MEW 23)

Marx, "Thesen Über Feuerbach"(MEW 3)

Marx, "Zur Judenfrage", MEW 1

Maslow, Abraham H., Motivation and Personality, 3rd Ed. Revised by Robert Frager/James Fadiman(Addison Wesley Longman, Inc., NewYork/Reading, etc. 1987)/조대봉 역, 《인간의 동기와 성

격》(교육과학사 1992)

Meibom, Barbara Mettler-v., Wertschätzung: Wege zum Frieden mit der inneren und äußeren Natur, 2.Aufl.(Kösel-Verlag, München 2008)

Menzel, Ulrich, Zwischen Idealismus und Realismus : Die Lehre von den Internationalen Beziehungen(Edition Suhrkamp 2224, Suhrkampverlag Frankfurt am/M. 2001)

Mogens, Herman Hansen, Was Athens a Democracy? : Popular Rule, Liberty and Equality in Ancient and Modern Political Thought(Copenhagen 1989)

Myles, John, Old Age in the Welfare State : The Political Economy of Public Pensions(Revised Edition: University Press of Kansas 1989)

(N)

Nagel, Thomas, "Libertarianism without Foundations", in : 「The Yale Law Journal 85, No.1」(Nov.1975)

Narr. W.-D./Vack, K., "Menschenrechte, BÜrgerrechte, alle Rechte", in: Freiheit + Geleichheit. Streitschrift fÜr Demokratie und Menschenrechte(Heft 1, Dez.1979)

Neill, Thomas P., The Rise and Decline of Liberalism(The Bruce Publishing Company: Milwaukee 1953)

Nielsen, Kai, Equality and Liberty: A Defense of Radical Egalitarianism(New Jersey 1985)

Nozick, Robert, Anarchy, State and Utopia(New York 1974)

(O)

Opielka, Michael, Gemeinschaft in Gesellschaft : Soziologie nach Hegel und Parsons, 2., überarbeitete Auflage(VS Verlag für Sozialwissenschaften, Wiesbaden 2006)

(P)

Passmore, John . Man's Responsibility For Nature : Ecological Problems and Western Traditions(Charles Scribner's Sons, New York 1974)

Paul, Jeffrey(ed.), Reading Nozick(Totowa: Rowman & Littlefield 1981)

Patterson, Orlando, Freedom : Vol.1, Freedom in the Making of Western Culture(BasicBooks 1991)

Pickles, Dorothy, Democracy(New York: Basic Books, Inc. Publishers 1970)

Pierson, Christopher, Beyond the Welfare State?: The New Political Economy of Welfare(The Pennsylvania State University Press 1991)

Plant, Raymond, Modern Political Thought(Basil Blackwell, Oxford 1991)

Popper, K., The Open Society and its Enemies(Routledge & Kegan Paul 1945), vol.1

(R)

Ramesh, Mishra, The Welfare State in Crisis : Social Thought and Social Change(New York: St. Martin's Press 1984)

Rawls, John, A Theory of Justice(Oxford 1971)

Renner, Karl, Marximus, Krieg und Internationale(Stuttgart 1918)

Rorty, Richard, Kontingenz, Ironie und Solidarität(Suhrkamp 1992, Frankfurt am Main)

Rousseau, A Discourse on the Origin of Inequality, trans., G.D.H. Cole, in : The Social Contract and the Discourses(Everyman's Library, London 1982)

Rousseau, The Social Contract, trans., G.D.H. Cole, in : The Social Contract and the Discourses(Everyman's Library, London 1982), Book 2

Russell, Bertrand, Authority and the Individual(London 1949)

(S)

Sabine, George H., A History of Political Theory(3rd. Ed., Holt, Rinehart and Winston, NY-Chicago-Sanfrancisco-Toronto-London 1961)

Sartori, Giovanni, Democratic Theory(Detroit-Wayne State University Press 1962)

Schlumbohm, Jürgen, Freiheitsbegriff und Emanzipationsprozess : Zur Geschichte eines politischen Wortes(Göttingen 1973)

Schmidt-Salomon, Michael, Hoffnung Mensch : eine bessere Welt ist mÖglich(2. Aufl., Munchen [u.a.], Piper 2014)

Schmied-Kowarzik, Wolfdietrich, "Zur Dialektik des Verhältnisses von Mensch und Natur : Eine philosophiegeschichtliche Problemskizze zu Kant und Schelling", in Hans Jörg Sandkühler(Hg.), Natur und geschichtlicher Prozess : Studien zur Naturphilosophie F.W.J. Schellings : mit einem Quellenanhang in Studientext und einer Bibliographie(1.Aufl., Suhrkamp Verlag, Frankfurt am Mein, 1984)

Shalev, Michael, "The Social Democratic Model and Beyond: Two 'Generations' of Comparative Research on the Welfare State", in : R.F. Tomasson(ed.), Comparative Social Research, vol.6(1983) / The Welfare State, 1883-1983

Skocpol, Theda, Protecting Soldiers and Mothers: The Political Origins of Social Policy in the United States(Harvard University Press 1992)

Smith, Adam, The Wealth of Nations(Dent/Everyman's library, London 1910), vol.2

Sombart, Werner, Why is There No Socialism in the United States? trans. Patrica M. Hocking and C.T. Husbands(White Plains, N.Y.: M.E.Sharpe 1976)

"State", in : The Great Ideas: A Synopticon of Great Books of the Western World(Chicago: Encyclopaedia Britanica, Inc., 1952), Vol. II

Stephen B., Young, "Human Rights Questions in Southeast Asian Culture : Problems for American Response", in : Paula R. Newberg(ed.), The Politics of Human Rights(New York University Press, c1980)

Stephens, J., The Transition from Capitalism to Socialism(London: Macmillan 1979)

Stjerno, Steinar, Solidarity in Europe : The History of an Idea(Cambridge University Press 2004)

Strauss, Leo, Natural Right and History(University of Chicago Press

1974)

Szabo, Imre, "Fundamental questions concerning the theory
and history of citizens´ rights", in: Socialist Concept of Human
Rights(Budapest 1966)

(T)

Tawney, R.H., Equality. 4th. ed.(London; George Allen & Unwin
LTD 1952)

Tilly, Charles, "States and nationalism in Europe 1492-1992",
《Theory and Society : Renewal and Critique in Social Theory》(vol.
23/1994)

Tönnies, Ferdinand, Gemeinschaft und Gesellschaft : Grundbegriff
der reinen Soziologie(4., unveränderte Auflage 2005, Wissenschaftliche
Buchgesellschaft, Darmstadt)

Treadgold, Donald W., Freedom: A History(New York University
Press 1990)

Trigg, Roger, Ideas of Human Nature : An Historical
Introduction(Blackwell Publishers, Oxford 1988)

(V)

Vanier, Jean, Community and Growth, revised ed.(Darton,
Longman and Todd, London 1990)

Vimercati, Emmanuele(hrsg.), Kultur und Menschenbildung
: Beiträge zur aktuellen Diskussion aus philosophischer,
kulturpolitischer und pädagogischer Sicht. Festschrift für Horst
Seidl zum 75. Lebensjahr(Hildesheim[u.a.], Olms, 2013)

Von Örtzen, Peter, "Eine marxistische Grundlegung des Demokratischen Sozialismus?", in : Thomas Meyer(Hg.), Demokratischer Sozialismus : Geistige Grundlagen und Wege in die Zukunft(GÜnter Olzog Verlag: MÜunchen/Wien 1980)

(W)

Walzer, Michael, Spheres of Justice : A Defense of Pluralism and Equality(Basic Books: New York 1983)

Walzer, Michael, "In Defense of Equality", in: Dissent 20(Fall 1973)

Weber, Max, Der Nationalstaat und die Volkswirtschaftspolitik, 《Gesammelte politische Schriften》 제2판(Tübingen 1958)

Wilensky, Harold L., The Welfare State and Equality : Structural and Ideological Roots of Public Expenditure(University of California Press: Berkeley 1975)

Winston, Morton E., The Philosophy of Human Rights(Belmont California, Wadsworth Publishing Company 1988)

인간론 — 인간적인 인간을 위하여

초판 1쇄 발행 / 2023년 8월 25일

지은이 박호성
펴낸이 윤형두·윤재민
펴낸데 종합출판 범우(주)

등록번호 제406—2004—000012호
등록일자 2004년 1월 6일
주소 (10881) 경기도 파주시 광인사길 9—13 (문발동)
전화 031)955—6900~4, 팩스 031)955—6905

ISBN 978-89-6365-528-4 93120

홈페이지 www.bumwoosa.co.kr
이메일 bumwoosa1966@naver.com